PRISMA EXPRESSWOORDENBOEK

Nederlands
Engels

Prue Gargano MEd.
Dr. Fokko Veldman

Prisma Woordenboeken en Taaluitgaven
Postbus 2073
3500 GB Utrecht

Omslag: Kees Hoeve en dsgn.frm.amsterdam, Amsterdam
Databasetechniek: Librios Ltd., London
Zetwerk: Logic Use, Amsterdam
Druk: Bercker, Kevelaer
Eerste druk: 2007

© Uitgeverij Het Spectrum, 2007
Alle rechten voorbehouden. Niets uit deze uitgave mag worden verveelvoudigd, opgeslagen in een geautomatiseerd gegevensbestand, of openbaar gemaakt, in enige vorm of op enige wijze, hetzij elektronisch, mechanisch, door fotokopieën, opnamen, of enige andere manier, zonder voorafgaande schriftelijke toestemming van de uitgever.

Voor zover het maken van kopieën uit deze uitgave is toegestaan op grond van artikelen 16h t/m 16m Auteurswet 1912 jo. Besluit van 27 november 2002, Stb. 575, dient men de daarvoor wettelijk verschuldigde vergoeding te voldoen aan de Stichting Reprorecht te Hoofddorp (Postbus 3060, 2130 KB) of contact op te nemen met de uitgever voor het treffen van een rechtstreekse regeling in de zin van art. 16l, vijfde lid, Auteurswet 1912.
Voor het overnemen van gedeelte(n) uit deze uitgave in bloemlezingen, readers en andere compilatiewerken kan men zich wenden tot de Stichting PRO (Stichting Publicatie- en Reproductierechten Organisatie, Postbus 3060, 2130 KB Hoofddorp, www.cedar.nl/pro).
Voor het overnemen van gedeelte(n) uit deze uitgave in bloemlezingen, readers en andere compilatiewerken kan men zich wenden tot de Stichting PRO (Stichting Publicatie- en Reproductierechten Organisatie, Postbus 3060, 2130 KB Hoofddorp, www.cedar.nl/pro).

Opneming van een woord in dit woordenboek prejudicieert niet ten aanzien van het al of niet bestaan van merkenrechten op dat woord. De uitgever heeft er naar gestreefd alle merknamen die in de Prisma Woordenboeken voorkomen te voorzien van een handelsmerksymbool ®.

All rights reserved. No part of this book may be reproduced, stored in a database or retrieval system, or published, in any form or in any way, electronically, mechanically, by print, photoprint, microfilm or any other means without prior written permission from the publisher.

Ondanks al de aan de samenstelling van de tekst bestede zorg, kan noch de redactie noch de uitgever aansprakelijkheid aanvaarden voor eventuele schade die zou kunnen voortvloeien uit enige fout die in deze uitgave zou kunnen voorkomen.

ISBN 978 90 274 1905 7
NUR 627
www.prisma.nl

Welkom bij Prisma woordenboeken

Een woordenboek is een gebruiksvoorwerp, een stuk gereedschap voor het vertalen of verklaren van een woord, een combinatie van woorden, een gezegde enzovoort. Bij Prisma maken we verschillende soorten woordenboeken voor verschillende gebruikers, elk met hun eigen wensen, keuzes en mogelijkheden.

Dit *Prisma expresswoordenboek* hebben we vooral gemaakt voor leerlingen uit de onderbouw van het voortgezet onderwijs. Zij hebben nog weinig ervaring met het gebruiken van woordenboeken en daarom hebben we de informatie zo duidelijk mogelijk gepresenteerd.

- Het woordenboek bevat een selectie van circa 10.000 basiswoorden. Daarnaast is er ruime aandacht voor veelvoorkomende vaste woordcombinaties.
- Speciaal aan dit woordenboek zijn de vele voorbeeldzinnen, die precies laten zien hoe een woord of woordcombinatie in de praktijk gebruikt kan worden.
- Bij de keuze van trefwoorden en het schrijven van de voorbeeldzinnen hebben we gezorgd dat ze aansluiten bij de leefwereld van de jeugdige gebruikers en bij de lesstof die ze kunnen tegenkomen.
- We hebben de informatie over woordsoorten, meervouden, vervoegingen enz. simpel en helder weergegeven en lastige afkortingen zo veel mogelijk vermeden.
- Om het snel zoeken in het woordenboek te vergemakkelijken zijn een aantal zoekhulpjes toegepast: de letterlineaal op de achterkant, de duimletters aan de zijkant en binnen de trefwoorden het blauw om snel te vinden wat je nodig hebt.

De bekende Prisma-criteria gelden natuurlijk ook voor de expresswoordenboeken: we geven veel actuele en betrouwbare informatie. We hanteren daarbij de officiële spelling van de Nederlandse Taalunie (het 'Groene Boekje').

Voor andere series Prisma woordenboeken hanteren we andere criteria:
- De *miniwoordenboeken* spreken voor zich: in een compact formaat zo veel mogelijk trefwoorden, weinig voorbeeldzinnen.
- De *basiswoordenboeken* zijn bedoeld als eerste kennismaking voor kinderen uit de hoogste klassen van het basisonderwijs: ruim opgezet, met plaatjes en in eenvoudige taal.
- De bekende *pocketwoordenboeken* bevatten veel meer trefwoorden en minder voorbeeldzinnen. We gebruiken meer redactionele afkortingen om zo veel mogelijk informatie te kunnen geven over betekenis, vertaling en grammatica.
- De *handwoordenboeken* bieden zeer veel informatie voor de ervaren woordenboekgebruiker, die voor studie of beroep is aangewezen op een uitgebreid naslagwerk.

Auteurs en redactie, oktober 2007

Over de auteurs

Prue Gargano is Australische en heeft jaren in Australië en Nederland gewoond en gewerkt. Afgestudeerd in Engels en onderwijskunde, was zij lang docente Engels voor anderstaligen. Als auteur, vertaler en corrector heeft zij aan vele uitgaven gewerkt, waaronder een schoolonderwijsmethode voor het Engels en de Prisma Engels voor zelfstudie.

Fokko Veldman heeft als Nederlandse migrantenzoon jaren in Australië gestudeerd en heeft, terug in Nederland, als gepromoveerd taalwetenschapper onderwijs gegeven en onderzoek gedaan aan de RU Groningen in de historische taalkunde, dialectologie en letterkunde. Hij was jaren docent Nederlands, Engels en Duits op middelbare scholen.

Lijst van tekens en afkortingen

≈	ongeveer hetzelfde	JUR	juridisch
&	enzovoort; en	KINDERT	kindertaal
•	begin nieuwe betekenis	LETT	letterlijk
I, II etc.	aanduiding van woordsoort	*lw*	lidwoord
⟨...⟩	nadere specifering van vertaling	MED	medische term
		MIL	militaire term
[...]	grammaticagegevens	MUZ	muziek
★	begin voorbeeldzin	*mv*	meervoud
▼	begin voorbeeldzin met afwijkende vertaling	ONDERW	onderwijs
		PLANTK	plantkunde
♦	begin voorbeeldzin	RTV	radio, televisie
→	zie:	*samentr*	samentrekking
afk	afkorting	SCHEEPV	scheepvaart, marine
AM	vooral in de Verenigde Staten	SCHEIK	scheikunde
		SCHOTS	vooral in Schotland
ANAT	anatomie	SCHRIJFT	schrijftaal
AUS	vooral in Australië	SPREEKT	spreektaal
AUTO	automobilsme; wegverkeer	STRAATT	straattaal
bijw	bijwoord	TAALK	taalkunde
BIOL	biologie	TECHN	technische term
bn	bijvoeglijk naamwoord	*telw*	telwoord
BOEKH	boekhouden	*tsw*	tussenwerpsel
BOUW	bouwkunst	T.T.	tegenwoordige tijd
BR	vooral in Groot-Brittannië	*vnw*	voornaamwoord
CAN	vooral in Canada	*voegw*	voegwoord
CHEM	chemie, scheikunde	VOETB	voetbal
COMP	computerterm	*voorv*	voorvoegsel
DIERK	dierkunde	*vz*	voorzetsel
ECON	economie	V.T.	verleden tijd
ELEKTR	elektrotechniek	VULG	vulgair
FIG	figuurlijk	WISK	wiskunde
FORM	formeel	*ww*	werkwoord
GRAM	grammatica	ZN	Zuid-Nederlands
HANDEL	handelsterm	*znw*	zelfstandig naamwoord
INF	informeel		
IRON	ironisch		

me VNW → **mij** — pijltjes verwijzen naar ander trefwoord
medicijn DE *medicine, drug* ★ onze dochter gebruikt medicijnen tegen astma *our daughter takes medicines/drugs for her asthma* ▼ hij studeert medicijnen *he is studying medicine, he's a medical student* — komma's scheiden synoniemvertalingen

meer I HET *lake* II BIJW *more* ★ hij woont hier niet meer *he doesn't live here any more/any longer* ★ ik hoop hem meer te zien *I hope to see more of him* ▼ nooit meer *never again* III TELW *more* ★ het plan is min of meer mislukt *the plan has more or less failed* ★ krijg jij meer zakgeld dan ik? *do you get more pocket money than I do?* ▼ steeds meer *more and more* — voorbeeldzinnen worden voorafgegaan door blauw sterretje

— blauwe Romeinse cijfers markeren het begin van een nieuwe woordsoort

melken WW *milk* ★ de meeste boeren melken hun koeien tweemaal per dag *most farmers milk their cows twice a day* — woordsoorten staan in kleinkapitale letters

meneer, ook: **mijnheer** DE ● met achternaam *Mr* ★ meneer Smith *Mr Smith* ● zonder achternaam *sir* ★ pardon meneer, mag ik u iets vragen? *excuse me, sir, can I ask you something?* — trefwoorden en eventuele varianten zijn blauwgedrukt

menstruatie DE *menstruation,* INF *period* — labels in kleinkapitale letters geven stilistische informatie
mentaliteit DE *mentality*
menu HET *menu*
mep DE *blow, slap* ★ hij kreeg een mep in zijn gezicht *he received a blow/slap in his face* ★ hij gaf me een mep *he gave me a slap, he slapped me*
merel DE *blackbird*
merendeel HET ★ voor het merendeel *for the most part*
merg HET *marrow* ▼ haar jammeren gaat door merg en been *her wailing cuts through you like a knife* — voorbeeldzinnen met minder letterlijke vertalingen worden voorafgegaan door een blauw driehoekje

merk HET ● herkenningsteken *mark,* ⟨op kleren⟩ *label* ★ de maat staat op het merkje *the size is on the label*
● handelsnaam *brand* ★ een broek van een goed merk *a good brand of trousers* — duidelijke betekenisordening met blauwe bolletjes

A

a DE *a* ★ hoe ga je van a naar b? *how do you get / go from A to B?* ★ de A van Anton *A as in Alpha* ★ zeg eens a *say aah, open your mouth wide* ▼ ik heb het boek van a tot z gelezen *I've read the book from cover to cover*

aaien WW *stroke,* ⟨dier⟩ *pat, stroke,* ⟨romantisch⟩ *caress* ★ de kinderen aaiden de hond *the children petted / patted the dog* ▼ ik aaide de hond over zijn kop *I gave the dog a pat on the head*

aal DE *eel* ★ zo glad als een aal *(as) slippery as an eel*

aambeeld, ook: **aanbeeld** HET *anvil*

aan BIJW + VZ ● in werking *on* ★ de verwarming is aan *the heating is on* ● aan het lichaam *on* ★ trek je schoenen aan *put your shoes on* ● op een (vaste) plaats *on, at* ★ aan het strand *on the beach* ● als gevolg van *from, of* ★ zij lijdt aan kanker *she's suffering from cancer* ★ hij is aan kanker overleden *he died of cancer* ● wat betreft *of* ★ een gebrek aan vitaminen *a lack of vitamins* ▼ geef het aan mij *give it to me* ▼ wij zijn nu aan het eten *we're having dinner just now* ▼ wij liepen twee aan twee naar binnen *we went in two by two* ▼ hij reed af en aan *he drove back and forth* ▼ het is dik aan tussen hen *they're really close* ▼ er is niets aan ⟨gemakkelijk⟩ *there's nothing to it;* ⟨saai⟩ *it's boring / I don't like it* ▼ doe maar rustig aan! *take it easy!* ▼ hij rotzooit maar wat aan *he's just messing around / about*

aanbakken WW *burn, stick to the pan* ★ zorg dat de aardappels niet aanbakken *be careful that the potatoes don't burn / don't stick to the pan*

aanbellen WW *ring (the bell)* ★ hij belde bij de buren aan *he rang the neighbours' doorbell*

aanbidden WW ● erg veel houden van *adore* ● aanbidden *worship*

aanbidder DE *admirer* ★ een stille aanbidder *a secret admirer*

aanbieden WW ● geven *offer, give* ★ je moet je verontschuldigingen aanbieden *you ought to offer your apologies* ● schenken *present* ★ het eerste exemplaar van het boek werd aan de koningin aangeboden *the first copy of the book was presented to the Queen* ▼ te koop aangeboden *for sale*

aanbieding DE ● aanbod *offer* ★ er zijn maar weinig aanbiedingen van stageplaatsen *there are not many offers for trainee posts* ● koopje *bargain* ● afgeprijsd artikel *special (offer)* ★ gehakt is in de aanbieding vandaag *mince is on special (offer) today*

aanbod HET *offer* ★ het bedrijf heeft mij een goed aanbod gedaan *the firm has made me a good offer* ★ ik neem het aanbod aan *I accept the offer* ★ zij sloeg het aanbod af *she declined / rejected the offer*

aanbranden WW *burn* ★ je hebt het eten weer laten aanbranden *you've burnt the dinner again* ▼ het smaakt aangebrand *it has a burnt taste* ▼ hij is gauw aangebrand *he's short-tempered, he has a short fuse*

aanbreken WW ● ⟨een fles &⟩ *open* ★ we braken een nieuwe pot pindakaas aan *we opened a new jar of peanut butter* ● ⟨kapitaal⟩ *break into* ★ we moesten onze reserves aanbreken *we had to break into our reserves* ● ⟨gebeurtenissen⟩ *dawn, come* ★ toen de grote dag aanbrak was hij ziek *when the big day dawned / came he was sick* ★ de grote dag was aangebroken *the big day had dawned / come* ▼ bij het aanbreken van de dag *at dawn / daybreak*

aanbrengen WW ● plaatsen *put in, put on, add* ★ je moet een beetje meer kleur aanbrengen *why don't you put in / add a bit more colour?* ● van veranderingen *make* ★ de leraar heeft veranderingen aangebracht in het proefwerk *the teacher (has) made some changes to the test* ● van verf & *apply* ★ de dokter bracht jodium aan op de wond *the doctor applied some iodine to the wound*

aandacht DE *attention* ★ je moet meer aandacht besteden aan je werk *you should pay more attention to your work* ★ dat heeft mijn volle aandacht *it has my undivided attention* ★ hij trok veel aandacht *he attracted a lot of attention* ▼ een en al aandacht *all ears / eyes*

aandachtig I BN *attentive* ★ een aandachtig luisteraar *an attentive listener* II BIJW *attentively* ★ hij luisterde aandachtig *he listened attentively*

aandeel HET ● bijdrage *part, contribution*

★ wat was jouw aandeel in de ruzie? *what was your part in the / your contribution to the argument?* ● waardepapier *share* ★ zijn aandelen Shell kelderden *his shares in Shell plummeted*

aandenken HET ● voorwerp *souvenir* ★ een aandenken aan mijn reis naar Parijs *a souvenir of my trip to Paris* ● nagedachtenis *memory, remembrance* ★ een standbeeld als aandenken aan de veldslag *a statue in memory / in remembrance of the battle*

aandoen WW ● aantrekken *put on* ★ ik zou maar een dikke jas aandoen *I'd put on a thick coat if I were you* ● aansteken *switch on, turn on* ★ mijn moeder stak het licht aan *my mother switched / turned on the light, my mother switched / turned the light on* ● berokkenen *cause* ★ hij deed zijn moeder veel verdriet aan *he caused his mother a lot of pain / grief* ▼ dat kun je hem niet aandoen *you can't do that to him* ● een indruk geven *seem* ★ haar gedrag doet mij vreemd aan *her behaviour seems strange to me*

aandoening DE kwaal *disorder, complaint* ★ een aandoening aan de nieren *a kidney disorder / complaint*

aandrang DE *pressure* ★ de politie oefende aandrang uit op de menigte om zich te verspreiden *the police put pressure on the crowd to disperse* ▼ op aandrang van mijn ouders ben ik gestopt met volleyballen *at my parents' insistence I stopped playing volleyball* ▼ ⟨naar de wc moeten⟩ ik heb aandrang *I need to go (to the toilet / AM bathroom)*

aandrijven WW ● op water of door de lucht *float by, drift by* ★ er kwam een stuk hout aandrijven *a piece of wood came drifting / floating by* ● in beweging brengen TECHN *drive* ★ de pomp wordt door een benzinemotor aangedreven *the pump is driven by a petrol engine*

aandringen WW *urge, insist* ★ hij drong er bij mijn ouders op aan om mij die kans te geven *he urged my parents to give me the chance / he insisted that my parents give me the chance*

aanduiden WW wijzen *indicate* ★ dat duidt aan dat hij niet veel geleerd heeft *it indicates that he hasn't learned / learnt much*

aandurven WW *dare to* ★ durf je het aan? ⟨durven te doen⟩ *do you dare to (do it)?*; ⟨riskeren⟩ *do you feel up to it?*

aaneen BIJW *on end* ★ uren aaneen *for hours on end*

aangaan WW ● op bezoek gaan *call in on, drop in on* ★ we willen even bij mijn ouders aangaan *we want to call / drop in on my parents* ● betreffen ★ wat mij aangaat *as far as I'm concerned* ● beginnen *enter into* ★ hij ging een discussie aan met de leraar *he entered into a discussion with the teacher* ▼ het gaat mij niet aan *it's none of my business* ▼ hij ging een weddenschap met mij aan *he made a bet with me*

aangeboren BN erfelijk *congenital, hereditary* ★ een aangeboren afwijking *a congenital defect*

aangenaam I BN *pleasant, pleasing* ★ een aangenaam geurtje *a pleasant / pleasing smell* ★ een aangename verrassing *a pleasant surprise* ▼ aangenaam kennis te maken *pleased to meet you* ▼ we kunnen het nuttige met het aangename verenigen *we can combine business with pleasure* II BIJW *pleasantly* ★ we waren aangenaam verrast *we were pleasantly surprised*

aangeschoten BN *tipsy*

aangetekend BN + BIJW *registered* ★ ik heb het pakje aangetekend verstuurd *I sent the parcel by registered mail*

aangeven WW ● aanreiken *hand, pass* ★ wil je me het zout even aangeven? *could you pass / hand me the salt, please?* ● aanduiden *indicate, register* ★ de weegschaal gaf 80 kilo aan *the scales registered 80 kilograms* ★ hier kun je aangeven in welke branche je graag wilt werken *you can indicate here the sector you would like to work in* ● officieel melden *declare* ★ hebt u iets aan te geven? *have you got anything to declare?* ● aanbrengen *report* ★ ik heb mijn buurman bij de politie aangegeven *I've reported my neighbour to the police* ● overgeven *turn in* ★ de dief heeft zichzelf aangegeven *the thief turned himself in*

aangezien VW *since, seeing that* ★ aangezien ik naar de elfde verdieping moest besloot ik niet de trap te nemen *I decided not to take the stairs seeing that / since I had to go* *to the eleventh floor*

aangifte DE ⟨van goederen⟩ *declaration*, ⟨misdaad⟩ *report*, ⟨van belasting⟩ *(tax) return* ★ uw aangifte moet bij de belastingdienst binnen zijn voor 1 september *your tax return must have been lodged with the Taxation Office before 1 September* ▼ de dame deed aangifte van een inbraak *the lady reported a burglary*

aangrijpen WW ● vastpakken *seize* ★ ik greep de gelegenheid aan om er meer over te weten te komen *I seized the opportunity to learn more about it* ● ontroeren *move* ★ die film grijpt je echt aan *the film really moves / affects you*

aanhalen WW ● vaster trekken *tighten* ★ we moeten de broekriem aanhalen *we have to tighten our belts* ● liefkozen ⟨van dier⟩ *pet, pat*, ⟨van mens⟩ *caress* ★ je moet de hond niet aanhalen *don't pet / pat the dog* ● citeren ⟨van tekst⟩ *quote* ★ hij haalde de woorden van de president aan *he quoted the president's words*

aanhalingsteken HET *quote, quotation mark* ★ aanhalingstekens openen / sluiten *open / close quotation marks*

aanhang DE *followers, supporters, adherents* ★ Ajax heeft een grote aanhang *Ajax has a lot of supporters* ★ de partij heeft een groeiende aanhang *the party has a growing number of adherents*

aanhanger DE ● volgeling *follower, supporter* ● aanhangwagen *trailer*

aanhankelijk BN *affectionate* ★ een aanhankelijk kind *an affectionate child*

aanhef DE *start, opening* ★ een vriendelijke aanhef van een brief *a friendly start to a letter*

aanhoren WW *listen to, hear* ★ het was niet om aan te horen *I couldn't bear to hear it / to listen to it*

aanhouden WW ● voortduren *continue, hold, last* ★ ons geluk / het mooie weer houdt aan *our luck / the weather is holding* ● gaan naar *keep* ★ we moeten links / rechts aanhouden *we have to keep to the left / right* ● arresteren *arrest* ★ de politie heeft een verdachte aangehouden *the police have arrested a suspect* ● tegenhouden *stop* ★ ik hield een voorbijganger aan op straat *I stopped a passer-by in the street*

aankijken WW ● kijken naar *look at* ★ dat is het aankijken niet waard *that's not worth looking at* ● de schuld krijgen *blame for* ★ jij wordt er op aangekeken *you'll be blamed for it* ▼ we kijken de zaak nog even aan *we'll wait and see*

aanklacht DE *charge* ★ hij dient een aanklacht in tegen school *he's bringing a charge against the school* ★ de boer trok de aanklacht in *the farmer withdrew / dropped the charge*

aanklagen WW *accuse, charge* ★ zij is aangeklaagd wegens fraude *she has been charged with / accused of fraud*

aankleden WW *dress* ★ ze kleedde zich aan *she dressed, she got dressed* ▼ we gaan de kamer aankleden *we're going to decorate the room*

aankloppen WW *knock on / at the door* ★ hij klopte bij de buren aan *he knocked on / at the neighbours' door* ▼ hij klopte bij de pastoor aan om geld *he appealed to the priest for money*

aankomen WW ● arriveren *arrive* ★ wij kwamen om 6 uur aan *we arrived at 6 o'clock* ● naderen *approach, come* ★ we zagen de trein aankomen *we saw the train coming* ★ je kon het zien aankomen *you could see it coming, it was inevitable* ● aanraken *touch* ★ niet aankomen! *don't touch!, hands off!* ● zwaarder worden *put on weight* ★ zij is 10 kilo aangekomen *she's put on 10 kilos*

aankomst DE *arrival* ★ bij aankomst *on arrival*

aankomsthal DE *arrival hall*

aankondigen WW *announce* ★ ze gaan binnenkort hun huwelijk aankondigen *they will announce their marriage shortly*

aankoop DE ● het kopen *buying, acquisition* ★ de aankoop van een huis kost veel geld *buying a house costs a lot of money* ● het gekochte *purchase* ★ het is goed om prijzen te vergelijken voordat je een aankoop doet *it is a good idea to compare prices before making a purchase / before buying something* ▼ bij aankoop van een cd-speler een cd gratis *a free CD with every CD player*

aankruisen WW *mark, tick (off)* ★ aankruisen wat van toepassing is *mark / tick where appropriate*

aankunnen WW *be up to, be able to manage* ★ hij kon het werk niet aan *he wasn't up to* *the job, he couldn't manage the job*

aanleg DE • constructie ⟨van wegen, spoorwegen, &⟩ *construction, building* ★ in aanleg *under construction* • talent *talent* ★ hij heeft aanleg voor muziek *he has a talent for music*

aanleggen WW • construeren *make,* ⟨weg, brug &⟩ *build, construct,* ⟨kabels &⟩ *lay (out), put* ★ ze hebben een nieuwe tuin aangelegd *they've made / laid out a new garden* ★ ze leggen een leiding aan door het plafond *they're putting a cable through the ceiling* • vreemd gaan *carry on* ★ ze legde het aan met de buurman *she was carrying on with the man next door*

aanleiding DE *reason, cause* ★ de directe aanleiding *the immediate reason / cause* ★ zonder enige aanleiding *without any reason / cause*

aanloop DE • SPORT *run-up* ★ hij nam een aanloop *he took a run-up* • bezoek *visitors* ★ mijn buren hebben veel aanloop *my neighbours have / get a lot of visitors* • voorstadium *build-up* ★ in de aanloop tot de oorlog *in the build-up to the war* ★ in de aanloop naar het EK *in the build-up to the European Championships*

aanlopen WW • even langsgaan *drop by / in, call on* ★ ik liep even bij mijn oma aan *I dropped by / in on my grandma, I called on my grandma* • tegen iets aan schuren *rub against* ★ het wiel van mijn fiets loopt aan ⟨tegen het spatbord⟩ *my bicycle wheel is rubbing against the mudguard* • een kleur krijgen *turn, become* ★ hij liep rood aan *his face turned / went red*

aanmaken WW • aansteken *light* ★ mijn vader maakt altijd de kachel aan *my father always lights the stove* ★ wie heeft het vuur aangemaakt? *who lit the fire?* • klaarmaken ⟨groente⟩ *prepare* ★ mijn moeder heeft de salade aangemaakt *my mother put a dressing on the salad* • mengen ⟨verf, deeg⟩ *mix*

aanmaning DE *reminder,* ⟨laatste⟩ *final notice*

aanmelden WW • inschrijven *enrol* ★ ik heb me aangemeld voor fitness *I've enrolled to do fitness training* • melden *report* ★ je moet je eerst aanmelden bij de balie *please report to the desk first*

aanmelding DE ⟨voor wedstrijd⟩ *entry,* ⟨voor baan⟩ *application,* ⟨voor examen⟩ *registration* ★ de sluitingsdatum voor aanmelding voor de examens is 1 december *registration for the exams should take place no later than 1 December, you must register for the exams no later than 1 December*

aanmerken WW • beschouwen als *consider (as), regard (as)* ★ reistijd wordt niet aangemerkt als werktijd *travelling time is not considered / regarded as working time* • afkeurend opmerken *find fault (with)* ★ er valt niets op aan te merken *I can find no fault with it, I can't find anything wrong with it*

aanmerking DE kritiek *remark, comment* ★ hij maakt altijd ergens aanmerkingen op *he's always making remarks / comments about something* ▼ alle factoren moeten in aanmerking worden genomen *all factors have to be taken into consideration / account* ▼ hij komt niet in aanmerking voor de baan *he isn't eligible for the job*

aanmoedigen WW *encourage,* SPORT *cheer on* ★ het elftal werd aangemoedigd door het publiek *the team was cheered on by the crowd*

aannemen WW • in ontvangst nemen *accept, take* ★ de buren hebben het pakketje voor ons aangenomen *the neighbours accepted / took the package on our behalf* • accepteren *accept, take,* ⟨wet⟩ *pass* ★ we nemen als vanzelfsprekend aan dat we genoeg te eten hebben *we take for granted that we have enough to eat* • veronderstellen *assume, suppose* ★ er werd algemeen aangenomen dat... *it was generally assumed / supposed that...*

aannemer DE *contractor, builder*

aanpak DE *approach* ★ er is een andere aanpak van het probleem nodig *we need a different approach to the problem, the problem needs to be approached differently*

aanpakken WW • aannemen *take* ★ de ober pakte het bord aan *the waiter took the plate* • behandelen *deal with, handle,* ⟨probleem⟩ *tackle* ★ je moet hem niet te ruw aanpakken *don't deal too roughly with him, don't handle him too roughly* ★ we pakten het probleem op de verkeerde manier aan *we tackled the problem the wrong way*

aanpassen WW • bijstellen *adapt, adjust* ★ we moeten onze plannen aanpassen *we* *have to adapt / adjust our plans* ★ ik moet me nog aanpassen aan mijn nieuwe baan *I'm still adapting / adjusting to my new job, I'm stilling finding my feet in my new job* • **aanproberen** *try on* ★ heb je die jas al aangepast? *have you tried on that coat yet?*

aanpassing DE *adaptation, adjustment* ★ evolutie is de aanpassing aan veranderingen in de omgeving *evolution is adaptation / adjustment to changes in the environment*

aanplakbiljet HET *poster, bill*

aanraden WW *advise,* ⟨boek⟩ *recommend,* ⟨plan⟩ *suggest* ★ die film kan ik je zeker aanraden *I can really recommend that movie* ▼ op aanraden van *at the suggestion of, at / on the advice of*

aanraken WW *touch* ★ verboden de voorwerpen aan te raken *do not touch the exhibits*

aanraking DE *touch, contact* ★ school brengt leerlingen in aanraking met kunst *school brings students in touch / in contact with art* ▼ hij kwam in aanraking met de politie *he got into trouble with the police*

aanranden WW *assault* ★ zij werd door een groepje jongens aangerand *she was assaulted by a group of boys*

aanrecht HET *kitchen sink* ★ ik heb de hele middag aan het aanrecht gestaan *I've been cooking all day*

aanrechtblad HET *work top*

aanreiken WW *pass, hand* ★ kun je me het zout even aanreiken? *could you pass / hand me the salt, please?*

aanrichten WW *cause* ★ de storm had enorme schade aangericht *the storm caused massive damage*

aanrijden WW *run over* ★ ik heb een overstekend hert aangereden *I ran over a deer as it was crossing the road*

aanrijding DE *accident, collision, crash* ★ hij was betrokken bij een aanrijding *he was involved in an accident / a crash / a collision*

aanschaffen WW *purchase, buy* ★ we hebben een nieuwe auto aangeschaft *we've purchased / bought a new car* ★ mijn moeder heeft zich gisteren nieuwe schoenen aangeschaft *mum bought herself new shoes yesterday*

aanschieten WW • *licht verwonden hit* • *gauw aantrekken put on quickly* ★ we moesten gauw onze kleren aanschieten *we had to put our clothes on quickly* ▼ je kan mij altijd even aanschieten in de kantine *you can always come up and have a chat to me in the canteen*

aanschrijven WW *order* ★ hij zal worden aangeschreven om de schutting te verwijderen *he will be ordered to remove the fence* ▼ ik sta goed / slecht bij hem aangeschreven *I'm in his good / bad books*

aanschuiven WW *dichterbij brengen draw up, pull up* ★ hij schoof een stoel aan *he drew / pulled up a chair*

aanslaan WW • *starten van motor start* ★ de auto weigerde aan te slaan *the car refused to start* • *succes hebben catch on, be a success* ★ mobiele telefoons zijn goed aangeslagen in China *mobile phones have really caught on in China / are a real success in China* • *beslaan steam up, fog up* ★ de ruiten sloegen aan *the windows steamed / fogged up* • *in beweging brengen* ⟨toets⟩ *strike,* ⟨snaar⟩ *touch* ★ hij sloeg de verkeerde toon aan *he struck the wrong note* ▼ ik sla haar hoog aan *I think highly of her*

aanslag DE • *afzetting deposit* ★ er zit aanslag op de tegels *there is a deposit on the tiles* • *waterdamp condensation* ★ ze veegde de aanslag op de ruiten weg *she wiped the condensation from the windows* • *aanval attack,* ⟨met bom⟩ *bomb attack* ★ er werd een aanslag op zijn leven gepleegd *an attack was made on his life* • *belastingaanslag tax assessment*

aansluiten WW • *overeenkomen (met) correspond to, match* ★ haar verhaal sluit goed aan bij wat jij nu vertelt *her story corresponds to / matches what you're telling me now* • *verbinden link up,* ⟨ook van treinen⟩ *connect* ★ de route sluit aan in Parijs *the route links up in / connects in Paris* ▼ we zijn niet aangesloten op de kabel *we don't have a cable connection* • *lid worden join, become a member* ★ hij sloot zich bij de partij aan *he joined the party, he became a member of the party* • *het eens zijn agree with* ★ daar sluit ik me bij aan *I agree with that*

aansluiting DE • *verbinding connection* ★ ⟨trein &⟩ ik heb de aansluiting gemist *I missed the connection* • *contact contact* ★ hij zocht aansluiting bij anderen met hetzelfde probleem *he sought contact with*

aanspelen ww ⟨in balsport⟩ pass the ball to, play the ball to ★ hij speelde mij aan *he passed / played the ball to me*

aanspoelen ww *be washed ashore* ★ er is een lijk aangespoeld *a corpse has been washed ashore*

aansporen ww aanmoedigen *urge (on), spur on* ★ zij spoorde hem aan om zijn best te doen *she urged him (on) / spurred him on to do his best*

aanspraak DE • sociaal contact *contact* ★ hij heeft weinig aanspraak *he doesn't have many contacts* • recht *lay claim to, claim* ★ China maakt aanspraak op Taiwan *China is claiming Taiwan (as its own) / is laying claim to Taiwan*

aansprakelijk BN *responsible* ★ hij werd aansprakelijk gesteld voor de schade *he was held responsible for the damage*

aanspreken ww • het woord richten tot *address, speak to* ★ je kunt hem aanspreken met je / jij *you can address him by his first name* • in de smaak vallen *appeal to* ★ het spreekt me niet aan *it doesn't appeal to me*

aanstaan ww • bevallen *please* ★ het staat me helemaal niet aan ⟨ik ben er niet blij mee⟩ *I'm not pleased with it*; ⟨ik vind het niet mooi⟩ *I don't like it* • in werking zijn ⟨van motor⟩ *be running*, ⟨tv &⟩ *be (switched) on* ★ je hebt de radio aan laten staan *you left the radio on*

aanstaande BN • eerstkomend *next, coming* ★ de deadline is verschoven naar aanstaande vrijdag *the deadline has been shifted to next / coming Friday* • toekomstig *future* ★ mijn aanstaande echtgenoot / echtgenote *my future husband / wife*

aansteken ww • doen branden *light* ★ we gaan de open haard aansteken *we're going to light the open fire* ★ de brand was aangestoken *the fire was lit / started deliberately* ★ moeder stak de kaarsen aan *mother lit the candles* • besmetten *infect* ★ hij heeft de hele familie aangestoken *he has infected the whole family*

aansteker DE *lighter*

aanstellen ww • in dienst nemen *appoint* ★ ze is aangesteld voor twee jaar *she has been appointed for two years* • overdreven doen *pose, show off* ★ stel je niet zo aan! *stop showing off / posing!*

aansteller DE *show-off, poser*

aanstrepen ww • afvinken ⟨op lijst⟩ *tick off* ★ hij streepte mijn naam aan *he ticked off my name, he ticked my name off* • markeren ⟨een stuk tekst⟩ *highlight* ★ met een markeerstift kun je woorden aanstrepen *you can highlight words using a marking pen*

aantal HET *number* ★ een groot aantal mensen is te dik *a large number of people are too fat* ▼ tegen 2050 zullen de vrouwen de mannen in aantal overtreffen met meer dan 30% *by 2050, women will outnumber men by more than 30%*

aantasten ww • nadelig gevolg hebben *affect, injure, damage* ★ roken tast de longen aan *smoking affects / injures / damages your lungs* ★ haar reputatie is aangetast *her reputation has been damaged* • roesten *corrode* ★ het metaal van de machine is aangetast *the metal part of the machine has corroded*

aantekenen ww • aantekening maken *write down, make a note of* ★ hij tekende aan waar hij was geweest *he made a note of / wrote down where he had been* • vermelden *note, comment* ★ een woordvoerder tekende aan dat het aantal doden zal oplopen *a spokesman noted / commented that the number of dead will rise* ▼ hij tekende zijn tweede doelpunt van de dag aan *he recorded his second goal for the day* ▼ je kunt altijd bezwaar aantekenen *you can always lodge a protest* ▼ waardevolle zaken moet je aangetekend versturen *you should send valuable things by registered mail*

aantekening DE *note* ★ ze maakt goede aantekeningen *she takes good notes*

aantikken ww • aanraken *touch* ★ hij tikte zijn tegenstander aan *he touched his opponent* • optellen *add up, mount up* ★ dat tikt lekker aan *that's adding up / mounting up nicely*

aantocht DE ▼ de winter is in aantocht *winter is approaching, winter is on the way*

aantreden ww • in functie komen *take office* ★ Bush is in januari 2001 aangetreden als president *Bush took office as president in January 2001* • in het gelid

aantreffen – aanvullen

gaan staan *line up* ★ alle soldaten traden aan *all the soldiers lined up*

aantreffen ww *find, come across* ★ er is een slang aangetroffen in een kist sinaasappels *they came across / found a snake in a crate of oranges*

aantrekkelijk BN • van iemand *attractive, appealing* • van iets *attractive, inviting* ★ een aantrekkelijk aanbod *an attractive / inviting offer*

aantrekken ww • aandoen ⟨kleren & schoenen⟩ *put on* ★ trek je laarzen aan *put your boots on, put on your boots* ★ ze trokken hun jas aan *they put their coats on, they put on their coats* • vasttrekken *tighten* ★ trek je veters strakker aan *tighten your shoelaces* • naar zich toe trekken *draw, attract* ★ ik voel me aangetrokken tot hem *I feel attracted to him / drawn toward him* • ernstig opvatten *be concerned (about), take seriously* ★ zij trok het zich erg aan *she was very concerned about it, she took it very seriously* ▼ trek je maar niets aan van die meiden *take no notice of those girls*

aanvaarden ww • accepteren *accept, agree to* ★ zij aanvaarden het voorstel niet *they won't agree to / won't accept the proposition* • op zich nemen *take up, assume* ★ hij heeft een nieuwe functie aanvaard *he took up / assumed a new position*

aanval DE • het aanvallen *attack, charge* ★ het leger voerde een aanval uit op de vijand *the army made an attack on the enemy, the army charged the enemy* • van ziekte & *attack, bout, fit* ★ een griepaanval *a bout / an attack of the flu* ★ een epileptische aanval *an epileptic fit*

aanvallen ww • aanval doen (op) *attack, charge* ★ de vijand viel bij zonsopgang aan *the enemy attacked / charged at dawn* ★ wij vielen op het eten aan *we attacked the food* • sport *attack, charge, tackle* ★ hij viel hem in de rug aan *he attacked / charged / tackled him from behind*

aanvang DE *beginning, start, commencement* ★ bij de aanvang van het tentamen *at the beginning / start / commencement of the exam* ▼ ik was al voor de aanvang van de les aanwezig *I was already present before the lesson began / started / commenced*

aanvangen ww *begin, start, commence* ★ de film vangt aan om 20.00 uur *the film begins / starts / commences at 8 p.m.*

aanvangstijd DE *(scheduled) starting time*

aanvegen ww *sweep (out)* ★ om het huis heen wordt alles steeds goed aangeveegd *the area (a)round the house is kept well swept* ▼ hij veegde de vloer met mij aan *he wiped the floor with me, he knocked / hit me for six*

aanvliegen ww • vliegend naderen *approach* ★ het toestel kwam aanvliegen uit het oosten *the plane approached from the east* • vliegend botsen *crash into* ★ het vliegtuig vloog tegen de 26ste etage aan *the plane crashed into the 26th floor* • aanvallen *fly at, attack* ★ de poes vloog de hond aan *the cat flew at / attacked the dog*

aanvoelen ww *feel* ★ het voelde raar aan *it felt strange / funny* ▼ hij voelt goed aan welke baan past bij welke kandidaat *he has a good feeling / sense for the job that suits each applicant best*

aanvoer DE • het aanvoeren *supply, delivery* ★ de aanvoer van tenten naar het rampgebied is begonnen *supply / delivery of tents to the disaster area has got under way* • het aangevoerde *supplies* ★ voedselaanvoer *food supplies*

aanvoerder DE *leader*, SPORT *captain*

aanvoeren ww • leiden *lead, captain* ★ wie voert het team aan? *who's leading / captaining the team?* • brengen *supply, bring* ★ ze voeren voedings- en hulpmiddelen aan *they're supplying food and resources* • naar voren brengen ⟨bezwaren⟩ *raise*, ⟨bewijs⟩ *submit* ★ het argument dat hij aanvoerde klopte van geen kant *the argument that he raised made no sense at all*

aanvraag DE *application, request* ★ de aanvraag moet je indienen bij het hoofdkantoor *you should submit your application / request to the main office*

aanvragen ww • vragen *apply for, request* ★ ik vraag morgen een uitkering aan *I'm applying for benefits tomorrow* ★ ik vroeg een plaatje aan voor mijn moeder *I requested a record for my mother* • bestellen *order* ★ hoe kan ik boeken aanvragen? *how can I order some books?*

aanvullen ww • volledig maken *complete* ★ dit boek vult mijn verzameling aan *this* *book completes my collection* • **aanzuiveren** *replenish* ★ wij moeten onze voorraden aanvullen *we should replenish our supplies* • afmaken *finish* ★ hij vult zelfs mijn zinnen aan *he even finishes my sentences for me* • completeren *complement* ★ ze vullen elkaar goed aan *they really complement each other*

aanvulling DE • het volledig maken *supplement* ★ dit product is geschikt als aanvulling van vitaminen *this product is suitable as a vitamin supplement* ▾ in aanvulling op wat ik eerder schreef... *supplementary to what I wrote earlier, to add to what I wrote earlier...* ▾ deze gebruiksvoorwaarden gelden in aanvulling op de overige voorwaarden *these conditions of use are supplementary to / supplement the other conditions* • van voorraad *replenishment, replacement* ▾ zorg voor tijdige aanvulling van de winkelvoorraad *make sure that the shop's supplies are replenished / replaced on time*

aanwakkeren WW • toenemen in kracht *increase, strengthen,* ⟨wind⟩ *freshen* ★ de storm wakkerde aan *the storm strengthened* ★ mijn enthousiasme wakkerde aan *my enthusiasm increased* • op doen laaien *stir up, fan* ★ de wind wakkerde het vuur aan *the wind stirred up / fanned the fire* • stimuleren *stimulate, encourage* ★ ze willen een politieke discussie aanwakkeren *they want to encourage / stimulate political discussion*

aanwezig BN • er bij *present* ★ de aanwezigen *those present* ▾ hij was nadrukkelijk aanwezig *he really made his presence felt* • beschikbaar *available* ★ er is niet genoeg geld aanwezig *there is not enough money available*

aanwijzen WW • laten zien *point to / out, show* ★ kun je de dader aanwijzen? *can you point out / point to who did it?* ★ mijn horloge wijst half twaalf aan *my watch shows that it's 11.30* • bestemmen *assign (to), allocate* ★ de regering heeft extra gelden aangewezen voor onderwijs *the government has assigned / allocated additional funds for education*

aanwijzing DE • inlichting *instruction, direction* ★ aanwijzingen voor het gebruik *instructions / directions for use* • indicatie *indication, sign, clue* ★ er is geen enkele aanwijzing van fraude *there is no indication / sign of fraud whatsoever* ★ er zijn geen aanwijzingen wie het gedaan heeft *there are no clues as to who did it*

aanwinst DE verrijking *asset, welcome addition* ★ zij is een aanwinst voor de school *she's an asset to the school* ★ deze boeken zijn een welkome aanwinst voor de bibliotheek *these books are a welcome addition to the library*

aanzetten WW • op de proppen komen *come up* ★ hij kwam goed met een idee aanzetten *he came up with a good idea* • in werking zetten ⟨tv &⟩ *switch on,* ⟨motor⟩ *start (up)* ★ zij zette de radio aan *she switched the radio on, she switched on the radio* • vastmaken *attach,* ⟨knoop &⟩ *sew on,* ⟨schroef⟩ *tighten* ★ mijn moeder zette een nieuwe knoop aan de jas *my mother sewed a new button on the coat* • aansporen *urge, incite* ★ ik werd aangezet door te lopen *I was urged to walk on* ★ de menigte werd aangezet om het gebouw te bestormen *the crowd was incited to storm the building*

aanzien I HET • uiterlijk *look, appearance* ★ de straat krijgt een ander aanzien *the street is getting a new look / appearance* • waardering *respect, regard* ★ de koningin staat hoog in aanzien *the Queen is held in great respect / regard* • prestige *prestige, standing* ★ het aanzien van de sport *the sport's prestige / standing* ▾ wat is hun houding ten aanzien van homoseksualiteit? *what is their attitude with respect / in regard(s) to / towards homosexuality?* II WW bekijken *look at, watch* ★ de film is niet om aan te zien *the film isn't worth looking at / watching, the film's awful* ▾ ik zag hem voor zijn broer aan *I mistook him for his brother*

aanzienlijk I BN *great, considerable* ★ een aanzienlijk aantal mensen heeft kabeltelevisie *a great / considerable number of people have cable television* II BIJW *greatly, considerably* ★ het aantal computergebruikers is aanzienlijk toegenomen *the number of computer users has increased greatly / considerably*

aanzoek HET *proposal* ★ zij wees zijn aanzoek af *she rejected his proposal* ▾ hij heeft haar een aanzoek gedaan *he proposed to her, he asked her to marry him*

aap DE ⟨mensaap⟩ *ape*, ⟨met staart⟩ *monkey*
aard DE ● gesteldheid *character, nature* ★ hij heeft zijn ware aard getoond *he showed his true character / nature* ★ dat ligt niet in mijn aard *it's not my nature to do things like that* ● soort *kind, sort* ★ niets van dien aard *nothing of the sort / kind*
aardappel DE *potato* ★ gebakken / gekookte aardappelen *fried / boiled potatoes* ★ mijn vader is aardappelen aan het poten *my father is planting potatoes*
aardappelpuree DE *mashed potatoes*
aardbei DE *strawberry*
aardbeving DE *earthquake*
aardbol DE *globe*
aarde DE ● grond *soil* ★ deze plant heeft meer aarde nodig *this plant needs more soil around it* ● aardbol *earth* ★ planeet aarde *planet earth*
aardewerk HET *pottery, earthenware* ★ een schaal van Delfts aardewerk *a Delft pottery / earthenware dish*
aardgas HET *natural gas*
aardig I BN ● leuk *nice* ★ zij is een aardige lerares *she's a nice teacher, as a teacher she's really nice* ★ zij ziet er aardig uit *she looks nice* ● vriendelijk *kind* ★ dat is erg aardig van je *that's really kind of you* II BIJW ● leuk *nicely* ★ het gaat hem aardig goed *he's doing very nicely* ● nogal *quite, rather, pretty* ★ het is aardig koud vandaag *it's quite / rather / pretty cold today*
aardlekschakelaar DE *earth leakage circuit breaker*
aardolie DE *petroleum, oil*
aardrijkskunde DE *geography*
aardrijkskundig BN *geographical*
aardverschuiving DE *landslide* ★ een politieke aardverschuiving *a political landslide*
aartsbisschop DE *archbishop*
aarzelen WW ● wachten met beslissen *hesitate* ★ Jack aarzelt of hij wel mee wil *Jack's hesitating about whether he wants to go or not* ● niet kunnen kiezen *waver* ★ zij aarzelt tussen Jack en Peter *she's wavering between Jack and Peter*
aarzeling DE *hesitation* ★ na een moment van aarzeling *after a moment's hesitation* ▼ er was geen moment van aarzeling bij Patrick *Patrick didn't hesitate for one moment*

aas I DE speelkaart *ace* ★ de hartenaas *the ace of hearts* II HET lokvoer *bait*
abc HET *alphabet, ABC*
abnormaal I BN *abnormal* ★ abnormale toestanden *abnormal situations* II BIJW *abnormally* ★ april was abnormaal warm *April was abnormally warm*
abonnee DE ● op tijdschrift & *subscriber* ● op trein & *season ticket holder*
abonnement HET ● op krant & *subscription* ● op trein & *season ticket*
abonneren WW *subscribe to* ★ ik ga me abonneren op een dagblad *I'm going to subscribe to a daily paper, I'm going to take out a subscription to a daily paper*
abortus DE *abortion* ★ zij heeft besloten om abortus te laten plegen *she's decided to have an abortion*
abrikoos DE *apricot*
absent BN *absent*
absentie DE *absence*
absoluut I BN *absolute* ★ absolute macht *absolute power* II BIJW *absolutely* ★ ik ben daar absoluut zeker van *I'm absolutely certain about / of it*
absorberen WW *absorb* ★ deze papieren doekjes absorberen olie heel goed *these paper towels absorb oil well*
absurd I BN *absurd, preposterous, ridiculous* II BIJW *absurdly, ridiculously* ★ de huizen zijn er absurd goedkoop *houses are absurdly / ridiculously cheap there*
academie DE *academy*
accelereren WW *accelerate*
accent HET ● klemtoon *stress, emphasis* ★ het accent ligt op de tweede lettergreep *the stress / emphasis is on the second syllable* ● tongval *accent* ★ een licht / sterk accent *a slight / strong accent*
acceptabel BN *acceptable*
accepteren WW *accept* ★ dat soort gedrag accepteer ik niet *I won't accept that kind of behaviour*
acceptgiro DE *payment slip, giro form*
accessoires MV *accessories*
accolade DE het teken { *curly bracket*
accommodatie DE *accommodation*
accordeon DE *accordion*
accountant DE *accountant*
accu DE *battery* ★ de accu is leeg *the battery is dead*
accuklem DE *battery clip*
acculader DE *battery charger*

ace DE bij tennis *ace*

ach TSW *oh!* ★ ach, jee! *oh dear!*

acht I DE *attention* ★ hij slaat geen acht op de verkeersregels *he pays no attention to the rules of the road, he ignores the rules of the road* ▼ neem jezelf in acht *take care of yourself* ▼ je moet de regels in acht nemen *you have to observe the rules* **II** TELW *eight* ★ acht min drie is vijf *eight minus three equals five* ▼ op 8 mei *on the eighth of May*

achtbaan DE *roller coaster*

achten ww *consider, think, find* ★ acht je dat een realistisch plan? *do you consider the plan to be realistic?, do you think the plan is realistic?* ★ ik acht de verdachte schuldig *I find the accused guilty*

achter BIJW + VZ ● aan de achterkant *at / in the back / rear* ★ hij ging achter in de auto zitten *he went and sat in the back / rear of the car* ★ zij ging achter in de kamer zitten *she went and sat at the back of the room* ▼ hij is achter in de dertig *he's in his late thirties* ● in achterstand *behind* ★ ik loop achter met mijn werk *I'm behind with my work* ▼ de klok loopt achter *the clock is slow* ● met iets / iemand voor zich *behind* ★ ik liep achter hem *I walked behind him* ▼ achter het stuur / bureau *at the wheel / desk* ● na *after* ★ ze kwamen achter elkaar binnen *they came in one after the other* ▼ twee weken achter elkaar *two weeks on end*

achteraan BIJW ● als laatste *behind* ★ Tim liep achteraan *Tim was walking behind, Tim brought up the rear* ● niet vooraan *at the back* ★ hij zat achteraan in de zaal *he sat at the back of the hall* ▼ zij ging / holde er achteraan *she ran after it*

achteraf BIJW ● naderhand *afterwards, later on* ★ achteraf bleken we allemaal een voldoende te hebben *later on / afterwards we found that we'd all passed* ▼ achteraf bekeken *looking back / in retrospect* ● afgelegen *out of the way* ★ het dorp ligt een beetje achteraf *the village is a bit out of the way* ▼ ze wonen achteraf *they live in the middle of nowhere, they live at the back of beyond*

achterbak DE van auto *boot*

achterbaks I BN *sneaky, underhand* ★ achterbakse streken *underhand tricks* ▼ hij is achterbaks *he's a sly one* **II** BIJW *sneakily, behind people's backs* ★ hij doet dingen achterbaks *he does things behind people's backs*

achterban DE *supporters* ▼ het partijbestuur raadpleegde de achterban *the party leadership consulted the rank and file* ▼ de steun van de achterban *grass-roots support*

achterband DE *back tyre /* AM *tire*

achterblijven ww ● niet meegaan *stay behind* ★ ze bleef achter bij de kinderen *she stayed behind with the children* ● niet kunnen bijbenen *lag behind,* ⟨bij wedstrijden⟩ *fall behind* ★ het peloton bleef wat achter *the main group fell somewhat behind* ▼ hij wilde niet achterblijven bij zijn vrienden *he didn't want to be outdone by his friends*

achterbuurt DE *slums* ★ in de achterbuurten van Londen *in the slums of London*

achterdeur DE *back door*

achterdochtig I BN *suspicious* ★ hij begon achterdochtig te worden over wat er gaande was *he was getting suspicious about what was going on* **II** BIJW *suspiciously, in a suspicious manner* ★ de laatste tijd doet ze nogal achterdochtig *she's been acting suspiciously / in a suspicious manner recently*

achtereen BIJW ● onafgebroken *on end* ★ dagen achtereen *for days on end* ● rap op elkaar volgend *in succession, in a row* ★ viermaal achtereen *four times in a row / in succession*

achtereenvolgens BIJW + BN *successively,* ⟨na opsomming⟩ *respectively* ★ de eerste twee wedstrijden werden achtereenvolgens in Brussel en Parijs gehouden *the first two matches took place in Brussels and in Paris respectively*

achteren BIJW ● (naar) achteren *back, backwards* ★ allemaal doorlopen naar achteren! *everybody move further back!* ★ ze deed een stap naar achteren *she took a step backwards* ● (van) achteren *(from) behind* ★ hij viel mij van achteren aan *he attacked me from behind*

achtergrond DE *background* ★ ze blijft liever wat op de achtergrond *she prefers to keep in the background* ★ op de achtergrond zie je het bos *that's the forest you see in the background*

achtergrondmuziek DE *background music,* ⟨minachtend⟩ *muzak*

achterhalen ww • te pakken krijgen *catch up with, run down* ★ zij hebben de dief kunnen achterhalen *they've been able to catch up with / to run down the thief* ▼ die theorie is allang achterhaald *that theory is outdated / is old hat* • terugvinden *recover, retrieve* ★ de politie heeft de gestolen goederen achterhaald *the police have recovered / retrieved the stolen goods* • te weten komen *find out* ★ ik wil de waarheid achterhalen *I want to find out the truth* ★ hij achterhaalde dat Jones een strafblad had *he found out that Jones had a criminal record*

achterhoofd HET *back of the head* ▼ je moet het in je achterhoofd houden *keep it in mind* ▼ zij is niet op haar achterhoofd gevallen *she's no fool*

achterhouden ww *withhold, keep back* ★ hij wordt ervan beschuldigd informatie te hebben achtergehouden *he has been accused of keeping back / of withholding information*

achterin BIJW *in the back, at the back* ★ de kinderen zaten achterin de auto *the children were sitting in the back of the car* ★ de antwoorden staan achterin het boek *the answers are at the back of the book*

achterkant DE *back,* ⟨van blad papier⟩ *reverse,* ⟨van gebouw⟩ *rear* ★ op de achterkant van het boek *on the back of the book* ★ lees de informatie aan de achterkant *please read the information on the reverse* ★ de parkeerplaatsen bevinden zich aan de achterkant van het gebouw *there is room for parking at the rear of the building*

achterkleinkind HET *great-grandchild*

achterlaten ww *leave,* ⟨door te sterven⟩ *leave behind* ★ ik heb een boodschap voor je achtergelaten *I've left you a message / I've left a message for you* ★ hij liet een koffer met een bom achter *he left a suitcase containing a bomb* ★ hij laat een vrouw en twee kinderen achter *he leaves behind a wife and two children*

achterlicht HET *back / rear light*

achterliggen ww *lag behind* ★ je ligt achter op / bij de andere leerlingen *you're lagging behind the other students*

achterlijk BN *backward* ★ hij maakt een achterlijke indruk *he gives the impression of being backward* ▼ doe niet zo achterlijk! *stop being such a moron / idiot!, stop being so stupid!*

achterlopen ww • ⟨van klok⟩ *be slow* ★ de klok loopt vijf minuten achter *the clock is five minutes slow* • ⟨van persoon⟩ *be behind the times* ★ mijn ouders lopen behoorlijk achter *my parents are really behind the times*

achternaam DE *surname, family name*

achternazitten ww achtervolgen *chase (after), go after* ★ de politie zat de bankovervallers achterna *the police chased (after) / went after the bank robbers*

achterom BIJW • via de achterkant *(a)round the back* ★ je moet achterom lopen *you have to go (a)round the back* • achteruit *back* ★ hij liep de hele tijd achterom te kijken *he kept on looking back*

achterop BIJW • achter *behind* ★ ik ben achterop met mijn werk *I'm behind with my work* ★ ik hoop dat ik niet achterop raak bij mijn medeleerlingen *I hope I won't fall behind my fellow students* • op de achterkant *on the back* ★ ⟨fiets⟩ hij nam zijn vriendin achterop *he gave his girlfriend a ride on the back of his bike,* INF *he dinked his girlfriend / gave his girlfriend a dink*

achterover BIJW *backwards* ★ zij viel achterover en kwam met haar hoofd op de stoep terecht *she fell over backwards and hit her head on the footpath*

achterpoot DE *hind leg*

achterstaan ww in sportwedstrijd *be behind / down* ★ Nederland staat met 2-0 achter *the Netherlands are behind / down 2 to nil / the Netherlands are trailing 2 to nil*

achterstallig BN *overdue, outstanding* ★ achterstallig onderhoud *overdue maintenance* ▼ achterstallige betaling *back payment*

achterstand DE *arrears* ★ hij heeft twee maanden huurachterstand *his rent is in arrears by two months* ▼ ⟨sport⟩ we moeten de achterstand inhalen *we've got to close the gap*

achterste I DE laatste *last one* II HET zitvlak *bottom, behind, backside*

achterstellen ww • minder achten *rate lower, consider lower* ★ hij wordt bij de anderen achtergesteld *he's considered less important than the others* • benadelen *discriminate against* ★ zij voelde zich

achtergesteld she felt discriminated against

achterstevoren BIJW back to front ★ je hebt je trui achterstevoren aan you're wearing your jumper back to front

achteruit I DE reverse ★ ik zette de auto in zijn achteruit I put the car in reverse II BIJW backwards, back ★ ik keek achteruit I looked back / backwards ★ de situatie gaat achteruit the situation is going backwards ▼ zijn toestand gaat snel achteruit his health is declining / deteriorating rapidly

achteruitgaan WW ● naar achteren gaan move back, go back ★ ga even een beetje achteruit! just move / go back a little! ● verslechteren decline, deteriorate ★ zijn gezondheid is erg achteruitgegaan his health has declined / deteriorated a lot

achteruitkijkspiegel DE rear-view mirror, rear-vision mirror

achtervolgen WW ● achternazitten pursue, run after ★ de winkelier achtervolgde de winkeldief the shopkeeper ran after / pursued the shoplifter ● last blijven geven pursue ★ we werden door pech achtervolgd we were pursued by bad luck

achterwerk HET bottom, behind, backside

achterwiel HET back wheel, rear wheel

achting DE ● respect regard, esteem ★ hij is in mijn achting gedaald / gestegen he has fallen / risen in my esteem / regard ● bewondering admiration ★ ik heb veel achting voor zijn prestaties I have a lot of admiration for his achievements

achtste TELW eighth

achttien TELW eighteen ▼ op 18 mei on the eighteenth of May

achttiende TELW eighteenth ▼ op zijn achttiende ging hij naar de universiteit he entered university when he was eighteen

acne DE acne ★ ze lijdt aan acne she suffers from acne

acrobaat DE acrobat

acteren WW act

acteur DE actor, performer

actie DE handeling action ★ de politie kwam in actie the police came into action ▼ hij voerde actie voor / tegen de doodstraf he campaigned for / against the death penalty

actief I BN active ★ hij werd actief lid van de vakbond he became an active member of the trade union ★ je moet je wat actiever opstellen you should take a more active approach II BIJW actively ★ de regering overlegde actief met de vakbonden the government actively negotiated with the trade unions

activiteit DE activity

actrice DE actress

actualiteit DE actueel onderwerp topical subject ▼ een actualiteitenprogramma a current affairs programme

actueel BN current, topical ★ deze vacature is niet meer actueel this vacancy is no longer current, this vacancy has been filled ★ dit artikel is niet meer actueel this article is no longer topical / is out of date

adamsappel DE Adam's apple

adder DE viper, adder

adel DE nobility ★ hij is van adel he belongs to the nobility

adelaar DE eagle

adellijk BN noble ★ hij was van adellijke afkomst he came from a noble family, he was of noble birth

adem DE breath ★ als je hard loopt raak je buiten adem if you run fast you'll get out of breath ★ onder water moet je je adem inhouden you have to hold your breath under water ★ voor ik doorga moet ik even op adem komen before I go on I have to recover my breath

ademen WW breathe

ademhaling DE breathing, respiration ★ zijn ademhaling werd onregelmatiger his breathing became more irregular ★ kunstmatige ademhaling artificial respiration

adempauze DE breathing space, breather

ader DE vein ★ hij is trots dat er Nederlands bloed door zijn aderen stroomt he's proud of the Dutch blood flowing through his veins

adieu TSW goodbye, farewell

administratie DE ● afdeling van bedrijf accounts department ● beheer administration ● administratiekantoor office ★ de administratie is gesloten van 12 tot 1 the office is closed between 12 and 1 ▼ de secretaresse voert de administratie the secretary does the administrative work ▼ moet ik de hele administratie zelf doen? do I have to do all the paperwork myself?

admiraal DE admiral

adopteren WW adopt ★ zij is als kleuter

geadopteerd *she was adopted as a toddler*
adoptie DE *adoption* ★ het kind werd ter adoptie aangeboden *the child was given up for adoption*
adres HET *address* ★ je moet hier je adres invullen *you need to fill in your address here* ▼ per adres *c / o, care of*
adresseren WW *address*
adreswijziging DE *change of address*
advertentie DE *advertisement*, INF *ad* ★ ik zet een advertentie in de krant *I'm putting an ad / advertisement in the newspaper*
adverteren WW *advertise*
advies HET raad *advice* ★ ik zal je goede adviezen opvolgen *I'll follow your good advice* ⟨'advice' is altijd enkelvoud⟩▼ elke leerling krijgt een advies van de school *the school recommends a course level for each student*
adviseren WW *advise, recommend*
advocaat DE ● raadsman *lawyer* ★ hij neemt een advocaat *he's calling in a lawyer*
● drank *advocaat*
af BIJW ● vandaan / weg *from* ★ het huis staat ver van de weg af *the house is a long way from the road* ▼ ze liepen af en aan *they came and went* ● van ... af *off* ★ hij viel van het dak af *he fell off the roof* ▼ ⟨tegen hond⟩ af! *down!* ● klaar *finished, done* ★ het werk is af *the work is finished / done* ▼ ⟨bij spel⟩ je bent af! *you're out!* ▼ op je plaatsen! klaar? af! *on your marks! get set! go!* ● bij benadering *to* ★ op de minuut af *to the minute* ▼ af en toe ⟨soms⟩ *every now and then, occasionally*; ⟨onregelmatig⟩ *off and on*
afbeelden WW een afbeelding maken van *portray, show, depict* ★ de dood wordt vaak afgebeeld als een man met een zeis *death is often portrayed / shown / depicted as a man with a scythe*
afbeelding DE ● weergave *picture, portrait*
● plaatje in boek & *illustration*
afbetaling DE *payment, instalment* ★ de eerste afbetaling is op vijftien mei *the first instalment / payment is due on the fifteenth of May* ▼ we hebben de koelkast op afbetaling gekocht *we bought the fridge on hire purchase / on instalments*
afbijtmiddel HET *paint remover, paint stripper*
afblijven WW *keep / stay away (from), leave alone* ★ van de broodjes afblijven! *stay away from the rolls! / leave the rolls alone!*
▼ blijf van me af! *don't touch me!*
▼ afblijven! *hands off!*

afbraak DE ● *demolition* ★ de gemeente had de afbraak van het gebouw kunnen verbieden *the council could have prevented the demolition of the building / could have stopped the building from being demolished*
● *degradation* ★ de afbraak van het onderwijs *the degradation of education*
afbranden WW *burn down* ★ de kerk brandde af *the church burnt down*
afbreken WW ● eraf- / kapotbreken *break (off)* ★ je moet eerst het dopje van de tube afbreken *you have to break off the tip of the tube first* ★ de linkervleugel van het vliegtuig brak af *the left wing of the plane broke off* ★ er is een gigantisch ijsveld afgebroken in het Zuidpoolgebied *a gigantic sheet of ice has broken off in the Antarctic* ● slopen *pull down, tear down, demolish* ★ de oude huizen zijn afgebroken *the old houses have been demolished / been pulled down / been torn down* ● beëindigen *break off, cut short* ★ de onderhandelingen zijn afgebroken *the negotiations have been broken off / cut short*
afdak HET ● vrijstaand *shelter, canopy*
● afhellend dak *overhang*
afdalen WW ● naar beneden gaan *go down, come down* ★ hij daalde de berg af *he came down (from) the mountain* ● op ski's *ski downhill*
afdaling DE ● *descent* ★ in de stromende regen begonnen wij aan de afdaling *we started the descent in the pouring rain* ● bij skiën *downhill* ★ de eerste afdaling voor de wereldbeker *the opening downhill of the World Cup*
afdanken WW ● wegdoen ⟨kleren &⟩ *discard / throw away*, ⟨machines &⟩ *scrap*, ⟨auto⟩ *get rid off* ● wegsturen *sack, lay off* ★ de fabriek heeft een aantal werknemers afgedankt *the factory has sacked / laid off a number of employees* ● afwijzen *ditch* ★ ze heeft haar vriendje afgedankt *she's ditched her boyfriend*
afdeling DE *department* ★ dat vindt u op de afdeling huishoudelijke artikelen *you'll find it in the household goods department*
afdingen WW ● onderhandelen *haggle, bargain* ★ hij dingt altijd af op de prijs *he always haggles / bargains over the price*

afdoen • lager weten te krijgen *knock off* ★ ik heb twee euro van de prijs weten af te dingen *I've managed to knock two euros off the price* ▼ op zijn prestatie valt niets af te dingen *nothing can detract from his achievement*

afdoen ww • afzetten *take off* ★ doe je pet af *take off your cap* • afhalen *knock off* ★ de winkelier deed iets van de prijs af *the shopkeeper knocked something off the price* • afhandelen *finish* ★ de zaak is voor mij afgedaan *for me the matter is finished* ▼ dat doet niets aan de waarde af *that doesn't detract from its value* ▼ jij hebt voor mij afgedaan *I've finished with you / I'm through with you*

afdraaien ww • door draaien verwijderen *twist off, unscrew* ★ je moet de dop eraf draaien *you have to twist the top off, you have to unscrew the top* • afspelen ⟨film⟩ *show,* ⟨bandje⟩ *play* • afratelen *rattle off, reel off* ★ hij draait altijd hetzelfde verhaal af *he always reels / rattles off the same story*

afdrogen ww • afwas *dry (up)* ★ help je even met afdrogen? *would you help with drying up?* • droog maken *dry* ★ na het zwemmen de voeten goed afdrogen *make sure you dry your feet well after you have been swimming* • pak slaag geven *thrash* ★ we hebben de tegenstanders afgedroogd *we thrashed our opponents, we gave our opponents a thrashing*

afdruk DE ⟨van boek⟩ *copy,* ⟨computer⟩ *hard copy,* ⟨van vinger, foto⟩ *print*

afdrukken ww een afdruk maken ⟨van bestand⟩ *print off,* ⟨van foto⟩ *print* ★ hij drukte het bestand af *he printed the file off / printed off the file*

afdwalen ww *stray, wander* ★ zijn gedachten dwaalden af *his thoughts strayed / wandered* ▼ probeer niet van het onderwerp af te dwalen *try not to deviate from the topic*

affiche HET *poster* ★ de groep had in de hele stad affiches opgehangen *the group had hung up posters all over town*

afgaan ww • langsgaan *go along* ★ hij ging de rij af *he went along the line* ▼ hij gaat altijd recht op zijn doel af *he always comes straight to the point* • afgeschoten worden *go off* ★ opeens ging het pistool af *suddenly the pistol went off*

• gezichtsverlies lijden *lose face* ★ ik wil niet afgaan voor een heel publiek *I don't want to lose face in front of a big audience* ▼ hij ging af als een gieter *he was a total flop* • vertrouwen op *rely on, trust* ★ ik ga af op mijn eigen oordeel *I rely on / trust my own judgement* • van verf & *come off* ★ de verf ging er af bij de minste aanraking *the paint came off at the slightest touch*

afgang DE • aanfluiting *farce, fiasco* ★ de wedstrijd was een afgang *the match was a farce / fiasco* • schande *let-down, disappointment* ★ een zesje was voor hem echt een afgang *getting six out of ten was a real let-down / disappointment for him*

afgelasten ww *cancel* ★ de sportdag is afgelast wegens het slechte weer *the sports day has been cancelled because of bad weather*

afgeven ww • kleurstof loslaten *run* ★ de kleuren geven af als de temperatuur van de was te hoog is *the colours will run if the washing temperature is too high*
• bekritiseren *run down* ★ hij geeft altijd op mij af *he's always running me down*
• overhandigen ⟨van tassen &⟩ *leave,* ⟨van boodschap, krant⟩ *deliver,* ⟨van geld⟩ *hand over* ★ je kunt je tassen afgeven bij de garderobe *you can leave your bags at the cloakroom* • verspreiden *give off, give out* ★ de kachel geeft enorm veel warmte af *the heater gives off a huge amount of heat*

afgezien vz ★ afgezien van *apart from, with the exception of, besides* ★ afgezien van de twee grootste steden is het land dun bevolkt *apart from / with the exception of the two largest cities, the country is thinly populated* ★ afgezien van Jan was er niemand *there was nobody there apart from / besides Jan*

afgod DE *idol*

afgraven ww weggraven *dig away, level* ★ de heuvel is helemaal afgegraven *the hill has been completely dug away / levelled*

afgrijselijk I BN *horrible, ghastly* ★ een afgrijselijke moord *a horrible / ghastly murder* **II** BIJW *horribly, awfully* ★ ze zong afgrijselijk *she sang horribly / awfully* ★ afgrijselijk vies weer *awfully bad weather*

afgrond DE *abyss* ★ de bus viel in een afgrond *the bus fell into an abyss*

afgunstig I BN *jealous* ★ zij is altijd

afgunstig op haar zus *she's always jealous of her sister* II BIJW *jealously, enviously* ★ haar vriendinnen reageerden afgunstig *her girlfriends reacted jealously*

afhaalrestaurant HET *takeaway (restaurant)*

afhalen WW • van iets ontdoen *strip* ★ de meid haalde de bedden af *the maid stripped the beds* ▼ je moet eerst de bonen afhalen voordat je ze kookt *you've got to string the beans first before cooking them* • ophalen ⟨van huis⟩ *call for,* ⟨goederen⟩ *collect,* ⟨met auto⟩ *pick up* ★ ze haalde haar vrienden af van het station *she picked up her friends from the station / picked her friends up from the station*

afhandelen WW *deal with, settle* ★ deze zaak is nog niet afgehandeld *this matter hasn't been dealt with / settled yet*

afhangen WW • afhankelijk zijn van *depend* ★ dat hangt van de situatie af *that depends on the situation* ★ dat hangt er vanaf: ga je via Amsterdam of Utrecht? *that depends: are you going via Amsterdam or Utrecht?* • plaatsen van een deur & *hang* ★ deuren afhangen is een precies werkje *hanging doors is a precise job*

afhankelijk BN • niet-zelfstandig *dependent* ★ zij is van niemand afhankelijk *she's not dependent on anybody* • afhangend van *dependent on, subject to* ★ afhankelijk van goedkeuring *subject to approval* ★ of ik ga is afhankelijk van het weer *whether I'll go or not is dependent on / depends on the weather*

afhouden WW • weghouden *keep off* ★ hij kon er zijn ogen niet afhouden *he couldn't keep his eyes off it* • obstructie plegen SPORT *obstruct*

afkeer DE *aversion, dislike* ★ zij kreeg een afkeer van kinderen *she took a dislike to children* ★ de afkeer tegen buitenlanders neemt toe *dislike of / aversion to foreigners is on the increase*

afkeren WW • zich wegdraaien *turn away* ★ hij keerde zich van mij af *he turned away from me* • iets afwenden *avert, turn away* ★ ze keerde haar ogen van hem af *she averted her eyes from him / she turned her eyes away from him*

afkeuren WW • militair *reject, declare unfit* ★ de dienstplichtige werd afgekeurd *the conscript was declared unfit / was rejected* • niet goedkeuren *condemn, disapprove*

★ ik keur dergelijk gedrag af *I disapprove of / I condemn behaviour like that*

afkeuring DE • het niet goedkeuren *condemnation, disapproval* ★ ze sprak haar afkeuring uit *she expressed her disapproval / condemnation* • het ongeschikt verklaren *rejection*

afkijken WW • *copy* ★ hij heeft bij / van zijn buurman afgekeken *he's copied from the boy next to him* • langs iets kijken *look down* ★ ze keek de hele straat af *she looked down the length of the street* • tot het eind bekijken *see out* ★ we hebben de film niet helemaal afgekeken *we didn't see the film out, we didn't stay to the end of the film*

afknippen WW *cut off* ★ de stelen van de rozen werden schuin afgeknipt *the stems of the roses were cut off at an angle*

afkoelen WW *cool down, cool off,* INF *chill (out)*

afkomen WW • aan iets ontsnappen *get off* ★ we zijn er goed / slecht / goedkoop vanaf gekomen *we got off well / badly / cheaply* • kwijtraken *get rid of* ★ ze kan niet van haar puistjes afkomen *she can't get rid of her pimples* • afstammen van *derive from* ★ het woord komt van het Latijn af *the word derives from Latin* • afkomen op *head for, make for* ★ het paard kwam recht op haar af *the horse made / headed straight for her* • van iets naar beneden *come down, get off* ★ kom onmiddellijk van dat hek af! *come down from / get off that fence immediately!*

afkomst DE *descent,* ⟨afstamming⟩ *origin,* ⟨geboorte⟩ *birth* ★ zij was van Ierse afkomst *she was of Irish descent / origin, she was Irish by birth* ★ van adellijke afkomst *of noble birth*

afkorten WW *shorten,* TAALK *abbreviate*

afkorting DE *abbreviation* ★ 'UK' is de afkorting van 'the United Kingdom' *'UK' is the abbreviation of 'the United Kingdom'*

afkraken WW *slate, run down* ★ ze zit haar ouders altijd af te kraken *she's always running her parents down / running down her parents, she's always slating her parents*

afleiden WW • uit de concentratie halen *distract* ★ de radio leidde me af *the radio distracted me* • afstammen *derive* ★ 'joyful' is afgeleid van 'joy' *'joyful' is derived from 'joy'* • opmaken uit *conclude* ★ ik leid uit je woorden af dat je het er niet mee eens

afleiding DE verstrooiing *diversion, distraction* ★ zij heeft afleiding nodig *she needs some diversion / distraction, she needs something to take her mind off things*

afleren WW *unlearn* ★ het is gemakkelijker iets te leren dan om het af te leren *it's easier to learn something than to unlearn it* ▼ je moet die gewoonte afleren *you have to break that habit* ▼ hij heeft mij het vloeken afgeleerd *he has cured me from cursing / swearing* ▼ ik zal je je grote mond afleren! *I'll teach you to have a big mouth!*

afleveren WW ● produceren *turn out, produce* ★ de machine kan 100 stuks per uur afleveren *the machine turns out / produces one hundred items per hour* ● bezorgen *deliver* ★ we leveren de goederen rechtstreeks aan de klant af *we deliver the goods directly to the customer*

aflevering DE ⟨bezorging⟩ *delivery,* ⟨van tijdschrift⟩ *issue,* ⟨van tv-serie⟩ *episode / instalment*

afloop DE ● einde *end, conclusion* ★ de afloop van de film is voorspelbaar *the end / conclusion of the film is predictable* ▼ na afloop van het examen mag je naar huis *after the examination you can go home* ▼ na afloop gingen we naar een feestje *afterwards we went to a party* ● uitslag *result(s), outcome* ★ de afloop van zo'n discussie is moeilijk te voorspellen *it's hard to predict the outcome / the results of such a discussion* ▼ een ongeluk met dodelijke afloop *a fatal accident*

aflopen WW ● eindigen *turn out, end* ★ het liep goed / slecht af *it turned out / ended well / badly* ▼ ...en daarmee afgelopen! *...and that's it!* ▼ het afgelopen jaar *the past year* ▼ de ruzie liep met een sisser af *the row blew over* ● hellen *slope* ★ op wegen die aflopen naar de berm moet je voorzichtig sturen *handle the car carefully on roads that slope (down / away) towards the edge* ● rinkelen ⟨van wekker⟩ *go off* ★ om 6 uur liep de wekker af *the alarm clock went off at 6 o'clock* ● lopen tot het eind *go / walk down* ★ we zijn de hele winkelstraat afgelopen *we went / walked down the entire shopping street*

aflossen WW ● afbetalen *pay off* ★ hij lost de schuld in termijnen af *he's paying the debt off in instalments / paying off the debt in instalments* ● vervangen *relieve* ★ ik kom je aflossen *I've come to relieve you / to take your place* ▼ wij losten elkaar af met rijden *we took turns driving*

afluisteren WW ● stiekem luisteren *eavesdrop, listen in* ★ volgens mij luistert hij mij af *I think he's eavesdropping on me / listening in on my conversations* ● met afluisterapparatuur *tap* ★ mijn telefoon wordt afgeluisterd *my phone is being tapped*

afmaken WW ● beëindigen *finish, complete* ★ hij is er niet in geslaagd zijn werk af te maken *he didn't manage to finish / complete his work* ● doden *kill, finish off,* ⟨van dier⟩ *put down* ★ de oude, zieke hond moest worden afgemaakt *the sick old dog had to be put down* ● vlug afhandelen *pass off, dismiss* ★ hij maakte zich met een paar woorden van de kwestie af *he dismissed the matter in a few words, he passed the matter off / passed off the matter in a few words*

afmeting DE *dimension, proportion, size* ★ wat zijn de afmetingen van de kamer? *what are the room's dimensions / proportions?, what size is the room?*

afname DE *decline* ★ er is een afname van het aantal leerlingen *there is a decline in the number of students, student numbers are declining*

afnemen WW ● minder worden *decrease, wane,* ⟨van wind⟩ *subside,* ⟨van storm⟩ *abate* ★ het enthousiasme voor het feest is afgenomen *enthusiasm for the party has waned / decreased* ● afzetten *take off* ★ hij nam zijn hoed af *he took his hat off / took off his hat* ● afruimen *clear* ★ zij nam de tafel af *she cleared the table* ● schoonpoetsen *clean, wipe (down)* ★ ik nam de tafels met een vochtige doek af *I wiped (down) / cleaned the tables with a damp cloth* ● afpakken *take away* ★ zijn rijbewijs is hem afgenomen *his driving licence has been taken away from him* ▼ het examen wordt in mei afgenomen *the exam is held in May*

afnemer DE *buyer, client, customer*

afpakken WW *take (away), snatch (away), grab* ★ hij pakte mij de bal af *he snatched / took the ball (away) from me, he grabbed the ball from me*

afprijzen ww *mark down, reduce* ★ deze schoenen zijn afgeprijsd *these shoes have been marked down / reduced*

afraden ww *advise against, discourage from* ★ het werd hem afgeraden om naar de baan te solliciteren *he's been discouraged from / he's been advised against applying for the job*

afrekenen ww *pay* ★ wil jij even afrekenen met de taxichauffeur? *would you pay the taxi driver?* ★ heb je al afgerekend? *have you paid yet?* ▼ de politieke partijen worden afgerekend op hun prestaties *political parties are judged on their achievements*

africhten ww *train* ★ we hebben onze hond zo afgericht dat hij pootjes geeft *we've trained our dog to give you his paw*

afrijden ww ● naar beneden rijden *drive down* ★ de auto reed de heuvel af *the car drove down the hill* ● rijexamen doen *do your driving test* ★ wanneer moet jij afrijden? *when are you due to do / when are you doing your driving test?*

Afrika HET *Africa*

afrit DE van verkeersweg *exit*

afroepen ww *call out, call off* ★ hij riep de namen af van diegenen die gekozen waren *he called off / out the names of those who had been selected*

afronden ww ● beëindigen *finish off* ★ ik moet mijn werkstuk nog afronden *I still have to finish off my essay* ● round off ⟨bedragen⟩ ★ de bedragen moet je naar boven / beneden afronden *round the amounts up / down*

afruimen ww *clear* ★ de kinderen ruimen altijd de tafel af *the children always clear the table*

afschaffen ww *abolish*, ⟨een verbod⟩ *lift* ★ China wil de doodstraf niet afschaffen *China doesn't want to abolish capital punishment*

afscheid HET ● weggaan *parting, leaving* ★ het afscheid viel hem zwaar *leaving his family / parting with his family was hard for him* ● afscheidsgroet *goodbye* ★ we namen afscheid van onze gasten *we said goodbye to our guests*

afscheiding DE ● van groepering *breakaway, secession* ● van ruimte *partition* ● vocht *secretion*

afschrijven ww ● afboeken *debit, withdraw* ★ het bedrag was van de spaarrekening afgeschreven *the amount was withdrawn from / was debited from the savings account* ● niet meer rekenen op *write off, give up on* ★ wij hadden jullie bijna afgeschreven *we'd nearly written you off / nearly given up on you*

afschrikken ww *put off, scare off* ★ het slechte weer schrikt mensen af *the bad weather scares / puts people off*

afschudden ww *shake off* ★ ik slaagde er in mijn achtervolgers af te schudden *I managed to shake off my pursuers / shake my pursuers off*

afschuw DE *horror* ★ tot mijn afschuw *to my horror*

afschuwelijk BN *shocking, awful, horrible* ★ zij droeg een afschuwelijk lelijke jurk *she wore an awful / ugly dress, she wore a horrible dress* ★ afschuwelijk weer *shocking / awful / horrible weather*

afslaan ww ● van richting veranderen *turn (off)* ★ links afslaan bij het eerste kruispunt *turn (off) left at the first junction* ● niet meer werken *cut out, stall* ★ de motor slaat telkens af *the engine keeps on cutting out / stalling* ● weigeren *refuse, reject, say no to* ★ dat sla ik niet af *I can't refuse / reject that, I won't say no to that*

afslachten ww *massacre, slaughter*

afslag DE ● afrit *exit* ★ je moet de derde afslag nemen *you have to take the third exit* ● kruising *turn* ★ neem de derde afslag links *take the third turn to the left*

afslanken ww ● slanker worden *lose weight, trim down* ★ hij is flink afgeslankt *he's lost quite a bit of weight*
● personeelsvermindering *trim down, cut back*

afsluiten ww ● versperren *close, block* ★ de bergpas is afgesloten *the mountain pass has been closed / blocked* ● toevoer stopzetten ⟨elektriciteit⟩ *disconnect*, ⟨gas⟩ *cut off* ★ de buren zijn van het gas afgesloten *the neighbours have had their gas cut off* ● op slot doen *lock* ★ heb je de tuindeur afgesloten? *did you lock the garden door?* ● eind maken *close*, BOEKH *balance* ★ een afgesloten tijdperk *a closed era* ▼ hij sloot zijn carrière af als nummer 72 van de wereld *at the end of his career he had a world ranking of 72* ● overeenkomst sluiten ⟨contract⟩ *conclude*, ⟨verzekering,*

afsnijden – afstellen

af

afsnijden ww hypotheek⟩ take out ★ hij heeft een levensverzekering afgesloten *he's taken out a life insurance policy* • afzonderen *close off* ★ ze sloot zich af van de buitenwereld *she closed herself off from the outside world*

afsnijden ww • wegsnijden *cut off*, ⟨takken⟩ *lop off* ★ hij sneed een groot stuk taart af *he cut off a big slice of cake* • korter maken ⟨van afstand⟩ *cut (off)* ★ hij snijdt altijd de bochten af *he always cuts (off) the corners* • doorsnijden ⟨v. keel⟩ *slit, cut* ★ zijn keel was afgesneden *his throat had been cut*

afspelen ww • met geluidsapparatuur *play* ★ hij speelde een cassettebandje af *he played a cassette* • gebeuren *take place, happen* ★ het speelde zich af in de vorige eeuw *it took place / it happened in the last century* ▼ het verhaal speelt zich af in Rome *the story is set in Rome*

afsplitsen ww *split off* ★ de weg splitst zich in noordelijke richting af naar Antwerpen *the road splits off towards the north in the direction of Antwerp*

afspoelen ww wassen met water *rinse, wash*

afspraak DE • overeenkomst *agreement* ★ je hebt je niet aan onze afspraak gehouden *you haven't kept to our agreement* • ontmoeting *appointment,* ⟨voor zaken⟩ *engagement* ★ een afspraak bij de tandarts *an appointment at the dentist's, a dental appointment* ▼ ik heb een afspraakje *I've got a date*

afspreken ww *agree (on), arrange* ★ we hebben een prijs afgesproken *we agreed on a price* ★ ik dacht dat we afgesproken hadden dat je op tijd zou komen? *I thought we'd agreed that you'd be on time?* ★ ze hebben geen tijd afgesproken voor het interview *they haven't arranged a time for the interview* ▼ afgesproken! *it's a deal!*

afspringen ww • toespringen naar *jump at, leap at,* ⟨kat &⟩ *pounce on* ★ de poes sprong op de muizen af *the cat pounced / leapt on the mice* • naar beneden springen *jump down from, jump off* ★ ze sprong van de brug af *she jumped off the bridge* • afketsen *fall through* ★ de deal is afgesprongen op kleinigheden *the deal fell through because of some minor details* ▼ haar relatie is afgesprongen *she's broken up with her friend*

afstaan ww *give up, hand over* ★ hij stond zijn zitplaats af aan een oudere meneer *he gave his seat up / he gave up his seat to an elderly man* ★ het bedrijf moest gegevens afstaan aan de rechtbank *the firm had to hand information over / hand over information to the court* ▼ zou jij je organen afstaan aan een crimineel? *would you donate your organs to a criminal?*

afstammen ww *descend from,* ⟨van woord⟩ *derive from* ★ wij denken dat de mens van de apen afstamt *we believe that man is descended from the apes*

afstand DE lengte tussen twee punten *distance* ★ we moesten op veilige afstand staan *we had to stand at a safe distance* ▼ hij is erg op een afstand *he's very stand-offish* ▼ ik hou hem op een afstand *I keep him at (an) arm's length* ▼ hij is met afstand de beste speler *he's by far the best player* ▼ hij heeft afstand gedaan van de troon *he has abdicated*

afstandelijk I BN *aloof, distant,* INF *stand-offish* II BIJW *aloofly, distantly* ▼ hij kan nogal afstandelijk overkomen *he can come over as being a bit stand-offish*

afstandsbediening DE *remote control,* INF *zapper*

afstappen ww • naar beneden stappen *step down,* ⟨van fiets⟩ *get off,* ⟨van paard⟩ *dismount* ★ ze stapte van het podium af *she stepped down from the stage* • toestappen naar *go up to, come up to* ★ hij kwam op me afstappen in de kantine *he came up to me in the canteen*

afsteken ww • aansteken *let off, set off* ★ in sommige landen is vuurwerk afsteken verboden *in some countries it is forbidden to let / set off fireworks* • uitspreken *deliver, make* ★ hij stak een speech af *he delivered / made a speech* • contrasteren *contrast* ★ zijn opgewekte stemming steekt af bij hoe hij zich gisteren voelde *his cheerful mood contrasts with how he was feeling yesterday* ▼ het steekt lelijk af tegen de omgeving *it stands / sticks out like a sore thumb against the surroundings* ▼ dat steekt gunstig af bij het algemeen gemiddelde *it compares favourably with the overall average*

afstellen ww *adjust* ★ het volume moet goed afgesteld worden *the volume needs*

afstoffen ww *dust*

afstompen ww *ongevoelig maken numb, dull* ★ al dat saaie werk had zijn geest afgestompt *all that tedious work had numbed / dulled his brain*

afstoten ww • *verwerpen* ⟨bij transplantatie⟩ *reject* ★ zijn lichaam heeft de nier afgestoten *his body rejected the kidney* • *laten afketsen repel* ★ dit materiaal stoot water af *this material repels water, this material is water-repellent* • *wegdoen cut, reduce, get rid of* ★ de fabriek moet 100 arbeidsplaatsen afstoten *the factory has to get rid of 100 jobs, the factory has to cut / reduce the number of jobs by 100* ▼ een hert stoot elk jaar zijn gewei af *deer shed their antlers every year*

afstraffen ww *punish*

afstuderen ww *graduate* ★ ze is vorig jaar afgestudeerd *she graduated last year*

aftekenen ww • *zichtbaar zijn stand out, be outlined* ★ de vogel stond scherp afgetekend tegen de lucht *the bird stood out clearly / was outlined clearly against the sky* • *zichtbaar worden become apparent* ★ een ramp van grote omvang tekende zich af *it became apparent that this was a disaster of major proportions*

aftellen ww *count* ★ zij zit de dagen tot Kerstmis af te tellen *she's counting the days to Christmas*

aftershave DE *aftershave*

aftiteling DE *credit titles, credits*

aftocht DE *retreat* ★ de vijand blies de aftocht *the enemy retreated, the enemy beat a retreat*

aftrap DE *kick-off*

aftrappen ww *bij voetbal kick off* ★ ons team was aan de beurt om af te trappen *it was our team's turn to kick off*

aftreden ww *resign,* ⟨van koning(in)⟩ *abdicate* ★ koningin Juliana is in 1980 afgetreden *Queen Juliana abdicated in 1980*

aftrek DE • *vraag naar demand* ★ deze boeken vinden veel aftrek *these books are in great demand,* INF *these books are selling like hot cakes* • *vermindering deduction* ▼ met aftrek van voorarrest *less the time already served in custody*

aftrekken ww • *in mindering brengen* ⟨van geld⟩ *deduct,* ⟨van getal⟩ *subtract* ★ het bedrag wordt automatisch afgetrokken van mijn salaris *the amount is automatically deducted from my wages* • *seksueel bevredigen* STRAATT *jerk off, jack off, wank off*

afval DE + HET • *overblijfsel waste* ★ radioactief afval *radioactive waste* • *vuilnis garbage, rubbish,* AM *trash*

afvalbak DE *rubbish / garbage bin,* AM *trash can*

afvallen ww • *uitvallen drop out* ★ een hoop kandidaten zullen afvallen *a lot of candidates will drop out* • *vermageren lose weight* ★ jij bent reuze afgevallen *you've lost loads of weight* ▼ zij is 10 kilo afgevallen *she's lost 10 kilos* • *ontrouw worden let down* ★ je moet je vrienden nooit afvallen *you should never let your friends down*

afvoer DE • *het afvoeren removal, transport* ★ de afvoer van gevaarlijke stoffen is een groot probleem voor bedrijven *the removal of dangerous substances is a big problem for businesses* • *afvoerleiding drain, waste pipe* ★ een verstopte afvoer *a blocked drain*

afvoeren ww • *wegvoeren* ⟨van goederen⟩ *remove, transport,* ⟨van water⟩ *drain away, drain off* ★ ze werden in bussen afgevoerd naar de gevangenis *they were transported to prison by bus* • *schrappen remove* ★ hij is van de ledenlijst afgevoerd *he has been removed from the membership list*

afvragen ww *wonder, ask yourself* ★ ik vroeg me af of ik het examen wel zou halen *I wondered / I asked myself whether I'd pass the exam*

afvuren ww *fire (off),* ⟨raket⟩ *launch* ★ het leger vuurde raketten af op de stad *the army fired (off) / launched missiles at the town*

afwachten ww *wait (for)* ★ je moet je beurt afwachten *you have to wait (for) your turn* ▼ we moeten maar afwachten! *we'll have to wait and see!*

afwachting DE ★ in afwachting van *pending* ★ het spandoek mag blijven hangen in afwachting van een beslissing van de rechter *the banner may remain up pending a decision from the judge* ▼ in afwachting

afwas DE *washing-up, dishes* ★ wie doet de afwas vandaag? *who's going to do the dishes / washing-up today?* ★ de afwas van gisteren staat er nog *yesterday's dishes are still there / washing-up is still there*

afwasmachine DE *(automatic) dishwasher*

afwassen WW ● de vaat doen *do the dishes, do the washing-up* ★ wie wast af bij jullie? *who does the dishes / the washing up at your place?* ● verwijderen door wassen *wash* ★ hij probeerde het bloed van zijn kleren af te wassen *he tried to wash the blood off / from his clothes*

afwateringskanaal HET *drainage channel, drainage canal*

afweer DE ● verdediging *defence / AM defense* ★ het leger had geen afweer tegen tanks *the army had no defence against tanks* ● weerstand *defences / AM defenses, resistance* ★ de afweer van het lichaam wordt aangetast *the body's defences come under attack* ★ zijn afweer tegen infecties is verzwakt *his resistance to infections is low*

afwenden WW ● wegdraaien *turn away, ⟨blik⟩ avert* ★ zij wendde haar hoofd af *she turned her head away / turned away her head* ● tegenhouden *avert* ★ de crisis is afgewend *the crisis has been averted*

afweren WW ● afhouden *keep off, keep away, ward off* ★ knoflook helpt verkoudheid af te weren *garlic helps to ward off colds* ● afslaan ⟨van aanval⟩ *repel, fight off* ★ ze weerde haar aanrander af *she fought off her assailant / fought her assailant off* ★ de aanval werd uiteindelijk afgeweerd *the attack was eventually repelled* ▼ hij weerde lastige vragen af *he evaded awkward questions*

afwerken WW *finish (off), complete* ★ de kast is fraai afgewerkt *the cupboard is finished off nicely*

afwerpen WW *throw off, ⟨van bladeren, bommen⟩ drop* ★ het paard wierp zijn berijder af *the horse threw off its rider / threw its rider off* ★ in de herfst werpen de bomen hun bladeren af *trees drop their leaves in the autumn* ▼ het plan begint vruchten af te werpen *the plan is starting to yield fruit*

afweten WW *weten over know about* ★ hij weet veel af van sport *he knows a lot about sport* ▼ hij liet het afweten *he didn't turn up* ▼ mijn auto liet het afweten *my car wouldn't go*

afwezig I BN ● absent *absent, not in, not at home* ★ je kunt proberen haar te bellen, maar ik denk dat ze afwezig is *you could try to ring her, but I think she's absent / but I don't think she's in / but I don't think she's at home* ● verstrooid *absent-minded* ★ zij had een afwezige blik in de ogen *she had an absent-minded look in her eyes* II BIJW verstrooid *absently, absent-mindedly* ★ ze zat afwezig voor zich uit staren *she sat staring absently / absent-mindedly ahead*

afwijken WW ● andere kant opgaan *deviate, stray* ★ de skiërs weken af van de skiroute *the skiers deviated / strayed from the ski route* ▼ hij is van het rechte pad afgeweken *he's wandered from the straight and narrow* ● verschillen *deviate, differ* ★ onze opvattingen over Bush wijken van elkaar af *our opinions about Bush deviate / differ*

afwijking DE ● verschil *difference* ★ een afwijking van een honderdste millimeter kan al te veel zijn *even a difference of a hundredth of a millimetre be too much* ● het niet overeenkomstig zijn *deviation, departure* ★ dit is een afwijking van de regel *this is a deviation / departure from the rules* ▼ in afwijking van de normale werkwijze *contrary to the normal procedure* ● gebrek *defect, handicap, abnormality* ★ zij heeft een lichamelijke afwijking *she has a physical handicap / defect* ★ een afwijking bij een foetus kan leiden tot een abortus *an abnormality in a foetus can cause a miscarriage*

afwijzen WW ● niet toelaten *not admit, refuse admittance, turn away* ★ hij wou naar de universiteit maar werd afgewezen *he wanted to go to university but was not admitted / was refused admittance / was turned away* ● weigeren ⟨van verzoek⟩ *turn down, refuse, decline* ★ zijn aanvraag voor een verblijfsvergunning werd afgewezen *his application for a residence permit was refused / was turned down / was declined* ● ontkennen *deny* ★ zij wees alle beschuldigingen af *she denied every* *accusation*

afwijzing DE *refusal, rejection* ★ ik solliciteer naar veel banen, maar ik krijg alleen maar afwijzingen *I apply for lots of jobs, but all I get is refusals / rejections* ▼ ik kreeg een afwijzing op mijn sollicitatie *my application was rejected*

afwisselen ww ● om de beurt opvolgen *take turns, alternate with* ★ zij wisselden elkaar af als klassenvertegenwoordigers *they took turns as / alternated with each other as class captain* ★ zon en regen wisselden elkaar af *sun alternated with rain* ● variëren *vary* ★ wissel vlees af met vis of linzen, *vary meat with fish or lentils, try fish or lentils for a change*

afwisseling DE ● opeenvolging *changes* ★ de afwisseling van de seizoenen is minder zichtbaar in warme landen *seasonal changes are not as noticeable in hot countries* ● variatie *variety, diversity* ★ er zit een hoop afwisseling in mijn werk *my work has a lot of variety to it, there is a lot of variety / diversity in my work* ▼ ik vind zo'n les leuk voor de afwisseling *I like lessons like that for a change*

afzakken ww ● naar beneden zakken *come down, slip down, sag* ★ je panty is afgezakt *your tights have come / have slipped down, your tights are sagging* ● minder worden *tail off, fall back* ★ de koploper in de wedstrijd is wat afgezakt *the race leader has fallen back a little*

afzeggen ww *cancel, call off* ★ de vergadering van vanmiddag is afgezegd *this afternoon's meeting has been cancelled / called off* ▼ sommige gasten hebben afgezegd *some of the guests have sent their excuses*

afzender DE *sender* ★ retour afzender *return to sender*

afzet DE ● verkoop *sale* ● bij sprong *take-off*

afzetten ww ● afdoen *take off* ★ je moet je hoed afzetten *take your hat off* ● oplichten *cheat, swindle* ★ die winkelier heeft ons afgezet *that shopkeeper cheated / swindled us* ● laten uitstappen *drop (off), put down* ★ ik zet je af bij het station *I'll drop you (off) / put you down at the station* ● afsluiten *block, close off* ★ de weg is afgezet *the road is blocked / closed off* ▼ Richardson zette hem van de bal af *Richardson took possession of the ball*

afzetter DE *cheat, swindler*

afzetting DE *bezinksel deposit*

afzien ww ● lijden *have a hard / tough time* ★ ik moest echt afzien *I had a really hard / tough time of it* ● laten vallen *abandon* ★ ze hebben van het plan afgezien *they've abandoned the plan* ▼ ik zal er maar van afzien *I'll forget about it*

afzonderlijk I BN *individual, separate* ★ wij willen niet op de afzonderlijke gevallen ingaan *we don't want to go into each individual case* ★ ze slapen in afzonderlijke kamers *they sleep in separate rooms* II BIJW een voor een *separately, individually* ★ de leraar sprak elke leerling afzonderlijk toe *the teacher spoke to each student individually / separately*

afzuigkap DE *range hood*

agenda DE ● opschrijfkalender *diary* ★ noteer de afspraak in je agenda *make a note of the appointment in your diary* ● lijst van onderwerpen *agenda* ★ het staat hoog op de agenda *it's high on the agenda*

agent DE *policeman, constable* ▼ een geheim agent *a secret agent*

agente DE *policewoman*

agressie DE *aggression* ★ ze kunnen hun agressie niet kwijt *they can't get rid of their aggression*

agressief I BN *aggressive* ★ iemand met dementie kan soms agressief worden *a person with dementia can sometimes become aggressive* II BIJW *aggressively* ★ de hond reageerde agressief op de politieman *the dog reacted aggressively towards the policeman*

aids DE *AIDS*

akelig I BN ● naar ⟨van mensen⟩ *unpleasant, nasty*, ⟨van zaken⟩ *dreary, dismal, unpleasant* ★ het zijn zulke akelige mensen *they're such unpleasant / nasty people* ★ het is akelig weer *the weather's dreary / dismal / unpleasant* ● onwel *ill, sick, not well* ★ ik voel me zo akelig *I feel ill / sick, I don't feel at all well* II BIJW versterkend *terribly, awfully* ★ zij is akelig slim *she's terribly / awfully clever*

akker DE *field*

akkerbouw DE *agriculture*

akkoord HET *agreement, arrangement* ★ ze hebben een akkoord gesloten *they've come to / reached an agreement* ▼ we gaan ermee akkoord *we'll agree to that*

al I BIJW *already*, ⟨voornamelijk in vragende zinnen⟩ *yet* ★ hij is al thuis *he's already home* ★ is hij er al? *is he here yet?* ▼ hij is al lang dood *he has been dead for a long time* II VNW *all* ★ al met al *all in all* ★ te allen tijde ⟨op elk gegeven ogenblik⟩ *at any time*; ⟨altijd⟩ *at all times* ★ al het mogelijke *all that is possible* III TELW *all*, ⟨alle afzonderlijk⟩ *every* ★ al haar wensen *her every wish* ★ alle vier de leerlingen werden de klas uitgestuurd *all four students were sent out of the classroom* IV VW *(al)though, even if, even though* ★ hij wou wiskundige worden, al was hij niet goed in rekenen *(al)though he wasn't good at maths, he wanted to be a mathematician* ★ al ben je het niet met haar eens ... *even if / though you disagree with her ...*

alarm HET ● *waarschuwing alarm, alert* ★ hij sloeg alarm *he sounded the alarm / alert* ● *alarminstallatie alarm* ★ het alarm ging af toen we de deur openden *the alarm went off when we opened the door*

alarmeren WW ● *waarschuwen call out, alert* ★ de brandweer werd gealarmeerd *the fire brigade was called out / was alerted* ● *ongerust maken alarm* ★ de boeren zijn gealarmeerd over de nieuwe regeling *the farmers are alarmed at the new rule*

alarmnummer HET *emergency number*

album HET ● *boek album*, ⟨voor knipsels⟩ *scrapbook* ● *cd album*

alcohol DE *alcohol* ★ zij gebruikt te veel alcohol *she drinks too much alcohol, she drinks too much*

alcoholisch BN *alcoholic, intoxicating* ★ niet-alcoholische dranken *non-alcoholic drinks*

alcoholist DE *alcoholic*

alcoholvrij BN *non-alcoholic* ★ een alcoholvrij drankje *a non-alcoholic drink*

alfa DE ● *Griekse letter alpha* ● *talenafdeling humanities, arts* ▼ hij is een echte alfa *he's a typical arts student*

alfabet HET *alphabet*

alfabetisch I BN *alphabetical* ★ in alfabetische volgorde *in alphabetical order* II BIJW *alphabetically* ★ het bestand is alfabetisch gerangschikt *the file is arranged alphabetically*

algemeen I HET ★ in het algemeen *in general / on the whole* II BN *general, public* ★ in het algemeen belang *in the general / public interest* ▼ het besluit moet met algemene stemmen aangenomen worden *the decision must be unanimous / must be adopted unanimously* III BIJW *generally* ★ het is algemeen bekend dat ... *it is generally known that ...* ▼ Algemeen Beschaafd Nederlands *Standard Dutch*

alibi HET *alibi* ★ ze heeft hem een vals alibi verschaft *she provided him with a false alibi*

alimentatie DE *maintenance, alimony*

alinea DE *paragraph*

Allah DE *Allah*

allebei TELW *both* ★ ik heb ze allebei gezien *I saw both of them*

alleen I BN ● *eenzaam lonely, alone* ★ zij voelde zich alleen *she felt lonely / alone* ● *zonder andere(n) alone* ★ zij wordt vaak alleen gelaten *she's often left alone* ▼ hij wou mij alleen spreken *he wanted to speak to me in private* II BIJW ● *only, merely* ★ zij is niet alleen mooi maar ook intelligent *not only is she beautiful, she's also intelligent* ★ ik wou alleen maar... *I only / merely wanted to...* ▼ de gedachte alleen al was griezelig *the mere / very thought of it was scary* ● *zonder andere(n) alone, single-handedly* ★ ik heb het helemaal alleen gedaan *I did it alone / single-handedly*

alleenstaand BN ● *persoon single* ● *zaak isolated, detached*

allemaal TELW ● *allen everybody, everyone, (one and) all* ★ hebben jullie allemaal je boek bij je? *do you all have your books?, does everyone / everybody have their books?* ★ hij houdt van ons allemaal *he loves all of us, he loves us (one and) all* ● *alles all, the whole lot* ★ neem ze maar allemaal mee *take the whole lot, take them all* ▼ wat is er allemaal aan de hand? *what's going on here?*

allergie DE *allergy* ★ hij heeft een allergie voor noten *he has an allergy to nuts, he's allergic to nuts*

allergisch I BN *allergic* ★ ik ben allergisch voor aardbeien *I'm allergic to strawberries, I have an allergy to strawberries* II BIJW *allergically* ▼ hij reageerde allergisch op een hoestdrank *he had an allergic reaction to a cough syrup*

allerlei BN *all kinds of, all sorts of*

alles VNW *all, everything* ★ dit alles kost veel

allesbehalve BIJW *anything but, far from* ★ hij is allesbehalve dom *he is far from / anything but stupid*

allesreiniger DE *all-purpose cleaner*

allochtoon I DE *(im)migrant, foreigner* ▼ allochtonen moeten zich aansluiten bij politieke partijen *migrants should join political parties* ★ BN *foreign* ★ allochtone gemeenschappen *foreign communities, communities of foreign origin*

allriskverzekering DE *comprehensive insurance*

Alpen DE *Alps*

als VW ● *zoals such as, like* ★ dieren als paarden, koeien en dergelijke *animals such as / animals like horses and cows* ● *indien if* ★ als hij het gezien had, was hij boos geweest *if he had seen it he would have been angry* ● *(telkens) wanneer when, whenever* ★ telkens als ik mijn hand opsteek maakt hij een opmerking *whenever I raise my hand he makes a comment* ● *in de hoedanigheid van as* ★ hij dient zijn ontslag in als directeur *he's resigning as head of the school*

alsof VW *as if, as though* ★ het leek alsof er niemand thuis was *it looked as if / though nobody was home, nobody seemed to be home*

alstublieft, OOK: **alsjeblieft** TSW ● *als je iemand iets aangeeft here you are!* ● *bij een verzoek please* ★ wilt u / wil je alsjeblieft op me wachten? *would you please wait for me?*

alt DE *alto*

altaar HET *altar* ★ zij werd door haar vader naar het altaar geleid *she was led to the altar by her father*

alternatief I HET *alternative* ★ er blijft geen ander alternatief dan oorlog *there's no other alternative left but war* II BN *alternative* ★ hij maakte een alternatieve versie *he made an alternative version*

althans BIJW *at least, at any rate* ★ hij was ziek, althans dat zei hij *he was ill, or at least / or at any rate that's what he said*

altijd BIJW *always, ever* ★ hij was weer vrolijk als altijd *he was cheerful as always / ever* ★ voor altijd *forever* ▼ hij is nog altijd dolverliefd op haar *he's still crazy about her*

altviool DE *viola*

aluminium HET *aluminium*

aluminiumfolie DE *tin foil, aluminium foil*

alvast BIJW *meanwhile* ★ jullie kunnen alvast inpakken *meanwhile, you can start packing* ▼ SPREEKT dat is alvast verkeerd *that's wrong to begin with*

alvleesklier DE *pancreas*

alweer BIJW *again, once more* ★ het is alweer het einde van de maand *we've reached the end of the month once more / again*

amandel DE ● *vrucht almond* ● *klier tonsil* ★ hij moet zijn amandelen laten knippen *he has to have his tonsils out*

amandelspijs DE *almond paste, marzipan*

amateur DE *amateur*

ambacht HET *trade, craft* ▼ hij heeft twaalf ambachten en dertien ongelukken *he's a Jack-of-all-trades and a master of none*

ambassade DE *embassy*

ambassadeur DE *ambassador*

ambitie DE *ambition* ★ zij heeft de ambitie om chirurg te worden *her ambition is to become a surgeon*

ambt HET *position, office, function* ★ zij bekleedt het ambt van burgemeester *she holds the office of mayor* ★ hij is uit zijn ambt gezet *he has been discharged from his position / from office / from his function*

ambtenaar DE *official, civil servant, public servant* ★ hij is een hoge ambtenaar bij het ministerie *he is a high-ranking government official* ▼ ze werden getrouwd door een ambtenaar van de burgerlijke stand *they were married by a civil celebrant*

ambulance DE *ambulance*

Amerika HET *America*

Amerikaans BN *American*

ammoniak DE *ammonia*

amnestie DE *amnesty* ★ de gevangenen kregen amnestie *the prisoners were granted amnesty*

amper BIJW *hardly, scarcely* ★ hij kon maar amper lezen *he could hardly / scarcely read*

ampère DE *ampere* ★ het heeft een stroomsterkte van 6 ampère *it has a current of 6 amperes / 6 amp, it has a 6 ampere / 6 amp current*

amputeren WW *amputate* ★ zijn been moest

worden geamputeerd *his leg had to be amputated*

amusant I BN *amusing, entertaining* ★ ik vind haar amusant *I find her amusing / entertaining, she amuses / entertains me* **II** BIJW *amusingly, entertainingly* ★ het boek is erg amusant geschreven *the book is amusingly / entertainingly written*

amusement HET *amusement, entertainment*

amuseren WW *amuse, entertain* ★ wij amuseerden ons heel goed *we amused / entertained ourselves very well* ▼ amuseer je! *have fun!, have a good time!, enjoy yourself!*

analfabeet DE *illiterate* ★ mijn grootmoeder was analfabeet *my grandmother was illiterate, my grandmother couldn't read or write*

analoog I BN ● *overeenkomstig analogous* ★ de werkwijze is analoog aan die van taak 2 *the method is analogous to that of task 2* ● *niet-digitaal analogue, analog* ★ een analoog klokje *an analogue / analog watch* **II** BIJW *analogously* ★ gravitatievelden werken analoog aan elektrische velden *gravitation fields operate analogously to electrical fields*

analyse DE *analysis* ★ wij moeten eerst een analyse maken van de resultaten *we need to do an analysis of the results first*

ananas DE *pineapple*

anarchie DE *anarchy*

ander I BN ● *resterend other* ★ de andere tien kinderen *the other ten children* ● *tweede other* ★ aan de andere kant *on the other hand* ● *nieuw another* ★ de pen is leeg, pak maar een andere *that pen is empty: get another one* ● *verschillend another, different* ★ dat is een andere zaak *that's another matter, that's a different matter* **II** VNW *another person, somebody else* ★ vraag dat maar aan een ander *just ask somebody else / another person* ▼ het een en ander *this and that*

anderhalf TELW *one and a half*

anders I BN *different* ★ zij is heel anders dan haar zuster *she is very different to her sister* ▼ niets / iets / niemand / iemand anders *nothing / something / nobody / somebody else* ▼ het is niet anders *that's just how it is* **II** BIJW ● *op andere wijze differently* ★ het is anders gegaan dan ik me had voorgesteld *it's turned out differently to what I had expected* ● *op andere tijd at other times, at any other time* ★ anders zie je hier altijd kinderen *at any other time you'll see children here* ● *zo niet, dan otherwise* ★ je moet het anders maar aan je leraar vragen *otherwise you'd better ask your teacher* ▼ anders niet(s)? *anything else?*

andersom BIJW *the other way round*

andijvie DE *endive*

angel DE *van insect sting*

anglicaans BN *Anglican*

angst DE *fear (of),* ⟨hevig⟩ *terror* ★ uit angst voor spinnen *for fear of spiders* ★ hij was verlamd van angst *he was paralysed with fear*

angstig I BN ● *bang frightened, anxious,* ⟨heviger⟩ *terrified* ★ het kind was erg angstig *the child was completely terrified* ● *angstaanjagend frightening* ★ zij moet iets angstigs hebben beleefd *she must have had a frightening experience* **II** BIJW *anxiously* ★ sommige meisjes reageerden angstig *some of the girls reacted anxiously*

anker HET *anchor* ★ het schip ligt voor anker *the ship is at anchor / is lying at anchor*

annuleren WW *cancel*

anoniem I BN *anonymous, nameless* ★ een anonieme brief *an anonymous letter* ★ een man die anoniem zal blijven *a man who shall remain nameless / anonymous* **II** BIJW *anonymously* ★ het is bijna onmogelijk om anoniem op het web te surfen *surfing the Web anonymously is almost impossible*

anorexia DE *anorexia (nervosa)* ★ zij lijdt aan anorexia *she's suffering from anorexia*

ansichtkaart DE *(picture) postcard*

Antarctica HET *Antarctica, the Antarctic* ★ hij gaat naar Antarctica *he's going to Antarctica / to the Antarctic*

antenne DE *aerial, antenna*

anticonceptiemiddel HET *contraceptive*

antiek I HET *antique* ★ oma heeft veel antiek in huis *Grandma has a lot of antiques in her house* **II** BN *oud antique, ancient* ★ zijn tante heeft een antieke kast *his aunt has an antique cupboard*

antilope DE *antelope*

antiquariaat HET *second-hand bookshop*

antisemitisch BN *anti-Semitic*

antivries DE *antifreeze*

Antwerpen HET *Antwerp*

antwoord HET *answer, reply* ★ in antwoord

op uw vragen *in answer / reply to your questions* ▾ wat zou jij als antwoord geven op die vraag? *how would you reply to / answer that question?*

antwoordapparaat HET *answering machine*

antwoorden WW *answer, reply* ★ zij antwoordt nooit op mijn vragen *she never replies to / answers my questions*

anus DE *anus*

aorta DE *aorta*

apart I BN • afzonderlijk *separate* ★ een aparte kast voor speelgoed *a separate cupboard for toys* • bijzonder *special, unusual* ★ iets heel aparts *something very unusual / special* ▾ hij is een beetje apart *he's a bit strange* II BIJW afzonderlijk *separately* ★ gekleurd wasgoed apart wassen *wash coloured laundry / coloureds separately*

apenstaartje HET *at-sign, at*

apostrof DE *apostrophe*

apotheek DE *chemist's (shop), pharmacy* ★ alleen bij de apotheek op recept verkrijgbaar *only available at the chemist's / at a pharmacy on prescription*

apotheker DE *(dispensing) chemist, pharmacist*

apparaat HET • toestel *machine, ⟨vooral in huis⟩ appliance* ★ huishoudelijke apparaten *household appliances* ★ het is een apparaat om het hartritme te meten *it is an appliance / machine for measuring the heartbeat* • organisatie *system* ★ het ambtelijk apparaat *the administrative system*

apparatuur DE *apparatus, equipment*, COMP *hardware*

appartement HET *flat, apartment*

appel I DE *apple* ★ hij beet in de appel *he bit into the apple, he took a bite of the apple* ▾ ik moet door de zure appel heen bijten *I'll have to make the best of it, I have to bite the bullet* II HET *roll call* ★ elke morgen wordt appel gehouden *the roll call is held every morning*

appelmoes DE *apple sauce*

appelsap HET *apple juice*

appeltaart DE *apple pie* ★ een punt appeltaart *a piece of apple pie*

applaus HET *applause* ★ het idee werd met applaus begroet *the idea was received with applause*

april DE *April* ★ ik heb een afspraak op 28 april *I've got an appointment on the 28th of April / on April the 28th* ▾ één april! *April fool!*

aquarium HET *aquarium*

Arabier DE *Arab*

arbeid DE *work* ★ ze moesten veel zware arbeid verrichten *they had to do a lot of heavy / hard work* ▾ ongeschoolde arbeid *unskilled labour*

arbeider DE *workman, worker, labourer* ★ een ongeschoolde arbeider *an unskilled workman / worker / labourer*

arbeidsmarkt DE *labour market*

arbeidsongeschikt BN *unable to work, (occupationally) disabled*

arbiter DE scheidsrechter *referee, umpire*

archief HET *archives, records, files* ★ de documenten moeten uit het archief worden gehaald *the documents have to be taken out of the archives / records* ★ het staat ergens in het archief *it's somewhere in the files / records*

architect DE *architect*

are DE ★ honderd are *a hectare*

arena DE *arena*, ⟨vooral sport⟩ *ring* ★ toen zij de politieke arena betrad, werd zij niet serieus genomen *nobody took her seriously when she entered the political arena*

arend DE *eagle*

argument HET *argument* ★ je argument gaat gewoon niet op *your argument just doesn't hold*

argwaan DE *suspicion* ▾ ze kreeg argwaan toen de kinderen niet op school verschenen *she became suspicious when the children didn't turn up for school*

arm I DE *arm* ★ met de armen over elkaar *with folded arms* ★ hij sloeg zijn arm om haar heen *he threw his arm around her* II BN • behoeftig *poor, poverty stricken* ★ arme vrouwen moeten bedelen om te kunnen overleven *poor women have to beg to survive* ★ het gebied is arm *the area is poor / poverty stricken* • meelijwekkend *poor, unfortunate* ★ de arme man die naast mij stond werd geraakt *the poor / unfortunate man standing next to me was hit*

armband DE *bracelet*

armoede, ook: **armoe** DE *poverty* ★ ze moesten leven in armoede *they were forced to live in poverty* ★ velen leden

armoede in de jaren dertig *there was a lot of poverty in the thirties*
armoedig I BN • pover *poor, paltry* ★ een armoedig loontje *a poor / paltry wage* • haveloos *poor, shabby* ★ de mensen zien er armoedig uit *the people look poor* ★ die jas ziet er zo armoedig uit *that coat looks so shabby* II BIJW *poorly, shabbily* ★ hij was armoedig gekleed en liep op blote voeten *he was poorly / shabbily dressed and barefoot*
armzalig I BN • armoedig *miserable* ★ de boerenbevolking leidde een armzalig bestaan *the peasants led a miserable existence* • onbeduidend *meagre, paltry* ★ een armzalig loontje *a meagre / paltry wage* II BIJW ▼ het bracht armzalig weinig op *it only produced a paltry amount*
aroma HET *aroma* ★ koffie heeft een heerlijk aroma *coffee has a lovely aroma*
arrestatie DE *arrest* ★ hij verzette zich bij zijn arrestatie *he resisted arrest*
arresteren WW *arrest* ★ de regering wilde hem laten arresteren *the government wanted to have him arrested*
arriveren WW *arrive* ★ zij arriveren op Heathrow morgenochtend *they will arrive at Heathrow tomorrow morning*
arrogant I BN *arrogant*, INF *stuck-up* ★ haar klasgenoten vinden haar arrogant *her classmates think she's arrogant / stuck-up* II BIJW *arrogantly* ★ hij lacht altijd zo arrogant *he always laughs so arrogantly*
articuleren WW *articulate* ★ de president articuleert slecht *the president doesn't articulate his words properly*
artiest DE *artist, entertainer*
artikel HET • voorwerp *article* ★ de prijzen zijn hoog vanwege de vraag naar het artikel *prices are high because of the high demand for the article* ▼ huishoudelijke artikelen *household supplies / wares / goods* • geschreven stuk *article* ★ er is een lang artikel over hem in de krant *there's a long article about him in the newspaper*
artistiek I BN *artistic* ★ de artistiek directeur *the artistic director* II BIJW *artistically* ★ artistiek ontworpen tuinen *artistically designed gardens*
arts DE *doctor* ★ hij moest er een arts bij roepen *he had to call a doctor in*
as DE • verbrandingsresten *ash*, ⟨van een overleden persoon⟩ *ashes* ★ laat de as van je sigaret niet op het tapijt vallen *don't drop your cigarette ash on the carpet* ★ wij strooiden haar as uit op zee *we scattered her ashes at sea* • spil ⟨van wiel⟩ *axle*, ⟨drijfas⟩ *shaft* • in de wiskunde *axis*
asbak DE *ashtray*
asbest HET *asbestos*
asfalt HET *asphalt*
asfalteren WW *asphalt*
asiel HET • toevluchtsoord *asylum* ★ ze hebben haar asiel verleend *they have granted her asylum* • dierenverblijf *home for lost animals / for strays*
asielzoeker DE *asylum seeker*
asociaal BN *antisocial*
asperge DE *asparagus*
aspirientje HET *aspirin (tablet)*
assistent DE *assistant* ★ zij werkt als assistent bij een dierenarts *she works as an assistant to a vet / as a veterinary assistant*
assisteren WW *assist*
assortiment HET • • collectie *range, selection* ★ een groot assortiment aan jassen *a large range / selection of coats* • variatie *assortment* ▼ een assortiment koekjes *assorted biscuits*
astma DE *asthma* ★ ze heeft astma *she suffers from asthma*
astrologie DE *astrology*
astroloog DE *astrologer*
astronaut DE *astronaut*
astronomie DE *astronomy*
atheneum HET AM ≈ *senior high school*, BR ≈ *grammar school*
Atlantisch BN *Atlantic* ★ de Atlantische Oceaan *the Atlantic Ocean*
atlas DE *atlas*
atleet DE *athlete*
atletiek DE *athletics* ★ hij doet aan atletiek *he does athletics*
atletisch I BN *athletic* ★ een atletisch lichaam *an athletic body* II BIJW *athletically* ▼ Jan is atletisch gebouwd *Jan is built like an athlete*
atmosfeer DE *atmosphere*
atoom HET *atom*
atoombom DE *atom(ic) bomb, nuclear bomb*
atoomenergie DE *atomic energy, nuclear energy*
attent I BN • opmerkzaam *attentive* ★ een attente opmerking *an attentive observation* • vriendelijk *considerate,*

thoughtful ★ dat was erg attent van je *that was very thoughtful / considerate of you* ▼ hij maakte mij erop attent *he drew my attention to it* ‖ BIJW *attentively* ★ hij zat heel attent te luisteren *he sat listening very attentively*

attentie DE *attention* ★ ter attentie van ... *to / for the attention of ...* ▼ attentie: kuilen in de weg *warning: potholes*

attractie DE *attraction*

attractiepark HET *amusement park*

au TSW *ouch!, ow!*

a.u.b. AFK alstublieft *please* ★ sluit de deur, a.u.b. *please close the door*

aubergine DE *aubergine, eggplant*

auditie DE *audition* ★ zij moet auditie doen *she has to do an audition*

augurk DE *gherkin*

augustus DE *August* ★ ik heb een afspraak op 28 augustus *I've got an appointment on the 28th of August / on August the 28th*

aula DE *auditorium, hall*

Australië HET *Australia*

auteur DE *author*

autistisch BN *autistic*

auto DE *car*

autobiografie DE *autobiography*

autobus DE *bus,* ⟨vooral toerbus⟩ *coach*

autochtoon I DE *native* ★ Nederlandse autochtonen halen drie keer zo vaak een diploma als allochtonen *Dutch natives are awarded a diploma three times more frequently than immigrants* ‖ BN *native,* FORM *indigenous* ★ de autochtone bevolking van Australië *Australia's native / indigenous population*

autocoureur DE *racing car driver*

autogordel DE *seat belt, safety belt* ★ je moet je autogordel omdoen *you have to put on your safety / seat belt*

automaat DE ● verkoopautomaat *vending machine, slot machine,* ⟨voor kaartjes⟩ *ticket machine* ★ hij trok een kaartje uit de automaat *he pulled a ticket from the ticket machine* ● auto *automatic (car)* ★ zij rijdt in een automaat *she drives an automatic (car)*

automatisch I BN *automatic* ‖ BIJW ★ de deuren gaan automatisch open en dicht *the doors open and close automatically*

automatisering DE ⟨met computer⟩ *computerisation*

automobilist DE *motorist*

automonteur DE *motor mechanic, car mechanic*

autorijschool DE *driving school*

autoritair BN *authoritarian*

autoriteit DE *authority,* ⟨expert⟩ *expert*

autoverzekering DE *car insurance*

avond DE *evening, night* ★ 's avonds *in the evening, at night* ★ we brengen meestal de avond door met tv kijken *we usually spend the evening watching television*

avondeten, ook: **avondmaal** HET *evening meal, dinner, supper* ▼ het Laatste Avondmaal *the Last Supper*

avontuur HET *adventure* ★ de vier jonge mensen gingen op avontuur uit *the four young people went looking for adventure*

avontuurlijk I BN ● vol avonturen *full of adventure* ★ een avontuurlijk leven *a life of adventure* ★ een avontuurlijke reis *a trip full of adventure* ● dol op avontuur *adventurous* ★ een avontuurlijk mens *an adventurous person* ‖ BIJW *adventurously* ▼ ze gaan altijd avontuurlijk kamperen *they're adventurous campers*

Azië HET *Asia*

azijn DE *vinegar*

B

b DE *b* ★ de B van Bernard *B as in Bravo*
baai DE *inham bay*
baal DE ● pak stro / hooi *bale* ● zak *bag*
baan DE ● betrekking *job* ★ een baan bij een bank *a job at / with a bank* ● deel weg *lane* ★ je moet op de rechter baan blijven *you have to stay in the right-hand lane* ● strook stof / behang *length, strip* ★ een baan stof *a length of material* ★ een baan behang *a strip of wallpaper* ● route ⟨van hemellichaam⟩ *orbit* ★ de satelliet werd in een baan om de aarde gebracht *the satellite was put into orbit (a)round the earth* ● ⟨zwemmen⟩ *lane*, ⟨roeibaan &⟩ *course*, ⟨tennisbaan⟩ *court*, ⟨wielerbaan⟩ *track* ▼ hij trok zijn vijftig baantjes *he swam his fifty lengths / laps of the pool* ● startbaan van vliegtuig *runway* ▼ dat is van de baan *that's off*
baard DE *beard* ★ hij laat zijn baard staan *he's growing a beard* ▼ hij heeft de baard in de keel *his voice is breaking*
baarmoeder DE *uterus, womb*
baas DE ● chef *manager, boss*, ⟨van hond⟩ *master*, ⟨van huisdier⟩ *owner* ★ zijn vrouw is de baas *his wife is the boss, his wife wears the pants* ★ hij is eigen baas *he's his own boss / master* ▼ ze werden ons de baas *they got the better of us* ▼ meer bazen dan ondergeschikten *more chiefs than Indians* ▼ hij speelde de baas over haar *he bossed her (a)round / about* ● INF man *fellow, bloke, guy* ★ een leuke baas *a funny fellow / bloke / guy*
baat DE *benefit, advantage* ★ daar hebben we weinig baat bij *that won't benefit us much / that won't be much of an advantage to us*
babbelen ww ● gezellig kletsen *chat* ● kwebbelen *chatter*
baby DE *baby* ★ mijn zus krijgt een baby *my sister is expecting a baby*
babysitter, ook: **babysit** DE *babysitter*
bacterie DE *bacterium* ⟨mv *bacteria*⟩ ★ door het koken worden de bacteriën gedood *the bacteria are killed by cooking*
bad HET ● water *bath* ★ ik neem altijd een bad voor ik naar bed ga *I always have / take a bath before going to bed* ▼ ze deed de baby in bad *she bathed the baby* ● badkuip *bath, tub, bathtub* ★ ze liet het bad vol lopen *she filled the bath / tub / bathtub*
baden ww ● een bad nemen *bathe, take a bath* ● baden in *be bathed in, be bathing in* ★ het slachtoffer baadde in zijn eigen bloed *the victim was bathed / bathing in his own blood*
badjas DE *bathrobe*
badkamer DE *bathroom*
badkuip DE *bath, bathtub*
badmeester DE *lifeguard, pool attendant*
badminton HET *badminton*
badmintonnen ww *play badminton*
badpak HET *swimsuit, bathing suit*, INF *togs*
bagage DE *luggage, baggage* ★ hij heeft weinig bagage bij zich *he doesn't have much luggage / baggage with him*
bagagedrager DE *carrier*
baggermachine DE *dredging machine, dredge*
bah TSW *ugh!, yuck!,* ⟨van stank⟩ *pooh!*
bak DE ● vergaarplaats *bin, container* ● voor water *tank* ● ondiepe bak *tray* ● gevangenis *jail*, INF *can, slammer* ▼ hij zit in de bak voor diefstal *he's doing time for theft* ● mop *joke, gag* ★ een schuine bak *a dirty joke* ▼ dat is een goeie bak! *that's a good one!* ▼ de regen komt met bakken uit de hemel *it's raining cats and dogs, it's bucketing down* ▼ hij komt niet aan de bak *he can't get a job* ▼ we moeten weer aan de bak *we've got to get back to work*
bakboord HET *port*
bakfiets DE *carrier bike, carrier cycle*
bakkebaard DE *sideboards, sideburns* ⟨altijd meervoud⟩
bakken ww ⟨in oven⟩ *bake*, ⟨in pan⟩ *fry* ★ mijn moeder bakte aardappeltjes *my mother fried some potatoes* ▼ de rijst bakte aan de pan *the rice stuck to the pan* ▼ ze bakte er niets van *she made a complete mess of it* ▼ hij bakt ze bruin *he's laying it on thick / he's overdoing it* ▼ ze lag in de zon te bakken *she lay basking in the sun*
bakker DE *baker* ★ ik ga even naar de bakker *I'm just going to the baker's*
bakkerij DE *bakery*, ⟨winkel⟩ *baker's (shop)*
baksteen DE *brick* ★ een muur van baksteen *a brick wall* ▼ hij zakte als een baksteen *he flunked (out)*
bal I DE ● bolvormig voorwerp *ball* ★ hij speelde de bal naar de zijlijn *he played /*

passed the ball to the sideline ★ FIG ze brachten de bal aan het rollen *they got the ball rolling* ● testikel *testicle*, INF *ball* ⟨meestal meervoud⟩ ▼ hij weet er geen bal van / de ballen van *he doesn't know the first thing about it* ● verwaand persoon *snob* ★ een rechtse bal *a conservative snob* ‖ HET *ball, dance* ★ een gekostumeerd bal *a fancy dress ball*

balanceren WW *balance* ★ we balanceren op de rand van de afgrond *we are balancing on the edge of disaster*

balans DE ● HANDEL *balance sheet* ★ we moeten de balans opmaken *we have to draw up the balance sheet* ● evenwicht *balance* ★ de samenleving is uit balans geraakt *society has gone off balance*

balen WW *be fed up* ★ hij baalt als een stekker *he's fed up to the back teeth*

balie DE *counter* ★ u moet aan de volgende balie vragen om informatie *ask for information at the next counter*

balk DE ● stuk hout / metaal *beam*, ⟨van metaal⟩ *girder*, ⟨in dak⟩ *rafter*, ⟨in vloer⟩ *joist* ● notenbalk *stave, staff*

balkon HET *balcony*

ballade DE *ballad*

ballast DE *ballast*

ballerina DE *ballet dancer, ballerina*

ballet HET *ballet*

ballingschap DE *exile* ★ Napoleon leefde nog zes jaar in ballingschap *Napoleon lived another six years in exile*

ballon DE *balloon* ★ we moeten de ballonnen nog opblazen *we still have to blow up the balloons*

balpen DE *ballpoint (pen)*

balsem DE *ointment* ▼ dit werkte als balsem op de wonde *this was balm to the wound*

balspel HET *ball game*

balzak DE lichaamsdeel *scrotum*

bamboe HET + BN *bamboo*

bami DE *Chinese noodles* ★ bami goreng *fried noodles*

ban DE ● betovering *spell* ★ hij was in de ban van haar schoonheid *he was under the spell of her beauty* ● uitbanning *ban, excommunication* ▼ de paus deed Luther in de ban *the Pope banned / excommunicated Luther*

banaal BN *commonplace, banal*

banaan DE *banana* ★ een tros bananen *a bunch of bananas*

band DE ● luchtband *tyre* / AM *tire* ★ ik heb een lekke band *I've got a flat tyre* ● transportband *belt, line* ★ een lopende band *a conveyor belt, an assembly line* ▼ de band maakte hits aan de lopende band *the band produced one top hit after another* ● magneetband *tape* ★ op de band opgenomen *recorded on tape* ● verbondenheid *bond, tie* ★ ze heeft een nauwe band met haar broer *she has a close bond with her brother* ★ Duitsland wil nauwere banden met Frankrijk *Germany wants closer ties with France* ★ af en toe springt hij uit de band *every now and again he goes wild* ● muziekgroep *band, group*

bandiet DE *bandit*

banen WW *clear* ★ hij baande zich een weg door het struikgewas *he cleared a path for himself through the undergrowth* ▼ Jones baande de weg voor latere wetenschappers *Jones paved the way for later scientists*

bang I BN bevreesd *scared, frightened, afraid* ★ we werden bang *we became scared / frightened* ★ hij is bang voor spinnen *he is afraid / frightened / scared of spiders* ★ ik ben bang dat het niet gaat lukken *I'm afraid it won't work* ‖ BIJW *anxiously* ★ sommige mensen reageren bang en emotioneel *some people react anxiously and emotionally*

bangerd DE *coward*, INF *chicken*

banjo DE *banjo*

bank DE ● met bekleding *sofa, couch* ● zonder bekleding *bench* ★ VOETB hij zit op de bank *he's sitting on the bench* ● geldinstelling *bank* ★ hij werkt bij een bank *he works for a bank* ★ we hebben geld op de bank *we've got some money in the bank*

bankafschrift HET *bank statement*

bankbiljet HET *banknote*

banket HET ● feestmaal *banquet* ● amandelgebak *(almond) pastry* ★ een letter van banket *an almond pastry letter*

banketbakker DE *pastry cook*, ⟨van chocolaatjes &⟩ *confectioner*

banketletter DE *(almond) pastry letter*

bankier DE *banker*

bankoverval DE *bank robbery* ★ door betere beveiliging worden er steeds minder bankovervallen gepleegd *improved* *security has meant a reduction in the number of bank robberies*

bankpas DE *bank card, cash card*

bankrekening DE *bank account*

bankroet BN *bankrupt* ★ hij is bankroet gegaan *he's gone bankrupt*

bankstel HET *lounge suite*

bar I DE *bar, counter* ★ zij staat elke vrijdag achter de bar *she's behind the bar / counter every Friday* II BN ● koud *severe* ★ een barre winter *a severe winter* ● erg *stark, terrible* ★ de barre werkelijkheid *the stark / terrible reality* ▼ nu maak je het echt te bar! *now you're going too far!* III BIJW *awfully, woefully* ★ een bar slechte uitvoering *an awfully / a woefully bad performance*

barak DE *shed, hut*

barbaars I BN *barbaric* II BIJW *barbarically* ★ de hele bevolking werd barbaars afgeslacht *the entire population was slaughtered barbarically*

barbecue DE *barbecue*

barbie, ook: **barbiepop** DE *Barbie (doll)*

barcode DE *streepjescode barcode*

baren WW ● ter wereld brengen *bear, give birth to* ★ ze baarde een zoon *she bore a son / she gave birth to a son* ★ ze had tien kinderen gebaard *she had borne ten children* ● veroorzaken *cause* ★ dat baart ons zorgen *it's causing us concern* ★ dat baarde opzien *it caused / created a sensation*

baret DE *cap, beret*

barnsteen DE + HET *amber*

barok DE *baroque*

barometer DE *barometer*

barricade DE *barricade*

barrière DE *barrier*

barst I DE *crack* ★ er zit een barstje in mijn voorruit *there's a crack in my windscreen* ▼ het kan me geen barst schelen *I don't give a damn* II TSW *get lost!, drop dead!*

barsten WW *burst, ⟨van ruit⟩ crack* ★ hij barstte van nieuwsgierigheid *he was bursting with curiosity* ★ zijn blindedarm was gebarsten *his appendix had burst / ruptured* ★ veel druiven namen zoveel water op dat ze barstten *a lot of grapes absorbed so much water that they burst* ▼ een barstende hoofdpijn *a splitting headache* ▼ hij heeft mij laten barsten *he's left me in the lurch* ▼ hij barst van het geld *he's loaded (with money)* ▼ het barst er van de muggen *the place is full of mosquitoes*

bas DE ● zangstem *bass* ● muziekinstrument *double bass*

baseren WW ● doen steunen *base* ★ de consument baseert zijn keuze meestal op kwaliteit *the consumer usually bases his choice on quality* ● zich baseren *go (on)* ★ hij baseert zich op eerdere ervaringen *he's going on previous experiences* ★ de verteller geeft ons niets om ons op te baseren *the storyteller gives us nothing to go on*

basgitaar DE *bass (guitar)*

basis DE ● grondslag *basis* ★ op basis van gelijkheid *on the basis of equality* ● MIL *base*

basisschool DE *primary school* ★ ze zit op de basisschool *she's at primary school, she goes to primary school*

basketbal HET *basketball* ★ ik zit op basketbal *I play basketball*

bast DE van boom *bark* ▼ in z'n blote bast *in his birthday suit, stark naked*

bastaard I DE ● dier *mongrel* ● kind *illegitimate child* II BN *illegitimate* ★ de bastaardzoon van Karel V *the illegitimate / bastard son of Charles the Fifth*

bastersuiker DE *brown sugar*

baten WW *be of use, be of avail* ★ het mocht niet baten *it was to no avail* ▼ daar ben je niet mee gebaat *that's not going to help you*

batterij DE *battery* ★ die radio werkt op batterijen *that radio runs on batteries*

bauxiet HET *bauxite*

baviaan DE *baboon*

bazig BN + BIJW *overbearing, domineering, bossy* ★ hij gedraagt zich nogal bazig / hij kan nogal bazig zijn *he can be a bit bossy*

bazin DE *mistress*

beademen WW *give artificial respiration* ★ ze wordt (kunstmatig) beademd *she's being given artificial respiration*

beambte DE *official, (government) employee*

beantwoorden WW ● overeenkomen met *come up to, meet* ★ het beantwoordt niet aan onze verwachtingen *it doesn't come up to / doesn't meet our expectations* ● een antwoord geven op *answer, ⟨van brieven⟩ reply to* ★ we moesten lastige examenvragen beantwoorden *we had to answer difficult examination questions* ★ ik

beantwoord e-mails altijd direct *I always reply to emails immediately* ▼ zijn liefde werd niet beantwoord *his love was not returned*

bed HET *bed* ★ ik ga naar bed *I'm going to bed* ★ moeder bracht de kinderen naar bed *mum put the children to bed* ★ een bed aardbeien *a bed of strawberries* ▼ hij gaat met haar naar bed *he's sleeping with her*

bedaard I BN *calm, quiet* ★ hou je bedaard *keep calm* II BIJW *calmly* ★ hij liep bedaard terug naar zijn plaats *he walked calmly back to his place*

bedachtzaam I BN *cautious, careful* II BIJW *cautiously, carefully* ★ het team ging bedachtzaam te werk *the team worked very cautiously / carefully*

bedanken WW • niet aannemen *turn down, decline* ★ hij bedankte voor de uitnodiging *he turned down / declined the invitation* ▼ ik moet helaas bedanken voor de uitnodiging *I'm afraid I can't accept the invitation* • dank zeggen *thank* ★ ik moet haar bedanken voor het lekkere eten *I must thank her for the delicious meal*

bedankt TSW *thanks, thank you* ★ hartelijk bedankt! *thank you very much!, thanks a lot!*

bedaren WW • ⟨van personen⟩ *calm down, quieten down, pull oneself together* ★ hij kwam tot bedaren *he calmed / quietened down, he pulled himself together* • ⟨van dingen⟩ *subside, blow over* ★ de storm is bedaard *the storm has blown over / has subsided*

beddengoed HET *bedding, bedclothes*

bedeesd I BN *timid, bashful* ★ een bedeesde blik *a timid / bashful look* II BIJW *timidly, bashfully* ★ ze keek bedeesd naar de grond *she looked timidly / bashfully at the ground*

bedekken WW *cover (up), hide* ★ een laag sneeuw bedekt de straat *the street is covered by a layer of snow*

bedekt BN *covered* ★ met rijp bedekte bomen *trees covered with hoar frost* ▼ in bedekte termen *in guarded terms*

bedelaar DE *beggar*

bedelen WW *beg* ★ hij bedelde om eten *he begged for food*

bedelven WW *bury* ★ de tuinen lagen bedolven onder de sneeuw *the gardens lay buried under the snow* ▼ hij is bedolven onder het werk *he's snowed under with work*

bedenkelijk I BN • twijfel uitdrukkend *doubtful* ★ de leraar keek bedenkelijk *the teacher looked doubtful* • zorgelijk ⟨van toestand, situatie⟩ *critical, serious, worrying* ★ het ziet er bedenkelijk voor hem uit *things look pretty serious for him* II BIJW *doubtfully, dubiously* ★ hij keek bedenkelijk naar de doos *he looked doubtfully / dubiously at the box*

bedenken WW • verzinnen *think up, think of* ★ ik moet nog een leuk cadeau bedenken voor hem *I'm still thinking up a nice present for him* • van gedachte veranderen *change your mind, have second thoughts* ★ hij heeft zich bedacht en komt niet mee *he's changed his mind / he's had second thoughts and he's not coming* • te binnen schieten *occur to* ★ ik bedenk me dat ik nog melk moet kopen *it just occurs to me that I have to buy some milk*

bederf HET *decay, rot*

bederfelijk BN *perishable*

bederven WW • ongeschikt voor consumptie worden *go off, go bad*, ⟨melk &⟩ *go sour* ★ de melk is bedorven *the milk has gone off / sour* ★ het vlees bedierf heel snel *the meat went off / bad very quickly* • verknoeien *spoil, ruin* ★ je bederft de hele boel *you're spoiling / ruining the whole thing*

bedevaart DE *pilgrimage*

bedevaartganger DE *pilgrim*

bediende DE *employee,* ⟨in winkel⟩ *assistant,* ⟨in huis⟩ *servant*

bedienen WW • helpen ⟨in restaurant &⟩ *serve, wait,* ⟨in winkel⟩ *serve* ★ we werden aan tafel bediend *we were waited on at the table* • laten functioneren ⟨een machine⟩ *operate* • gebruiken *use, make use of* ★ zij bediende zich van de gelegenheid *she used / she made use of the opportunity*

bediening DE • het helpen *service* ★ de bediening in dit restaurant is prima *the service in this restaurant is excellent* • bedienend personeel *crew* • het laten functioneren *operation,* ⟨auto⟩ *controls* ★ de bediening van de machine is heel eenvoudig *operation of the machine is very straightforward, the machine is very easy to operate*

bedoelen ww • willen zeggen *mean* ★ wat bedoel je daarmee? *what do you mean by that?* ★ ik bedoelde dat ik moe was *I meant (to say) that I was tired* • tot doel hebben *intend, mean* ★ hij bedoelde het goed *he meant well* ★ dit product is bedoeld voor de Amerikaanse markt *this product is intended / meant for the American market* ▼ deze site is alleen voor volwassenen bedoeld *this site is for adults only*

bedoeling DE • voornemen *intention* ★ met de beste bedoelingen *with the best intentions* • doel *purpose, aim*

bedonderen ww *cheat (on)* ★ hij bedonderde zijn vriendin *he cheated on his girlfriend* ▼ ben je bedonderd? *are you mad / crazy?*

bedorven BN • slecht *bad, unpleasant* ★ een bedorven sfeer *a bad / unpleasant atmosphere* • verwend *spoilt* ★ een bedorven kind *a spoilt child* • rot *bad, off* ★ het eten is bedorven *the food has gone bad / off* ▼ een bedorven maag *an upset stomach*

bedrag HET *sum, amount* ★ voor een bedrag van €1500 wil ik mijn auto wel verkopen *I'm prepared to sell my car for (the sum of) €1500* ★ voor zo'n bedrag krijg je geen goeie *for that amount / price you won't get a good one*

bedragen ww *amount to* ★ de kosten bedragen 15 euro *the costs amount to 15 euros*

bedreigen ww *threaten*

bedreiging DE *threat* ★ het virus vormt geen bedreiging voor de volksgezondheid *the virus poses no threat to public health* ▼ onder bedreiging van een mes / pistool *at knifepoint / gunpoint*

bedreven BN *skilful / AM skillful, skilled*

bedriegen ww • ontrouw zijn *cheat on, deceive* ★ hij bedriegt zijn vrouw *he's cheating on his wife, he's deceiving his wife* • oplichten *swindle, cheat* ★ hij heeft ons flink bedrogen *he's swindled / cheated us badly*

bedrieger DE • oneerlijk persoon *cheat* • oplichter *swindler, fraud*

bedrijf HET • onderneming *company, business* ★ zij heeft een bedrijf in machineonderdelen *she runs a company in machine spares* • deel van toneelstuk *act* • werking *operation* ★ de pijpleiding kwam in 2000 in bedrijf *the pipeline came into operation in 2000* ▼ buiten bedrijf ⟨defect⟩ *out of order*

bedrijfsleider DE *(works) manager*

bedrijven ww *commit* ★ hij bedreef veel misdaden *he committed a lot of crimes* ▼ ze waren de liefde aan het bedrijven *they were making love*

bedrijvig I BN • met veel activiteit *lively, bustling* ★ een bedrijvige stad *a bustling town* • altijd bezig *active, lively* ★ een bedrijvig kind *an active / a lively child* II BIJW *busily* ★ zij liep bedrijvig heen en weer *she walked busily back and forth*

bedrinken ww *get drunk* ★ hij bedrinkt zich elke dag *he gets drunk every day*

bedroefd I BN ⟨verdrietig⟩ *sad, dejected,* ⟨van streek⟩ *distressed* ★ ze is erg bedroefd dat ze haar horloge verloren heeft *she's very distressed about losing her watch* II BIJW *sadly, dejectedly* ★ ze gingen bedroefd naar huis *they went home sadly / dejectedly*

bedrog HET • oplichterij *fraud* ★ hij was bang toe te geven dat hij bedrog had gepleegd *he was afraid to admit that he had committed fraud* • misleiding *deceit, deception* ▼ dromen zijn bedrog *dreams are lies* ▼ optisch bedrog *an optical illusion*

bedrukt BN • met inkt bedrukt *printed* • neerslachtig *dejected, depressed* ★ de lerares zag er zeer bedrukt uit *the teacher looked very depressed*

beduvelen ww *cheat (on), trick,* INF *con* ★ hij zit de hele boel te beduvelen *he's conning everyone*

bedwang HET *restraint, control* ★ probeer jezelf in bedwang te houden *try and keep yourself under control*

bedwingen ww *suppress,* ⟨lach ook⟩ *contain,* ⟨tranen⟩ *hold back* ★ het leger bedwong de opstand *the army suppressed the rebellion* ★ ik kon nog net mijn tranen bedwingen *I could only just hold back my tears*

beëindigen ww *finish, end,* ⟨van zwangerschap, contract⟩ *terminate* ★ zij heeft de relatie beëindigd *she's ended the relationship*

beek DE *brook*

beeld HET • afbeelding *image, picture* ★ ik kan me geen beeld vormen van het leven in die tijd *I can't form a picture of life / I* *can't imagine life in those times* ● beeldhouwwerk *statue* ⟨standbeeld⟩, *sculpture* ⟨kunstwerk⟩ ★ er werd voor hem een beeld opgericht *a statue of him was erected* ● een mooi exemplaar *picture* ★ een beeld van een meisje *a picture of a girl / a lovely girl*

beeldhouwer DE *sculptor*

beeldig I BN *charming, lovely, gorgeous* ★ wat zie je er beeldig uit! *you look just gorgeous!* II BIJW *stunningly* ★ ze ziet er beeldig mooi uit *she looks stunningly beautiful*

beeldscherm HET *screen,* ⟨computer ook⟩ *display*

beeldschoon BN *stunningly beautiful*

been HET ● ledemaat *leg* ★ ik zat met mijn benen over elkaar *I sat with my legs crossed* ▼ hij is slecht ter been *he has trouble walking* ▼ je moet op je eigen benen staan *you have to stand on your own (two) feet* ▼ hij is met het verkeerde been uit bed gestapt *he's got out on the wrong side of the bed* ● bot *bone* ▼ zij is vel over been *she's as skinny as a rake*

beenham (zeg: -) DE *ham on / off the bone*

beenmerg HET *bone marrow*

beer DE *bear* ▼ zo sterk als een beer *as strong as a horse / an ox* ▼ FIG ik zie altijd veel beren op de weg *I always tend to see problems ahead / to see problems before they occur*

beest HET *animal, beast, creature* ★ het arme beest *the poor creature / beast* ★ hij hangt de beest uit *he's behaving like an animal / a beast*

beestachtig I BN ● als van een beest *bestial* ● wreed *brutal* ★ een beestachtige moord *a brutal murder* II BIJW ● erg *horribly, outrageously* ★ een beestachtig duur jasje *an outrageously / a horribly expensive coat* ● wreed *brutally* ★ de slachtoffers waren beestachtig vermoord *the victims had been brutally murdered / had been slaughtered like animals*

beet DE *bite* ★ de hond heeft een akelige beet achtergelaten *the dog left a nasty bite*

beetje HET *bit, little* ★ alle beetjes helpen *every little helps* ★ ik heb maar een beetje geld *I only have a little bit of money* ★ je moet een beetje beter je best doen *you should try a bit harder* ★ beetje / stukje bij beetje *bit by bit, little by little*

beetnemen WW ● beetpakken *seize, grab, take hold of* ● ertussen nemen *make a fool of, take for a ride* ★ ik laat me niet meer beetnemen *I won't be made a fool of any longer* ★ Jan is lelijk beetgenomen *John has really been taken for a ride, John's been had*

bef DE ● vlek bij dier *chest, breast, bib* ★ een kat met een witte bef *a cat with a white chest / breast / bib* ● kraag *jabot*

begaafd BN *gifted, talented*

begaan I BN ★ ik ben begaan met haar *I feel sorry for her* ★ zij is erg begaan met haar medemens *she's very concerned about those around her* ▼ de begane grond *ground level,* ⟨van huis⟩ *ground floor /* AM *first floor* II WW *commit,* ⟨vergissing⟩ *make* ★ ik heb een flater begaan *I made a blunder* ★ hij heeft al twee moorden begaan *he has already committed two murders*

begeerte DE *desire, wish,* ⟨lichamelijk⟩ *lust* ★ de begeerte naar kennis *the desire for knowledge*

begeleiden WW ● meegaan met *accompany,* ⟨door politie &⟩ *escort* ★ het schip werd begeleid naar de haven *the ship was escorted to the harbour* ● ondersteunen *guide, coach, supervise* ★ een speciaal team begeleidde de studenten *a special team supervised / coached the students* ● MUZ *accompany* ★ hij werd op de piano begeleid door Mitsuko Uchida *he was accompanied on the piano by Mitsuko Uchida*

begeleiding DE ● het vergezellen *escort,* MUZ *accompaniment* ★ hij arriveerde onder begeleiding van de politie *he arrived under police escort* ★ met begeleiding van piano *with piano accompaniment, accompanied by piano* ● het ondersteunen *guide, support,* ⟨bij studie &⟩ *supervision* ★ het project staat onder begeleiding van ... *the project is under the supervision of ...*

begeren WW *desire, wish, long for* ★ alles wat je hartje begeert *everything your heart desires*

begerig I BN ● gretig *greedy* ★ ze wierpen begerige blikken op de hapjes *they cast greedy eyes on the snacks, they looked longingly at the snacks* ● verlangend *eager* ★ hij is begerig naar macht *he is eager for* *power, he longs for power* II BIJW *greedily, longingly* ★ hij keek begerig naar mijn boterham *he looked longingly at my sandwich*

begeven ww ● ergens heengaan *proceed, make your way* ★ hij begaf zich weer naar huis *he made his way home again* ● laten afweten *give out, break down* ★ zijn krachten begaven het *his strength gave out* ★ de auto heeft het begeven *the car has broken down*

begin HET *beginning, start* ★ bij het begin van de vakantie werd hij ziek *he fell ill at the beginning / start of the holidays*

beginletter DE *initial (letter)*

beginnen ww ● aanvangen *start, begin* ★ om te beginnen *to begin with, for a start* ★ de lente is vandaag begonnen *spring began today* ★ de wereldkampioenschappen zijn begonnen *the world championships have begun / started* ★ de wedstrijd begon om twee uur *the game started at two o'clock* ▼ waar ben ik aan begonnen?! *what have I let myself in for?!* ● onderwerp aansnijden *bring up, broach* ★ hij begon over voetballen *he brought up / broached the subject of football* ▼ begin maar *go ahead*

begluren ww *spy on, peep at*

begraafplaats DE *cemetery, graveyard*

begrafenis DE ● plechtigheid *funeral* ★ ben je bij haar begrafenis geweest? *did you go to her funeral?* ● het begraven *burial*

begraven ww *bury* ★ hij is bang levend begraven te worden *he's afraid of being buried alive* ★ ze hebben de strijdbijl begraven *they've buried the hatchet*

begrijpelijk BN *understandable* ★ het is heel begrijpelijk dat je er zo over denkt *it's very understandable that you feel that way*

begrijpen ww *understand, comprehend* ★ ik begrijp er helemaal niets van *I don't understand it at all, this is all gibberish to me* ★ haar Nederlands is haast niet te begrijpen *you can hardly understand her Dutch, her Dutch is barely comprehensible*

begrip HET ● het begrijpen *comprehension, understanding, grasp* ★ hij was vol begrip *he was very understanding* ★ zij heeft een goed begrip van de basisprincipes *she has a good comprehension / understanding / grasp of the basic principles* ▼ daar heb ik geen begrip voor *I just don't understand that sort of thing* ● denkbeeld *idea, notion, concept* ★ het begrip 'liefde' *the concept of love* ▼ Cruijff is hier een begrip *Cruijff is a legend in these parts* ▼ gastvrijheid is hier een begrip *hospitality is a household word here*

begroeiing DE *overgrowth*

begroeten ww *greet, welcome*

begroeting DE *greeting, welcome*

beha DE *bra*

behaard BN *hairy*

behalen ww *gain, ⟨diploma⟩ obtain* ★ hij behaalde de overwinning *he gained the victory, he won*

behalve vw ● uitgezonderd *except (for), but* ★ we waren er allemaal behalve Peter *we were all there except for Peter* ★ behalve Marian hebben ze allemaal hun bord leeggegeten *all but Marian have emptied their plates* ● tenzij *unless* ★ ik kom, behalve als het regent *I'll come unless it rains, I'll come if it doesn't rain* ● niet alleen *besides* ★ behalve een hond had hij ook drie katten *besides a dog he had three cats*

behandelen ww ● omgaan met *deal with, handle, treat* ★ hij weet hoe hij lastige studenten moet behandelen *he knows how to deal with / to handle difficult students* ★ ze wil eerlijk behandeld worden *she wants to be treated fairly* ● bespreken *discuss, deal with* ★ dit onderwerp hebben we nog niet behandeld *we haven't dealt with / discussed this matter yet* ● medisch verzorgen *treat* ★ je moet je door een dokter laten behandelen *you need to be treated by a doctor*

behandeling DE *treatment, handling* ★ de behandeling met medicijnen sloeg niet aan *treatment with medications was not successful* ★ hij werd bekritiseerd voor zijn behandeling van de zaak *he was criticised for his handling / treatment of the matter*

behang HET *wallpaper*

behangen ww ● muren bekleden *paper* ● bedekken *cover* ★ ze was behangen met sieraden *she was covered in jewellery*

beheer HET ● leiding *management* ● bestuur en toezicht *direction, ⟨toezicht⟩ control* ★ alle computergegevens staan onder zijn beheer *all the computer data is under his control, he looks after all the computer* *data*

beheerder DE *director, manager*

beheersen ww • onder controle hebben *control* ★ beheers je! *control yourself! get a grip on yourself!* • domineren *dominate* ★ de spanning tussen de twee landen beheerste de top *the top was dominated by the tension between the two countries* • kennis hebben van *master, be fluent in* ★ beheers jij het Engels al? *are you already fluent in English? have you mastered English yet?*

behelpen ww *manage* ★ we weten ons te behelpen *we're managing all right* ▼ het blijft behelpen *we'll just have to do the best we can*

behendig I BN *dexterous, clever, skilful / AM skillful* ★ hij is een behendige automobilist *he's a skilful driver* ★ een behendige zakkenroller heeft je portemonnee voordat je het weet *a clever / dexterous pickpocket will have your wallet before you know it* II BIJW *dexterously, cleverly, skilfully / AM skillfully*

beheren ww *manage, administer* ★ zij beheert de kas van de vereniging *she manages / administers the club's finances*

behoefte DE gemis *need* ★ er bestaat een directe behoefte aan eten en drinken *there is a immediate need for food and drink* ★ wij hebben een dringende behoefte aan nieuwe leden *we are in urgent need of new members* ▼ de hond deed zijn behoefte op de stoep *the dog relieved itself on the pavement*

behoeftig BN *destitute, needy* ★ ze leven in behoeftige omstandigheden *they live in needy circumstances, they are destitute*

behoeve ZN ★ ten behoeve van *on behalf of*

behoorlijk I BN • zoals het hoort *proper* ★ ouders hechten veel waarde aan behoorlijk gedrag *parents attach a lot of importance to proper behaviour* • fatsoenlijk *decent* ★ de meesten hebben geen behoorlijke kleren meer *most of them no longer have any decent clothes left* • flink *considerable, fair* ▼ dat was een behoorlijk stuk rijden *that was a long drive* II BIJW • properly, decently ★ je moet je behoorlijk gedragen *you ought to behave properly* • flink *pretty, rather, quite* ★ het is behoorlijk koud vandaag *it's pretty cold today* ★ hij verdient behoorlijk veel *he earns quite / rather a lot of money,* INF *he earns a heap* ▼ er is behoorlijk veel tijd en geld aan besteed *a fair amount of / a considerable amount of / a lot of time and money has gone into it*

behoren ww • betamen, moeten *should, ought to* ★ dat behoor je te weten *you should know that / ought to know that* • eigendom zijn van *be owned by, belong to* ★ dat boek behoort aan Peter *that book belongs to / is owned by Peter* • deel uitmaken van *belong to, be among, form part of* ★ zij behoort tot de beste dansers *she is among the best dancers* ★ Schotland behoort bij het Verenigd Koninkrijk *Scotland belongs to / forms part of the United Kingdom*

behouden ww *preserve, keep* ★ hij heeft zijn vrolijkheid behouden *he preserved / kept his cheerfulness*

behulp HET ★ met behulp van vrienden *with the help of friends*

behulpzaam BN *helpful* ★ onze buurman is erg behulpzaam *the man next door is very helpful* ▼ vitamine C kan behulpzaam zijn bij de genezing van vele ziektes *vitamin C can play a role in curing many illnesses*

beide TELW *both, either (one),* 〈twee〉 *two* ★ een van beiden 〈maar niet allebei〉 *one of the two;* 〈het maakt niet uit welke〉 *either (of the two)* ★ jullie kunnen beiden gaan *both of you can go* ★ geen van beide(n) *neither (of them)* ★ in beide gevallen *in either case, in both cases*

beige BN *beige*

beïnvloeden ww *influence* ★ sommige mensen zijn gemakkelijk te beïnvloeden *some people can be easily influenced* ▼ het nieuws heeft de beurs gunstig / ongunstig beïnvloed *the news had a positive / negative influence on the stock market*

beitel DE *chisel*

beits DE *(wood) stain*

bejaarde DE *senior citizen, elderly man, elderly woman*

bejaardentehuis HET *old people's home, home for the elderly*

bek DE 〈van zoogdier〉 *muzzle, snout,* 〈van vogel, krokodil &〉 *beak,* 〈van persoon〉 *mouth, trap* ★ hou je bek! *shut your trap! / shut up!* ★ hij heeft een grote bek *he's a big mouth, he's rude* ▼ hij ging op zijn bek *he* *came a cropper*

bekaf BN *dead tired, done in*

bekakt I BN *stuck-up, la-di-da* ★ ze praat met een bekakt accent *she talks with a stuck-up / a la-di-da accent* II BIJW *in a stuck-up way* ★ ze praat bekakt *she talks in a stuck-up / a la-di-da way*

bekend BN ● niet vreemd *familiar* ★ dat komt mij bekend voor *that sounds / looks familiar* ▼ ik ben hier niet bekend *I'm a stranger to this place* ● gekend *known* ★ hij is een bekende schrijver *he is a well-known author* ▼ ze stond bekend als een goede leerling *she had a reputation for being a good student* ▼ dat is algemeen bekend *that's common knowledge* ● ervan wetend *familiar (with), acquainted (with)* ▼ hij is bekend met computers *he knows all about computers*

bekendheid DE *name, reputation* ★ met die cd heeft de groep een grote bekendheid gekregen *the band made a name for itself with that CD*

bekennen WW ● toegeven *confess, own up, admit* ★ hij bekende de diefstal *he admitted the theft, he confessed to / owned up to the theft* ● bekentenis afleggen ⟨van beschuldigde⟩ *plead guilty* ★ de beklaagde bekende niet *the accused pleaded not guilty* ● geen mens te bekennen *there isn't a (living) person around* ▼ hij was nergens te bekennen *there was no sign of him anywhere*

bekentenis DE *confession, admission* ★ hij legde een bekentenis af *he made a confession, he confessed*; ⟨voor rechtbank⟩ *he pleaded guilty* ★ hij baarde opzien met zijn bekentenis dat hij weleens een jointje had gerookt *his admission / confession that he had occasionally smoked a joint caused a stir*

beker DE ● mok *beaker, mug* ★ een beker melk *a beaker of milk* ● bakje *tub* ★ een beker ijs *a tub of ice cream* ● trofee *cup* ★ de bekerfinale *the cup final*

bekeren WW tot (een ander) geloof komen *convert* ★ het land bekeerde zich tot het protestantisme in de 17e eeuw *the country was converted to Protestantism in the 17th century*

bekeuring DE *fine, ticket* ★ een bekeuring voor te hard rijden *a speeding fine / ticket*

bekijken WW *examine, view, look at* ★ laten wij de zaak van dichterbij bekijken *let's examine / view / look at the matter closely, let's have a closer look at the matter* ▼ bekijk het maar! *suit yourself!*

bekken HET ● lichaamsdeel *pelvis* ● bassin *bowl, basin* ● muziekinstrument *cymbal*

beklaagde DE *accused*

beklagen WW ● iets *lament, bemoan* ● iemand *pity* ● klacht indienen *complain* ★ ze beklaagde zich over het feit dat ze geen spijkerbroek mocht dragen *she complained about not being allowed to wear jeans*

bekleden WW ● bedekken *cover,* ⟨met tapijt⟩ *carpet* ★ we hebben die stoel opnieuw bekleed *we've re-covered the chair* ● vervullen *occupy,* ⟨ambt⟩ *hold* ★ hij bekleedt een hoge post bij de VN *he holds a high position with the UN*

bekleding DE *covering, upholstery* ★ de bekleding van de auto is helemaal versleten *the upholstery in the car is completely worn out*

beklemtonen WW *stress,* FIG *emphasize*

beklimmen WW *climb, scale* ★ ze beklommen de tanks en omhelsden de soldaten *they climbed onto the tanks and embraced the soldiers* ★ ze beklommen rotsen van 20 meter *they climbed / scaled twenty-metre high rocks*

beknopt BN *brief, concise* ★ een beknopt overzicht *a brief / concise outline*

bekogelen WW *pelt*

bekommeren WW zorgen maken om / over *worry (about)* ★ je hoeft je om haar niet te bekommeren *there's no need to worry about her*

bekritiseren WW *criticize*

bekrompen BN *narrow-minded*

bekwaam BN *capable, competent*

bel DE ● schel *bell, doorbell* ★ de bel gaat *that's the bell / there goes the bell* ★ de kinderen waren met het belletje trekken *the children were ringing doorbells and running away* ▼ FIG bij die problemen moet je aan de bel trekken *if such problems arise, make sure you sound the alarm* ● luchtbel *bubble*

belachelijk BN *ridiculous* ★ wat een belachelijke vraag! *what a ridiculous question!* ▼ maak jezelf niet belachelijk *don't make a fool of yourself*

belagen WW ● *besiege* ★ de popster werd

belaagd door zijn fans *the pop star was besieged by his fans* ● bedreigen *menace* ★ hij werd belaagd door een Duitse herder *he was menaced by a German shepherd*

belanden ww *land (up), end up* ★ ze belandde in het ziekenhuis *she ended up / landed (up) in hospital*

belang HET ● voordeel *interest* ★ dat is in jouw eigen belang *it's in your own interest* ▼ daar heb ik geen belang bij *I'm not interested in that* ● belangrijkheid *importance* ★ een zaak van groot belang *a matter of great importance* ▼ het is van belang dat... *it's important that...* ▼ het was er een drukte van belang *there was a huge crowd*

belangrijk BN ● van belang *important, main* ★ vandaag is een belangrijke dag *it's an important day today* ★ hij is een belangrijke speler voor Ajax *he's one of Ajax's main players* ● aanzienlijk *considerable* ★ ze erfden een belangrijke som geld *they inherited a considerable amount of money*

belangstelling DE *interest* ▼ zijn belangstelling voor treinen is groot *he is very interested in trains*

belasten ww ● beladen *load* ★ die auto is te zwaar belast *that car is too heavily loaded* ▼ ik mag mijn been nog niet belasten *I'm not allowed to put any weight on my leg yet* ● taak opleggen *charge, burden* ▼ hij was belast met de verkoop *he was in charge of sales*

belasting DE ● heffing *tax(es), ⟨plaatselijk⟩ rates* ★ ze hoeven geen belasting te betalen op hun winsten *they don't have to pay any tax on their profits* ● druk *pressure* ★ ons leefpatroon vormt een te grote belasting voor het milieu *our living habits are putting too much pressure on the environment*

belastingaanslag DE *tax assessment*
belastingdienst DE *tax department*
belazeren ww *take in, cheat* ★ hij heeft me belazerd *he's taken me in / cheated me, he's taken me for a ride*

beledigen ww *insult, offend* ★ ik voel me beledigd door die opmerking *I feel insulted / offended by that remark*

belediging DE *insult*

beleefd BN *civil, polite* ★ de medewerker was niet erg beleefd tegen ons *the employee was not very polite / civil to us* ▼ wil je zo beleefd zijn om de deur open te doen? *would you be so kind as to open the door?*

beleg HET ● broodbeleg *(sandwich) filling* ★ wat wil je als beleg op je brood? *what filling do you want in your sandwich? what do you want on your sandwich?* ● belegering *siege* ★ het beleg van Antwerpen *the siege of Antwerp*

belegeren ww *besiege*

beleggen ww ● bedekken *fill* ★ beleg de broodjes met ham *fill the rolls with ham* ▼ belegde broodjes *filled rolls* ● investeren *invest* ★ mijn vader belegt in aandelen *my father invests in shares* ● bijeenroepen *convene, call* ★ ze hebben een vergadering belegd *they've convened / called a meeting*

beleid HET *policy* ★ ze protesteren tegen het beleid van de regering *they're protesting against government policy*

belemmeren ww *hamper, hinder* ★ het verkeer wordt door de werkzaamheden belemmerd *traffic is being hindered / hampered by the road works* ▼ dat lawaai belemmert me in mijn werk *that noise is stopping me from working properly*

beletten ww *obstruct, prevent, stop* ★ belet me het spreken niet *don't try and stop me speaking / prevent me from speaking* ★ twee olifanten beletten ons de doorgang *two elephants obstructed our passage*

beleven ww *go through, experience* ★ zoiets heb ik nog nooit beleefd! *I've never experienced anything like it!/I've never had an experience like it!* ★ het jonge gezin beleefde moeilijke tijden *the young family went through difficult times*

belevenis DE *experience, adventure* ★ ik vond het een hele belevenis *it was quite an experience / adventure*

Belg DE *Belgian*
België HET *Belgium*
Belgisch BN *Belgian*
Belgische DE *Belgian (woman)*

belijdenis DE *confirmation* ▼ ze doet zondag belijdenis *she'll be confirmed on Sunday*

bellen ww ● aanbellen *ring (the bell)* ▼ er wordt gebeld *there's someone at the door* ● telefoneren *ring, call* ★ ik zal je bellen *I'll give you a ring, I'll call you, I'll ring you* ★ ze belde me midden in de nacht *she rung / called me in the middle of the night* ★ heb je moeder al gebeld? *have you rung your mother yet?*

belofte DE *promise* ★ hij heeft zijn belofte gehouden *he's kept his promise* ★ als je een belofte doet moet je je eraan houden *if you make a promise you should keep it*

belonen ww *reward*

beloning DE ⟨voor werk⟩ *pay*, ⟨voor daad⟩ *reward* ★ als beloning voor je inzet *as a reward for your efforts*

beloven ww *promise*

beltegoed HET *call(ing) credit* ★ mijn beltegoed is op *my call(ing) credit has run out* ★ ik moet mijn beltegoed opwaarderen *I have to top up my call(ing) credit*

beltoon DE *ring tone*

beluisteren ww *listen to* ★ we hebben de cd gisteren beluisterd *we listened to the CD yesterday*

bemachtigen ww *get (hold of)* ★ ik heb honderd handtekeningen kunnen bemachtigen *I managed to get hold of one hundred signatures* ★ hij bemachtigde met moeite een zitplaats *he got hold of a seat with difficulty*

bemanning DE *crew*

bemerken ww *notice* ★ ik heb helemaal niets bemerkt *I didn't notice anything at all*

bemesting DE *manure, fertilizer*

bemiddelen ww *mediate* ★ de bisschop bemiddelde tussen de regering en de rebellen *the bishop mediated between the government and the rebels*

beminnelijk BN ⟨passief⟩ *lovable*, ⟨actief⟩ *engaging*

beminnen ww *be fond of, love*

bemoedigen ww *encourage, cheer up* ★ bemoedigende woorden *encouraging words* ★ je kunt haar bemoedigen met een beterschapskaartje *if you want to cheer her up, send her a get-well card*

bemoeien ww *interfere, meddle* ★ hij bemoeide zich met zaken die hem niet aangingen *he meddled in / interfered with matters that were no concern of his* ▼ waar bemoei je je mee? *mind your own business!*

bemoeilijken ww *hamper, make more difficult* ★ dat bemoeilijkt de situatie *that makes things more difficult, that hampers things*

bemoeizucht DE *meddling, interference*

benadelen ww *put to / at a disadvantage, prejudice* ★ hij voelt zich benadeeld door de beschuldigingen *he feels put to / at disadvantage by the accusations, he feels that the accusations prejudice him*

benaderen ww ● dichtbij komen *come close to, approach* ★ op de 500 meter benaderde hij het wereldrecord *he came close to the world record for the 500 meters* ★ hij benaderde zijn slachtoffers van achteren *he approached his victims from behind* ● aanpakken *approach, tackle* ★ hoe zullen we dit probleem benaderen? *how should we tackle / approach this problem?* ● zich wenden tot *approach, get in touch with* ★ ik ben benaderd voor die baan *they've approached me / got in touch with me for that job*

benadrukken ww *emphasize, stress* ★ hij benadrukte het belang van goede voeding *he emphasized / stressed the importance of a healthy diet*

benaming DE *name*

benauwd BN ● moeilijk ademend *short of breath* ● drukkend *close*, ⟨van kamer⟩ *stuffy*, ⟨van weer⟩ *sultry* ● bang *anxious, frightened* ★ ze keek erg benauwd *she had an anxious / frightened look on her face* ★ ik ben erg benauwd voor mijn speech van vanavond *I'm quite anxious about the speech I'm giving tonight*

bende DE ● groep *gang*, ⟨dieven⟩ *pack* ★ de bende bestond uit vijf jongens *there were five boys in the gang* ● wanorde *mess* ▼ een hele bende fouten *a lot of mistakes*

beneden I BIJW *down(stairs), (at the) bottom* ★ hij verliet de slaapkamer en ging naar beneden *he left the bedroom and went downstairs* ★ vijf regels van beneden *five lines from the bottom* ★ van boven naar beneden ⟨helemaal⟩ *from top to bottom*; ⟨van boven af aan⟩ *from the top down* II VZ *under, below, beneath* ★ beneden de vijftig *less than / below / under fifty* ★ dat is beneden mijn waardigheid *it's beneath me*

benedenverdieping DE *ground floor*

benemen ww *take away* ★ het uitzicht benam haar de adem *the view took her breath away*

benieuwd BN *curious* ★ ik ben zeer benieuwd naar de examenuitslag *I'm very curious about the exam results* ▼ ik ben benieuwd of ik geslaagd ben *I wonder if I passed*

benijden ww *envy* ★ ik benijd hem om zijn auto *I envy him his car*

benodigdheden DE *things you need, requirements* ★ we hebben de benodigdheden op een rijtje gezet *we've made a list of the things we need / of our requirements*

benoemen ww • naam geven *identify* ★ een veldgids is handig voor het benoemen van paddenstoelen *a field guide is handy for identifying mushrooms* • aanstellen *appoint* ★ Jacob is benoemd tot voorzitter *Jacob has been appointed chairman*

benul HET *notion* ★ hij heeft er geen benul van *he hasn't got the faintest / foggiest notion*

benutten ww *make the most of, use* ★ we moeten de gelegenheid benutten *we have to make the most of the opportunity* ★ ik heb de tijd benut om een boek te lezen *I used the time to read a book, I made the most of the time by reading a book*

benzine DE *petrol*, AM *gas(oline)* ★ ik sta zonder benzine *I've run out of petrol / gas*

benzinestation HET *petrol station*, AM *gas(oline) station*

beoefenen ww *play, practise* ★ welke sport beoefen jij? *what sport do you play / do you go in for?* ★ ze beoefent al 30 jaar yoga *she has been practising yoga for 30 years*

beoordelen ww *judge, assess* ★ we moeten beoordelen of we het kunnen doen *we have to judge / assess whether we can do it or not* ▼ de meeste recensenten hebben de uitvoering positief beoordeeld *most critics gave the performance a favourable reception* ▼ de doelman beoordeelde het schot verkeerd *the goalkeeper misjudged the shot*

beoordeling DE *judg(e)ment, assessment*

bepaald I BN • duidelijk omschreven *particular, specific*, TAALK *definite* ★ in dat bepaalde geval *in that particular / specific case* ★ het bepaald lidwoord *the definite article* • sommige *certain, some* ★ bepaalde mensen *certain / some people* II BIJW beslist *certainly, exactly* ★ sommige mensen komen pas laat tot bloei en Albert Einstein was bepaald geen uitzondering *some people are late developers, and Albert Einstein was certainly no exception / wasn't exactly an exception*

bepalen ww • van prijs, tijd & *fix* • tijdstip *appoint* • door onderzoek *determine*

bepaling DE • wettelijk voorschrift *regulation* • voorwaarde *condition, term* ★ volgens de bepalingen van de overeenkomst *according to the terms / conditions of the agreement* • vaststelling *determination* ▼ het cijfer telt mee bij de bepaling van het eindcijfer *the mark is included when the final mark is determined*

beperken ww • begrenzen *limit, restrict* ★ we moeten onze uitgaven tot een minimum beperken *we have to limit / restrict our expenses to a minimum* • verminderen *reduce, cut (down on)* ★ we moeten onze consumptie beperken *we have to reduce / cut (down on) our consumption*

beperkt BN *limited, restricted* ★ met beperkte middelen *with limited means* ★ een website met beperkte toegang *a restricted-access website* ▼ beperkt houdbaar *perishable*

beproeving DE *ordeal* ★ de wandeling was een hele beproeving *the walk was a real ordeal*

beraad HET *deliberation, consideration* ★ we houden dat voorstel in beraad *we'll keep that proposal under consideration* ★ na lang beraad besloot ze het te doen *after long deliberation / consideration she decided to do it*

beramen ww • ontwerpen *plan, plot, devise* ★ ze beraamden een aanslag *they planned / plotted an attack* ★ hij beraamde een plan *he devised a plan* • schatten *estimate* ★ de kosten zijn beraamd op een ton *the costs have been estimated at a hundred thousand euros*

berechten ww *try* ★ de terrorist wordt morgen berecht *the terrorist will be tried tomorrow*

beredeneren ww beargumenteren *argue* ★ Copernicus beredeneerde dat de aarde om de zon draaide *Copernicus argued that the earth moved around the sun* ▼ kun je dat beredeneren? *can you give your reasons for thinking that?*

bereid BN ● klaar *ready, prepared* ● genegen willing ★ ben jij bereid (om) me te helpen? *are you willing to help me?*

bereiden WW *prepare, cook* ★ kun je me helpen met het bereiden van het eten? *can you help me prepare / cook dinner?*

bereik HET *reach, range*

bereikbaar BN ● toegankelijk *accessible* ★ Meppel is per trein bereikbaar *Meppel is accessible by train / can be reached by train* ★ de homepage was enige tijd niet bereikbaar *the home page was inaccessible for a while* ★ de binnenstad is moeilijk bereikbaar *the town centre is difficult to reach* ● haalbaar *attainable, within reach* ★ het kampioenschap is nog steeds bereikbaar voor ons *the championship is still within our reach / is still attainable for us*

bereiken WW ● in contact komen *reach* ★ waar ben je te bereiken? *where can you be reached / contacted?* ● aankomen bij *reach, arrive in, arrive at* ★ opa heeft de 100 bereikt *Grandpa has reached the age of 100* ★ ze bereikten Londen om twee uur *they arrived in London at two o'clock* ★ toen ze het station bereikten was de trein weg *when they arrived at the station the train had gone* ● komen tot iets *achieve* ★ wat wil je bereiken in je leven? *what do you want to achieve in your life?*

berekenen WW ● uitrekenen *calculate* ★ de kosten zijn berekend op twaalf dollar *the costs have been calculated at twelve dollars* ● in rekening brengen *charge* ★ ik bereken u tien euro voor de reparaties *I'll charge you ten euros for the repairs* ★ ze heeft me teveel berekend *she overcharged me*

berekening DE *calculation*

berg DE ● gebergte ⟨hoog⟩ *mountain*, ⟨minder hoog⟩ *hill* ★ ze hebben de berg beklommen *they've climbed the mountain* ● hoop *pile, load* ★ een berg papieren *a pile / load of papers*

bergen WW ● onderbrengen *hold, store* ★ de kofferbak kan veel bagage bergen *the boot can hold / store a lot of luggage* ● in veiligheid brengen *rescue*, ⟨wrak⟩ *salvage*, ⟨lijk⟩ *recover* ★ het scheepswrak werd geborgen *the wreck was salvaged*

berging DE ● het bergen *salvage*, ⟨van ruimtecapsule⟩ *recovery* ★ de berging van de Koersk *the salvage of the Koersk* ● bergruimte *storage (room)* ● schuurtje *shed*

bergsport DE *mountaineering* ★ ik doe aan bergsport *I go mountaineering*

bergtop DE *(mountain) top, summit*

bericht HET *news, message* ★ heb je al bericht van je vrienden? *have you had any news from your friends yet?* ★ ik heb een bericht achtergelaten *I left a message* ▾ er stond een bericht in de krant *there was a notice / report in the paper*

berichten WW *report* ★ de krant berichtte dat ... *the newspaper reported that ...* ▾ kun je ons berichten wanneer je denkt aan te komen? *could you let us know when you expect to arrive?*

berijden WW *ride* ★ de winnaar bereed een nieuw type fiets *the winner rode a new type of bike*

berk DE *boom birch*

berm DE ● kant van de weg *roadside* ▾ dan moet ik maar in de berm plassen *I'll just have to pee at the side of the road* ● wegberm *shoulder* ★ zachte berm *soft shoulders*

beroemd BN *famous, celebrated* ★ hij is een beroemde schrijver *he's a celebrated / famous author* ★ zij was beroemd om haar benen *she was famous for her legs*

beroemdheid DE ● persoon *celebrity* ● roem *fame* ★ hij verwierf bekendheid in de jaren 60 *he acquired fame in the 60s, he became famous in the 60s*

beroep HET ● vak *occupation*, ⟨hoger opgeleid⟩ *profession*, ⟨ambacht⟩ *trade* ★ van beroep tandarts *a dentist by profession* ★ wat is hij van beroep? *what does he do for a living? what is his occupation?* ● verzoek *appeal* ▾ hij deed een beroep op ons gezond verstand *he appealed to our common sense* ● JUR *appeal* ▾ hij gaat in hoger beroep *he's going to appeal (against) the decision*

beroepsgeheim HET *professional secret*

beroepsopleiding DE *vocational training (course)*

beroerd BN ● naar *rotten, miserable*, INF *lousy* ★ ik voel me beroerd *I feel rotten / miserable / lousy* ● slecht *bad, terrible* ★ ik heb een beroerde wedstrijd gespeeld *I played a terrible match, I played terribly during the match* ▾ ze is nooit te beroerd om te helpen *she's always willing to help*

beroerte DE *stroke* ★ hij heeft een beroerte gehad *he's had / suffered a stroke*

berooid BN *penniless* ★ hij laat zijn vrouw berooid achter *his wife has been left penniless*

berouw HET *remorse* ★ zij toonde geen berouw over wat ze gedaan had *she showed no remorse for what she had done*

beroven WW ● bestelen *rob* ★ ik ben beroofd door twee jongens *I've been robbed by two boys* ● ontdoen van *deprive of* ★ ze werd van haar vrijheid beroofd *she was deprived of her liberty* ▾ hij is beroofd van zijn verstand *he's out of his mind* ▾ hij heeft zich van het leven beroofd *he took his own life*

beroving DE *robbery*

berucht BN *notorious, infamous* ★ een beruchte dief *a notorious thief* ★ een beruchte buurt *an infamous neighbourhood* ★ hij is berucht om zijn woede-uitbarstingen *his fits of anger are notorious*

berusten WW ● zich schikken *resign to* ★ zij berusten in hun lot *they're resigned to their fate* ● gebaseerd zijn *be based* ★ het verhaal berustte op geruchten *the story was based on rumours* ▾ het moet op een misverstand berusten *there must be a misunderstanding*

bes DE vrucht *berry*

beschaafd BN ● niet barbaars *civilized* ★ de beschaafde wereld *the civilized world* ● goed opgevoed *cultivated, educated* ★ beschaafde manieren *cultivated manners* ★ hij is een beschaafde man *he's an educated person*

beschaamd BN *ashamed* ★ dat gaf me altijd een beschaamd gevoel *it always made me feel ashamed*

beschadigen WW *damage*

beschadiging DE *damage*

beschaving DE ● cultuur *civilization* ★ de Romeinse beschaving *the Roman civilization* ▾ de Inca's stonden op een hoge trap van beschaving *the Incas were a highly civilized people* ● goede manieren *culture, refinement* ★ het ontbreekt hem aan beschaving *he's lacking in culture / refinement* ▾ mijn moeder probeert mij wat beschaving bij te brengen *Mum's trying to teach me some manners*

bescheiden BN *modest* ★ ze is een heel bescheiden meisje *she is a very modest girl*

beschermen WW *protect, shield* ★ een zonnebril beschermt je ogen tegen de zon *sunglasses shield / protect your eyes from the sun*

bescherming DE *protection* ★ de getuige werd in bescherming genomen *the witness was taken into protection* ▾ hij nam de leerling in bescherming *hij took the student under his wing*

beschikbaar BN *available* ★ ze hebben ons een kamer beschikbaar gesteld *they've made a room available for us*

beschikking DE *disposal* ★ we hebben de beschikking gekregen over enkele fietsen *some bikes have been put at our disposal* ▾ het staat ons ter beschikking *it's available to us*

beschilderen WW *paint* ★ de vazen zijn met de hand beschilderd *the vases are hand-painted* ▾ beschilderde ramen *stained glass windows*

beschimmeld BN *mouldy*

beschouwen WW bezien *consider, regard as* ★ zij wordt beschouwd als zijn opvolgster *she is considered to be his successor / is regarded as his successor* ★ ik beschouw hem als een vriend *I regard him as a friend, I consider him a friend*

beschouwing DE *consideration* ★ dit laten we buiten beschouwing *we won't take that into consideration*

beschrijven WW ● schrijven op *write on* ★ het papier was maar aan een kant beschreven *the paper was only written on on one side* ● omschrijven *describe* ★ beschrijf eens wat je ziet *just describe what you see* ▾ de satelliet beschrijft een baan om de aarde *the satellite makes an orbit (a)round the earth*

beschuit DE *(Dutch) rusk* ★ een beschuit met muisjes *a rusk with aniseed sprinkles*

beschuldigen WW *accuse, ⟨voor rechtbank⟩ charge* ★ hij wordt beschuldigd van moord *he is charged with murder* ▾ hij wordt altijd overal van beschuldigd *he's always blamed for everything*

beschuldiging DE *accusation, ⟨voor rechtbank⟩ charge* ★ op beschuldiging van moord *on a charge of murder*

beschutting DE *shelter, protection* ★ we vonden beschutting tegen de regen *we*

found shelter / protection from the rain
besef HET *notion, sense* ★ geen besef van tijd *no notion / sense of time*
beseffen ww *realize* ★ zij besefte plotseling wat ze fout had gedaan *she suddenly realized what she had done wrong*
beslaan ww ● *mistig worden fog up, steam up* ★ de ruiten zijn beslagen *the windows have fogged / steamed up* ● *plaats innemen* ⟨ruimte⟩ *take up,* ⟨van tekst⟩ *run to* ★ het bed beslaat de hele kamer *the bed takes up the whole room* ★ de tekst beslaat 20 pagina's *the text runs to 20 pages*
beslag HET *van deeg batter* ★ klop het beslag tot het glad is *beat the batter until it is smooth* ▼ proeflezen neemt veel tijd in beslag *proof reading takes a lot of time* ▼ zijn auto is in beslag genomen *his car has been confiscated*
beslissen ww ● *besluiten decide* ★ zijn moeder besliste dat hij dokter moest worden *his mother decided that he should become a doctor* ▼ zij kon maar niet beslissen *she couldn't make up her mind* ▼ jij moet beslissen wat je met het geld gaat doen *what you do with the money is up to you* ● *uitkomst bepalen decide* ★ dat doelpunt besliste de wedstrijd *that goal decided the match*
beslissing DE *decision* ★ ik moet een beslissing nemen *I have to make a decision*
beslist BIJW ● *zeker definitely* ★ hier heb ik beslist een onvoldoende voor *I'll definitely get a fail for this* ● *stellig absolutely* ★ het is beslist noodzakelijk een helm te dragen *it's absolutely necessary to wear a helmet, not wearing a helmet is out of the question*
besluipen ww *creep up on, stalk* ★ hij besloop haar van achteren *he crept up on her from behind* ★ de leeuw besloop de antiloop *the lion stalked the antelope*
besluit HET ● *beslissing decision, resolution* ★ we hebben een besluit genomen *we have made a decision / resolution* ★ ze kwam tot een besluit *she came to a decision, she reached a decision* ▼ hij kan nooit tot een besluit komen *he can never make up his mind* ● *einde conclusion* ★ tot besluit wil ik jullie allemaal veel succes wensen *in conclusion, let me wish you all success*
besluiten ww ● *een besluit nemen decide* ★ we besloten thuis te blijven *we decided to stay at home* ● *eindigen end, finish (up)* ★ hij besloot met te zeggen ... *he ended / finished by saying ...*
besmeren ww ● *met boter of beleg spread* ★ hij besmeerde zijn brood met een beetje boter *he spread some butter on his bread* ● *met vet, olie, & smear* ★ hij besmeerde de ketting met vet *he smeared the chain with grease*
besmettelijk BN ● *overdraagbaar contagious, infectious* ★ een besmettelijke ziekte *a contagious / infectious disease* ● *gauw vuil wordend* ⟨van kleding⟩ *easily soiled* ▼ wit is erg besmettelijk *white gets dirty very easily*
besmetten ww ● *met ziekteverwekker infect* ★ zij is besmet met het hiv-virus *she is infected with the HIV virus* ● *bevuilen contaminate, pollute* ★ drinkwater kan besmet zijn met bacteriën *drinking water may be polluted / contaminated with bacteria* ▼ de computer is besmet met een virus *the computer has a virus*
besnijden ww *voorhuid verwijderen circumcise* ▼ hij is besneden *he is circumcised*
besnijdenis DE *circumcision*
besparen ww *save, spare* ★ bespaar je de moeite *save / spare yourself the trouble*
bespelen ww ● *muziek maken op play* ★ vanavond bespeelt Jack de piano *Jack will play the piano tonight* ● *beïnvloeden* ⟨omstandigheden⟩ *manipulate,* ⟨gevoelens⟩ *play on* ★ zij laat zich door de media bespelen *she's being manipulated by the media*
bespeuren ww *perceive, sense, detect* ★ de hond bespeurde onraad *the dog sensed danger* ★ bespeur ik daar enig sarcasme? *do I detect / perceive some sarcasm there?*
bespieden ww *spy on, watch* ★ hij liet zijn werknemers bespieden *he had his employees spied on / watched*
bespioneren ww *spy on* ★ ze bespioneerde haar moeder *she spied on her mother*
bespoedigen ww *accelerate, speed up* ★ hoe kunnen we het proces bespoedigen? *how can we speed up / accelerate the process?*
bespottelijk BN *ridiculous, ludicrous*
bespotten ww *ridicule, mock* ★ hij wordt altijd bespot *he's always being ridiculed / mocked*

bespreken ww • spreken over *talk about, discuss* ★ kunnen we dit onder vier ogen bespreken? *can we discuss this / talk about this in private?* • reserveren *book* ★ ik wil graag een tafel voor twee bespreken *I'd like to book a table for two* • recenseren *review* ★ zijn boek is in alle kranten besproken *his book has been reviewed in all the newspapers*

bespreking DE • het bespreken *discussion* ★ waar gaat de bespreking over? *what's the discussion about?* • vergadering *meeting* ★ zij is net in een bespreking *she's in a meeting just now* • recensie *review,* INF *write-up* ★ het boek heeft een geweldig goede bespreking in de krant gekregen *the book got a terrific write-up in the papers*

besproeien ww • met water 〈planten〉 *water,* 〈land〉 *irrigate* • met bestrijdingsmiddel *spray*

best I HET *best* ★ ze deed haar best *she did her best* ★ nu is hij op zijn best *he is at his best now* **II** BN • overtreffende trap van goed *best, very good* ★ de beste wensen voor het nieuwe jaar *best wishes for the New Year* ★ haar Frans is niet best *her French isn't very good* ▼ ze neemt niet zomaar de eerste de beste *she won't take just anyone* • briefaanhef *dear* ★ beste Mary *dear Mary* **III** BIJW • overtreffende trap van goed *(very) well, (the) best* ★ het gaat niet best met hem *he's not doing very well* ★ hij speelde het beste *he played (the) best* • nogal *quite* ★ ik ben best gek op hem *I'm quite fond of him*

bestaan I HET *existence* ★ argumenten voor het bestaan van God *arguments for the existence of God* ▼ het honderdjarig bestaan van de club *the hundredth anniversary of the club, the club's centenary* **II** ww • zijn *be, exist* ★ er bestaat geen reden tot ongerustheid *there's no cause for alarm* ★ de moderne wetenschap bestond in de zestiende eeuw nog niet *modern science didn't exist in the sixteenth century* ▼ wonderen bestaan niet *there's no such thing as miracles* ★ mogelijk zijn *be possible* ★ dat bestaat niet *that's impossible* • samengesteld zijn uit *consist* ★ het servies bestaat uit zes borden en zes bekers *the service consists of six plates and six mugs*

bestand I HET • verzameling gegevens *file* ★ ik schrijf het bestand weg op de harde schijf *I'm saving the file to the hard disk* • wapenstilstand *truce, ceasefire* **II** BN ▼ deze tent is bestand tegen het weer *this tent is weatherproof* ▼ hij is wel bestand tegen de druk *he can take / stand the pressure*

bestanddeel HET • onderdeel *element, component* • ingrediënt *ingredient*

bestandsnaam DE *file name*

besteden ww • uitgeven *spend* ★ dat geld wordt goed besteed *the money will be well spent* • wijden aan *devote* ★ hij besteedt veel tijd aan zijn hobby *he devotes a lot of time to his hobby* • gebruiken, aanwenden *make use of,* 〈geld〉 *spend* ★ je moet de tijd zo goed mogelijk besteden *make good use of / make the most of your time*

bestek HET eetgerei *cutlery* ▼ in kort bestek *in a nutshell*

bestelauto, ook: **bestelwagen** DE *(delivery) van*

bestelen ww • rob ★ de toerist werd bestolen *the tourist was robbed*

bestellen ww • *order (from)* ★ ik wil graag uit de folder bestellen *I'd like to order something from the folder*

bestemmen ww • *mean, intend* ★ deze informatie is bestemd voor scholieren *this information is intended / meant for students, this information applies to students* ★ die opmerking is voor jou bestemd *that remark was meant for you / was directed at you*

bestemming DE *destination* ★ deze trein heeft als bestemming Utrecht *this train's destination is Utrecht*

bestijgen ww • van berg & *climb, ascend* • van paard, fiets & *mount, get on (to)* ★ hij besteeg zijn paard *he mounted his horse, he got on (to) his horse*

bestormen ww • *storm* ★ de gekaapte trein werd bestormd *the hijacked train was stormed*

bestraffen ww • straffen *punish* • berispen *reprimand, rebuke* ★ de giechelende meiden werden bestraft *the giggling girls were reprimanded / rebuked*

bestraling DE *radiation therapy, radiotherapy*

bestrijden ww • vechten tegen *fight (against), combat* ★ de doctoren bestrijden de ziekte *doctors are fighting / combating the disease* ▼ ze bestreden de tegenstander met zijn eigen wapens *they gave the opponent a taste of his own medicine* ● aanvechten *dispute, challenge* ★ ik bestrijd dat argument *I challenge / dispute that argument*

bestrijdingsmiddel HET ● tegen onkruid *herbicide* ● tegen insecten *insecticide* ● tegen schimmels *fungicide*

bestrooien WW *strew, ⟨met suiker &⟩ sprinkle* ★ ze bestrooide het graf met bloemen *she strewed flowers on the grave*

bestseller DE *best-seller*

bestuderen WW *study* ★ die hoofdstukken moet je grondig bestuderen *you need to study these chapters thoroughly*

besturen WW ● sturen, bedienen ⟨auto⟩ *drive* ★ de bus werd bestuurd door een dame *the bus was driven by a lady* ● leiding geven ⟨land⟩ *govern*, ⟨partij, vereniging &⟩ *lead*, ⟨zaak⟩ *manage, run* ★ de partij wordt bestuurd door drie mensen *the party is led by three people*

bestuur HET ● bewind ⟨van land⟩ *rule, government*, ⟨van bedrijf⟩ *management*, ⟨van school⟩ *administration* ★ het land kwam onder Duits bestuur *the country came under German rule*
● bestuurslichaam ⟨van school⟩ *school council, board of governors*, ⟨van stad⟩ *council*, ⟨van vereniging⟩ *(executive) committee* ★ het dagelijks bestuur *the executive committee* ★ hij zit in het bestuur *he is on the committee / board*

bestuurder DE ● van land, bedrijf & *governor, director* ● van vervoermiddel *driver*

bestwil DE ▼ een leugentje om bestwil *a little white lie* ▼ voor uw / je eigen bestwil *for your own good*

bèta DE ● Griekse letter *beta* ● leerling *science student* ● afdeling *science (subjects)* ★ veel jongens kiezen bèta *boys often choose science subjects* ★ de bètafaculteiten *the sciences and medicine*

betaalautomaat DE ● pinautomaat *point-of-sale terminal, POS terminal, point-of-pay terminal, POP terminal* ● kaartjesautomaat *ticket machine*

betaalkaart, OOK: **betaalpas** DE ● bankpasje *bank card, cash card* ● creditcard *credit card*

betalen WW ⟨goederen⟩ *pay for*, ⟨rekening⟩ *pay* ★ ik moet mijn rekeningen nog betalen *I still have to pay my bills* ★ hij heeft teveel betaald voor dat huis *he paid too much for that house* ★ hij heeft nog nooit op tijd betaald *he's never paid on time yet* ★ ik zal het hem betaald zetten *I'll make him pay for it* ★ betaalt u contant of met een cheque? *are you paying cash or by cheque?* ★ ik moet nog twee euro betalen aan mijn broer *I still have to pay my brother two euros* ▼ ze kunnen het best betalen *they can certainly afford it* ▼ het betaald voetbal *professional football / soccer* ▼ die auto's zijn niet te betalen *those cars are extremely expensive*

betasten WW ● onzedelijk betasten *feel up, grope* ★ iemand betastte haar in de tram *somebody felt her up / groped her in the tram* ● aanraken met de vingers *handle, finger* ★ zenuwachtig betastte ze haar halsketting *she handled / fingered her necklace nervously*

betekenen WW betekenis, waarde hebben *mean* ★ dat betekent dat we naar huis kunnen *it means we can go home* ★ zij betekent niets voor hem *she means nothing to him* ★ 'tele' komt uit het Grieks en betekent 'ver' *'tele' is a Greek word and it means 'far'* ▼ wat moet al die herrie betekenen? *what's all that noise about?* ▼ het heeft niets te betekenen *it's of no importance*

betekenis DE ● bedoeling *meaning* ★ hij onderzoekt de betekenis van voornamen *he does research into the meaning of Christian names* ▼ hij heeft de betekenis van mijn woorden waarschijnlijk niet begrepen *he must have misunderstood my words* ● belang *importance, significance* ★ van doorslaggevende betekenis *of decisive importance / significance*

beter I BN ● vergrotende trap van goed *better* ★ ik heb wel wat beters te doen *I have better things to do* ★ hij is beter in Engels dan ik *he is better at English than I am* ● genezen *better* ★ hij begint langzaam beter te worden *he is slowly getting better, he is slowly recovering* ▼ zijn gezondheid wordt nu beter *his health is on the mend / is improving* II BIJW *better* ★ des te beter *so much the better, even better* ★ je had beter moeten weten *you*

beteren – beunhaas

should have known better
beteren WW • beter worden *get better* • beter maken *mend* ★ hij heeft zijn leven gebeterd *he has mended his ways*
beterschap DE ▼ beterschap (gewenst)! *get well soon!* ▼ hij beloofde beterschap *he promised to mend his ways*
betoger DE *demonstrator*
betoging DE *demonstration* ★ de betoging liep uit de hand *the demonstration got out of hand* ▼ ze hielden een betoging tegen geweld *they demonstrated against violence*
beton HET *concrete* • gewapend beton *reinforced concrete, ferroconcrete* ★ ze zijn aan het beton storten *they're pouring concrete*
betonmolen DE *concrete mixer*
betoog HET *speech* ★ de minister hield een lang betoog *the minister gave / held a long speech* ▼ dat behoeft geen betoog *that's obvious, that goes without saying*
betoveren WW • beheksen *cast a spell on, bewitch* ★ ze heeft de jongen helemaal betoverd *she's cast a spell on the boy, she's totally bewitched the boy* ★ de kikker was een betoverde prins *the frog was a bewitched prince* ▼ de heks betoverde de prinses *the witch put a spell on the princess* • bekoren *appeal to* ★ zijn nieuwste boek kan me niet betoveren *his latest book doesn't appeal to me* ▼ zij is betoverend mooi *she's enchantingly / ravishingly beautiful*
betovering DE • beheksing *spell* ★ hij komt steeds meer onder haar betovering *he's falling under her spell* ★ de tovenaar verbrak de betovering *the wizard broke the spell* • bekoring *fascination, charm*
betrappen WW *catch* ★ hij werd op heterdaad betrapt *he was caught in the act, he was caught red-handed, they caught him in the act*
betreden WW • stappen op *set foot on, step on* ★ het gras niet betreden *do not step onto the grass / keep off the grass* • binnengaan *enter, set foot in* ★ mag een moslim een kerk betreden? *is a Muslim allowed to enter a church?*
betreffen WW betrekking hebben op *relate to, concern* ★ het eerste project betrof mensenrechten *the first project related to / concerned human rights* ★ de betreffende speler werd geschorst *the player*

concerned / the player in question was suspended ▼ wat mij betreft kunnen we wel gaan *as far as I'm concerned, let's go*
betrekkelijk I BN *relative* ★ een betrekkelijk voornaamwoord *a relative pronoun* II BIJW *relatively, quite* ★ ze is betrekkelijk jong *she's relatively / quite young*
betrekking DE • verhouding *relation* ★ diplomatieke betrekkingen *diplomatic relations* • verband *relationship* ★ de betrekking tussen een auteur en een uitgever is niet alleen een zakelijke verhouding *the relationship between an author and a publisher is not just a business relationship* ▼ 'espresso' betekent 'onder druk' en heeft betrekking op de manier van koffiezetten *'espresso' means 'under pressure' and is a reference to / and refers to the way the coffee is made* ▼ met betrekking tot het laatste punt *with regard / respect to the latter point* ▼ wat is het officiële beleid met betrekking tot softdrugs? *what is the official line on soft drugs?* • baan *position, job* ★ een goeie betrekking bij de bank *a good position at the bank*
betreuren WW • spijt betuigen *regret* ★ we betreuren dat zij is vertrokken *we regret that she has left* • rouwen om *mourn* ★ wij betreuren de dood van Rosa *we mourn the death of Rosa*
betrouwbaar BN *reliable, dependable* ★ we hebben het uit betrouwbare bron *it comes from a reliable / dependable source, we have it on good authority*
betweter DE *know-all, smart alec*
betwijfelen WW *doubt* ★ ik betwijfel of ik het red *I doubt whether I'll make it*
beu BN ★ ik ben het beu *I'm fed up with it, I'm sick (and tired) of it*
beugel DE • tandbeugel *braces* ★ zij draagt al jaren een beugel *she has been wearing braces for years* • stijgbeugel *stirrup* ▼ jouw gedrag kan niet door de beugel *your behaviour just won't do*
beuk DE boom *beech* ▼ de beuk erin! *go for it!, give them hell!*
beuken I BN beukenhouten *beech* II WW *pound, hammer* ★ hij beukte tegen de deur *he hammered / pounded on the door*
beul DE • scherprechter *executioner, hangman* • wreedaard *brute, beast*
beunhaas DE • prutser *bungler*

- zwartwerker *moonlighter*

beurs I DE • portemonnee *purse* • studiebeurs *scholarship* ★ hij heeft een beurs *he's on a scholarship* • effectenbeurs *stock exchange* ★ op de beurs *on the stock exchange / market* • tentoonstelling *fair* ★ de boekenbeurs in Frankfurt *the book fair in Frankfurt* II BN over-ripe, bruised ★ die appel is helemaal beurs *that apple is over-ripe / bruised*

beurt DE • *turn* ★ wie is aan de beurt? *who's next?, whose turn is it?* ★ om beurten, om de beurt *in turns* ★ hij praat altijd voor zijn beurt *he always speaks out of turn* • onderhoudsbeurt *service* ★ een grote beurt *a major service* ▼ hij maakte een slechte beurt *he put up a poor show*

bevallen ww • in de smaak vallen *please* ★ het beviel hem niets *it didn't please him at all* • een baby krijgen *have a baby* ★ ze moet bevallen *she's going to have a baby*

bevalling DE *childbirth, delivery*

bevatten ww • inhouden *contain* ★ deze wijn bevat 12% alcohol *this wine contains 12% alcohol* • begrijpen *comprehend, understand* ★ zij kon de dood van haar vriend nauwelijks bevatten *she could hardly comprehend / grasp the fact that her friend had died*

bevechten ww • vechten tegen *fight (against)* ★ de Geallieerden bevochten de Duitsers *the Allies fought (against) the Germans* • vechten om *fight for* ▼ hun zwaar bevochten vrijheid *their hard-won freedom*

beveiliging DE *protection, security* ★ u kunt de beveiliging van uw pc verbeteren *you can improve the security / protection of your PC* ▼ de beveiliging liet te wensen over *the security left much to be desired*

bevel HET • opdracht *order, command* ★ hij gaf bevel de gevangenen vrij te laten *he gave the order / command to set the prisoners free* ★ op bevel van *by order of* • hoger gezag *command* ★ onder bevel van *under the command of* ★ hij voerde het bevel over 10.000 man *he was in command of 10,000 men, he had 10,000 men under his command*

bevelen ww *order, command* ★ hij beval de overgave van de stad *he ordered / commanded the surrender of the city*

bevelhebber DE *commander*

beven ww ⟨van angst, woede⟩ *tremble*, ⟨van kou⟩ *shake, shiver* ★ hij beefde als een rietje *he trembled / shook like a leaf*

bever DE *beaver*

bevestigen ww • vastmaken *fix, fasten, attach* ★ de luidsprekers worden daarna aan de muur bevestigd *the loudspeakers are then attached / fixed / fastened to the wall* • bekrachtigen *confirm* ★ dit bevestigt mijn voorgevoel *this confirms my suspicions*

bevinden ww *be* ★ we bevinden ons in gevaar *we're in danger*

bevlieging DE *whim, impulse* ★ in een bevlieging *on impulse / on a whim*

bevochtigen ww *moisten, wet* ★ ze bevochtigde haar lippen *she moistened / wet her lips*

bevoegd BN *authorized*, ⟨leraar⟩ *qualified* ★ hij is bevoegd om les te geven *he is qualified to teach*

bevolken ww *populate* ★ een dun bevolkt gebied *a sparsely populated area*

bevolking DE *population*

bevoordelen ww *benefit, favour* ★ het belastingstelsel bevoordeelt de rijken *the taxation system benefits / favours the rich*

bevooroordeeld BN *prejudiced, biased*

bevoorraden ww *supply*

bevorderen ww • begunstigen *further*, ⟨gezondheid⟩ *benefit*, ⟨groei, eetlust⟩ *stimulate* ★ knoflook bevordert de bloedsomloop *garlic stimulates the blood circulation* • doen opklimmen *promote* ★ hij werd bevorderd tot sergeant *he was promoted to sergeant*

bevorderlijk BN *good* ★ dat is niet bevorderlijk voor de gezondheid *it's not good for your health*

bevredigen ww *satisfy* ★ dat bevredigde haar nieuwsgierigheid niet *that didn't satisfy her curiosity*

bevrediging DE *satisfaction*

bevriend BN *friendly* ★ ik raakte bevriend met hem *I became friends / became friendly with him*

bevriezen ww *freeze (over), freeze up* ★ zijn vingers waren bevroren *his fingers were frozen* ★ de buizen zijn bevroren *the pipes have frozen up* ★ in dat jaar bevroor het IJsselmeer *the IJsselmeer froze over that year*

bevrijden ww *liberate*, ⟨gevangenen⟩ *set free*

★ in 1945 werd Holland bevrijd *Holland was liberated in 1945*
bevrijding DE *liberation,* ⟨gevangenen⟩ *release,* ⟨uit gevaar⟩ *rescue*
bevruchting DE *fertilization*
bewaken ww *watch over, guard* ▼ een bewaakte (spoorweg)overgang *a protected level crossing*
bewaker DE *guard,* ⟨in gevangenis⟩ *warden*
bewaking DE *guard, watch* ★ acht verdachten werden onder bewaking gesteld *eight suspects were put under guard* ▼ hij ligt aan de hartbewaking *he is on coronary care*
bewapenen ww *arm* ★ de opstandelingen hebben zich bewapend *the rebels have armed themselves*
bewaren ww ● bij zich houden *keep, save* ★ ik heb mijn oude schoolschriften bewaard *I've kept / saved my old school notebooks* ● in stand houden *keep, maintain* ★ de man bewaarde zijn kalmte *the man kept calm, the man maintained his calm* ★ het is moeilijk om je evenwicht te bewaren *it's difficult to keep / maintain your balance*
beweeglijk BN *veel bewegend lively, active*
beweegreden DE *motive*
bewegen ww ● zich roeren *move, stir* ★ er bewoog iets in de struiken *something moved / stirred in the bushes* ★ hij beweegt nog *he's still moving* ★ beweeg je niet! *don't move!* ▼ we bewegen niet genoeg *we don't get enough exercise* ● in beweging brengen *move* ★ hij bewoog zijn hoofd toen de foto werd genomen *he moved his head just as the photo was taken* ● overhalen *induce* ★ we probeerden hem te bewegen om mee te doen *we tried to induce / get him to join in* ● ontroeren *move* ★ hij was tot tranen toe bewogen *he was moved to tears*
beweging DE ● het bewegen *movement, motion,* ⟨lichaamsbeweging⟩ *exercise* ★ door een plotselinge beweging kan een spier scheuren *a sudden movement can tear a muscle* ★ het geheel wordt door een elektromotor in beweging gebracht *the whole thing is set in motion by an electric motor* ▼ als je op de foto komt moet je even geen bewegingen maken *keep perfectly still while you're being photographed* ● stroming *movement* ★ hij zit in de milieubeweging *he's in the environmental movement*
beweren ww *assert, claim* ★ zij beweert Elvis gezien te hebben *she claims to have seen Elvis, she asserts that she's seen Elvis*
bewering DE *assertion,* ⟨uitspraak⟩ *statement,* ⟨betwistbaar⟩ *claim*
bewerken ww *treat,* ⟨boek⟩ *edit,* ⟨herzien⟩ *revise, work on,* ⟨land⟩ *till, work* ★ het boek is bewerkt door de redactie *the book has been revised by the editors*
bewerking DE ● het bewerken *treatment, preparation,* ⟨van land⟩ *cultivation* ★ een nieuwe editie van het boek is in bewerking *a new edition of the book is in preparation / is underway* ▼ deze website is in bewerking *this website is under construction* ● resultaat ⟨boek, tekst⟩ *adaptation,* ⟨muziekstuk⟩ *arrangement,* ⟨van toneelstuk, film, boek, &⟩ *version*
bewijs HET *proof, evidence* ★ hij leverde het bewijs dat de aarde om de zon draait *he provided proof that the earth revolves (a)round the sun* ★ hij werd vrijgelaten wegens gebrek aan bewijs *he was released because of lack of evidence*
bewijzen ww *prove, establish* ★ de aangeklaagde bewees zijn onschuld *the accused proved / established his innocence* ▼ we hebben hem de laatste eer bewezen *we paid him our last respects*
bewind HET *government* ★ tijdens het bewind van Castro *under Castro's government* ▼ het CDA is aan het bewind *the CDA is in power*
bewindsman, ook: **bewindsvrouw** DE *minister, member of the government*
bewolking DE *clouds*
bewolkt BN *cloudy, overcast*
bewonderen ww *admire* ★ ik bewonder (je om) je kookkunst *I admire (you for) your cooking*
bewondering DE *admiration* ★ Brahms had veel bewondering voor Beethoven *Brahms had a lot of admiration for Beethoven*
bewonen ww ⟨land⟩ *inhabit,* ⟨huis &⟩ *live in* ★ de eerste verdieping wordt niet bewoond *the first floor is not lived in*
bewoner DE ⟨van een huis &⟩ *resident, occupant,* ⟨van een land⟩ *inhabitant*
bewust I BN ● wetend *aware, conscious* ★ ik ben mij van geen kwaad bewust *I'm not*

conscious of / I'm unaware of having done any harm ● **opzettelijk** *deliberate* ★ dat was een bewuste poging om ... *that was a deliberate attempt to ...* ● **betreffende** *in question* ★ op die bewuste avond *on the night in question* ‖ BIJW **opzettelijk** *consciously, deliberately, intentionally* ★ hij heeft de boel bewust gesaboteerd *he consciously / deliberately / intentionally sabotaged the whole thing*

bewusteloos BN *unconscious* ★ hij is bewusteloos *he's unconscious, he's passed out* ★ door het ongeluk raakte hij bewusteloos *he was knocked unconscious in the accident*

bewustzijn HET *consciousness* ★ hij kwam weer tot bewustzijn *he recovered / regained consciousness* ★ door het ongeluk had hij zijn bewustzijn verloren *the accident caused him to lose consciousness* ▼ buiten bewustzijn *unconscious*

bezem DE *broom*

bezemsteel DE *broomstick*

bezeren WW *hurt, injure* ★ hij heeft zich bezeerd *he's hurt / injured himself*

bezet BN ● **niet vrij** *occupied, ⟨van plaats⟩ taken* ★ deze stoel is bezet *this seat is taken / occupied* ▼ is die jongen bezet? *does that boy have a girlfriend?* ▼ de zaal was goed bezet *there was a large audience* ● **druk** ⟨van persoon⟩ *occupied, busy* ★ ik ben morgen bezet *I'll be occupied / busy tomorrow* ● **ingenomen** *occupied* ★ een bezet gebied *an occupied territory* ● **versierd** *set* ★ bezet met robijnen *set with rubies*

bezetten WW ● **door leger innemen** *occupy* ★ Italië had Libië bezet *Italy had occupied Libya* ● **gaan zitten op** *fill, take* ★ de eerste twee rijen stoelen waren bezet door familie van de bruid *the first two rows of chairs were filled / taken by the bride's family*

bezetting DE ● **inbezitneming** *occupation* ★ de bezetting van Nederland *the occupation of the Netherlands* ● **spelers** *cast* ★ de film heeft een beroemde bezetting *the movie has a famous cast*

bezichtigen WW *visit, see* ★ we hebben een kasteel en een kerk bezichtigd *we saw / visited a castle and a church* ▼ ons huis is te koop en het kan zaterdagmorgen worden bezichtigd *our house is for sale and it can be viewed on Saturday morning* ▼ we gaan Parijs bezichtigen *we're going sightseeing in Paris*

bezien WW ★ het valt nog te bezien *it remains to be seen*

bezienswaardigheid DE *sight* ★ het kasteel is een van de beroemdste bezienswaardigheden van de stad *the castle is one of the best-known city sights* ▼ wat zijn de bezienswaardigheden van Finland? *what is there to see in Finland?*

bezig BN *busy, occupied* ★ hij kan niet aan de telefoon komen want hij is bezig *he can't come to the phone because he's occupied / busy* ★ hij was druk bezig met schrijven *he was busy writing* ▼ de wedstrijd is al bezig *the match has already started*

bezigheid DE *activity, occupation*

bezighouden WW ● *keep busy,* ⟨iemands aandacht⟩ *hold* ★ de leidsters hielden de kinderen goed bezig *the teachers kept the children quite busy* ▼ het houdt mij voortdurend bezig *I think of it all the time, it's always on my mind* ● **zich bezighouden met** *be engaged in* ★ hij houdt zich bezig met bijles geven *he's engaged in coaching / tutoring, he does coaching / tutoring*

bezinning DE ● **het nadenken** *reflection* ★ een periode van bezinning *a time / period of (self-)reflection* ● **besef** *senses* ★ ze kwam tot bezinning *she came to her senses*

bezit HET ● **het bezitten** *possession* ★ hij had het niet meer in zijn bezit *he no longer had it in his possession* ▼ hij kwam in het bezit van een gitaar *he acquired a guitar* ● **eigendom** *property* ★ dat is mijn persoonlijk bezit *that's my personal property* ▼ dit woordenboek is een mooi bezit *this dictionary is a nice thing to own*

bezitten WW ● **in eigendom hebben** *own, possess* ★ ze bezitten twee huizen *they own / possess two houses* ● **hebben** *have* ★ ze bezit veel humor *she has a lot of humour*

bezittingen MV *property, belongings, possessions*

bezoek HET ● **het bezoeken** *visit* ★ de commissie legt elk jaar een bezoek af aan de school *the committee pays a visit to the school / calls on the school every year* ★ ik ga vaak bij ze op bezoek *I often pay them a*

visit • personen *visitors, guests* ★ we krijgen veel bezoek *we get a lot of visitors / guests*
bezoeken ww *visit*
bezoeker DE *visitor* ★ de tentoonstelling trok een recordaantal bezoekers *the exhibition drew a record number of visitors*
bezopen BN • dronken *sloshed, plastered* ★ hij is straalbezopen *he's completely sloshed / plastered* • idioot *stupid* ★ een bezopen idee *a stupid / daft / crackpot idea*
bezorgd BN *worried, concerned* ★ ik ben erg bezorgd over hem *I'm very worried / concerned about him*
bezorgen ww • (rond)brengen *deliver* ★ zij bezorgt de post in deze wijk *she delivers the mail in this district* • verschaffen *get, provide, give* ★ hij bezorgde mij deze baan *he got me this job, he provided me with this job* ★ zijn doelpunt bezorgde ons de zege *his goal gave us the match* ★ je bezorgt me hoofdpijn *you give me a headache*
bezuinigen ww *economize, save, cut down*
bezuiniging DE ⟨handeling⟩ *cut (back)*, ⟨bedrag⟩ *saving(s)* ★ dat betekent een bezuiniging van 10% *that means a saving(s) of 10%* ▼ de regering voerde bezuinigingen door *the government cut costs* ▼ het wegdoen van de auto was een enorme bezuiniging *selling the car saved us a lot of money*
bezwaar HET • nadeel *drawback* ★ de geluidsoverlast vormt een ernstig bezwaar tegen deze locatie *a serious drawback to that location is the noise* • bedenking *objection* ★ ik heb grote bezwaren daartegen *I have great objections to that*
bezweet BN *perspiring, sweaty* ★ ik ben helemaal bezweet *I'm all sweaty, I'm perspiring all over*
bezwijken ww • niet bestand zijn tegen iets *collapse, give way* ★ de brug bezweek onder het gewicht *the bridge gave way / collapsed under the weight* • toegeven *give in* ★ we bezwijken niet voor de verleiding *we won't give in to temptation* • sterven *succumb, die* ★ hij is aan een hartstilstand bezweken *he succumbed to / died of heart failure*
bh DE *bra*
bibberen ww ⟨van de kou, angst⟩ *shiver, tremble*, ⟨van angst⟩ *quiver* ★ ze bibberde van de kou *she shivered with the cold*
bibliotheek DE *library*
bidden ww *pray*, ⟨voor / na de maaltijd⟩ *say grace* ★ ik bid tot God *I pray to God* ★ er werd altijd gebeden voor het eten *they always said grace before a meal*
biecht DE *confession* ★ hij ging te biecht *he went to confession* ★ de priester nam hem de biecht af *the priest heard his confession*
biechten ww *confess* ▼ hij ging biechten *he went to confession*
bieden ww • aanbieden ⟨kansen, geld⟩ *offer*, ⟨aanblik⟩ *present* ★ ze boden hem een hoog salaris *they offered him a high salary* • een bod doen *bid, make a bid* ★ een Engels team heeft een hoog bedrag voor hem geboden *an English team bid a large amount of money for him* ★ ze boden $500 voor de auto *they bid / offered $500 for the car*
biefstuk DE *steak*
biels DE *(railway) sleeper*
bier HET *beer*, ⟨donker bier⟩ *ale* ★ wij willen graag drie bier *we'd like three beers, please*
bierblikje HET *beer can*
bierviltje HET *beer mat*
biet DE *beet* ★ een suikerbiet *a sugar beet* ▼ rode bietjes *beetroot* ▼ een hoofd als een biet *a face as red as a beetroot*
big DE *piglet*
biggelen ww *trickle* ★ tranen biggelden over haar wangen *tears trickled down her cheeks*
bij I DE *bee* ▼ de bloemetjes en de bijtjes *the birds and the bees* II BIJW • slim ★ hij is goed bij *he's clever* • bij bewustzijn *conscious* ★ zij is nog niet bij *she's not yet conscious* • zonder achterstand *up to date* ★ we zijn bij met ons werk *we're up to date with our work* III VZ • toegevoegd aan *(to go) with* ★ wil jij er nog iets bij? *do you want anything with it?* • tijdens *at* ★ bij het ontbijt *at breakfast* ★ bij nacht *at night / in the night* ▼ een praatje bij een glas bier *a talk over a glass of beer* ▼ bij goed weer gaan we fietsen *if the weather is fine we'll go cycling* ▼ bij zijn leven *during his life(time)* • aanwezig bij *(present) at* ★ was jij bij die lezing? *were you (present) at the lecture?* • met *with (me / you / him / her)* ★ hij had zijn hond bij zich *he had his dog with him* ★ hij heeft een baan bij de spoorwegen *he has a job with / on the*

railways ●door / wegens *by* ★bij toeval *by chance / accident* ●in de buurt van *near, close to* ★hij staat bij de muur *he's standing close to the wall / near the wall* ★hij woont bij het station *he lives near the station* ●maal *by* ★zes bij zes meter *six by six metres* ●aan *by* ★ze nam hem bij de hand *she took him by the hand* ▼bij brand *in case of fire* ▼bij aankomst *on arrival*
bijbaantje HET *sideline*
Bijbel DE *Bible*
Bijbels BN *biblical*
bijbetalen WW *pay extra*
bijdehand BN *bright, smart, forward* ★het kind was nogal bijdehand *the child was quite forward*
bijdrage DE *contribution*
bijdragen WW *contribute* ★dat heeft bijgedragen aan zijn dood *it contributed to his death*
bijeen BIJW *together*
bijeenkomen WW *meet, come together* ★laten we morgen bijeenkomen *let's come together / meet tomorrow* ★ze kwamen altijd bijeen in een oude schuur *they always came together / met in an old shed*
bijeenkomst DE *meeting,* SPREEKT *get-together*
bijenhouder DE *bee-keeper, apiarist*
bijenkorf DE *(bee)hive*
bijgeloof HET *superstition*
bijgelovig BN *superstitious*
bijhouden WW ●bijblijven *keep up with, keep pace with* ★ik kan je niet bijhouden *I can't keep up / keep pace with you* ●blijven werken aan *keep up to date* ▼ze houdt een dagboek bij *she keeps a diary*
bijkeuken DE *laundry, scullery*
bijkomen WW ●toegevoegd worden *be added* ★er is honderd euro op mijn rekening bijgekomen *a hundred euros have been added to my account* ●bijna raken *reach* ★ik kan er niet bijkomen *I can't reach it / get at it* ●bij bewustzijn komen *come (a)round, come to* ★ze viel flauw, maar kwam na een paar minuten weer bij *she fainted, but she came (a)round / to after a few minutes* ▼ze kwam niet meer bij van het lachen *she was helpless with laughter* ●zich herstellen *recover* ★de handel komt weer bij *business is recovering* ●op adem komen *get your breath back* ★even wachten: ik moet eerst even bijkomen *wait a minute: I have to get my breath back first*
bijl DE *axe,* ⟨klein⟩ *hatchet* ▼hij wil het bijltje erbij neergooien *he wants to chuck / pack it in, he wants to throw in the towel*
bijlage DE ●bij tijdschriften *supplement* ●bij boeken *appendix* ●bij e-mail *attachment*
bijles DE *extra lesson, coaching* ★ik moet bijles nemen / hebben *I have to have some extra lessons / coaching*
bijna BIJW *nearly, almost* ★we zijn er bijna *we're almost / nearly there* ▼je kan het bijna niet geloven *it's unbelievable*
bijnaam DE *nickname*
bijscholen WW *retrain*
bijsluiter DE *instructions for use, product information*
bijsmaak DE *(after)taste* ★die cola heeft een vieze bijsmaak *that cola has a nasty (after)taste to it*
bijstaan WW *help, assist*
bijstand DE ●hulp *assistance,* ⟨financieel⟩ *financial support* ★het bureau verleent technische bijstand *the bureau provides technical assistance* ●uitkering ★ze zat in de bijstand *she was on welfare / on social security*
bijten WW ●tanden zetten in *bite* ★ze zat op haar nagels te bijten *she was biting her nails* ★de kat heeft me gebeten *the cat has bitten me, the cat bit me* ●scherp zijn *be corrosive* ★een bijtende stof *a corrosive substance*
bijtijds BIJW ●op tijd *in time* ★ik heb hem bijtijds gewaarschuwd *I warned him in time / in advance* ▼vroeg *early*
bijvak HET *extra subject*
bijverdienste DE *extra earnings, additional income*
bijvoegen WW *enclose* ★bijgevoegd vindt u mijn rapport *my report is enclosed*
bijvoorbeeld BIJW *for example, for instance*
bijwerking DE *side effect(s)*
bijwonen WW ●meemaken *witness* ★de gasten woonden een spectaculaire show bij *the guests witnessed a spectacular show* ●bezoeken *attend* ★hij woonde de vergadering bij *he attended the meeting*
bijwoord HET *adverb*
bijzaak DE *side issue* ▼hoofdzaken en bijzaken *essentials and inessentials* ▼geld is bijzaak *money is no object*

bijziend BN *short-sighted, nearsighted*
bijzijn HET *presence* ★ in het bijzijn van *in front of, in the presence of*
bijzin DE *subordinate clause*
bijzonder I BN ● speciaal *particular* ★ in het bijzonder *in particular* ● ongewoon *special, exceptional* ★ een bijzonder geval *a special / an exceptional case* ★ niets bijzonders *nothing special* II BIJW versterkend *particularly, exceptionally, very* ★ een bijzonder mooi uitzicht *a particularly / an exceptionally / a very beautiful view*
bijzonderheid DE ● detail *detail* ★ ik zal niet in bijzonderheden treden *I won't go into details* ● iets bijzonders *something unusual, something special, curiosity* ▼ deze streek kent vele bijzonderheden *there are many interesting sights to be seen around here* ▼ zijn bijzonderheid is dat hij zo mooi kan schrijven *what makes him so special is that he writes so well*
bikini DE *bikini*
bil DE *buttock* ★ hij heeft een tatoeage op zijn linkerbil *he's got a tattoo on his left buttock* ▼ een tik op je billen *a slap on your bottom*
biljart HET *billiards* ★ we gaan een potje biljart spelen *we're going to play a game of billiards*
biljet HET ● kaartje *ticket* ● bankbiljet *(bank)note* ★ een biljet van 500 euro *a 500 euro note*
binden WW ● vastmaken *tie* ★ hij bond de hond aan een boom voor de winkel *he tied the dog to a tree in front of the shop* ▼ we proberen de klanten aan ons te binden *we are trying to create customer loyalty* ● beperken *bind, tie* ★ wij achten ons niet aan dit akkoord gebonden *we don't feel bound by this agreement* ★ door de kinderen ben ik aan huis gebonden *the children tie me (down) to the house* ▼ ze wil zich nog niet binden *she doesn't want to commit herself yet* ● dik maken / worden *thicken* ★ een gebonden soep *a thickened soup* ● van boek *bind* ★ een gebonden boek *a bound book*
bingo DE *bingo*
bink DE *tough guy, he-man* ▼ een stoere bink *a macho (man)* ▼ hij hangt de bink uit *he's trying to impress, he's showing off*
binnen I BIJW ● aan de binnenkant *inside* ★ ze is nog binnen *she's still inside* ★ de deur van binnen sluiten *lock the door on the inside* ● binnenshuis *inside, indoors* ★ met dit slechte weer blijven we binnen *the weather is so bad that we'll stay inside / indoors* ★ we gingen naar binnen *we went in / inside* II VZ ● erin *inside, within* ★ binnen de muren van het kasteel *inside the castle walls* ★ binnen bereik *within reach* ● minder dan *within* ★ binnen het budget *within the budget* ★ binnen een paar dagen *within a couple of days*
binnenband DE *tube*
binnengaan WW *enter*
binnenin BIJW *inside*
binnenkant DE *inside* ★ aan de binnenkant *on the inside*
binnenkomen WW *come in, enter* ★ kom binnen! *come in!, enter!* ★ hij kwam de kamer binnen *he entered the room, he came into the room*
binnenkort BIJW *soon, before long*
binnenland HET ● eigen land *home* ★ in binnen- en buitenland *at home and abroad* ● ver van de kust *interior, inland* ★ het binnenland van Australië *the interior of Australia, the inland parts of Australia*
binnenlopen WW *go into, ⟨bij iemand⟩ drop in* ★ ze liep de kamer binnen *she went / walked into the room* ★ we zijn even bij oma binnengelopen *we dropped in on Grandma* ▼ ze kwam ongevraagd binnenlopen *she walked in uninvited* ▼ de trein liep het station binnen *the train drew into the station*
binnenplaats DE *courtyard*
binnenstad DE *town centre / AM center, city centre / AM center*
binnenstebuiten BIJW *inside out* ★ je hebt je trui binnenstebuiten aan *you're wearing your jumper inside out*
binnenzak DE *inside pocket*
biobak DE *compost bin*
biologie DE *biology*
biologisch I BN ● van de biologie *biological* ★ de biologische ouders *the biological parents* ★ biologische oorlogvoering *biological warfare* ● zonder chemicaliën *organic* ★ biologische melk *organic milk* II BIJW zonder chemicaliën *organically* ★ biologisch geteelde paprika's *organically produced capsicums*

bioscoop DE *cinema* ★ we gaan naar de bioscoop *we're going to the cinema / to the pictures*
biscuit DE *biscuit*
bisdom HET *diocese, bishopric*
biseksueel BN *bisexual*
bisschop DE *bishop*
bitter I BN *bitter* ★ het heeft een bittere nasmaak *it leaves a bitter taste in the mouth* ★ tot het bittere eind *to the bitter end* II BIJW *bitterly* ★ het is bitter koud *it's bitterly cold* ▼ bitter weinig *precious little*
bizar BN *bizarre*
blaar DE *blister* ★ hij kreeg blaren van het roeien *the rowing gave him blisters*
blaas DE ● orgaan *bladder* ★ en volle / lege blaas *a full / empty bladder* ● luchtbel *bubble*
blaasinstrument HET *wind instrument*
blad HET ● deel van plant *leaf* ★ de blaadjes vallen van de bomen *the leaves are falling from the trees* ● vel papier *sheet*, ⟨bladzijde⟩ *page* ★ het stond op de achterkant van het blad *it was on the back of the page* ● tijdschrift *magazine* ● dienblad *tray*
bladeren WW *leaf* ★ onder het wachten bladerde ik in een boek *while I was waiting I leafed through a book*
bladgroente DE *greens, green vegetables*
bladluis DE *plant louse, greenfly, aphid*
bladzijde DE *page*
blaffen WW *bark* ★ de hond begon tegen mij te blaffen *the dog started barking at me*
blanco BN *open, blank* ★ een blanco cheque *a blank cheque* ▼ ik stemde blanco *I cast a blank vote* ▼ een blanco strafblad *a clean record*
blank BN ● wit *white, fair* ★ een blanke huid *white / fair skin* ★ blank en zwart *black and white* ● onder water *flooded, under water* ★ de keuken stond blank *the kitchen was flooded / was under water*
blanke DE *white man, white woman*
blaten WW *bleat*
blauw BN *blue* ▼ blauwe druiven *black grapes* ▼ hij sloeg mij een blauw oog *he gave me a black eye* ▼ er loopt veel blauw op straat *there are a lot of cops on the street* ▼ hij heeft hier een blauwe maandag gewerkt *he worked here for a short time*
blauwtje HET ▼ hij heeft een blauwtje gelopen *he's been turned down / rejected*

blazen WW ● *blow*, ⟨van kat⟩ *spit, hiss* ★ de kinderen waren bellen aan het blazen *the children were blowing bubbles* ★ hij werd bijna van de weg geblazen door de wind *the wind nearly blew him off the road* ★ katten blazen als ze bang of kwaad zijn *cats spit when they are frightened or angry* ▼ het is oppassen geblazen *we need to watch out* ● bespelen *play, blow* ★ hij blies op zijn trompet *he blew / sounded his trumpet*
bleek BN *pale* ★ hij zag bleek van de schrik *he was pale with fright*
bleekmiddel HET *bleach, bleaching agent*
bleekselderij DE *celery*
blèren WW ● blaten ⟨van schapen⟩ *bleat* ● luid huilen *bawl* ★ hun kind blèrt de hele dag *their child bawls all day long*
blessure DE *injury*
blij BN *glad, happy, pleased* ★ hij is blij met het cadeau *he's happy / pleased with the present* ★ ik ben er blij om / over *I'm glad of it*
blijdschap, OOK: **blijheid** DE *gladness, joy*
blijk DE *token, mark* ★ als blijk van waardering gaven ze hem een horloge *they gave him a watch as a token / mark of their esteem*
blijkbaar BIJW *apparently, obviously* ★ je hebt blijkbaar niet je best gedaan *you obviously / apparently didn't do your best, you can't have done your best*
blijken WW *turn out, prove* ★ hij bleek een leugenaar te zijn *he turned out / proved to be a liar* ▼ je moet niets laten blijken *don't let on*
blijven WW ● voortduren *continue* ★ het bleef maar regenen *it just continued / kept (on) raining, it rained and it rained* ● niet ophouden iets te zijn *stay, remain* ★ hij bleef kalm *he stayed / remained calm* ★ het blijft de vraag of ... *it remains to be seen whether ...* ● niet weg- of doorgaan *stay* ★ blijf je eten? *are you staying for dinner?* ▼ waar is mijn pen gebleven? *where has my pen got to?, what happened to my pen?*
blik I DE ● oogopslag *look*, ⟨vluchtig⟩ *glance* ★ in één blik *at a glance* ★ hij wierp slechts één blik op zijn nieuwe dochter *he barely took a glance / barely glanced at his new daughter* ● kijk op iets *view, (out)look* ★ zij heeft altijd een heldere blik op alles *she always has a clear view / outlook on*

everything **II** HET • metaal *tin* • bus *tin*, ⟨voor drinken⟩ *can* ★ we trekken een blikje bonen open *we'll open a tin / can of beans* ★ een blikje bier *a can of beer*
blikopener DE *tin opener, can opener*
blikschade DE *material damage, damage to the bodywork*
bliksem DE *lightning* ★ hij werd door de bliksem getroffen *he was struck by lightning* ▼ loop naar de bliksem! *go to blazes!* ▼ het kan me geen bliksem schelen *I don't give a damn*
bliksemen WW ★ het bliksemt *there's lightning* ★ het heeft de hele dag gebliksemd *we've had lightning all day long*
bliksemslag DE *stroke of lightning* ▼ zeven mensen zijn door een bliksemslag gedood *seven people were killed by lightning*
blind BN • zonder zicht *blind* ★ aan één oog blind *blind in one eye* ★ ze is blind voor zijn fouten *she's blind to his faults* ▼ hij staart zich blind op details *he's concentrating too much on the details* • zonder opening *blank* ★ een blinde muur *a blank wall* • doodlopend *blind* ★ een blinde steeg *a blind alley* • onvoorwaardelijk *blind* ★ blind vertrouwen *blind faith*
blinddoek DE *blindfold*
blinde DE *blind person*
blindedarm DE *appendix*
blindengeleidehond DE *guide dog, seeing-eye dog*
blinken WW *shine, glitter*
blocnote DE *(writing) pad, notepad*
bloed HET *blood* ★ het bloed gutste uit de wond *the blood poured from the wound* ★ in koelen bloede *in cold blood* ▼ ze kan zijn bloed wel drinken *she hates his guts*
bloedarmoede DE *anaemia*
bloeden WW *bleed* ★ hij bloedt uit zijn neus *he's bleeding from the nose, he has a bloody nose* ★ hij was doodgebloed *he had bled to death* ★ de wond bloedde drie dagen lang *the wound bled for three days*
bloedgroep DE *blood group, blood type*
bloeding DE *bleeding* ★ zij is gestorven aan interne bloedingen *she died of internal bleeding*
bloedneus DE *bloody nose* ★ hij sloeg mij een bloedneus *he gave me a bloody nose*

bloedsomloop DE *blood circulation*
bloedtransfusie DE *blood transfusion*
bloeduitstorting DE *bruise*
bloedvat HET *blood vessel*
bloedverwant DE *relative* ★ de naaste bloedverwanten *close relatives, the next of kin*
bloedzuiger DE *leech*
bloei DE *bloom, flower* ★ de bollenvelden staan volop in bloei *the bulb fields are in full bloom* ★ hij is in de bloei van zijn leven *he's in the prime of life*
bloeien WW *bloom, blossom, flower*
bloem DE • plant *flower* • meel *flour*
bloembol DE *bulb*
bloemist DE *florist*
bloemkool DE *cauliflower*
bloempot DE *flowerpot*
bloes DE *blouse*
bloesem DE *blossom, bloom*
blok HET • stuk *block*, ⟨hout⟩ *log* • huizenblok *block* ★ hij liep een blokje om *he took a walk (a)round the block* ▼ ik zette hem voor het blok *I forced his hand, I put him on the spot*
blokfluit DE *recorder*
blokkade DE *blockade*
blokkeren WW afsluiten *block, freeze* ★ de weg was geblokkeerd *the road was blocked* ★ mijn bankrekening is geblokkeerd *my bank account is blocked / frozen* ▼ zij blokkeerde helemaal *she had a mental block*
blond BN *blond, fair*, ⟨van vrouw⟩ *blonde* ★ hij heeft blond haar *he has blond / fair hair* ★ een blonde vrouw *a blonde*
blonderen WW *bleach* ★ hij blondeert zijn haar *he bleaches his hair*
blondine, ook: **blondje** DE *blonde* ★ een dom blondje *a dumb blonde*
bloot BN *bare, naked* ★ hij liep bloot door zijn huis *he walked naked through his house* ★ met blote handen *with your bare hands* ★ de blote feiten *the bare facts* ▼ hij vertelde het uit het blote hoofd *he recounted it from memory*
blos DE *flush*, ⟨van gezondheid⟩ *bloom*, ⟨van verlegenheid⟩ *blush* ▼ er kwam een blos op haar wangen *her cheeks flushed*
blowen WW *smoke dope*
blozen WW • van verlegenheid *blush* ★ ze bloosde van verlegenheid *she blushed with embarrassment* • van opwinding

flush ★ zijn wangen bloosden van opwinding *his cheeks were flushed with excitement* • van gezondheid *bloom*
bluffen ww *bluff*, ⟨opscheppen⟩ *boast*
blunder DE *blunder* ★ een kapitale blunder *a whopping blunder*
blussen ww *extinguish, put out* ★ de brandweer bluste de brand *the fire brigade extinguished / put out the fire*
blut BN *broke*, ⟨na spel⟩ *cleaned out*
bobbel DE • hobbel *bump* • blaasje *bubble* • bultje *lump*
bobo DE INF *big shot*
bobslee DE *bobsleigh*
bochel DE *hump*
bocht I DE *kromming turn, curve, bend* ★ de auto vloog uit de bocht *the car failed to take the bend* ★ de weg maakt een scherpe bocht naar links *the road takes a sharp bend / turn to the left, the road curves sharply to the left* ▼ ze wrong zich in allerlei bochten om ... *she bent over backwards to ...* II DE + HET vieze drank *rotgut* ⟨alcoholisch⟩, *rubbish* ▼ deze koffie is bocht *this coffee is vile / undrinkable*
bod HET *bid, offer* ★ doe jij een bod op die auto? *are you making a bid / offer for that car* ▼ hij komt niet aan bod *he never gets a chance*
bodem DE • grondvlak *bottom* ★ de Titanic ligt op de bodem van de oceaan *the Titanic is lying on the bottom of the ocean* ▼ het nieuws sloeg alle hoop de bodem in *the news shattered all hopes* • grond *soil* ★ vruchtbare bodem *fertile soil* ★ op Nederlandse bodem *on Dutch soil / territory*
boeddhist DE *Buddhist*
boef DE *scoundrel, rascal,* ⟨misdadiger⟩ *crook*
boeg DE van schip *bow(s)* ▼ de 17 kilometer die wij nog voor de boeg hebben *the 17 kilometres that lie ahead of us / that are still to go*
boei DE • handboei *handcuff* ★ de politie sloeg hem in de boeien *the police slapped the handcuffs on him* • baken *buoy*
boeien ww • in de boeien slaan *handcuff* ★ de dief werd geboeid afgevoerd *the thief was carted away in handcuffs* • fascineren *captivate, grip, grab* ★ de wedstrijd kon me niet boeien *the match didn't grab my attention* ★ hij boeide zijn toehoorders *he captivated / gripped his audience*
boeiend BN *fascinating, enthralling* ★ een boeiend schouwspel *a fascinating spectacle*
boek HET *book* ★ voor mij is hij een open / gesloten boek *he's an open book to me* ★ hij ging veel buiten zijn boekje *he often overstepped his powers / his authority* ★ de bevalling liep volgens het boekje *the birth went according to the book / went off smoothly*
boekbespreking DE *(book) review*
boeken ww • behalen *achieve,* ⟨succes⟩ *score,* ⟨vooruitgang⟩ *make* ★ we hebben geen enkele vooruitgang geboekt *we've made no progress whatsoever* • bespreken *book, reserve* ★ ik heb kaartjes geboekt voor morgenavond *I've booked / reserved tickets for tomorrow evening*
boekenbon DE *book token, book voucher*
boekenkast DE *bookcase*
boekenplank DE *bookshelf*
boeket HET *bouquet* ★ een boeketje rozen *a bouquet of roses*
boekhouding DE • het boekhouden *bookkeeping* ★ enkele / dubbele boekhouding *single / double entry bookkeeping* • boekhoudafdeling *accounts department*
boel DE • dingen *affair(s), business* ★ een vuile boel *a messy business* ★ een saaie boel *a dull affair* ▼ het is foute boel *things are going wrong* • grote hoeveelheid *a lot of* ★ dat is een boel geld *that's a lot of money*
boemerang DE *boomerang*
boenen ww • schrobben *scrub* • in de was zetten *polish, wax* ★ de vloer is geboend *the floor has been polished / waxed*
boer DE • agrariër *farmer* • speelkaart *jack* ★ de schoppenboer *the jack of spades* • oprisping *belch, burp* ▼ hij liet een boer *he burped*
boerderij DE • boerenbedrijf *farm* ★ een vakantie op een boerderij *a farm holiday* • woning *farmhouse* ★ we wonen in een boerderij *we live in a farmhouse*
boerenkool DE *curly kale* ★ boerenkool met worst *kale and sausage*
boerin DE • vrouwelijke boer *woman farmer* • vrouw van de boer *farmer's wife*
boete DE ⟨straf⟩ *penalty,* ⟨geldstraf⟩ *fine* ★ er staat een hoge boete op te hard rijden

speeding carries a heavy fine
boeten ww *pay, suffer* ★ *daar zul je voor boeten you'll pay / suffer for that*
boetseren ww *model (with clay)* ★ *oma is dol op boetseren Grandma loves model(l)ing (with clay)*
boezem DE *breasts* ★ *ze heeft een flinke boezem she's got big breasts, she's big-breasted*
bof DE • *ziekte mumps* • *geluk stroke of luck*
boffen ww *be lucky* ★ *wij boffen met ons huis we've been lucky with our house*
bok DE *mannetjesgeit billy goat, male goat*
boksen ww *box* ▼ *dat heeft hij fijn voor elkaar gebokst he has managed that nicely*
bokser DE *boxer*
bol I DE • *bolvormig voorwerp ball* • *broodje roll* ★ *een bolletje kaas, alstublieft a cheese roll, please* • *hoofd noddle, nut* ★ *het is hem in zijn bol geslagen he's off his nut / head* II BN • *round,* ⟨wangen⟩ *chubby* ★ *een bol gezicht a chubby face* ▼ *het staat bol van de fouten it's riddled with mistakes* • *niet hol* ⟨lens⟩ *convex*
bom DE *bomb* ★ *er is een bom ontploft there's been a bomb explosion / a bomb has exploded*
bomaanslag DE *bomb attack*
bombarderen ww ⟨met granaten⟩ *shell,* ⟨met bommen⟩ *bomb* ★ *Rotterdam is gebombardeerd in de oorlog Rotterdam was bombed during the war*
bommenwerper DE *bomber*
bon DE • *betalingsbewijs receipt* • *waardebon voucher, token* • *bekeuring ticket* ★ *de agent heeft me op de bon geslingerd the policeman gave me a ticket*
bonbon DE *chocolate, sweet* ★ *een gevulde bonbon a chocolate cream*
bond DE *bondgenootschap alliance, league,* ⟨ook vakvereniging⟩ *union*
bondgenoot DE *ally*
bonken ww *pound, bang* ★ *hij bonkte op de deur he pounded / banged on the door*
bons DE *plof thump* ★ *ik hoorde een bons op de deur I heard a thump on the door* ▼ *ze heeft hem de bons gegeven she's jilted / dropped him*
bont I HET *fur* ★ *een jas van bont a fur coat* II BN • *veelkleurig multi-coloured,* ⟨was⟩ *coloured* ★ *de bonte was the coloured laundry, the coloureds* • *afwisselend mixed, varied* ★ *een bont gezelschap a mixed / varied group* ▼ *ze sloegen hem bont en blauw they beat him black and blue* ▼ *nu maak je het te bont now you're going too far*
bontjas, ook: **bontmantel** DE *fur coat*
bonzen ww *thump, bang* ★ *mijn hart bonsde my heart was thumping* ★ *hij stond op de deur te bonzen he was banging on the door*
boodschap DE • *bericht message* • *opdracht errand* ★ *zijn baas stuurde hem om een boodschap his boss sent him on an errand* • *het inkopen shopping* ★ *hij zette zijn boodschappen in de kofferbak he put his shopping / purchases in the boot* ▼ *hij ging boodschappen doen he went shopping*
boodschappenkarretje HET *shopping cart*
boog DE • *kromme lijn curve* ▼ *de weg gaat met een boog naar beneden the road curves downwards* ▼ *we reden met een boog om de stad heen we made a detour (a)round the city, we gave the city a wide berth* • *poort* ⟨bouwkunde⟩ *arch,* ⟨van brug⟩ *span* • *wapen bow* ★ *met pijl en boog with bow and arrow*
Boogschutter DE *Sagittarius* ★ *mijn teken van de dierenriem is Boogschutter my sign of the zodiac is Sagittarius*
boom DE • *gewas tree* ▼ *zij kan de boom in! she can get lost!* • *balk bar,* ⟨afsluitboom⟩ *barrier* ★ *de bomen waren dicht omdat er een trein aankwam the barriers were closed because there was a train coming*
boomgaard DE *orchard*
boomkwekerij DE *tree nursery*
boomstam DE *(tree) trunk*
boon DE *bean* ★ *bruine bonen brown beans* ★ *witte bonen haricot beans* ★ *witte bonen in tomatensaus baked beans* ▼ *een heilig boontje a goody-goody* ▼ *ik kan mijn eigen boontjes doppen I can manage my own affairs*
boor DE *drill*
boord DE + HET • *halskraag collar* ★ *een staande / liggende boord a stand-up / turn-down collar* • *van schip, vliegtuig board* ★ *we gingen aan boord we went on board, we embarked* ★ *hij viel overboord he fell overboard* ▼ *hij ging van boord in New York he went ashore / he disembarked in New York*
booreiland HET *drilling platform, oil rig*

boormachine DE *(electric) drill*

boos BN ● kwaad *angry* ★ hij werd boos *he became angry, he lost his temper* ★ de klas is boos op de leraar *the class is angry with / at the teacher* ● slecht *bad* ★ boze dromen *bad dreams* ● kwaadaardig *evil* ★ boze geesten *evil spirits*

boot DE *boat*, ⟨groot⟩ *ship*

bord HET ● etensbord *plate* ● schoolbord *(black)board* ★ kom jij maar voor het bord *come to the blackboard / to the front of the class* ● verkeersbord *traffic sign*

bordeel HET *brothel*

borduren WW *embroider*

boren WW ⟨in metaal, hout enz.⟩ *drill*, ⟨van tunnel⟩ *bore* ★ hij boorde een gat in de muur *he drilled a hole in the wall* ▼ de kogel boorde zich in de muur *the bullet penetrated the wall* ▼ het plan is de grond in geboord *the plan has been torpedoed*

borgsom DE *deposit, security (money)*

borrel DE *nip, dram*, INF *snifter* ▼ dat scheelt een slok op een borrel *that makes a lot of difference*

borrelen WW ● bellen maken *bubble* ● drinken *have drinks*

borst DE ● borstkas *chest* ★ hij heeft het op de borst *he has a bad chest, he's chesty* ▼ maak je borst maar nat! *prepare for the worst!* ● boezem van vrouw *breast* ▼ ze gaf het kind de borst *she breastfed the child*

borstel DE *brush*

borstelen WW *brush* ★ ik moet mijn haar nog borstelen *I still have to brush my hair*

borstkas DE *chest*

bos I DE ⟨bloemen⟩ *bunch*, ⟨hout⟩ *bundle*, ⟨sleutels⟩ *bunch* ★ een bos sleutels *a bunch of keys* II HET *wood(s)*, ⟨groot⟩ *forest* ▼ hij stuurde mij het bos in *he led me up the garden path*

bosbes DE *bilberry, blueberry*

boswachter DE *ranger, forester*

bot I DE vis *flounder* II HET been *bone* ★ koud tot op het bot *chilled to the bone* III BN ● stomp *dull*, ⟨mes⟩ *blunt* ● lomp *blunt*, ⟨weigering⟩ *flat* IV BIJW lomp *bluntly* ★ hij reageerde nogal bot *he reacted quite bluntly*

boter DE *butter* ★ een klontje boter *a lump of butter* ▼ ze hebben boter op hun hoofd *their hands aren't clean either* ▼ een spelletje boter-kaas-en-eieren *a game of noughts and crosses*

boterbloem DE *buttercup*

boterham DE *(a slice of) bread (and butter)*, ⟨met beleg⟩ *sandwich* ★ wat wil je op je boterham? *what do you want on / in your sandwich?* ★ ik zal de boterhammen even smeren *I'll make the sandwiches*

botsen WW *collide, run into* ★ hij botste tegen een lantaarnpaal *he collided with a lamppost, he ran into a lamppost* ▼ de twee culturen botsen *the two cultures clash / conflict with each other*

botsing DE *collision, crash* ★ een frontale botsing *a head-on collision / crash* ▼ hij kwam in botsing met de schoolleiding *he clashed with the school management*

bouillon DE ● lichte soep *broth* ● basis voor gerecht *stock* ★ een bouillonblokje *a stock cube*

bout DE ● schroefbout *bolt* ● strijkijzer *iron* ▼ je kunt me de bout hachelen! *go climb a tree!, get stuffed!* ● stuk vlees *leg, quarter*, ⟨van gevogelte⟩ *drumstick*

bouw DE ● het bouwen *building, construction* ★ bij de bouw van de graftombe werden geen kosten gespaard *no expense was spared in the building / construction of the tomb* ★ de bouw werd tot 2006 uitgesteld *construction was delayed until 2006* ● opbouw *structure* ★ de bouw van de zin *the structure of the sentence* ● lichaamsbouw *build* ● bouwbedrijf *building trade* ★ hij werkt in de bouw *he's in the building trade / the construction industry*

bouwen WW ● maken *build* ★ hij heeft zijn huis zelf gebouwd *he built his house himself* ● steunen op *rely on, depend on* ★ op de brandweer moet je kunnen bouwen *you should be able to rely / depend on the fire brigade* ▼ we bouwen een feestje *we're throwing a party*

bouwpakket HET *(do-it-yourself) kit* ★ een bouwpakket voor een modelvliegtuig *a model aeroplane kit*

bouwvakker DE *construction worker*

boven I BIJW ● hoger gelegen *above, up(stairs)* ★ hij woont boven *he lives upstairs* ● (op) de hoogste plaats *(at the) top* ★ van boven naar beneden *from top to bottom, (from the top) downward(s)* ● erop *on (the) top* ★ de blauwe ligt onder, de rode boven *the blue one's underneath, the red one on top* II VZ ● meer dan *over*

★ kinderen boven de twaalf jaar *children over twelve (years of age)* ● hoger dan *above* ★ we vlogen boven de wolken *we were flying above the clouds* ● recht boven *over* ★ de mist hing boven het dal *the mist hung over the valley*

bovenaan BIJW + VZ *at the top* ★ Queen staat bovenaan in de hitparade *Queen is at the top of the charts* ★ bovenaan de bladzijde *at the top of the page*

bovenarm DE *upper arm*

bovenbeen HET *upper leg, thigh*

bovenbouw DE *the senior classes ⟨of secondary school⟩*

bovendien BIJW *besides, moreover*

bovengronds BN *overground,* ⟨leidingen⟩ *overhead*

bovenin BIJW + VZ *at the top*

bovenkant DE *top*

bovenkomen WW ● naar hogere verdieping komen *come up(stairs)* ▼ laat hem maar bovenkomen *send him up(stairs)* ● aan oppervlakte komen *come up, surface* ★ de zwemmer kwam na een minuut weer boven *the swimmer came up / surfaced again a minute later*

bovenop BIJW *on top* ★ de kleinste dingen lagen bovenop *the smallest items were on top* ▼ ze komt er weer bovenop *she'll pull through*

bowlen WW *bowl*

box DE ● kinderbox *playpen* ● geluidsbox *(loud)speaker* ● berging in kelder *(basement) storeroom*

boycot DE *boycott*

braadpan DE *heavy frying pan, Dutch oven*

braaf BN *good, obedient* ★ op school was ik een erg braaf jongetje *I was a very obedient / good boy at school* ★ brave hond! *good dog!*

braam DE *blackberry* ▼ we gingen bramen zoeken *we went blackberrying*

braden WW ⟨in oven⟩ *roast,* ⟨op rooster, boven vuur⟩ *grill,* ⟨in pan op het fornuis⟩ *fry, pot-roast* ★ gebraden rundvlees *roast beef*

braderie DE *fair*

braken WW *vomit, be sick, throw up* ★ de hond braakte op straat *the dog vomited / was sick / threw up on the street*

brancard DE *stretcher*

brand DE *fire* ★ de auto vloog in brand *the car caught fire* ★ het huis staat in brand *the house is on fire / is in flames* ★ hij heeft zijn eigen huis in brand gestoken *he set his own house on fire, he set fire to his own house* ★ de brand is opzettelijk aangestoken *the fire was deliberately started / was started on purpose* ★ hij had brand gesticht in het schuurtje *he had set fire to the shed* ▼ een uitslaande brand *a blaze*

brandbaar BN *combustible, inflammable*

brandblusser DE *fire extinguisher*

branden WW ● in brand staan *burn, be on fire* ★ de school brandt *the school is on fire* ★ het geld brandde in mijn zakken *the money was burning a hole in my pocket* ● licht / warmte uitstralen *burn, be on* ★ het licht brandt nog *the light is still on / burning* ● bezeren door hitte ⟨met vuur⟩ *burn,* ⟨door heet water &⟩ *scald* ★ ze brandde haar arm aan de kachel *she burnt her arm on the stove* ▼ dezelfde vraag brandde mij op de lippen *I was itching to ask the same question* ▼ de bladeren lijken op die van brandnetels maar branden niet *the leaves look like stinging nettle leaves but they don't sting*

brandewijn DE *brandy*

branding DE *surf,* ⟨golven⟩ *breakers*

brandkast DE *safe*

brandnetel DE *stinging nettle*

brandpunt HET ● van stralen *focus, focal point* ● middelpunt *centre /* AM *center*

brandstapel DE ● als doodstraf *stake* ★ ze stierf op de brandstapel *she was burned at the stake* ● voor lijkverbranding *funeral pyre*

brandstichting DE *arson*

brandstof DE *fuel*

brandweer DE *fire brigade*

brandweerman DE *fireman*

brandwond DE *burn*

bravo TSW ● tegen artiest *bravo!, well done!* ● tegen redenaar *hear, hear!*

breed BN *broad, wide* ★ brede schouders *broad shoulders* ★ de tuin is drie meter breed *the garden is three metres wide* ▼ ze hebben het niet breed *they're short of money, they're not well off*

breedbeeldtelevisie DE *wide-screen TV*

breedte DE *width, breadth* ★ we hebben het in de breedte opgemeten *we've measured it widthways / in the width / in the breadth* ▼ hij speelde de bal in de breedte *he*

played the ball across
breekbaar BN *breakable, fragile*
breien WW *knit* ★ mijn oma heeft een trui voor me gebreid *my grandma knitted me a jumper*
brein HET ● hersenen *brain* ● verstand *brain(s)* ★ zij is het brein achter deze operatie *she's the brain behind this operation*
breinaald DE *knitting needle*
breken WW ● stuk gaan *break* ★ het kopje brak in stukken *the cup broke into pieces* ★ de sleutel was gebroken *the key had been broken* ● opgeven ⟨gewoonte⟩ *break*, ⟨met geliefde⟩ *break up with* ★ je moet snel met die gewoonte breken *you ought to break yourself of that habit fast* ★ ze heeft met Peter gebroken *she's broken up with Peter* ● stuk maken *break*, ⟨draad⟩ *snap* ★ hij heeft zijn been gebroken bij het skiën *he broke his leg skiing*
brengen WW ⟨naar de spreker toe⟩ *bring*, ⟨van de spreker af⟩ *take* ★ kun jij Kenneth even naar school brengen? *could you take Kenneth to school?* ★ de surfer werd door de reddingsboot aan land gebracht *the surfer was brought ashore in the lifeboat* ★ kun je me even een glas water brengen? *could you bring me a glass of water?* ▼ ze brengt de kinderen naar bed *she's putting the children to bed* ▼ hij bracht naar voren dat hij die brief nooit had ontvangen *he mentioned that he had never received that letter* ▼ dat brengt me in moeilijkheden *that'll get me into trouble*
breuk DE ● het breken *breaking* ● scheur ⟨met het verleden⟩ *break*, ⟨in glas⟩ *crack*, ⟨van been, kabel, metaal⟩ *fracture* ★ hij heeft een dubbele breuk in zijn arm *he has a double fracture of the arm* ● WISK *fraction* ● in je lies *hernia* ▼ hij lachte zich een breuk *he split his sides laughing*
brief DE *letter* ★ per brief *by letter* ★ zij schreef me dat zij me miste *she wrote (saying) that she was missing me* ★ een ingezonden brief *a letter to the editor*
briefkaart DE *postcard*
brievenbus DE ⟨aan huis⟩ *letterbox*, ⟨op straat⟩ *postbox* ★ ik heb de brief in de brievenbus gedaan *I put the letter in the letterbox, I posted the letter*
brigade DE *brigade, squad*
brigadier DE *police sergeant*

brij DE ● pap *porridge* ● pulp *pulp* ★ stamp de ingrediënten tot een brij *mash the ingredients to a pulp* ● weke massa *slush, slurry*
bril DE ● glazen in montuur *(pair of) glasses, spectacles* ★ een meisje met een bril op *a girl wearing glasses / spectacles* ★ zij draagt een bril *she wears glasses* ● wc-bril *(toilet) seat*
briljant I DE *diamond* II BN *brilliant*
Brit DE *Briton*, INF *Brit*
Brits I HET *British English* II BN *British*
broccoli DE *broccoli*
broche DE *brooch*
broeden WW ● ei doen uitkomen *brood, sit (on eggs)* ● uitdenken *brood* ★ hij zit op iets te broeden *he's brooding about something*
broeder DE ● verpleger *male nurse* ● kloosterling *brother, friar*
broeien WW dreigen *brew* ★ er broeit iets *there's something brewing* ▼ broeiend hooi *steaming hay*
broeikas DE *hothouse, greenhouse* ★ broeikasgassen *greenhouse gases*
broek DE ● lange broek *(pair of) trousers, (pair of) pants* ★ mijn broek is vuil *my trousers / pants are dirty* ★ twee broeken *two pairs of trousers / pants* ● korte broek *(pair of) shorts* ▼ hij deed het in zijn broek van angst *he nearly wet himself with fear* ▼ hé, broekie! *hey kid!*
broekzak DE *trouser pocket*
broer DE *brother* ★ dit is mijn jongere broer *this is my younger brother* ★ hij is de oudste van de twee broers *he is the older / elder of the two brothers*
brok HET *chunk, piece*, ⟨groot⟩ *lump* ★ hij raapte een brok lava op *he picked up a piece / chunk of lava* ★ hij had een brok in de keel *he had a lump in his throat* ▼ één brok energie *a bundle of energy* ▼ geen brokken maken *don't smash / mess things up* ▼ hij heeft me met de brokken laten zitten *he's left the mess to me*
brokstuk HET *fragment, piece*
bromfiets, ook: **brommer** DE *scooter, moped*
brommen WW ● geluid maken ⟨van motor, radio⟩ *hum / whirr*, ⟨van dier⟩ *growl (at)*, ⟨van insecten⟩ *drone / hum / buzz* ● mopperen *grumble* ★ brom niet zo tegen dat kind! *stop grumbling at the child!*
bron DE ● opwellend water *spring, well*

- oorsprong *source* ★ we hebben het uit betrouwbare bron vernomen *it comes from a reliable source* ▼ internet is een bron van informatie *the Internet is a storehouse of information*

bronchitis DE *bronchitis*
brons HET *bronze*
bronwater HET *mineral water*
brood HET ● eetwaar *bread* ★ een brood *a loaf of bread* ● levensonderhoud *living* ★ hij verdient zijn brood als timmerman *he earns his living as a carpenter*
broodbeleg HET *sandwich filling*
broodje HET *roll, bun* ★ een broodje ham *a ham roll* ★ een broodje gezond *a salad roll* ▼ een broodjeaapverhaal *an urban myth* ▼ ze gaan als warme broodjes over de toonbank *they're selling like hot cakes*
broodmes HET *bread knife*
broodtrommel DE ● lunchtrommel *lunch box* ● bewaartrommel *bread bin*
brouwen WW *brew*
browser DE COMP *browser*
brug DE ● over water & *bridge* ● gymnastiektoestel *parallel bars* ● commandobrug *bridge*
brugklas DE *first class / form ⟨at secondary school⟩, year seven*
bruid DE *bride*
bruidegom DE *bridegroom*
bruidsmeisje HET *bridesmaid*
bruidspaar HET *bride and (bride)groom*
bruikbaar BN ⟨nuttig⟩ *useful,* ⟨goed functionerend⟩ *workable* ★ een bruikbare speler *a useful player* ★ een bruikbaar compromis *a workable compromise*
bruiloft DE *wedding* ★ de zilveren / gouden / diamanten bruiloft *the silver / golden / diamond wedding anniversary*
bruin BN *brown* ▼ jij bent al lekker bruin *you've already got a nice tan*
bruisen WW ⟨van drank⟩ *fizz, sparkle* ▼ bruisend van leven *brimming (over) / bursting with life*
brullen WW *roar* ★ we brulden van het lachen *we roared with laughter*
brunette DE *brunette*
Brussel HET *Brussels*
brutaal BN ● onbeschoft *cheeky,* ⟨grof⟩ *insolent,* ⟨vooral kinderen⟩ *impudent* ● stoutmoedig *bold,* ⟨vrijpostig⟩ *forward*
brutaliteit DE *insolence, cheek* ★ wat een brutaliteit! *of all the cheek!*
bruto BIJW *gross*
bruut I BN *brute* ★ met bruut geweld *with brute force* II DE *brute*
btw DE *VAT, Value Added Tax*
bubbelbad HET ● schuimbad *bubble bath* ● whirlpool *whirlpool, jacuzzi*
budget HET *budget* ★ creatief huishouden met een beperkt budget *creative housekeeping on a limited budget / on a shoestring* ▼ zo'n luxe auto past niet in mijn budget *I wouldn't be able to afford such a luxury car*
buffel DE *buffalo*
buffet HET *buffet,* ⟨in café⟩ *bar*
bui DE ● neerslag *shower* ★ er valt af en toe een bui *there will be an occasional shower* ● humeur *mood* ★ hij is in een goede bui *he's in a good mood*
buidel DE ● beurs *purse* ● van dieren *pouch*
buideldier HET *marsupial (animal)*
buigen WW ● afbuigen *curve* ★ de weg buigt daar naar rechts *the road curves to the right* ● buiging maken *bow* ● een bocht laten maken *bend* ★ buig je knie eens een beetje *bend your knee just a little* ★ hij boog de ijzeren staaf met blote handen *he bent the iron rod with his bare hands* ★ de rails waren helemaal gebogen door de hitte *the rails had been completely bent by the heat* ▼ we bogen ons over het probleem *we tackled the problem*
buiging DE ● het buigen *bow* ▼ hij maakte een buiging *he bowed* ● kromming *bend, curve*
buigzaam BN *flexible*
buiig BN *showery*
buik DE *belly, stomach* ★ ik heb pijn in mijn buik *I have a pain in my stomach, I've got a bellyache / tummy ache* ▼ dat kun je op je buik schrijven *forget it*
buikdanseres DE *belly dancer*
buikgriep DE *gastro-enteritis,* INF *stomach trouble*
buikpijn DE *stomach ache,* INF *bellyache, tummy ache*
buil DE *bump, swelling* ★ zij heeft een buil op haar voorhoofd *she has a bump on her forehead*
buis DE ● pijp *pipe, tube* ★ een afvoerbuis *a drainage pipe* ● televisie *telly* ★ we zitten elke avond voor de buis *we sit and watch telly every evening*
buit DE *booty, loot* ★ ze verdeelden de buit

onderling *they divided the loot / booty between them*
buitelen ww *tumble*
buiten I BIJW • buitenshuis *outside* ★ zij speelt buiten *she's playing outside* • de buitenkant *outside* ★ van buiten is een limoen groen *limes are green on the outside* ▼ de deur gaat naar buiten open *the door opens outwards* ▼ hij kent het gedicht van buiten *he knows the poem (off) by heart* • op het platteland *in the country* ★ zij woont buiten *she lives in the country* II VZ • aan de buitenkant van *outside* ★ buiten Europa *outside Europe* • te ver voor *outside, beyond* ★ buiten mijn vermogen *beyond my power* ▼ buiten bereik *out of reach* • zonder *without, out of* ★ buiten adem *out of breath* ★ buiten mijn weten / toestemming *without my knowledge / consent* • behalve *except for* ★ buiten haar vriendin wist niemand ervan *except for her friend no one knew about it* • niet betrokken bij *out of* ★ laat hem er buiten! *keep him out of it!*
buitenband DE *tyre /* AM *tire*
buitengewoon I BN *extraordinary, exceptional* ★ zij heeft buitengewone gaven *she has exceptional talents* ★ een buitengewone prestatie *an extraordinary achievement* II BIJW versterkend *extremely, extraordinarily* ★ dat is buitengewoon duur *that's extremely / extraordinarily expensive* ★ ze is buitengewoon aardig *she's extremely / very nice*
buitenkant DE *outside* ★ aan de buitenkant *on the outside*
buitenland HET *foreign country, other country* ★ we gaan graag naar het buitenland op vakantie *we like to go to foreign / other countries during our holidays* ★ ze komt uit het buitenland *she's from another country / from abroad* ▼ hij heeft jaren in het buitenland gewoond *he has lived abroad for many years*
buitenlander DE *foreigner*
buitenlucht DE ⟨op het platteland⟩ *country air,* ⟨buitenshuis⟩ *open air*
buitenshuis BIJW *outdoors, out-of-doors*
buitenspel BIJW SPORT *offside* ★ hij staat buitenspel *he is offside;* FIG *he's been cut out*
buitenspiegel DE *outside mirror*
buitenwijk DE *suburb* ★ de buitenwijken *the suburbs, the outskirts of the city*
bukken ww vooroverbuigen *stoop,* ⟨snel⟩ *duck* ★ ze bukte om de bal op te rapen *she stooped / bent down to pick up the ball* ▼ ze gaat gebukt onder allerlei familieproblemen *she's weighed down by all sorts of family troubles*
buks DE wapen *rifle*
bulldozer DE *bulldozer*
bult DE *bump*
bumper DE *bumper*
bumperkleven ww *tailgate*
bundel DE • pak, bosje *bundle* ★ een bundel papieren *a bundle of papers*
• verzameling, boekje *collection* ★ een bundel liefdesgedichten *a collection of love poems* • lichtbundel *beam* ★ een bundel zonlicht *a beam of sunlight*
bundelen ww *bundle,* ⟨artikelen, gedichten⟩ *collect* ★ die verhalen wil ik laten bundelen in een boek *I'd like to collect those stories and publish them* ▼ we moeten onze krachten bundelen *we ought to combine / join forces*
bunker DE *bunker,* ⟨schuilplaats⟩ *(air raid) shelter* ★ langs de kust staan nog veel bunkers *there are still a lot of bunkers along the coast*
burcht DE *castle*
bureau HET • schrijftafel *(writing) desk*
• afdeling *office* ★ het bureau gevonden voorwerpen *the lost property office*
• politiebureau *police station*
bureaustoel DE *desk chair, office chair*
burenruzie DE *neighbourhood quarrel*
burgemeester DE *mayor* ▼ burgemeester en wethouders *the municipal council*
burger DE ⟨inwoner⟩ *citizen,* ⟨niet militair⟩ *civilian* ▼ een agent in burger *a plain-clothes policeman*
burgeroorlog DE *civil war*
burgerrecht HET *civil rights*
bus DE • trommel *tin* • autobus *bus* ★ ik neem de bus naar het station *I'll take the bus to the station* • brievenbus ⟨privé⟩ *letterbox,* ⟨openbaar⟩ *postbox* ▼ ze deed de brief op de bus *she posted the letter* ▼ hij kwam als winnaar uit de bus *he turned out to be the winner*
bushalte DE *bus stop*
buskaart DE *bus ticket*

buskruit HET *gunpowder*
buur DE *neighbour* ★ beter een goede buur dan een verre vriend *a good neighbour is worth more than a distant friend*
buurjongen DE • van hiernaast *boy next door* • uit de buurt *neighbourhood boy*
buurman DE *(next-door) neighbour, man next door*
buurmeisje HET • hiernaast *girl next door* • uit de buurt *neighbourhood girl*
buurt DE • nabijheid *vicinity* ★ het is hier ergens in de buurt *it's somewhere in the vicinity / somewhere (a)round here* • wijk *neighbourhood, district* ★ ze wonen in een dure buurt *they live in an expensive neighbourhood / district* ★ de rosse buurt *the red-light district*
buurthuis HET *community centre / AM center*
buurvrouw DE *woman next door, neighbour*

C

c DE *c* ★ de C van Cornelis *C as in Charley*
cabaret HET *cabaret*
cabine DE *cabin,* ⟨van vrachtauto⟩ *cab*
cacao DE *cocoa* ★ een beker hete cacao *a cup of hot cocoa / chocolate*
cactus DE *cactus*
cadeau HET *present, gift* ★ ik heb het cadeau gekregen ⟨geschenk⟩ *I got it as a present / gift*; ⟨gratis⟩ *I got it for free / nothing*
cadeaubon DE *gift voucher*
café HET ⟨met vergunning⟩ *pub, bar,* ⟨zonder vergunning⟩ *cafe, coffee shop*
cafetaria DE *snack bar*
caissière DE *cashier,* ⟨bioscoop⟩ *box-office girl*
cake DE *plain cake*
calorie DE *calorie*
camera DE *camera*
camouflage DE *camouflage*
camoufleren WW *camouflage*
campagne DE *campaign* ★ de campagne ging van start op 1 maart *the campaign got underway on the 1st of March* ▼ wij voeren campagne voor langere vakanties *we're campaigning for longer holidays*
camper DE *camper (van)*
camping DE *camp(ing) site, camping ground,* ⟨voor caravans⟩ *caravan park*
cao DE *collective labour agreement*
capabel BN ⟨bekwaam⟩ *capable,* ⟨bevoegd⟩ *qualified,* ⟨in staat⟩ *capable, able* ★ zij is zeer capabel voor het werk *she is very capable of doing the job, she's very able to do the job* ▼ je bent niet capabel om te rijden *you're in no state to drive*
capaciteit DE *capacity,* ⟨van motor &⟩ *power* ★ we werken op volle capaciteit *we're working at full capacity* ★ een motor met kleine capaciteit *a low-powered engine* ★ geestelijke capaciteiten *mental powers / abilities*
capsule DE *capsule*
capuchon DE *hood*
caravan DE *caravan, mobile home*
carburateur DE *carburettor*
carillon HET *carillon, chimes*
carnaval HET *carnival*
carrière DE *career* ★ hij maakte carrière in het bedrijfsleven *he made a / his career in business*

carrosserie DE *body, bodywork*
casino HET *casino*
cassettebandje HET *cassette (tape)*
cassis DE • vruchtensap *blackcurrant juice* • met prik *blackcurrant lemonade*
castreren WW *castrate*
catalogus DE *catalogue* / AM *catalog*
catastrofe DE *catastrophe, disaster* ★ dat veroorzaakte een catastrofe *it caused a catastrophe / disaster*
categorie DE *category*
cavia DE *guinea pig*
cd-speler DE *CD player*
ceintuur DE *belt*
cel DE • hokje ⟨telefooncel⟩ *telephone booth*, ⟨gevangeniscel⟩ *(prison) cell* ▼ hij heeft een paar jaar cel gekregen *he was given a few years imprisonment* ▼ een natte cel *a wet area* • BIOL *cell* ★ mijn grijze cellen werken nog prima *my grey cells are still working all right*
cello DE *cello* ★ wil je cello leren spelen? *do you want to learn (to play) the cello?*
Celsius DE *Celsius, centigrade* ★ 20 graden Celsius *20 degrees Celsius / centigrade*
cement HET *cement,* ⟨specie⟩ *mortar*
cementmolen DE *cement mixer*
censuur DE *censorship* ▼ op dit boek is censuur toegepast *this book has been censored*
cent DE *cent* ★ ik heb geen (rooie) cent *I haven't got a penny / cent* ★ het is geen cent waard *it's not worth a cent* ▼ hij deugt voor geen cent *he's no good* ▼ het kan me geen cent schelen *I couldn't care less, I don't give a damn*
centimeter DE • maat *centimetre* • meetlint *tape measure, measuring tape*
centraal I BN *central* ★ centrale verwarming *central heating* ▼ de gezondheidzorg stond centraal in de discussie *the discussion revolved around health care* ▼ bij ons staat de leerling centraal *our main concern is our students, our students take centre stage* II BIJW *centrally* ★ de hotel is centraal gelegen *the hotel is centrally situated*
centrale DE • elektriciteitscentrale *power station* • telefooncentrale *exchange* ▼ ik geef u terug aan de centrale *I'll put you back to the operator* • vakbond *federation*
centrifuge DE *centrifuge,* ⟨voor de was⟩ *spin-drier*

centrum HET *centre* / AM *center* ★ zij staat in het centrum van de belangstelling *she is the centre of attention* ★ het centrum van de stad *the town centre*
certificaat HET *certificate*
chagrijnig BN *grouchy, bad-tempered*
champagne DE *champagne*
champignon DE *mushroom, field mushroom*
chantage DE *blackmail*
chaos DE *chaos* ★ we brachten orde in de chaos *we sorted out the chaos*
charmant BN *charming*
charme DE *charm*
chartervliegtuig HET *charter plane*
chassis HET van auto *chassis*
chatten WW *chat*
chauffeur DE bestuurder *driver,* ⟨beroep⟩ *chauffeur*
chef DE • hoofd *chief,* ⟨van een afdeling⟩ *manager,* INF *boss* • kok *chef*
chemicaliën DE *chemicals*
chemie DE *chemistry*
chemisch BN *chemical* ★ chemische oorlogsvoering *chemical warfare* ▼ chemisch reinigen *dry-cleaning*
chemokar DE *chemical waste collector*
cheque DE *cheque* / AM *check* ★ de cheque was ongedekt *the cheque bounced*
chimpansee DE *chimpanzee,* SPREEKT *chimp*
Chinees I DE • persoon *Chinese* ★ de Chinezen zijn trots op hun voorvaderen *the Chinese are proud of their ancestors* • restaurant *Chinese restaurant* ★ laten we Chinees halen *let's get a Chinese takeaway* II HET *Chinese* III BN *Chinese* ▼ de Chinese Muur *the Great Wall of China*
chip DE *(computer) chip*
chips DE *crisps,* AM *(potato) chips* ★ een zak chips *a bag of crisps / chips*
chirurg DE *surgeon*
chloor HET *chlorine,* ⟨bleekwater⟩ *bleach*
chocola, ook: **chocolade** DE *chocolate,* ⟨drank⟩ *cocoa* ★ een reep pure chocolade *a bar of bitter / plain chocolate*
chocolademelk DE *(drinking) chocolate, cocoa* ★ warme chocolademelk *hot cocoa / chocolate*
choken WW in auto *pull out the choke*
christelijk BN *Christian*
christen DE *Christian*
christendom HET *Christianity* ★ hij heeft zich bekeerd tot het christendom *he has converted to Christianity*

Christus DE *Christ* ▼ in 200 na Christus *in 200 AD* ▼ in de derde eeuw na Christus *in the third century AD* ▼ in 300 voor Christus *in 300 BC*

chronologisch I BN *chronological* ★ in chronologische volgorde *in chronological order* II BIJW *chronologically* ★ ze zijn chronologisch gerangschikt *they have been arranged chronologically*

cijfer HET • teken *figure, digit* ★ een kolom cijfers *a column of figures* ★ een getal van vier cijfers *a four-digit number* ▼ Romeinse cijfers *Roman numerals* ▼ het bedrijf raakte in de rode cijfers *the company went into the red* • beoordeling *mark* ★ hij kreeg een hoog cijfer voor scheikunde *he got a high mark for chemistry*

cijferlijst DE *(list of) marks*

cilinder DE *cylinder*

circa BIJW *about, approximately, (a)round*

circuit HET *circuit*

circus HET *circus* ★ een rondreizend circus *a travelling circus*

cirkel DE *circle* ★ een vicieuze cirkel *a vicious circle*

cirkelzaag DE *circular saw*

citroen DE *lemon*

citrusvrucht DE *citrus fruit*

claxon DE *horn* ★ hij drukte op de claxon *he honked / tooted his horn*

cliënt DE *client, customer*

climax DE *climax*

clip DE • speld *clip, pin* • videoclip *(video) clip* ★ heb je de nieuwe clip van haar al gezien? *have you seen her new clip yet?*

clitoris DE *clitoris*

closetrol DE *toilet roll, roll of toilet paper*

clown DE *clown* ★ hij hangt altijd de clown uit *he's always playing the clown, he's always clowning around*

club DE • vereniging *club, association* • groep vrienden *group, gang* • golfstick *club*

coalitie DE *coalition*

coaxkabel DE *coaxial cable*

cocaïne DE *cocaine*

cockpit DE *cockpit*

cocktail DE *cocktail*

code DE *code* ★ de boodschap was in code *the message was in code / was coded*

codicil HET *codicil*

cognac DE *(French) brandy, cognac*

cola DE *cola*, INF *coke* ★ een glas cola *a glass of cola / coke*

collecte DE *collection* ▼ ik hou een collecte voor de hartstichting *I'm collecting on behalf of the heart foundation*

collecteren WW *collect* ★ wij collecteren voor een goed doel *we're collecting (money) for a worthy cause*

collectie DE *collection*

collega DE *colleague* ★ zij is een collega van hem *she is a colleague of his*

college HET • bestuurslichaam ⟨van instellingen⟩ *college*, ⟨van bedrijven⟩ *board* ★ het college van bestuur *the Board of Directors* ▼ het college van B en W *the town / municipal council* • les *lecture* ★ je loopt college, maar je maakt ook werkstukken *you will attend lectures but also do assignments*

coltrui DE *roll-neck sweater, polo-neck sweater*

coma HET *coma* ★ ze ligt in coma *she's in a coma*

combinatie DE *combination*

combineren WW • samenvoegen *combine* • samengaan *go together, match* ★ die kleuren combineren niet goed *those colours don't go well together / don't match* ▼ de wijn combineert goed met visgerechten *the wine is good to drink with fish*

comfortabel I BN *comfortable* ★ een comfortabele leren fauteuil *a comfortable leather armchair* II BIJW *comfortably* ★ zit je comfortabel? *are you sitting comfortably?*

commandant DE *commander*, ⟨van schip⟩ *captain*

commanderen WW *order* ★ ze laten zich niet commanderen *they won't be ordered about* ▼ mijn ouders lopen me te commanderen *my parents boss me around*

commando HET • bevel *command, order* ★ de kapitein gaf het commando om terug te gaan *the captain gave the order / command to retreat* • bevelvoering *command* ★ hij nam het commando over *he took over command* ★ wie voert het commando over de troepen? *who's in command of the troops?* • groep soldaten *commando*

commentaar HET *comment*, ⟨krant, tv &⟩ *commentary* ★ geen commentaar *no comment* ★ hij leverde overal

commentaar op *he made comments on everything* ★ Cruijff verzorgt het commentaar bij de wedstrijd *Cruijff will give / provide a commentary on the match*
commentator DE *commentator*
commercieel BN *commercial*
commissaris DE *commissioner* ▼ de commissaris van de politie *the Chief Constable*
commissie DE *committee* ★ hij zit in een commissie *he is on a committee*
commune DE *commune*
communicatie DE *communication*
communiceren WW *communicate*
communie DE *(Holy) Communion* ★ ze doet zondag haar eerste communie *she'll make / receive her first Communion on Sunday*
communisme HET *communism*
compact BN *compact*
competitie DE *competition*
compleet I BN *complete* II BIJW *completely*, INF *clean* ★ ik ben het compleet vergeten *I completely / clean forgot (it)*
complex I BN *complex, complicated* II HET *complex*
complicatie DE *complication*
compliment HET *compliment* ★ hij maakte mij een compliment over mijn jurk *he paid me a compliment / he complimented me on my dress*
complot HET *plot, conspiracy* ★ hij smeedde een complot tegen de koning *he hatched a plot against the king, he conspired against the king*
componist DE *composer*
compositie DE *composition*
compost DE *compost*
computer DE *computer* ★ het staat op de computer *it's on the computer*
computerspel HET *computer game*
concentratie DE *concentration* ★ het lawaai haalde me uit mijn concentratie *the noise disturbed my concentration* ★ er zitten hoge concentraties dioxine in de bodem *there are heavy concentrations of dioxins in the soil* ▼ de concentratie van kooldioxide wordt steeds hoger *carbon dioxide levels are increasing all the time*
concentratiekamp HET *concentration camp*
concentreren WW *concentrate* ★ hij concentreerde zich op tekenen *he concentrated on drawing* ★ je moet je concentreren op je werk *concentrate on your work*
concert HET ● muziekuitvoering *concert* ★ ze geven morgen een concert *they're giving a concert tomorrow, they're performing tomorrow* ● muziekstuk *concerto* ★ een pianoconcert van Liszt *a piano concerto by Liszt*
conciërge DE ⟨school⟩ *school caretaker*, ⟨flatgebouwen &⟩ *doorman, janitor*
conclusie DE *conclusion* ★ we moeten geen voorbarige conclusies trekken *we mustn't jump to conclusions* ★ hij kwam tot de conclusie dat de missie mislukt was *he came to the conclusion that the mission had failed*
concurrentie DE *competition* ★ moordende concurrentie *ruthless / cut-throat competition* ▼ de twee firma's gaan de concurrentie aan met elkaar *the two firms are competing with each other*
concurreren WW *compete* ★ de twee grote colafabrikanten concurreren met elkaar om de eerste plaats op de wereldmarkt *the two big cola producers are competing with each other for first place on the world market*
condens DE *condensation*
conditie DE ● toestand *condition* ★ het huis is in goede conditie *the house is in a good condition / in good repair* ● voorwaarde *condition, terms*
conditietraining DE *fitness training*
condoleren WW *express your sympathy* ★ wij condoleerden haar *we expressed our sympathy to her, we offered her our condolences* ▼ gecondoleerd met het verlies van je vader *I'm really sorry to hear of your father's death*
condoom HET *condom*
conducteur DE ⟨van trein⟩ *guard*, ⟨van bus, tram⟩ *conductor, ticket collector* ★ de conducteur controleerde mijn kaartje *the conductor checked my ticket* ▼ dit is een bus zonder conducteur *this is a driver-only tram*
conferentie DE *conference*
conflict HET *conflict* ★ hij kwam in conflict met zijn baas *he came into conflict with his boss*
confrontatie DE *confrontation* ▼ hij ging eindelijk de confrontatie aan met die vervelende buurman *he eventually*

confronted the annoying man next door
congres HET *conference, congress* ★ er wordt een congres over racisme gehouden *a conference / congress on racism will be held* ★ het Amerikaanse congres *the United States Congress*
conifeer DE *conifer*
conrector DE *deputy principal*
consequent I BN *consistent* ★ we proberen consequent te zijn *we try to be consistent* II BIJW *consistently, scrupulously* ★ de regels moeten consequent worden toegepast *the rules must be consistently applied*
consequentie DE ⟨handelen⟩ *consequence* ★ hij moest de consequenties aanvaarden *he had to accept / bear the consequences*
conservatorium HET *school of music, conservatory, conservatorium*
constant I BN *constant, steady* ★ een constante stroom vluchtelingen *a constant / steady stream of refugees* II BIJW *constantly* ★ ze houden me constant in de gaten *they're watching me constantly, they're keeping a constant eye on me*
constateren WW *ascertain,* ⟨een feit, iemands schuld⟩ *establish*
constructie DE • bouwsel *structure, construction* ★ hun nest is een stevige constructie van takken *their nest is a firm construction of sticks* • bouw *construction* ★ de plannen zijn gereed en de constructie gaat in april van start *the plans are ready and construction will begin in April* ★ het gebouw is een lichtgewicht constructie *the building is of lightweight construction*
consul DE *consul*
consulaat HET *consulate*
consultatiebureau HET *health centre /* AM *center,* ⟨voor baby's⟩ *infant welfare centre /* AM *center*
consument DE *consumer*
consumptie DE • verbruik *consumption* ★ de consumptie van vis is in de laatste jaren gedaald *fish consumption has dropped in recent years* • in restaurant *food, drinks* ★ ik kreeg een consumptie aangeboden aan de bar *I was offered a drink at the bar*
contact HET • communicatie *contact* ★ zij kreeg contact met haar biologische vader *she made contact / got in touch with her biological father* ▼ hij maakt / legt graag contact met anderen *he's a sociable person, he enjoys meeting people* • aanraking *contact* ★ vermijd contact met de huid *avoid contact with the skin* • computerverbinding *connection* ★ het contact met de server wordt soms verbroken *the connection with the server is sometimes broken* • persoon *contact* ★ op een andere school doe je al gauw nieuwe contacten op *you quickly form new contacts at a new school* • elektrische verbinding *contact,* ⟨van auto⟩ *ignition* ★ de contactpunten moeten worden gereinigd *the contact points have to be cleaned* ★ hij stak het sleuteltje in het contact *he put the key in the ignition*
contactlens DE *contact lens* ★ ik draag contactlenzen *I wear contact lenses*
contactsleutel DE *ignition key*
container DE *container*
contant I BN *cash* ★ een contante betaling *a cash payment* II BIJW *(in) cash* ★ u kunt alleen contant betalen *you can only pay (in) cash*
continent HET *continent*
continu I BN *continuous* ★ een continue stroom van geruchten *a continuous stream of rumours* II BIJW *continuously* ★ ze is ziek en loopt continu te hoesten *she's sick and is coughing continuously / coughing the whole time*
contract HET *contract, agreement* ★ ze gingen een contract aan *they entered / concluded a contract* ★ het contract is vorige week getekend *the contract / agreement was signed last week*
contrast HET *contrast* ★ dat staat in schril contrast met wat hij gisteren zei *that's in sharp contrast with what he said yesterday*
contributie DE *subscription (fee), membership fee*
controle DE • beheersing *control* ★ we hebben de situatie volledig onder controle *we are in full command / control of the situation* • toezicht *check, supervision,* ⟨medisch⟩ *check-up* ★ hij moet naar het ziekenhuis voor controle *he has to go to the hospital for a check-up* ▼ hij oefent controle uit op de kwaliteit van het product *he checks / supervises the quality of the product* • plaats (ticket) *barrier* ★ we gingen door de controle *we passed through the (ticket) barrier*

controleren ww • nagaan *check, examine* • toezicht houden *supervise, monitor*
controleur DE *controller, inspector,* ⟨kaartjes⟩ *ticket inspector*
coöperatie DE • samenwerking *collaboration* • coöperatieve vereniging *cooperative, cooperative association*
coördineren ww *coordinate*
copiloot DE *co-pilot*
correct I BN *correct* ★ politiek correct *politically correct* II BIJW *correctly* ★ hij heeft correct gehandeld *he has acted correctly, he's done the right thing*
correctie DE *correction*
correctielak, ook: **correctievloeistof** DE *correction fluid, white-out, Tippex*
correspondentie DE *correspondence* ▼ ik voer een correspondentie met mijn neef in Engeland *I correspond with my cousin in England*
corresponderen ww • schrijven *correspond* ★ hij correspondeert met een meisje uit Finland *he corresponds with a girl in Finland* • overeenstemmen *correspond, match* ★ haar gedrag correspondeert niet met haar woorden *her actions don't correspond to / don't match her words*
corrigeren ww ⟨verbeteren⟩ *correct,* ⟨schoolwerk⟩ *correct, mark* ★ de leraar moest twintig proefwerken corrigeren *the teacher had to correct / mark twenty tests*
corrupt BN *corrupt, dishonest*
corvee DE • in leger *fatigue duty* • huishoudklussen *chores, cleaning duty* ★ de helft van de klas heeft corvee *half the class is on cleaning duty*
cosmetica DE *cosmetics*
coupé DE *compartment* ★ dit is een niet-roken coupé *this is a non-smoking compartment*
couplet HET *stanza*
coureur DE ⟨auto⟩ *racing driver,* ⟨motor⟩ *racing motorcyclist,* ⟨fiets⟩ *racing cyclist*
courgette DE *courgette, zucchini*
couveuse DE *incubator, humidicrib*
crawlen ww *do the crawl*
creatief BN *creative* ★ creatief taalgebruik *creative use of language*
crèche DE *crèche, day care* ★ haar kind gaat twee dagen per week naar de crèche *she has her child in a crèche / in day care two days a week*

creëren ww *create*
crème I DE *cream* ★ vochtinbrengende crème *moisturizing cream / moisturizer* II BN *cream(-coloured)*
cremeren ww *cremate* ★ hij is gisteren gecremeerd *he was cremated yesterday*
criminaliteit DE *crime* ★ de kleine criminaliteit *petty crime* ★ het toenemen van de criminaliteit *the increase / rise in crime*
crimineel I DE *criminal* II BN *criminal* ★ een criminele organisatie *a criminal organization* III BIJW *horribly, terribly* ★ parkeren in heel Amsterdam wordt crimineel duur *parking is becoming horribly / terribly expensive throughout Amsterdam*
crisis DE *crisis* ★ ze hebben een crisis doorgemaakt / doorstaan *they've gone through / weathered a crisis* ★ het bedrijf verkeert in een echte crisis *the firm is going through a real crisis*
criticus DE *critic*
croissant DE *croissant*
crossfiets DE voor veldrijden *cross-country (racing) bicycle*
cruise DE *cruise*
cultureel BN *cultural* ★ een cultureel centrum *a cultural centre, an arts centre*
cultuur DE • beschaving *civilization, culture* ★ de westerse cultuur *Western civilization / culture* • teelt *cultivation* ★ een deel van het bos is onder cultuur gebracht *part of the forest has been brought under cultivation / put into cultivation* • kweek ⟨bacteriën &⟩ *culture*
cultuurgeschiedenis DE *cultural history*
cursief BN *in italics*
cursor DE *cursor*
cursus DE *course* ★ ze volgt een cursus in yoga *she's taking classes / a course in yoga* ★ een vijfjarige cursus *a five-year course*
cv DE • centrale verwarming *central heating* • curriculum vitae *CV, curriculum vitae*
cycloon DE *cyclone, hurricane*
cyclus DE *cycle*
cynisch I BN *cynical* ★ hij gaf een cynisch antwoord *he gave a cynical answer, he answered cynically* II BIJW *cynically* ★ mijn antwoord was cynisch bedoeld *my answer was meant to be taken cynically*

D

d DE *d* ★ de D van Dirk *D as in Delta*

daad DE handeling *act, deed*, ⟨doelgericht⟩ *action* ★ een erg moedige daad *a very courageous act / deed* ★ hij verrichtte een goede daad *he did a good deed* ★ geen woorden maar daden *actions speak louder than words*

daar BIJW *there*, ⟨daarginds⟩ *over there* ★ er kan hier en daar wat regen vallen *there could be a bit of rain here and there, locally there could be a bit of rain* ▼ wie zingt daar? *who's that singing?*

daardoor BIJW • daar doorheen *through it, through that* • door die oorzaak *so, consequently* ★ hij had een lekke band en daardoor was hij te laat *he had a flat tyre and so / consequently he was late*

daarentegen BIJW *on the other hand* ★ hij is blond; zijn broer daarentegen heeft rood haar *he's blond; his brother, on the other hand, has red hair*

daarheen BIJW • in die richting *that way, in that direction* • naar die plek *(over) there*

daarom BIJW om die reden *that's why* ★ ik was ziek en daarom kon ik niet komen *I was ill: that's why I couldn't come* ▼ waarom? daarom! *why? just because!*

daarvan BIJW • van een hoeveelheid *of that, of it* ★ neem daarvan zoveel je wilt *take as much of it / that as you like* ▼ niets daarvan! ⟨een mening tegenspreken⟩ *nothing of the sort!*; ⟨toestemming weigeren⟩ *nothing going / doing!* • als grondstof *from that, out of that* ★ ze nemen autobanden en daarvan maken ze sandalen *they take car tyres and make sandals from them / out of them*

daarvoor BIJW • voor die plaats *in front of it* ★ daarvoor staat een straatlantaarn *there's a street lamp in front of it* • voor die tijd *before that, previously* ★ het jaar daarvoor *the year before that / the year previously / the previous year* • voor dat doel *for that (purpose)* ★ daar is het voor *that's what it's for* • om die reden *that's why, just because*

dadel DE vrucht *date*

dadelijk BIJW • onmiddellijk *immediately, at once* • heel gauw *in a moment, in a minute* ★ ik kom zo dadelijk *I'll come in a moment / minute*

dader DE *offender*, ⟨minder ernstig⟩ *culprit* ▼ de vermoedelijke dader *the suspect*

dag I DE *day* ★ de hele dag *all day (long)* ★ dag in, dag uit *day after day* ★ een dezer dagen *one of these days* ★ op een goede dag *one (fine) day* ★ ik heb mijn dag niet *it's not my day today* ★ welke dag hebben we vandaag? ⟨dag van de week⟩ *what day of the week is it today?*; ⟨datum⟩ *what's the date today?* ▼ veertien dagen *a fortnight, two weeks* ▼ hij kwam goed voor de dag *he did well* ▼ hij staat altijd voor dag en dauw op *he always rises before daybreak* ▼ op klaarlichte dag *in broad daylight* II TSW ⟨bij het weggaan⟩ *bye (bye)!, goodbye!*, ⟨bij het ontmoeten⟩ *hello!*

dagblad HET *newspaper, daily paper*

dagboek HET *diary* ★ Anne Frank hield een dagboek bij *Anne Frank kept a diary*

dagelijks I BN *daily, everyday* ★ kleuren spelen een belangrijke rol in het dagelijkse leven *colours play an important role in daily / everyday life* II BIJW *daily, every day* ★ ik zie haar dagelijks *I see her daily / every day*

daglicht HET *daylight* ★ bij daglicht ziet alles er anders uit *things look different by daylight* ▼ dat kan het daglicht niet verdragen *that's best kept secret* ▼ door de eeuwen heen is geestesziekte in een kwaad daglicht gesteld *mental illness has been given a bad press / has been disparaged throughout the centuries*

dak HET *roof* ★ een rieten dak *a thatched roof* ★ hij is onder dak ⟨gehuisvest⟩ *he has a roof over his head*; ⟨heeft het gemaakt⟩ *he's well provided for* ▼ ik krijg het op mijn dak *they'll blame it on me* ▼ het ging van een leien dakje *it was plain sailing* ▼ ze ging uit haar dak ⟨van vreugde⟩ *she was very enthusiastic*; ⟨van woede⟩ *she freaked out*

dakdekker DE *roofer*, ⟨met riet⟩ *thatcher*, ⟨met pannen⟩ *tiler*

dakgoot DE *gutter*

dakloze DE *homeless person*

dakpan DE *(roofing) tile*

dal HET *valley*

dalen WW naar beneden gaan *fall, drop, sink*, ⟨vliegtuig⟩ *descend* ★ de temperatuur daalde tot onder het vriespunt *the temperature fell / dropped / sank to below* *zero* ★ het aantal studenten is gedaald *student numbers have fallen / dropped / sunk* ★ hij liet zijn stem dalen *he dropped / lowered his voice*

daling DE • het omlaag gaan *descent*, ⟨het aan de grond komen⟩ *landing* • vermindering ⟨prijs, temperatuur⟩ *fall, drop*

dam DE • waterkering *dam* • dubbele damschijf *king*

dame DE • vrouw *lady* ★ dames en heren *ladies and gentlemen* • schaakstuk *queen*

damestoilet HET *ladies', ladies' toilet*

damesverband HET *sanitary napkin, sanitary pad*

dammen WW *play draughts*

damp DE • waterdamp *steam, vapour,* ⟨nevel⟩ • gasvormige stof *fumes*

dampen WW • stoom produceren *steam* • rook produceren *smoke*

dampkring DE *atmosphere*

dan I BIJW • op die tijd *then* • in dat geval ⟨vaak onvertaald laten⟩ ★ en ik dan? *what about me?* ★ als het regent, dan kom ik niet *if it rains, I won't / shan't come* ★ wat is er dan? *what's the matter?* II VW • na ontkenning *but* ★ daar komt niets dan ellende van *that will only cause trouble* • na vergrotende trap *than* ★ groter / langer dan *bigger / longer than* ▼ het is anders dan je denkt *it's not what you think*

dank DE *thanks* ★ geen dank *not at all!, you're welcome!* ★ bij voorbaat dank *thanking you in advance / in anticipation*

dankbaar I BN *thankful, grateful* ★ een dankbare taak *a thankful task* ★ ze was me dankbaar voor mijn hulp *she was grateful for my help* II BIJW *gratefully* ★ zijn advies werd dankbaar aanvaard *his advice was accepted gratefully*

danken WW • *thank* ★ dank je / u ⟨bij aannemen⟩ *thank you*; ⟨bij weigering⟩ *no, thank you* ▼ dat heb ik aan hem te danken *I owe it to him* • na maaltijd *say grace* ★ er werd altijd gebeden en gedankt aan tafel *they always said grace before and after a meal*

dankzij VZ *thanks to*

dans DE *dance* ★ de prins vroeg Assepoester ten dans *the prince asked Cinderella for a dance* ★ mag ik deze dans van u? *may I have this dance?* ▼ hij is de dans ontsprongen *he had a lucky escape, he got off scot-free*

dansen WW *dance* ★ ga je mee dansen vanavond? *how about going dancing tonight?*

dapper I BN *brave, courageous* ▼ klein maar dapper! *small but tough!* II BIJW *bravely, courageously*

darm DE *intestine*, INF *gut* ★ de dikke / dunne darm *the large / small intestine*

darten WW *play darts*

das DE • stropdas *tie* • sjaal *scarf* ▼ dat deed me de das om *that finished me off* • dier *badger*

dat I VNW • aanwijzend *that*, ⟨meervoud⟩ *those* ★ dat zijn de wielen *those are the wheels* ★ ben jij dat? *is that you?* • teruggrijpend *that* ★ het huis dat mijn vader heeft gebouwd *the house (that) my father built* II VW *that* ★ ze zei dat ze zou komen *she said (that) she'd come*

data MV computergegevens *data*

dateren WW • stammen uit *date* ★ dat dateert van / uit de vorige eeuw *it dates back to the last century* • van datum voorzien *date* ★ een brief gedateerd 18 juni *a letter dated June 18th*

datum DE *date* ★ op welke datum ben je jarig? *what date is your birthday on?* ▼ zonder datum *undated*

dauw DE *dew*

daverend BN • dreunend *thunderous* ★ daverend applaus *thunderous applause* • geweldig *tremendous, resounding* ★ zijn optreden was een daverend succes *his performance was a tremendous / resounding success*

de LW • *the* • met nadruk *the perfect* ★ dat is dé oplossing *that's the perfect solution*

dealer DE • van auto's & *dealer* • van drugs *dealer, pusher*

debat HET *debate* ▼ zij voeren / houden graag politieke debatten *they like debating politics*

debuut HET *debut*

december DE *December* ★ ik heb een afspraak op 28 december *I've got an appointment on the 28th of December / on December the 28th*

decennium HET *decade*

decibel DE *decibel*

deciliter DE *decilitre*

decimaal DE *decimal* ★ je moet het tot op drie decimalen uitrekenen *calculate it to*

three decimal places
decimeter DE *decimetre*
declaratie DE • rekening voor onkosten *expenses (bill)* ★ je moet op tijd je declaraties indienen *make sure your expenses bills / claims are handed in on time* • bij douane *declaration*
decor HET • van toneel *scenery* • van film *set* • achtergrond *background*
decoreren ww *decorate*
decoupeerzaag DE *jigsaw*
deeg HET *dough* ★ het deeg moet nog rijzen *the dough still has to rise*
deegroller DE *rolling pin*
deel HET • gedeelte *part* ★ konijnen leven voor het grootste deel van de dag onder de grond *rabbits live underground for the main part of the day / for most of the day* ▼ de bevolking woont voor het grootste deel langs de rivieren *the population mainly lives alongside the rivers, most people live alongside the rivers* ▼ dat is maar voor een deel waar *that's only partly true* ▼ hij maakt deel uit van de regering *he is a member of the government* • aandeel *share* ★ zijn deel van de erfenis *his share of the inheritance* • boekdeel *volume* ★ een boek in twee delen *a two-volume book / a book in two volumes*
deelname DE *participation*
deelnemen ww *take part, ⟨gesprek⟩ join, ⟨vergadering⟩ attend* ★ hij nam deel aan de gevechten *he took part in the fights* ★ ze nemen nooit aan het gesprek deel *they never join / take part in the conversation* ★ hij heeft aan het congres deelgenomen *he took part in / attended the conference*
deelnemer DE *participant, ⟨wedstrijd⟩ competitor, contestant* ★ alle deelnemers klaar? af! *all competitors ready? go!*
deels BIJW *partly*
deelteken HET WISK *division sign*
deeltje HET *particle*
deelwoord HET *participle* ★ 'geschreven' is een voltooid deelwoord *'written' is a past participle* ★ 'lopend' is een tegenwoordig deelwoord *'walking' is a present participle*
Deen DE *Dane*
Deens I HET *Danish* II BN *Danish*
defect BN *defective, ⟨opschrift⟩ out of order* ▼ de motor is defect *there's something wrong with the engine*
defensie DE *defence / AM defense*

definitie DE *definition* ★ wat is de definitie van dat woord? *what is the definition of that word?, how do you define that word?*
definitief I BN *⟨antwoord⟩ definite, ⟨besluit⟩ final* II BIJW • onherroepelijk *definitively* ★ haar vriend zei definitief 'ja' *her friend said 'yes' definitively, her friend gave a definitive 'yes'* • voorgoed *permanently* ★ hij is definitief naar het buitenland vertrokken *he has moved abroad permanently*
deftig BN • voornaam *distinguished, dignified,* INF *posh* ★ zijn vader heeft een kasteel en heel deftige manieren *his father owns a castle and has very distinguished / dignified / posh manners* • fatsoenlijk *decent, respectable* ★ hij heeft helaas nooit deftige manieren geleerd *unfortunately, he's never learned decent / respectable manners*
degelijk I BN *solid, reliable, ⟨van personen⟩ respectable* ★ een degelijk huis *a solid house* ★ een degelijke auto *a reliable / sturdy car* II BIJW *solidly* ★ een degelijk gebouwd huis *a solidly built house* ▼ ik heb wel degelijk Michael Jackson gezien *I really did see Michael Jackson*
degradatie DE • verlaging in rang *demotion* • van sportteam *relegation*
dek HET • bedekking *cover, ⟨voor paard &⟩ blanket* • scheepsvloer *deck* ★ de bemanning stond op het dek *the crew were on deck*
dekbed HET *duvet, ⟨van dons⟩ eiderdown*
deken DE *blanket*
dekken ww • van tafel *lay, set* ★ er was gedekt voor acht personen *the tabel was laid / set for eight* • beschutten *screen,* MIL *cover* • SPORT *⟨tegenstander⟩ mark, ⟨teamgenoot⟩ cover* • bevruchten *⟨van dieren⟩ mate with* ★ de reu dekte de teef *the dog mated with the bitch*
deksel DE & HET *lid, cover* ★ neem de deksel van de pan *take the lid / cover off the pan*
delen ww *divide* ★ 8 delen door 2 *divide 8 by 2* ▼ laten we het verschil delen *let's split the difference* ▼ eerlijk delen! *share and share alike!*
delicatesse DE *delicacy*
deling DE WISK *division*
dement BN *senile*
democratie DE *democracy*
democratisch BN *democratic*

demonstrant DE *demonstrator*
demonstratie DE • *bewijsvoering, vertoning demonstration* • *protestactie demonstration, protest march* ★ een demonstratie tegen het dragen van bont *an anti-fur demonstration*
demonstreren WW • *protestactie houden demonstrate, hold a protest march* ★ we demonstreren tegen kernwapens *we're demonstrating / holding a protest march against nuclear arms* • *(aan)tonen demonstrate, show* ★ ik wil graag mijn kennis van het Engels demonstreren *I'd like to demonstrate my knowledge of English* ★ zij zal demonstreren hoe je het moet aanpakken *she'll show you how to tackle it, she'll demonstrate how to tackle it*
dempen WW • *dichtgooien fill in* ★ de gracht werd gedempt *the canal was filled in* ▼ als het kalf verdronken is dempt men de put *it's like closing the stable door after the horse has bolted* • *minder maken ⟨licht⟩ dim* ▼ een gedempt geluid *a muffled sound* ▼ met gedempte stem *in a hushed / subdued voice*
den DE *pine (tree)*
denderen WW *rumble, thunder* ★ de trein denderde voorbij *the train thundered past*
Denemarken HET *Denmark*
Den Haag HET *The Hague*
denkbeeld HET • *idee idea, notion* • *mening view*
denken WW • *think* ★ zij kan alleen maar aan kleren denken *all she can think of / about is clothes* ★ ik weet niet wat ik van hem moet denken *I don't know what to think / make of him* ★ ik denk dat ik vanavond vroeg naar bed ga *I think I'll go to bed early tonight* ★ ze had er nooit aan gedacht *she'd never have thought of it* ▼ hij dacht dat de aarde rond was *he believed the earth was round* ▼ ik denk er niet aan! *I wouldn't dream of it!, I won't (even) consider it!* ▼ denk om het afstapje! *mind the step!* ▼ denk er om! *just you watch your step!* • *veronderstellen think, suppose* ★ ik denk van wel *I think / suppose so*
dennenappel DE *pine cone*
deodorant DE *deodorant*
depot HET *depot, store*
depressie DE *depression*
depressief BN *depressive*
derde TELW *third* ★ de derde afslag links *the third turn on / to the left* ★ twee derde van de bevolking heeft een auto *two thirds of the population have a car*
dergelijk VNW *such, similar* ★ pruimen, abrikozen en dergelijke vruchten *plums, apricots and such / similar fruit* ★ ik hou niet van dergelijke grappen *I don't like such jokes, I don't like jokes like that* ▼ en dergelijke *and the like* ▼ iets dergelijks heb ik nog nooit gezien *I've never seen anything like it*
dertien TELW *thirteen* ▼ op 13 mei *on the thirteenth of May*
dertiende TELW *thirteenth* ▼ op zijn dertiende verhuisde het gezin naar Berlijn *the family moved to Berlin when he was thirteen*
dertig TELW *thirty*
dertigste TELW *thirtieth* ▼ hij trouwde op zijn dertigste *he got married when he was thirty*
deserteren WW *desert*
desinfecteren WW *disinfect*
deskundig BN *expert, professional* ★ we helpen u graag met deskundig advies *we will gladly provide you with expert / professional advice*
desnoods BIJW *if need(s) be, if necessary*
desondanks BIJW *nevertheless*
dessert HET *dessert*
detail HET *detail*
detective DE *detective*
deugd DE *⟨zedelijkheid⟩ virtue, ⟨iets goeds⟩ merit*
deugen WW *be good* ★ hij deugt niet voor leraar *he's no good as a teacher*
deuk DE *dent* ★ mijn auto zit vol deuken *my car is covered in dents* ▼ we lagen in een deuk *we were in stitches / fits, we were splitting our sides laughing*
deur DE *door* ★ ze ging de deur uit om boodschappen te doen *she left the house / went out of doors to do the shopping* ★ hij deed de deur voor mijn neus dicht *he shut the door in my face* ★ wie is er aan de deur / wie staat er voor de deur? *who's at the door?* ★ de winter staat voor de deur *it's nearly winter* ▼ hij viel direct met de deur in huis *he came straight to the point*
deurkruk, ook: **deurklink**, ook: **deurknop** DE *door handle*
deurwaarder DE *bailiff*
deze VNW *this, ⟨meervoud⟩ these* ★ deze

kleur is lelijk *this colour is ugly* ★ ken jij deze kinderen? *do you know these children?* ★ een dezer dagen *one of these days*
dezelfde VNW *the same*
dia DE *slide* ★ zij vertoonde de dia's van haar vakantie *she showed her holiday slides*
diabetes DE *diabetes*
diagonaal BN *diagonal*
dialect HET *dialect*
dialoog DE *dialogue* / AM *dialog*
diamant DE + HET *diamond*
diameter DE *diameter*
diarree DE *diarrhoea* ★ ik heb al dagen diarree *I've had diarrhoea for days now*
dicht I BN ● gesloten *closed, shut* ★ de deuren waren dicht *the doors were closed / shut* ● opeen *dense* ★ een dichte mist *dense fog* II BIJW ● opeen *closely* ★ ze zaten dicht bij elkaar *they sat closely / close together* ▼ vrachtwagens rijden vaak te dicht op elkaar *trucks often drive too close together* ▼ sta niet zo dicht op elkaar *don't stand so close together* ● op kleine afstand *close, near* ★ we zijn dicht bij onze bestemming *we're close to our destination / near our destination*
dichtbevolkt BN *densely populated*
dichtbij BIJW *close, near by* ★ hij woont dichtbij *he lives near by / close by* ★ van dichtbij *at close quarters*
dichtdoen WW *shut, close* ★ hij deed het raam dicht *he shut / closed the window* ★ de deur werd voor mijn neus dichtgedaan *the door was shut / closed in my face*
dichten WW ● gedichten maken *write verses, write poetry* ● dichtmaken *close* ★ het gat in de dijk werd gedicht *the hole in the dyke was closed*
dichter DE *poet*
dichtgaan WW *close, shut* ★ de deur van de schuur ging dicht *the shed door closed / shut*
dichtmaken WW *close*, ⟨jas &⟩ *do up*
dictator DE *dictator*
dictatuur DE *dictatorship*
dictee HET *dictation*
dicteren WW *dictate*
die VNW ● aanwijzend *that*, ⟨meervoud⟩ *those* ★ ik wil die appel *I want that apple* ★ je moet die boeken lezen *you have to read those books* ★ die is goed, zeg! *that's a good one!* ▼ die met die groene jas *the one in the green coat* ▼ John? die is boven *John? he's upstairs* ● teruggrijpend ⟨personen en zaken⟩ *that*, ⟨personen⟩ *who*, ⟨zaken⟩ *which* ★ de stoel die ik gekocht heb *the chair (that) I bought*
dieet HET *diet* ★ ze volgde een streng dieet *she was on a strict diet*
dief DE *thief* ★ houdt de dief! *stop thief!* ★ eens een dief, altijd een dief *once a thief, always a thief*
diefstal DE *theft, robbery*, ⟨met inbraak⟩ *burglary*
dienblad HET *(serving) tray*
dienen WW ● als functie hebben *serve* ★ dat dient nergens toe *that serves no purpose, there's no point to that* ▼ waarvoor dient deze knop? *what's this button for?, what does this button do?* ● in dienst zijn *serve* ★ zij heeft het bedrijf trouw gediend *she served the company faithfully* ▼ daar ben ik niet van gediend *I won't tolerate that* ● behoren *should, ought to* ★ je dient te gaan *you should go, you ought to go*
dienst DE ● werkzaamheden *duty* ★ ik heb morgen dienst *I'm on duty tomorrow* ● werking *use, service* ★ deze lift is buiten dienst *this elevator is out of use / order* ▼ de ruiten twee doet dienst als joker *the two of diamonds serves as a joker* ● behulpzame daad *service* ★ hij heeft mij een dienst bewezen *he has done me a service* ▼ waarmee kan ik u van dienst zijn? *what can I do for you?* ● betrekking *employ* ★ ik heb tien mensen in dienst *I have ten people in my employ, I employ ten people* ● godsdienst *service* ★ de dienst begint om tien uur *the service will start at ten o'clock* ● militaire dienst *military service* ▼ hij wil in dienst *he wants to join the army*
dienstregeling DE *timetable*
diep I HET *kanaal canal* II BN ● ver naar beneden / achteren / binnen *deep* ★ zij viel in een diepe kuil *she fell into a deep hole* ▼ een diepe buiging *a low bow* ● intens *profound, intense, deep* ★ diepe droefheid *profound / intense / deep sorrow* III BIJW *deeply, profoundly* ★ het spijt me diep *I regret that deeply / profoundly* ▼ ze studeerde tot diep in de nacht *she studied deep into the night, she studied until the small hours*
diepte DE *depth*
diepvries, ook: **diepvriezer** DE *freezer*

diepvriesgroente DE *deep-frozen vegetables*
diepzinnig BN *profound*
dier HET *animal, beast*
dierbaar BN *dear* ★ zij die ons het meest dierbaar zijn *our nearest and dearest* ★ mijn dierbaarste wens *my dearest wish*
dierenarts DE *vet(erinary surgeon)*
dierenbescherming DE *protection of animals*, ⟨organisatie⟩ *RSPCA* ⟨*Royal Society for the Prevention of Cruelty to Animals*⟩ ★ we zijn lid van de Dierenbescherming *we're members of the RSPCA*
dierenriem DE *zodiac*
dierentuin DE *zoo*
dierlijk BN *animal* ★ dierlijke vetten *animal fats*
diesel DE *diesel*
dievegge DE *thief*, ⟨in winkels⟩ *shoplifter*
digitaal BN *digital*
dij DE *thigh*
dijbeen HET ⟨*het been*⟩ *thigh bone*, ANAT *femur*
dijk DE *dyke* ★ de dijken zullen misschien wel doorbreken *maybe the dykes will burst*
dik I BN ● van dingen *thick* ★ een dik boek *a thick book* ★ dikke room *thick cream* ● groot *big* ★ een dikke steen *a big stone* ● gezet *fat*, ⟨mollig⟩ *plump* ▼ jij bent dik geworden! *you've put on a lot of weight* ▼ dikke vrienden *close / great friends* II BIJW *thickly* ★ je moet de boter er niet zo dik op smeren *don't put the butter on so thickly* ▼ het ligt er dik bovenop *it's very obvious* ▼ dat zit er dik in *that's very likely*
dikzak DE *fatty, fatso*
dimmen WW ● licht dempen *dim, dip* ▼ auto's rijden overdag met gedimd licht *cars drive on low beam during the day* ● bedaren *cool it*
diner HET ● maaltijd *dinner* ★ bij het diner drink ik graag wijn *I like to drink wine with my dinner / meal* ● feestmaal *dinner party*
dineren WW *dine* ★ we gaan een keer per maand uit dineren *once a month we dine out*
ding HET ● concreet *thing, gadget* ★ wat voor ding is dat? *what's that thing?* ★ wat voor ding gebruik je voor deze klus? *what sort of gadget do you use for this job?* ● hij noemt de dingen bij hun naam *he calls a spade a spade* ▼ ze is een lekker ding *she's a real cutie* ● abstract *thing, matter* ★ een ding is zeker *one thing is for sure* ★ over die dingen moet je niet praten *you shouldn't talk about such things / matters*
dinosaurus, ook: **dinosauriër** DE *dinosaur*
dinsdag DE *Tuesday* ★ op dinsdag *on Tuesday*
dip DE ● daling *dip* ★ er is een dip in de koersontwikkeling *there's a dip in the price trends* ● kleine depressie *down* ▼ ze zit een beetje in een dip *she's a bit down*
diploma HET *certificate, diploma* ▼ hij heeft vorig jaar zijn diploma gehaald *he graduated last year*
direct I BN *direct* II BIJW ● rechtstreeks *directly* ● meteen *immediately, straightaway* ★ de dokter kwam direct toen we hem belden *we called the doctor and he came immediately / straightaway, the doctor came as soon as we called him* ▼ ik kom direct *I'll be there in a moment / second / tick*
directeur DE *director*, ⟨fabriek ook⟩ *manager*, ⟨school⟩ *headmaster*
directie DE *management, board of directors* ★ de directie heeft een loonsverhoging aangekondigd *management has announced a pay rise*
dirigent DE *conductor*
dirigeren WW *conduct*
discipline DE *discipline*
disco, ook: **discotheek** DE *disco*
discriminatie DE *discrimination* ★ discriminatie is bij (de) wet strafbaar *discrimination is punishable by law*
discrimineren WW *discriminate* ★ hij discrimineert buitenlanders *he discriminates against foreigners*
discussie DE *discussion, debate*
discussiëren WW *discuss, debate* ★ ze discussieerden over de politiek *they were discussing politics* ★ we discussieerden erover of het ethisch wel verantwoord was *we discussed / debated whether it was ethically sound*
distel DE *thistle*
distilleren WW *distil* ★ gedistilleerd water *distilled water*
district HET *district*
dit VNW *this*, ⟨meervoud⟩ *these* ★ dit gedicht is moeilijk *this poem is difficult* ★ dit zijn jouw schoenen *these are your shoes*
ditmaal BIJW *this time*

divers BN *various, diverse* ★ zijn werkzaamheden zijn divers van aard *his tasks are diverse, he has various tasks*

divisie DE *division*

dobbelsteen DE ⟨enkelvoud en meervoud⟩ *dice* ★ hij gooide met de dobbelstenen *he threw the dice*

docent DE *teacher* ★ de docent Engels was ziek vandaag *the English teacher was sick today*

dochter DE *daughter*

document HET *document*

documentaire DE *documentary (film)*

dode DE *dead person, deceased* ▾ er vielen twee doden en tien gewonden *two people were killed and ten were injured* ▾ het aantal doden en gewonden *the number of casualties*

dodelijk I BN ● de dood veroorzakend *deadly* ★ roken is dodelijk *smoking is deadly* ● noodlottig *fatal* ★ een dodelijk ongeluk *a fatal accident* II BIJW *fatally* ★ bij het ongeluk raakte hij dodelijk gewond *he was fatally injured in the accident*

doden WW *kill*

doedelzak DE *bagpipes*

doei, ook: **doeg** TSW *bye, see you*

doek I DE *cloth* II HET ● schilderij *painting* ● schilderslinnen *canvas* ★ dit schilderij is op doek geschilderd *this painting was painted on canvas* ● toneelgordijn *curtain* ★ het doek gaat op / valt *the curtain rises / falls*

doel HET ● reisdoel *destination* ● streven *aim, goal* ★ hij bereikte zijn doel *he achieved his aim / goal* ▾ de vereniging werd in 2005 opgericht met als doel het bevorderen van… *the organization was established in 2005 for the purposes of promoting…* ▾ het is voor een goed doel *it's for a good cause* ● doelwit *mark,* ⟨figuurlijk⟩ *target* ● SPORT *goal* ★ een schot op (het) doel *a shot at (the) goal*

doelgebied HET *goal area, box*

doelloos I BN *aimless,* ⟨nutteloos⟩ *pointless* ★ de schaker deed een aantal doelloze zetten *the chess player made a number of pointless moves* II BIJW *aimlessly* ★ hij dwaalde doelloos rond *he wandered about aimlessly*

doelman DE *(goal)keeper,* SPREEKT *goalie*

doelpunt HET *goal* ★ hij maakte een doelpunt *he scored a goal*

doeltreffend BN *effective, efficient*

doelwit HET *target* ★ zij is een heerlijk doelwit om te plagen *she makes a wonderful target for teasing*

doen I HET *doing, doings* ★ zijn doen en laten *(all) his doings* II WW ● verrichten *do* ★ er is nog veel te doen *there's still a lot to be done* ★ zal ik ze halen of wil jij het doen? *shall I fetch them or will you (do it)?* ★ wat doet hij voor de kost? *what does he do for a living?* ● handelen *do, act, behave* ★ hij doet weer dom *he's acting / behaving silly again* ★ we moeten er iets aan doen *we must do something about it* ★ ik kan er niets aan doen ⟨geen invloed⟩ *I can't do anything about it*; ⟨geen schuld⟩ *I can't help it* ★ ze deed het er om *she did it on purpose* ▾ ze doet alsof hij ziek is *he's pretending that he's sick* ▾ doe maar net of je thuis bent *make yourself at home* ● functioneren *work, go* ★ de remmen doen het niet *the brakes don't work* ★ de auto doet het niet *the car won't go / start* ● bezig zijn met *do, be* ★ ze doet niet aan sport *she doesn't do sports / isn't into sports* ▾ hoe lang heb je erover gedaan? *how long did it take you?* ● veroorzaken *cause* ★ hij deed zijn moeder veel verdriet *he caused his mother a lot of pain* ● geven *give* ★ doe mij maar een pilsje *give me a beer, a beer for me please* ▾ dat doet er niet toe *that doesn't matter*

dof BN van glans *dull* ● van geluid *muffled*

dokter DE *doctor* ★ we hebben een dokter laten komen *we sent for the doctor*

dol BN ● gek *mad, wild* ★ de kinderen zijn door het dolle heen *the children are wild with excitement* ● bezeten (van) *mad, crazy* ★ hij is dol op haar *he is mad / crazy about her*

dolfijn DE *dolphin*

dolk DE *dagger* ★ ze stak hem een dolk in de rug *she stabbed him in the back with a dagger*

dollar DE *dollar* ★ twintig dollar *twenty dollars*

dom BN *stupid, silly* ★ ik vind haar zo'n domme meid *I think she's such a stupid / silly girl*

dominee DE ● beroep *minister,* ⟨anglicaans⟩ *vicar* ● titel *reverend* ★ dominee Martin Luther King *the Reverend Martin Luther King*

domino HET *dominoes*
dommelen ww *doze, drowse*
dommerik, ook: **domoor** DE *nitwit, idiot*
dompelen ww *dip* ★ ze dompelde een koekje in haar thee *she dipped a biscuit in her tea* ▼ ze werden in rouw gedompeld *they were plunged into mourning*
Donau DE *Danube*
donder DE *thunder* ★ donder en bliksem *thunder and lightning* ★ hij was als door de donder getroffen *he was thunderstruck* ▼ daar kun je donder op zeggen *you bet / you can bet your life on it* ▼ het kan me geen donder schelen *I don't give a damn about it*
donderdag DE *Thursday* ★ op donderdag *on Thursday*
donderen ww • onweren *thunder* • vallen *tumble* ★ hij donderde de trap af *he came tumbling down the stairs* • gooien *throw*, INF *chuck* ★ hij heeft de brutale leerling eruit gedonderd *he threw / chucked the cheeky student out*
donderslag DE *thunderclap, crash of thunder* ▼ zijn dood kwam als een donderslag bij heldere hemel *his death came like a bolt out of the blue*
donker I HET *dark* ★ we moeten voor het donker thuis zijn *we have to be home before dark* II BN *dark*, ⟨van stemming⟩ *gloomy* ★ de donkere dagen voor kerst *the dark days before Christmas* ★ in een donkere bui *in a gloomy mood* ▼ het wordt steeds eerder donker *the days are growing shorter*
donker- BN *dark* ★ donkerrood *dark red*
donor DE *donor*
dons HET *down*
dood I DE *death* ★ oma is een natuurlijke dood gestorven *grandma died a natural death / died naturally* ★ hij is als de dood voor zijn vader *he is scared to death of his father* ★ hij is ter dood veroordeeld *he's been condemned to death* II BN *dead* ★ ze lieten hem voor dood liggen *they left him for dead* ★ zijn vader heeft zich dood gedronken *his father drank himself to death* ▼ ik verveel me dood *I'm bored to tears*
doodgaan ww *die*
doodlopen ww ⟨van straat⟩ *come to a dead end* ▼ een doodlopende straat *a dead-end street*

doodop BN *dead tired, worn out*
doodshoofd HET *skull*
doodskist DE *coffin*
doodsoorzaak DE *cause of death*
doodstraf DE *capital punishment, death penalty*
doof BN *deaf* ★ doof aan één oor *deaf in one ear*
dooi DE *thaw* ★ de dooi is ingevallen *it's started to thaw, it's thawing*
dooien ww *thaw*
dooier DE *yolk*
doolhof DE *labyrinth, maze*
doop DE kerkelijke ceremonie *christening, baptism*
door I BIJW *through* ★ het hele jaar door *throughout the whole year, the whole year through* ★ ik ken hem door en door *I know him through and through* II VZ • doorheen *through* ★ hij liep door de gang *he walked through / along the corridor* ★ meng de kruiden door het vlees *mix the spices into / through the meat* ▼ hij doet knoflook door het eten *he puts garlic in food* ▼ door de week *during the week, on weekdays* • de handelende persoon aangevend *by* ★ hij werd door zijn fans toegejuicht *he was cheered by his fans* ★ zij was geveld door de griep *she was struck down / felled by the flu* • vanwege *because of, due to* ★ veel gezonde kinderen kregen leukemie door de radioactieve neerslag *due to / because of the fallout, many healthy children developed leukemia*
doorbraak DE • het doorbreken *bursting* ★ een dijkdoorbraak *the bursting of a dyke* • begin van nieuwe situatie *breakthrough* ★ deze vondst betekent een doorbraak in het onderzoek naar kanker *this discovery means a breakthrough in cancer research*
doorbreken ww • van zon *break through* ★ de zon was doorgebroken *the sun had broken through* • van dijk, gezwel *burst* ★ de dijk is doorgebroken *the dyke burst* • van impasse, stilte & *break (through)* ★ ze doorbraken de stilte *they broke the silence*
doorbrengen ww *spend, pass* ★ we hebben onze vakantie in Frankrijk doorgebracht *we spent our holidays in France* ★ ze brachten de tijd door met lezen *they passed the time reading*
doordat VW *because*
doordeweeks BN + BIJW *weekday* ★ een

doordeweekse dag *a weekday* ★ de doordeweekse activiteiten van de kerk *the weekday activities of the church* ★ het kantoor is doordeweeks geopend van 9 tot 5 *the office is open on weekdays between 9 and 5*

doorgaan ww ● blijven doen *continue, keep on* ★ als de leraar praat moeten jullie niet doorgaan met praten *when the teacher is speaking you mustn't keep on talking / continue to talk* ● verder gaan *go on, go through* ★ we gingen door naar Amsterdam *we went on to Amsterdam* ★ ons team gaat door naar de kwartfinale *our team will go through to the quarter finals* ▼ een doorgaande trein *a through / non-stop train* ▼ doorgaand verkeer *through traffic* ● toch gebeuren *take place* ★ de wedstrijd ging toch door *the match took place after all* ★ het hele feest gaat niet door *it's been cancelled*

doorgaans BIJW *usually, generally*

doorgeven ww *hand, pass*, ⟨informatie⟩ *pass on* ★ kunt u het zout even doorgeven? *could you pass the salt, please?, could you hand me the salt, please?* ★ dat moet je niet doorgeven aan anderen *you mustn't pass this on to others*

doorhalen ww *cross out* ▼ doorhalen wat niet van toepassing is *delete where not applicable*

doorkomen ww ● door iets heen komen *get through* ★ alle leerlingen zijn goed het examen doorgekomen *the students all got through the examination successfully, every student passed the exam* ▼ ik weet niet hoe we de winter moeten doorkomen *I don't know how we'll make it through the winter* ● waarneembaar worden *come out, break through* ★ de zon begon door te komen *the sun started to break through / come out* ▼ die radiozender komt niet goed door *the radio reception isn't good*

doorlezen ww ● lezend doornemen *read through* ★ heb je de instructies al doorgelezen? *have you read through the instructions yet?* ● doorgaan met lezen *read on, keep reading* ★ ondanks het lawaai las hij door *he read on / kept reading despite the noise*

doorlopen ww ● verder gaan *continue, walk on, keep walking* ★ zijn huidige contract loopt door tot juni *his present contract continues until June* ★ iedereen doorlopen! *keep on walking, everyone! walk / move on, everyone!* ● in elkaar vloeien *run* ★ de kleuren lopen door *the colours run* ● doorheen lopen *walk through* ● tot een einde brengen *pass through, finish* ★ hij heeft de hotelschool doorlopen *he's finished hotel school*

doormaken ww *go through, experience* ★ de radio maakte een interessante periode door *radio went through / experienced an interesting period* ★ je hebt geen idee wat ik allemaal doorgemaakt heb *you've no idea what I've gone / been through*

doormidden BIJW *in two, in half* ★ hij scheurde het papier doormidden *he tore the paper in two / in half*

doorn DE *thorn* ▼ dat is me een doorn in het oog ⟨lelijk om te zien⟩ *it's an eyesore*; ⟨vervelend⟩ *it's a thorn in my flesh*

Doornroosje HET *Sleeping Beauty*

doorrijden ww ● verder rijden *drive on* ★ laten we doorrijden *let's drive on* ● doorheen rijden *drive through* ★ we reden door de woestijn *we drove through the desert* ● hard rijden *drive fast(er)* ★ je moet flink hebben doorgereden om nu al thuis te zijn *you must have driven pretty fast to be home already* ★ kom op, doorrijden! *come on, (drive) faster!*

doorslaggevend BN *decisive, deciding*

doorsnede, ook: **doorsnee** DE ● middellijn *diameter* ★ een boomstam met een doorsnede van 25 cm *a trunk with a diameter of 25 cm* ● tekening *section* ★ hier zien jullie een doorsnede van een bloembol *this is a cross section of a flower bulb* ● gemiddelde *average* ★ in doorsnee *on the average*

doorsnijden ww met mes *cut through* ★ hij sneed het touw door *he cut through the rope* ▼ zijn keel was doorgesneden *his throat had been slit*

doorstaan ww ⟨aanval⟩ *resist*, ⟨ziekte⟩ *pull through*, ⟨toets, kou⟩ *stand*, ⟨pijn⟩ *endure*, ⟨storm, crisis⟩ *weather*

doortrekken ww ● van wc *flush* ● van draad & *pull through* ● verlengen *continue, extend*

doorwerken ww ● doorgaan *work on, keep working* ● doorheen werken *work through* ★ we hebben het hele boek doorgewerkt *we've worked through the entire book*

doorzetten ww • volhouden *persevere, carry on* ★ ik kan doorzetten *I can persevere* ★ even doorzetten! *just carry on!*, INF *hang in there!* ▼ het onweer zette niet door *the thunderstorm failed to develop* • doordrukken *carry through* ★ de gemeente zette het plan door *the council carried the plan through*

doorzichtig BN *transparent*, ⟨excuus⟩ *thin*, ⟨leugen⟩ *transparent, obvious* ★ zij had een doorzichtig overhemd aan *she wore a transparent / see-through shirt* ★ zijn leugens waren heel doorzichtig *his lies were all too obvious / transparent*

doorzoeken ww • blijven zoeken *keep looking* • overal zoeken *search, go through* ★ we hebben het hele huis doorzocht *we've searched the whole house* ▼ de overvallers doorzochten het hele huis *the robbers ransacked the whole house*

doos DE *box, case* ★ de zwarte doos *the black box* ★ een doos wijn *a box / case of wine*

dop DE • dekseltje *lid*, ⟨van pen, flesje, tube⟩ *cap* • omhulsel ⟨van noot⟩ *shell*, ⟨van zaden⟩ *husk* ▼ kijk uit je doppen! *watch where you're going!*

dopen ww • de doop toedienen *baptize, christen*, ⟨schip⟩ *name* ★ de baby wordt zondag gedoopt *the baby will be christened on Sunday* • indompelen *dip*

doperwt DE *green pea*

doping DE • middelen *drug(s)* ★ de wielrenners werden betrapt op doping *the cyclists were caught taking drugs* • het toedienen *doping* ★ deze nieuwe manier van doping kan nog niet worden aangetoond *this new doping method is undetectable as yet*

dor BN ⟨hout⟩ *dry*, ⟨land⟩ *barren, arid*, ⟨bladeren⟩ *withered*

dorp HET *village*

dorpeling, ook: **dorpsbewoner** DE *villager*

dorst DE *thirst* ▼ hij heeft dorst *he's thirsty*

dosis DE *dose* ★ een te grote dosis *an overdose* ★ een te kleine dosis *an underdose* ▼ ze heeft een flinke dosis zelfvertrouwen nodig *she needs an injection of self-confidence*

dot DE • plukje ⟨haar, gras⟩ *tuft* • iets kleins, schattigs *darling* ★ een dot van een kindje *a darling child*

douane DE • grenspost *customs* ★ hij heeft de spullen langs / door de douane heen weten te krijgen *he managed to smuggle the stuff past (the) customs* • beambte *customs officer*

douche DE *shower* ★ ik neem even lekker een hete douche *I'll take a nice hot shower*

douchen ww *take a shower*

doven ww • uitmaken ⟨van een vuur⟩ *extinguish, put out*, ⟨alleen van kaarsen⟩ *blow out* ★ wil jij de kaarsen even doven? *would you put out / blow out the candles?* • uitgaan *go out* ★ het vuur doofde *the fire went out*

dozijn HET *dozen*

draad DE *thread*, ⟨metaal⟩ *wire* ★ ik ben de draad van mijn verhaal kwijt *I've lost the thread of my story* ★ een mandje van ijzerdraad *a wire basket* ▼ ze stak een draad in een naald *she threaded a needle* ▼ hij is altijd tegen de draad in *he's always going against the grain*

draagbaar BN ⟨van radio, telefoon, &⟩ *portable*, ⟨van kleding⟩ *wearable*

draai DE *turn, twist, bend*

draaideur DE *revolving door*

draaien ww • in het rond gaan *turn, rotate*, ⟨snel⟩ *spin (round / around)*, ⟨om as⟩ *revolve* ★ de wind is naar het oosten gedraaid *the wind has turned (a)round to the east* ★ de aarde draait om de zon *the earth revolves (a)round the sun* ★ hij draaide zich snel om *he spun (a)round* • functioneren, lopen *run, work* ★ de fabriek draait op volle toeren *the factory is working / running to capacity* ★ de auto stond met draaiende motor te wachten *the car waited with the engine running* • afspelen ⟨een plaat, cd⟩ *play*, ⟨film⟩ *show*, ⟨computerprogramma⟩ *run* • telefoneren *dial a (telephone) number*

draaimolen DE *merry-go-round, roundabout*

draaiorgel HET *street organ*

draak DE *dragon* ★ ze is een draak van een mens *she's a real dragon*

drachtig BN *with young*

draf DE *trot* ★ hij zette het op een draf(je) *he broke into a trot*

dragen ww • aanhebben *wear* ★ deze zomer wordt veel wit gedragen *a lot of white is being worn this summer* ★ hij droeg een groene regenjas *he wore / was wearing a green raincoat* • bij zich hebben *carry* ★ hij draagt altijd een pistool *he always carries a gun* ▼ hij draagt al tien jaar een baard *he's had a beard for the last ten years* • torsen *carry, bear* ★ hij draagt een zware last *he bears / carries a heavy load* ★ hij droeg zijn ziekte dapper *he bore his illness courageously* ★ de boom had nog nooit vrucht gedragen *the tree had never borne fruit* • op zich nemen *bear, meet* ★ mijn vader draagt de kosten wel *my father will bear / meet the costs* • ondersteunen *bear, support* ★ de muren dragen het dak *the walls support / carry the roof* • zwanger zijn *carry, be pregnant* ★ ze draagt zijn kind *she's carrying his child, she's pregnant with his child*

drama HET • toneelstuk *drama* • ramp *tragedy, disaster*

dramatisch BN *dramatic*

drammen WW *go on, nag* ★ hou eens op met drammen! *oh, stop going on!, oh (do) stop nagging!*

drang DE neiging *need, impulse, urge* ★ zij heeft een innerlijke drang om te presteren *she has a strong need to achieve* ★ ze kan de drang om te stelen niet weerstaan *she can't resist the impulse / urge to steal*

drank DE • vocht *drink* • alcoholische dranken *strong drink, spirits,* INF *booze* ▼ hij is aan de drank *he's an alcoholic*

drankje HET • glaasje drank *drink* • geneesmiddel *medicine* ★ je moet je drankje nog innemen *you haven't taken your medicine yet*

drassig BN *marshy, swampy*

drastisch I BN *drastic, radical* ★ we moeten drastische maatregelen nemen *we have to take drastic / radical measures* II BIJW *drastically, radically* ★ de belastingen zijn drastisch verhoogd *taxes have been drastically increased* ★ de bevolkingssamenstelling is drastisch veranderd *the composition of the population has changed radically*

draven WW *trot*

dreigement HET *threat*

dreigen WW *threaten* ★ er dreigt onweer *there's a storm threatening, it looks like thunder* ★ het buurland dreigde met oorlog *the neighbouring country threatened war* ★ hij dreigde mij met een mes *he threatened me with a knife* ▼ hij dreigde in het water te vallen *he was in danger of falling into the water*

dreiging DE *threat, menace* ★ van het kleine waakhondje ging geen dreiging uit *the little watchdog didn't pose a threat*

drempel DE *threshold, doorstep* ★ de ober struikelde over de drempel *the waiter stumbled over the threshold* ★ hij stond op de drempel van een nieuw leven *he was on the threshold of a new life*

drenkeling DE ⟨verdrinkend⟩ *drowning person,* ⟨al verdronken⟩ *drowned person*

dresseren WW *train* ★ gedresseerde dieren *trained animals,* ⟨in circus⟩ *performing animals*

dressing DE *(salad) dressing*

dreumes DE *nipper, toddler* ★ een kleine dreumes *a tiny nipper / tot*

dreun DE • het dreunen *boom, thump* ★ met een grote dreun viel de doos op de grond *the box fell onto the ground with a loud thump / crash* • eentonig geluid *drone* • klap *sock, smack* ▼ de grote jongen verkocht hem een dreun *the big boy socked him*

dreunen WW *rumble, drone*

dribbelen WW ⟨met kleine snelle pasjes lopen⟩ *scurry,* ⟨van kind⟩ *toddle, totter,* ⟨voetbal⟩ *dribble*

drie TELW *three* ▼ op 3 mei *on the third of May*

driehoek DE *triangle*

driehoekig BN *triangular*

Driekoningen DE *(feast of) Epiphany*

driekwart BN *three quarters* ★ driekwart mijl *three quarters (of a mile)*

driemaal BIJW *three times* ▼ driemaal is scheepsrecht *third time lucky*

driemaandelijks BN *quarterly* ★ een driemaandelijkse betaling *a quarterly payment* ▼ een driemaandelijks tijdschrift *a quarterly*

drift DE ⟨hartstocht⟩ *passion,* ⟨woede⟩ *temper*

driftig I BN opvliegend *hot-tempered, quick-tempered* ▼ hij wordt gauw driftig *he flies into a temper easily* II BIJW *angrily* ★ hij sloeg driftig met zijn vuist op tafel *he banged his fist angrily on the table*

drijven WW • niet zinken *float* ★ hout blijft drijven op water *wood floats on / in water* ▼ het vlot bleef drijven *the raft remained afloat* • zweven *drift* ★ de luchtballon dreef naar het oosten *the balloon drifted towards the east / drifted eastwards* • kletsnat zijn *be soaked, be dripping (wet)*

dringen ★ hij dreef van het zweet *he was soaked / dripping with perspiration* ● voortjagen *drive* ★ de kinderen dreven de oppas tot wanhoop *the children drove the babysitter to despair* ▼ de politie dreef de menigte uiteen *the police dispersed the crowd*

dringen ww *push, press* ★ hij drong door de menigte heen *he pushed / elbowed his way through the crowd* ★ door de drukte werden mensen tegen de muur gedrongen *people were pushed / pressed against the wall in the rush* ★ de tijd dringt *time is pressing*

dringend I BN *pressing, ⟨urgent⟩ urgent* ★ een dringende afspraak *a pressing appointment* II BIJW *onmiddellijk urgently, immediately* ★ dokter, ik moet u dringend spreken *doctor, I have to speak to you urgently* ▼ de auto is dringend aan een beurt toe *the car is in urgent need of a service*

drinkbaar BN *drinkable*

drinken ww *drink, ⟨met kleine teugjes⟩ sip* ★ hij dronk het hele glas leeg *he drank the whole glass* ★ u hebt meer gedronken dan is toegestaan *you've drunk more / you've had more to drink than is allowed* ▼ laten we drinken op zijn gezondheid *let's toast his health* ▼ wat zullen we drinken? *what'll we have?*

drinkwater HET *drinking water* ▼ pas op, dit is geen drinkwater *caution: water unfit for drinking*

droevig I BN *verdrietig sad, saddening* ★ de film heeft een heel droevig einde *the film has a very sad ending* ★ het was droevig voor ons om te horen dat het niet goed ging *it was saddening for us to hear / we were sad to hear that things weren't going well* ▼ zijn plotseling overlijden was erg droevig voor iedereen *his sudden death saddened everybody* II BIJW *verdrietig sadly, miserably* ★ hij keek droevig voor zich uit *he stared sadly / miserably in front of him*

drogen ww *dry* ★ ik doe even niets; mijn nagellak moet nog drogen *I can't do anything for a while: my nail polish still has to dry*

drogist DE *chemist* ★ dat kun je bij de drogist kopen *you can buy that at the chemist's*

drol DE *turd*

dromedaris DE *dromedary*

dromen ww *dream* ★ waarover heb je vannacht gedroomd? *what did you dream about last night?* ★ ik droomde over een rode sportwagen *I dreamt / dreamed about a red sports car* ★ ik heb af en toe in het Duits gedroomd *I've dreamt / dreamed in German a few times* ▼ dat had ik nooit kunnen dromen *I would never have imagined this*

dromer DE *dreamer*

dronken BN *drunk* ★ van zoveel biertjes word je wel dronken *if you drink so much beer you're sure to get drunk*

droog BN *dry*

droogte DE ● *het droog zijn dryness* ● *periode drought* ★ dit jaar hadden we een lange periode van droogte *we went through a long period of drought this year*

droom DE *dream* ★ ik had een nare droom vannacht *I had a bad dream last night* ★ soms komen dromen uit *dreams sometimes come true*

drop DE + HET *liquorice,* AM *licorice* ★ wil jij een dropje? *would you like a piece of liquorice?* ★ Engelse drop *liquorice all sorts*

drug DE *drug* ★ mijn zus is aan de drugs *my sister takes drugs / is on drugs*

drugsdealer DE *drug dealer*

drugsverslaafde DE *drug addict,* INF *junkie*

druif DE *grape* ★ een tros druiven *a bunch of grapes*

druipen ww *drip* ▼ haar kleren dropen van de regen *her clothes were dripping wet from the rain*

druk I DE ● *kracht pressure* ★ een gebied van hoge / lage druk *a high / low pressure area* ★ er staat veel druk op de studenten *the students are under a lot of pressure* ▼ de deuren gaan open door een druk op de knop *the doors open at the push of a button* ● *het boekdrukken print(ing)* ● *oplage edition* ★ een herziene druk *a revised edition* II BN ● *met veel werk busy* ★ we hebben het druk met leren *we're busy learning* ★ hij was te druk bezig met pakken om mij te helpen *he was too busy packing to help me* ● *goed bezocht crowded, busy* ★ een drukke disco *a crowded disco* ★ een drukke straat *a busy street* ● *opgewonden excited, wound up* ★ mijn broer maakte zich er nogal druk over ⟨enthousiast⟩ *my brother got quite* *excited / wound up about it*; ⟨bezorgd⟩ *my brother worried quite a lot about it* ★ maak je toch niet zo druk! *don't get so wound up!* ▼ een druk gesprek *a lively conversation*

drukken ww • indrukken *press, push* ★ je moet op die knop drukken om het apparaat aan te zetten *you press that button to turn the appliance on* • laag houden *keep down* ★ de winkelier probeert de prijzen te drukken *the shopkeeper is trying to keep prices down*

drukpers DE *printing press*

drukte DE • veel werk *pressure (of business)* • leven, bedrijvigheid *excitement*, ⟨straat, winkels⟩ *rush* ★ in de drukte wisten beide terroristen weg te glippen *in the excitement, both terrorists managed to slip away* ★ de kerstdrukte *the Christmas rush* ▼ door de drukte hebben we niet iedereen kunnen aanspreken *it was so busy that we weren't able to talk to everybody* • ophef *fuss* ★ maak niet zo'n drukte! *don't make such a fuss!*

drukwerk HET *printed matter* ★ je moet het als drukwerk verzenden *you should send it as printed matter*

drummer DE *drummer*

drumstel HET *drum kit*

druppel DE *drop*, ⟨uit kraan⟩ *drip*, ⟨zweet⟩ *bead* ★ ik heb geen druppel gedronken *I haven't had a drop to drink* ★ het zweet stond in druppels op zijn voorhoofd *his forehead was covered with beads of perspiration* ★ het is een druppel op een gloeiende plaat *it's a drop in the ocean*

dubbel I BN *double* ★ vanavond krijgen we een dubbele aflevering van GTST op tv *there's a double episode of GTST on TV tonight* II BIJW *double, twice* ★ dubbel zo groot / lang *twice the size / length* ★ we lagen dubbel van het lachen *we doubled up with laughter, we killed ourselves laughing* ★ je moet het papier dubbel vouwen *you have to fold the paper double*

dubbel-cd DE *double CD*

dubbeldekker DE • bus, trein *double-decker* • vliegtuig *biplane*

dubbelzinnig BN • voor tweeërlei uitleg vatbaar *ambiguous* ★ de quiz was leuk, maar de vragen waren vaak dubbelzinnig *the quiz was fun but the questions were often ambiguous / were often ambiguously worded* ★ ze gaf dubbelzinnige antwoorden op de vragen *the answers she gave to the question were ambiguous, she answered the questions evasively* • met seksuele bijbetekenis *suggestive* ★ hij staat bekend om zijn dubbelzinnige opmerkingen *he's known for his suggestive comments*

duel HET *duel*

duet HET *duet*

duf BN • saai *stale, boring* • slaperig *dopey, drowsy*

duidelijk I BN ⟨teken⟩ *clear*, ⟨taal⟩ *plain*, ⟨vergissing⟩ *obvious* ★ ik heb het hem duidelijk gemaakt *I made it clear to him* II BIJW *clearly, plainly, obviously* ★ hij is duidelijk zeer verliefd op jou *he's obviously very much in love with you*

duif DE *pigeon, dove*

duik DE *dive* ★ hij maakte indruk op de juryleden met zijn laatste duik *he impressed the judges with his final dive* ▼ hij gaat even een duik nemen in het zwembad *he's going to take a dip in the pool*

duikboot DE *submarine*

duiken ww • in water *dive* ★ de kinderen doken naar munten *the children dived for coins* ★ durf jij van de hoge af te duiken? *do you dare to dive off the high board?* • zich bukken *duck* ★ hij dook onder de tafel *he ducked under the table*

duim DE *thumb* ▼ dat heb je uit je duim gezogen *you've made that up* ▼ je moet die leerlingen goed onder de duim houden *you need to keep a tight rein on those students*

duimen ww • geluk afdwingen *keep your fingers crossed* ★ ik zal voor je duimen *I'll keep my fingers crossed for you* • duimzuigen *suck your thumb* ★ de baby ligt tevreden te duimen *the baby is sucking his thumb contentedly*

duimstok DE *(folding) rule*

duin DE + HET *(sand) dune*

duister BN • donker ★ een duistere nacht *a dark night* • onduidelijk *obscure*, ⟨toekomst⟩ *uncertain* ★ zijn motieven zijn duister *his motives are obscure* ★ een duistere toekomst *an uncertain future* • onguur *shady* ★ er stonden een paar duistere figuren bij het station *there were a few shady characters at the station*

duisternis DE dark(ness)
Duits I HET German II BN German
Duitser DE German
Duitsland HET Germany
duivel DE devil, demon
duizelig BN dizzy, giddy ★ van die harde muziek word ik duizelig *that loud music is making me feel dizzy*
duizend TELW *a thousand, one thousand* ★ duizend dollar *a / one thousand dollars* ★ duizenden mensen *thousands of people*
duizendpoot DE • dier *centipede* • iemand die alles kan *jack-of-all-trades*
duizendste TELW *thousandth*
dumpen WW *dump*
dun I BN • niet dik *thin*, ⟨taille, boom⟩ *slender* ★ na haar dieet ziet tante er een stuk dunner uit *my aunt looks a lot thinner since she went on a diet* • niet dicht opeen *thin*, ⟨haar⟩ *fine*, ⟨begroeiing⟩ *sparse* • zeer vloeibaar *thin*, ⟨soep⟩ *watery* II BIJW niet dicht opeen *thinly, sparsely* ★ dun gesneden brood *thinly sliced bread* ★ het land is dun bevolkt *the country is sparsely populated*
duo HET *duo*
dupe DE *dupe, victim*
duren WW *last, go on for, take* ★ hoe lang duurt de vergadering? *how long will the meeting go on for?* how long is the meeting expected to last? ★ van A naar B fietsen duurt tien minuten *it takes ten minutes to cycle from A to B*
durven WW *dare* ★ hoe durf je dat te doen! *how dare you do that!*
dus VW *so* ★ de trein was laat, dus heb ik mijn afspraak gemist *the train was late, so I missed my appointment* ★ ik kan dus op jouw steun rekenen? *so I can count on your support?* ▼ ik heb het beloofd, dus ik zal het doen *I'll stick to my promise*
dutje HET *nap* ★ opa vindt het fijn om een dutje te doen *Grandpa likes to take / have a nap*
dutten WW *doze, snooze*
duur I DE *duration*, ⟨van contract &⟩ *length* ★ voor de duur van zijn leven *for the duration of his life* ▼ op den duur vond ik school niet meer leuk *I ended up not liking school any more* II BN *expensive* ▼ hoe duur is dat? *how much is it?* III BIJW *dearly* ★ dat zal je duur te staan komen *you'll pay dearly for this*

duurzaam BN ⟨materialen⟩ *durable*, ⟨van vrede, vriendschap &⟩ *lasting* ★ zij hebben een duurzame relatie opgebouwd *they developed a lasting relationship* ★ duurzame herinneringen *long-lasting memories* ▼ duurzame energie *renewable / sustainable energy*
duw DE *push, shove* ★ hij gaf me een duwtje *he gave me a push / shove*
duwen WW *push*, ⟨in een bepaalde richting⟩ *thrust* ★ niet duwen! *stop pushing!* ★ ze duwde de baby in zijn armen *she thrust the baby into his arms*
dvd-speler DE *DVD player*
dwaas I DE *fool* II BN *foolish, silly* ★ een dwaas plan *a foolish / silly plan* III BIJW *foolishly, in a silly way* ★ hij stond daar dwaas te grijnzen *he stood there grinning foolishly / in a silly way*
dwalen WW *wander, roam* ★ we dwaalden hand in hand door de straten *we wandered hand-in-hand along the streets, we roamed the streets hand-in-hand*
dwang DE • druk *pressure, coercion* ★ er werd dwang op hem uitgeoefend om af te treden *pressure was put on him to resign, he was coerced into resigning* ▼ onder dwang legde de vrouw een bekentenis af *the woman confessed under duress* • obsessie *compulsion* ★ de dwang om teveel te eten *the compulsion to overeat*
dwarrelen WW *whirl* ★ de sneeuw dwarrelt naar beneden *snow is whirling down*
dwars I BN *diagonal, transverse* ★ een dwarsdoorsnede *a transverse / cross section* II BIJW *right, straight* ★ zij liep dwars door het veld *she walked right / straight across the field* ▼ hij woont dwars tegenover mij *he lives diagonally opposite me*
dwarsbomen WW *cross, thwart*
dwarszitten WW *bother* ★ wat zit je dwars? *what's bothering / INF eating you?*
dweil DE lap *(floor)cloth, rag*, ⟨aan stok⟩ *mop*
dweilen WW *mop* ★ mam dweilde de keukenvloer *Mum mopped the kitchen floor*
dwerg DE ⟨klein mens⟩ *dwarf*, ⟨kabouter⟩ *dwarf, gnome*
dwingen WW *force, compel* ★ hij dwong mij om het tegen mijn ouders te zeggen *he forced me to tell my parents about it*
dynamiet HET *dynamite*

dynamo DE *dynamo, generator*
dyslectisch BN *dyslexic*

E

e DE *e* ★ de E van Eduard *E as in Echo*
eb DE • afnemend tij *ebb* • laag tij *low tide* ▼ het is eb *the tide is out* ▼ eb en vloed *high and low tide*
echo DE *echo*
echt I BN • waar, onvervalst *real, genuine* ★ een echte vriend(in) *a real friend* ★ echt leer *genuine leather* • oprecht *sincere* ★ echte gevoelens *sincere feelings* II BIJW • werkelijk *really* ★ hij was echt kwaad *he was really angry* ★ meen je dat nou echt? *do you really mean that?, are you serious?* • typisch *typically* ★ echt Engels *typically English* • oprecht *honestly, sincerely, genuinely* ★ hij heeft het echt niet gedaan *he honestly didn't do it* ★ hij heeft er echt spijt van *he's sincerely sorry* ★ hij speelt geen komedie, hij is echt ziek *he's not pretending: he's genuinely sick*
echter BIJW *however*
echtgenoot DE *husband*
echtgenote DE *wife*
echtpaar HET *married couple*
echtscheiding DE *divorce*
ecologisch BN *ecological*
economie DE • van een land *economy* • studie *economics*
economisch BN • met betrekking tot economie *economic* ★ economische groei *economic growth* • zuinig *economical*
eczeem HET *eczema* ★ het kind lijdt aan eczeem *the child suffers from eczema*
edel BN *noble*
edelman DE *nobleman*
edelsteen DE *precious stone, gem*
editie DE *edition*
educatie DE *education*
eed DE *oath* ★ hij staat onder ede *he is under oath* ★ de president legde de eed af *the president took the oath*
eekhoorn DE *squirrel*
eelt HET *callus*
een I TELW *one* ★ één plus één is twee *one plus one equals / is two* ★ één voor één *one by one* ▼ op 1 mei *on the first of May* II LW *a, ⟨voor klinker⟩ an* ★ een appel en een banaan *an apple and a banana* ★ wat een mooie! *what / such a beautiful one!* ★ kan je even een uur wachten? *can you hold*

on / wait for an hour?
eend DE • watervogel *duck* • auto *2CV, deux-chevaux*
eender I BN *the same* ★ mannen zijn allemaal eender *men are all the same* II BIJW op dezelfde manier *alike* ★ de meisjes waren eender gekleed *the girls were dressed alike*
eendracht DE *unity, harmony* ★ eendracht maakt macht *unity is strength*
eengezinswoning DE *one-family house, single family house*
eenheid DE • geheel *unity* ★ de regering probeert eenheid te brengen in het land *the government is trying to create unity in the country / to unify the country* • maat, grootheid *unit* ★ de meter is de eenheid van lengte *the unit of length is the metre* • afdeling *unit* ★ een legereenheid *an army unit* ▾ de mobiele eenheid *the riot police*
eenmaal BIJW • één keer *once* • eens *one day* ★ eenmaal zul je mij daar dankbaar voor zijn *one day you'll thank me* ▾ als je eenmaal bezig bent, is het leuk *it's fun once you start* ▾ het is nu eenmaal zo *that's just the way it is*
eenpersoonsbed HET *single bed*
eens I BN ▾ ik ben het met hem eens *I agree with him* ▾ we zijn het eens geworden *we've come to / we've reached an agreement* II BIJW • als versterking *just, ⟨met ontkenning⟩ even* ★ luister eens even naar me *just listen to me* ★ zij antwoordde mij niet eens *she didn't even answer me* • één keer *once* ★ eens in de maand *once a month* ★ eens en voor altijd *once and for all* • ooit ⟨verleden⟩ *once*; ⟨toekomst⟩ *one day* ★ Portugal was eens een machtig land *Portugal was once a powerful country* ★ er was eens een prins *once upon a time there was a prince* ★ eens zal de zon weer schijnen *one day the sun will shine again*
eensgezind BN *unanimous*
eentonig I BN • saai *dull* ★ een eentonig leven *a dull life* • op één toon *monotonous* ★ op een eentonige manier *in a monotonous manner, monotonously* II BIJW *monotonously* ★ hij spreekt nogal monotoon *he speaks rather monotonously*
eenvoud DE *simplicity*
eenvoudig I BN • niet ingewikkeld *simple, uncomplicated* ★ een eenvoudige taak *a simple / an uncomplicated task* • bescheiden *simple, plain* ★ een eenvoudige maaltijd *a simple / plain meal* II BIJW *simply* ★ ik kan het eenvoudig niet *I simply can't do it*
eenwording DE *unification*
eenzaam BN • alleen *solitary*, ⟨niet leuk⟩ *lonely*, ⟨verlaten⟩ *desolate* ★ hij leidt een eenzaam leven *he lives a lonely / solitary life* • afgelegen *isolated* ★ een eenzame boerderij *an isolated farm*
eenzijdig BN *one-sided, unilateral* ★ hij heeft een eenzijdige visie op de dingen *he has a one-sided way of seeing things* ★ eenzijdige ontwapening *unilateral disarmament*
eer DE *honour* / AM *honor, credit* ★ ter ere van *in honour of* ★ ik beschouw het als een eer *I consider it an honour* ★ ik heb het werk gedaan, maar hij kreeg alle eer *I did the job but he got all the credit* ▾ we hebben hem de laatste eer bewezen *we paid him our last respects*
eerbied DE *respect*
eerbiedig I BN *respectful, reverent* ★ een eerbiedig verzoek *a respectful request* ★ een eerbiedige stilte *a reverent silence* II BIJW *respectfully, reverently* ★ ze vouwde eerbiedig haar handen *she folded her hands reverently*
eerder BIJW • vroeger *before* ★ ik heb haar eerder ontmoet *I've met her before* • gauwer *sooner* ★ hoe eerder hoe liever / beter *the sooner the better* • liever *rather, sooner* ★ ik zou eerder met de bus gaan dan met de trein *I'd rather / sooner take the bus than the train* • waarschijnlijker *rather, more likely* ★ ik denk eerder dat hij in slaap viel omdat hij moe was *I rather think that he fell asleep because he was tired, in my opinion it's more likely that he fell asleep because he was tired*
eergisteren BIJW *the day before yesterday*
eerlijk I BN • betrouwbaar *honest* • echt gemeend *sincere* • fair *fair* ★ eerlijk spel *fair play* ★ eerlijk is eerlijk *fair is fair* II BIJW *honestly* ★ eerlijk gezegd *to be honest, honestly* ★ eerlijk waar *honestly* ▾ eerlijk spelen *play fair*
eerlijkheid DE • betrouwbaarheid *honesty* • rechtvaardigheid *fairness* • oprechtheid *sincerity*
eerst BIJW *first* ★ eerst moet je je handen wassen *you have to wash your hands first*

eerste BN + TELW *first* ★ de eerste keer *the first time* ▼ ik vind het ten eerste geen fantastisch nummer en ten tweede.. *in the first place / firstly, I don't think it's a great number, and secondly...* ▼ we bakken zelf brood, ten eerste omdat het goedkoper is, maar het is ook lekkerder *we bake our own bread, primarily because it's cheaper, but it also tastes better*

eetbaar BN *edible*

eetkamer DE *dining room*

eetlepel DE *tablespoon*

eetlust DE *appetite* ★ het drankje is eetlustopwekkend *the drink stimulates the appetite*

eetstokje HET *chopstick*

eetzaal DE *dining hall, dining room*

eeuw DE ● 100 jaar *century* ★ de 20e eeuw *the 20th century* ★ tijdens de eeuwwisseling *at the turn of the century* ● tijdperk *age* ★ de Gouden Eeuw *the Golden Age* ● lange tijd *age* ★ ik heb je in geen eeuwen gezien *I haven't seen you for ages*

eeuwig I BN *eternal, perpetual* ★ het eeuwige leven *eternal life* ★ eeuwige sneeuw *perpetual snow* ▼ eeuwige vriendschap *lifelong / undying friendship* II BIJW *forever* ★ ik ben je eeuwig dankbaar *I'm forever grateful*

eeuwigheid DE *eternity* ★ tot in eeuwigheid *in all eternity* ▼ we hadden hem in geen eeuwigheid gezien *we hadn't seen him for ages*

effect HET *effect, result*

effectenbeurs DE *stock exchange*

effectief BN ● doeltreffend *effective* ★ effectieve maatregelen *effective measures* ● werkelijk *real, actual* ★ de effectieve kosten *the real / actual costs*

effen I BN ● vlak *even, smooth* ★ een effen oppervlak *an even / a smooth surface* ● eenkleurig *plain, unpatterned* ▼ effen blauw *solid / uniform blue* II BIJW eventjes *for a sec, for a moment* ★ kun je effen komen? *could you come here for a sec / moment?*

eg, ook: **egge** DE *harrow*

egaal I BN ● vlak *smooth, level* ● eenkleurig *uniform* II BIJW *uniformly* ★ de beer is egaal zwart *the beer is uniformly black / is black all over*

egaliseren WW ● uniform maken *equalize*
● vlak maken *level*

egel DE *hedgehog*

egoïst DE *egoist*

egoïstisch BN *egoistic(al), egotistical, selfish*

EHBO DE *first aid*, ⟨post⟩ *first aid post / station*, ⟨in ziekenhuis⟩ *casualty (ward), emergency ward / room*

ei HET ● *egg* ★ een zacht / hard gekookt ei *a soft / hard boiled egg* ▼ dat is een eitje voor hem *he can do that with his eyes closed, that's a piece of cake for him* ● doetje *softie*

eicel DE *egg, ovum*

eierdooier DE *egg yolk*

eierstok DE *ovary*

eigen BN ● van iemand of iets *own*, ⟨privé⟩ *private* ★ mijn eigen geld *my own money* ★ hij heeft een eigen auto *he has a car of his own* ★ eigen weg *private road* ★ voor eigen gebruik *for private use*
● kenmerkend *characteristic, particular* ★ op zijn eigen wijze *in his own (particular) way*

eigenaar DE *owner, proprietor*

eigenaardig I BN *peculiar, strange* II BIJW *in a peculiar way, strangely*

eigenbelang HET *self-interest*

eigendom HET *property, belongings* ★ dit gebouw is rijkseigendom *this building is government property* ★ persoonlijke eigendommen *personal belongings / possessions*

eigenlijk I BN *real, exact, actual* ★ de eigenlijke betekenis van het woord *the real / exact / actual meaning of the word* II BIJW *really, exactly, actually* ★ eigenlijk wist ze niet wat ze moest doen *she didn't really / exactly / actually know what to do; in fact, she didn't know what to do*

eigennaam DE *proper name, proper noun* ★ eigennamen schrijf je met een hoofdletter *proper names / nouns are written with a capital letter*

eigenschap DE ⟨van mensen⟩ *quality*, ⟨van dingen⟩ *property*

eigenwijs BN *headstrong, pig-headed*

eik DE *oak*

eikel DE ● vrucht *acorn* ● deel van penis *glans* ● scheldwoord *stupid bastard, idiot, dickhead*

eiland HET *island*

eind, ook: **einde** HET ● slot / afloop *end, finish* ★ van het begin tot het einde *from beginning to end, from start to finish* ★ er kwam geen einde aan *there was no end to it* ★ op het eind *at / in the end* ★ de regering maakte een eind aan de inflatie *the government put an end / a stop to inflation* ▼ je hebt het bij het juiste eind *you're right* ▼ hij was ten einde raad *he was at his wits' end* ▼ dat is het einde! *that's fantastic / fabulous!* ▼ ze vindt je het einde *she thinks the world of you* ● afstand, lengte *way, distance* ★ het is een lang eind *it's a long way / distance* ● stuk *piece* ★ een eind touw *a piece of rope*

einddiploma HET *final certificate*
eindelijk BIJW *finally, at (long) last*
eindexamen HET *final examination(s)*
eindigen ww *end, finish* ★ hij eindigde zijn toespraak met een goede raad *he ended / finished his speech with a piece of good advice* ★ de lessen eindigen om één uur *lessons finish / school finishes at one o'clock* ★ de wedstrijd eindigde in een gelijkspel *the match ended in a draw*
eindje HET ● uiteinde *end* ● kort stuk *butt,* ⟨van potlood⟩ *stub,* ⟨van kaars⟩ *stump,* ⟨van touw &⟩ *piece, length* ▼ het is moeilijk om de eindjes aan elkaar te knopen *it's difficult to make ends meet* ● korte afstand *short distance*
eindpunt HET *end,* ⟨van trein, bus⟩ *terminus* ★ het eindpunt van lijn 1 *the line 1 terminus*
eindstand DE *final score*
eis DE *demand,* ⟨voor schade⟩ *claim,* ⟨voor examen⟩ *requirement* ★ hij voldoet aan alle eisen *he meets all the requirements* ★ de regering gaf niet toe aan de eisen van de kapers *the government refused to bow to the hijackers' demands* ▼ de school stelt hoge eisen aan de leraren *the school demands a lot of its teachers*
eisen ww ● eisen stellen *demand* ★ hij eiste dat hij werd toegelaten *he demanded to be admitted* ● opeisen *claim* ★ de burgeroorlog eiste veel slachtoffers *the civil war claimed many lives* ★ ze eiste schadevergoeding *she claimed damages*
eiwit HET ● wit van ei *egg white* ● proteïne *protein* ★ een tekort aan eiwit *a protein deficiency*
EK AFK Europees Kampioenschap *EC, European Championship(s)*
ekster DE *magpie*
eksteroog HET *corn*

elastiek HET *elastic band, rubber band*
elastisch BN *elastic*
elders BIJW *elsewhere, somewhere else*
elegant BN *elegant*
elektra DE ● stroom *electricity* ● apparaten *electrical appliances, electrical equipment*
elektricien DE *electrician*
elektriciteit DE *electricity*
elektrisch BN *electric*
elektromotor DE *electric motor*
elektronisch BN *electronic*
element HET bestanddeel *element, component* ★ een chemisch element *a chemical element* ★ de film heeft al de elementen van een fantastische film *the film has all the elements / components of a great movie* ★ hij was echt in zijn element *he was really in his element*
elf I DE sprookjesfiguur *elf* II TELW *eleven* ★ elf plus twee is dertien *eleven plus two equals / is thirteen* ▼ op 11 mei *on the eleventh of May*
elfde TELW *eleventh* ▼ op zijn elfde verhuisde het gezin naar Berlijn *the family moved to Berlin when he was eleven*
elftal HET *team*
elite I DE *elite* II BN *elitist* ★ een eliteorganisatie *an elitist organisation*
elk VNW ● ieder *every,* ⟨van een beperkte groep⟩ *each* ★ elk juist antwoord levert 5 punten op *each / every correct answer is worth 5 points* ★ de koningin had een persoonlijk gesprek met elk slachtoffer *the Queen spoke to each one of the victims personally / to every victim personally* ★ elk kind weet dat *every child knows that* ▼ ze kunnen elk moment komen *they could be here (at) any moment* ● ieder ⟨zelfstandig gebruikt⟩ *everyone, everybody* ★ er is voor elk wat wils op de herfstmarkt *there's something for everyone / everybody at the autumn market*
elkaar VNW *each other, one another* ★ ze keken elkaar aan *they looked at each other / at one another* ★ de blokken waren op elkaar gestapeld *the blocks were stacked on top of each other* ▼ hij praatte uren achter elkaar *he talked for hours on end* ▼ de kinderen gingen achter elkaar de klas in / uit *the children filed into / out of the classroom* ▼ we moeten het kastje nog in elkaar zetten *we still have to put the cupboard together* ▼ ze stonden uren met

elkaar te praten *they talked together for hours* ▼ twee keer na elkaar *twice in a row* ▼ de kopjes stonden naast elkaar op het aanrecht *the cups were side by side on the sink* ▼ een komeet die te dicht bij de zon komt valt uit elkaar *comets that come too close to the sun fall apart / disintegrate* ▼ onze buren gaan uit elkaar *our neighbours are splitting up / are separating* ▼ dat is voor elkaar *that's settled*

elleboog DE *elbow* ▼ hij werkte met de ellebogen ⟨door menigte &⟩ *he elbowed his way through*; ⟨carrière⟩ *he was pushy / ruthless* ▼ hij heeft ze achter de ellebogen *he's a sneak, he's not to be trusted*

ellende DE *misery, trouble*

ellendig BN *miserable, awful* ★ ze voelt zich ellendig *she feels miserable / awful*

els DE ● boom *alder* ● priem *awl*

e-mail DE *email, e-mail*

e-mailen WW *email, e-mail*

emancipatie DE *emancipation, liberation*

emanciperen WW *emancipate*

embleem HET *emblem*

embryo HET *embryo*

emigratie DE *emigration*

emigreren WW *emigrate*

emmer DE *bucket, pail*

emotie DE *emotion*

emotioneel I BN *emotional* ★ het was voor allebei een emotionele ontmoeting *it was an emotional meeting for both* II BIJW *emotionally* ★ ze reageerde emotioneel *she reacted emotionally*

employé DE *employee, staff member*

en VW ● *and* ★ kopjes en schoteltjes *cups and saucers* ● plus *plus* ★ twee en twee is vier *two plus two makes four*

encyclopedie DE *encyclop(a)edia*

energie DE *energy,* ⟨elektrisch⟩ *power*

energiebedrijf HET *electricity company*

energiek I BN *energetic* ★ het nieuwe kabinet maakt een energieke indruk *the new cabinet gives the impression of being energetic* II BIJW *energetically* ★ er waren problemen genoeg en ze pakte ze energiek aan *there were plenty of problems and she tackled them energetically*

eng BN ● griezelig *scary, creepy* ★ een enge vent *a creepy / scary man, a creep* ● nauw *narrow* ★ een enge doorgang *a narrow passage*

engel DE *angel*

Engeland HET *England*

Engels I HET *English* ★ kun je dat in het Engels vertalen? *can you translate that into English?* II BN *English* ★ de Engelse taal *the English language* ▼ een Engelse sleutel *a monkey wrench*

Engelse DE *Englishwoman*

Engelsman DE *Englishman*

engerd DE *creep* ★ hij is een engerd *he's a creep*

enig BN ● enkel *only* ★ het enige dat telt *the only thing that counts* ▼ hij is enig erfgenaam *he is the sole heir* ▼ heb je enig idee waarom...? *have you any idea why...?* ● leuk *lovely, wonderful* ★ wat enig! *how lovely / wonderful!*

enkel I DE *ankle* II BN *single* ★ een enkele reis Londen *a single to London, a one-way ticket to London* III BIJW *simply, only* ★ enkel en alleen *simply and solely* ★ hij doet het enkel voor het geld *he only does it for the money* IV TELW *a few* ★ enkele postzegels *a few stamps* ▼ een enkel foutje *an occasional mistake* ▼ geen enkele kans *not a chance*

enkeltje HET *single (ticket)* ★ een enkeltje Tilburg, alstublieft *a single (ticket) / a one-way (ticket) to Tilburg please*

enkelvoud HET *singular*

enorm I BN *enormous* ★ een enorme blunder *an enormous mistake* II BIJW *enormously* ★ zij is enorm rijk *she's enormously wealthy*

enquête DE ● rondvraag *survey* ★ er is een enquête gehouden onder studenten *a survey was held among students* ● parlementair onderzoek *enquiry, inquiry* ★ een parlementaire enquête *a parliamentary enquiry / inquiry*

entertoets DE COMP *enter key*

enthousiasme HET *enthusiasm*

enthousiast I DE *enthusiast* II BN *enthusiastic* ★ het publiek is enthousiast over de nieuwe film *the public is enthusiastic about the new motion picture* III BIJW *enthusiastically* ★ hij reageerde enthousiast op mijn uitnodiging *he reacted enthusiastically to my invitation*

entree DE ● het naar binnen gaan *entrance, entry* ★ ze maakte haar entree onder daverend applaus *she made her entrance to thunderous applause* ● debuut *debut* ★ hij maakte zijn entree in het nationaal elftal in de wedstrijd tegen Duitsland *he made his debut with the national team in the match against Germany* • ingang *entrance* • toegangsprijs *admission fee* ★ vrij entree *admission free* ★ je moet entree betalen *you have to pay for admission*

envelop DE *envelope*

enzovoort, ook: **enzovoorts** TSW *etcetera*

epidemie DE *epidemic*

epilepsie DE *epilepsy* ★ ze lijdt aan epilepsie *she suffers from epilepsy*

epileren WW *pluck* ★ geëpileerde wenkbrauwen *plucked eyebrows*

episode DE *episode, period* ★ dat was een belangrijke episode in haar leven *that was an important episode / period in her life*

epos HET *epic*

equipe DE *team*

er BIJW + VNW *there* ★ er staan veel bomen *there are a lot of trees* ▼ we zijn er *here we are* ▼ wat is er? *what's the matter?* ▼ hoeveel heb je er? *how many do you have?* ▼ hij ziet er moe uit *he looks tired* ▼ er komt regen *it looks like rain* ▼ er werd gezegd dat *it was said that* ▼ er werd een lied gezongen *a song was sung* ▼ er was eens... *once upon a time there was...*

eraan BIJW *attached to it, on it,* ⟨meervoud⟩ *attached to them, on them* ★ een bos bloemen met een kaartje eraan *a bunch of flowers with a card attached to it* ▼ wat heb ik eraan? *what good will it do me?* ▼ wat doe je eraan? *what can you do about it?* ▼ ik kom eraan *I'm on my way* ▼ het hele park gaat eraan *the entire park will be ruined*

erachter BIJW *behind it,* ⟨meervoud⟩ *behind them* ★ het huis en de tuin erachter *the house and the garden behind it* ▼ ben je erachter? ⟨snap je dat?⟩ *(have you) got it?*; ⟨heb je het ontdekt?⟩ *have you found out?*

eraf BIJW *off* ★ er is een knoop af *a button has come off / is missing* ▼ voor mij is het plezier eraf *it's no fun any more*

erbij BIJW ▼ hoe kom je erbij? ⟨waarom denk je dat?⟩ *what on earth makes you think that?*; ⟨geen sprake van⟩ ▼ ik blijf erbij dat het niet goed is *I still think isn't right* ▼ je bent erbij! *the game's up!*

erboven BIJW *above it, over it,* ⟨meervoud⟩ *above them, over them*

erdoor BIJW *through it,* ⟨meervoud⟩ *through them* ★ laat me erdoor *let me through* ▼ ik ben erdoor ⟨geslaagd⟩ *I passed*

erectie DE *erection*

eren WW *honour* / AM *honor*

erewoord HET *word of honour* / AM *honor*

erf HET • boerenerf *(farm)yard* • huis met grond *premises, property*

erfelijk I BN *hereditary* ★ een erfelijke ziekte *a hereditary illness* II BIJW *hereditarily* ★ is astma erfelijk bepaald? *is asthma hereditarily acquired? is asthma hereditary?*

erfenis DE *inheritance, legacy* ★ hij heeft een erfenis gekregen *he received a legacy / an inheritance* ▼ hun culturele erfenis *their cultural heritage*

erg I BN *awful, bad, terrible* ★ wat erg! *how awful / terrible!* ★ zo erg is het ook weer niet *it's not that bad* ▼ vind je het erg als ik ga? *do you mind me going?* II BIJW *zeer very, much, badly, terribly* ★ een erg groot huis *a very big house* ★ ik mis haar erg *I miss her very much, I miss her terribly* ★ het begon heel erg mis te gaan *things started to go badly wrong*

ergens BIJW • op een plaats *somewhere,* ⟨bij vragen⟩ *anywhere* ★ ergens anders *somewhere else* ★ heb je mijn bril ergens gezien? *have you seen my glasses anywhere?* • iets *something,* ⟨bij vragen⟩ *anything* ★ zij stond ergens naar te kijken *she was looking at something* ★ kijk je ergens naar? *are you looking at anything in particular?*

ergeren WW • irriteren *annoy, irritate* ★ domme mensen ergeren mij *stupid people annoy / irritate me* • zich ergeren *get annoyed* ★ ik erger me aan zijn gezeur *I'm getting annoyed at his nagging*

ergerlijk I BN *annoying, irritating* ★ het ergerlijke ervan is ... *the annoying part of it is ...* II BIJW *annoyingly, irritatingly* ★ het systeem is ergerlijk langzaam *the system is annoyingly / irritating slow*

ergernis DE *annoyance, irritation* ★ tot mijn ergernis besloot hij niet te komen *to my annoyance he decided not to come*

erheen BIJW *there* ★ ga je erheen? *are you going (there)?*

erin BIJW *in it, into it, inside,* ⟨meervoud⟩ *in them, into them* ★ kom erin! *(do) come in!, come inside!* ★ staat het erin? *is it in there?*

erkennen WW *acknowledge, admit* ★ hij

erkende zijn fouten *he acknowledged / admitted his mistakes*

erlangs BIJW • voorbij *past it*, ⟨meervoud⟩ *past them* ★ er is een stier in de wei, ik durf er niet langs *there's a bull in the meadow: I daren't go past it* • parallel met *alongside it*, ⟨meervoud⟩ *alongside them* ★ de weg die erlangs loopt is smal *the road that runs alongside is narrow*

ermee BIJW *with it*, ⟨meervoud⟩ *with them* ★ hij laat je zien welke gereedschappen je nodig hebt en hoe je er veilig mee kunt werken *he shows you what tools you need and how to work with them safely* ▼ wat doen we ermee / eraan? *what shall we do with / about it?*

erna BIJW *after(wards)*

ernaar BIJW *at it*, ⟨meervoud⟩ *at them* ★ iedereen keek ernaar *everybody looked at it* ▼ hij heeft het ernaar gemaakt *he asked for it*

ernaast BIJW *beside it, next to it*, ⟨meervoud⟩ *beside them, next to them* ★ er stonden drie glazen op het aanrecht en er stond een fles naast *there were three glasses on the sink and there was a bottle beside them* ▼ hij zat er volledig naast *he was completely off the mark, he was wide of the mark*

ernst DE *seriousness* ★ ze begrijpt de ernst van de situatie niet *she doesn't understand the seriousness of the situation* ▼ het is bittere ernst *it's as serious as can be*

ernstig I BN *serious, grave* ★ een ernstig ongeluk *a serious / grave accident* ★ een ernstig gezicht *a grave / serious face* **II** BIJW *seriously, gravely* ★ er is iets ernstig mis in Oost-Afrika *there's something seriously / gravely wrong in East Africa*

eronder BIJW *under it*, ⟨meervoud⟩ *under them*

erop BIJW *on it*, ⟨meervoud⟩ *on them* ★ mijn naam staat erop *my name's on it / them* ▼ dat zit erop! *that's it then!, that's done!* ▼ hoe kwam je erop? *what gave you the idea?* ▼ erop of eronder *all or nothing* ▼ ik sta erop! *I insist on it!*

erosie DE *erosion*

erotisch I BN *erotic* ★ een erotisch verhaal *an erotic story* **II** BIJW *erotically* ★ een erotisch getint verhaal *an erotically tinged story*

ertegen BIJW *against it*, ⟨meervoud⟩ *against them*

erts HET *ore*

ertussen BIJW • tussen twee *(in) between (them)* • in een groep *in the middle, among(st) (them)*

eruitzien WW • *look* ★ ze ziet er slecht uit *she doesn't look well* ★ het ziet er slecht uit voor je *things are looking pretty bad for you* • lijken te *look like, look as though, look as if* ★ het ziet ernaar uit dat het gaat regenen *it looks like rain, it looks as though / as if it's going to rain* ▼ wat zie jij eruit! *what a sight you are!, you look a mess!*

ervan BIJW *of it, from it*, ⟨meervoud⟩ *of them, from them* ★ we hebben er niets van geleerd *we've learnt / learned nothing from it* ★ wat denk je ervan? *what do you think of it?*

ervaren I BN *experienced, skilled* ★ zij is erg ervaren in het werken met kinderen *she is highly experienced in working with children, she has a lot of experience in working with children* **II** WW *experience*

ervaring DE *experience* ★ uit ervaring *by / from experience* ★ in mijn ervaring *in my experience*

erven WW *inherit*

erwt DE *pea*

erwtensoep DE *pea soup*

es DE • boom *ash* • akkerland *arable land*

escorte HET *escort*

esdoorn DE *maple (tree)*

eskader HET *squadron* ★ een doodseskader *a death squad*

Eskimo DE *Eskimo*

espresso DE *espresso*

estafette DE *relay (race)*

etage DE *floor, storey* ★ op de eerste etage BR *on the first floor / storey*; AM *on the second floor / storey* ★ het gebouw heeft drie etages *it's a building of three floors / storeys*

etalage DE *shop window* ▼ we gingen etalages kijken *we went window-shopping*

etaleren WW *display* ★ hij etaleerde zijn klasse met een pracht van een doelpunt *he showed / displayed how good he was by kicking a beautiful goal*

etappe DE *stage, leg* ★ in korte etappes *in short stages*

eten I HET • voedsel *food* ★ een goede kok houdt van lekker eten *a good cook likes good food* • maaltijd *meal, dinner* ★ het eten is klaar *dinner is ready* ★ ben je voor het eten terug? *will you be back before dinner?* ‖ ww ● dineren *eat, dine* ★ gisteren hebben we pannenkoeken gegeten *we ate pancakes yesterday* ★ hebben jullie al gegeten? *have you already eaten?* ★ we gaan niet vaak uit eten *we don't eat out / dine out very often* ★ kom bij ons eten! *come and eat / come and have dinner with us!* ▼ we hebben daar heerlijk gegeten *we had a very nice meal there* ● nuttigen *eat* ★ wat eten we? *what are we eating?, what are we having for dinner?, what's for dinner?*

etenstijd DE *dinner time*

etentje HET *small dinner party*

eter DE ● iemand die eet *eater* ★ een flinke / slechte eter *a big / poor eater* ● gast *dinner guest* ▼ we krijgen eters *we're having people to dinner*

ethisch I BN *ethical* ★ ethische kwesties *ethical issues* ‖ BIJW *ethically* ★ zijn dierproeven ethisch verantwoord? *are tests on animals ethically justified?*

etiket HET *label* ★ wat staat er op het etiket? *what does the label say?* ▼ Greenpeace kreeg het etiket van terroristische organisatie opgeplakt *Greenpeace was labelled a terrorist organization*

etmaal HET *twenty-four hours*

etnisch I BN *ethnic* ★ etnische minderheden *ethnic minorities* ‖ BIJW *ethnically* ★ Londen is etnisch heel gevarieerd *London is ethnically very diverse*

ets DE *etching*

etter DE ● afscheiding *pus* ★ er kwam wat etter uit *a bit of pus came out* ● vervelend iemand *pain in the neck, nuisance* ★ mijn buurman is een etter *the man next door is a pain in the neck /* STRAATT *arse* ★ haar kinderen zijn echte ettertjes *her kids are real nuisances*

etteren ww ● etter afscheiden *fester* ★ de wond ettert *the wound is festering, there is some pus in the wound* ● klieren *be a pain in the neck* ★ hij zit weer te etteren *he's being a pain in the neck again*

etui HET *case*

eucharistie DE *Eucharist*

euro DE *euro* ★ twintig euro *twenty euros*

eurocent DE *(euro)cent, (euro) cent* ★ twintig eurocent *twenty (euro)cents / (euro) cents*

Europa HET *Europe*

Europees BN *European*

euthanasie DE *euthanasia, mercy killing*

evacueren ww *evacuate*

evangelie HET *gospel*

evangelisch BN *evangelic(al)*

even I BN *even* ★ een even getal *an even number* ▼ even of oneven? *odds or evens?* ‖ BIJW ● net zo *(just) as* ★ hij is even oud als ik *he is just as old as I am, he's the same age as I am* ★ even erg *just as bad* ▼ een even groot aantal *an equivalent number* ● een korte tijd / eventjes *just, (for) a moment* ★ wacht even *wait a moment / minute* ▼ we blijven maar even *we won't stay long*

evenaar DE *equator*

evenals vw *(just) as, (just) like*

evenaren ww *equal*

evenbeeld HET *image, likeness*

eveneens BIJW *as well, too* ★ haar vriendin is eveneens ziek *her friend is sick as well / is also sick* ★ ik wil een cola en zij eveneens *I want a cola and she does too / and so does she*

evenement HET *event*

evenredig I BN *proportional (to), in proportion to* ★ het salaris is evenredig aan de ervaring *the salary is proportional to / is in proportion to experience* ‖ BIJW *proportionally, in proportion to* ★ de lonen zijn niet evenredig gestegen met de kosten van het levensonderhoud *salaries have not risen proportionally, in proportion to the cost of living*

eventueel I BN *any* ★ eventuele klachten moeten onmiddellijk gemeld worden bij een arts *notify a doctor immediately if there are any complaints* ‖ BIJW ● mogelijk *possibly* ★ de stoelen kunnen eventueel morgen geleverd worden *the chairs can possibly be delivered tomorrow* ● zo nodig *if necessary* ★ ik zou eventueel kunnen komen *I could come if necessary*

evenwicht HET *balance* ★ hij bewaarde / verloor zijn evenwicht *he kept / lost his balance* ★ ze was uit haar evenwicht gebracht *she was thrown off balance* ★ we proberen het evenwicht te herstellen *we're trying to restore the balance*

evenwijdig I BN *parallel* ★ evenwijdige lijnen *parallel lines* ‖ BIJW *parallel* ★ evenwijdig aan onze straat loopt een spoorbaan *a railway line runs parallel to*

our street
everzwijn HET *wild boar*
evolutie DE *evolution*
exact I BN *exact* ★ de exacte wetenschappen *the exact sciences* II BIJW *exactly* ★ ik had het exact goed geraden *I guessed exactly right*
examen HET *exam(ination)* ★ hij slaagde / zakte voor zijn examen *he passed / failed his exam* ★ ze moet morgen examen doen *she has to sit (for) an examination tomorrow*
examinator DE *examiner*
examineren WW *examine*
excentriek I BN *eccentric* ★ een excentriek leven *an eccentric life* II BIJW *eccentrically* ★ je kunt je zo excentriek aankleden als je wilt *you can dress as excentrically as you like*
exclusief I BN *exclusive* ★ een exclusief restaurant *an exclusive restaurant* II BIJW *exclusively* ★ de auto wordt exclusief in Japan verkocht *the car is sold exclusively in Japan*
excursie DE *excursion, trip* ★ we zijn op excursie geweest naar Parijs *we went on an excursion to Paris*
excuseren WW *excuse* ★ excuseert u mij, alstublieft *excuse me, please*
excuus HET ● verontschuldiging *apology* ▼ ze bood haar excuses aan *she apologized* ● reden *excuse* ★ haar excuus was dat ze de telefoon niet gehoord had *her excuse was that she hadn't heard the phone ring*
executeren WW *execute*
executie DE *execution*
exemplaar HET *specimen, sample, ⟨van boek⟩ copy*
exotisch I BN *exotic* ★ een exotische maaltijd *an exotic meal* II BIJW *exotically* ★ het restaurant serveert exotisch gekruide maaltijden *the restaurant serves exotically spiced food*
expeditie DE *expedition*
experiment HET *experiment* ★ er zijn experimenten uitgevoerd naar het effect van roken op ongeboren baby's *experiments have been done on the effects of smoking on unborn babies*
expert DE *expert* ▼ zij is een expert in tuinieren *she's an expert / accomplished gardener*
exploderen WW *explode*
explosie DE *explosion*
explosief I BN *explosive* ★ de sfeer op straat is explosief *the atmosphere in the streets is explosive* II BIJW *explosively* ★ het aantal aidspatiënten is explosief gestegen *the number of AIDS victims has risen explosively*
export DE *export*
exporteren WW *export*
expositie DE *exhibition, show*
expres BIJW *on purpose, deliberately*
extra I BN *extra* ▼ extra kosten *extras* II BIJW *extra* ★ een extra groot T-shirt *an extra large T-shirt*
extraatje HET *bonus* ★ als extraatje ontvangt u een gratis radio *you will receive a free radio as a bonus*
extreem I BN *extreme* ★ zij heeft extreme opvattingen *she has extreme views, her views are extreme* II BIJW *extremely* ★ het klimaat is extreem droog *the climate is extremely dry, the climate is dry to an extreme*
extremist DE *extremist*
ezel DE ● dier *donkey, ass* ▼ zo koppig als een ezel *as stubborn as a mule* ● schildersezel *easel*
ezelsbruggetje HET *memory aid*

F

f DE *f* ★ de F van Ferdinand *F as in Foxtrot*
faalangst DE *fear of failure*
fabel DE • vertelling *fable* • verzinsel *fable, fiction* ▼ ze vertelt alleen maar fabeltjes *she's an out-and-out liar*
fabriceren WW *manufacture, produce*
fabriek DE *factory,* ⟨katoen, papier⟩ *mill* ★ hij werkt in de schoenenfabriek *he works at the shoe factory*
fabrikant DE • producent *manufacturer* • fabriekseigenaar *factory owner*
factuur DE *invoice* ★ na ontvangst van de factuur per omgaande betalen s.v.p. *please pay directly upon receipt of the invoice*
faculteit DE *faculty*
failliet BN *bankrupt* ★ zijn nieuwe bedrijf ging failliet *his company went bankrupt*
faillissement HET *bankruptcy* ▼ de firma ging failliet *the company went into bankruptcy*
fakkel DE *torch*
falen WW *fail* ★ de regering heeft gefaald in het terugdringen van de werkloosheid *the government has failed to reduce unemployment*
familie DE • gezin *family* • alle verwanten *family, relatives* ★ de hele familie komt met Kerstmis bij elkaar *the whole family gathers at Christmas, all my relatives get together at Christmas* ★ het zit in de familie *it runs in the family* ▼ ik ben familie van hem *I'm related to him*
familielid HET • gezinslid *member of the family, family member* • verwant *relative* ★ zij is een ver familielid van me *she is a distant relative of mine*
fanatiek I BN *fanatic(al)* ★ ze wordt door een fanatieke sekte gevangen gehouden *she's being held captive by a fanatic(al) sect* II BIJW *fanatically* ★ de menigte zwaaide fanatiek *the crowd waved fanatically*
fanfare DE muziekkorps *brass band*
fantasie DE *imagination* ★ kinderen hebben veel fantasie *children have a lot of imagination*
fantastisch I BN *heel goed great, fantastic, incredible* ★ wat een fantastische dag! *what a great / fantastic day!* ★ het is een fantastisch verhaal *it's an incredible story* II BIJW versterkend *fantastically, incredibly* ★ zij is fantastisch mooi *she's incredibly beautiful* ▼ het weer was fantastisch mooi *the weather was fantastic / marvellous*
fascisme HET *fascism*
fase DE *stage, phase*
fataal I BN *fatal* ★ zijn verwondingen werden hem fataal *his injuries proved fatal* II BIJW *fatally* ★ waarom ging het zo fataal mis? *why did things go so fatally wrong?*
fatsoen HET *decency, good manners* ★ je had het fatsoen kunnen hebben om mij te bellen *you might have had the decency to tell me* ▼ je moet je fatsoen houden! *you should behave yourself!*
fatsoenlijk I BN *decent, respectable* ★ ze wonen in een fatsoenlijke buurt *they live in a decent / respectable neighbourhood* II BIJW *properly* ★ hij kan niet eens fatsoenlijk een hamer vasthouden *he doesn't even know how to hold a hammer properly* ▼ je moet je fatsoenlijk gedragen *you should behave (yourself)*
fauna DE *fauna*
fauteuil DE *armchair*
favoriet I DE *favourite /* AM *favorite* ▼ van alle deelnemers is hij de favoriet *he's favoured to win the contest* II BN *favourite /* AM *favorite* ★ ik ga zijn favoriete gerecht klaarmaken *I'll prepare his favourite dish*
fax DE *fax*
fazant DE *pheasant*
februari DE *February* ★ ik heb een afspraak op 28 februari *I've got an appointment on the 28th of February / on February the 28th*
fee DE *fairy*
feest HET • feestje *party* ★ ik ga een feestje geven / bouwen voor mijn verjaardag *I'm having / throwing a party for my birthday* • genot *feast*
feestvieren WW *celebrate* ★ als je geslaagd bent gaan we feestvieren *when you pass we'll celebrate*
feit HET *fact* ★ in feite *in fact* ▼ ondanks het feit dat het regende, gingen we wandelen *we went for a walk despite the rain*
fel I BN *fierce,* ⟨pijn⟩ *sharp,* ⟨brand / zon⟩ *blazing,* ⟨kleur⟩ *bright* ▼ daar ben ik fel tegen *I'm dead against it* II BIJW *fiercely, vehemently* ★ het publiek protesteerde fel tegen de oorlog *the public protested*

fiercely / vehemently against the war
feliciteren ww *congratulate* ★ we feliciteerden hem met zijn overwinning *we congratulated him on his victory* ▼ (wel) gefeliciteerd met het prachtige resultaat! *congratulations on the wonderful result!* ▼ gefeliciteerd met je verjaardag! *happy birthday!*
feminisme HET *feminism*
festival HET *festival*
fiasco HET *flop, fiasco* ★ het feest liep uit op één groot fiasco *the party turned out to be one big fiasco / flop*
fiets DE *bicycle, cycle*, SPREEKT *bike* ★ we pakken de fiets *we'll take our bikes / bicycles* ★ hij komt altijd op de fiets *he always comes on his bike / by bike*
fietsenstalling DE *bicycle garage*
fietspad HET *cycle track, cycle path*
figuur DE+HET ● *persoon character* ★ die nieuwe leraar is wel een rare figuur *that new teacher is quite a strange character* ● *gestalte, vorm van lichaam figure* ★ ze heeft ondanks haar hoge leeftijd, een goed figuur *in spite of her age she has a good figure* ▼ hij slaat een goed / slecht figuur *he makes / cuts a good / poor figure* ● *schematische afbeelding figure* ★ een meetkundig figuur *a geometric figure*
figuurzaag DE *fretsaw*
fijn I BN ● *prettig nice, lovely* ★ een fijn boek om te lezen *a nice book to read* ★ fijne dag verder! *have a nice / lovely day!* ● *in kleine deeltjes fine* ★ fijn zand *fine sand* ● *van goede kwaliteit fine, choice* ★ fijne wijnen *fine / choice wines* II BIJW ● *prettig nicely* ★ de kinderen hebben fijn samen gespeeld *the children played nicely together* ● *in kleine deeltjes finely* ★ hak de uien fijn *chop the onions finely*
fikken I DE *handen paws, claws* ★ blijf met je fikken van die taart af! *keep your paws / claws off that cake!* II ww *branden burn* ★ de berg kerstbomen fikte lekker *the heap of Christmas trees burned / burnt like crazy*
fiks I BN ● *stevig brisk, stiff* ★ een fikse wandeling *a brisk walk* ★ een fikse wind *a stiff wind* ▼ hij heeft een fikse dosis gezond verstand nodig *he could do with a good dose of common sense* ● *aanzienlijk considerable* ★ een fiks aantal mensen *a considerable number of people, quite a few people* II BIJW ● *stevig soundly, vigorously* ★ ons team heeft fiks op zijn donder gehad *our team was soundly thrashed* ● *aanzienlijk considerably, drastically* ★ de regering heeft fiks bezuinigd op de uitgaven *the government has cut expenses considerably / drastically*
file I DE *verkeersopstopping traffic jam* ★ er staat op de A2 een file van drie kilometer *there is a three-kilometre traffic jam on the A2* II DE + HET *bestand file*
fileren ww *fillet*
filet DE *fillet* ★ gemarineerde runderfilet *marinated fillet of beef*
filiaal HET *branch*
film DE ● *fotorolletje film* ★ hij deed een film(pje) in de camera *he loaded a film into the camera* ● *bewegende beelden film, pictures*, AM *movie* ★ ga je mee naar de film vanavond? *do you want to go to a film / the pictures / a movie with me tonight?* ★ er draait een goede film in de bioscoop *there's a good film on at the cinema*
filmen ww *film, ⟨een scene⟩ shoot* ★ de executie is gefilmd door iemand met een mobiele telefoon *the execution was filmed by someone with a mobile phone* ★ de meeste scènes zijn in de studio gefilmd *most scenes were shot in the studio*
filmster DE *film star, movie star*
filosofie DE *philosophy*
filter HET *filter*
finale DE SPORT *final(s)* ★ Rafter en Ivanisevic bereikten in 2001 de finale op Wimbledon *Rafter and Ivanisevic got through to the finals at Wimbledon in 2001*
financieel I BN *financial* ★ pa is niet goed in financiële zaken *Dad's not good with financial matters* II BIJW *financially* ★ ze zitten financieel erg krap *financially, things are very tight for them*
financiën DE ● *geld finances* ★ zijn financiën staan er slecht voor *his finances are in a bad state* ● *geldwezen finance* ★ de minister van Financiën *the Minister of Finance, the Finance Minister*
firma DE *firm*
fit BN *fit* ★ zij voelt zich niet fit *she's not feeling fit*
flamingo DE *flamingo*
flanel HET *flannel*
flank DE *flank, side*

flaporen DE ▾ dat meisje heeft flaporen *that girl's ears stick out*

flat DE ● flatgebouw *block of flats,* AM *apartment building* ● etagewoning *flat,* AM *apartment* ★ ze wonen met z'n zessen op een flatje *the six of them are crammed into a little flat*

flater DE *embarrassing blunder* ★ ze sloeg een flater *she made an embarrassing blunder*

flauw BN ● kinderachtig *silly* ★ doe niet zo flauw *don't be so silly* ● niet geestig *insipid, silly, pathetic* ★ hij vertelt altijd van die flauwe grappen *he's always telling such insipid / silly / pathetic jokes* ● niet erg gebogen *gentle, slight* ★ een flauwe bocht in de weg *a gentle / slight bend in the road* ▾ ik heb geen flauw idee! *I haven't the foggiest (idea)!, I haven't got a clue!, search me!*

flauwekul DE *nonsense,* STRAATT *bullshit* ★ geen flauwekul, alsjeblieft *no nonsense / bullshit, please*

flauwvallen WW *faint, pass out* ★ hij viel flauw van de schrik *he passed out / fainted from shock*

fles DE *bottle* ★ een fles frisdrank *a bottle of soft drink* ★ ze gaf haar baby de fles *she bottle-fed her baby*

flesopener DE *bottle opener*

flesvoeding DE ● het voeden *bottle feeding* ▾ zij geeft haar baby flesvoeding *she bottle-feeds her baby* ● oplosmelk *formula*

flikker DE *homo gay, ⟨negatief⟩ queer* ▾ het kan hem geen flikker schelen *he doesn't give a damn about it*

flink I BN ● stevig *robust, sturdy* ★ ze beviel van een flinke baby *she gave birth to a robust baby* ● behoorlijk *considerable, substantial* ★ een flinke som geld *a considerable / substantial sum of money* ● moedig *brave* ★ flink zijn! *be brave!* II BIJW ● stevig *firmly, hard* ★ hij trad flink op tegen de leerlingen *he dealt firmly with the students* ★ het regent flink *it's raining hard* ● behoorlijk *considerably, quite* ★ de prijzen zijn flink gestegen *prices have risen considerably* ★ hij was flink dronken *he was quite drunk*

flipperkast DE *pin-ball machine*

flirten WW *flirt*

flits DE *flash*

flop DE *flop, failure* ★ zijn nieuwe cd was een grote flop *his new album was a huge failure / flop*

flora DE *flora*

fluisteren WW *whisper*

fluit DE ● blaasinstrument *flute* ★ zij speelt (op de) fluit in het orkest *she plays the flute in the orchestra* ★ wil je fluit leren spelen? *do you want to learn (to play the) flute?* ● voor signalen *whistle* ★ de scheidsrechter blies op zijn fluit *the referee blew his whistle*

fluiten WW ● fluitgeluid maken *whistle,* ⟨van vogel⟩ *sing* ★ hij floot op zijn vingers *he whistled through his fingers* ● op fluit spelen *play the flute*

fluitketel DE *whistling kettle*

fluor HET *fluoride*

flut- VOORV *rubbishy, crummy, crap* ★ een flut-cd *a rubbishy / crummy / crap CD*

fluweel HET *velvet*

fobie DE *phobia* ★ hij heeft een fobie voor water *he has a phobia about / of water*

foefje HET *trick* ★ ze haalden een foefje met mij uit *they played a trick on me*

foei TSW *shame (on you)!,* ⟨tegen kinderen⟩ *naughty, naughty!*

foetus DE *foetus, fetus*

föhn DE *hairdryer*

fokken WW *breed, rear* ★ haar vader fokte paarden *her father reared / bred horses* ★ pit bulls kunnen niet meer gefokt worden *it is illegal to breed pit bulls now*

folder DE *leaflet, brochure* ★ ik heb de buurman geholpen met folders rondbrengen *I helped my neighbour to deliver leaflets*

folie DE *foil*

folteren WW *torture,* FIG *torment*

fonds HET ● kapitaal *fund, capital* ★ ze probeerden fondsen te werven voor een goed doel *they tried to raise funds / raise capital for a good cause* ● stichting *fund* ★ het Internationaal Monetair Fonds *the International Monetary Fund*

fonduen WW *have a fondue*

fontein DE *fountain* ★ de fontein werkt *the fountain is on*

fooi DE *tip* ★ hij gaf de ober een fooi *he gave a tip to the waiter, he tipped the waiter*

fopspeen DE *dummy*

forens DE *commuter*

formaat HET *size, format*

formaliteit DE *formality*

formeel I BN *formal, official* ★ hij diende een formele klacht in *he lodged a formal / an official complaint* II BIJW *formally* ★ hij deed heel erg formeel tegen mij *he acted very formally towards me, his manner towards me was very formal*

formule DE *formula* ★ een scheikundige / wiskundige formule *a chemical / mathematical formula*

formuleren BN *phrase, put (into words)* ★ formuleer je antwoord in je eigen woorden *(put your) answer in your own words* ★ laat ik het anders formuleren *let me put it / phrase it differently*

formulier HET *form* ★ ik moet het belastingformulier nog invullen *I still have to fill in / out the tax form*

fornuis HET *stove* ★ het vlees stond te sudderen op het fornuis *the meat was simmering away on the stove*

fors I BN • *sterk strong, vigorous* ★ er staat een forse wind *there's a strong wind* ★ in forse bewoordingen *in strong / vigorous terms* • *aanzienlijk substantial, considerable* ★ een fors bedrag *a substantial amount of money* ★ een forse vertraging *a considerable delay* • *groot van lichaamsbouw sturdy, robust* ★ een forse kerel *a sturdy / robust chap* II BIJW *considerably* ★ de prijzen zijn fors gestegen *prices have risen considerably*

fort HET *fort, fortress* ★ we zijn het oude fort gaan bekijken *we went to see the old fort / fortress*

fortuin HET *fortune* ★ de reis naar China heeft me een fortuin gekost *the trip to China cost me a fortune*

fossiel HET *fossil*

foto DE *photograph, photo, picture* ★ haar foto hangt aan de muur *there's a photo(graph) of her on the wall* ★ mag ik een foto van je maken? *can I take your picture?*

fotoalbum HET *photo album, photograph album*

fotograaf DE *photographer*

fotograferen WW *photograph* ▼ ze heeft zich laten fotograferen *she had her photo / picture taken*

fotokopie DE *photocopy*

fotomodel HET *(fashion) model* ★ veel meisjes willen fotomodel worden *a lot of girls want to become a fashion model*

fotorolletje HET *roll of film*

fototoestel HET *camera*

fouilleren WW *(body-)search* ★ bij de ingang van het station werd iedereen gefouilleerd *everyone was body-searched before they entered the station*

fout I DE *mistake, error* ★ er zaten veel fouten in je huiswerk *there were a lot of mistakes / errors in your homework* ▼ met het verduisteren van dat geld ging hij flink de fout in *embezzling that money was a serious mistake for him to make* ▼ een dubbele fout ⟨bij tennis⟩ *a double fault* II BN *wrong* ★ hij gaf een fout antwoord *he gave the wrong answer* III BIJW *wrongly, incorrectly* ★ het woord was fout gespeld *the word was spelled wrongly / incorrectly*

fraai I BN *beautiful, fine* ★ de kathedraal is een fraai voorbeeld van Gotische bouwkunst *the cathedral is a beautiful / fine example of Gothic architecture* II BIJW *beautifully* ★ de kerk was fraai versierd voor de bruiloft *the church was beautifully decorated for the wedding* ▼ voor het feest had zij zich fraai uitgedost *she had dressed up in style for the party*

fractie DE • *politieke groepering party, group* • *onderdeel fraction* ★ voor een fractie van het oorspronkelijke bedrag *for a fraction of the original amount* ▼ in een fractie van een seconde *in a split second*

fragment HET *fragment*

framboos DE *raspberry*

Française DE *Frenchwoman*

franje DE • *versiering fringe* • *bijzaken frill(s)* ★ overbodige franje *unnecessary frills*

frankeren WW ⟨met postzegel⟩ *stamp* ★ Rob frankeert de brieven *Rob stamps the letters* ★ een gefrankeerde envelop *a stamped envelope* ▼ je moet de brief voldoende frankeren *make sure you put enough postage on the letter*

Frankrijk HET *France*

Frans I HET *French* II BN *French* ★ een Franse zanger *a French singer*

Fransman DE *Frenchman*

fraude DE *fraud* ★ hij heeft fraude gepleegd *he committed a fraud*

fret DE • *dier ferret* • *fretboortje gimlet*

friemelen WW *fiddle* ★ hij zit altijd aan zijn neus te friemelen *he's always fiddling with his nose*

Fries I HET *Frisian* II BN *Frisian* ★ een Friese boerderij *a Frisian farmhouse*

friet, ook: **frites** DE *chips* ★ één patat friet met mayonaise *a portion (of) chips with mayonnaise*

frikadel, ook: **frikandel** DE *minced-meat sausage*

fris I DE + HET *soft drink* ★ wil je een glaasje fris? *would you like a soft drink?* II BN • koel *fresh, cool* ★ een frisse wind *a fresh / cool wind* • schoon *clean, fresh* ★ de badkamer ziet er niet fris uit *the bathroom doesn't look very clean* ★ met Wonderpaste heb je de hele dag door een frisse adem *Wonderpaste gives you fresh breath all day long*

frisdrank DE *soft drink*

frituren ww *deep-fry* ★ houd jij van gefrituurde kippenpootjes? *do you like deep-fried chicken legs?*

frituurpan DE *deep-frying pan, deep fryer*

fronsen ww *frown* ★ de lerares fronste haar wenkbrauwen *the teacher frowned*

frontaal BN *frontal*, ⟨botsing⟩ *head-on* ★ een frontale aanval *a frontal attack* ★ een frontale botsing tussen twee auto's *a head-on collision between two cars*

fruit HET *fruit*

fruitautomaat DE *slot machine*, INF *one-armed bandit*

fruitboom DE *fruit tree*

frustratie DE *frustration* ★ hij deed het uit frustratie *he did it out of a sense of frustration, he did it because he was frustrated* ▼ ik merk heel veel frustratie bij haar *I can see that she's very frustrated*

fulltime BN + BIJW *full-time* ★ een fulltime baan *a full-time job* ★ ze werkt fulltime *she works full-time*

functie DE • werking *function* ★ wat is de functie van deze knop? *what is this button's function?, what does this button do?* • baan *position* ★ hij bekleedt een hoge functie *he holds a leading position* ★ de agent was niet in functie toen hij de inbreker betrapte *the policeman was not on duty when he caught the burglar* ★ hij blijft in functie bij het bedrijf *he will retain his job with the company*

functioneren ww *function* ▼ het onderzoek heeft geleid tot meer inzicht in het functioneren van de mens *the research has led to greater insight into how people function*

fundament HET *foundations* ★ het fundament van onze samenleving *the foundations of our society, our society's foundations*

fundamentalist DE *fundamentalist*

fundering DE *foundations* ★ de fundering onder ons nieuwe huis is eindelijk klaar *the foundations of our new house have finally been laid*

fusie DE • *merger* ★ ze willen een fusie aangaan met het Zweedse bedrijf *they want a merger with the Swedish company, they want to merge with the Swedish company* • *fusion* ★ nucleaire fusie *nuclear fusion*

fust HET *vat barrel, cask*

fut DE *energy, drive* ★ de fut is er bij hem uit *he's lost his energy / drive*

futloos BN *lacking in energy* ★ als je futloos bent... *if you're lacking in energy...* ▼ ik voel me een beetje futloos de laatste tijd *I haven't had any energy lately*

fysiek I BN *physical* ★ deze aanpassingen moeten de fysieke belasting beperken *these adjustments should limit the physical strain* II BIJW *physically* ★ hij was fysiek wel aanwezig maar geestelijk niet *he was physically present, but not mentally*

fysiotherapie DE *physiotherapy*

G

g DE *g* ★ de G van Gerard *G as in Golf*

gaaf BN ● onbeschadigd *undamaged* ● prachtig *cool, super, great*

gaan WW ● je voortbewegen, je begeven (naar) *go* ★ laten we gaan *let's go* ★ we gaan met de trein *we'll go by train* ★ hoe laat gaat de trein? *what time does the train go?* ★ hij ging naar Amerika *he went to America* ★ ik vind dat hij nu te ver is gegaan *I think he's gone too far this time* ★ waar ga je heen? *where are you going?* ★ waar gaat dat naar toe? *where do you think you're going?* ★ je moet naar de dokter gaan *you should go and visit a doctor, you should see a doctor* ▼ ze zijn uit elkaar gegaan *they've separated* ● beginnen te *go (and)* ★ het gaat regenen / sneeuwen *it's going to rain / snow* ★ we gingen wandelen *we went for a walk* ★ ga je wassen *go and wash yourself* ★ ga zitten *(go and) sit down* ★ ze gingen weer aan het werk *they went back to work* ★ ze gaan trouwen *they're going to get married, they're getting married* ▼ nu moet je niet gaan huilen *don't start crying now* ▼ hij ging staan / zitten / liggen *he stood up / sat down / lay down* ● verkering hebben *go out* ★ Mark gaat met Janet *Mark is going out with Janet* ● behandelen *be about* ★ mijn boek gaat over heksen *my book is about witches* ● eraan toe zijn *be, go, do* ★ hoe gaat het? *how are you?, how is it going?* ★ het gaat goed ⟨als antwoord⟩ *I'm fine* ★ het gaat goed / slecht met haar *she's doing well / badly* ★ je gaat eraan! *you're in for it!* ★ het gaat erom of we winnen of verliezen *the question / point is whether we win or lose* ● werken *work, go* ★ het gaat niet *it won't work* ★ het is maar net goed gegaan *it went all right, but only just* ▼ de telefoon gaat *the phone's ringing*

gaar BN *done, cooked* ★ de aardappels zijn gaar *the potatoes are done / cooked* ★ te gaar *overdone / overcooked* ★ goed gaar *well-done*

gaas HET ● stof *gauze, net(ting)* ● vlechtwerk van metaal *wire netting* ★ kippengaas *chicken wire*

gadsie/gadver/gadverdamme TSW *yuck*

gala HET feest *gala, ball* ★ de school heeft gisteren zijn jaarlijkse gala gehouden *the school held its annual gala / ball last night*

galblaas DE *gall bladder*

galerij DE ● tentoonstellingsruimte *gallery* ● van flatgebouw *walkway*

galg DE *gallows*

galm DE *sound, reverberation*

galop DE *gallop* ★ in galop *at a gallop*

gamen WW *play computer games*

gang DE ● deel van gebouw *corridor* ★ hij liep door de gang *he walked along the corridor* ● deel van menu *course* ★ een maaltijd van drie gangen *a three-course dinner* ● manier van doen *way* ★ hij gaat zijn eigen gang *he goes his own way, he does his own thing* ▼ ga je gang *do as you please* ● beweging *motion* ▼ het feest is in volle gang *the party is in full swing* ▼ hij blijft maar aan de gang *he just keeps on going* ● vaart *speed*

gangbaar BN *current, accepted, common* ★ dit is een gangbare uitdrukking *this is a common / accepted expression* ★ deze technieken zijn niet meer gangbaar *these techniques are no longer current / are out of date / are outdated*

gangster DE *gangster*

gans I DE *goose* ★ ganzen vliegen 's winters naar het zuiden *geese fly south in the winter* II BN ZN *whole, entire* ★ het ganse land *the entire / whole country*

gapen WW *yawn* ★ ik gaapte van verveling *I yawned with boredom*

garage DE ● autostalling *garage* ● werkplaats *service station*

garantie DE *guarantee* ★ het valt nog onder de garantie *it is still covered by the guarantee, it is still under warranty*

garderobe DE ● kledingvoorraad *wardrobe* ★ Elton John heeft een deel van zijn garderobe verkocht *Elton John has sold part of his wardrobe* ● plek om jassen op te hangen *cloakroom*

garen HET *thread, yarn* ⟨wol⟩ ★ klosjes garen in verschillende kleuren *reels of thread in varying colours*

garnaal DE *shrimp* ★ garnalen worden niet meer thuis gepeld *shrimps are no longer shelled / peeled at home*

garnizoen HET *garrison*

gas HET *gas* ★ we gaven gas AM *we stepped on the gas, we accelerated,* INF *we put our*

foot down ▼ ik heb een pan op het gas gezet *I put a pan on the stove* ▼ mijn auto rijdt op gas *my car runs on LPG*
gasfornuis HET *gas cooker, gas stove*
gaskamer DE *gas chamber*
gasleiding DE • in huis *gas pipes* • op straat *gas main*
gaspedaal HET *accelerator* ▼ hij trapte vol op het gaspedaal *he put his foot down*, AM *he stepped on the gas*
gasstel HET *gas cooker, gas stove*
gast DE *guest*
gastarbeider DE *migrant worker*
gastheer DE *host*
gastvrij BN *hospitable*
gastvrouw DE *hostess*
gat HET • opening *hole, gap* ★ de demonstranten kwamen binnen door een gat in het hek *the protesters got in through a hole in the fence* ★ ze hebben het gat met de concurrentie gedicht *they closed the gap with the opposition* ▼ ik heb een gat in mijn hoofd *I've got a head wound / injury* ▼ ze beginnen het in de gaten te krijgen *they are starting to get wind of it* ▼ houd haar in de gaten *watch out for her* • kont *bum, backside* ★ ze gaf hem een schop onder zijn gat *she gave him a kick him up the backside / bum*
gauw BIJW • snel *quickly* ★ kom gauw! *quickly!* • binnenkort *soon* ★ ik bel je gauw *I'll call you soon*
gave DE *gift, talent* ★ zij heeft een gave voor talen *she has a gift for languages* ★ hij heeft de gave om mensen enthousiast te maken *he has a talent for making people enthusiastic*
gazon HET *lawn*
geaardheid DE *nature, inclination* ★ discriminatie op grond van seksuele geaardheid is verboden *discrimination based on sexual orientation is illegal*
geacht BN ★ geachte heer / mevrouw *Dear Sir / Madam*
geallieerden DE *Allies, Allied Powers*
gebak HET *pastry* ▼ een gebakje *a cake*
gebarentaal DE *sign language*
gebed HET *prayer* ▼ hij deed een gebed *he said a prayer, he prayed*
gebergte HET *mountain chain, mountains* ★ in het gebergte *in the mountains*
gebeuren WW *happen* ★ er gebeuren rare dingen *strange things happen* ▼ het is zó gebeurd *it'll only take a second*
gebeurtenis DE *event*
gebied HET • terrein *area* ★ het gebied rond Utrecht *the area around Utrecht* • onderwerp *field* ★ zij is een expert op het gebied van voetbal *she is an expert in the field of soccer*
gebit HET • echt *teeth* ⟨meervoud⟩ ★ zijn gebit is slecht *his teeth are bad* • kunstgebit *false teeth, dentures* ★ opa is zijn gebit kwijt *Grandpa has lost his dentures / his false teeth*
gebod HET *order, command* ▼ de tien geboden *the Ten Commandments*
geboorte DE *birth* ★ je woog zes pond bij de geboorte *you weighed six pounds at birth* ★ ze is Amerikaanse van geboorte *she is American by birth*
geboorteakte DE *birth certificate*
geboortedatum DE *date of birth*
geboorteplaats DE *place of birth, birthplace*
geboren BN *born* ★ hij is geboren en getogen in Duitsland *he was born and bred in Germany* ▼ hij is een geboren Fransman *he's a Frenchman by birth*
gebouw HET *building*
gebrek HET • tekort *shortage, want* ★ er is gebrek aan eten *there is a shortage of food* ★ gebrek aan arbeidskrachten *shortage of labourers* ★ bij gebrek aan (iets) beter(s) *for want of anything better* • mankement *defect, fault* ★ verborgen gebreken *hidden defects / defects*
gebrekkig I BN • van mensen *invalid, infirm* • van zaken *poor, faulty* ★ zijn kennis van de taal is gebrekkig *his knowledge of the language is poor* II BIJW *poorly* ★ hij drukt zich gebrekkig uit in het Engels *he expresses himself poorly in English*
gebruik HET • het gebruiken *use* ★ hij maakte van de gelegenheid gebruik *he made use of the opportunity* ★ die machine is buiten gebruik *that machine is out of use / operation* • consumptie *consumption* • gewoonte *custom*
gebruikelijk BN *usual* ★ zoals gebruikelijk *as usual*
gebruiken WW *use* ★ ze gebruikte mijn pen! *she was using my pen!* ★ een gebruikte auto *a used car*
gebruikersvriendelijk, ook:
gebruiksvriendelijk BN *user-friendly*
gebruiksaanwijzing DE *directions for use,*

instructions
gedachte DE *thought, idea* ★ die gedachte was niet bij me opgekomen *that thought / idea hadn't occurred to me* ★ hij was diep in gedachten *he was lost in thought* ▼ gedachten zijn vrij *there's no harm in thinking* ▼ in zijn gedachten *in his mind's eye* ▼ ik ben van gedachten veranderd *I've changed my mind*

gedeelte HET *part, section* ★ het land bestaat voor een groot gedeelte uit bossen *forests make up a large part of the country* ★ meer voorbeelden vind je onder het gedeelte 'theorie' *you will find some more examples under the section entitled 'theory'*

gedeeltelijk I BN *partial* ★ een gedeeltelijk antwoord *a partial answer* **II** BIJW *partly, in part* ★ wat jij zegt, is gedeeltelijk waar *what you say is partly true / is true in part*

gedicht HET *poem*

gedoe HET *fuss* ★ wat een gedoe! *what a fuss!* ▼ het hele gedoe kan me niets schelen *the whole business doesn't interest me one bit*

gedogen WW *tolerate, turn a blind eye to* ★ softdrugs worden gedoogd *use of soft drugs is tolerated, the law turns a blind eye to the use of soft drugs*

gedrag HET *behaviour* ★ dit soort gedrag wordt niet getolereerd *behaviour of this sort will not be tolerated*

geduld HET *patience* ★ hij heeft veel geduld *he has a lot of patience, he is very patient* ★ mijn geduld is op *my patience is at an end*

geduldig I BN *patient* ★ ze is een erg geduldig mens *she's a very patient person* **II** BIJW *patiently* ★ we wachtten geduldig *we waited patiently*

gedurende VZ *during, for* ★ gedurende de laatste paar jaar *during / for / over the last couple of years*

geel BN *yellow*

geëmancipeerd BN *emancipated, liberated*

geen TELW • ‹+ *zelfstandig naamwoord*› *no* ★ ik heb geen idee *I have no idea* ★ zij heeft bijna geen geld *she hardly has any money* • ‹zelfstandig gebruikt› *none* ★ ik heb er geen gevonden *I found none* ★ geen van hen *none of them* ▼ geen van beide(n) *neither of them*

geest DE • verstand *mind* ★ zijn geest is nog net zo helder als vroeger *his mind is as alert as it used to be* ▼ ik ben oud, maar mijn geest is nog jong *I'm old, but young at heart* • wezen zonder lichaam *spirit, ghost* ★ ik geloof niet aan geesten *I don't believe in ghosts* ★ boze geesten *evil spirits* ★ de Heilige Geest *the Holy Ghost / Spirit*

geestelijk I BN • mentaal *mental* ★ geestelijke gezondheid *mental health* • godsdienstig *spiritual* ★ geestelijke bijstand *spiritual assistance* **II** BIJW • *mentally* ★ de man was geestelijk in de war *the man was mentally disturbed* • *spiritually* ★ het zingen van liederen hielp de slaven om geestelijk te overleven *singing songs helped the slaves to survive spiritually*

geestig BN *witty, humourous*

geeuwen WW *yawn*

gegeven I HET • feit *fact* • onderwerp *subject* ★ het gegeven van het verhaal *the subject of the story* **II** BN *given, certain* ★ op een gegeven ogenblik *at a given / certain moment, at a moment in time*

gehakt HET *minced meat, mince*

gehaktbal DE *meatball*

gehandicapt BN *disabled, handicapped* ★ lichamelijk / geestelijk gehandicapt *physically / mentally disabled / handicapped* ★ de gehandicapten *the disabled*

geheel I HET *whole* ★ over het geheel *on the whole* ▼ in het geheel niet *not at all* **II** BN *whole, entire* ★ de gehele wereld *the entire / whole world* **III** BIJW *entirely* ★ die acties waren geheel rechtvaardig *those actions were entirely justified*

geheim I HET *secret* ★ ze kan geen geheim bewaren *she can't keep a secret* ★ ze trouwde in het geheim *they got married in secret, they married secretly* **II** BN *secret* ★ de geheime dienst *the secret service* ▼ een geheim agent *an undercover agent / policeman*

geheimzinnig BN *mysterious* ★ een geheimzinnige vreemdeling *a mysterious stranger* ▼ het geld verdween op geheimzinnige wijze *the money mysteriously disappeared*

geheugen HET *memory* ★ mijn geheugen wordt minder *my memory is going* ▼ die dag ligt mij vers in het geheugen *that day is still fresh in my mind*

gehoor HET • zintuig *(sense of) hearing*

★ Alan heeft een heel goed gehoor *Alan's hearing is very good* ▼ hij heeft geen muzikaal gehoor *he has no ear for music* ▼ zijn politieke ideeën vinden veel gehoor *his political ideas are getting a lot of attention* • publiek *audience* ★ zijn argumenten vonden geen gehoor bij zijn landgenoten *his arguments failed to find an audience among his fellow countrymen* ▼ ik vond gehoor bij een arts in de buurt *a local doctor was prepared to listen to me*

gehoorapparaat HET *hearing aid*

gehoorzaam I BN *obedient* ★ een gehoorzaam kind *an obedient child* II BIJW *obediently* ★ de hond liep gehoorzaam achter hem aan *the dog walked obediently behind him*

gehoorzamen WW *obey*

gehucht HET *hamlet*

gehuwd BN *married*

geil BN • van personen *randy, horny* • van foto's & *sexy*

geintje HET *joke, prank* ★ ze hebben een geintje met me uitgehaald *they've played a joke on me* ▼ ik maak maar een geintje *just kidding / joking!*

geiser DE • spuitende bron *geyser* • warmwatertoestel *hot water service*

geit DE *(she)goat*

geitenkaas DE *goat's cheese*

gejuich HET *cheer* ★ er ging een luid gejuich op *there was a loud cheer, a loud cheer went up*

gek I DE *fool* ★ ze houden je voor de gek *they're making a fool of you, they're kidding you* II BN • krankzinnig *mad, crazy* ★ ik denk dat ik gek word *I think I'm going mad / crazy* ★ je maakt me gek! *you drive me crazy!* • dwaas *silly* ★ hij is niet zo gek als hij er uitziet *he isn't as silly as he looks* • vreemd *funny* ★ een gekke opmerking *a funny remark* • verzot *crazy* ★ Henry was gek op vrouwen *Henry was crazy about women* III BIJW *madly* ★ dat is niet zo gek duur *that's not madly expensive* ▼ doe niet zo gek! *don't be silly / stupid!*

gekkenhuis HET *madhouse* ★ het is hier een gekkenhuis *it's a madhouse here*

gel DE *gel*

geld HET *money* ★ hij verdient een hoop geld *he earns a lot of money* ★ je geld of je leven! *your money or your life!*

geldautomaat DE *cash dispenser, automated teller machine, ATM*

geldboete DE *fine*

gelden WW van toepassing zijn *apply* ★ deze regel geldt ook voor jou *this rule applies to you as well* ▼ dat geldt niet *that doesn't count*

geldig BN *valid* ★ een geldig paspoort *a valid passport*

geldverspilling DE *waste of money*

geleden BN *ago* ★ lang geleden *long ago* ★ kort geleden *a short time ago*

geleerde DE *scientist, academic*

gelegenheid DE • gebeurtenis *occasion* ★ een feestelijke gelegenheid *a festive occasion* • kans *opportunity* ★ zij gaven mij de gelegenheid om te ontsnappen *they gave me the opportunity to escape*

geleidehond DE *guide dog*

geliefd BN *loved, beloved* ★ elk mens wil zich geliefd voelen *everyone wants to be loved* ★ hij wast zijn geliefde oldtimer elke week *he washes his beloved vintage car every week* ▼ zij is zeer geliefd bij haar collega's *she's very popular with her colleagues*

gelijk I HET *right* ▼ ze heeft gelijk *she's right* ▼ hij geeft mij gelijk *he thinks I'm right* II BN • hetzelfde, dezelfde *same,* ⟨op gelijk niveau⟩ *equal* ★ van gelijke leeftijd *of the same age* ★ alle mensen zijn gelijk *all men are equal* ▼ precies gelijk *identical* • tegelijk *at the same time* ★ we kwamen gelijk aan *we arrived at the same time* • direct *at once* ★ gelijk sprong hij op *he jumped up at once*

gelijkenis DE • overeenkomst *resemblance* • verhaal *parable*

gelijkheid DE *equality*

gelijkmaken WW • van hoeveelheden *equalize* • van oppervlak *level*

gelijkspel HET *draw, tie* ★ een 1-1 gelijkspel *a one-all draw / tie*

gelijktijdig I BN *simultaneous* ★ de regering wil gelijktijdige ontruiming van alle vluchtelingenkampen *the government wants a simultaneous evacuation of all refugee camps* II BIJW *simultaneously, at the same time* ★ de drie bommen gingen gelijktijdig af *the three bombs exploded simultaneously / at the same time*

geloof HET *belief,* ⟨vertrouwen⟩ *faith* ★ zijn geloof in God werd op de proef gesteld*

geloofwaardig – genezen

his belief / faith in God was put to the test ★ de thuisclub had het geloof in de goede afloop verloren *the home side had lost faith in a victory* ▼ INF FIG ben je van je geloof gevallen? *decided to try something new, have we?*

geloofwaardig BN ⟨van persoon⟩ *reliable*, ⟨van verhaal⟩ *credible*

geloven WW ● geloof hechten *believe* ★ hij gelooft in God *he believes in God* ★ ik geloof je (niet) *I (don't) believe you* ● menen, aannemen *think* ★ ik geloof dat je gelijk hebt *I think you're right*

gelovig BN kerks *religious*

geluid HET *sound* ★ hij maakte geen geluid *he didn't make a sound*

geluidsbarrière DE *sound barrier*

geluk HET ● gunstig toeval *luck* ★ ik ga mijn geluk beproeven *I'm going to try my luck* ★ je hebt geluk *you're in luck* ● blijdschap *happiness* ★ Jill straalde van geluk *Jill glowed with happiness*

gelukkig I BN ● fortuinlijk *fortunate, lucky* ★ door een gelukkig toeval *by a fortunate / lucky coincidence* ● blij *happy* ★ een gelukkig huwelijk *a happy marriage* ▼ Gelukkig Kerstmis / Nieuwjaar *Happy Christmas / New Year* II BIJW ● door gunstig toeval *fortunately, luckily* ★ we kwamen gelukkig net op tijd *fortunately / luckily we were just in time* ● blij *happily* ★ ze is gelukkig getrouwd *she's happily married*

geluksgetal HET *lucky number*

gelukwensen WW *congratulate* ★ ik wens je geluk met je diploma *I congratulate you on your certificate*

gelul HET *bull(shit)*

gemaal BIJW in polder *pumping station*

gemak HET ● kalmte *ease* ★ ik voelde me niet op mijn gemak *I didn't feel at ease* ● comfort *convenience* ★ voor het gemak *for the sake of convenience* ★ het huis is van alle gemakken voorzien *the house has all modern conveniences / all mod cons* ▼ zij won met gemak *she won easily*

gemakkelijk I BN ● niet moeilijk *easy* ★ het proefwerk was gemakkelijk *the exam was easy* ● onbezorgd, kalm *easy* ★ een gemakkelijk leventje *an easy life* ● comfortabel *comfortable* ★ maak het je gemakkelijk *make yourself comfortable* II BIJW ● niet moeilijk *easily* ★ hij is gemakkelijk afgeleid *he is easily distracted* ● geriefelijk *comfortably* ★ zit je wel gemakkelijk? *are you comfortably seated?*

gember DE *ginger*

gemeen I BN ● slecht *bad, nasty* ★ de gemene buurman *the nasty neighbour* ● vals *mean* ★ zij plaatste een gemene opmerking *she made a mean remark* ● gemeenschappelijk *common* ★ ze hebben iets met elkaar gemeen *they have something in common with each other* ★ de (grootste) gemene deler *the (greatest) common divisor / denominator* ★ het (kleinste) gemene veelvoud *the (least) common multiple* II BIJW ● vals *meanly* ★ hij gedroeg zich gemeen *he acted meanly* ● versterkend *horribly* ★ het is gemeen koud vandaag *it's horribly cold today*

gemeenschappelijk I BN *joint* ★ een gemeenschappelijke actie *a joint action* II BIJW *jointly* ★ de twee firma's gaan de brug gemeenschappelijk bouwen *the two firms will build the bridge jointly*

gemeente DE *municipality*

gemeentehuis HET *town hall*

gemengd BN *mixed* ★ een gemengde salade *a mixed salad* ★ ⟨tennis⟩ een gemengd dubbel *mixed doubles*

gemiddelde HET *average* ★ onder / boven het gemiddelde *below / above average* ★ bereken het gemiddelde van alle cijfers *take the figures and calculate the average, average the figures out*

gemoedsrust DE *peace of mind*

gen HET *gene*

genaamd BN *called, named* ★ een jongen genaamd Sue *a boy named / called Sue*

genade DE *mercy*

gênant BN *embarrassing, awkward*

geneeskunde DE *medicine, medical science*

geneesmiddel HET *medicine, drug*

generaal I DE *general* II BN *general* ★ een generaal pardon *a general amnesty* ▼ de generale repetitie *the dress rehearsal*

generatie DE *generation*

generator DE *generator*

genezen WW ● beter worden *recover*, ⟨van een wond⟩ *heal* ★ hij genas van zijn ziekte *he recovered from his illness* ● beter maken ⟨iemand⟩ *cure*, ⟨een wond⟩ *heal* ★ de dokter genas hem van kanker *the doctor cured him of cancer*

genie HET *genius*

genieten WW *enjoy* ★ we genoten van het heerlijke diner *we enjoyed the delicious dinner*

genitaliën DE *genitals*

genoeg TELW + BIJW *enough* ★ er is genoeg voor iedereen *there's enough for everyone* ★ ik heb er genoeg van *I've had enough* ★ dat lijkt me duidelijk genoeg *it seems clear enough to me*

genoegen HET *pleasure, delight* ★ het was mij een waar genoegen *it was a real pleasure* ▼ daar neem ik geen genoegen mee *I won't put up with that*

genot HET *enjoyment* ▼ onder het genot van een glaasje wijn *while enjoying a glass of wine*

geografie DE *geography*

geologie DE *geology*

gepensioneerd BN *retired*

geraamte HET *skeleton*

geraffineerd I BN ● verfijnd *refined* ★ geraffineerde suiker *refined sugar* ● sluw *cunning, crafty* ★ hij werd het slachtoffer van een geraffineerde truc *he was the victim of a cunning / crafty trick* II BIJW *cunningly, cleverly* ▼ Rembrandt maakte geraffineerd gebruik van licht *Rembrandt made clever use of light*

gerecht HET ● eten *dish* ★ heerlijke gerechten *wonderful dishes* ● rechtbank *court, court of law*

gerechtshof HET *court (of justice)*

gereedschap HET *tools* ★ een stuk gereedschap *a tool*

gerst DE *barley*

gerucht HET *rumour* ★ het gerucht gaat dat zij ontslagen is *there's a rumour going (a)round that she's been fired*

geruit BN *checked, chequered*

gerust I BN *quiet, calm* ★ met een gerust geweten *with a clear conscience* ▼ ik ben er niet gerust op *I feel uneasy about it* II BIJW *safely* ★ dat mag je gerust beweren *you can safely say that* ▼ je kunt gerust naar huis gaan *you can go home if you like*

geruststellen WW *reassure* ★ Eva stelde hem gerust *Eva reassured him*

gescheiden BN ● niet meer getrouwd *divorced* ● verdeeld *divided, separated*

geschenk HET *gift, present* ★ zij gaf Adam een appel als geschenk *she gave Adam an apple as a present / gift*

geschiedenis DE *history* ★ een geschiedenisles *a history lesson, a lesson in history*

geschikt BN *suitable* ★ die fiets is niet geschikt voor dit karwei *that bike isn't suitable for this job* ▼ ze is geschikt voor verpleegster *she would make a good nurse* ▼ hij is wel een geschikte vent *he's quite a decent / nice fellow / chap*

geslacht HET ● familie *family, ancestor* ★ hij komt uit een geslacht van juweliers *he comes from a family of jewellers* ● generatie *generation* ● sekse *sex, gender* ★ het zwakke geslacht *the weaker sex*

geslachtsgemeenschap DE *(sexual) intercourse*

geslachtsziekte DE *venereal disease, sexually transmitted disease*

gesp DE *buckle, clasp*

gespannen I BN *tense, nervous* ★ een gespannen sfeer *a tense / nervous atmosphere* II BIJW *tensely, nervously* ★ ze keek gespannen toe *she watched tensely / nervously*

gespierd BN *muscular*

gesprek HET *conversation, talk* ★ we hebben een lang gesprek gevoerd *we had a long conversation / talk* ▼ ze was in gesprek met een paar vrienden *she was talking to a couple of friends* ▼ het telefoonnummer is in gesprek *the line / number is engaged*

gesteente HET *stone, rock*

gestoord BN *disturbed* ★ geestelijk gestoord *mentally disturbed / ill*

gestroomlijnd BN *streamlined*

getal HET *number* ★ een rond getal *a round figure / number*

getikt BN *crazy*

getrouwd BN *married* ★ een pas getrouwd stel *a newly married couple*

getuige DE *witness* ★ ze was getuige van een bankoverval *she was a witness to a bank robbery*

geur DE *smell*, ⟨prettig⟩ *scent* ★ een akelige geur *a nasty smell* ★ de geur van viooltjes *the scent of violets*

gevaar HET *danger* ★ we zijn buiten gevaar *we're out of danger*

gevaarlijk I BN *dangerous* ★ een gevaarlijk beroep *a dangerous profession* II BIJW *dangerously* ★ hij kwam gevaarlijk dichtbij *he came dangerously close*

geval HET *case* ★ in geval van nood *in case of*

emergency ★ in elk geval *in any case* ★ voor het geval dat je me zoekt: ik ben thuis *in case you're looking for me: I'm at home* ▼ in geen geval *definitely not*

gevangene DE *captive*, ⟨in de gevangenis⟩ *prisoner*

gevangenis DE *prison, jail* ★ hij ging de gevangenis in *he went to jail* ★ ze werd in de gevangenis gezet *she was put in prison*

gevangenisstraf DE *imprisonment, jail sentence* ★ Joop werd tot vier jaar gevangenisstraf veroordeeld *Joop was sentenced to four years' imprisonment, Joop got a four-year jail sentence*

gevangenschap DE *captivity*

gevarendriehoek DE *warning triangle*

gevecht HET *fight* ★ een hevig gevecht *a fierce fight* ▼ de gevechten duren nog voort *fighting is still continuing*

gevechtsvliegtuig HET *fighter plane*

gevel DE *façade, front*

geven ww ● aanbieden, schenken *give* ★ hij gaf het bevel om Bagdad aan te vallen *he gave the order to attack Baghdad* ★ je hoeft maar te vragen en het zal je worden gegeven *you only have to ask and it'll be given to you* ★ kun je me iets te eten geven? *could you give me something to eat?* ★ het is een kwestie van geven en nemen *it's a matter of give and take* ▼ hij geeft Engelse les *he teaches English* ▼ dat geeft moeilijkheden *that'll cause trouble* ▼ ze gaf me gelijk *she agreed with me* ● aanreiken *hand* ★ kun je me de suiker even geven? *could you hand / pass me the sugar?* ● hinderen *matter* ★ het geeft niets *it doesn't matter* ● gesteld zijn op *care* ★ hij geeft veel om haar *he cares a lot for / about her*

gevoel HET ● iets wat je voelt *sensation, feeling* ★ een pijnlijk gevoel *a painful sensation / feeling* ● besef *sense, feeling* ★ een gevoel voor humor *a sense of humour* ★ ze heeft gevoel voor muziek *she has a feeling for music* ● indruk *feeling, impression* ★ ik heb het gevoel dat je boos op me bent *I have the feeling / impression that you're mad at with me* ● emotie *emotion, feeling* ★ hij liet geen greintje gevoel zien *he didn't show the slightest emotion / feeling* ★ gemengde gevoelens *mixed feelings* ▼ ik heb veel gevoelens voor hem *I feel a lot of affection for him* ● zintuig *touch* ★ ik vond het lichtknopje op mijn gevoel *I found the light switch by touch*

gevoelig I BN *sensitive* ★ een gevoelig kind *a sensitive child* ★ sommige vitamines zijn gevoelig voor licht *some vitamins are sensitive to light* ● een gevoelige huid *a sensitive / tender skin* ▼ een gevoelige plek *a tender / sore spot* II BIJW *sensitively* ★ hij heeft heel gevoelig gespeeld *he played very sensitively*

gevogelte HET *birds, poultry* ★ wild en gevogelte *game and poultry*

gevolg HET *consequence* ★ wij aanvaarden de gevolgen *we'll accept the consequences* ▼ ten gevolge van het slechte weer *because of the bad weather*

gewaagd BN ● pikant *daring, risqué* ★ een gewaagde kleurencombinatie *a daring colour combination* ★ een gewaagde grap *a risqué joke* ● riskant *risky, hazardous* ★ een gewaagde stunt *a risky / hazardous stunt*

gewas HET ● gekweekte planten *crops* ● plantengroei *growth, vegetation*

geweer HET *rifle, gun*

gewei HET *antlers* ⟨meervoud⟩

geweld HET ● kracht *force* ★ met geweld *by force* ● agressie *violence* ★ zinloos geweld *mindless violence*

gewelddadig I BN *violent* ★ ze is een gewelddadige dood gestorven *she met a violent death* II BIJW *violently* ★ het verzet werd gewelddadig onderdrukt *resistance was suppressed violently*

geweldig I BN ● groot, hevig *enormous, tremendous* ★ een geweldige rommel *an enormous mess* ★ een geweldige schok *a tremendous shock* ● goed *terrific*, SPREEKT *great* ★ hij was een geweldige basgitarist *he was a great / terrific bass player* II BIJW *enormously, tremendously* ★ het heelal is geweldig groot *the universe is enormously / tremendously big*

gewend BN *used, accustomed* ★ ik ben aan al deze luxe gewend *I'm used to / accustomed to this sort of luxury*

geweten HET *conscience*

gewicht HET *weight* ★ een gewicht van vijf kilo *a weight of five kilo(gram)s* ★ let jij op je gewicht? *do you watch your weight?* ▼ FIG een man van gewicht *an important man*

gewichtheffen HET *weightlifting*
gewichtig I BN • *important* ★ een gewichtig vraagstuk *an important issue* II BIJW *importantly* ★ ze lopen in nette pakken rond en doen gewichtig *they walk (a)round in neat suits and act importantly* / *important* ▼ ze doen zo gewichtig over alles *they make out that everything is so important*
gewond BN *injured, wounded*
gewoon I BN • gebruikelijk *usual* ★ het gewone recept *the same as usual* • alledaags *ordinary* ★ een gewone buurt met gewone mensen *an ordinary neighbourhood with ordinary people* • gewend *accustomed, used* ▼ zij was gewoon te gaan vissen *she used to go fishing* II BIJW *simply, just* ★ ik kan gewoon niet ophouden met praten *I simply / just can't stop talking*
gewoonlijk BIJW *usually* ★ ze is hier gewoonlijk tegen zessen *she's usually here by 6* ▼ zij kwam later dan gewoonlijk *she arrived later than usual*
gewoonte DE • aanwensel *habit* ★ uit gewoonte *out of habit* ★ hij maakt er een gewoonte van *he makes a habit of it* • gebruik *custom* ★ het is hier niet de gewoonte om... *it's not the custom / it's not customary here to...*
gewricht HET *joint*
gezag HET • macht *authority* ★ de burgemeester oefent het gezag uit over de politie *the mayor exercises authority over the police* ▼ de generaal voert het gezag over het leger *the general has the command over / commands the army* • machthebbers *authorities* ★ het bevoegd gezag heeft ingegrepen *the proper authorities intervened*
gezang HET • het zingen *singing* • kerklied *hymn*
gezegde HET • spreekwoord *saying, expression* ★ dat is al een oud gezegde *that's an old saying / expression* • zinsdeel *predicate* ★ het naamwoordelijk gezegde *the nominal predicate*
gezellig I BN ⟨van gelegenheden⟩ *pleasant, nice*, ⟨van sfeer⟩ *cosy*, ⟨van personen⟩ *sociable* II BIJW *pleasantly* ★ we zaten gezellig te praten over het weer *we chatted pleasantly about the weather, we had a nice chat about the weather*

gezelschap HET *company* ★ wil je mij gezelschap houden? *would you keep me company?* ★ in gezelschap van onze familie *in the company of our family*
gezeur HET *moaning (and groaning)* ★ hou op met dat gezeur! *stop moaning (and groaning)!*
gezicht HET • hoofd *face* ★ je hoeft niet zulke rare gezichten te trekken *you don't have to pull such faces* • aanblik *view* ★ een gezicht op Londen *a view of London* ▼ het was liefde op het eerste gezicht *it was love at first sight* ▼ dat is geen gezicht! *that's hideous!*
gezin HET *family* ★ in dit huis wonen drie gezinnen *three families live in this house*
gezond I BN *healthy, better* ★ gezond eten *healthy food* ★ ik hoop dat je gauw weer gezond wordt *I hope you get better soon* ▼ gebruik je gezond verstand *use your common sense* II BIJW *healthily* ★ ze eten niet gezond *they don't eat healthily, they don't have a healthy diet*
gezondheid DE *health* ▼ gezondheid! ⟨als toast⟩ *here's to you!*; ⟨als iemand niest⟩ *bless you!*
gezondheidszorg DE *health care, health-care*
gezwel HET *swelling, tumour*
gft-afval HET *organic waste*
gids DE persoon *guide* ★ een goede gids verdwaalt nooit *a good guide never gets lost* ★ een tv-gids *a TV guide* ▼ de Gouden Gids *the Yellow Pages*
giechelen WW *giggle* ★ giechelende kinderen *giggling children*
gier DE • vogel *vulture* • mest *liquid manure*
gieren WW *scream,* ⟨van wind⟩ *howl* ★ ze gierden van het lachen *they were screaming with laughter* ★ de wind gierde door de bomen *the wind howled through the trees*
gierig BN *miserly*
gieten WW *pour* ★ John goot water in de theepot *John poured water in the teapot* ★ het giet *it's pouring*
gietijzer HET *cast iron*
gif HET *poison*
gifgas HET *poison gas*
gifslang DE *poisonous snake*
giftig BN *poisonous* ★ een giftige stof / slang *a poisonous substance / snake* ▼ giftig afval *toxic waste*

gigantisch I BN *enormous, immense, gigantic* ★ een gigantisch bedrag *an enormous / immense / gigantic amount, a huge amount* II BIJW *enormously, immensely, gigantically* ★ dit wordt door de media gigantisch overdreven *the media has exaggerated this enormously* ★ de piramiden zijn gigantisch groot *the pyramids are immensely big* ▼ een gigantisch groot bedrag *a huge / gigantic sum of money*

gijzelaar DE *hostage* ★ de gijzelaars werden vrijgelaten *the hostages were set free*

gijzelen WW *take hostage* ★ de minister werd gegijzeld *the minister was taken hostage*

gil DE *scream* ▼ de vrouw gaf een gil *the woman screamed*

gillen WW *scream* ★ zij gilde om hulp *she screamed for help* ▼ het is om te gillen *it's a scream*

gips HET • stof *gypsum* • gipsverband *plaster* ★ mijn been zit in het gips *my leg is in plaster*

gipsplaat DE *plasterboard*

giraffe DE *giraffe*

giro DE *giro*

giromaat DE *cash dispenser, automatic teller machine, ATM*

giropas DE *giro card, cash card*

girorekening DE *giro account*

gissen WW *guess* ★ wij kunnen alleen maar gissen naar de oorzaak *we can only guess at the cause* ▼ hij kon alleen maar gissen naar een verklaring voor het gedrag van de gorilla *he could only hazard a guess as to why the gorilla acted like that*

gist DE *yeast*

gisteravond BIJW *last night*

gisteren BIJW *yesterday* ★ ik heb haar gisteren gezien *I saw her yesterday* ★ hij is niet van gisteren *he wasn't born yesterday, there are no flies on him*

gistermiddag BIJW *yesterday afternoon*

gistermorgen BIJW *yesterday morning*

gitaar DE *guitar* ★ wil je gitaar leren spelen? *do you want to learn (to play) the guitar?*

glad I BN • effen, vlak *smooth* ★ een glad oppervlak *a smooth surface* • glibberig *slippery* ★ de weg is glad door sneeuw *snow has made the road slippery* ★ hij is een gladde vogel *he's a slippery customer* II BIJW • effen, vlot *smoothly* ★ het popfestival is glad verlopen *the pop festival went off smoothly* • helemaal *totally* ★ ik ben het glad vergeten *I totally / clean forgot*

glanzen WW *shine* ★ mijn schoenen glansden toen ik ze had gepoetst *my shoes shone after I had polished them* ▼ glanzend papier *glossy paper*

glas HET • materiaal *glass* ★ overal lag glas *there was glass everywhere* ★ glas in lood ramen *stained glass windows, leaded windows* • drinkglas *glass* ★ een glas water *a glass of water* • ruit *(window)pane*

glasbak DE *bottle bank*

glas-in-loodraam HET *leaded window,* ⟨gebrandschilderd⟩ *stained glass window*

glasvezel DE • vezel *glass fibre* • materiaal *fibreglass*

glazenwasser DE *window cleaner*

gletsjer DE *glacier*

gleuf DE *slit, slot*

glibberig BN *slippery*

glijbaan DE *slide*

glijden WW *slip, slide* ★ de stoel gleed onder me weg *the chair slipped from under me* ★ de kinderen gleden de heuvel af *the children slid down the hill*

glimlachen WW *smile* ★ Peter glimlachte naar Marilyn *Peter smiled at Marilyn*

glimmen WW *shine* ★ het metaal glom als een spiegel *the metal shone / was shining like a mirror*

glinsteren WW *sparkle* ★ glinsterende sterren *sparkling stars*

gloed DE • warmte *glow* ★ de gloed van het vuur *the glow of the fire* • enthousiasme *fervour* ★ ze heeft het plan met gloed verdedigd *she defended the plan with fervour, she defended the plan fervently*

gloeien WW *glow*

gloeilamp DE *light bulb*

gluren WW *spy, peek* ★ hij gluurde door de tuinschutting naar zijn buurvrouw *hij spied on the neighbour's wife through the fence* ★ de kinderen gluurden door het raam naar binnen *the children peeked in through the window*

gniffelen WW *chuckle* ★ hij gniffelde in zijn vuistje *he chuckled to himself*

goal DE *goal* ★ hij scoorde een goal *he scored a goal*

god DE *god* ★ hij gelooft niet in God *he doesn't believe in God*

goddank TSW *thank goodness* ★ goddank zag hij me niet *thank goodness he didn't see me*
godin DE *goddess*
godsdienst DE *religion*
godslastering DE *blasphemy*
godsnaam DE ▼ in godsnaam *for heaven's sake*
godverdomme TSW *bloody hell, damn*
goed I HET waren *goods ⟨meervoud⟩* ★ gestolen goed *stolen goods* ▼ onroerend goed *real estate* ▼ INF mijn goeie goed *my Sunday best* II BN ● uitstekend *good* ★ een goed woordenboek *a good dictionary* ★ een goed mens *a good person* ★ ze is goed in talen *she's good at languages* ★ het smaakt goed *it tastes good* ★ het zal je goed doen *it will do you good* ★ dat is maar goed ook *and a good thing too* ▼ voel je je wel goed? *are you feeling all right?* ▼ laten we het weer goed maken *let's make up* ▼ zo goed als nieuw *as good as new* ● correct *right* ★ het goede antwoord *the right answer* ★ hij probeert altijd het goede te doen *he always tries to do the right thing* ▼ net goed! *serves you right!* ▼ goed dat ik het weet *thanks for telling me* ▼ hij is er niet te goed voor *I wouldn't put it past him* III BIJW ● correct *well, right, correctly* ● goed gedaan! *well done!* ★ heb ik je goed gehoord? *did I hear you correctly?* ▼ dat komt nooit meer goed *things will never be right again* ● netjes *properly* ★ je moet je goed gedragen *you should behave properly* ▼ goed dan, jij je zin! *all right, have it your way*
goedemiddag TSW *good afternoon*
goedemorgen TSW *good morning*
goedenavond TSW ⟨als begroeting⟩ *good evening*, ⟨als afscheid⟩ *good night*
goedendag TSW ⟨als begroeting⟩ *good day, hello* ★ ze zei goedendag tegen hem *she said hello to him*
goederen DE *goods ⟨meervoud⟩*
goedkeuren WW *approve, accept* ★ ze keurde mijn keuze goed *she approved of my choice* ★ ik kan jouw gedrag niet goedkeuren *I won't accept behaviour like that*
goedkoop BN *cheap* ★ het goedkoopste horloge *the cheapest watch*
goedmaken WW *make up for, put right* ★ het weer heeft heel veel goed gemaakt *the weather made up for a lot* ★ hoe kan ik het goedmaken? *how can I put it right?, how can I make up for it?*
gokautomaat, ook: **gokkast** DE *slot machine*, INF *one-armed bandit*
gokken WW ● gissen *guess* ★ ze gokte twee keer maar het was beide keren fout *she guessed twice but got it wrong both times* ● om geld spelen *gamble* ★ ze gokten om kleine bedragen *they gamble for low stakes*
gokverslaving DE *compulsive gambling*
golf I DE ● *wave* ★ hoge golven *high waves* ● baai *gulf, bay* ★ de Perzische Golf *the Persian Gulf* ★ de Golf van Biskaje *the Bay of Biscay* II HET SPORT *golf* ★ mijn broer speelt golf *my brother plays golf*
golfbaan DE *golf course, golf links*
golfen WW *play golf*
golfplaat DE *corrugated iron*
golven WW *wave, ripple* ★ het hoge gras golfde in de wind *the high grass waved / rippled in the wind*
gom DE vlakgom *rubber, eraser*
goochelaar DE *magician* ★ de goochelaar goochelde met speelkaarten *the magician juggled playing cards*
gooien WW *throw* ★ ze gooide een paar muntjes in de parkeermeter *she threw a couple of coins in the parking meter* ★ Rob heeft een sneeuwbal naar de politie gegooid *Rob has thrown a snowball at the police* ▼ hij gooide met de deur *he slammed the door*
goor BN ● onsmakelijk *nasty* ★ andijvie heeft een gore smaak *endive has a nasty taste* ● onfatsoenlijk *dirty* ★ een gore mop *a dirty joke* ● vuil *filthy* ★ een goor overhemd *a filthy shirt*
goot DE *gutter* ★ ze heeft hem uit de goot gehaald *she picked him up out of the gutter*
gootsteen DE *(kitchen) sink*
gordijn HET *curtain* ★ hij trok de gordijnen dicht *he drew the curtains* ★ je moet de gordijnen opendoen *why don't you open the curtains?*
gorilla DE *gorilla* ★ gorilla's lopen soms rechtop *gorillas sometimes walk upright*
goud HET *gold* ★ 14-karaats goud *14-carat gold*
gouden BN *gold, golden* ★ een gouden horloge *a gold watch* ★ een gouden bruiloft *a golden wedding anniversary*

goudvis DE *goldfish*
graad DE *degree* ★ vijf graden onder / boven nul *five degrees below / above zero*
graaf DE *count*, ⟨*in GB*⟩ *earl*
graafmachine DE *excavator*
graag I BIJW *gladly* ★ ik ga graag met je mee *I'll gladly go with you* ▼ ik mag hem graag *I like him very much* ▼ ik praat graag *I like to talk, I enjoy talking* ▼ graag gedaan! *you're welcome!* II TSW • als iemand je iets aanbiedt *yes, please* • als je iets graag wilt doen *I'd love to*
graaien WW *grab* ★ de doelman graaide naar de bal *the keeper grabbed at the ball*
graan HET *grain*
graat DE *fish bone*
gracht DE *canal* ★ aan de grachten van Utrecht *along the canals of Utrecht*
graf HET *grave*
graffiti DE *graffiti*
grafiek DE *diagram*
grafsteen DE *gravestone*
gram HET *gram(me)* ★ tien gram kaneel *ten grams / grammes of cinnamon*
grammatica DE *grammar*
granaat I DE *projectiel grenade* II HET *edelsteen garnet*
grandioos I BN *magnificent, monumental* ★ een grandioze show *a magnificent show* ★ een grandioos succes *a magnificent / monumental success* II BIJW *erg abysmally* ★ het project ging grandioos de mist in *the project failed abysmally, the project was a monumental failure* ▼ het is grandioos mislukt *it was a monumental / an abysmal failure*
graniet HET *granite*
grap DE • mop *joke* ★ mijn vader vertelt altijd grappen *my father is always telling jokes* • geintje, streek *(practical) joke, prank* ★ ze hebben een grap met me uitgehaald *they played a practical joke on me* ★ ik kan wel tegen een grap *I can take a joke* ▼ het was puur voor de grap bedoeld *it was purely intended for fun*
grapefruit DE *grapefruit*
grappig BN *funny* ★ ik vind dat helemaal niet grappig *I don't think that's funny at all*
gras HET *grass*
grasland HET *grassland, pasture*
grasmaaier, ook: **grasmaaimachine** DE *lawnmower*
grasveld HET *lawn*
gratie DE • genade *pardon* ▼ de koning verleende gratie aan honderden gevangenen *the king pardoned hundreds of prisoners* • bevalligheid *grace, charm* ★ ze beweegt zich met gratie *she moves with grace, she moves gracefully* ★ de stad heeft niets van haar gratie verloren *the city has lost none of its charm*
gratis I BN *free* ★ een gratis sleutelhanger *a free key ring* II BIJW *free of charge, for free* ★ ...en dat krijgt u allemaal gratis *...and all of this is for free / is free of charge*
graven WW *dig* ★ dwars door de berg heen werd een tunnel gegraven *a tunnel was dug right through the mountain* ▼ om drinkwater te krijgen groeven ze een put *they sank a well to obtain drinking water*
gravin DE *countess*
grazen VNW *graze* ★ schapen graasden in de wei *sheep were grazing in the meadow*
grenenhout HET *pine*
grens DE • tussen landen *border* ★ de grens tussen Nederland en België *the Dutch / Belgian border* • beperking *limit* ★ ik ken mijn grenzen *I know my limits*
grensovergang DE *border crossing*
grensrechter DE *linesman*
gretig I BN *eager, greedy* ★ ons team was een beetje te gretig *our team was a bit too eager* II BIJW *eagerly, greedily* ★ gretig greep zij het brood *she seized the bread eagerly / greedily*
Griek DE *Greek*
Griekenland HET *Greece*
Grieks I HET *Greek* II BN *Greek* ★ Griekse wijn *Greek wine*
griep DE *influenza, flu* ★ hij heeft griep *he's got influenza, he's got the flu*
grieperig BN *suffering from flu* ▼ ik voel me een beetje grieperig *I've got a touch of the flu*
griezelig BN *creepy*
grijnzen WW *grin* ★ hij grijnsde naar de spiegel *he grinned at the mirror*
grijpen WW • tastende beweging maken *grab, grasp* ★ zij greep het met beide handen *she grasped it in her two hands* ★ het kind greep naar de vlieger *the child reached for the kite, the child grabbed at the kite* • beetpakken *seize, catch* ★ de crimineel werd gegrepen *the criminal was caught, they caught the criminal*

grijs BN *grey*
grillen WW *grill*
grind HET *gravel*
grinniken WW *chuckle*
groei DE *growth*
groeien WW *grow* ★ de struiken groeiden over het pad heen *the shrubs grew right across the path* ★ wat ben jij gegroeid! *how you've grown!* ★ hij heeft een baard laten groeien *he's grown a beard* ▼ de problemen groeien ons boven het hoofd *the problems are getting beyond our control*
groen BN *green*
groente DE *vegetables, greens* ⟨meervoud⟩ ★ is de tomaat een groente of een vrucht? *is the tomato a vegetable or a fruit?* ★ groente is duur tegenwoordig *vegetables / greens are expensive nowadays*
groenteboer DE *greengrocer,* ⟨winkel⟩ *greengrocer's*
groentesoep DE *vegetable soup*
groentetuin DE *vegetable garden*
groep DE *group* ★ twee groepen van tien leerlingen *two groups of ten pupils each*
groet DE *greeting* ▼ doe iedereen de groeten! *give my regards to everybody!* ▼ met vriendelijke groet(en) *kind regards*
groeten WW *greet, say hello* ★ Adam groette Maria *Adam said hello to Maria*
grof I BN • niet fijn *coarse* ★ grof brood *coarse bread* • ernstig *gross* ★ grof onrecht *gross injustice* • ongemanierd *rude, coarse* ★ grove manieren *rude / coarse manners* II BIJW • niet fijn *coarsely* ★ de amandelen moeten grof worden gemalen *grind the almonds coarsely* • ongemanierd *rudely, coarsely* ★ hij praatte nogal grof *he spoke quite coarsely / rudely*
grofvuil HET *bulky rubbish*
grommen WW *growl*
grond DE • aardoppervlakte *ground* ★ hij werd tegen de grond gegooid *he was thrown to the ground* ★ onder de grond *underground* ▼ de begane grond BR *the ground floor,* AM *the first floor* • aarde *earth, soil* • land *land* ★ een huis met een hectare grond *a house on a hectare of land*
grondig I BN *thorough* ★ een grondig onderzoek *a thorough investigation* II BIJW *thoroughly* ★ ik ben het grondig zat *I'm thoroughly sick of it*
grondoppervlak HET *floor space*
grondsoort DE *type of soil*
grondstof DE *raw material*
grondverf DE *undercoat, primer*
grondwater HET *ground water*
grondwet DE *constitution*
groot I BN • niet klein *big,* ⟨van persoon⟩ *tall,* ⟨uitgestrekt⟩ *large, vast* ★ een groot huis *a big house* ★ een grote man *a tall man* ★ hij heeft een groot hoofd *he has a large head* ★ een grote hoeveelheid geld *a vast amount of money* ▼ een grote A ⟨hoofdletter⟩ *a capital A* ▼ 3 cm groot *3 cm in size* ▼ wat ga je doen als je groot bent? *what are you going to do when you grow up?* • belangrijk *great* ★ een groot auteur *a great writer* II BIJW *quite* ★ je hebt groot gelijk *you're quite right*
Groot-Brittannië HET *Great Britain*
groothandel DE • handelsvorm *wholesale trade* • zaak *wholesale business*
grootmoeder DE *grandmother*
grootouders DE *grandparents*
grootte DE ⟨omvang⟩ *size,* ⟨lengte van persoon⟩ *height* ★ een bult ter grootte van een olifant *a bump the size of an elephant* ★ een model op ware grootte *a life-size / full-size model*
grootvader DE *grandfather*
grot DE *cave*
grotendeels BIJW *largely* ★ het land is grotendeels woestijn *the land is largely desert*
gruwelijk I BN *awful, horrible* ★ een gruwelijk verhaal *an awful / a horrible story* II BIJW *horribly,* ⟨versterkend⟩ *awfully* ★ ze werden gruwelijk mishandeld *they were horribly mistreated* ★ ik zit me gruwelijk te vervelen *I'm awfully / horribly bored*
gsm ® HET *mobile phone,* AM *cellphone*
guerrilla DE *guerrilla*
guillotine DE *guillotine*
gul I BN *generous* ★ hij is gul van aard *he is generous by nature* II BIJW *generously* ★ zij gaf gul aan de armen *she gave generously to the poor*
gulden DE *guilder, Dutch florin* ★ de gulden was vroeger de Nederlandse munteenheid *the guilder used to be the Dutch currency*
gulp DE *fly* ★ je moet je gulp dichtdoen! ⟨met knopen⟩ *button up your fly!;* ⟨met rits⟩ *zip up your fly!*
gum HET *rubber, eraser*

gummen ww *rub out, erase*
gunnen ww *grant, allow* ★ de geest gunde haar drie wensen *the genie granted her three wishes*
gunst DE *favour* ★ ik moet hem een gunst vragen *I'd like to ask him a favour*
gunstig I BN *favourable* ★ een gunstige gelegenheid *a favourable opportunity* II BIJW *favourably* ★ hij reageerde gunstig *he reacted favourably*
guur I BN *bleak* ★ een guur landschap *a bleak landscape* II BIJW *bleakly* ★ de wind blies guur door het stadion *the wind blew bleakly through the stadium, there was a bleak wind in the stadium*
gym I DE gymnastiek *PE* ⟨physical education⟩ II HET school ¯ *grammar school*, -AM *high school*
gymnasium HET ¯ *grammar school*, -AM *high school* ★ Susan zit op het gymnasium *Susan is at grammar school*, AM *Susan is in high school*
gymnastiek DE *physical education*
gymschoen DE *gym shoe*
gymzaal DE *gym(nasium)*
gynaecoloog DE *gynaecologist*

H

h DE *h* ★ de H van Hendrik *H as in Hotel*
haai DE *shark*
haaientanden DE wegmarkering *'give way' road markings*
haak DE • gebogen voorwerp *hook*, ⟨van kapstok⟩ *peg* ★ ze nam de hoorn van de haak *she took the phone off the hook* • leesteken *bracket* ★ dat moet je tussen haakjes zetten *put that between brackets* ▼ tussen (twee) haakjes, kom je morgen? *by the way, are you coming tomorrow?*
haan DE *cock*, AM *rooster*
haar I DE *hair* ★ hij trok een grijze haar uit *he pulled out a grey hair* II HET *hair* ★ haar haar wordt geknipt *her hair is being cut* III VNW *her, hers* ★ ik gaf haar een kus *I gave her a kiss* ★ de politie arresteerde haar *the police arrested her* ★ de tas is van haar *the bag is hers* ★ haar haar is bruin *her hair is brown*
haard DE • kachel *stove* • haardvuur *hearth, fireplace* ★ we zaten bij de open haard *we sat beside the open hearth* ★ het was mijn beurt om de as uit de haard te halen *it was my turn to clear the ashes from the fireplace*
haarlak DE *hairspray*
haas DE • dier *hare* • stuk vlees *fillet, tenderloin*
haast I DE • spoed *hurry* ★ ze heeft haast *she's in a hurry* ★ er is geen haast bij *there's no hurry* • snelheid *haste* ★ hij maakte haast om te vertrekken *he made haste to leave* II BIJW *almost* ★ hij is haast gevallen *he almost fell* ▼ er is haast geen geld *there's hardly any money*
haasten ww *hurry* ★ haast me niet! *don't hurry me!* ★ hij haast zich met zijn werk *he's hurrying with his work* ★ haast je! *hurry up!*
haastig I BN *hasty* ★ je bent een beetje te haastig geweest *you've been a bit too hasty* II BIJW *hastily* ★ haastig gingen we verder *we carried on hastily*
haat DE *hatred, hate*
hagedis DE *lizard*
hagel DE *hail*
hagelbui DE *hailstorm*
hagelen ww *hail* ★ het hagelt *it's hailing*

hagelslag DE *(chocolate) sprinkles*

hak DE *heel* ★ schoenen met hoge of lage hakken? *high-heeled or flat-heeled shoes?*

haken WW • handwerken *crochet* • vast blijven zitten *be caught* ★ mijn jas bleef haken aan een spijker *my coat was caught on a nail*

hakenkruis HET *swastika*

hakken WW *cut, chop* ★ hak de knoflook fijn *chop / cut the garlic finely* ★ hij hakte het hout in kleine stukken *he cut the wood into small pieces* ★ de boom werd in stukken gehakt *the tree was cut into pieces* ▼ de tegenstander hakte Ajax in de pan *the other team made mincemeat of Ajax*

hal DE • bij de ingang *(entrance) hall* • zaal *hall*

halen WW • ophalen *get, fetch* ★ haal een dokter! *get / fetch a doctor!* ▼ ze heeft me van het station gehaald *she picked me up at the station* • trekken *pull* ★ hij haalde het bord naar zich toe *he pulled the plate towards him* • behalen *get* ★ hij heeft zijn rijbewijs gehaald *he got his drivers' licence* ▼ hij haalde de bus nog net *he just made it to the bus in time, he just managed to catch the bus*

half I BN *half, semi-* ★ een halve liter *half a litre* ★ de halve finale *the semi-final* ★ half twee *half past one* II BIJW *half* ★ half open *half open*

halfstok BIJW *at halfmast* ★ de vlaggen hingen halfstok *the flags were hanging at halfmast*

hallo TSW *hello, hi*

hallucineren WW *hallucinate*

halogeenlamp DE *halogen lamp*

hals DE van persoon en ding *neck*

halsband DE *collar*

halt DE *halt, stop*

halte DE *stop*

halveren WW *halve* ★ mijn zakgeld is gehalveerd *my allowance has been halved*

halverwege BIJW *halfway* ★ we wonen halverwege het station en de kerk *we live halfway between the station and the church* ★ hij is halverwege zijn werk *he is halfway through his work*

ham DE *ham* ★ een broodje ham *a ham sandwich*

hamburger DE *hamburger*

hamer DE *hammer*

hamster DE *hamster*

hamsteren WW *hoard (food)*

hand DE *hand* ★ hij schudde mij de hand *he shook hands with me, he shook my hand* ★ handen omhoog! *hands up!, stick them up!* ★ je mag je hand opsteken als je een vraag hebt *put up your hand if you have a question* ★ ze liepen hand in hand *they walked hand in hand* ▼ hij stak geen hand uit *he didn't lift a finger* ▼ wat is er aan de hand? *what's wrong?, what's the matter?* ▼ die ruzie liep helemaal uit de hand *that quarrel got completely out of hand*

handbagage DE *hand luggage*

handballen WW *play handball*

handboei DE *handcuff*

handdoek DE *towel*

handel DE *trade, business* ★ ze drijven handel in soja *they do business in soy, they trade in soy*

handeling DE *act*

handelsreiziger DE *travelling salesman, commercial traveller*

handenarbeid DE • werk met de handen *manual labour* • schoolvak *handicraft* ★ een leraar handenarbeid *a handicraft instructor / teacher*

handgranaat DE *(hand) grenade*

handicap DE *handicap* ▼ mensen met een handicap *disabled people*

handig I BN • vaardig *clever with his / her hands* ★ ze is een handig meisje *she's clever with her hands* • gemakkelijk te hanteren *handy, convenient* ★ een handig formaat *a handy / convenient size* • slim *clever* ★ een handige zet *a clever move* II BIJW • *cleverly, well* ★ dat heb je niet handig gedaan *you didn't do that very cleverly / well* • *conveniently* ★ de winkels zijn handig dichtbij *the shops are conveniently close*

handlanger DE medeplichtige *accomplice, partner in crime*

handleiding DE *manual*

handrem DE *handbrake* ★ de auto staat op de handrem *the handbrake is on*

handschoen DE *glove* ★ een paar handschoenen *a pair of gloves*

handschrift HET • manier van schrijven *handwriting* ★ zijn handschrift is niet te lezen *his handwriting is illegible* • handgeschreven tekst *manuscript* ★ oude handschriften *ancient manuscripts*

handtekening DE *signature* ▼ je moet nog

even je handtekening zetten / plaatsen *you still have to sign it*
handvat HET *handle*
handwerken ww *do needlework*
hangen ww *hang* ★ het schilderij hangt nog aan de muur *the painting is still hanging on the wall* ★ daar heeft het altijd gehangen *it's always hung there* ★ ze hing haar jas aan de kapstok *she hung her coat on the peg* ★ hij liet het hoofd beschaamd hangen *he hung his head in shame* ★ ze hing aan zijn lippen *she hung on his lips* ★ hij ging op vakantie naar Spanje en is daar blijven hangen *he went to Spain for a holiday and ended up staying there* ▼ sta daar niet te hangen, doe iets! *don't just stand there: do something!* ▼ van die uitleg zal weinig blijven hangen *not much of that explanation is likely to stick in the memory* ▼ de lucht bleef hangen *the smell lingered* ▼ ⟨aan de telefoon⟩ blijf even hangen *please stay on the line for a moment*
hangmat DE *hammock*
hap DE *bite* ★ hij nam een hap *he took a bite*
haperen ww *get stuck,* ⟨van stem⟩ *falter* ▼ wat hapert er aan? *what's the matter?*
happen ww *snap, bite* ★ de hond hapte naar de baas *the dog snapped at his master* ▼ ze hapte in een appel *she took a bite of an apple*
hard I BN • *niet week hard* ★ de harde schijf *the hard disk* ★ zo hard als staal *as hard as steel* • *luid, schel loud* ★ met een harde stem *in a loud voice* • *streng stern, harsh* ★ u bent hard voor hem *you're hard on him* • *hevig hard, strong,* ⟨regen⟩ *heavy* ★ er staat een harde wind *there's a hard / strong wind (blowing)* II BIJW • *snel fast* ★ hij kan hard lopen *he can run fast* ▼ de patiënt gaat hard achteruit *the patient's condition is worsening rapidly* • *luid loudly* ★ de leerlingen zaten hard te praten *the students were talking loudly* • *hevig hard* ★ het regent hard *it's raining very hard* ▼ we hebben regen hard nodig *we need rain badly*
hardgekookt BN *hard-boiled*
hardleers BN *eigenwijs headstrong, obstinate*
hardlopen HET *running*
hardnekkig I BN • *persistent* ★ een hardnekkig misverstand *a persistent misconception* • *stubborn* ★ X verwijdert zelfs de hardnekkigste vlekken *X removes even the most stubborn stains* II BIJW • *persistently* ★ hij probeerde ons hardnekkig Frans te leren *he tried persistently to teach us some French* • *stubbornly* ★ hij weigerde hardnekkig *he stubbornly refused*
hardop BIJW *aloud* ★ ze las het hardop voor *she read it out aloud*
harig BN *hairy*
haring DE • *vis herring* • *pin van tent (tent) peg*
hark DE *gereedschap rake*
harmonica DE *accordion*
harnas HET *armour*
harp DE *harp* ★ ik zou graag harp willen leren spelen *I'd like to learn to play the harp*
hart HET *heart* ★ hij heeft het aan zijn hart *he has heart trouble* ★ uit de grond van mijn hart *from the bottom of my heart* ▼ hij is een voetballer in hart en nieren *he's a footballer through and through* ▼ van harte gefeliciteerd! *congratulations!* ▼ het is hartje zomer *it's in the middle of summer*
hartaanval DE *heart attack*
hartelijk I BN *warm* ★ een hartelijk welkom *a warm welcome* ▼ ⟨in brief⟩ met hartelijke groeten *yours sincerely* II BIJW *heartily* ★ ze lachten hartelijk *they laughed heartily* ▼ hartelijk gefeliciteerd! *congratulations!, many happy returns!*
harten DE *hearts* ★ de hartenvrouw *the queen of hearts*
hartig BN *savoury*
hartinfarct HET *heart attack*, INF *coronary*
hartslag DE *heartbeat*
hartstikke BIJW *awfully, terribly* ★ dat is hartstikke aardig van je *that's awfully / terribly nice of you*
hartstocht DE *passion*
hasj DE *hash, pot*
hatelijk I BN *spiteful, snide* ★ een hatelijke opmerking *a spiteful / snide remark* II BIJW *spitefully* ★ waarom reageer je nu zo hatelijk? *why are you reacting so spitefully?*
haten ww *hate*
haven DE *harbour,* ⟨grote haven⟩ *port*
havenstad DE *seaport, port (town)*
haver DE *oats*
havik DE *hawk*

havo DE & HET *senior general secondary education* ★ Martijn zit op de havo *Martijn is studying for his senior secondary school diploma*

hazelnoot DE *hazelnut*

hbo HET *higher professional education*

hebben WW ● bezitten, beschikken over *have, have got* ★ we hebben dat artikel niet *we don't have that article* ★ ze heeft geen geld *she doesn't have any money* ★ mijn oma heeft drie kleinkinderen *my grandma has three grandchildren* ★ ik heb het bij me *I've got it with me* ★ hebt u een ogenblikje? *do you have a minute?* ★ hij had een hond en een kat *he had a dog and a cat* ★ ze had altijd al huisdieren gehad *she had always kept pets* ★ heb je een papiertje voor me? *have you got a piece of paper for me?* ▼ daar heb ik niets aan *that's of no use to me* ▼ ik weet niet wat ik aan hem heb *I can't make him out, I don't understand him* ● eigenschappen bezitten *be like* ★ hij heeft wel iets van zijn vader *he looks like / he is quite like his father* ★ het heeft er wel iets van *it looks a bit like it* ● in de omstandigheid verkeren, ervaren *have, be* ★ wij hebben nu aardrijkskunde *we've got geography now* ★ ze heeft het niet gemakkelijk *she doesn't have an easy time of it* ★ ze heeft het koud *she's cold* ★ hij had iets aan zijn been *he had something the matter with his leg* ● denken / voelen *have* ★ hij heeft iets tegen mij *he's got something against me, he doesn't like me* ★ als zij er niets tegen heeft *if she has no objection, if she doesn't mind* ★ wat heb je toch? *what's the matter with you? what's wrong with you?* ● krijgen *have, get* ▼ ik moet nog geld van hem hebben *he still owes me money* ● willen, toestaan *have, want* ★ ik wil het niet hebben *I won't have / allow it* ★ daar moet ik niets van hebben *I'm not having that* ★ wie moet je hebben? *who do you want?* ● gebruikt met voltooid deelwoord *have* ★ hij heeft hier zijn hele leven gewoond *he has lived here all his life* ▼ ik heb vorig jaar griep gehad *I had the flu last year* ▼ ze heeft hem gisteren gesproken *she talked to him yesterday*

hebberig I BN ● gretig ★ wees niet zo hebberig *don't be so greedy* II BIJW *greedily* ★ hij keek hebberig naar de koekjes *he was looking greedily at the biscuits*

hechten WW ● vastmaken *attach* ★ ik heb een briefje aan het dossier gehecht *I've attached a note to the file* ★ de raad heeft zijn goedkeuring gehecht aan het plan *the council has given / attached its approval to the plan* ★ hij is erg gehecht aan zijn moeder *he's very attached to his mother, he's devoted to his mother* ● vastnaaien *stitch up* ★ de dokter heeft de wond gehecht *the doctor stitched up the wound*

hectare DE *hectare* ★ een gebied van tien hectare *an area ten hectares in size*

heden I HET *present* II BIJW *today* ★ tot op heden *so far, up till now* ★ heden en verleden *past and present*

heel I BN ● geheel *entire, whole* ★ de hele dag *the whole day, all day* ★ de hele wereld *the entire / whole world, all the world* ● niet kapot *whole, intact* ★ is het bord nog heel? *is the plate still intact?* II BIJW ● zeer, erg *very, quite* ★ een heel kleine jongen *a very small boy* ★ heel veel water *quite a lot of water, a large amount of water* ★ heel veel mensen *quite a lot of people, a great many people* ● volledig *quite, completely, entirely* ★ heel anders *quite / completely / entirely different*

heelal HET *universe*

heengaan WW ● weggaan *go away* ● sterven *pass away* ★ op... is van ons heengegaan onze lieve moeder *our beloved mother passed away on...*

heer DE ● man *gentleman* ▼ de heer Smith *Mr Smith* ▼ Geachte Heer *Dear Sir* ▼ onze lieve Heer *our Lord* ● figuur in kaartspel *king* ★ de schoppenheer *the king of spades*

heerlijk I BN ● smakelijk *delicious* ★ een heerlijke soep *a delicious soup* ● prachtig, aangenaam *glorious, lovely* ★ heerlijk weer *glorious / lovely weather* II BIJW *deliciously, gloriously* ▼ we hebben heerlijk gegeten *we had a lovely meal*

heersen WW *rule, ⟨van vorst⟩ reign* ★ wie heerst er over dit land? *who rules this country?*

hees BN *hoarse* ★ een hese stem *a hoarse voice*

heester DE *shrub*

heet BN ● warm *hot* ★ een lange, hete zomer *a long, hot summer* ● scherp gekruid *spicy, hot* ★ pas op: die sambal is heet *be careful: that sambal is spicy / hot*

heffen ww *raise, lift* ★ laten we het glas heffen *let's raise our glasses* ▼ de regering heft belastingen *the government imposes taxes*

heftig I BN *violent, severe, fierce* ★ een heftige ruzie *a violent / fierce row* ★ een heftig geval van voedselintolerantie *a severe case of food intolerance* II BIJW *violently, fiercely* ★ hij reageerde nogal heftig *he reacted rather violently / fiercely*

heg DE *hedge*

heide DE ● plant *heather* ● gebied *heath, moor*

heiden DE *heathen, pagan* ▼ INF we zijn aan de heidenen overgeleverd *we can only expect the worst*

heien ww *drive, ram* ★ er worden eerst palen in de grond geheid *piles are firstly driven / rammed into the ground*

heilig I BN *holy, sacred* ★ zij noemen het een heilige oorlog *they call it a holy war* ★ de Bhagavad Gita is het heilige boek van de Hindoes *Hindus hold the Bhagavad Gita sacred / holy* II BIJW *firmly* ★ ik geloof er heilig in *I firmly believe in it*

heilige DE *saint*

heimelijk I BN *secret* ★ een heimelijk verlangen *a secret desire* II BIJW *secretly, in secret* ★ hij ging er heimelijk vandoor *he left secretly / in secret*

heimwee HET *homesickness*, ⟨naar verleden⟩ *nostalgia* ▼ ik heb heimwee naar Canada *I'm homesick for Canada*

hek HET ● omheining *fence* ★ een hek van twee meter hoog *a fence two metres high, a two-metre high fence* ● toegangshek *gate* ★ sluit het hek achter u a.u.b. *please close the gate behind you*

hekel DE *dislike*, ⟨sterker⟩ *hate* ★ zij lijkt een hekel aan mij te hebben *she seems to have taken a dislike to me* ▼ ik heb een hekel aan bloemkool *I dislike / hate cauliflower, I can't stand cauliflower*

heks DE *witch*

hel DE *hell* ★ loop naar de hel! *go to hell!*

helaas BIJW *unfortunately* ★ helaas gaat het vandaag alweer niet goed met haar *she's unfortunately not feeling well again today*

held DE *hero* ★ oorlogshelden *war heroes*

helder I BN ● licht *bright* ★ een heldere vlam *a bright flame* ★ heldere kleuren *bright colours* ● niet troebel *clear* ● van geluid *clear* ★ een heldere stem *a clear voice* II BIJW *brightly, clearly* ★ helder verlicht *brightly lit* ★ ik kon niet meer helder denken *I wasn't thinking clearly, I couldn't think straight*

heldhaftig I BN *heroic* ★ een heldhaftige daad *an heroic act* II BIJW *heroically* ★ het leger hield heldhaftig stand *the army held its ground heroically*

heldin DE *heroine*

helemaal BIJW ● *entirely, completely* ★ helemaal zwart *completely black* ▼ hij komt helemaal uit Australië *he comes all the way from Australia* ● ⟨met een ontkenning⟩ *at all* ★ helemaal niet *not at all* ★ helemaal niet slecht *not bad at all* ★ helemaal niets *nothing at all*

helft DE *half* ★ de helft van tien is vijf *half of ten is five* ★ ik wil de helft van het geld *I want half of the money* ★ we zijn op de helft *we're halfway* ★ de helft van de vrouwen is getrouwd *half of the women are married*

helikopter DE *helicopter*

helling DE *slope* ★ een steile helling *a steep slope*

helm DE *helmet* ★ zet je helm op! *put on your helmet!*

helpen ww *help* ★ we moeten elkaar helpen *we have to help each other / help one another* ★ het helpt niets *it doesn't help* ★ ik kan het niet helpen *I can't help it* ▼ hij heeft me een handje geholpen *he lent me a hand*

hem VNW ⟨persoon, dier⟩ *him*, ⟨ding⟩ *it* ★ heb je hem een zoen gegeven? *did you give him a kiss?* ★ ik heb hem per ongeluk beledigd *I didn't mean to insult him* ★ ik heb hem gisteren opgestuurd ⟨de brief⟩ *I posted it yesterday* ★ deze trui is van hem *this jumper is his, this is his jumper*

hemd HET ● onderhemd *singlet, vest* ● overhemd *shirt*

hemel DE ● dampkring *sky, heaven* ★ een heldere / bewolkte hemel *a clear / dull sky* ★ de sterren aan de hemel *the stars in the sky / in the heavens* ▼ we sliepen onder de blote hemel *we slept in the open (air) / under the stars* ● hiernamaals *heaven* ★ oma is nu in de hemel *Grandma is in heaven now*

hemellichaam HET *heavenly body*

hemelsbreed BIJW ● *in rechte lijn as the crow flies* ★ we wonen hemelsbreed vijf kilometer van elkaar vandaan *we live five kilometres away from each other as the crow flies* ● groot *vast, enormous* ★ er is een hemelsbreed verschil *there's a vast / enormous difference, there's a world of difference*

Hemelvaart DE *Ascension day*

hen I DE kip *hen* ★ de hen heeft een ei gelegd *the hen has laid an egg* **II** VNW *them* ★ ga je aan hen een kaartje sturen? *are you going to send them a postcard?* ★ de nederlaag maakte hen razend *the defeat made them furious* ▼ voor hen die later komen zijn stoelen gereserveerd *some seats have been reserved for those who might / will come later*

hendel DE *handle, lever* ★ hij haalde de hendel over *he pulled the handle / lever*

hengel DE *fishing rod*

hengst DE *stallion*

herberg DE ● overnachtingsplaats *inn* ● kroeg *tavern*

herdenking DE *commemoration* ★ de herdenking van de slag om Arnhem *commemoration of the battle of Arnhem*

herder DE ● mens ⟨van schapen⟩ *shepherd,* ⟨van koeien⟩ *cowherd* ● hond *shepherd* ★ een Duitse herder *a German shepherd, an Alsatian*

herdershond DE *sheepdog*

herentoilet HET *men's toilet,* SPREEKT *gents*

herexamen HET *re-examination*

herfst DE *autumn* ★ in de herfst van 1966 *in the autumn of 1966, autumn 1966* ★ in de herfst verkleuren de bladeren *the leaves change colour in autumn*

herfstvakantie DE *autumn holidays*

herhalen WW *repeat*

herhaling DE *repetition, replay, repeat* ★ de maatregelen moeten een herhaling van de ramp voorkomen *the measures are aimed at preventing a repetition of the disaster* ★ in de herhaling was goed te zien dat het buitenspel was *the replay clearly showed it to be offside* ★ o nee, toch niet weer een herhaling van 'The Sound of Music'! *oh no, not another repeat of 'The Sound of Music'!* ▼ hij valt steeds in herhaling *he repeats himself constantly* ▼ bij herhaling *repeatedly*

herinneren WW ● doen denken *remind* ★ je herinnert me aan mijn tante *you remind me of my aunt* ● uit het geheugen halen *remember* ★ ik herinner me niets van die avond *I don't remember anything of that night*

herinnering DE *memory* ★ ter herinnering aan mijn echtgenoot *in memory of my husband*

herkansing DE van toets *re-examination*

herkauwen WW *ruminate, chew the cud*

herkennen WW *recognize* ★ ik heb je niet herkend *I didn't recognize you*

herkomst DE *origin* ★ het land van herkomst *the country of origin*

hernia DE in de rug *slipped disk*

heroïne DE *heroin* ★ mijn zus gebruikt heroïne *my sister uses / does heroin*

herrie DE ● lawaai *noise, racket* ★ de kinderen maakten veel herrie *the children made a lot of noise / made a big racket* ● ruzie *row* ★ je kunt maar beter geen herrie krijgen met hem *you'd better not get into a row with him* ★ hij schopt altijd herrie *he always kicks up a row*

herrieschopper DE *trouble maker,* ⟨voornamelijk bij voetbal⟩ *hooligan*

hersenbloeding DE *brain haemorrhage*

hersenen DE *brain(s)* ★ gebruik nou eens je hersenen! *use your brain(s) for once!*

hersenschudding DE *concussion* ★ het slachtoffer had een hersenschudding *the victim was suffering from concussion, the victim was concussed*

herstellen WW ● beter worden *recover* ★ zij herstelt nog van de ziekte *she's still recovering from the illness* ● repareren *mend, repair* ★ zijn gebroken been is goed hersteld *his fractured leg has mended well* ★ mijn fiets is weer hersteld *my bike has been repaired* ● goedmaken ⟨van fout⟩ *rectify*

hert HET *deer,* ⟨mannetje⟩ *stag* ★ er stonden twee herten op de weg *there were two deer on the road*

hertog DE *duke*

hertogin DE *duchess*

hervatten WW *resume, continue*

hervormd BN *Reformed* ★ de hervormde kerk *the Reformed Church*

hervorming DE *reform,* ⟨van de kerk⟩ *Reformation*

het I LW *the* ★ de fiets van het meisje *the girl's bike* **II** VNW *it* ★ ben jij het? *is it you?* ★ ik weet het *I know (it)* ★ hij is het *it's him* ★ het is jammer *it's a pity* ★ het sneeuwt

it's snowing
heten ww *be called* ★ hoe heet hij? *what's he called?, what's his name?* ★ hij heet Peter *he's called Peter, his name is Peter* ★ hoe heet dit? *what's this called?* ★ het heet een woordenboek *it's called a dictionary*
heterdaad BIJW ★ hij werd op heterdaad betrapt *he was caught in the act, he was caught red-handed*
heteroseksueel DE + BN *heterosexual*
hetzelfde VNW *the same* ★ dit is hetzelfde proefwerk als vorig jaar *this is the same test as last year's* ★ het is mij hetzelfde *it's all the same to me*
heup DE *hip*
heus BIJW *really, indeed* ★ het is heus waar *it's really true, it's true indeed* ★ heus? *really?*
heuvel DE *hill*
hevig I BN • intens ⟨gevoelens⟩ *intense*, ⟨pijn⟩ *severe* ★ hevige pijn *severe pain* • heftig *violent, vehement* ★ een hevige uitbarsting *a violent eruption* ★ probeer hevige emoties te vermijden *try to avoid vehement emotions* II BIJW • intens *intensely* ★ ze was hevig bedroefd *she was intensely sad* • heftig *fiercely, violently* ★ deze twee legers vochten hevig *the two armies fought fiercely* ★ die twee culturen botsten hevig *the two culture clashed violently* ▾ het onweer woedde hevig *there was a violent thunderstorm* • in grote mate *badly, extremely* ★ de wond bloedde hevig *the wound was bleeding badly* ★ hij was hevig verontwaardigd *he was extremely insulted*
hiaat HET *gap*
hiel DE *heel*
hier BIJW *here* ★ hier ben ik *here I am* ★ hier rust J.S. Bach *here lies J.S. Bach* ★ hier heb je je boek *here's your book* ▾ hier is het journaal *this is the news*
hierdoor BIJW • om deze reden *because of this* ★ hierdoor raakte hij zijn baan kwijt *because of this he lost his job* • hier doorheen *through here* ★ als u hierdoor gaat, komt u bij de uitgang *if you go through here, you'll reach the exit*
hierheen BIJW *naar deze plek here* ★ onderweg hierheen *on the way here* • in deze richting *this way*
hiernamaals HET *hereafter* ★ in het hiernamaals *in the hereafter, in the afterlife*
hierom BIJW om deze reden *for this reason, because of this, about this* ★ waarom stemmen op onze partij? hierom! *why should you vote for us? for this reason / because of this!* ★ eigenlijk draaide de discussie helemaal niet hierom *the discussion wasn't actually about this at all* ▾ moet ik hierom lachen of niet? *is this funny or something?* ▾ hierom vind ik haar leuk *this is why I like her*
hiervan BIJW *of this* ★ hiervan heb ik nog nooit gehoord *I've never heard of this*
hij I DE *he* ★ die hond is een hij *that dog is a he* II VNW ⟨persoon⟩ *he*, ⟨dier, ding⟩ *it* ★ hij heeft het gedaan *he did it* ★ hij start niet ⟨de auto⟩ *it won't start* ★ daar is hij *there he is* ▾ hij is het *it's him*
hijgen ww *pant, breathe heavily*
hijsen ww *heave* ★ ze hesen de piano omhoog *they heaved the piano up*
hijskraan DE *crane*
hik DE *hiccup* ★ de baby heeft de hik *the baby has the hiccups*
hikken ww *hiccup* ★ hij hikt al de hele dag *he's been hiccuping all day*
hinder DE last *nuisance* ★ de inwoners hebben hinder van het verkeer *the inhabitants are finding the traffic a nuisance* ▾ ik heb er geen hinder van *it's not bothering me*
hinderen ww • belemmeren *hinder, hamper* ★ de nieuwe regels zouden hun onderzoek kunnen hinderen *the new rules may hinder / hamper their research* • bezwaarlijk zijn *matter* ★ dat hindert niet *that doesn't matter* • ergeren *annoy, bother* ★ dat hindert je toch niet? *it isn't annoying / bothering you, is it?*
hinderlaag DE *ambush* ★ de vijand lag in een hinderlaag *the enemy lay in ambush* ★ de soldaten zijn in een hinderlaag gelopen *the soldiers walked into an ambush*
hindernis DE *obstacle, hindrance*
hindoe DE *Hindu*
hinkelen ww *hop*, ⟨spel⟩ *play hopscotch*
hinken ww *limp*
hinniken ww *neigh* ★ het paard hinnikte *the horse neighed*
hint DE *hint, clue* ★ hij gaf me een hint *he gave me a hint / clue*
historisch I BN *historical* ★ een historisch

feit *a historical fact* II BIJW *historically* ★ zijn beschrijving is historisch niet correct *his description is not historically correct*

hit DE *hit*

hitparade DE *hit parade, charts* ⟨meervoud⟩ ★ hoog in de hitparade *high up in the charts*

hitte DE *heat*

hittegolf DE *heat wave*

hiv-virus HET *HIV virus*

hobbelpaard HET *rocking horse*

hobby DE *hobby*

hobo DE *oboe* ★ wil je hobo leren spelen? *do you want to learn (to play) the oboe?*

hockey HET *hockey* ★ hoe lang speel jij al hockey? *how long have you been playing hockey?*

hockeyen WW *play hockey* ★ ik hockey al drie jaar *I've been playing hockey for three years*

hoe BIJW • manier *how* ★ hoe spreek je dat uit? *how do you pronounce that?* ★ hoe komt het dat jij dat niet kunt doen? *how come you can't do that?* • hoeveelheid *how* ★ hoe oud is hij? *how old is he?* ★ hoe lang is het geleden? *how long has it been?* ★ hoe lang woont u hier al? *how long have you been living here?* ▼ hoe laat is het? *what's the time?* ▼ hoe eerder hoe beter *the sooner the better*

hoed DE *hat* ★ een hoge hoed *a top hat*

hoef DE *hoof* ★ hoefijzers voorkomen dat de hoeven worden beschadigd *horseshoes prevent the hooves being damaged*

hoek DE • ruimte ⟨van vertrek, straat⟩ *corner* ★ het huis op de hoek *the house at / on the corner* ★ hij ging de hoek om *he went (a)round the corner* ★ om de hoek is een bushalte *there's a bus stop (a)round the corner* ▼ FIG hij ging het hoekje om *he kicked the bucket* • WISK *angle* ★ met / onder een hoek van 90° *at an angle of 90 degrees*

hoekschop DE *corner (kick)* ★ hij nam een hoekschop *he took a corner*

hoektand DE *canine (tooth)*

hoen HET *fowl, hen, chicken*

hoer DE *whore, prostitute*

hoera TSW *hurray* ★ hoera! *hurray!* ▼ drie hoeraatjes voor Hanny *three cheers for Hanny*

hoes DE *cover*

hoeslaken HET *fitted sheet*

hoest DE *cough*

hoestbui DE *coughing fit*

hoesten WW *cough*

hoeveel TELW ⟨niet telbaar⟩ *how much*, ⟨telbaar⟩ *how many* ★ hoeveel water? *how much water?* ★ hoeveel boeken? *how many books?*

hoeveelheid DE *quantity*

hoeven WW *be necessary, have to* ★ het hoeft niet *it's not necessary, you don't have to do that* ★ je hoeft niet te gaan *you don't have to go, it's not necessary for you to go*

hoewel VW *(al)though* ★ ik moet weg, hoewel ik liever zou blijven *I must go, (al)though I'd rather stay*

hoezo TSW *what do you mean* ★ hoezo vind je hem zo leuk? *what do you mean, you like him so much?*

hof HET *court* ★ aan het koninklijk hof *at court* ★ het hof van justitie *the court of law / justice*

hogeschool DE *college, university*

hogesnelheidstrein DE *high-speed train*

hoi TSW • hallo *hi* • hoera *hurray*

hok HET • bergplaats ⟨schuurtje⟩ *shed* • dierenhok ⟨schapen, pluimvee⟩ *pen*, ⟨honden⟩ *kennel*, ⟨varkens⟩ *sty*, ⟨konijnen⟩ *hutch*

hol I HET • holte *hole* ★ een hol in de grond *a hole in the ground* • verblijf van dier *lair, den* II BN • leeg *hollow* ★ een holle kokosnoot *a hollow coconut* ★ het klinkt hier hol *it sounds hollow in here* • niet bol ⟨lens⟩ *concave*

Holland HET • de provincies *Holland* ★ Noord- en Zuid-Holland *North and South Holland* • Nederland *Holland*

Hollander DE *Dutchman* ★ de Vliegende Hollander *the Flying Dutchman* ▼ de Hollanders waren hier het eerst *the Dutch were here first*

Hollands BN *Dutch*

hollen WW *run* ★ wij holden achter hem aan *we ran after him* ▼ het is altijd hollen of stilstaan met hem *it's all or nothing with him*

homepage DE *home page*

hommel DE *bumblebee*

homo DE *gay*

homoseksueel DE + BN *homosexual*

hond DE *dog* ★ mijn zus laat de hond uit *my sister is walking the dog* ▼ een jonge hond *a puppy* ▼ rode hond is een besmettelijke ziekte *German measles is a contagious disease*

hondenhok HET *doghouse, kennel*

honderd TELW *a hundred, one hundred* ★ honderd pond *one hundred pounds* ★ honderden mensen *hundreds of people* ▼ alles loopt in het honderd *everything is going wrong*

honderdduizend TELW *a hundred thousand* ★ honderdduizenden mensen *hundreds of thousands of people*

honderdste TELW *hundredth* ▼ hij stierf op zijn honderdste *he died at the age of one hundred*

honger DE *hunger* ★ er zijn veel mensen van de honger gestorven *many people have died of hunger / have starved to death* ▼ heb je al honger? *are you hungry yet?* ▼ ik begin honger te krijgen *I'm starting to get hungry* ▼ ik rammel van de honger *I'm starving*

hongersnood DE *famine* ★ er heerst hongersnood in delen van Afrika *parts of Africa are suffering from famine, there is (a) famine in parts of Afrika*

hongerstaking DE *hunger strike* ★ de asielzoekers gingen in hongerstaking *the asylum seekers went on a hunger strike*

honing DE *honey*

honkbal HET *baseball* ★ mijn broer speelt honkbal, mijn broer honkbalt *my brother plays baseball*

hoofd HET ● lichaamsdeel *head* ★ kun je op je hoofd staan? *can you stand on your head?* ★ ik stootte mijn hoofd tegen de tafel *I knocked my head against the table* ▼ hij kent het uit zijn hoofd *he knows it off by heart* ▼ hij speelde het uit zijn hoofd *he played it from memory* ● leiding *head, ⟨van groep, partij⟩ chief* ★ ik sta aan het hoofd van het bedrijf *I'm the head of the company* ★ het hoofd van de school *the headmaster* ● individu *head* ★ per hoofd van de bevolking *per head of the population, per capita*

hoofdbureau HET *head office* ★ hij werkt op het hoofdbureau *he works at the head office* ▼ het hoofdbureau van politie *police headquarters*

hoofddoekje HET *headscarf*

hoofdgerecht HET *main course*

hoofdhuid DE *scalp*

hoofdkwartier HET *headquarters*

hoofdletter DE *capital (letter)* ★ eigennamen schrijf je met een hoofdletter *proper names are written with a capital (letter)*

hoofdpijn DE *headache* ★ ik heb hoofdpijn *I have a headache*

hoofdprijs DE *first prize* ★ Jenny heeft de hoofdprijs gewonnen *Jenny won the first prize*

hoofdstad DE *capital* ★ Brussel is de hoofdstad van België *Brussels is the capital of Belgium*

hoofdstraat DE *main street*

hoofdstuk HET *chapter* ★ het staat in hoofdstuk vier van dit boek *it's in Chapter Four of this book*

hoog I BN *high, ⟨boom, gebouw⟩ tall* ★ hoge bergen en hoge gebouwen *high mountains and tall buildings* II BIJW *high* ★ een vliegtuig vloog hoog boven mij *a plane flew high overhead*

hoogachtend BIJW *yours sincerely, yours faithfully*

hoogseizoen HET *high season*

hoogspanningskabel DE *high tension cable*

hoogst I BN *highest, ⟨gebouwen⟩ tallest* ▼ in de hoogste versnelling *in top gear* II BIJW *very, highly, greatly* ★ hij was hoogst verbaasd *he was highly / greatly surprised* ★ hoogst zelden *very rarely*

hoogstens BIJW *at (the) most* ★ hoogstens 36 graden *36 degrees at (the) most*

hoogte DE ● afmeting omhoog *height* ★ de hoogte is twee meter *the height is two meters* ● peil *level* ★ de hoogte van het water is zorgwekkend *the level of the water is alarming* ● afstand boven de grond *altitude* ★ het vliegtuig begon hoogte te verliezen *the plane started to lose altitude* ▼ jongeren zijn niet goed op de hoogte van hun rechten *young people are not well informed about their rights* ▼ houd je me op de hoogte? *will you keep me informed?*

hoogtepunt HET *peak, height* ★ het water heeft zijn hoogtepunt bereikt *the water has reached its peak* ★ op het hoogtepunt van zijn carrière *at the height of his career*

hoogtevrees DE *fear of heights* ★ hij lijdt aan hoogtevrees *he suffers from fear of heights, he's afraid of heights*

hooguit BIJW *at (the) most* ★ het gesprek duurt hooguit een uur *the interview will*

take an hour at (the) most
hoogwater HET *high tide*
hooi HET *hay*
hooikoorts DE *hay fever*
hooivork DE *pitchfork*
hoop DE • verwachting *hope* ★ we hebben alle hoop opgegeven *we've abandoned all hope* ★ ze hebben goede hoop op een overwinning *they have high hopes of winning* ▼ ik heb hoop op een voldoende *I'm hoping for a pass (mark)* • stapel *heap, pile* ★ hij verdient hopen geld *he's earning heaps of money, he's making a pile* • veel *lot, great deal* ★ een hele hoop mensen *a lot of people* ★ een hele hoop geld *a lot of money, a great deal of money* • drol *poo* ★ de hond heeft een hoop gedaan op het tapijt *the dog has done a poo on the carpet, the dog has poohed on the carpet*
hoorn DE • van dier *horn* • muziekinstrument *horn* • van telefoon *receiver*
hopelijk BIJW *hopefully* ★ hopelijk neemt hij de kans met beide handen *hopefully he'll grab the chance* ▼ hopelijk wel *I hope so, let's hope so* ▼ hopelijk niet *I hope not, let's hope not*
hopeloos I BN *hopeless* ★ een hopeloos geval *a hopeless case* II BIJW *hopelessly* ★ we kregen het voor elkaar om hopeloos te verdwalen *we managed to get hopelessly lost*
hopen WW *hope* ★ ik hoop van niet *I hope not* ★ ik hoop van wel *I hope so* ★ laten we het beste (ervan) hopen *let's hope for the best* ★ zij hoopten dat ze geslaagd waren *they hoped they'd passed*
horen WW • met het gehoor waarnemen *hear* ★ hoorde je dat? *did you hear that?* ★ ik heb haar horen zingen *I heard her sing* ★ ze had nog nooit zoiets moois gehoord *she'd never heard anything so beautiful* ★ ze deed alsof ze het niet hoorde *she pretended not to hear* ▼ mijn opa hoort slecht *my grandpa is hard of hearing* ▼ moet je horen wie het zegt! *look who's talking!* ▼ ik heb het van horen zeggen *I have it on hearsay* ▼ hoor eens even *listen* ▼ laat eens iets van je horen *keep in touch* ▼ hij moet altijd horen dat hij lui is *he's always being told he's lazy* • (toe)behoren *belong* ★ de Kanarische eilanden horen bij Spanje *the Canary Islands belong to Spain* ★ die stoel hoort hier niet *that chair doesn't belong here* • betamen *be right, be proper* ★ dat hoort niet zo *that's not right, that's not the proper way* ▼ iedereen hoort het volkslied te kennen *everybody should know the national anthem*
horizon DE *horizon* ★ aan / achter de horizon *on / beneath the horizon*
horizontaal I BN *horizontal* ★ er zijn horizontale en verticale jaloezieën *venetian blinds can be either horizontal or vertical* II BIJW *horizontally* ★ beweeg je ogen horizontaal naar links *move your eyes horizontally to the left*
horloge HET *watch* ★ hij keek op zijn horloge *he looked at his watch* ★ mijn horloge loopt voor / achter *my watch is fast / slow*
hormoon HET *hormone*
horoscoop DE *horoscope* ★ mijn vrouw heeft mijn horoscoop getrokken *my wife has done my horoscope*
hospitaal HET *hospital* ★ mijn vader ligt in het hospitaal *my father is in hospital*
hotel HET *hotel* ★ we logeren in hotel California *we're staying at Hotel California*
houdbaarheidsdatum DE *use-by date, best-before date*
houden WW • liefhebben *like, ⟨sterker⟩ love* ★ ik hou niet van zwemmen *I don't like swimming* ★ ik hou van je *I love you* ★ ze houdt van chocola *she likes chocolate, she's fond of chocolate* • vasthouden *hold* ★ ze hield mijn hand stevig vast *she held my hand firmly* ★ daar houd ik je aan *I'll hold you to that* • tegenhouden *stop* ★ houd de dief! *stop thief!* • behouden, handhaven *keep* ★ houd het wisselgeld maar *keep the change* ★ hij heeft zijn woord gehouden *he kept his word* ★ ik hou je aan je woord *I'll hold you to your word* ★ mijn vader heeft altijd parkieten gehouden *my father has always kept budgies* ▼ houd je mond! *shut up!* ▼ kun jij ze uit elkaar houden? *can you tell them apart?*
houding DE • lichaamshouding *posture* ★ een goede houding kan rugklachten voorkomen *good posture can prevent back problems* • gedragslijn *attitude, manner* ★ ze nam een (gemaakte) houding aan *she adopted an attitude* ★ een arrogante houding *an arrogant manner* ▼ de

soldaten stonden in de houding *the soldiers stood to attention*
hout HET *wood* ★ we hebben hout nodig voor de haard *we need wood for the fire*
houten BN *wooden* ★ een houten been *a wooden leg*
houtskool DE *charcoal*
houtworm DE *woodworm* ★ die balk is aangetast door houtworm *that beam has been eaten by woodworm*
huid DE ● vel *skin* ● afgestroopt vel *hide*
huilbui DE *crying fit* ★ ze kreeg een huilbui *she had a crying fit*
huilen WW ● wenen *cry* ★ ze barstte in huilen uit *she burst out crying* ● jankend geluid maken *howl* ★ de wolven huilen in het bos *the wolves are howling in the forest*
huis HET *house*, ⟨van jezelf⟩ *home* ★ ga naar huis! *go home!* ★ een huis van twee verdiepingen *a two-storey house* ★ er is geen melk in huis *there's no milk in the house* ▼ huis aan huis *door to door*
huis-aan-huisblad HET *free local paper*
huisarts DE *family doctor, GP, general practitioner*
huisdier HET *pet* ★ Janet heeft een rat als huisdier *Janet has a rat as a pet*
huishouden HET ● huishouding *housework* ★ vader doet het huishouden *father does the housework* ● gezin *household* ★ een tweepersoons huishouden *a two-person household*
huiskamer DE *living room*
huismerk HET *own label, own brand*
huisnummer HET *house number*
huisvrouw DE *housewife*
huiswerk HET *homework* ★ ik moet nog huiswerk maken *I still have to do my homework* ★ die lerares geeft veel huiswerk op *that teacher assigns a lot of homework*
huiveren WW ● van kou *shiver* ★ hij huiverde van de kou *he shivered with cold* ● van angst *tremble, shudder* ★ ik huiverde bij de gedachte alleen al *I shuddered at the mere thought*
hulp DE ● het helpen *help, aid* ★ eerste hulp *first aid* ★ het leger verleende hulp aan de slachtoffers *the army gave help to the victims* ★ ze riep om hulp *she cried for help* ★ de politie kwam ons te hulp *the police came to our aid / to our rescue* ● persoon die helpt *help* ★ een hulp in de

huishouding *a home help*
hulpwerkwoord HET *auxiliary*
huls DE ● patroonhuls *shell* ● omhulsel *case, cover*
hulst DE *holly*
humeur HET *mood, temper* ★ ze is in een goed / slecht humeur *she's in a good / bad mood* ★ hij bracht me uit mijn humeur *he put me in a bad temper*
humor DE *humour* ★ waar is je gevoel voor humor? *where's your sense of humour?*
humoristisch BN *humourous, funny*
humus DE *humus*
hun VNW ● aan hen, voor hen *them* ★ ik gaf hun de bal *I gave them the ball, I gave the ball to them* ● van hen *their* ★ hun buurvrouw *their neighbour*
hunkeren WW *yearn* ★ we hunkerden naar een bad *we yearned for a bath*
huppelen WW *skip*
huren WW ⟨zaken⟩ *hire*, ⟨huis⟩ *rent* ★ kan ik hier een fiets huren? *can I hire a bicycle here?* ★ we hebben een huisje gehuurd *we've rented a cottage*
hurken WW *squat*
hut DE ● huisje *hut* ● cabine op een schip *cabin*
huur DE ● het huren *hire, rent* ★ fietsen te huur *bikes for hire* ★ huis te huur *house for rent, house to let* ● huursom *(house) rent* ★ we betalen niet veel huur *we don't pay much rent*
huwelijk HET ● huwelijksfeest *wedding* ● het getrouwd zijn *marriage* ▼ zij heeft hem ten huwelijk gevraagd *she proposed to him* ▼ wij treden in het huwelijk *we're getting married*
huwelijksreis DE *honeymoon* ★ ze gingen op huwelijksreis naar Parijs *they went to Paris on their honeymoon*
hyena DE *hyena*
hygiëne DE *hygiene*
hyperventileren WW *hyperventilate*
hypocriet I BN *hypocritical* II DE *hypocrite*
hypotheek DE *mortgage*
hypotheekrente DE *mortgage interest* ★ de aftrek van hypotheekrente *the tax rebate on mortgage interest*
hysterisch I BN *hysterical* ★ een hysterisch telefoontje *a hysterical telephone call* II BIJW *hysterically* ★ mijn moeder reageerde hysterisch *my mother reacted hysterically*

i DE *i* ★ de I van Izaak *I as in India*

ideaal I HET *ideal* ★ hij heeft hoge idealen *he has high ideals* II BN *ideal, perfect* ★ het ideale huis *the ideal / perfect house*

idealistisch I BN *idealistic* ★ hij is een idealistisch iemand *he's an idealistic person, he's idealistic* II BIJW *idealistically* ★ hij is minder idealistisch ingesteld *he's less idealistically inclined*

idee HET • mening *idea, view* ★ wat is jouw idee hierover? *what are your ideas / views on the matter?* ★ naar mijn idee *in my view* • inval, denkbeeld, besef *idea* ★ hoe ben je op dat idee gekomen? *how did you come up with that idea?* ★ ik heb geen idee *I have no idea*

identiek I BN *identical* ★ deze versie is identiek aan de originele *this version is identical to the original one* II BIJW *identically* ★ deze groep werd identiek behandeld als de groep die de medicijnen kreeg *this group was treated identically to the group taking the medicine* ▼ alle cliënten worden identiek behandeld *we make no distinction in the way we treat our clients*

identiteit DE *identity*

identiteitsbewijs, ook: **identiteitskaart** HET *identity card, ID card*

idioot I DE *idiot, fool* ★ ze gedroeg zich als een idioot *she made a perfect idiot / fool of herself* II BN onzinnig *idiotic, stupid* ★ een idioot antwoord *an idiotic / a stupid answer* III BIJW *idiotically, stupidly* ★ gedraag je niet zo idioot! *stop behaving so idiotically / stupidly!*

idool HET *idol*

ieder VNW • iedereen *everyone, everybody* ★ ieder voor zich *everyone / everybody for himself* • elk afzonderlijk *every, each* ★ hij komt iedere dag *he comes every day* ★ aan iedere voet hebben we vijf tenen *we have five toes on each foot* • elke willekeurige *any* ★ ieder kind dat wil, mag komen *any child that wants to may come*

iedereen VNW • allemaal *everyone, everybody* • wie ook maar *anyone, anybody*

iemand VNW *someone, somebody*, ⟨vragend of ontkennend⟩ *anyone, anybody* ★ iemand van school *someone / somebody from school* ★ heb je ook iemand gezien? *did you see anyone / anybody?* ★ ik heb nog nooit zo iemand gezien *I've never seen anyone / anybody like that* ▼ een aardig iemand *a nice person, a nice man / woman*

iep DE *elm tree*

Ier DE *Irishman*

Ierland HET *Ireland*

Iers I BN *Irish* II HET taal *Irish*

iets I BIJW *a little, somewhat* ★ zij is iets te dik *she is a little too / is somewhat fat* II VNW *something*, ⟨vragend of ontkennend⟩ *anything* ★ ik heb iets voor je *I've got something for you* ★ is er iets? *is anything the matter?* ★ ik heb nog nooit zo iets gezien *I've never seen anything like it*

iglo DE *igloo*

ijdel I BN *vain, conceited* ★ een vreselijk ijdele man *a terribly vain / conceited man* II BIJW *conceitedly* ★ hij gedraagt zich ijdel *he behaves conceitedly, he's vain / conceited* ▼ je moet zijn naam niet ijdel gebruiken *don't use his name in vain*

ijdeltuit DE *vain person*

ijl BN iel *thin*

ijlen WW • haasten *hasten, hurry* • wartaal spreken *be delirious* ★ de patiënt ijlt *the patient is delirious*

ijs HET • bevroren water *ice* ★ het ijs is gesmolten *the ice has melted* • lekkernij *ice cream*

ijsbaan DE *skating rink*

ijsbeer DE *polar bear*

ijsberg DE *iceberg*

ijsblokje HET *ice cube*

ijscoman DE *ice cream man*

ijshockey HET *ice hockey*

ijsje HET *ice cream*

ijskast DE *refrigerator*, SPREEKT *fridge* ★ ik heb het vlees in de ijskast gelegd *I've put the meat in the fridge*

ijskoud I BN • zeer koud *ice cold* • emotieloos *frosty* ★ hij wierp haar een ijskoude blik toe *he threw her a frosty / cold look* II BIJW *frostily, coldly* ★ hij deed ijskoud tegen me *he behaved frostily / coldly towards me* ▼ dat heeft hij ijskoud tegen de leraar gezegd *he said it to the teacher without turning a hair*

IJsland HET *Iceland*

ijstijd DE *ice age*

ijver DE *diligence, zeal*

ijverig I BN *diligent, zealous* ★ een ijverige leerling *a diligent / zealous student* II BIJW *diligently, zealously* ★ ze waren ijverig aan het werk *they were working diligently / zealously*

ijzel DE *black ice*

ijzer HET *iron*

ijzererts HET *iron ore*

ijzersterk BN *(strong as) iron* ★ zij heeft een ijzersterke gezondheid *she has an iron constitution*

ijzerzaag DE *hacksaw*

ik VNW *I* ★ dat merkte ik *so I noticed* ▼ ik ben het *it's me*

illegaal I BN *illegal* ★ een illegale immigrant *an illegal immigrant* II BIJW *illegally* ★ hij is hier illegaal *he's here illegally*

illustreren WW *illustrate* ★ dit tijdschrift is prachtig geïllustreerd *this magazine is beautifully illustrated*

imago HET beeld in de publieke opinie *image*

imbeciel I DE *imbecile* II BN *imbecilic* ★ wat een imbeciel gedoe! *what a lot of imbecilic nonsense!*

imiteren WW *imitate*

imker DE *bee-keeper*

immers VW *after all* ★ ik doe het, want ik heb het je immers beloofd *I'll do it because I promised you, after all*

immigrant DE *immigrant*

immigreren WW *immigrate*

immuun BN *immune* ★ ik ben immuun geworden voor kritiek *I've grown immune to criticism* ▼ zij is immuun geworden tegen de mazelen *she's developed an immunity to measles*

imperiaal DE *roof rack*

importeren WW *import*

improvisatie DE *improvisation*

in I BIJW ● binnen *inside* ★ er zit niets in *there's nothing inside* ▼ zij loopt nu het huis in *she's now going into the house* ● populair *popular, in* ★ hoeden zijn nu in *hats are popular now, hats are in now* II VZ ● op een bepaalde plaats *in* ★ zij woonde in Amsterdam *she lived in Amsterdam* ★ zij woont in de Scheldestraat *she lives in Schelde Street* ▼ ben jij wel eens in Italië geweest? *have you ever been to Italy?* ● op / binnen een bepaalde tijd *(with)in* ★ in een week of twee *(with)in a week or two* ★ in de zomer *in (the) summer* ★ in het begin *in / at the beginning* ★ in de veertig *in his / her forties* ▼ tot diep in de nacht *deep into the night* ● per *to, in* ★ er zitten 60 minuten in een uur *there are 60 minutes in an hour / to the hour*

inademen WW *inhale, breathe (in)*

inboedel DE *house contents, household effects*

inboorling DE *native, aborigine*

inbraak DE *burglary* ★ er worden veel inbraken gepleegd in deze buurt *a lot of burglaries are committed in this neighbourhood*

inbreker DE *burglar*

inburgeren WW *integrate, settle* ★ sommige groepen hebben moeite met inburgeren *some groups do not integrate well* ★ we zijn hier al aardig ingeburgerd *we've settled in nicely here, we now feel quite at home here*

incasseren WW *collect, take* ★ het bedrijf incasseerde in totaal 5 miljoen dollar *the firm collected a total of 5 million dollars* ★ het team incasseerde een zware nederlaag *the team took / suffered a heavy defeat*

inclusief BIJW *including* ★ de tafel kost 500 euro, inclusief vervoer en bezorging *the table costs 500 euros, including transport and delivery*

indeling DE *classification*

inderdaad BIJW *indeed, actually* ★ deze koffie is inderdaad sterk *this coffee is indeed strong* ★ wij betalen alleen als de tafel inderdaad bezorgd is *we'll only pay when the table has actually been delivered*

index DE *index* ★ er zit een index achter in het boek *there is an index in / at the back of the book*

India HET *India*

indiaan DE *American Indian, Native American*

Indiaas BN uit India *Indian*

indienen WW *submit, present* ★ hij diende een voorstel in bij de Russische regering *he submitted / presented a proposal to the Russian government* ▼ de oppositie heeft een motie ingediend *the opposition has tabled a motion* ▼ hij heeft gisteren zijn ontslag ingediend *he tendered his resignation yesterday, he resigned yesterday*

Indisch BN ● uit Indonesië *Indonesian* ● uit Zuid-Oost Azië *Indian* ★ de Indische

Oceaan *the Indian Ocean*
individu HET *individual* ★ elk individu op zich *every individual* ▼ een verdacht individu *a shady character*
individueel **I** BN *individual* ★ individuele kenmerken *individual features* **II** BIJW *individually* ★ veel mensen gaan tegenwoordig individueel op reis *many people travel individually / travel on their own nowadays*
indringer DE *intruder*
indruk DE *impression* ★ ik kreeg de indruk dat ... *I was under the impression that ...* ▼ we waren allemaal diep onder de indruk *we were all deeply impressed*
indrukwekkend BN *impressive*
industrie DE *industry*
ineens BIJW ● plotseling *suddenly, all of a sudden* ★ ik werd ineens niet lekker *I suddenly started to feel sick, I started to feel sick all of a sudden* ● in één keer *in one go* ★ je moet de tafel wel ineens betalen en niet in termijnen *you'll have to pay for the table in one go and not in instalments*
ineenstorten WW *collapse* ★ de markt stortte ineen *the market collapsed*
inenten WW *vaccinate*
infectie DE *infection* ★ ik heb een infectie aan m'n teen opgelopen *I managed to get an infection in my toe*
inflatie DE *inflation*
informatie DE *information*, COMP *data* ★ ze vroegen meer informatie *they requested further information*
informatiebalie DE *information desk*
informeren WW ● informatie geven *inform* ● informatie vragen *enquire / inquire, ask*
ingang DE *entrance*, ⟨opschrift⟩ *way in* ★ het kantoor heeft twee ingangen *the office has two entrances* ▼ met ingang van vandaag *as from today*
ingenieur DE *engineer*
ingewanden DE *intestines*, ⟨van dieren⟩ *entrails*
ingewikkeld BN + BIJW *complicated, complex* ★ een ingewikkelde zaak *a complicated / complex business* ★ laten we niet ingewikkeld doen *let's not make things complicated / complex*
ingooi DE *throw in*
ingrediënt HET *ingredient*
ingrijpen WW *optreden intervene* ★ moet de VN ingrijpen in het Midden-Oosten? *should the UN intervene in the Middle East?*
inhalen WW ● naar binnen halen *bring in*, ⟨oogst⟩ *gather (in)* ★ ze haalde de was in voor het ging regenen *she brought in the laundry before it started to rain* ● gelijk komen met *catch up with* ★ hij liep wat achter, maar hij haalde mij toch in *he was a bit behind, but he still caught up with me* ● voorbijgaan *overtake* ★ inhalen is hier verboden *overtaking is prohibited here*, ⟨op bord⟩ *no overtaking* ▼ je moet dat proefwerk nog inhalen *you still have to resit that test*
inhoud DE *content*, ⟨van boek, brief⟩ *contents* ★ de inhoud van de brief *the letter's contents*
initiatief HET *initiative* ★ op initiatief van *on / at the initiative of* ★ hij nam het initiatief voor de demonstratie *it was his initiative to hold the demonstration*
injectie DE *injection* ★ ik heb een injectie gehaald tegen de griep *I had an injection against the flu*
inkomen **I** HET *income* ★ zij heeft een vast inkomen *she has a regular income* **II** WW ▼ daar kan ik inkomen *I can appreciate / understand that* ▼ daar komt niets van in! *that's out of the question!*
inkomsten DE *income*
inkomstenbelasting DE *income tax*
inkopen WW *buy*
inkorten WW *shorten* ★ je moet je werkstuk wat inkorten *you should shorten your paper a bit*
inkt DE *ink*
inktvis DE *octopus*, ⟨pijlinktvis⟩ *squid*
inladen WW *load* ★ we laadden de boodschappen in de kofferbak *we loaded the shopping into the boot*
inlegkruisje HET *panty liner*
inleiding DE *introduction* ★ als inleiding op mijn verhaal *as an introduction to my story, to introduce my story*
inleveren WW *hand in, give up* ★ zij moesten hun wapens inleveren *they had to give up / hand in their arms*
inlichting DE *(piece of) information* ★ de politie heeft geen inlichtingen verstrekt *the police haven't given any information* ▼ je moet inlichtingen vragen / inwinnen bij het postkantoor *you should make inquiries at the post office*
inlijsten WW *frame*

inloggen ww *log in*
inmaken ww ● conserveren *preserve* ● in zuur *pickle* ● dik laten verliezen *slaughter, thrash* ★ PSV werd ingemaakt door Ajax *PSV was thrashed by Ajax*
inmiddels BIJW *meanwhile, in the meantime*
innen ww ⟨huur⟩ *collect,* ⟨cheque⟩ *cash*
innerlijk I HET *inner self* II BN *inner* ★ een innerlijk gevecht *an inner struggle* III BIJW *inwardly* ★ dat moest ik eerst innerlijk verwerken *I had to deal with it inwardly first*
innig I BN *close* ★ een innige vriendschap *a close friendship* II BIJW *closely* ★ KLM en Schiphol werken innig samen *KLM and Schiphol work closely together*
inpakken ww ⟨in koffer⟩ *pack,* ⟨in papier &⟩ *wrap (up)* ★ zal ik het voor u inpakken? *shall I wrap it (up) for you?* ▼ hij kan wel inpakken! *he may as well pack it in!*
inpakpapier HET *gift wrap, wrapping paper*
in petto BIJW *in store, in reserve* ★ ze had een verrassing voor mij in petto *she had a surprise in store / reserve for me* ▼ de plannen houden we het liefst nog even in petto *we'd like to keep the plans under wraps for the time being*
inpikken ww ● stiekem pakken *grab, snap up* ● stelen *pinch* ★ hij heeft mijn pen ingepikt *he pinched my pen*
inrichting DE ● van woning & *design, layout* ● instelling *institution* ★ hij is opgenomen in een inrichting *he has been admitted to an institution*
inrit DE ● oprit *driveway* ● toegang *entry* ★ verboden inrit *no entry*
inruilen ww *exchange,* ⟨van auto &⟩ *trade in*
inschakelen ww ● in werking stellen *turn on, switch on* ★ het alarm is ingeschakeld *the alarm has been turned on / switched on* ● doen meewerken ⟨advocaat, leger⟩ *call in* ★ ik heb de vakbond ingeschakeld bij mijn problemen *I called in the assistance of the union*
inschenken ww *pour, fill* ★ de ober schonk de koffie in *the waiter poured the coffee* ★ zal ik je nog eens inschenken? *shall I pour you another glass?* ★ hij schonk zich nog eens in *he filled his glass again*
inschrijven ww ● opgeven *sign up, register* ★ er hebben zich 20 mensen ingeschreven *20 people have signed up / have registered* ● intekenen op iets *subscribe* ★ ik heb me ingeschreven op een mailinglist *I've subscribed to a mailing list*
insect HET *insect*
inslapen ww ● in slaap vallen *fall asleep* ★ ik heb moeite met inslapen *I have trouble falling asleep* ★ hij sliep meteen in *he fell asleep immediately* ● sterven *pass away* ★ oma is vredig ingeslapen *Grandma passed away peacefully*
inslikken ww *swallow* ★ je moet je kauwgom niet inslikken! *don't swallow your chewing gum!* ▼ hij moest zijn woorden inslikken *he had to eat his words*
insmeren ww *rub, smear* ★ ik heb mijn armen ingesmeerd met zonnebrandcrème *I've rubbed / smeared my arms with sunscreen, I've put sunscreen on my arms*
insneeuwen ww *snow in, snow up* ★ het huis was ingesneeuwd *the house was snowed in / up*
inspanning DE *effort, exertion,* ⟨te grote⟩ *strain* ★ de leerlingen moeten grote inspanningen leveren *the students will need to put in a lot of effort / will need to exert themselves*
inspecteur DE *inspector* ★ een inspecteur van politie *a police inspector*
inspiratie DE *inspiration* ★ ik heb in Frankrijk inspiratie opgedaan *I found inspiration in France*
inspireren ww *inspire*
inspraak DE *say* ★ de leerlingen hebben inspraak bij de benoeming van een nieuwe leraar *the students have a say in the appointment of a new teacher*
inspreken ww op band & *record* ▼ u kunt uw boodschap inspreken na de pieptoon *please leave / record your message after the bleep*
inspuiten ww *inject*
instabiel BN *unstable* ★ tegen de morgen werd haar toestand instabiel *towards morning her condition became unstable*
installatie DE ● technisch apparaat *installation, plant, machinery* ● indiensttreding *installation,* ⟨van president⟩ *inauguration*
installeren ww *install* ★ zij installeerden zich voor de tv *they installed themselves in front of the TV*
instantie DE overheidsorgaan *authority* ★ de

instappen – interview

resultaten werden naar de bevoegde instantie gestuurd *the results were sent to the proper authority* ▾ in eerste instantie *initially* ▾ in laatste instantie *as a last resort*

instappen ww ⟨auto⟩ *get in*, ⟨bus, vliegtuig, trein⟩ *get on* ▾ allemaal instappen! *would you all board the bus / train / plane now, please!*

insteken ww *insert, put in*

instelling DE • mentaliteit *attitude* ★ een zakelijke instelling *a businesslike attitude* • instituut *institution* ★ zij werkt bij een liefdadigheidsinstelling *she works for a charitable institution*

instemmen ww het eens zijn *agree, approve* ★ hij stemde in met het voorstel *he agreed to / approved the proposal* ▾ ik stem niet in met mijn ontslag *I refuse to accept my dismissal, I'll fight / contest my dismissal*

instinct HET *instinct*

instituut HET • instelling *institution* • wetenschappelijke instelling *institute*

instorten ww • in elkaar vallen *fall down, collapse,* ⟨mijn, grot⟩ *cave in* ★ het gebouw staat op instorten *the building is about to collapse* • afknappen *collapse, break down* ★ na haar scheiding stortte ze helemaal in *she completely broke down / collapsed after her divorce*

instructie DE *instruction* ★ volg de instructies op de gebruiksaanwijzing *follow the instructions in the manual*

instrument HET *instrument* ★ welk instrument bespeel jij? *what (musical) instrument do you play?*

instuderen ww ⟨muziek⟩ *practise,* ⟨rol⟩ *study,* ⟨stuk⟩ *rehearse*

intact BN *intact, unimpaired*

integendeel BIJW *on the contrary*

integreren ww *integrate*

intekenen ww • *put your name down* ★ ik heb ingetekend op de cursus *I've put my name / myself down for the course* • tekenen *draw, mark* ★ de vindplaatsen zijn op de kaart ingetekend *the sites have been drawn / marked on the map*

intelligent I BN *intelligent* ★ honden zijn intelligente beesten *dogs are intelligent animals* II BIJW *intelligently* ★ je hebt de klus niet erg intelligent aangepakt *you didn't approach the job very intelligently*

intelligentie DE *intelligence*

intens I BN *intense, immense* ★ hij heeft een intense afkeer van honden *he has an intense / immense dislike of dogs, he dislikes dogs intensely* II BIJW *intensely, immensely* ★ ik haat voetbal intens *I dislike soccer intensely* ★ ik heb er intens van genoten *I enjoyed it immensely*

intensief I BN *intensive* ★ een intensieve cursus *an intensive course* II BIJW *intensively* ★ de situatie wordt intensief gecontroleerd *the situation is being monitored intensively*

intensive care DE *intensive care* ★ ze ligt op de intensive care *she's in intensive care*

interactief BN *interactive*

intercity DE *intercity (train)*

interessant I BN *interesting* ★ dit boek is totaal niet interessant *this book isn't interesting at all* ▾ het werk dat ze doen is niet interessant voor ons *the work that they are doing is not relevant for our purposes* II BIJW *interestingly* ★ interessant genoeg wordt zijn naam nergens in het boek genoemd *interestingly, his name isn't mentioned anywhere in the book* ▾ het artikel gaat heel interessant in op het onderwerp *the article treats the subject in an interesting way*

interesse DE *interest* ★ mijn interesse in muziek begon toen ik vijf jaar oud was *my interest in music started when I was five years old* ▾ ze heeft grote interesse voor / in politiek *she's very interested in politics* ▾ we zijn vol interesse *we're very interested*

interieur HET *interior*

intern BN • inwendig *internal* • inwonend *resident*

internaat HET *boarding school*

internationaal I BN *international* ★ het drugsprobleem moet op een internationaal niveau worden aangepakt *the problem of drugs needs to be addressed at the international level* II BIJW *internationally* ★ het bedrijf is internationaal bekend *the company is an internationally known one*

internet HET *Internet*

internetten ww *surf the net*

interpunctie DE *punctuation*

interview HET *interview* ★ ze heeft in de afgelopen week drie interviews gegeven *she's given three interviews during the past week* ▾ hij gaat de popster een interview afnemen *he's going to interview the pop star*

intiem I BN *intimate* ★ intieme bijzonderheden *intimate details* **II** BIJW *intimately* ★ ze wilde hem intiem leren kennen *she wanted to get to know him intimately* ▼ ze gaan al jaren intiem met elkaar om *they have been on intimate terms for years*

intimideren WW *intimidate*

intocht DE *entry* ★ de intocht van de deelnemers was erg indrukwekkend *the contestants' entry was quite impressive*

intolerant I BN *intolerant* ★ ze is intolerant ten opzichte van homo's *she's intolerant of homosexuals* **II** BIJW *intolerantly* ★ hij stelde zich intolerant op naar mijn vrienden toe *he acted intolerantly towards my friends*

intrappen WW ● trappend kapotmaken *kick in* ★ de politie trapte de deur in *the police kicked the door in* ● in iets trappen *tread in, step in* ★ ze trapte in de hondenpoep *she trod / stepped in the dog shit* ★ hij had in het natte cement getrapt *he had trodden in the wet cement*

intrekken WW ● gaan inwonen *move in* ★ ze zijn bij hun tante ingetrokken *they've moved in with their aunt* ● opgezogen worden *soak in* ★ de inkt zal er intrekken *the ink will soak in* ● naar binnen trekken *draw in,* ⟨klauwen, landingsgestel⟩ *retract* ★ een cheetah kan zijn nagels niet intrekken *cheetahs cannot retract their claws* ● herroepen ⟨vergunning, geld, woorden⟩ *withdraw, retract* ⟨wet⟩ *repeal,* ⟨verlof, opdracht⟩ *cancel* ★ hij trok zijn bekentenis in *he retracted his confession* ★ de verloven zijn ingetrokken *all leave has been cancelled*

introduceren WW *introduce* ★ ik zal je bij mijn vrienden introduceren *I'll introduce you to my friends*

intuïtie DE *intuition* ★ ze gaat altijd op haar intuïtie af *she always follows her intuition*

intussen BIJW *meanwhile, in the meantime*

intypen WW *type in*

inval DE ● het binnenvallen ⟨van vijand⟩ *invasion,* ⟨van politie⟩ *raid* ▼ de politie deed een inval in de flat *the police raided the apartment* ● idee *idea, brain wave* ★ hij kreeg een goede inval *he had a good idea / a brain wave*

invalide I DE *disabled person, invalid* **II** BN *disabled* ★ in de oorlog is hij invalide geworden *he became disabled in the war*

invallen WW vervangen *fill in, replace* ★ hij valt in voor een collega *he's filling in for a colleague, he's replacing a colleague*

invaller DE *substitute,* SPORT *reserve*

investeren WW *invest*

invloed DE ● gezag, overwicht *influence* ★ hij oefende zijn invloed uit *he used his influence* ● inwerking *effect* ★ de ruzie had veel invloed op het project *the quarrel had a major effect on the project*

invoegen WW ● in verkeer *merge* ★ kijk in je spiegel voordat je invoegt *make sure you check your rear-view mirror before you merge into the traffic* ● tussenplaatsen *insert* ★ ik heb een paar woorden ingevoegd in de tekst *I inserted a few words into the text*

invoer DE ● import ⟨handeling⟩ *import,* ⟨goederen⟩ *imports* ● data COMP *input*

invoeren WW ● importeren *import* ★ dierlijke producten mogen niet worden ingevoerd *animal products may not be imported* ● introduceren *introduce* ★ in 1997 werd de 36-urige werkweek ingevoerd *the 36-hour working week was introduced in 1997* ▼ hij is al aardig ingevoerd in het computerprogramma *he's already become quite familiar with the computer program* ● in computer inlezen / intikken *enter* ★ je moet de gegevens eerst invoeren *you have to enter the data first*

invriezen WW *freeze, deep-freeze* ★ we hebben de vis gisteren ingevroren *we froze / deep-froze the fish yesterday* ★ ingevroren groente *frozen / deep-frozen vegetables*

invullen WW ⟨naam⟩ *fill in,* ⟨formulier⟩ *fill in, fill out*

inwendig I BN *internal* ★ de maag is een inwendig orgaan *the stomach is an internal organ* **II** BIJW *internally, inwardly* ★ niet inwendig gebruiken *not to be taken internally* ★ ze lachte inwendig *she laughed inwardly, she laughed to herself*

inwerken WW ● effect hebben *affect, influence* ★ alcohol werkt in op de hersenen *alcohol affects the brain* ★ de informatierevolutie werkt in op alle onderdelen van de samenleving *the*

inwijding – ivoor

information revolution affects / influences every part of society ▼ ik moet de gebeurtenissen op me laten inwerken *I have to let the events sink in* ● gewend raken *settle into* ★ de nieuwe collega moet zich eerst nog inwerken in de baan *the new colleague has to settle into the job first*

inwijding DE ● personen *initiation* ● ingebruikneming *inauguration*

inwoner DE *resident*, ⟨van stad⟩ *inhabitant* ▼ Amsterdam heeft ongeveer 700.000 inwoners *Amsterdam has a population of about 700,000*

inworp DE SPORT *throw-in* ★ hij deed een verre inworp *he did a long throw-in*

inwrijven WW *rub in* ★ je moet de zalf goed inwrijven *rub the ointment in thoroughly*

inzakken WW *collapse, give way* ★ de weg is ingezakt *the road has collapsed* ★ de vloer zakte in onder het gewicht van de dansende menigte *the floor gave way / collapsed under the weight of the dancing crowd*

inzamelen WW *collect*

inzegenen WW *consecrate* ★ de dominee heeft het huwelijk ingezegend *the minister consecrated the marriage*

inzending DE *entry, contribution*

inzet DE ● toewijding *devotion, dedication* ● bod *opening bid* ● bij gokspel *stakes*

inzicht HET ● begrip *insight* ★ hij heeft geen duidelijk inzicht in het probleem *he doesn't have a clear insight into the problem* ▼ ze kwam tot het inzicht dat... *she realized that..., she came to see that...* ● mening *opinion* ★ een verschil van inzicht *a difference of opinion*

inzien I HET ▼ bij nader inzien *on second thoughts* II WW ● inkijken *have a look at* ★ mag ik het boek even inzien? *may I have a look at the book?* ● beseffen *see, realize* ★ hij ziet nu in wat hij verkeerd heeft gedaan *he now sees / realizes what he did wrong* ● beoordelen *take a view of* ★ hij zag de toekomst somber in *he took a gloomy view of the future*

inzinking DE ● achteruitgang *slump, collapse* ● geestelijke instorting ⟨bij ziekte⟩ *relapse*, ⟨psychisch⟩ *breakdown*

inzittende DE *passenger*

IQ HET *IQ*

iris DE *iris*

irrigatie DE *irrigation*

irritant I BN *irritating, annoying* ★ een irritante meid *an irritating / annoying girl* II BIJW *irritatingly, annoyingly* ★ ze begon irritant langzaam te worden *she started becoming irritatingly / annoyingly slow*

irritatie DE *irritation*

irriteren WW ● huid & *irritate* ● ergeren *irritate, annoy*

isgelijkteken HET *equals sign*

islam DE *Islam* ★ hij heeft zich tot de islam bekeerd *he has converted to Islam*

islamiet DE *Muslim*

islamitisch BN *Islamic*

isolatie DE ● muur, huis *insulation* ★ isolatie van de spouwmuur *cavity wall insulation* ● afzondering *isolation*

isoleercel DE *isolation cell*

isoleren WW ● afzonderen *isolate* ● afschermen *insulate*

Italiaan DE *Italian*

Italiaans I HET taal *Italian* II BN *Italian*

Italië HET *Italy*

IT'er DE *IT specialist*

ivoor HET *ivory*

J

j DE *j* ★ de J van Johan *J as in Juliet*
ja TSW *yes* ★ hij knikte ja *he nodded yes, he nodded his assent*
jaar HET *year* ★ vorig jaar *last year* ★ volgend jaar *next year* ★ over een jaar *in a year's time* ★ over twee jaar *in two years' time* ★ ongeveer drie jaar geleden zat ze bij mij in de klas *she was a classmate of mine about three years ago* ★ ik zit al jaren op volleybal *I've played volleyball for many years* ▼ in de jaren tachtig *in the eighties*
jaarbeurs DE ● tentoonstelling *(trade) fair* ● gebouw *exhibition centre / AM center*
jaargetijde HET *season*
jaarlijks I BN *annual* ★ het jaarlijkse tennistoernooi *the annual tennis tournament* II BIJW ● elk jaar *every year, annually* ★ er worden jaarlijks honderdduizenden fietsen gestolen *hundreds of thousand of bicycles are stolen every year / annually* ● eenmaal per jaar *once a year* ★ bijna de helft van de bevolking gaat jaarlijks naar een concert *almost half the population attends a concert once a year*
jaartal HET *year, date*
jacht I DE het jagen *hunting,* ⟨op klein wild⟩ *shooting* ▼ mijn vader gaat vaak op jacht *my father often goes hunting / shooting* ▼ de jacht op rijkdom en roem *the pursuit of wealth and fame* II HET schip *yacht* ★ hij brengt zijn weekenden door op zijn jacht *he spends his weekends on his yacht*
jack HET *jacket*
jagen ww *hunt,* ⟨klein wild⟩ *shoot* ★ onze poes was in de tuin op vogels aan het jagen *our cat was hunting birds in the garden*
jager DE *hunter*
jaloers BN *jealous* ★ hij is erg jaloers op zijn broer *he's very jealous of his brother*
jaloezie DE ● jaloersheid *jealousy* ● zonwering *Venetian blind*
jam DE *jam* ★ een boterham met jam *a jam sandwich*
jammer BN *a pity* ★ wat jammer dat je niet naar het feest kan! *what a pity / shame you can't come to the party!*
Jan DE *John* ▼ Jan en alleman *every Tom, Dick and Harry, every man and his dog* ▼ Jan Klaassen en Katrijn *Punch and Judy*
janken ww *cry,* ⟨ook van hond⟩ *yelp*
januari DE *January* ★ ik heb een afspraak op 28 januari *I've got an appointment on the 28th of January / on January the 28th*
Japan HET *Japan*
jarig BN ★ wanneer ben je jarig? *when is your birthday?* ★ de jarige job *the birthday boy / girl*
jas DE *coat*
jatten ww *nick, pinch*
je VNW ● jij *you* ★ je zou je moeten schamen *you ought to be ashamed of yourself* ● jezelf *yourself,* ⟨meervoud⟩ *yourselves* ★ hebben jullie je vermaakt op de kermis? *did you enjoy yourselves at the fair?* ● jouw *your* ★ heb je je boek vergeten? *have you forgotten your book?* ● men *you* ★ zoiets doe je gewoon niet *you just don't do that sort of thing*
jeans DE *(blue) jeans*
jenever DE *Dutch gin*
jeugd DE ● jonge leeftijd *youth* ★ vanaf mijn jeugd woon ik al in Amsterdam *I've lived in Amsterdam since my youth / since I was young* ● jonge mensen *young people* ★ bij de jeugd is die popgroep zeer populair *that pop group is very popular with young people*
jeugdherberg DE *youth hostel*
jeugdig BN *youthful*
jeugdloon HET *juvenile wage* ★ het minimumjeugdloon *the juvenile wage*
jeugdpuistjes DE *acne, pimples*
jeuk DE *itch* ▼ ik heb overal jeuk *I'm itching / itchy all over* ▼ ik heb jeuk aan mijn neus *my nose is itching / itchy*
jeuken ww *itch* ★ onder mijn gips begint het enorm te jeuken *it's starting to itch badly underneath my plaster cast*
jezelf VNW *yourself* ★ kijk naar jezelf in de spiegel! *look at yourself in the mirror!*
Jezus DE *Jesus*
jij VNW *you* ★ was jij het die belde? *was it you that called?*
job DE *job*
joch HET *boy, kid*
jodin DE *Jewess*
jodium HET *iodine*
joggen ww *jog*
jogger DE *jogger*
joint DE *joint* ★ hij draaide een jointje *he*

rolled a joint

joker DE *joker* ★ de joker is de hoogste kaart *the joker is the highest card* ▼ je staat echt voor joker in die gekke jas *you really look foolish / look like a fool in that ridiculous coat*

jokken WW *fib, tell lies*

jong I HET ⟨dier⟩ *young one* ▼ onze hond is bezig jongen te werpen *our dog is giving birth* II BN *young* ★ hij is de jongste van de twee *he is the younger one* ★ zij is de jongste van de groep *she is the youngest of the group* III BIJW *youthfully* ★ zij kleedt zich jong *she dresses youthfully / in a youthful way*

jongen I DE ● kind *boy* ★ is het een jongen of een meisje? *is it a boy or a girl?*
● jongeman *boy, lad* ▼ zeg jongens, zullen we beginnen met de les? *hey, guys / you lot: shall we start the lesson?* II WW *give birth,* ⟨van hond⟩ *have pups,* ⟨van kat⟩ *have kittens*

jongere DE *young person* ★ de werkende jongeren *the working youth* ★ een oudere jongere *an ageing hippy*

jongstleden BN *last* ★ zaterdag jongstleden *last Saturday*

jood DE *Jew*

joods BN *Jewish*

jou VNW *you* ★ jou moet ik net hebben *you're the person I'm looking for* ▼ is dit huis van jou? *is this house yours?*

journaal HET *news* ★ het was op het journaal van negen uur *it was on the nine o'clock news*

journalist DE *journalist, reporter*

jouw BN *your* ★ dat is jouw boek *that's your book* ★ dat boek is het jouwe *that book is yours*

jubileum HET *anniversary* ★ pap viert zijn zilveren jubileum bij de zaak *Dad is celebrating his silver anniversary at the firm*

judo HET *judo*

judoën WW *do judo*

juf DE *teacher*

juffrouw DE ● onderwijzeres *teacher*
● (aanspreek)titel *Miss* ★ juffrouw Smith *Miss Smith*

juichen WW *cheer* ★ het publiek juichte bij het tweede doelpunt *the crowd cheered at the second goal*

juist I BN *right, correct, accurate* ★ mijn adres is niet juist *my address isn't right / correct / accurate* ▼ je moet je op de juiste manier gedragen *you ought to behave properly*
II BIJW ● correct *accurately, correctly* ★ de premier beoordeelde de situatie juist *the prime minister judged the situation accurately* ★ dat woord is niet juist gespeld *that word isn't spelled correctly*
● precies *exactly* ★ juist, dat vond ik ook! *exactly, I thought that too!*

juli DE *July* ★ ik heb een afspraak op 26 juli *I've got an appointment on the 26th of July / on July the 26th*

jullie VNW ● persoonlijk *you* ★ jullie moeten naar huis gaan *you have to go home*
● bezittelijk *your* ★ is dat jullie huis? *is that your house?* ▼ is dat huis van jullie? *is that house yours?*

jungle DE *jungle*

juni DE *June* ★ ik heb een afspraak op 24 juni *I've got an appointment on the 24th of June / on June the 24th*

junior DE + BN *junior*

junk DE verslaafde *junkie*

juridisch I BN *legal* ★ het juridische aspect *the legal aspect* II BIJW *legally* ★ ouders zijn juridisch verantwoordelijk voor hun kinderen *parents are legally responsible for their children*

jurist DE ● rechtsgeleerde *lawyer* ★ in deze kwestie heb ik een jurist nodig *I need a lawyer for this case* ● student in de rechten *law student*

jurk DE *dress, frock*

jury DE *jury* ★ mijn vriend zit in de jury *my friend is on the jury*

jus DE ● vleessaus *gravy* ★ wil je een lepel jus over je aardappels? *would you like a spoonful of gravy on your potatoes?*
● sinaasappelsap *orange juice*

justitie DE ● rechterlijke macht *law* ★ hij heeft problemen met justitie *he is in trouble with the law / police* ● rechtswezen *justice* ★ de minister van justitie *the Minister of Justice* ★ een hof van justitie *a court of justice / law* ▼ de officier van justitie *the public prosecutor*

jutezak DE *hessian bag*

juweel HET ● sieraad *jewel* ★ ze moest haar juwelen verkopen *she had to sell her jewels*
● prachtexemplaar *gem* ★ ze hebben een juweel van een baby gekregen *they have a gem of a baby*

juwelier DE *jeweller /* AM *jeweler,* ⟨winkel⟩

jeweller's / AM jewelers, jewellery / AM jewelry shop

K

k DE *k* ★ de K van Karel *K as in Kilo*
kaak DE *jaw* ★ haaien hebben sterke kaken *sharks have strong jaws*
kaal BN • zonder haar *bald* ★ zo kaal als een biljartbal *as bald as a coot* • onbegroeid *bare* ★ een kaal weiland *a bare meadow* ▼ de bomen worden kaal *the trees are losing their leaves*
kaars DE *candle* ★ de paus stak een kaars aan *the Pope lit a candle*
kaarslicht HET *candlelight* ★ een diner bij kaarslicht *a dinner by candlelight*
kaart DE • speelkaart *card* • klein stukje karton *card* ★ een visitekaartje *a visiting / business card* • toegangsbewijs *ticket* ★ een kaartje voor een concert *a ticket to a concert* • landkaart *map* • plattegrond *plan*
kaarten WW *play cards*
kaartspel HET • setje kaarten *pack of cards, deck of cards* • soort spel *card game* ★ bridge is een kaartspel *bridge is a card game*
kaas DE *cheese* ★ jonge / belegen kaas *new / matured cheese* ★ een plakje kaas *a slice of cheese*
kaasschaaf DE *cheese plane, cheese slicer*
kabaal HET *racket* ★ de kinderen maakten kabaal *the children made a racket*
kabel DE *cable*
kabelbaan DE *cableway, funicular railway*
kabeljauw DE *cod*
kabinet HET • regering *cabinet, government* ★ het kabinet is beëdigd / gevallen *the cabinet has been sworn in / has fallen* • kastje *cabinet*
kabouter DE *gnome, dwarf* ▼ dat hebben de kaboutertjes gedaan *the fairies did it*
kachel DE *heater*
kadaster HET *land registry, land titles office*
kade DE *quay*
kadetje HET *bread roll*
kaf HET *chaff* ★ ze proberen het kaf van het koren te scheiden *they're trying to separate the wheat from the chaff*
kaft HET *cover* ★ een papieren kaft *a paper cover*
kaften WW *cover* ⟨schoolboeken⟩
kak DE *shit, crap* ▼ een hoop kouwe kak *a lot*

of hot air

kakken ww *crap, shit* ▼ ze hebben hem te kakken gezet *they made a fool of him*

kakkerlak DE *cockroach*

kalender DE *calendar*

kalf HET *calf* ★ de kalveren staan op stal *the calves are in the stable*

kalfsvlees HET *veal*

kalk DE *lime*, SCHEIK *calcium*

kalkoen DE *turkey* ★ gevulde kalkoen *stuffed turkey*

kalm BN ● *calm, quiet* ★ ze bleef kalm *she stayed calm* ★ de zee was kalm *the sea was calm* ★ het was een kalme dag op de beurs *it was a quiet day at the stock exchange* ● *calmly* ★ ze ging kalm weer zitten *she calmly sat down again*

kalmeren ww ● kalm worden *calm down* ★ na een paar minuten kalmeerde hij een beetje *after a few minutes he calmed down a little* ● kalm doen worden *calm, soothe* ★ een kalmerende stem *a soothing voice* ★ ze kalmeerde het kind *she calmed / soothed the child*

kalmte DE ● bedaardheid *calm, composure* ★ hij bewaarde zijn kalmte *he kept his composure* ● rust *quiet*

kalverliefde DE *calf love, puppy love*

kam DE *comb*

kameel DE *camel*

kamer DE ● vertrek *room* ★ maak alsjeblieft je kamer schoon! *please clean (up) your room!* ● instituut *chamber* ★ de Kamer van Koophandel *the Chamber of Commerce* ● van parlement *house* ★ de Eerste Kamer *the Upper House, the Senate,* ⟨in Groot-Brittannië⟩ *the House of Lords* ★ de Tweede Kamer *the Lower House, the House of Representatives,* ⟨in Groot-Brittannië⟩ *the House of Commons*

kameraad DE *pal, mate*

kamertemperatuur DE *room temperature* ★ serveer de wijn op kamertemperatuur *serve the wijn at room temperature*

kammen ww *comb*

kamp HET *camp* ★ ze sloegen hun kamp op in het bos *they made camp in the forest* ▼ de school gaat elke herfst op kamp *every autumn the school goes on a camping trip*

kampeerauto DE *camper (van)*

kamperen ww *camp* ★ laten we gaan kamperen *let's go camping*

kampioen DE *champion*

kampioenschap HET *championship*

kanaal HET ● gegraven water *canal* ● zee-engte *channel* ★ het Kanaal *the English Channel*

kanarie DE *canary*

kandelaar DE *candlestick*

kandidaat DE *candidate* ▼ hij is kandidaat voor het presidentschap *he's standing / running for the presidency*

kaneel DE *cinnamon*

kangoeroe DE *kangaroo*

kanker DE *cancer* ★ mijn moeder is aan kanker overleden *my mother died of cancer*

kannibaal DE *cannibal*

kano DE *canoe*

kanon HET *gun, cannon*

kanonskogel DE *cannonball*

kanovaren ww *canoe*

kans DE ● waarschijnlijkheid *chance* ★ er is niet veel kans op verbetering *there's not much chance of improvement* ● risico, gok *risk* ★ je loopt de kans dat je alles verliest *you run the risk of losing everything* ● gelegenheid *opportunity* ★ hij heeft de kans waargenomen *he made use of / took the opportunity* ★ hij heeft niet de kans gekregen om zich te bewijzen *he didn't get a chance / the opportunity to prove himself*

kansel DE *pulpit*

kansspel HET *game of chance*

kant I DE ● zijde *side* ★ aan de kant van de weg *on the side of the road* ★ deze kant boven *this side up* ▼ aan de andere kant moeten we niet vergeten... *on the other hand, we shouldn't forget...* ● richting *way, direction* ★ welke kant ga je op? *which way / direction are you going?* II HET stof *lace*

kantelen ww ● omvallen, omslaan *topple over, turn over,* ⟨van schip⟩ *capsize* ★ de blokkentoren kantelde *the tower of blocks toppled over* ● doen wentelen *turn (over)* ★ we kantelden de doos *we turned the box over*

kant-en-klaar BN *ready-made*

kantine DE *canteen*

kantlijn DE *margin*

kantoor HET *office* ★ ik ben morgen op kantoor *I'll be in the office tomorrow*

kapel DE *chapel*

kaper DE ● zeerover *raider* ● *terrorist*

hijacker

kapitaal I HET geld *capital*, ⟨heel veel⟩ *fortune* II BN • heel ernstig *capital, serious, major* ★ een kapitaal misdrijf *a capital crime* ★ een kapitale fout *a serious / major mistake* • duur *worth a fortune* ★ een kapitale villa *a house worth a fortune*

kapitein DE *captain*, ⟨op een klein schip⟩ *skipper*

kapot BN • stuk *broken*, ⟨van auto⟩ *broken down* ★ een kapotte rekenmachine *a broken calculator* • afgemat *worn out* ★ ik ben helemaal kapot na zo'n week *I'm totally worn out after a week like that*

kapotmaken WW *break, destroy* ★ het jongetje maakte het speelgoed van zijn zusje kapot *the little boy broke / destroyed his sister's toys*

kappen WW • ophouden *quit* ★ zullen we kappen met ruziën? *shall we quit quarrelling?* ★ ik kap ermee! *I quit!* • met bijl ⟨bomen⟩ *cut down*, ⟨hout⟩ *chop* • van haar *do*

kapper DE • persoon *hairdresser*, ⟨voor heren⟩ *barber* • winkel *hairdresser's, barber's*

kapsel HET *haircut*

kapstok DE • staand *hatstand, coat stand* • aan muur *coat rack*

kar DE *cart* ▼ ze probeert jou voor haar karretje te spannen *she's trying to get you to do her dirty work, she's using you*

karakter HET aard *character, nature* ★ hij heeft een vriendelijk karakter *he has a friendly character / nature*

karate HET *karate* ★ mijn broer doet aan karate *my brother does karate*

karbonade DE *chop, cutlet*

kardinaal DE *cardinal*

karnemelk DE *buttermilk*

karper DE *carp*

kartelmes HET *serrated knife*

kartelschaar DE *pinking shears*

karton HET *cardboard* ★ een kartonnen doos *a cardboard box*

karwei HET *(odd) job, chore* ★ ik heb thuis nog een paar karweitjes te doen *I have a few (odd) jobs to do (a)round the house* ★ mijn ouders hebben de huishoudelijke karweitjes onderling verdeeld *my parents have divided the household chores between them*

kas DE • broeikas *hothouse, greenhouse*
• geldmiddelen *cash, funds* ★ hij is slecht bij kas *he's short of cash / funds* • kassa *cash desk* • holte *socket* ★ zijn ogen puilden bijna uit hun kassen *his eyes almost popped out of their sockets*

kassa DE *cash desk*, ⟨in supermarkt⟩ *checkout*, ⟨in bioscoop &⟩ *box office*

kassabon DE *docket, receipt*

kast DE • bergmeubel *cupboard, closet*, ⟨kledingkast⟩ *wardrobe*, ⟨boekenkast⟩ *bookcase* • omhulsel *case*

kastanje DE *chestnut*

kasteel HET *castle*

kat DE • huisdier *cat* • bitse opmerking *snarl*

kater DE *tomcat*

kathedraal DE *cathedral*

katholiek I DE *(Roman) Catholic* II BN *(Roman) Catholic*

katoen HET *cotton*

katrol DE *pulley*

kattenbak DE • bak voor de kat *litter tray* • ruimte in auto *dicky seat*

kattig I BN *catty, bitchy* ★ een kattige opmerking *a catty / bitchy comment* II BIJW *cattily, bitchily* ★ 'wat weet jij nou van vriendjes', zei ze kattig *'what would you know about boyfriends', she said cattily / bitchily*

kauwen WW *chew* ★ hij kauwde op zijn pen *he chewed (on) his pen*

kauwgom DE *chewing gum*

kazerne DE *barracks*

keel DE *throat* ★ ik heb een zere keel *I've got a sore throat* ▼ hij heeft de baard in de keel *his voice is breaking* ▼ het hangt me de keel uit *I'm sick and tired of it*

keelontsteking DE *inflammation of the throat, laryngitis*

keelpijn DE *sore throat*

keeper DE *goalkeeper*, INF *goalie*

keer DE • maal *time* ★ drie keer *three times* ★ twee keer vier is acht *two times four is eight* ★ £1 per keer *£1 a time* ★ keer op keer *time and again* ▼ één keer / twee keer *once / twice* • wending *turn*

keerpunt HET *turning point*

keet DE • schuurtje *shed* • schaftkeet *workman's hut* • chaos *racket* ★ de kinderen bleven keet schoppen *the children kept on making a racket*

kegel DE • wiskundige figuur *cone* • van kegelspel *pin* ▼ hij had een flinke kegel *he*

smelt strongly of alcohol
kei DE • rotsblok *boulder* • straatsteen *paving stone, cobblestone* • slimmerik *wizard, crack* ★ zij is een kei in wiskunde *she's a wizard at maths*
keizer DE *emperor*
keizersnede DE *Caesarean (section)*
kelder DE *cellar*
kengetal HET *area code*
kenmerk HET *identifying mark, distinguishing mark, characteristic feature* ★ wat zijn de kenmerken van ons team? *what are our team's identifying / distinguishing marks?, what are our team's characteristic features?*
kennel DE *kennel*
kennelijk BIJW *clearly, obviously* ★ je bent kennelijk niet geïnteresseerd *you're obviously / clearly not interested*
kennen WW *know* ★ zij kende haar vak *she knew her job* ★ hij kent Duits *he knows / speaks German* ★ ik heb hem in Frankrijk leren kennen *I got to know him / became acquainted with him in France* ★ ik ken hem al jaren *I've known him for years* ★ ze kent het gedicht uit het hoofd *she knows the poem (off) by heart* ▼ die auto heeft betere dagen gekend *that car has seen better days*
kennis DE • datgene wat je weet *knowledge* ★ deze cursus is voor mensen die al enige kennis van de taal hebben *this course is for people who already have some knowledge of the language* ▼ kennis van zaken *know-how* • persoon die je kent *acquaintance* ★ een kennis van mij *an acquaintance of mine* • bewustzijn *consciousness* ★ hij raakte buiten kennis *he lost consciousness* ★ ze kwam weer bij kennis *she regained consciousness*
kennismaken WW *meet* ★ hebt u al met hem kennisgemaakt? *have you met him yet?* ★ aangenaam kennis met u / je te maken *pleased to meet you* ▼ hebben jullie al kennisgemaakt? *do you two know each other?*
kenteken HET • kenmerk *distinguishing mark* • van auto & *number plate*
kerel DE *fellow, chap,* INF *bloke*
keren WW *turn* ★ we zijn halverwege gekeerd *we turned (around / round) halfway* ★ ze keerde de doos ondersteboven *she turned the box upside down* ▼ graag per kerende post antwoorden *please answer by return mail*
kerk DE *church* ★ ze gaat elke zondag naar de kerk *she goes to church every Sunday* ★ de kerk begint om tien uur *church / the service starts at ten o'clock*
kerkdienst DE *divine service, church service*
kerkelijk BN *religious, church* ★ een kerkelijke begrafenis *a religious / church burial* ▼ ik ben niet kerkelijk *I'm not a churchgoer*
kerkhof HET *churchyard, cemetery*
kerktoren DE *church tower,* ⟨spits⟩ *steeple*
kermis DE *fair,* ⟨terrein⟩ *fairground* ★ ze liepen over de kermis *they walked across the fairground*
kern DE • binnenste *core* ★ hij kwam tot de kern van de zaak *he got to the core of the issue* ▼ er zit een kern van waarheid in *there's an element of truth to that* • van atoom *nucleus*
kerncentrale DE *nuclear power station*
kernenergie DE *nuclear power, nuclear energy, atomic energy*
kernwapen HET *nuclear weapon*
kerrie DE *curry,* ⟨poeder⟩ *curry powder*
kers DE *cherry*
kerst DE *Christmas* ★ wat doe je met de kerst? *what are you doing at Christmas?* ★ we gaan met de kerst op wintersport *we're going on a winter sport holiday over the Christmas period*
kerstavond DE • 24 december *Christmas Eve* • 25 december *the evening of Christmas Day*
kerstboom DE *Christmas tree*
kerstdag DE ⟨eerste⟩ *Christmas Day,* ⟨tweede⟩ *Boxing Day* ▼ prettige kerstdagen! *Merry Christmas!*
kerstkaart DE *Christmas card*
Kerstman DE *Father Christmas, Santa Claus*
Kerstmis DE *Christmas,* ⟨afgekort geschreven⟩ *Xmas*
kerstvakantie DE *Christmas holidays*
ketel DE • voor theewater & *kettle* • stoomketel *boiler*
keten I DE • ketting *chain* • aaneenschakeling *chain, sequence* II WW lol maken *fool about*
ketter DE *heretic* ▼ hij rookt als een ketter *he smokes like chimney* ▼ hij zuipt als een ketter *he drinks like a fish* ▼ hij vloekt als een ketter *he swears like a trooper*

ketting DE • met schakels *chain* • halsketting *necklace*
kettingkast DE *chain guard*
kettingzaag DE *chain saw*
keuken DE • vertrek *kitchen* • manier van koken *cookery, cuisine* ★ de Franse keuken *French cookery / cuisine*
keukenkastje HET *kitchen cupboard*
keuren WW *test*, MED *examine*, ⟨proeven⟩ *taste*
keurig BN *NEAT, TIDY*, STERKER *IMPECCABLE* ★ een keurige woonkamer *a neat / tidy living room, an impeccable living room* BIJW *neatly, impeccably* ★ zij was keurig gekleed *she was neatly / impeccably dressed* ▼ ze zijn keurig getrouwd *they're respectably married*
keuring DE *test*, MED *examination*
keus, ook: **keuze** DE *choice, selection* ★ mijn vader stelde mij voor de keus: of stoppen met drugs of het huis uit *my father gave me the choice: either I stopped taking drugs or I moved out* ★ met een toetje naar keus *with a choice of dessert* ★ deze winkel biedt een ruime keus aan sportartikelen *this shop stocks a wide selection of sporting items*
kever DE *beetle*
kibbelen WW *squabble* ★ kibbelende kinderen *squabbling children*
kier DE *chink, crack* ▼ de deur staat op een kier *the door is ajar*
kies DE *(back) tooth, molar* ★ ik heb een kies laten trekken *I had a tooth / molar pulled out*
kieskeurig I BN *fastidious, choosy* ★ kieskeurige consumenten *fastidious / choosy consumers* II BIJW *fastidiously* ★ ze keek kieskeurig naar het eten op haar bord *she looked fastidiously at the food on het plate* ▼ jonge konijnen eten kieskeurig *young rabbits are fussy eaters*
kiespijn DE *toothache* ★ ze heeft kiespijn *she has a toothache*
kiesrecht HET *suffrage, right to vote* ★ het algemeen kiesrecht *universal suffrage / right to vote*
kietelen WW *tickle* ★ dat kietelt *that tickles* ▼ ik kan niet tegen kietelen *I'm ticklish*
kieuw DE *gill*
kiezen WW • een stem uitbrengen *vote* ★ kiezen is in Australië verplicht *it is compulsory to vote in Australia* • selecteren *choose*, ⟨in verkiezing⟩ *elect* ★ hij kiest zijn kleren altijd heel zorgvuldig *he always chooses his clothes very carefully* ★ hij koos een nieuwe naam voor het project *he chose a new name for the project* ★ we hebben ervoor gekozen om te werken met nieuwe mensen *we've chosen to work with new people* ★ de Nederlanders hebben een nieuw parlement gekozen *the Dutch have elected a new parliament*
kiezer DE *voter, elector* ★ 32% van de kiezers bleef thuis *32% of the voters / electors stayed at home*
kijk DE *view* ★ mijn kijk op de zaak *my view of the matter* ▼ tot kijk! *see you (later)!*
kijken WW • ogen gebruiken *look* ★ Jeremy keek verbaasd *Jeremy looked surprised* ★ hij keek aandachtig naar het schilderij *he looked intently at the painting* ▼ laten we eens kijken *let's have a look* ▼ ga eens kijken wie er is *go and see who's there* • observeren *watch* ★ we keken naar een film *we watched a film* ★ hij zat televisie te kijken *he was watching television*
kijker DE *spectator*, ⟨televisie⟩ *viewer*
kikker DE *frog*
kikkervisje HET *tadpole*
kil I BN *chilly, cool*, STERKER *cold* ★ het is nogal kil voor de tijd van het jaar *the weather is rather chilly / cool / cold for the time of the year* II BIJW *coolly, coldly* ★ hij keek haar kil aan *he looked at her coolly / coldly*
kilo, ook: **kilogram** DE *kilo, kilogram(me)* ★ acht kilo aardappelen *eight kilos of potatoes* ★ John woog vroeger 108 kilo *John used to weigh 108 kilos*
kilometer DE *kilometre* ★ we reden 90 kilometer per uur *we drove at 90 kilometres an hour*
kin DE *chin*
kind HET *child*, SPREEKT *kid*, ⟨pasgeboren⟩ *baby* ★ ondeugende kinderen *naughty children* ★ zij krijgt een kind *she's having a baby*
kinderachtig I BN *childish* ★ kinderachtig gedoe *childish behaviour* II BIJW *childishly* ★ hij gedroeg zich erg kinderachtig *he acted very childishly, he was very childish*
kinderbijslag DE *child allowance, child benefit, family allowance*
kinderwagen DE *pram*
kinderziekte DE • ziekte *childhood disease*

• **beginmoeilijkheden** *growing pains, teething troubles*
kinds BN *senile*
kinkhoest DE *whooping cough*
kip DE • *hoen* hen, chicken ★ mijn vader houdt kippen *my father raises hens / chickens / poultry* • als gerecht *chicken* ★ gebraden kip *roast chicken*
kippenbouillon DE *chicken stock, chicken broth*
kippengaas HET *wire netting, chicken wire*
kippenhok HET *henhouse, chicken coop*
kippensoep DE *chicken soup*
kippenvel HET *goose pimples, goosebumps* ▼ ik krijg er kippenvel van *it gives me goose bumps*
kist DE *box, case,* ⟨voor groenten en fruit⟩ *crate*
kiwi DE • vrucht *kiwi fruit, Chinese gooseberry* • vogel *kiwi*
klaar I BN • af *finished, done* ★ ben je klaar met eten? *have you finished eating?* ★ de afwas is klaar *the washing-up is done* • gereed *ready* ★ klaar voor gebruik *ready for use* ▼ klaar?! af! *ready, steady, go!* • helder, duidelijk *clear* ★ dat is zo klaar als een klontje *that's as clear as daylight* II BIJW *wide* ★ hij was klaar wakker *he was wide awake*
klaarkomen WW • afkrijgen *finish* ★ kwam je op tijd klaar met je taak? *did you finish your assignment on time?* • orgasme hebben *reach a climax, come*
klaarmaken WW *get ready, prepare* ★ hij maakt de auto klaar voor de reis *he's getting the car ready for the journey* ★ ik maakte het ontbijt klaar *I prepared / made breakfast*
klacht DE *complaint* ★ ik heb een klacht over uw hond *I have a complaint about your dog*
klad HET *(rough) draft* ★ je moet het eerst in het klad schrijven *do a rough draft first*
kladblok HET *note pad*
klagen WW *complain* ★ ik heb tegen de beheerder geklaagd over uw gedrag *I've complained to the manager about your behaviour*
klank DE *sound*
klant DE *customer, client*
klap DE • slag *blow,* ⟨met open hand⟩ *slap* ★ hij gaf mij een klap op mijn hoofd *he dealt me a blow to the head, he hit me on the head* ★ hij kreeg een klap in het gezicht *he got a slap on the face* • hard geluid *bang* ★ een luide klap *a big bang* ▼ in één klap *at one go*
klappen WW • geluid maken *bang,* ⟨met handen⟩ *clap* ★ de deur klapte dicht *the door banged shut* ★ klap eens in je handen *clap your hands* ▼ hij klapte het boek dicht / open *he closed / opened the book* ▼ hij kent het klappen van de zweep *he knows the ropes* ▼ het publiek klapte voor de solist *the audience applauded the soloist* • uiteenspringen *burst* ★ de band is geklapt *the tyre has burst*
klappertanden WW ★ hij liep te klappertanden *his teeth were chattering*
klapstoel DE *folding chair*
klarinet DE *clarinet* ★ wil je klarinet leren spelen? *do you want to learn (to play) the clarinet?*
klas DE • groep leerlingen *class* ★ zij is de beste van de klas *she's top of the class* • lokaal *classroom* • leerjaar *class,* AM *grade* ★ Peter zit in de derde klas *Peter is in third class / is in third grade / is in year 3* • bevolkingsgroep *class* ★ de werkende klasse *the working class*
klasse DE kwaliteit *class* ★ zijn optreden was van grote klasse *his performance was first-class / first-rate*
klassement HET *rankings,* ⟨ranglijst⟩ *league* ★ Arsenal staat bovenaan in het klassement *Arsenal is at the top of the league* ★ het algemeen klassement *the overall rankings*
klassiek I BN *classical* ★ klassieke muziek *classical music* II BIJW *classically* ★ hij is een klassiek geschoolde pianist *he is a classically trained pianist*
klassikaal I BN *class, group* ★ klassikaal onderwijs *class / group / traditional teaching* II BIJW *in class* ★ we hebben de theorie klassikaal behandeld *we dealt with the theory in class*
klauteren WW *clamber*
klauw DE *claw*
klavecimbel HET *harpsichord* ★ ik zou graag klavecimbel willen leren spelen *I'd like to learn (to play) the harpsichord*
klaver DE • plant *clover* • figuur in kaartspel *clubs* ⟨meervoud⟩ ★ de klaverboer *the jack of clubs*
klavertjevier HET *four-leaf clover*

kleden ww *dress* ★ ze kleedt zich goed *she dresses well*
kleding DE *clothing, clothes*
kledingstuk HET *article of clothing*
kleed HET ⟨vloerkleed⟩ *rug*
kleedkamer DE SPORT *changing room, locker room*, ⟨theater⟩ *dressing room*
kleerhanger DE *coat hanger*
kleermaker DE *tailor*
klei DE *clay*
klein BN *small, little* ★ het kleinste huisje van de straat *the smallest house in the street* ★ een klein beetje *a little bit* ▼ heel klein *tiny*
kleindochter DE *granddaughter*
kleingeld HET *(small) change*
kleinkind HET *grandchild* ★ haar kleinkinderen komen nog regelmatig bij haar op bezoek *her grandchildren visit her regularly*
kleinzoon DE *grandson*
klem I DE • gereedschap *clip, clamp* • val *trap* ★ het konijn zat vast in de klem *the rabbit was caught in the trap* II BN *stuck, jammed* ★ mijn voet zit klem in het gat *my foot is stuck / jammed in the hole* ▼ ik zit helemaal klem *I'm in quite a fix / predicament*
klemtoon DE *stress* ★ de klemtoon ligt op de eerste lettergreep *the stress is on the first syllable, the first syllable is stressed*
klep DE • sluitstuk *lid* ★ de klep sluit niet goed *the lid won't shut* • van machine *valve* ★ een motor met zestien kleppen *a sixteen-valve engine* • flap, overslag *flap* • mond *trap* ★ hou je klep! *shut your trap!*
kleren DE *clothes* ★ hij trok / deed zijn kleren uit *he took off his clothes / took his clothes off* ★ doe / trek je kleren aan *put on your clothes, put your clothes on*
kletsen ww • babbelen *chat, have a chat* ★ ze kletsten de hele avond over sport *they chatted about sport the entire evening* • onzin praten *talk rubbish* ▼ je kletst uit je nek *you're talking through your hat* • roddelen *gossip* ★ er wordt over jou gekletst *they're gossiping about you* • klinkend klappen *splash* ★ het water kletste op de rotsen *the water splashed on the rocks*
kletskous DE *chatterbox,* ⟨roddelaar⟩ *gossip*
kleur DE • tint *colour*, AM *color* ★ alle kleuren van de regenboog *all the colours of the rainbow* ▼ de gordijnen zijn van kleur verschoten *the curtains have faded* • gelaatskleur *complexion* ★ ze heeft een frisse kleur *she has a fresh complexion* • blos *blush, colour* / AM *color* ▼ ze kreeg een kleur *she blushed, she turned red*
kleuren ww *colour* / AM *color* ★ de zon kleurde de hemel rood *the sun coloured the sky red* ▼ die stropdas kleurt niet bij dat overhemd *that tie doesn't match the shirt*
kleurenblind BN *colour-blind*, AM *color-blind*
kleurling DE *coloured person*
kleurpotlood HET *coloured pencil*
kleurstof DE *pigment*, ⟨verf⟩ *dye*
kleuter DE *toddler*, INF *kid(die)*
kleuterdagverblijf HET *creche, day care*
kleuterschool DE *kindergarten, nursery school*
kleven ww *stick* ★ het kleeft aan je vingers *it sticks to your fingers*
kleverig BN *sticky*
klier DE • orgaan *gland* • akelig persoon *pain in the neck*
klikken ww • geluid maken *click* ★ hij klikte met zijn vingers *he clicked his fingers* ★ klikt het tussen hen? *do they click?* • COMP *click* ★ je moet op OK klikken *click the OK* • verklappen *tell tales* ★ je mag niet klikken *you mustn't tell (on me)*
klimaat HET *climate*
klimmen ww *climb* ★ de aap klom in een boom *the monkey climbed (up) a tree*
klimop DE *ivy*
kliniek DE *clinic*
klinken ww *sound* ★ de violen klinken vals *the violins sound out of tune* ▼ een klinkende overwinning *a resounding victory*
klinker DE • vocaal *vowel* ★ a, e, i, o, en u zijn klinkers *a, e, i, o and u are vowels* • straatsteen *brick*
klittenband HET *Velcro*®
klodder DE *daub, splodge* ★ een klodder verf *a daub / splodge of paint*
klok DE • uurwerk *clock* ★ de klok loopt achter / voor *the clock is slow / fast* • bel *bell* ★ de klok luidt *the bell is ringing*
klokhuis HET *core*
klomp DE • schoeisel *clog, wooden shoe* • brok *lump* ★ een klompje klei *a lump of clay*
klont DE *lump* ★ er zitten klonten in de pap

there are lumps in the porridge, the porridge is lumpy

klooster HET • voor vrouwen *convent* • voor mannen *monastery*

klootzak DE scheldwoord *bastard, arsehole*

kloppen ww • kloppend geluid maken *knock* ★ mijn hart klopt wat sneller als hij naast me staat *my heart starts beating faster when he's standing next to me* ▼ er wordt geklopt *somebody's at the door* • een tikje geven *tap* ★ hij klopte mij op de schouder *he tapped my shoulder* • opkloppen *beat, whisk* ★ klop de eieren in een kleine kom *beat / whisk the eggs in a small bowl* • overeenstemmen *correspond, tally* ★ de uitslag klopt met de voorspellingen *the results correspond to / tally with the predictions* ▼ dat klopt (niet)! *that's (not) right!*

klote BN *bloody awful*

kluis DE *safe*

kluit DE *lump* ★ een kluit aarde *a lump of earth*

kluns DE *bungler, clumsy clod*

klus DE *job* ★ dat is een hele klus *that's quite a job* ★ ik moet de klus nog afmaken *I still have to finish off the job / finish the job off*

klussen ww *do odd jobs*

knaagdier HET *rodent*

knaap DE • jongen *lad, boy* • iets groots *whopper* ★ een knaap van een vis *a whopper of a fish, a huge fish*

knabbelen ww *nibble*

knagen ww *gnaw* ★ de ratten knaagden de kabels door *rats gnawed through the cables*

knakworst DE *frankfurter*

knal DE *slag blow, whack* • geluid *bang*

knallen ww • geluid maken *bang* • botsen *crash* ★ hij knalde tegen de muur *he crashed against the wall* ▼ de spits knalde de bal in het doel *the forward torpedoed the ball into the goal*

knap I BN • goed uitziend *nice-looking, smart,* ⟨man⟩ *handsome,* ⟨vrouw⟩ *pretty* ★ het is een knappe auto *it's a nice-looking / smart car* ★ een knappe vent *a good-looking / a handsome fellow* • capabel *clever, skilful /* AM *skillful* ★ mijn broer is een knap vakman *my brother is a clever / skilful craftsman* II BIJW • netjes *smartly* ★ de kinderen zijn altijd knap gekleed *the children are always smartly dressed* • capabel *cleverly, skilfully* ★ dat heb je knap gedaan! *cleverly / skilfully done!* • versterkend *pretty* ★ dat is een knap moeilijke puzzel *that's a pretty difficult puzzle*

knappen ww *crack,* ⟨van touw⟩ *snap*

knarsetanden ww *grind your teeth, gnash your teeth* ★ hij knarsetandde *he gnashed / ground his teeth*

knecht DE *servant,* ⟨op boerderij⟩ *farm hand*

kneden ww van deeg *knead*

knel BN *stuck, jammed* ★ we zitten knel *we're stuck*

kneuzen ww *bruise* ★ perziken kneuzen gemakkelijk *peaches bruise easily*

kneuzing DE *bruise* ★ hij liep een kneuzing op aan zijn been *he bruised a leg*

knie DE *knee* ★ tot aan je knieën *up to your knees* ▼ ik heb de kunst van het schaatsen eindelijk onder de knie *I've finally mastered the art of skating*

knieholte DE *hollow of the knee*

kniekous DE *knee sock*

knielen ww *kneel (down)* ★ hij knielde en begon te bidden *he knelt (down) and began / started to pray*

knieschijf DE *kneecap*

knijpen ww *pinch* ★ ze kneep Astrid in haar wang *she pinched Astrid's cheek*

knikken ww • met het hoofd *nod* ★ hij knikte ja *he nodded yes, he nodded in agreement* • doorbuigen *bend* ★ met knikkende knieën *with shaking knees, with knees shaking*

knikker DE *marble*

knikkeren ww *play marbles* ▼ hij werd eruit geknikkerd *he was thrown out / chucked out*

knip DE • grendeltje *catch* ★ ze deed de knip op de deur *she put the catch on the door* • sluiting ⟨tasje, sieraden⟩ *catch* • met de vingers *snap* ★ dingen gebeuren niet door een knip met je vingers *things don't happen with a snap of your fingers* • met schaar *cut, snip* ▼ de conducteur gaf een knipje in het treinkaartje *the conductor punched the ticket*

knipoog DE *wink* ★ ze gaf me een knipoog *she gave me a wink, she winked at me*

knippen ww • met schaar *cut, trim* ★ hij knipte een gat in het laken *he cut a hole in the sheet* ★ ik heb me laten knippen *I've had my hair cut / trimmed* ★ ik heb mijn baard / de heg geknipt *I've trimmed my* *beard / the hedge* ● met vingers *snap* ★ hij knipte met zijn vingers *he snapped his fingers*

knipperen ww ● met ogen *blink* ★ ze knipperde met haar ogen *she blinked her eyes* ● van licht *flash*

knipperlicht HET *flashing light,* ⟨richtingaanwijzer⟩ *indicator*

knobbel DE *lump* ★ een knobbeltje in de borst *a lump in the breast*

knoeien ww ● morsen *mess around* ★ het kind knoeide met zijn eten *the child messed around with his food* ● slordig werken *bungle* ★ de aannemer heeft geknoeid *the contractor has bungled the job* ● oneerlijk handelen *fiddle, tamper with* ★ hij heeft met zijn belastingaangifte geknoeid *he's fiddled his tax return* ★ iemand had met de remmen geknoeid *someone had tampered with the brakes*

knoflook HET *garlic*

knokkel DE *knuckle*

knokken ww *fight, battle* ★ hij heeft er hard voor geknokt *he's fought / battled hard for it*

knol DE ● raap *turnip* ● paard *nag*

knolselderij DE *celeriac*

knoop DE ● in touw & *knot* ★ een platte knoop *a reef knot* ★ de zeeman legde een knoop in het touw *the sailor tied a knot in the rope* ▼ het garen zit helemaal in de knoop *the yarn is all tangled up* ▼ hij zit helemaal in de knoop *he has a lot of personal problems* ▼ FIG we moeten nu de knoop doorhakken *we have to stop hesitating and act* ● aan kleren *button* ★ mijn moeder zette een knoop aan de jas *my mother sewed a button on the coat*

knoopsgat HET *buttonhole*

knop DE ● schakelaar *button, switch* ★ ze drukte op de knop *she pushed / pressed the button / switch* ● deurknop *knob, handle* ● van planten *bud* ★ de bomen staan in de knop *the trees are in bud, the trees are budding* ▼ hij is een kunstenaar in de knop *he is a budding artist*

knopen ww *tie, knot*

knorren ww ● van maag *rumble* ★ een knorrende maag *a rumbling stomach* ● van varken *grunt*

knots DE *club*

knuffel DE ● liefkozing *hug, cuddle* ● speelgoedbeest *cuddly toy*

knuffelen ww *cuddle, hug*

knul DE *fellow, chap, bloke*

knuppel DE *club,* ⟨wapenstok⟩ *truncheon* ★ hij mepte met zijn knuppel om zich heen *he struck out with his club / truncheon*

knus I BN *cosy, snug* ★ een knus vakantiehuisje *a cosy / snug holiday cottage* II BIJW *cosily, snugly* ★ ze zaten knus bij de open haard *they were sitting cosily near the fireplace* ★ ze stopte de kinderen knus in bed *she tucked the children snugly into bed*

knutselen ww *tinker* ★ hij knutselt graag aan zijn auto *he likes to tinker with his car* ▼ ik hou van knutselen *I like making things with my hands*

koe DE *cow*

koek DE *cake* ★ een plak koek *a slice of cake* ★ dat is gesneden koek voor me *that's a piece of cake / a cinch* ▼ het is weer koek en ei tussen hen *they're the best of friends again*

koekenpan DE *frying pan*

koekoek DE *cuckoo*

koel I BN ● fris *cool* ★ de koelste kamer van het huis *the coolest room in the house* ● afstandelijk *cool, chilly* ★ een koele ontvangst *a cool / chilly reception* II BIJW *coolly* ★ het plan werd door de leden nogal koel ontvangen *the plan was received somewhat coolly by the members* ▼ koel bewaren *store in a cool place*

koelbloedig I BN ● beheerst *cool-headed* ★ ze redde zich door koelbloedig te blijven *she saved herself by remaining cool-headed* ● onverschillig *cold-blooded* ★ een koelbloedige moord *a cold-blooded murder, a murder in cold blood* II BIJW ● beheerst *cool-headedly* ★ ze reageerden koelbloedig op de situatie *they reacted cool-headedly to the situation* ● onverschillig *in cold blood* ★ de cineast werd koelbloedig vermoord *the movie maker was murdered in cold blood*

koelkast DE *refrigerator, fridge*

koelte DE *cool* ★ we zochten bescherming tegen de zon in de koelte van een kerk *we sought shelter from the sun in the cool of a church* ▼ de vrouw wuifde zich koelte toe met haar strohoed *the woman fanned herself with her straw hat*

koepel DE van gebouw *dome*

koers DE • richting *course* ★ we zetten koers naar Ibiza *we set course for Ibiza, we headed for Ibiza* • wisselwaarde *rate* ★ de koersen stijgen *the rates are rising*

koesteren ww • zich warmen *bask* ★ de poes koesterde zich in de zon *the cat was basking in the sun* • verzorgen *cherish*

koets DE *coach*

koetsier DE *coachman*

koffer DE *suitcase* ★ ik heb meteen mijn koffer uitgepakt *I immediately unpacked my suitcase*

kofferbak DE *boot*

koffie DE *coffee* ★ mijn moeder zet koffie *my mother is making some coffee* ★ we dronken koffie *we had a cup of coffee*

koffiemelk DE *liquid coffee creamer*

koffieshop DE *coffee shop, coffee bar* ▼ in een koffieshop kan men softdrugs gebruiken *soft drugs can be consumed in a so-called koffieshop / in a soft drugs cafe*

koffiezetapparaat HET *coffee machine*

kogel DE • van vuurwapen *bullet* • van kanon *(cannon)ball* • bij kogelstoten *ball*

kogelstoten HET *shot-put*

kogelvrij BN *bulletproof*

kok DE *cook*

koken ww • van / in vloeistof *boil* ★ de soep staat te koken *the soup is boiling* ★ jij kunt nog niet eens een ei koken *you couldn't even boil an egg* • eten klaarmaken *cook* ★ ik ben vandaag aan de beurt om te koken *it's my turn to cook today* ▼ mijn vrouw kan goed koken *my wife is a good cook*

koker DE • buis *tube, cylinder* • voor bril & case

kokosnoot DE *coconut*

kolen DE *coal*

kolenmijn DE *coal mine*

kolom DE *column*

kolonie DE *colony*

kolos DE *colossus*

kolossaal I BN *colossal, huge* ★ kolossale bergen *huge mountains* II BIJW *colossally* ★ kolossaal hoge rekeningen *colossally high bills*

kom DE • bak, schaal *bowl* ★ een kom soep *a bowl of soup* • gewrichtsholte *socket* ▼ mijn arm is uit de kom geschoten *I've dislocated my arm* ▼ de bebouwde kom *the built-up area*

komedie DE *comedy*

komeet DE *comet*

komen ww • zich begeven *come* ★ mijn ouders kwamen naar de voorstelling *my parents came to the show* ★ het water kwam tot mijn middel *the water came up to my waist* ★ de tijd is gekomen dat we moeten gaan *the time has come for us to go* ★ hij is komen lopen *he came on foot, he walked* ★ hij komt uit Amerika *he comes from America, he's from America*
• bereiken *come to, reach* ★ we zijn tot een afspraak gekomen *we've come to / reached an agreement* • krijgen *get (hold of)* ★ hoe ben je aan dat geld gekomen? *how did you get (hold of) that money?* ▼ hoe kom je erbij? *why on earth would you think that?*
• staan te gebeuren *will be* ★ er komt regen *there'll be some rain* ★ we komen te laat *we'll be too late* ▼ daar komt niets van in *that's out of the question* ▼ hoe komt dat? *how is that?* ▼ als mijn moeder dat te weten komt *if my mother finds out* ▼ ze kwam achter de waarheid *she found out the truth*

komiek DE *comedian*

komisch I BN grappig *comic(al), funny* ★ hij trok een komisch gezicht *he pulled a comic(al) / funny face* ★ wat is daar zo komisch aan? *what's so funny about that?* II BIJW *comically* ★ hun avonturen worden komisch beschreven *their adventures are comically described*

komkommer DE *cucumber*

komma DE *comma*

kompas HET *compass*

komst DE *arrival* ★ we kijken uit naar haar komst *we're looking forward to her arrival* ▼ de zomer is op komst *summer is coming / is on the way*

konijn HET *rabbit*

koning DE *king* ★ koning George de derde *King George the third* ★ hij was de eerste koning die afstand deed van de troon *he was the first king to abdicate*

koningin DE *queen* ★ het paviljoen werd geopend door koningin Elizabeth *the pavilion was opened by Queen Elizabeth*

koningshuis HET *royal family*

koninklijk BN *royal* ★ het Koninklijk Huis *the Royal House*

koninkrijk HET *kingdom* ★ het Verenigd Koninkrijk *the United Kingdom* ★ het Koninkrijk der Nederlanden *the Kingdom*

of the Netherlands
kont DE *bottom,* INF *bum, backside,* VULG *arse*
kooi DE • voor dieren *cage* • slaapplaats op schip *berth, bunk*
kookboek HET *cookbook, cookery book*
kool DE • groente *cabbage* ★ witte kool *white cabbage* ▼ de baby groeit als kool *the baby is growing rapidly* • steenkool *coal*
koolzuur HET gas *carbon dioxide*
koop DE *sale* ★ te koop (aangeboden) *for sale* ▼ te koop gevraagd *wanted* ▼ op de koop toe *into the bargain*
koopavond DE *late-night shopping*
koopje HET *bargain*
koopkracht DE *purchasing power*
koopman DE *merchant*
koopwaar DE *merchandise*
koor HET *choir*
koord HET *cord* ★ ze trok aan het koord *she pulled the cord*
koorts DE *fever* ★ ik heb koorts *I have / I've got a fever*
koortsig I BN *feverish* ★ het kind is nog steeds koortsig *the child is still feverish* II BIJW *feverishly* ★ hij lag koortsig te woelen in zijn bed *he was tossing and turning feverishly in his bed*
kootje HET *phalanx*
kop DE • hoofd *head* ★ de hond krabde zich op de kop *the dog scratched his head* ★ kop of munt? *heads or tails?* ▼ zijn vader gaf hem op zijn kop *his father gave him a dressing down / told him off* ▼ kop dicht! *shut your mouth!* ▼ het is op de kop af zes uur *it's exactly 6 o'clock* ▼ ik heb een mooie goedkope fiets op de kop getikt *I picked up a nice cheap bike* • voorste deel *head* ★ dat slaat de spijker op zijn kop *that's hitting the nail on the head* • kopje *cup* ★ een kop(je) thee *a cup of tea* • opschrift *headline* ★ het nieuws stond met grote koppen in de krant *the news was splashed all over the headlines*
kopbal DE *header*
kopen ww *buy* ★ zij heeft een lamp voor hem gekocht *she bought him a lamp* ▼ wat koop ik ervoor? *what good will it do me?*
koper I DE iemand die koopt *buyer* II HET metaal *copper*
koperen BN *copper*
kopie DE *copy* ★ wil je twee kopieën van deze brief maken? *would you make two copies of this letter?*

kopieerapparaat HET *photocopier, copying machine*
kopiëren ww *copy* ★ deze cd is illegaal gekopieerd *this CD has been copied illegally*
koplamp DE *headlight*
koploper DE *leader*
koppel HET *couple*
koppeling DE in auto *clutch* ★ laat de koppeling langzaam opkomen *let out the clutch slowly*
koppelteken HET *hyphen*
koppeltjeduikelen ww *somersault*
koppelwerkwoord HET *copula, linking verb*
koppen ww in voetbal *head* ★ hij kopte de bal in het doel *he headed the ball into the goal*
koppig I BN *stubborn* ★ hij is erg koppig *he is very stubborn* II BIJW *stubbornly* ★ hij weigerde koppig om te antwoorden *he stubbornly refused to answer*
koptelefoon DE *headphone, headset*
koraal HET • stof *coral* • gezang *chorale*
koraalrif HET *coral reef*
koran DE *Koran*
koren HET *corn*
korfballen ww *play korfball*
korps HET legereenheid *corps*
korrel DE *grain* ★ met een korreltje zout *with a grain of salt*
korst DE *crust*
kort I BN • niet lang durend *short* ★ het leven is kort *life is short* ★ korte tijd geleden *a short time ago* • van afmeting *short* ★ de kortste route van A naar B *the shortest way from A to B* • beknopt *brief* ★ een kort overzicht *a brief overview* II BIJW • niet genoeg *short* ★ er is twee euro te kort *this is two euros short* ★ we komen tijd te kort *we're short of time* • benopt *briefly* ★ hij legde kort uit wat er was gebeurd *he explained briefly what had happened* • niet lang *shortly* ★ kort daarna *shortly after(wards)*
korting DE • prijsvermindering *discount* ★ de winkel gaf 5% korting *the shop gave a 5% discount* ★ wij krijgen nooit korting *we never get a discount* • bezuiniging *cut(back)* ★ een korting op lonen *a cut(back) in wages*
kortom BIJW *in short, in brief*
kortsluiting DE *short circuit* ★ de wasmachine maakte kortsluiting *the*

washing machine caused a short circuit
kortzichtig I BN *short-sighted* II BIJW *short-sightedly*
kosmonaut DE *cosmonaut*
kosmos DE *cosmos*
kost DE • prijs *cost, expense* ★ onze kosten zijn hoog *our costs / expenses are high* • voedsel *food* ★ dat is zware kost LETT *that's heavy food;* FIG *that's heavy stuff* ▼ kost en inwoning *board and lodging* ▼ we moesten werken voor de kost *we had to work for a living*
kostbaar BN *precious* ★ drinkwater is kostbaarder dan goud *drinking water is more precious than gold*
kosteloos I BN *free* ★ kosteloos advies *free advice* II BIJW *free of charge, for free* ▼ u kunt het kosteloos bestellen *you can order it free of charge* ★ dit programma is kosteloos te downloaden *this program can be downloaded for free*
kosten WW *cost* ★ wat kosten die? *how much do those cost?, how much are those?* ★ die kosten twee euro per stuk *they cost / are two euros each* ★ de auto kostte €10.000 *the car cost €10,000* ★ de oorlog in Irak heeft tot nu toe 200 miljard dollar gekost *the war in Iraq has cost 200 billion dollars so far* ▼ het zal tijd kosten *it will take time* ▼ het heeft me veel moeite gekost *it put me to a lot of trouble* ▼ de storm kostte het leven aan zes mensen *six people died in the storm*
koster DE *sexton*
kostschool DE *boarding school*
kostuum HET • net pak *suit* • voor gekostumeerd feestje *costume*
kotelet DE *cutlet, chop*
kotsen WW *throw up,* INF *puke* ★ hij kotste het hele bed onder *he threw up / puked all over the bed*
kou DE • koude *cold* ★ we staan in de kou *we're in the cold* • verkoudheid *cold* ★ ik heb kou gevat *I've caught a cold*
koud I BN • niet warm *cold* ★ heb je het koud? *are you cold?* ★ laat het niet koud worden *don't let it go / get cold* • zonder gevoel *cold* ★ dat laat me koud *it leaves me cold* II BIJW • zonder gevoel *coldly* ★ ze keek hem koud aan *she looked at him coldly* • nauwelijks *hardly* ★ koud had hij het gezegd of... *he had hardly said it when...*

kous DE *stocking*
kozijn HET *window frame, door frame*
kraag DE • van jas & *collar* • op bier *head*
kraai DE vogel *crow*
kraakbeen HET *cartilage,* 〈in vlees〉 *gristle*
kraal DE *bead* ★ een snoer kralen *a string of beads*
kraam DE *booth, stall*
kraamafdeling DE *maternity ward*
kraan DE • tap *tap* ★ hij draaide de kraan open en daarna weer dicht *he turned the tap on and then off again* • hijskraan *crane*
kraanwater HET *tap water*
krab DE • schaaldier *crab* • schram *scratch*
krabben WW *scratch* ★ hij krabde zich op het hoofd *he scratched his head*
kracht DE *strength, force, power* ★ met al mijn kracht *with all my strength* ★ de machine werkt op volle kracht *the machine is working at full strength / power* ★ de krachten van de natuur *the forces of nature, natural forces* ★ de maatregel is al van kracht *the measure is already in force*
krachtig I BN *strong, vigorous* ★ krachtige maatregelen *strong / vigorous measures* II BIJW *strongly, vigorously* ★ het bezwaar was krachtig geformuleerd *the objection was strongly worded* ★ ze protesteerden krachtig *they protested vigorously*
krachtsport DE *power sports*
kraken WW • geluid maken *creak, squeak* • stukmaken *crack* ★ de aap kraakte de noot met een steen *the monkey cracked the nut with a stone* ▼ twee gezinnen hebben het huis gekraakt *two families are squatting (in) the house* ▼ mijn computer is gekraakt *someone has hacked into my computer*
kraker DE *squatter*
kramp DE *cramp* ★ ik heb kramp in mijn been *I've got a cramp in my leg*
krankzinnig I BN *insane, mad* ★ ze werd krankzinnig *she became insane, she went mad* ★ we leven in een krankzinnige wereld *we're living in an insane / a mad world* II BIJW *madly, insanely* ★ ze was krankzinnig jaloers op mij *she was madly / insanely jealous of me*
krans DE • bloemenkroon, bloemversiering *garland* • bij begrafenis of herdenking *wreath*
krant DE *(news)paper* ★ het staat in alle kranten *it's in all the (news)papers*

krantenknipsel HET *newspaper cutting*
krantenwijk DE *(news)paper round* ★ Simone loopt een krantenwijk *Simone has a (news)paper round*
krap I BN nauw *tight* ★ deze handschoenen zijn te krap voor me *these gloves are too tight for me* II BIJW nauw *tightly* ★ de jurk zit te krap *the dress fits too tightly* ▼ we zitten krap bij kas *we're short of money*
kras I DE *scratch* II BN *strong* ★ hij is nog kras voor zijn leeftijd *he's still quite strong for his age*
kraslot HET *scratch card*
krassen WW • kerven *scratch* ★ ze kraste zijn naam in het hout *she scratched his name into the wood* • geluid maken *croak*
krat HET *crate* ★ drie kratten appels *three crates of apples*
krater DE *crater* ★ de meteoriet sloeg een krater van 8 meter doorsnee *the meteorite created a crater 8 metres in diameter*
krediet HET *credit* ★ ik heb mijn krediet opgebruikt *I've exhausted my credit* ▼ ik heb een doorlopend krediet bij de bank *I've got an ongoing account with the bank*
kreeft DE *lobster*
Kreeft DE *Cancer* ★ mijn teken van de dierenriem is Kreeft *my sign of the zodiac is Cancer*
kreet DE *cry* ★ ze slaakte een kreet en zakte in elkaar *she gave a cry and collapsed*
krekel DE *cricket*
kreng HET scheldwoord *bitch* ⟨vrouw⟩, *bastard, arsehole* ⟨man⟩
krenken WW *offend, hurt* ★ zijn opmerking heeft me gekrenkt *his remark has offended / hurt me*
krent DE • gedroogde druif *currant* • gierigaard *skinflint, miser* • achterste *backside, bum* ★ hij zit altijd op zijn luie krent *he's always sitting on his lazy backside / bum*
krentenbol DE *currant bun*
krentenbrood HET *currant bread*
krenterig BN *stingy, tight-fisted*
kreuk, ook: **kreukel** DE *crease*
kreunen WW *groan, moan* ★ hij kreunde van de pijn *he was groaning / moaning with pain*
kreupel I BN *lame* ★ een kreupele man *a lame man, a cripple* II BIJW *with a limp* ★ de hond liep een beetje kreupel *the dog walked with a bit of a limp*

krib DE *crib*
kribbig I BN *crabby, grumpy* ★ een kribbig antwoord *a crabby / grumpy answer* II BIJW *crabbily, grumpily* ★ 'doe het zelf maar', zei Tom kribbig *'do it yourself' Tom said crabbily / grumpily*
kriebelen WW • jeuken *itch* • kietelen *tickle* • klein schrijven *scribble*
krijgen WW • ontvangen *get, have* ★ Lian kreeg een ring voor haar verjaardag *Lian got a ring for her birthday* ★ de politie had een tip gekregen *the police had a tip-off* ★ mijn zuster krijgt een baby *my sister is having a baby* • we kregen een ongeluk *we had an accident* ★ hij begint een baard te krijgen *he's starting to get a beard* ▼ ze kreeg er een zere keel van *it gave her a sore throat* ▼ hoeveel krijgt u van me? *how much do I owe you?, how much is it?* ▼ hij heeft longontsteking gekregen *he caught pneumonia* • verwerven, achterhalen *get* ★ ik zal je nog wel krijgen *I'll get you* ★ ik krijg het koud *I'm getting cold* ★ hij kreeg er genoeg van *he got tired of it* ★ dat boek is niet meer te krijgen *you can't get hold of that book any more, that book is not to be had any more* ▼ ik kan die fles niet open / dicht krijgen *I can't open / shut that bottle*
krijgertje HET ★ krijgertje spelen *play tag*
krijgsmacht DE *(military) force*
krijsen WW *scream*
krijt HET *chalk* ★ een krijtje *a piece of chalk*
krimpen WW • kleiner worden *shrink* ★ mijn broek is gekrompen in de was *my trousers have shrunk in the wash* • draaien *back (round / around)* ★ de wind krimpt naar het oosten *the wind is backing (round / around) toward the east*
kring DE *circle* ★ ze draaiden in een kring rond *they were running round in circles*
kringlooppapier HET *recycled paper*
kringloopwinkel DE *recycling shop*
kristal HET *crystal*
kritiek I DE • negatieve beoordeling *criticism* ★ de leden leverden kritiek op het bestuur *the members passed criticism on the board* • recensie *review* ★ het boek heeft goede kritieken gekregen *the book has had some good reviews* II BN *critical* ★ zijn toestand is kritiek *his condition is critical*
kritisch I BN *critical* ★ een kritische kijk op de zaak *a critical view of the matter* II BIJW

critically ★ je moet de zaak kritisch bekijken *you have to look at the matter critically*
kroeg DE *pub*
kroepoek DE *prawn crackers, shrimp crackers*
kroeshaar HET *frizzy hair*
krokant BN *crisp, crunchy*
kroket DE *croquette*
krokodil DE *crocodile*
krokus DE *crocus*
krols BN *in heat, on heat* ★ een krolse kat *a cat in / on heat*
krom BN ⟨rug⟩ *bent*, ⟨van een lijn⟩ *curved* ★ een kromme rug *a bent back*
kromming DE *bend*, ⟨van een lijn⟩ *curve* ★ een kromming van de weg *a bend in the road*
kronkel DE *twist*
kronkelen WW *twist, wind* ★ het pad kronkelt door het bos *the path twists / winds through the woods*
kroon DE *crown*
kroongetuige DE *crown witness*
kroonkurk DE *crown cap*
kroos HET *duckweed*
kroost HET *offspring*
krop DE van sla & *head* ★ een krop sla *a head of lettuce*
kruid HET *herb* ★ geneeskrachtige kruiden *medicinal herbs*
kruidenboter DE *herb butter*
kruidenier DE • winkelier *grocer* • winkel *grocery, grocer's (shop)*
kruidentuin DE *herb garden*
kruidkoek DE *gingerbread*
kruidnagel DE *clove*
kruik DE *jar, pitcher* ▼ een warme kruik *a hot-water bottle / bag*
kruimel DE *crumb*
kruimelen WW *crumble*
kruipen WW *creep, crawl* ★ de hond kroop over de vloer *the dog crept across the floor* ★ de baby kruipt op handen en voeten *the baby is crawling on hands and knees / on all fours*
kruis HET • teken *cross* ★ de non sloeg een kruis *the nun made the sign of the cross, the nun crossed herself* ★ het Rode Kruis *the Red Cross* ▼ kruis of munt? *heads or tails?* • muziekteken *sharp* ★ kruisen en mollen *sharps and flats* • lichaamsdeel *groin* • deel van broek *crotch, crutch*
• beproeving *cross, affliction* ★ ieder huisje heeft zijn kruisje *everyone has a cross to bear*
kruisbeeld HET *crucifix*
kruisen WW • dwars voorbijgaan *cross* ★ onze brieven kruisten elkaar *our letters crossed each other* • elkaar snijden *intersect* ★ de lijnen kruisen elkaar *the lines intersect* • van planten en dieren *cross, cross-breed* ★ wat krijg je als je een mol kruist met een olifant? (grote gaten in je tuin!) *what do you get if you cross(-breed) a mole with an elephant? (big holes in your garden!)*
kruisigen WW *crucify* ★ Jezus werd veroordeeld en gekruisigd *Jesus was condemned and crucified*
kruisiging DE *crucifixion*
kruising DE • kruispunt *crossing* • bevruchting *cross-breeding* • gemengde soort *cross, hybrid* ★ een kruising van twee soorten tulpen *a cross / hybrid of two kinds of tulips*
kruispunt HET *crossing, intersection*
kruistocht DE *crusade*
kruiswoordpuzzel DE *crossword (puzzle)*
kruit HET *gunpowder*
kruiwagen DE *wheelbarrow*
kruk DE • stoeltje *stool* • deurklink *handle* • steunstok *crutch* ★ hij loopt op krukken *he's walking on / with crutches*
krul DE • in haar *curl* • van hout *shaving* ★ houtkrullen *wood shavings*
krullen WW *curl* ★ mijn haar krult altijd in de zon *my hair always curls in the sun*
krulspeld DE *curler, curling pin*
kubiek BN *cubic* ★ zes kubieke meter water *six cubic metres of water*
kubus DE *cube*
kuchen WW *cough*
kudde DE ⟨grote dieren⟩ *herd*, ⟨kleine dieren⟩ *flock* ★ een kudde koeien *a herd of cows* ★ een kudde schapen *a flock of sheep*
kuif DE • haar *forelock* • van vogel *crest* ★ een kuifeend *a crested duck*
kuiken HET *chicken*
kuil DE *pit, hole*, ⟨in weg⟩ *pothole* ▼ ze heeft een kuiltje in haar wangen *she has dimpled cheeks* ▼ wie een kuil graaft voor een ander, valt er zelf in *you might fall into your own trap if you don't watch out*
kuis I BN *chaste* ★ de nonnen leiden een kuis leven *the nuns lead a chaste life* II BIJW

chastely ★ ze ging kuis zitten met haar knieën bij elkaar *she sat down chastely with her knees together* ▼ ze leven kuis *they live a chaste life*

kuit DE • van been *calf* • van vis *roe*

kukeleku TSW *cock-a-doodle-doo*

kundig I BN *capable* ★ een kundige vertaler *a capable translator* II BIJW *capably* ★ het book is kundig vertaald door Charles Brown *the book is capably translated by Charles Brown*

kunnen WW • het vermogen hebben *can, could* ⟨verleden tijd⟩, *be able to* ⟨in toekomstige en voltooide tijden⟩ ★ kun je mij helpen? *can you help me,* ⟨BELEEFDER⟩ *could you help me?* ★ hoe kon je zoiets doen? *how could you do a thing like that?* ★ ik heb je boek niet kunnen vinden *I haven't been able to find your book* • mogelijk zijn *may, can* ★ het juiste antwoord kan B zijn *the right answer may / could be B* ★ dat kan niet *that can't be done, that's impossible* ▼ ik kan er niet tegen *I can't stand / take it* • mogen *can, be allowed to* ★ je kunt nu gaan *you can go now, you're allowed to go now* ★ hij kan doodvallen! *he can drop dead for all I care!* ▼ dat had je me wel eens kunnen vertellen *you might have told me*

kunst DE *art* ★ de kunst van het leven *the art of living*

kunstenaar DE *artist*

kunstgebit HET *false teeth, dentures* ⟨meervoud⟩

kunstmatig I BN *artificial* ★ kunstmatige ledematen *artificial limbs* II BIJW *artificially* ★ deze yoghurt is kunstmatig gezoet *this yoghurt has been sweetened artificially*

kunstmest DE *fertilizer*

kunstschaatsen HET *figure skating*

kunstschilder DE *painter, artist*

kunststof I DE *synthetic (material), plastic* II BN *synthetic, plastic*

kunstwerk HET *work of art* ★ onbetaalbare kunstwerken *priceless works of art*

kurk HET + DE *cork*

kurkentrekker DE *corkscrew*

kus DE *kiss* ★ ze blies hem een kusje toe *she blew him a kiss*

kussen I HET *cushion,* ⟨op bed⟩ *pillow* II WW *kiss* ★ ze kuste me op mijn mond *she kissed me on the mouth*

kust DE *coast, shore* ★ aan de kust *on the coast* ★ ze zwom naar de kust *she swam towards the shore*

kut I DE *cunt, pussy* ▼ het leven is kut! *life is a piece of shit!* II TSW *fuck!, bugger!*

kwaad I HET *iets slechts evil, wrong, harm* ★ ze kan geen kwaad doen *she can do no wrong* ★ goed en kwaad *good and evil* ★ een aspirientje doet geen kwaad *an aspirin can do no harm* ★ ik bedoelde er niets kwaads mee *I meant no harm* II BN • boos *angry* ★ mijn vader is kwaad op mij *my father is angry with me* • slecht *bad, evil* ★ hij is zo kwaad nog niet *he's not as bad as all that* ★ kwade bedoelingen *evil intentions* III BIJW *boos angrily* ★ hij reageerde kwaad op mijn woorden *he reacted angrily to my words* ▼ zij kreeg het te kwaad bij het graf *she broke down at the graveside*

kwaadaardig BN • gemeen *ill-natured, malicious* • gevaarlijk *malignant* ★ een kwaadaardige tumor *a malignant tumour* ▼ een kwaadaardige ziekte *a virulent disease*

kwaadspreken WW *speak ill* ★ Maarten sprak kwaad van jou *Maarten spoke ill of you*

kwaal DE *disease, complaint*

kwadraat HET *square* ★ 5 in het kwadraat is 25 *5 squared equals / is / makes 25*

kwaken WW ⟨van eenden⟩ *quack,* ⟨van kikkers⟩ *croak*

kwal DE *jellyfish* ▼ een kwal van een vent *a real jerk*

kwalijk I BN *ill* ★ de kwalijke gevolgen van het communisme *the ill effects of Communism* II BIJW ▼ neem me niet kwalijk *I beg your pardon, excuse me* ▼ ik neem het hem niet kwalijk *I don't blame him for it*

kwaliteit DE *quality* ★ goede / slechte kwaliteit *good / poor quality*

kwantiteit DE *quantity*

kwark DE *cottage cheese*

kwart HET • vierde deel *quarter, fourth (part)* ★ een kwart eeuw *a quarter of a century* • kwartier *quarter* ★ kwart voor / over vijf *a quarter to / past five*

kwartaal HET *quarter (of a year)*

kwartet HET • spel *happy families* • muziekgezelschap *quartet*

kwartier HET *quarter (of an hour)* ★ drie

kwartier *three quarters of an hour, forty-five minutes*
kwarts HET *quartz*
kwast DE • *verfborstel brush* • *noest in hout knot* • *persoon fool*
kweken ww *grow, cultivate* ★ mijn vader kweekte orchideeën *my father grew / cultivated orchids* ★ gekweekte champignons *cultivated mushrooms* ★ zelf gekweekte tomaten zijn lekkerder dan gekochte *home-grown tomatoes are tastier than bought ones*
kwekerij DE *nursery*
kwekken ww • *kletsen chatter* • van eenden *quack* • van kikkers *croak*
kwellen ww *torment, pester* ★ je kwelt me al de hele dag met je stomme vragen *you've been tormenting / pestering me all day with your stupid questions*
kwestie DE *question,* ⟨zaak⟩ *matter* ★ een kwestie van vertrouwen *a matter of trust*
kwetsbaar BN *vulnerable*
kwetsen ww *hurt* ★ zij heeft zijn gevoelens gekwetst *she hurt his feelings*
kwijlen ww *slaver, drool*
kwijt BN *lost* ★ mijn sleutels zijn kwijt *my keys are lost* ▼ ik ben mijn sleutels kwijt *I've lost / mislaid my keys* ▼ ik ben mijn verkoudheid gelukkig kwijt *luckily I got rid of my cold*
kwijtraken ww *lose* ★ ik ben in het donker de weg kwijtgeraakt *I lost my way in the dark* ★ mijn vrouw is haar bril weer eens kwijtgeraakt *my wife has lost her glasses again* ▼ ik kon mijn oude auto maar niet kwijtraken *I just couldn't get rid of my old car*
kwijtschelden ww *pardon, let off* ★ ik zal je het bedrag kwijtschelden *I'll let you off from paying the amount* ★ mijn zonden zijn kwijtgescholden *my sins have been pardoned*
kwik HET *mercury*
kwispelen ww *wag*
kwistig I BN *lavish, extravagant* ★ ze is niet erg kwistig met haar lof *she's not very lavish with her praise* ★ hij is erg kwistig met zijn geld *he's very extravagant with his money* II BIJW *lavishly, liberally* ★ hij strooide kwistig met geld *he threw his money around lavishly / liberally*
kwitantie DE *receipt*

L

l DE *l* ★ de L van Lodewijk *L as in Lima*
la DE *drawer*
laag I DE *layer,* ⟨dun⟩ *film,* ⟨van verf⟩ *coat* ★ hij deed een dikke laag pindakaas op zijn boterham *he spread a thick layer of peanut butter on his slice of bread* ★ alle lagen van de bevolking *all layers / sections of the population* II BN • *niet hoog low* ★ laag water *low tide* ★ met een lage stem *in a low voice* ★ het nummer staat laag in de hitparade *the song is low in the charts* • *gemeen mean* ★ een lage streek *a mean trick* III BIJW *low* ★ het vliegtuig vloog laag *the plane was flying low*
laagseizoen HET *low season, off season*
laagwater HET *low tide*
laan DE *avenue* ▼ hij is de laan uitgestuurd *he has been fired, he has been given the sack, he got the sack*
laars DE *boot* ★ hoge laarzen tot de knie *knee-length boots* ★ rubberlaars *rubber boot,* wellington (boot), INF *wellie*
laat I BN *late* ★ op de late avond *late in the evening* II BIJW *late* ★ de trein was een uur te laat *the train was an hour late / overdue* ★ ze was te laat voor het eten *she was late for dinner* ★ vroeg of laat *sooner or later* ★ beter laat dan nooit *better late than never* ▼ hoe laat is het? *what's the time?*
laatst I BN • *in tijd last* ★ de laatste drie weken *the last three weeks* ▼ in zijn laatste jaren leed hij aan diabetes *he suffered from diabetes in his latter years* ▼ het laatste gedeelte van de winter *the latter part of the winter was very cold* • *in volgorde last* ★ John kwam als laatste de klas binnen *John was the last to enter the classroom* • *recent latest, most recent* ★ volgens de laatste mode gekleed *dressed according to the latest fashion* ★ het laatste nieuws *the latest news* ▼ hij is een beetje ziek de laatste tijd *he has been ill lately, he has been ill of late* II BIJW • *onlangs the other day, recently* ★ ik heb haar laatst nog gezien *I saw her the other day, I saw her recently* • *aan het eind latest* ★ morgen op zijn laatst *tomorrow at the latest* ▼ op het laatst waren ze allemaal dronken *they all finished up being drunk*

laatstgenoemde DE • bij opsomming van twee *the latter* • bij opsomming van meer *the last mentioned*
laboratorium HET *laboratory*, SPREEKT *lab*
lach DE *laugh*, ⟨gelach⟩ *laughter* ★ hij heeft een leuke lach *he has a nice laugh* ▼ ze schoot in de lach *she burst out laughing*
lachen ww *laugh*, ⟨glimlach⟩ *smile* ★ hij lachte om zijn eigen grappen *he laughed at his own jokes* ★ ik moest er wel om lachen *it did make me laugh* ★ hij lachte lief naar me *he smiled at me affectionately*
ladder DE • klimtoestel *ladder* • in panty *ladder, run*
lade DE *drawer*
laden ww *load* ★ de vrachtauto's worden meestal 's nachts geladen *the trucks are usually loaded during the night* ★ hij laadde het geweer *he loaded the gun* ▼ deze motor laadt de accu *this motor charges the battery*
lading DE • last *cargo, load* • elektrische lading *charge*
laf BN *cowardly*
lafaard DE *coward*, INF *chicken*
lagelonenland HET *low-wage country*
lak DE *varnish*
laken HET ⟨van bed⟩ *sheet*, ⟨van tafel⟩ *cloth*
lakken ww *varnish*, ⟨nagels⟩ *polish*
lakmoespapier HET *litmus paper*
lam I HET jong schaap *lamb* II BN verlamd *paralysed*
lama DE *llama*
lamp DE • verlichtingstoestel *lamp, light* ★ doe jij de lampen even aan / uit? *would you switch on / out the lights?* • gloeilamp *globe, bulb* ★ je moet even een nieuwe lamp indraaien *you'll have to put in a new globe / bulb*
lampion DE *Chinese lantern*
lanceren ww ⟨raket, torpedo⟩ *launch*, ⟨bedrijf, plan, tv-zender⟩ *start*
land HET • staat *country* • vaste grond *land* ★ over land *by land* ▼ de passagiers gingen aan land *the passengers went ashore* • (landbouw)grond *land, fields* ★ hij heeft veel land *he owns a lot of land* ★ de koeien lopen in het land *the cows are in the fields / meadows / paddock* • platteland *country* ★ het is fijn om op het land te wonen *living in the country is nice*
landarbeider DE *farm labourer*
landbouw DE *agriculture*
landbouwer DE *farmer*
landelijk BN • nationaal *national* ★ de landelijke dagbladen *the national (news)papers* • plattelands *rural* ★ ik houd graag vakantie in een landelijke omgeving *I like to spend my holidays in a rural environment*
landen ww *land*
landgenoot DE *(fellow) countryman, compatriot*
landing DE *landing, touchdown* ★ maak u klaar voor de landing! *prepare for touchdown / landing!*
landingsbaan DE *runway*
landingsstrip DE *airstrip*
landkaart DE *map*
landmacht DE *land forces, army*
landmijn DE *landmine*
landschap HET *landscape*
landverraad HET *(high) treason*
lang I BN • van tijd *long* ★ we moesten een lange tijd wachten *we had to wait a long time* • van lengte *long* ★ de tafel is twee meter lang *the table is two metres long* • van hoogte *tall* ★ mijn broer is langer dan ik *my brother is taller than I am* II BIJW *long* ★ je had al lang in bed moeten liggen *you should have been in bed long ago* ★ hij deed er lang over *he took a long time doing it* ★ ik heb er lang over nagedacht *I thought about it for a long time* ▼ een paar maanden lang *for a few months* ▼ hij is lang niet gek *he's far from being a fool*
langdradig BN *long-winded, tedious*
langdurig BN *long*, ⟨vriendschap⟩⟨long-⟩*lasting*, ⟨zaak⟩ *lengthy*
langlaufen ww *langlauf, cross-country skiing*
langs I VZ • via *by, via* ★ langs een andere weg *by / via a different route* • in de lengte naast *along* ★ ergens langs de weg *somewhere along the road* ★ er staan kasten langs de muur *there are cupboards along the wall* • voorbij *past* ★ hij liep langs het huis *he walked past the house* II BIJW *by, past* ★ hij komt wel eens langs ⟨op bezoek⟩ *he drops by / in every now and then*; ⟨voorbij⟩ *he comes past every now and then* ▼ ze leven langs elkaar heen *they don't have much to say to each other*
langsrijden ww *drive past* ★ hij reed met grote vaart langs *he drove past very fast*

★ hoe vaak is hij langsgereden? *how often did he drive past?*
languit BIJW *(at) full length*
langwerpig BN *long, elongated*
langzaam I BN *slow* ★ een langzaam begin *a slow start* II BIJW *slowly* ★ langzaam rijden *drive slowly* ★ langzaam maar zeker *slowly but surely*
langzamerhand BIJW *little by little, gradually* ★ hij begint langzamerhand beter te worden *he's gradually getting better, his condition is improving little by little*
lantaarn DE ● straatlantaarn *street lamp, street light* ● zaklantaarn *torch*
lantaarnpaal DE *lamppost* ★ de auto botste tegen de lantaarnpaal *the car crashed into the lamppost*
lap DE ● stuk stof ⟨om te wrijven⟩ *cloth,* ⟨afgescheurd⟩ *rag,* ⟨opgenaaid⟩ *patch* ● plat stuk ⟨grond⟩ *patch,* ⟨vlees⟩ *slice* ★ een lapje vlees *a slice of meat* ● baanronde SPORT *lap*
lapjeskat DE *tortoiseshell cat*
lappen WW ● schoonmaken *clean* ★ ik moet de ramen lappen *I must clean the windows* ● herstellen *mend, repair*
laptop DE *laptop, notebook*
larderen WW *lard* ★ een fazant wordt malser als je hem lardeert met reepjes spek *larding a pheasant with strips of fatty bacon makes it more tender* ★ zijn toespraak was gelardeerd met grapjes *his speech was larded with jokes*
larve DE *larva, grub*
las DE *joint, weld*
lasbril DE *welding goggles*
laserprinter DE *laser printer*
lassen WW *weld*
lasso DE *lasso*
last DE ● vracht *load, burden* ★ de ezel bezweek onder de last *the donkey broke down under the burden / load* ● hinder *trouble, nuisance* ★ sommige regels worden als een last gezien *some rules are regarded as being a nuisance* ▼ ik heb last van het licht *the light is troubling / bothering me*
lastig I BN ● moeilijk *difficult* ★ een lastig geval *a difficult case* ● hinderlijk *troublesome, annoying* ★ de kinderen zijn lastig vandaag *the children are annoying / troublesome today* II BIJW *with difficulty* ★ ik kon maar lastig aan het geluid wennen *I had difficulty getting used to the noise* ▼ eczeem is lastig te behandelen *eczema is difficult to treat*
lastpak, ook: **lastpost** DE *pest, nuisance*
lat DE ● stuk hout *slat* ★ houten latten *wooden slats* ● doellat *crossbar* ★ de bal kwam tegen de lat *the ball hit the crossbar*
laten WW ● toestaan *let, permit* ★ laat me het toch doen! *let me do it!* ★ dat kan ik niet laten gebeuren *I can't let that happen, I can't permit that to happen* ★ laten we gaan *let's go* ● gelasten *get, have* ★ ik zal het Peter laten doen *I'll get Peter to do it* ★ ze hebben een brug laten bouwen *they had a bridge built* ▼ de leraar liet hem voor de klas komen *the teacher made him come to the front of the class* ● in toestand laten *leave* ★ zij heeft het op de tafel laten liggen *she left it on the table* ★ we zullen het hierbij laten *we'll leave it at that* ★ hij heeft zijn vrouw in de steek gelaten *he has left his wife, he has run out on his wife* ▼ hij liet zijn broek zakken *he dropped his pants / trousers* ● nalaten *stop* ★ laat dat! *stop it!* ▼ laat maar *don't bother, never mind*
later I BN *later* ★ op latere leeftijd *later in life* II BIJW *later, afterwards* ★ ik zie je later nog wel *I'll see you later (on)*
Latijn HET *Latin* ★ hij was aan het eind van zijn Latijn *he was at the end of his tether*
latrelatie DE *LAT relationship* ⟨living apart together⟩
laurierblad HET *bay leaf*
lauw I BN ● halfwarm *tepid, lukewarm* ★ lauw water *tepid / lukewarm water* ● mat *half-hearted* ★ een lauwe reactie *a half-hearted reaction* II BIJW *mat half-heartedly* ★ hij reageerde lauw *he reacted half-heartedly*
lava DE *lava*
lawaai HET *noise, din, racket* ★ maak toch niet zo'n lawaai! *don't make such a noise / din / racket!*
lawine DE *avalanche*
lazarus BN *drunk*
lectuur DE *reading matter*
ledematen DE *limbs*
ledikant HET *bedstead*
leed HET *pain, sorrow, misery* ★ dat verzacht het leed een beetje *that will ease the pain a little* ★ zijn dood heeft veel leed veroorzaakt bij zijn vrienden *his death*

caused a lot of sorrow among his friends ★ regelmatig borstonderzoek kan veel leed voorkomen *regular breast examinations can prevent a lot of misery*
leedvermaak HET *malicious pleasure*
leefbaar BN *liveable* ★ de toestand in de kampen was niet leefbaar *the situation in the camps was not liveable*
leeftijd DE *age* ★ wat is uw leeftijd? *what's your age?* ★ op zevenjarige leeftijd *at the age of seven* ▼ een man van middelbare leeftijd *a middle-aged man* ▼ zij bereikte de leeftijd van 101 *she lived to be one 101*
leeftijdgenoot DE *contemporary*
leefwijze DE *lifestyle, way of life*
leeg BN • zonder inhoud *empty*, ⟨bladzijde⟩ *blank* ★ ga niet weg met een lege maag *don't leave on an empty stomach* ▼ een lege accu / band *a flat battery / tyre* • onbezet *empty* ★ is deze plaats nog leeg? *is this seat still empty / free?* ▼ het huis staat nog leeg *the house is still unoccupied*
leeglopen ww *(become) empty*, ⟨van band, accu⟩ *go flat* ★ het stadion loopt leeg *the stadium is emptying* ★ mijn band is leeggelopen *my tyre has gone flat*
leer I DE *doctrine, theory, teachings* ★ de leer van de drie-eenheid *the doctrine of the Trinity* ★ de leer van het perspectief *the theory of perspective* ★ de leer van Confucius *the teachings of Confucius* II HET *leather* ★ een jas van leer *a coat made of leather, a leather coat*
leerboek HET *textbook*
leergang DE *course, method*
leerling DE • op school *student, pupil* • volgeling *follower, disciple*
leermeester DE *teacher*
leerplicht DE *compulsory education*
leerzaam BN *instructive*
leesbril DE *reading glasses*
leesteken HET *punctuation mark* ▼ er moeten leestekens in deze zin worden geplaatst *this sentence has to be punctuated*
leeuw DE *lion*
Leeuw DE *Leo* ★ mijn teken van de dierenriem is Leeuw *my sign of the zodiac is Leo*
lef HET *nerve*, INF *guts* ★ daar heb je het lef niet toe *you haven't got the nerve / guts for it*
legaal I BN *legal* ★ abortus is legaal in ons land *abortion is legal in our country* II BIJW *legally* ★ het land was legaal gekocht *the land had been bought legally*
legaliseren ww *legalize*
legen ww *empty* ★ de biobakken worden elke week geleegd *the compost bins are emptied every week*
legende DE *legend*
leger HET *army* ★ hij zit in het leger *he's in the army* ★ het Leger des Heils *the Salvation Army*
legering DE metaal *alloy*
leggen ww • plaatsen *put, place* ★ het meisje had al haar knuffelbeesten naast elkaar gelegd *the little girl had put all her cuddly toys side-by-side* ▼ de plannen werden naast elkaar gelegd *the plans were compared to each other* • eieren leggen *lay* ★ de kippen legden elke dag een ei *the hens laid an egg every day* ★ de duif had twee eieren gelegd *the pigeon had laid two eggs* • maken *lay, make* ★ we hebben een nieuwe vloer gelegd *we laid a new floor* ★ het was niet gemakkelijk om nieuwe contacten te leggen *it wasn't easy to make new contacts*
legioen HET *legion* ★ legioenen mensen lopen rond met een mobieltje *legions of people are walking around with mobile phones*
legitimatie DE identiteitsbewijs *identification, proof of identity* ★ de portiers kunnen vragen om een legitimatie *the doorkeepers can ask to see proof of identity / some identification*
legitimatiebewijs HET *identity papers, identity card*
legitimeren ww *identify yourself, prove your identity* ★ je moet je kunnen legitimeren *you must be able to identify yourself / able to prove your identity*
legpuzzel DE *jigsaw puzzle*
leiden ww *lead* ★ de weg leidde naar zee *the road led to the sea* ★ de discussie leidde tot niets *the discussion led nowhere / came to nothing* ★ hij had nog nooit eerder een onderneming geleid *never before had he led a company / business* ★ Oranje leidt met 2-1 *Holland is leading 2-1* ★ hij leidde het gesprek in de richting van religie *he led / guided the conversation toward religion*
leider DE • iemand die leidt *leader* • bestuurder *manager, director* • koploper

leader

leiding DE ● het leiden / besturen *leadership* ★ onder leiding van *under the leadership of* ▼ de directeur geeft leiding aan de school *the principal leads / runs the school* ● de eerste plaats SPORT *lead* ★ Smith gaat aan de leiding *Smith has taken the lead* ● buis, kabel ⟨buis binnen⟩ *pipe*, ⟨buis buiten⟩ *mains*, ⟨draad binnen⟩ *wire*, ⟨dikke draad, buiten⟩ *cable* ★ bij graafwerkzaamheden zijn enkele leidingen vernield *a few cables were damaged during digging*

leidinggevende DE ● *executive, manager*

leidingwater HET *tap water*

leidraad DE ● richtsnoer *guide, guideline* ● handleiding *guide, instructions*

lek I HET gat *leak* ★ de loodgieter heeft het lek gedicht *the plumber has stopped the leak / leakage* II BN *leaky*, ⟨van schip⟩ *flat* ★ een lek dak *a leaky roof* ★ hij heeft een lekke band *he has a flat tyre* ▼ het is zo lek als een mandje / zeef *it's leaking like a sieve*

lekken WW ● lek zijn *leak*, ⟨van schip⟩ *make water* ★ het dak lekt *the roof is leaking* ▼ een lekkende kraan *a dripping tap* ● informatie doorspelen *leak* ★ er is gevoelige informatie gelekt naar de pers *sensitive information was leaked to the press*

lekker I BN ● smakelijk *good, delicious, tasty* ★ een lekkere taart *a delicious cake* ★ het smaakt erg lekker *it's very good / tasty / delicious* ▼ een lekkere meid *a sexy girl / thing* ● aangenaam *nice* ★ het is lekker weer vandaag *it's nice weather today* ★ dat ruikt lekker *that smells nice* ● lichamelijk gezond *well* ★ zij voelt zich niet lekker *she doesn't feel well* ★ ik was gisteren niet lekker *I didn't feel well yesterday, I was a bit off-colour yesterday* II BIJW versterkend *nicely, well* ★ het gaat lekker *it's going nicely* ▼ het is hier lekker rustig *it's nice and quiet here* ▼ ik loop niet lekker in die schoenen *I don't find these shoes comfortable*

lekkerbek DE ● iemand die van lekker eten houdt *gourmet* ● gebakken vis *fried haddock*

lekkernij DE *delicacy, treat*

lelijk I BN ● niet mooi *plain*, ⟨afstotend⟩ *ugly* ● kwalijk *nasty* ★ ze zei lelijke dingen over mij *she said nasty things about me* II BIJW ● niet mooi *not nicely* ★ hij schrijft lelijk *he doesn't write nicely* ● erg *badly* ★ ze heeft zich lelijk bezeerd *she hurt herself badly*

lende DE *loin*

lenen WW ● uitlenen *lend* ★ ik heb hem mijn fiets geleend *I lent him my bike* ★ ik heb hem nooit eerder een boek geleend *I've never lent him a book before* ● te leen krijgen *borrow* ★ mag ik dat boek van je lenen? *may I borrow that book from you?*

lengte DE ● afmeting in lengte *length*, ⟨van personen⟩ *height* ★ in zijn volle lengte *(at) full length* ★ de lengte van de muur is 10 meter *the wall is 10 metres long / in length* ● langste kant *length* ▼ doorknippen in de lengte *cut through lengthwise* ● afstand *distance* ★ over een lengte van 30 meter *for a distance of 30 metres*

lenig I BN *lithe, agile* ★ danseressen zijn meestal erg lenig *dancers are usually very lithe / agile* II BIJW *lithely, agilely* ★ lenig sprong hij over het hek *he jumped the fence lithely / agilely*

lening DE *loan* ★ we gaan een lening sluiten bij de bank *we're going to take out a loan with the bank*

lens DE ● ooglens *lens* ● contactlens *contact lens, contact* ★ harde / zachte lenzen *hard / soft contacts* ▼ ik schrok me lens *I got a bad fright* ▼ ze werkt zich lens *she works her butt off*

lente DE *spring* ★ in de lente *in spring* ★ in de lente van 1969 *in the spring of 1969, spring 1969*

lenzenvloeistof DE *contact lens fluid*

lepel DE *spoon*, ⟨soeplepel⟩ *ladle*, ⟨lepelvol⟩ *spoonful* ★ voeg twee lepels azijn toe *add two spoonfuls of vinegar*

leraar, ook: **lerares** DE *teacher*

leren I BN *leather* ★ een leren jas *a leather coat* II WW ● kennis verwerven *learn* ★ ik heb een hoop van hem geleerd *I've learnt / learned a lot from him* ★ hij had het gedicht uit het hoofd geleerd *he learnt / learned the poem (off) by heart* ▼ ik heb iemand leren kennen *I got to know someone* ● lesgeven *teach* ★ mijn vader leert me autorijden *my father is teaching me to drive*

les DE ● leerstof *lesson* ● onderricht *lesson, class* ★ we hebben van 9 tot 11 les *we have lessons / classes from 9 to 11* ▼ mijn vader

lesauto DE *learner car*
lesbisch BN *lesbian*
lesrooster HET *school timetable*
letten WW oppassen *pay attention to, mind,* ⟨toezien op⟩ *look after* ★ let op het afstapje! *mind the step!* ★ let maar niet op haar *don't pay attention to her, don't mind her* ★ ik moet op mijn kleine zusje letten *I have to look after my little sister* ▼ let op mijn woorden *mark my words*
letter DE *letter,* ⟨drukletter⟩ *type,* ⟨één letter⟩ *character* ★ een grote letter, een hoofdletter *a capital letter,* ⟨druk⟩ *upper case* ★ een kleine letter *a small letter,* ⟨druk⟩ *lower case* ★ de zes en twintig letters van het alfabet *the twenty-six letters / characters of the alphabet*
lettergreep DE *syllable*
letterkunde DE *literature*
letterlijk I BN *literal* ★ een letterlijke vertaling *a literal translation* II BIJW *literally* ★ sommige mensen vatten de Bijbel heel letterlijk op *some people take the Bible very literally*
leugen DE *lie* ★ hij vertelt leugens *he tells lies* ▼ een leugentje om bestwil *a little white lie*
leugenaar DE *liar*
leuk I BN • grappig *amusing, funny* ★ ik vind de grap leuk *I think the joke is funny* • aantrekkelijk *nice* ★ je haar zit leuk *your hair looks nice* ★ die jas staat je leuk *that coat looks nice on you, that coat suits you* ▼ ik vind mijn buurjongen leuk *I like the boy next door* II BIJW *nicely* ★ dat heb je leuk gedaan *you've done that nicely, nicely done!*
leunen WW *lean* ★ hij leunde tegen de deurpost *he leaned against the doorpost*
leuning DE ⟨reling⟩ *rail,* ⟨van trap⟩ *banisters,* ⟨rugleuning⟩ *back(rest),* ⟨armleuning⟩ *armrest* ★ houd de leuning maar goed vast! *hold on to the banisters / rail!*
leus DE *slogan*
leven I HET *life* ★ je leven hangt ervan af *your life depends on it* ▼ ze is bij een auto-ongeluk om het leven gekomen *she died / was killed in a car accident* ▼ een strijd op leven en dood *a life and / or death struggle* II WW • in leven zijn *live, be / stay alive* ★ vergeet niet om te leven *don't forget to live* ★ ze verwachten dat ze nog maar een maand zal leven *she's expected to live / to stay alive for only another month* • wonen *live* ★ met die man is niet te leven *that man is impossible to live with* • leven op een bepaalde manier *live* ★ zij leeft van de bijstand *she lives on social security* ★ de bevolking leefde in angst *the population lived in fear* ▼ dat is echt iets om naar toe te leven *it's really something to look forward to*
levend BN *living,* ⟨predicatief⟩ *alive* ★ alle levende wezens op aarde *all living creatures on earth* ★ hij werd gelukkig levend teruggevonden *luckily he was found alive*
levendig I BN *lively,* ⟨kleur, beschrijving &⟩ *vivid* ★ een levendige discussie *a lively discussion* ★ hij heeft een levendige fantasie *he has a vivid imagination* II BIJW *clearly, vividly* ★ ik kan het me levendig herinneren *I remember it clearly / vividly*
levensbehoefte DE *necessity of life* ★ de eerste levensbehoeften *the primary / main necessities of life*
levensgevaarlijk BN *highly dangerous*
levenslang BN *lifelong* ★ een levenslange vriendschap *a lifelong friendship* ▼ de moordenaar kreeg levenslange gevangenisstraf *the murderer was sentenced to life imprisonment*
levensloop DE • cv *curriculum vitae* • carrière *career*
levensmiddelen DE *food(s), foodstuffs*
levensverzekering DE *life insurance*
lever DE *liver* ★ hij heeft het aan zijn lever *he's got liver trouble*
leverancier DE *supplier*
leverbaar BN *available* ★ die cd is niet meer leverbaar *that CD is no longer available*
leveren WW • afleveren *supply, deliver* ★ deze winkel levert aan de koningin *this shop supplies the queen* • verschaffen *provide, give* ★ hij heeft me een hoop bruikbare informatie geleverd *he provided me with / gave me a lot of useful information* ▼ de vakbonden leverden commentaar op het rapport *the unions commented on the report* • doen *do* ★ hij heeft goed werk geleverd *he has done a good job*
leverworst DE *liver sausage*
lezen WW *read* ★ mijn moeder zit een boek

te lezen *my mother is reading a book* ★ heb jij dat boek gelezen? *have you read that book?* ★ hij las het menu hardop *he read the menu aloud* ★ de angst stond op zijn gezicht te lezen *fear was written on his face* ▼ kun jij soms gedachten lezen? *are you a mind-reader or something?*

lezer DE *reader*

liberaal I DE *liberal* II BN *liberal*

lichaam HET ● lijf *body* ★ een sfinx heeft het lichaam van een leeuw met een mensenhoofd *a sphinx has the body of a lion and a human head* ▼ ik trilde over mijn hele lichaam *I was shaking all over* ● vereniging *body* ★ een wetgevend lichaam *a legislative body*

lichaamsbeweging DE *physical exercise*

lichaamsgeur DE *body odour*

lichamelijk I BN *bodily, physical* ★ lichamelijk letsel *bodily harm* ★ zijn lichamelijke gesteldheid *his physical condition* II BIJW *physically* ★ hij is lichamelijk gehandicapt *he is physically handicapped*

licht I HET *light* ★ die lamp geeft goed licht *that lamp provides good light* ★ hij deed het licht aan / uit *he turned / put the light on / off* II BN ● niet donker *light* ★ de kamer is in een lichte kleur groen geschilderd *the room was painted in a light green colour* ★ het wordt al licht buiten *it's already getting light* ● niet zwaar *light* ★ deze tas is lichter dan die andere *this bag is lighter than the other one* ● gemakkelijk *light* ★ lichte muziek / lectuur *light music / reading* III BIJW ● gering *lightly* ★ licht gezouten boter *lightly salted butter* ● gemakkelijk *easily* ★ licht verteerbaar *easily digested* ▼ licht ontvlambaar *highly inflammable*

lichtbundel DE *beam of light*

lichtgewicht HET *lightweight*

lichtjaar HET *light year*

lichtnet HET *(electric) mains* ★ het apparaat is op het lichtnet aangesloten *the appliance is connected to the mains*

lichtpunt HET ● voor lamp *power point* ● iets fijns *bright spot, ray of hope* ★ het enige lichtpuntje *the only bright spot / only ray of hope*

lichtsnelheid DE *speed of light*

lid HET ● lichaamsdeel *limb* ★ hij beefde over al zijn leden *he trembled in every limb* ▼ het mannelijk lid *the male member, the penis* ▼ zijn arm is uit het lid *his arm is out of joint* ● persoon *member* ★ ik ben lid van een schaakclub *I'm a member of a chess club*

lidmaatschap HET *membership*

lidwoord HET *article*

lied HET *song*, ⟨kerklied⟩ *hymn*

lieden DE *people, folk*

lief I HET geliefde *sweetheart* ▼ we delen lief en leed *we share life's joys and sorrows* II BN ● aardig *nice, sweet* ★ een lieve vrouw *a nice / sweet woman* ● geliefd *dear* ★ mijn lieve jongen! *my dear boy!* ▼ Onze-Lieve-Heer *Our Lord* ● dierbaar *dear, treasured* III BIJW *sweetly, nicely* ★ ze lachte lief *she smiled sweetly / nicely* ▼ ik ga net zo lief naar huis *I'd just as soon go home*

liefdadig BN *charitable* ★ een liefdadige instelling *a charitable institution*

liefde DE genegenheid *love* ★ liefde op het eerste gezicht *love at first sight* ★ hij doet het uit liefde *he does it for love* ★ mijn liefde voor katten *my love of cats*

liefdesbrief DE *love letter*

liefdesverdriet HET ▼ hij heeft liefdesverdriet *he's got relationship problems*

liefhebben WW *love*

liefhebber DE *lover* ★ een groot liefhebber van jazz *a real jazz lover* ▼ zijn er nog liefhebbers voor een potje schaak? *anyone interested in a game of chess?*

liefje HET ● geliefde *sweetheart*, ⟨minnares⟩ *mistress* ● aanspreekvorm *darling*

liefkozen WW *caress*

liefst I BN *dearest, favourite* / AM *favorite* ★ wat is je liefste wens? *what is your dearest wish?, what do you wish for more than anything?* ★ dat is haar liefste pop *that's her favourite doll* II BIJW ● bij voorkeur *preferably* ★ ze zoekt een baan, liefst in een winkel *she's looking for a job, preferably in a shop* ▼ welke temperatuur heb je het liefst? *what temperature do you prefer?* ● nota bene *no less, as much as* ★ het verlies was maar liefst $1000 *the loss was no less than $1000 / was as much as $1000*

liegen WW *lie, tell lies* ★ ze loog tegen haar vriendinnen *she lied to her friends* ★ nu lieg je! *now you're lying!, now you're*

telling lies!
lies DE *groin*
lieveheersbeestje HET *ladybird*
lieveling DE *darling*
liever BIJW *rather, sooner* ★ ik heb liever wat frisdrank dan thee *I'd rather / sooner have a soft drink than tea* ★ ik heb deze auto liever *I'd rather / sooner have this car, I prefer this car* ▼ liever niet *preferably not*
lieverd DE *darling*
lift DE ● in gebouw *lift, elevator* ★ sommige mensen durven niet met de lift *some people dare not take the lift / elevator* ● het meerijden *lift* ★ ik kreeg een lift naar het station *I got a lift to the station*
liften ww *hitch-hike*
ligbad HET *bath*
ligfiets DE *recumbent bike*
liggen ww ● zich bevinden, zijn *lie, be situated, be* ★ de stad ligt in de bergen *the city lies in / is situated in the mountains* ★ er ligt een meter sneeuw *there is a metre of snow* ▼ de kamer ligt op het westen *the room faces west* ▼ laat dat liggen! *leave it alone!* ● uitgestrekt rusten *lie* ★ de hond ging liggen *the dog lay down* ★ hij lag met griep in bed *he lay in bed with the flu* ★ het heeft een jaar in de kast gelegen *it's lain in the cupboard for a year* ▼ de wind is gaan liggen *the wind has died down / has abated* ● afhangen van *depend* ★ het ligt aan het weer of we gaan of niet *whether we go or not depends on the weather* ● bezig zijn met *be ...ing* ★ hij ligt weer te zeuren *he's complaining again* ★ ze ligt op sterven *she is dying*
ligging DE *situation, position* ★ de ligging van het stuk land is duidelijk op de kaart aangegeven *the situation / position of the block of land is clearly indicated on the map*
light BN *low-fat, diet* ★ een cola light *a diet coke*
lijden I ww *suffer* ★ ze lijdt aan hoofdpijn *she suffers from headaches* ★ we hebben een behoorlijk verlies geleden *we sustained / suffered a big loss* ★ het slachtoffer leed pijn *the victim suffered some pain* II HET *suffering* ▼ het lijden van Christus *the Passion of Christ* ▼ de dierenarts heeft de hond uit zijn lijden verlost *the vet put the dog out of its misery*
lijdensweek DE *Holy Week*
lijf HET *lichaam body* ★ mijn hele lijf doet pijn *my body is aching all over* ▼ in levenden lijve *in person*
lijfwacht DE *body guard*
lijk HET *corpse, dead body* ★ een arbeider heeft het lijk gevonden *a worker found the corpse* ★ over mijn lijk *over my dead body*
lijken ww ● overeenkomen *resemble, look like* ★ hij lijkt op zijn broer *he looks like / resembles his brother* ● schijnen *seem, look, appear* ★ het lijkt me niet leuk *it doesn't seem / look like fun to me* ★ het is niet zo gemakkelijk als het lijkt *it's not as easy as it looks / appears*
lijkwagen DE *hearse*
lijm DE *glue*
lijmen ww *glue* ★ we lijmden de scherven aan elkaar *we glued the pieces together*
lijmklem, ook: **lijmtang** DE *clamp*
lijn DE ● touw *line*, ⟨van hond⟩ *lead, leash* ★ de meeste mensen houden hun hond niet aan de lijn *most people don't keep their dog on the lead / leash* ▼ ze heeft hem aan het lijntje gehouden *she played him along* ● streep *line* ★ we trokken / tekenden een lijn van A naar B *we drew a line from A to B* ★ de huizen liggen / staan op één lijn met het kanaal *the houses are in line with the canal* ★ de bal was over de lijn *the ball had crossed the line* ● verbinding *line* ★ blijft u even aan de lijn? *could you hold the line for a moment?* ★ lijn 3 gaat langs het station *line 3 goes past the station*
lijnen ww ● aan de lijn doen *(go on a) diet* ★ het valt niet mee om te lijnen *it isn't easy to (go on a) diet, dieting isn't easy* ● liniëren *line, rule* ★ gelijnd papier *lined / ruled paper*
lijnolie DE *linseed oil*
lijst DE ● opsomming *list* ★ zijn naam staat boven aan de lijst *his name is at the top of the list* ● omlijsting *frame* ★ het schilderij zit in een mooie lijst *the painting is in a nice frame*
lijster DE *thrush*
likken ww *lick* ★ het kind likte aan een ijsje *the child was licking an ice cream* ▼ lik me reet! *kiss my ass!, bugger off!*
lila HET *lilac*
limiet DE *limit*
limonade DE *lemonade*
linde, ook: **lindeboom** DE *linden (tree), lime tree*

lingerie DE *lingerie, underwear*
liniaal DE + HET *ruler*
linie DE *line* ★ over de hele linie *all along the line, on all points*
linker BN ⟨van lichaamsdelen⟩ *left,* ⟨van zaken⟩ *left-hand* ★ zijn linker arm *his left arm* ★ het linker raampje is stuk *the left-hand window is broken*
linkerkant DE *left-hand side, left side*
links I BN • aan de linkerkant *left, on the left(-hand side)* • linkshandig *left-handed* ★ hij is links *he's left-handed* • politiek *left-wing* ★ een linkse regering *a left-wing government* II BIJW • to the left, on the left ★ links houden *keep to the left* ★ in Engeland rijden ze links *they drive on the left in England* ★ de eerste straat links *the first street on the left* ▼ ze lieten hem links liggen *they ignored him* • met de linkerhand ★ hij schrijft links *he writes with his left hand, he's a left-hander*
linksaf BIJW *to the left*
linkshandig BN *left-handed*
linnen I HET *linen* II BN *linen* ★ linnen ondergoed *linen underwear*
linoleum HET *linoleum,* INF *lino*
lint HET • *ribbon* • *decoration* ★ hij kreeg een lintje *he received a decoration*
linze DE *lentil*
lip DE *lip* ★ geen woord kwam over zijn lippen *not a word passed his lips*
lippenstift DE *lipstick* ★ mijn moeder deed lippenstift op *my mother put on lipstick*
list DE • listigheid *cunning* • listige daad *trick* ★ verzin een list, Tom Poes! *think up a trick, find a way out, find a way around it*
listig I BN *cunning, sly* ★ een listig plan *a cunning plan* ★ een listig antwoord *a sly answer* II BIJW *cunningly, slyly* ★ hij maakte listig gebruik van de situatie *he used the situation cunningly, he made cunning use of the situation* ★ "welke portemonnee?' vroeg hij listig *'what purse?', he asked slyly*
liter DE *litre* ★ het is goed om 2 liter water per dag te drinken *it's good to drink two litres of water a day*
literatuur DE *literature*
litteken HET *scar*
live BN + BIJW *live* ★ een live concert *a live concert* ★ het concert wordt live uitgezonden door de BBC *the concert will be broadcast live by the BBC*
lobby DE *lobby*
locatie DE *location*
locomotief DE *engine, locomotive*
loeien WW • koeiengeluid maken *low, moo* • van wind *howl, whine* • van sirene *blare, wail* ★ een ambulance met loeiende sirene(s) *an ambulance with siren(s) blaring / wailing*
loempia DE *spring roll*
loep DE *magnifying glass* ▼ de regering neemt de grondwet onder de loep *the government will take a closer look at the constitution*
loeren WW • scherp uitkijken *leer* ★ hij loerde naar mij *he leered at me* • op de loer liggen *lie in wait for* ★ de poes loert op het vogeltje *the cat is lying in wait for the little bird*
lof I DE • lofbetuiging *praise* • godsdienstoefening *benediction* II DE + HET groente *chicory*
log I BN *unwieldy, cumbersome,* ⟨tred⟩ *heavy, ponderous* ★ een logge organisatie *an unwieldy / a cumbersome organisation* ▼ hij maakt een logge indruk *he comes over as being a bit bear-like* II BIJW *heavily, ponderously* ★ beren bewegen heel log *beers move heavily / ponderously*
logboek HET *logbook*
logé DE *guest, visitor*
logeerkamer DE *guest room, spare bedroom*
logeren WW *stay* ★ wij hebben vrienden te logeren *we have friends staying with us*
logisch I BN *logical, rational* ★ een logisch argument *a logical / rational argument* ★ dat is nogal logisch *that's only logical, that goes without saying* II BIJW *logically, rationally* ★ het is moeilijk om logisch te denken als je een paar glaasjes op hebt *thinking logically / rationally is difficult when you've had a few drinks*
logistiek DE *logistics*
lok DE *lock, curl* ★ mooie rode lokken *nice red locks / curls*
lokaal I HET *(class)room* ★ er zijn in onze school tien lokalen *in our school there are ten classrooms* II BN *local* ★ het is nu twee uur lokale tijd *it's now two o'clock local time* III BIJW *locally* ★ lokaal kan er heel veel regen vallen *there could be a lot of rain locally*
loket HET ⟨van bank⟩ *counter,* ⟨van

bioscoop⟩ *box office*, ⟨*in station &*⟩ *ticket window* ★ ze kocht een kaartje aan het loket *she bought a ticket at the booking office / ticket window*

lokken ww *entice, tempt, lure* ★ ze lokten hem met de belofte van een goed salaris *they enticed / tempted him with promises of a good salary* ★ ze lokten de vijand in een hinderlaag *they lured the enemy into a trap*

lol DE *fun, laugh* ★ voor de lol *for fun, for a laugh* ★ de kinderen hadden reuze lol *the kids had great fun*

lollig BN + BIJW *funny* ★ hij kan erg lollig uit de hoek komen *he can be very funny / witty* ▼ hij is de lolligste thuis *he's the family joker*

lolly DE *lollipop*

lomp I DE *rag* ★ de bedelaar was in lompen gekleed *the beggar was dressed in rags* **II** BN ● onbeschoft *rude* ★ lomp gedrag *rude behaviour* ● onhandig *clumsy* ★ nijlpaarden zijn lompe beesten *hippos are clumsy animals* **III** BIJW ● onbeschoft *rudely* ★ hij gedroeg zich lomp tegen de meisjes *he behaved rudely towards the girls* ● onhandig *clumsily* ★ de verdediger kwam lomp in *the defender came in clumsily*

lonen ww *be worth* ★ het loont de moeite niet *it's not worth the trouble*

long DE *lung*

longkanker DE *lung cancer*

lont DE *fuse* ★ hij heeft een kort lontje *he has a short fuse, he loses his temper quickly*

lood HET ● metaal *lead* ▼ glas in lood ramen *leaded windows, stained glass windows* ● schietlood *plumb (line)* ★ die muur staat niet in het lood *that wall is out of plumb* ▼ hij was uit het lood geslagen *he was thrown off balance*

loodgieter DE *plumber*

loodrecht I BN *perpendicular* ★ lijn AB staat loodrecht op lijn CD *the line AB is perpendicular to line CD* **II** BIJW *perpendicularly* ★ het vliegtuig stortte loodrecht naar beneden *the plane fell perpendicularly towards the earth, the plane plummeted down*

loods DE ● persoon *pilot* ● keet *shed*, ⟨*van vliegtuig*⟩ *hangar*

loof HET *foliage, leaves*

loofboom DE *deciduous tree*

loog DE + HET *caustic, lye*

loom I BN ● zwaar *heavy* ★ ik ben een beetje loom in mijn benen *my legs feel a bit heavy* ● lusteloos *languid, listless* ★ een lome zondagmiddag *a languid Sunday afternoon* ★ bij warm weer wordt iedereen een beetje loom *everyone becomes a little listless when the weather is warm* **II** BIJW ● zwaar *heavily* ★ de beer bewoog zich loom door de struiken *the bear moved heavily through the shrubs* ● lusteloos *languidly, listlessly* ★ hij leunde loom achterover in zijn stoel *he leant back languidly in his chair* ★ zij ging loom aan de ontbijttafel zitten *she sat down listlessly at the breakfast table*

loon HET *wages, pay* ▼ dat is zijn verdiende loon! *it serves him right!*

loonbelasting DE *income tax*

loonstrookje HET *pay slip*

loop DE ● het lopen *walk*, ⟨*hard*⟩ *run* ★ ik herken hem aan zijn loop *I recognise him by his walk* ★ hij is op de loop voor de politie *he is on the run for the police* ● voortgang *course* ★ in de loop der jaren *during / throughout the course of the years* ▼ hij gaf zijn tranen de vrije loop *he let his tears flow freely* ● van wapen *barrel* ★ de loop van een geweer *the barrel of a rifle*

loopbaan DE *career*

loopgips HET *walking cast*

looplamp DE *inspection lamp*

looppas DE *run, jog* ★ in looppas *at a run / jog*

loops BN *in heat* ★ onze hond is loops *our dog is in heat*

lopen ww ● te voet gaan *walk* ★ het is een uur lopen *it is an hour's walk* ▼ zullen we een eindje gaan lopen? *shall we go for a walk?* ● rennen *run* ★ hij zette het op een lopen *he started running, he took to his heels* ● zich uitstrekken *lead, go* ★ deze weg loopt naar Oss *this road leads / goes to Oss* ▼ zij loopt tegen de vijftig *she's getting on for fifty* ● verlopen *turn out, go* ★ het liep heel anders *it turned out quite differently* ★ alles loopt verkeerd *everything is going wrong* ● functioneren *do, run* ★ deze auto loopt 1 op 4 *this car does 4 kilometres to the litre* ★ de auto loopt op benzine *the car runs on petrol* ▼ mijn horloge loopt precies op tijd *my watch is exactly right* ● stromen *run* ★ het water liep door de goot *the water ran through the gutter* ★ de kleuren zijn allemaal door elkaar gelopen *the colours have all run together* • bezig zijn met *be ...ing* ★ hij loopt altijd te zeuren *he's always complaining*

loper DE • sleutel *master key, skeleton key* • tapijt *carpet* ★ ze hadden de rode loper voor hem uitgelegd *they gave him the red carpet treatment* • schaakstuk *bishop*

los I BN • niet vast *loose* ★ ze draagt haar lange haar los *she wears her long hair loose* • niet samenhangend *loose, random* ★ los geld *loose change* ★ losse aantekeningen *random notes* • afzonderlijk *single* ★ een los nummer van de Playboy *a single issue of Playboy* ▼ losse auto-onderdelen *spare parts* • ongedwongen *relaxed, easy* ★ de sfeer was erg los *there was a very relaxed / easy atmosphere* II BIJW • niet gespannen *loosely* ★ laat uw armen los(jes) naast uw lichaam hangen *let your arms hang down loosely beside your body* • op zichzelf staand *apart* ★ los van al het andere *apart from everything else* • afzonderlijk *separately* ★ deze borden worden niet los verkocht *these plates aren't sold separately*

losgeld HET *ransom*

loslaten ww • niet blijven zitten *come off, come unstuck* ★ de hele isolatielaag had losgelaten *the whole of the insulating layer had come off* ★ de lijm heeft weer losgelaten *the glue came unstuck again* • niet vasthouden *let loose, set free,* ⟨iemand of iets⟩ *let go (of)* ★ we hebben de vleermuis gevangen en hem buiten losgelaten *we caught the bat and let it loose / set it free outside* ★ ze liet mijn hand los *she let go of my hand* ★ laat me los! *let go of me!*

losmaken ww *unfasten,* ⟨van knoop⟩ *untie,* ⟨van grond⟩ *loosen* ★ maak eerst je veters los *untie your shoelaces first* ★ hij maakte eerst de grond los en plantte daarna de slaplantjes *he loosened the soil first and then planted the lettuce plants*

losraken ww *work loose, come undone* ★ het touw was losgeraakt *the rope had worked loose* ★ de knoop was losgeraakt *the knot had come undone*

lossen ww • uitladen *unload* ★ er staat een vrachtwagen te lossen *a truck is unloading* • afschieten *discharge, fire* ★ er werden drie schoten gelost *three shots were discharged / fired* ★ de stad werd ingenomen zonder een schot te lossen *the city was taken without a shot being fired*

lot HET • lotsbestemming *fate, destiny* ★ wat is het lot van de vluchtelingen? *what fate befell the refugees?* ★ je kunt je lot niet ontlopen *you can't escape your destiny* ▼ ze hadden hem aan zijn lot overgelaten *they had abandoned him* • loterijbriefje *(lottery) ticket* ▼ haar nieuwe vriend is echt een lot uit de loterij *her new friend is a real catch*

loten ww *draw lots* ★ laten we loten om dit boek *let's draw lots for this book* ★ er werd geloot *lots were drawn*

loterij DE *lottery*

lotion DE *lotion*

lotto DE *lottery, lotto*

louter I BN *pure* ★ dat was louter toeval *it was pure coincidence* II BIJW *purely* ★ het was louter toevallig *it was purely coincidental*

lozen ww • ontdoen van *get rid of, dump* ★ ze heeft haar vriendje geloosd *she has got rid of / dumped her boyfriend* ★ ik heb eindelijk die vervelende vent kunnen lozen *I finally managed to get rid of that pain in the neck* • afwateren *discharge* ★ ze lozen hun rioolwater op het meer *they discharge their sewage into the lake*

LPG DE *LPG, LP gas*

lucht DE • atmosfeer *air* ★ een beetje frisse lucht *a breath of fresh air* ★ in de lucht ⟨van radio &⟩ *on air* ★ er hangt iets in de lucht *there's something in the air* • adem *air* ★ het slachtoffer hapte naar lucht *the victim gasped for air* • geur *smell* ★ er hangt hier een vieze lucht *there's a nasty smell in here* • hemel *sky* ★ een prachtige blauwe lucht *a beautiful blue sky*

luchtballon DE *balloon*

luchtbed HET *air bed, lilo, air mattress*

luchtdicht I BN *airtight* ★ een luchtdichte verpakking *an airtight container* II BIJW *hermetically* ★ het potje is luchtdicht afgesloten *the jar is hermetically sealed*

luchtdruk DE *pressure, air pressure* ★ een gebied van hoge / lage luchtdruk *an area of high / low (air) pressure*

luchten ww • ventileren *air, ventilate* ★ we moeten het huis nodig eens luchten *it's high time we aired / ventilated the house*

luchthaven – lyceum

uiten *vent* ★ hij luchtte zijn boosheid door met de deur te slaan *he vented his anger by slamming the door* ▼ ik kan hem niet luchten of zien *I can't stand him*

luchthaven DE *airport*

luchtig I BN ● licht, fris *airy, light* ⟨van kleding⟩ ★ een luchtige kamer *an airy room* ★ luchtige kleding *light / cool clothing* ● niet ernstig *light-hearted, casual* ★ een luchtige opmerking *a light-hearted / casual remark* II BIJW ● licht, fris *lightly* ★ ze was luchtig gekleed *she was dressed lightly* ● niet ernstig *lightly, light-heartedly* ★ hij vatte het nogal luchtig op *he took it rather lightly / light-heartedly*

luchtmacht DE *air force*

luchtpijp DE *windpipe*

luchtpost DE *airmail*

luchtvaart DE *aviation*

luchtverontreiniging, ook: **luchtvervuiling** DE *air pollution*

luchtweerstand DE *air resistance*

lucifer DE *match*

lui I DE mensen *people, folk* II BN *lazy, idle* ★ luie leerlingen *idle / lazy students* ★ hij is liever lui dan moe ▼ een luie stoel *an easy chair* III BIJW *lazily* ★ hij lag lui onder een boom *he was lying lazily underneath a tree*

luid I BN *loud* ★ met luide stem *in a loud voice* II BIJW *loudly* ★ hij praatte nogal luid *he talked rather loudly*

luiden WW *ring* ★ de kerkklok luidt *the church bell is ringing* ★ de koster luidde de kerkklok *the sexton rang / sounded the church bell* ★ als er gevaar was, werd de klok geluid *the bell was rung / sounded when there was danger*

luidruchtig I BN *noisy* ★ een luidruchtig gezelschap *a noisy group* II BIJW *noisily* ★ de actievoerders demonstreerden luidruchtig *the activists demonstrated noisily*

luidspreker DE *loudspeaker*

luier DE *nappy*, AM *diaper* ★ John deed de baby een schone luier om *John changed the baby's nappy / diaper*

luieren WW *be lazy* ▼ lig niet zo te luieren *don't be so lazy*

luik HET *hatch*, ⟨in de vloer⟩ *trapdoor*, ⟨aan raam⟩ *shutter*

luilak DE *lazybones*

luipaard DE *leopard*

luis DE ● op mens en dier *louse* ★ het kind had luizen *the child had lice* ● bladluis *aphid*

luisteraar DE *listener*

luisteren WW *listen* ★ luister naar ze *listen to them*

lukken WW ● van dingen *work (out)* ★ het plan is gelukt *the plan worked (out)* ● van mensen *manage, succeed* ★ het lukte ons om te ontsnappen *we managed to escape, we succeeded in escaping*

lul DE ● penis *cock, dick* ● scheldwoord *prick, arsehole*

lullen WW *bullshit, crap on*

lunch DE *lunch(eon)* ★ tijdens de lunch *during lunch*

lunchen WW *have lunch* ★ we hebben nog niet geluncht *we haven't had our lunch yet* ▼ ga je mee lunchen? *how about lunch?*

lus DE *loop*

lusten WW *like* ★ lust jij graag chocola? *do you like chocolate?* ★ ik lust geen andijvie *I don't like endive, I don't care for endive*

luthers BN *Lutheran*

luw BN windvrij *sheltered*

luxe DE *luxury* ★ hij heeft altijd in luxe geleefd *he has always lived in luxury*

Luxemburg HET *Luxembourg*

Luxemburger DE *Luxembourger*

Luxemburgs BN *Luxembourg*

Luxemburgse DE *Luxembourger*

luxueus I BN *luxurious* ★ een luxueuze villa *a luxurious villa* II BIJW *luxuriously* ★ een luxueus ingericht appartement *a luxuriously furnished appartment*

lyceum HET ⁻ *grammar school*, - AM *senior high school*

M

m DE *m* ★ de M van Marie *M as in Mike*

ma ⟨zeg: -⟩ DE *mum* ★ mijn ma kan goed koken *my mum is a good cook* ★ hé ma, heb je mijn etui gezien? *hey Mum, have you seen my pencil case?*

maag DE *stomach*, SPREEKT *tummy* ★ op een nuchtere maag *on an empty stomach*

maagd DE *virgin* ★ zij is nog maagd *she's still a virgin*

Maagd DE *Virgo* ★ mijn teken van de dierenriem is Maagd *my sign of the zodiac is Virgo*

maagzuur HET *gastric juice* ▼ ik heb last van maagzuur *I'm suffering from heartburn*

maaien WW *mow, cut* ★ mijn broertje maait altijd het gras *my brother always cuts / mows the grass / lawn* ★ het gras is al weken niet gemaaid *the grass hasn't been mown / mowed for weeks*

maal I DE keer *time* ★ voor de laatste maal *for the last time* ★ twee maal drie is zes *two times three is / makes six* II HET maaltijd *meal* ★ een stevig maal *a square meal*

maalteken HET *multiplication sign*

maaltijd DE *meal, dinner* ★ een warme maaltijd *a hot meal / dinner*

maan DE *moon* ★ een volle maan *a full moon* ★ de maan schijnt *the moon is shining* ▼ loop naar de maan! *get lost!, go to hell!*

maand DE *month* ★ 500 euro per maand *500 euros a month* ★ in de maand april *in the month of April* ★ over een maand *in a month's time* ★ over twee maand *in two months' time*

maandag DE *Monday* ★ op maandag ⟨eenmaal⟩ *on Monday*, ⟨geregeld⟩ *on Mondays*

maandblad HET *monthly (magazine)*

maandverband HET *sanitary pad, sanitary napkin*

maanzaad HET *poppy seed*

maar I BIJW *only, just* ★ wacht maar! *just (you) wait!* ★ deze cd kost maar twee dollar *this CD costs only / just two dollars* ★ wist ik het maar *if only I knew* ▼ ik vind het goed als ik maar niet hoef te betalen *fine with me as long as I don't have to pay* ▼ zo maar! *for no reason at all!, just like that!* II VW *but* ★ groen is mooi, maar blauw is mooier *green is pretty but blue is prettier*

maart DE *March* ★ ik heb een afspraak op 28 maart *I've got an appointment on the 28th of March / on March the 28th*

maat DE ● afmeting *measure*, ⟨van kleding⟩ *size* ★ welke maat heb je? *what's your size?* ★ ze heeft maat 36 *she takes / wears a size 36* ▼ maten en gewichten *weights and measures* ▼ hij kan geen maat houden *he doesn't know when to stop* ▼ de kleermaker nam mijn maat *the tailor took my measurements* ● makker *mate* ● ritme *time, beat* ★ je speelt uit de maat *you're playing out of time, you're not playing to the beat*

maatbeker DE *measuring glass, measuring cup*

maatregel DE *measure* ★ de regering neemt maatregelen tegen belastingontduiking *the government is taking measures to stop tax evasion*

maatschappij DE ● samenleving *society* ★ de westerse maatschappij *Western society* ● firma *company* ★ een platenmaatschappij *a record company*

maatschappijleer DE *social studies*

machine DE *machine*

machinegeweer HET *machine gun*

machinist DE treinbestuurder *engine driver*

macht DE ● heerschappij *power, control* ★ de generaals hebben de macht in handen *the generals are in power / in control* ★ hij verloor de macht over het stuur *he lost control of the car* ● kracht *force, might* ★ de macht der gewoonte *force of habit* ★ hij begon uit alle macht te schreeuwen *he started screaming with all his might* ● leger *force(s)* ★ de gewapende macht *the armed forces* ● WISK *power* ★ als je 3 tot de vierde macht verheft krijg je 81 *if you raise 3 to the fourth power you get 81* ★ als je 4 tot de derde macht verheft krijg je 64 *4 cubed is 64*

machthebber DE *ruler*

machtig I BN ● met veel macht *powerful, mighty* ★ een machtige godin *a mighty / powerful goddess* ▼ hij was het Duits niet machtig *he didn't speak German* ● fantastisch *tremendous, wonderful* ★ een machtige belevenis *a tremendous / wonderful experience* II BIJW versterkend

machtsverheffen – **malen**

extremely, tremendously ★ die filmster is machtig populair *that film star is extremely / tremendously popular*
machtsverheffen ww *raise (a number) to a higher power*
made DE *maggot*
maf I BN *crazy* ★ zij is de mafste van ons allemaal *she's crazier than all of us put together* II BIJW *stupidly* ★ hij zat maf naar het televisiescherm te kijken *he sat staring stupidly at the television screen*
maffen ww *sleep* ★ hij ligt te maffen *he's sleeping / asleep*
magazijn HET ● opslagplaats *warehouse, storehouse* ● warenhuis *store, shop*
mager I BN ● dun *thin, skinny* ★ een magere hond *a thin / skinny dog* ★ je wordt mager *you're getting thin / skinny* ● niet vet *lean* ★ mager vlees *lean meat* ▼ magere kaas / melk *low fat cheese / milk* ● meagre, poor ★ magere resultaten *meagre / poor results* II BIJW *poorly* ★ hij wordt maar mager betaald *he's poorly paid*
magie DE *magic*
magisch I BN *magic, magical* ★ het magisch realisme is een stroming in de schilderkunst *Magical Realism is a movement in painting* ★ 7 is het magische nummer *7 is the magical number* II BIJW *magically* ★ hoe kun je een pen magisch laten verdwijnen? *how can you make a pen disappear magically?*
magneet DE *magnet*
magnetisch I BN *magnetic* ★ een magnetische schroevendraaier is erg handig *a magnetic screwdriver comes very handy* II BIJW *magnetically* ★ de gegevens worden magnetisch op schijf vastgelegd *the data is magnetically recorded on a disk*
magnetron DE *microwave (oven)*
mailen ww *e-mail*
maillot DE *tights*
mailtje HET *e-mail, email* ★ ik zal je een mailtje sturen *I'll send you an e-mail / email*
maïs DE *maize*, AM *corn* ▼ gepofte maïs *popcorn*
majesteit DE *majesty* ★ Hare / Zijne / Uwe Majesteit *Her / His / Your Majesty*
majoor DE *major*
mak I BN ● getemd *tame* ★ het paard is erg mak *the horse is very tame / placid*
● meegaand *meek* II BIJW *meekly* ★ ze liepen mak achter de leider aan *they followed the leader meekly*
makelaar DE *broker, agent* ★ een makelaar in effecten *a stockbroker* ★ een makelaar in onroerend goed *a real estate agent, an estate agent*
maken ww ● tot stand brengen *make, produce* ★ in deze fabriek maken ze verf *they make / produce paint in this factory* ▼ mijn vrouw heeft deze foto gemaakt *my wife took this photograph* ● in een toestand brengen *make* ★ je hebt er een zooitje van gemaakt *you made a mess of it* ★ dat maakte me pas echt boos *that really made me mad* ★ hij heeft me aan het lachen gemaakt *he made me laugh* ★ de senatoren hadden duidelijk gemaakt dat ze tegen zouden stemmen *the senators had made it clear that they would vote against it* ▼ maak dat je weg komt! *get out!*
● herstellen *repair, fix* ★ kunt u dit horloge maken? *can you repair / fix this watch?* ● eraan toe zijn *do* ★ ik hoop dat je het goed maakt *I hope that you're doing all right* ★ hoe maak je het? *how are you doing?* ★ ik maak het goed *I'm (doing) well* ▼ je hebt hier niets te maken *you have no business here* ▼ daar heb ik niets mee te maken *I have nothing to do with that*
make-up DE *make-up* ★ mijn zus deed make-up op *my sister put on some make-up*
makkelijk I BN ● niet moeilijk *easy* ★ het proefwerk was makkelijk *the exam was easy* ● onbezorgd, kalm *easy* ★ een makkelijk leventje *an easy life*
● comfortabel *comfortable* ★ maak het je makkelijk *make yourself comfortable* II BIJW ● niet moeilijk *easily* ★ hij is makkelijk afgeleid *he is easily distracted*
● geriefelijk *comfortably* ★ zit je wel makkelijk? *are you sitting comfortably?*
makker DE *mate, pal*
makreel DE *mackerel*
mal I BN *silly* ★ zij had een mal hoedje op *she was wearing a silly hat* II BIJW *in a silly manner* ★ doe niet zo mal *don't be silly*
malaria DE *malaria* ★ een groot percentage van de bevolking lijdt aan malaria *a large percentage of population suffers from malaria*
malen ww *grind* ★ mijn moeder maalt koffie *my mother is grinding coffee* ★ de molen maalde het graan tot meel *the mill*

ground the grain into flour ★ 100 gram gemalen amandelen *100 grams of ground almonds* ▼ dat maalt hem steeds door het hoofd *it keeps going / running through his head* ▼ die het eerst komt het eerst maalt *first come first served*

mals BN *tender* ★ een malse biefstuk *a tender steak* ▼ zijn woorden waren lang niet mals *his words were somewhat harsh*

mam DE *mum* ★ mijn mam kan goed koken *my mum is a good cook* ★ hé mam, heb je mijn etui gezien? *hey Mum, have you seen my pencil case?*

mamma, ook: **mama** DE *mum, mummy* ★ is je mamma ook thuis? *is your mum / mummy at home?* ★ mamma, wil je me een verhaaltje vertellen? *Mum / Mummy, would you tell me a story?*

mammoet DE *mammoth*

man DE • mannelijk persoon *man* ★ drie mannen en vier vrouwen *three men and four women* • echtgenoot *husband* ★ mijn man komt zo thuis *my husband will be home soon* • persoon *person* ★ 60 euro per man *60 euros per person, 60 euros a head* ▼ er zaten 500 man in de zaal *there were 500 people in the hall*

manager DE *manager*

mand DE *basket*

mandarijn DE *mandarin*

manege DE *riding school, manege*

manen I DE *mane* ★ de manen van dat paard zijn zwart *that horse's mane is black* II WW • aansporen *urge* • herinneren *remind, demand (payment)*

maneschijn DE *moonlight*

mango DE *mango*

maniak DE *maniac*

manie DE *mania*

manier DE • wijze *manner, way* ★ haar manier van leven *her way of living* ★ je doet het op deze manier *you do it in this manner, you do it this way, you do it like this* • omgangsvormen *manners* ★ slechte manieren *bad manners*

manipuleren WW *manipulate*

mank BN + BIJW *lame* ★ hij loopt mank *he's lame, he limps*

mankement HET *defect, fault*

mankeren WW • ontbreken *be missing* ★ er mankeren drie pagina's *there are three pages missing* • schelen *be the matter* ★ wat mankeert je? *what's the matter (with you)?*

mannelijk BN • *male* ★ een mannelijk kind *a male child* • TAALK *masculine*

mantel DE • jas *coat* • omhulsel TECHN *jacket, casing*

map DE • voor papieren *folder* • op computer *file*

marathon DE *marathon*

marcheren WW *march*

margarine DE *margarine*

Maria-Hemelvaart DE *Assumption Day*

marihuana DE *marijuana*, SPREEKT *grass, pot*

marine DE *navy* ★ hij is bij de marine *he's in the navy*

markeerstift DE *marker*

markeren WW *mark, highlight* ★ ik heb alle fouten met rood gemarkeerd *I've marked / highlighted all the mistakes in red* ★ de gemarkeerde gebieden op de kaart *the highlighted areas on the map*

markt DE *market* ★ hij ging naar de markt *he went to market*

marmelade DE *marmalade*

marmer HET *marble*

marmot DE • eekhoornachtig knaagdier *marmot* • cavia *guinea pig*

marsepein HET *marzipan*

martelaar, ook: **martelares** DE *martyr*

martelen WW *torture*

mascara DE *mascara* ★ ze deed mascara op *she put on some mascara*

mascotte DE *mascot*

masker HET *mask* ★ wij namen onze maskers af *we took off our masks*

massa DE *mass* ★ een massa dingen *a mass of things* ★ een massa water *a mass of water*

massage DE *massage*

masseren WW *massage*

masseur DE *masseur*

massief I BN • groot en stevig *massive* ★ een massief gebouw *a massive building* • door en door *solid* ★ de ring was van massief goud *the ring was made of solid gold* II BIJW solide *solidly* ★ de kerk is massief gebouwd *the church is solidly built*

mast DE *mast* ★ een zeilschip met twee masten *a sailing ship with two masts*

masturberen WW *masturbate*

mat I DE • kleed *mat* • schaakmat *mate* II BN • niet glimmend *mat* ★ een mat oppervlak *a mat surface* • niet fel *dim* ★ mat licht *dim light* • slap, moe *weary, tired* ★ ze voelde zich mat *she felt weary /*

tired **III** BIJW slap, moe *wearily* ★ ze zat mat voor zich uit te staren *she stared wearily in front of her* ▼ er werd mat op het voorstel gereageerd *the proposal was greeted without much enthusiasm*

materiaal HET *material*

materie DE *matter*

matig I BN ● slecht *mediocre* ★ een matig rapport *a mediocre report* ● sober *moderate, sober* ★ George leidt een matig leven *George leads a moderate / sober life* II BIJW tamelijk slecht *not very well* ★ ik ben maar matig tevreden *I'm not very pleased*

matras DE *mattress*

matroos DE *sailor*

maximaal I BN *maximum* ★ de maximale hoeveelheid *the maximum amount* II BIJW *at (the) most, no more than* ★ dat kost maximaal 450 euro *it will cost 450 euros at (the) most, it will cost no more than 450 euros*

maximum HET *maximum*

mayonaise DE *mayonnaise*

mazelen DE *measles* ★ ze kreeg de mazelen *she got the measles*

mazzel DE *luck* ★ we hadden mazzel *we were in luck, we were lucky* ▼ (de) mazzel *see you later*

me VNW → **mij**

mecanicien DE *mechanic*

medaille DE *medal* ★ het Nederlands team heeft de gouden medaille behaald *the Dutch team has won the gold medal*

mede BIJW *also* ★ jij bent er mede schuldig aan *you are also guilty*

mededeling DE *announcement* ★ de leraar deed een mededeling *the teacher made an announcement*

medeklinker DE *consonant*

medelijden HET *pity, compassion* ★ ze hadden medelijden met het slachtoffer *they had pity on the victim, they felt sorry for the victim* ★ je moet medelijden hebben met vluchtelingen *we should feel pity / compassion towards refugees*

medeplichtig BN *accessory* ★ is zij medeplichtig aan de moord? *is she an accessory to the murder?*

medewerker DE *employee* ★ gezocht: een tijdelijke medewerker *wanted: a temporary employee*

medewerking DE ● het meewerken *cooperation* ★ dank u voor uw medewerking *thank you for your cooperation* ▼ het koor verleende medewerking aan de kerstdienst *the choir assisted at the Christmas service* ● hulp *support, help* ★ mijn ouders hebben me al hun medewerking gegeven *my parents gave me their full support / gave me all the help they could*

media DE *media* ★ de media schonken geen aandacht aan het ongeluk *the media paid no attention to the accident*

medicijn DE *medicine, drug* ★ onze dochter gebruikt medicijnen tegen astma *our daughter takes medicines / drugs for her asthma* ▼ hij studeert medicijnen *he is studying medicine, he's a medical student*

medisch I BN *medical* ★ ik heb medisch advies gevraagd *I asked for medical advice* II BIJW *medically* ★ medisch niet noodzakelijke behandelingen worden niet vergoed *treatment that is not medically necessary will not be reimbursed*

mediteren WW *meditate*

mee BIJW *with* ★ ga je met me mee? *would you come with me?* ★ dat heeft er niets mee te maken *that has nothing to do with it* ▼ we hebben de wind mee *we have a tail wind* ▼ het zit ons niet mee *things aren't going our way* ▼ met de klok mee *clockwise*

meebrengen WW *bring (along)* ★ kun je die mooie cd meebrengen? *could you bring along that nice CD?* ★ ze had haar kleine broertje meegebracht *she'd brought her little brother along* ★ de Kerstman bracht veel cadeautjes mee *Father Christmas brought a lot of presents with him*

meedelen WW ● berichten *report* ★ de politie deelde mee dat de brand was aangestoken *the police reported that the fire had been lit deliberately* ● deel hebben aan *share* ★ alle werknemers delen mee in de winst *all of the employees will share in the profits*

meedoen WW *join (in), take part* ★ doen jullie mee aan onze actie? *will you join our campaign?* ★ doe maar mee, als je daar zin in hebt *join in, if you feel like it* ★ we deden mee aan een wedstrijd *we took part in a competition*

meedogenloos I BN *merciless, ruthless* ★ de meedogenloze hitte van de zon *the* *merciless heat of the sun* ★ een meedogenloze dictator *a ruthless dictator* **II** BIJW *mercilessly, ruthlessly* ★ overtreders zullen meedogenloos worden gestraft *trespassers will be mercilessly punished* ★ hij bracht ook vrouwen en kinderen meedogenloos om het leven *he also ruthlessly murdered women and children*

mee-eter DE verstopte porie *blackhead*

meegaan WW ● vergezellen *go (along), come (along)* ★ ga je met mij mee? *are you coming / going with me?* ★ hij ging mee naar het strand *he came along to the beach* ● bruikbaar blijven *last* ★ kleren van goede kwaliteit gaan lang mee *good quality clothes will last for a long time*

meekomen WW ● bijblijven *keep up* ★ hij kan niet meekomen *he can't keep up with the others* ● samen komen *come (along) with* ★ Henry kwam mee met zijn ouders *Henry came (along) with his parents*

meel HET *flour*

meemaken WW *experience, go through* ★ hij maakt een hoop ellende mee *he's going through / experiencing a lot of misery* ★ hij heeft twee wereldoorlogen meegemaakt *he's been through two world wars*

meenemen WW *take along, take away* ★ hij nam zijn zakmes mee naar school *he took his pocketknife along to school* ★ neem die rommel mee *take that rubbish away with you*

meer I HET *lake* **II** BIJW *more* ★ hij woont hier niet meer *he doesn't live here any more / any longer* ★ ik hoop hem meer te zien *I hope to see more of him* ▼ nooit meer *never again* **III** TELW *more* ★ het plan is min of meer mislukt *the plan has more or less failed* ★ krijg jij meer zakgeld dan ik? *do you get more pocket money than I do?* ▼ steeds meer *more and more*

meerderheid DE *majority* ★ we zijn in de meerderheid *we're in the majority*

meerderjarig BN *of age* ★ ben jij al meerderjarig? *are you of age yet?, have you come of age yet?*

meermaals, ook: **meermalen** BIJW ● vaak *repeatedly* ● meer dan eens *more than once*

meervoud HET *plural* ★ het meervoud van 'woman' is 'women' *the plural of 'woman' is 'women'*

mees DE *tit, titmouse*

meespelen WW ● meedoen *join in, take part* ● van belang zijn *play a part*

meest BN + BIJW + TELW *most* ★ ik houd het meeste van vanille-ijs *I like vanilla ice cream most of all* ★ de meesten van ons *most of us* ★ de meeste auto's *most cars* ★ Bild is de meest gelezen krant in Duitsland *Bild is the most widely read newspaper in Germany* ▼ het meest bekeken programma op televisie *the best-watched programme on TV*

meestal BIJW *mostly, usually*

meester DE ● baas *master* ★ een slaaf moest zijn meester gehoorzamen *slaves had to obey their masters* ▼ de politie is de toestand meester *the police are in control of the situation* ● onderwijzer *teacher* ★ de meester stelde de leerling een vraag *the teacher asked the pupil a question*

meesterwerk HET *masterpiece*

meetellen WW *count* ★ dat telt niet mee *that doesn't count* ▼ ik heb de blauwe ook meegeteld *I included the blue ones as well*

meetkunde DE *geometry*

meeuw DE *(sea)gull*

meevallen WW *be better than expected* ★ het resultaat viel ons mee *the result was better than we expected* ▼ de boete viel mee *the fine wasn't as high as we had expected* ▼ het resultaat viel ons niet mee *the result was disappointing to us*

meevaller DE *piece of good luck, pleasant surprise*

meewerken WW *cooperate, collaborate* ★ Jim werkte niet mee met ons *Jim didn't cooperate with us* ★ de universiteit werkte mee aan een onderzoeksproject *the university collaborated on a research project*

megabyte DE *megabyte*

mei DE *May* ★ ik heb een afspraak op 28 mei *I've got an appointment on the 28th of May / on May the 28th*

meid DE *girl*

meisje HET ● jonge vrouw *girl* ● vriendin *girlfriend* ★ is Fiona jouw meisje? *is Fiona your girlfriend?*

meisjesnaam DE *maiden name*

melaatse DE *leper*

melden WW *report* ★ hij heeft zich ziek gemeld *he reported himself sick*

melding DE *report* ★ er is melding gemaakt van een ongeval op de A1 *there is a report of an accident on the A1, an accident has*

been reported on the A1
melk DE *milk* ★ *magere / halfvolle melk low-fat milk*
melken WW *milk* ★ *de meeste boeren melken hun koeien tweemaal per dag most farmers milk their cows twice a day*
melkpoeder HET *milk powder, powdered milk*
melktand DE *milk tooth*
Melkweg DE *Milky Way*
melodie DE *melody*
meloen DE *melon*
men VNW *they, people* ★ *men zegt dat zij heel rijk is they / people say (that) she's very rich*
meneer, ook: **mijnheer** DE ● *met achternaam Mr* ★ *meneer Smith Mr Smith* ● *zonder achternaam sir* ★ *pardon meneer, mag ik u iets vragen? excuse me, sir, can I ask you something?*
menen WW ● *denken think, assume* ★ *ik meende dat hij Bill heette I thought he was called Bill* ★ *hij meende dat zijn vrouw thuis was he assumed that his wife was at home* ● *bedoelen mean* ★ *hij meent het goed met je he means well (by you)* ▼ *dat meen je toch niet? you're not serious, are you?* ▼ *ik meen het I mean it, I'm serious*
mengen WW ● *vermengen mix, mingle* ★ *wat krijg je als je geel mengt met blauw? what do you get when you mix yellow with blue?* ● *zich mengen in join, get involved* ★ *de chauffeur mengde zich in het gesprek the driver joined in / got involved in the conversation*
mengsel HET *mixture*
menigte DE *crowd*
mening DE *opinion* ★ *wie is van mening dat de minister moet aftreden? who is of the opinion (that) the minister should resign?* ▼ *we verschillen van mening we disagree*
meningsverschil HET *difference of opinion*
mens I DE *menselijk wezen human being, man, ⟨meervoud⟩ people* ★ *drie mensen three human beings, three people* ★ *de mens stamt af van de apen man / mankind is descended from the apes* ★ *veel mensen geloven dit niet many people don't believe that* ▼ *we zijn allemaal mensen we're all human* ▼ *er was geen mens op straat there was nobody on the streets* II HET *woman, soul* ★ *het arme mens the poor woman / soul*
menselijk I BN ● *niet dierlijk human* ★ *een menselijk wezen a human being* ★ *vergissen is menselijk to err is human* ● *humaan humane* ★ *een menselijke behandeling humane treatment* II BIJW *humanely* ★ *de gevangenen werden menselijk behandeld the prisoners were treated humanely*
mensenrechten DE *human rights*
mensheid DE *mankind*
menstruatie DE *menstruation*, INF *period*
mentaliteit DE *mentality*
menu HET *menu*
mep DE *blow, slap* ★ *hij kreeg een mep in zijn gezicht he received a blow to his face / a slap in the face* ★ *hij gaf me een mep he gave me a slap, he slapped me*
merel DE *blackbird*
merendeel HET ★ *voor het merendeel for the most part*
merg HET *marrow* ▼ *haar jammeren gaat door merg en been her wailing cuts through you like a knife*
merk HET ● *herkenningsteken mark, ⟨op kleren⟩ label* ★ *de maat staat op het merkje the size is on the label* ● *handelsnaam brand* ★ *een broek van een goed merk a good brand of trousers*
merkbaar I BN *noticeable* ★ *een merkbaar verschil a noticeable difference* II BIJW *noticeably* ★ *hij is merkbaar veranderd met de jaren he has changed noticeably over the years*
merken WW ● *bemerken notice* ★ *de leraar merkte dat Jana afkeek the teacher noticed that Jana was cribbing* ★ *zonder iets te merken without noticing anything* ▼ *ik merk het aan je ogen I can tell by your eyes* ▼ *ze liet merken dat ze boos was she made it clear she was angry* ● *van een merkteken voorzien label, ⟨goederen⟩ mark* ★ *gemerkte dozen labelled boxes*
merknaam DE *brand name*
merkwaardig I BN ● *opmerkelijk remarkable* ★ *een merkwaardig jaar a remarkable year* ● *vreemd peculiar, strange* ★ *merkwaardig gedrag strange / peculiar behaviour* II BIJW *remarkably, strangely* ★ *merkwaardig genoeg werd de kerk niet vernield tijdens de oorlog strangely / remarkably enough, the church was not destroyed during the war*

merrie DE *mare*

mes HET *knife* ★ we moeten de messen weer eens slijpen *we must sharpen the knives again* ▼ mijn tante gaat morgen onder het mes *my aunt will be operated on tomorrow*

mest DE *dung, manure*

met VZ ● tot ★ *with, to* ★ ik heb met hem gesproken *I've talked with / to him* ▼ ⟨aan de telefoon⟩ met Jansen *Jansen speaking* ▼ ⟨aan de telefoon⟩ spreek ik met Maria? *is that you, Maria?* ● m.b.t. omstandigheden *with* ▼ hoe is het met je vader? *how is your father?* ▼ stoppen met roken *quit smoking* ● samen met / in het bezit van *with* ★ patat met mayonaise *chips with mayonnaise* ★ de man met de hoed *the man with the hat* ★ zij gaat met hem op vakantie *she's going on holiday with him* ★ met liefde *with love* ▼ logies met ontbijt *bed and breakfast* ▼ wij zijn met zijn zevenen *we're seven, there are seven of us* ● gelijktijdig met *by, with, at* ★ met kerst *at Christmas* ★ we zijn met 1 januari klaar *we'll be finished by the first of January* ● door middel van *by* ★ met geweld *by force* ★ met de boot *by ship*

metaal HET *metal* ★ van metaal *made of metal*

metalen BN *metal* ★ metalen voorwerpen *metal objects*

meteen BIJW ● tegelijk *at the same time* ● direct erna *at once, immediately* ★ kom meteen hier! *come here at once / immediately / right now!* ▼ ik kom zo meteen *I'll be there in a moment*

meten WW *measure* ★ zij maten de afstand met een liniaal *they measured the distance with a ruler* ▼ hij kan zich meten met de besten *he can hold his own*

meteoor DE *meteor*

meter DE ● lengtemaat *metre / AM meter* ★ ik wil graag vijf meter van deze stof *I'd like five metres of this cloth* ★ 60 vierkante / kubieke meter *60 square / cubic metres* ● meettoestel *meter*

methode DE *method*

metro DE *metro, underground* ★ de stad heeft een metro *the city has a metro system* ★ je kunt het beste de metro nemen *it's best to take the underground*

metselaar DE *bricklayer*

metselen WW *lay bricks* ▼ we hebben een muur gemetseld *we've built a brick wall*

meubel HET *piece of furniture* ★ u kunt een meubel speciaal voor u laten ontwerpen *you can have a piece of furniture specially designed for you* ▼ we gaan nieuwe meubels kopen *we're going to buy some new furniture*

meubelstuk HET *piece of furniture*

meubilair HET *furniture*

mevrouw DE ● met achternaam *Ms,* ⟨getrouwd⟩ *Mrs* ★ mevrouw Jones *Ms Jones, Mrs Jones* ● zonder achternaam *madam* ★ pardon mevrouw, zou u mij kunnen helpen? *excuse me madam, could you help me, please?*

miauwen WW *miaow*

microfoon DE *microphone, mike*

microscoop DE *microscope*

middag DE *afternoon* ★ 's middags *in the afternoon* ★ om 4 uur 's middags *at 4 in the afternoon, at 4 p.m.*

middel HET ● taille *waist* ★ het water kwam tot aan mijn middel *the water came up to my waist / middle* ● hulpmiddel *means* ★ hij heeft onvoldoende middelen om de rekening te betalen *he has insufficient means to pay the bill* ● geneesmiddel *medicine, remedy* ★ een middel tegen hoge bloeddruk *a medicine for high blood pressure* ★ heeft iemand een middel tegen een koortslip? *does anyone have a remedy for cold sores?* ▼ verdovende middelen *narcotics, drugs*

middelbaar BIJW *middle, medium* ★ van middelbare grootte *of medium / average size* ★ op middelbare leeftijd *in middle age* ▼ de middelbare school *secondary school*

middeleeuwen DE *Middle Ages*

middeleeuws BN *medi(a)eval*

middelmatig I BN ● gemiddeld *average* ★ ze heeft een middelmatige lengte *she's of average height* ● zwak, onder de maat *mediocre* ★ hij is maar een middelmatige leerling *he's a mediocre student, he's only an average student* II BIJW gemiddeld *moderately* ★ het huis is middelmatig groot *the house is moderately large* ▼ ze zingt maar middelmatig *she's a mediocre singer, her singing is only average*

middelpunt HET *centre / AM center* ★ het middelpunt van de belangstelling *the centre of attention / interest*

middelvinger DE *middle finger* ▼ hij stak zijn

middelvinger naar mij op *he gave me the finger*
midden HET *middle* ★ in het midden van de tuin *in the middle of the garden*
middenstand DE • burgerij *middle class* • winkeliers *shopkeepers, tradespeople*
middenvoor, ook: **midvoor** DE spits *centre / AM center forward*
middernacht DE *midnight* ★ om middernacht *at midnight*
mier DE *ant*
mierenhoop DE *anthill, antheap*
mierikswortel DE *horseradish*
migraine DE *migraine*
migratie DE *migration*
mij, ook: **me** VNW • *me* ★ je moet me geloven *you have to believe me* ★ luister je naar mij? *are you listening to me?* ▼ een vriend van mij *a friend of mine* • mezelf *myself* ★ ik heb me aan hem voorgesteld *I introduced myself to him* ▼ ik scheer me elke morgen *I shave every morning*
mijden WW *avoid* ★ zij meed hem de hele week *she avoided him for the whole week*
mijl DE *mile*
mijn I DE • delfplaats *mine* • bom *mine* II VNW van mij *my* ★ heb je mijn tas gezien? *have you seen my bag?*
mijnenveger DE *minesweeper*
mijzelf VNW *myself*
mikken WW *aim* ★ zij mikte op de prullenbak *she aimed at the waste-paper basket*
mild I BN • zachtaardig *lenient* ★ een milde rechter *a lenient judge* • zacht *gentle, mild* ★ een milde regen *gentle rain* • mild weer *mild weather* II BIJW • leniently ★ hij werd mild behandeld *he was treated leniently* ▼ ik hoop dat hij mild gestemd is *I hope that he's in a charitable mood* • *mildly* ★ 'je mag er net zo over denken als je zelf wilt' zei hij mild *'you're welcome to your opinion', he said mildly*
milieu HET • natuurlijke omgeving *environment* • sociale achtergrond *background, environment* ★ ze komt uit een beschermd milieu *she comes from a protected background / environment*
milieuactivist DE *environmentalist, conservationist*
milieuverontreiniging DE *(environmental) pollution*
milieuvriendelijk I BN *environmentally friendly* ★ milieuvriendelijke energie *environmentally friendly energy, green energy* II BIJW *in an environmentally friendly way* ★ steeds meer voedsel wordt milieuvriendelijk geproduceerd *an increasing amount of food is produced in an environmentally friendly way*
militair I DE *soldier, military man* ★ 17 militairen werden gedood *17 soldiers were killed* II BN *military* ★ een militaire operatie *a military operation*
miljard HET *billion* ★ miljarden mensen *billions of people*
miljoen TELW *million* ★ miljoenen dollars *millions of dollars*
miljonair DE *millionaire*
millimeter DE *millimetre*
milt DE *spleen*
min BIJW *minus* ★ zes min drie *six minus three* ★ min 10 graden Celsius *minus 10 degrees Celsius* ▼ min of meer *more or less*
minachten WW *look down on, disdain*
minaret DE *minaret*
minder I BN + TELW • niet zo veel ⟨niet telbaar⟩ *less,* ⟨telbaar⟩ *fewer* ★ hij heeft minder geld dan ik *he has less money than I do* ★ er sterven minder mensen aan longkanker *fewer people are dying of lung cancer* • slechter *worse* ★ mijn ogen worden minder *my eyes are getting worse* II BIJW *less* ★ ik probeer minder te roken *I'm trying to smoke less*
minderheid DE *minority* ★ jullie zijn in de minderheid *you are in the minority*
minderjarig BN *under-age*
minderwaardig BN *inferior*
mineraalwater HET *mineral water*
minima DE *minimum wage earners*
minimaal I BN *minimal* ★ het minimale bedrag *the minimal amount* II BIJW *at least* ★ er zijn minimaal drie mensen nodig *at least three people are needed*
minimum HET *minimum* ★ met een minimum aan voedsel *with a minimum of food*
minimumleeftijd DE *minimum age*
minister DE *minister* ★ de eerste minister *the prime minister, the premier*
ministerie HET *ministry, department*
minister-president DE *prime minister, premier*
minnaar, ook: **minnares** DE *lover*
minst I BN + TELW ⟨niet telbaar⟩ *least,*

(telbaar) fewest ★ hij heeft het minste tijd *he has the least time* ★ zij heeft de minste kleren *she has the fewest clothes* **II** BIJW *least* ★ Will is ten minste 35 jaar oud *Will is at least 35 years old*

minstens BIJW *at least* ★ je hebt minstens 1000 euro nodig *you'll need at least 1000 euros*

minteken HET *minus sign*

minuut DE *minute* ★ drie minuten over twaalf *three minutes past twelve* ★ drie minuten over half een *twenty-seven minutes to one*

mis I DE kerkdienst *mass* **II** BN + BIJW • niet raak *off target* ★ hij schoot niet ver mis *he wasn't far off target* ▼ het schot was mis *the shot missed* • verkeerd *wrong* ★ als je dat denkt heb je het mis *if you think that, you've got it wrong* ★ het plan ging mis *the plan went wrong*

misbruik HET *abuse* ★ ze maakten misbruik van mijn gastvrijheid *they abused my hospitality*

misdaad DE *crime* ★ hij heeft een misdaad begaan *he committed a crime* ★ misdaden tegen de menselijkheid *crimes against humanity*

misdadig I BN *criminal* ★ misdadige praktijken *criminal practices* **II** BIJW *like a criminal* ★ hij heeft zich misdadig gedragen *he behaved like a criminal*

misdadiger DE *criminal*

misdragen WW *misbehave* ★ hij heeft zich behoorlijk misdragen *he really misbehaved*

misdrijf HET *crime, criminal offence*

mishandelen WW *ill-treat, maltreat*

miskleun DE *blunder*

miskraam DE *miscarriage*

misleiden WW *mislead* ★ hij heeft ons allemaal misleid *he misled us all*

mislukken WW *fail* ★ je plannetje is mislukt *your little scheme has failed*

mislukking DE *failure*

misplaatst BN • verkeerd geplaatst *misplaced* ★ mijn vertrouwen in hem was misplaatst *my confidence in him was misplaced* • ongepast *inappropriate, out of place* ★ die opmerking was misplaatst *that remark was inappropriate / was out of place* ★ een misplaatste opmerking *an inappropriate comment*

misschien BIJW *perhaps, maybe* ★ misschien weet zij het antwoord *perhaps / maybe she knows the answer* ▼ ken jij hem misschien? *do you know him by any chance?*

misselijk BN *sick* ★ ik ben misselijk *I feel sick* ▼ ik vind dat een misselijke opmerking *I think that's a disgusting remark*

missen WW • niet treffen *miss* ★ de bal miste het doel *the ball missed the goal* • niet hebben *lack* ★ Kurt mist zelfvertrouwen *Kurt lacks self-confidence* ▼ ik mis mijn tas *my bag is missing* • gemis voelen *miss* ★ ik zal je missen als je weg bent *I'll miss you when you're gone* • mislopen *miss* ★ hij heeft de trein gemist *he missed his train* • ontbreken *be missing* ★ er missen twee bladzijden uit dit boek *two pages are missing from this book*

mist DE *fog* ★ een dikke / dichte mist *a thick / dense fog*

misten WW *be foggy* ★ het mist erg *it's very foggy*

mistig BN *foggy, misty*

misverstand HET *misunderstanding* ★ jouw kritiek berust op een misverstand *your criticism is based on a misunderstanding*

mits VW *if, provided that* ★ we gaan zwemmen, mits het zwembad open is *we'll go swimming if / provided that the swimming pool is open*

mixer DE *mixer*

mobiel BN *mobile* ★ een mobiele telefoon, een mobieltje *a mobile phone, a cellphone* ▼ de mobiele eenheid *the riot police*

modder DE *mud*

mode DE *fashion* ★ uit de mode *out of fashion* ★ in de mode *in fashion* ★ de nieuwste mode *the latest fashion* ★ grijs is in de mode *grey is in (fashion)*

model HET *model* ★ het nieuwste model cd-speler *the latest model of CD player*

modem DE + HET *modem*

modern I BN *modern* ★ een moderne computer *a modern computer* ▼ de meest moderne technieken *state-of-the-art techniques* **II** BIJW *in a modern way* ▼ de keuken is modern ingericht *the kitchen has modern appliances*

moderniseren WW *modernize*

modieus I BN *fashionable* ★ modieuze kleren *fashionable / trendy clothes* **II** BIJW *fashionably* ★ ze is altijd modieus gekleed

she is always fashionably / stylishly dressed
moe I DE *moeder mother, mum* **II** BN *vermoeid tired* ★ we zijn moe van het rennen *we're tired from running*
moed DE *courage* ★ hij begon de moed te verliezen *he started to lose courage*
moeder DE *mother*
Moederdag DE *Mother's Day*
moedertaal DE *mother tongue*
moedervlek DE *birthmark*, ⟨klein vlekje⟩ *mole*
moedig I BN *courageous, brave* ★ hij is een moedig man *he's a courageous / brave man* **II** BIJW *courageously, bravely* ★ hij ging moedig het brandende huis binnen *he courageously / bravely entered the burning house*
moedwillig I BN *wilful, malicious* ★ moedwillige vernieling *wilful destruction* ★ hij werd beschuldigd van moedwillige verwonding *he was charged with wilful / malicious wounding* **II** BIJW *on purpose* ★ hij heeft het moedwillig gedaan *he did it on purpose*
moeilijk I BN *difficult, hard* ★ een moeilijke opgave *a difficult task* ★ het is moeilijk te geloven *it's hard to believe* **II** BIJW ● met moeite *with difficulty* ★ hij liep erg moeilijk *he walked with great difficulty* ★ ik kon moeilijk in slaap komen *I had difficulty falling asleep* ▼ ze hebben het moeilijk *they're having a hard / rough time of it* ● haast niet *hardly* ★ ik kon moeilijk anders *I could hardly do anything else*
moeilijkheid DE *trouble, difficulty* ★ we zitten in moeilijkheden *we're in trouble* ★ hij heeft mij in moeilijkheden gebracht *he got me into trouble* ★ twee mannen raakten tijdens het surfen in moeilijkheden *two men got into difficulties when surfing*
moeite DE ● moeilijkheid *trouble* ★ mijn broer heeft moeite met wiskunde *my brother has trouble with maths* ● inspanning *trouble, effort* ★ het was vergeefse moeite *it was a wasted effort* ★ zonder veel moeite *without much effort, quite easily* ▼ de moeite waard *worthwhile* ▼ doe geen moeite *don't bother, don't put yourself out*
moer DE *nut* ★ moeren en bouten *nuts and bolts* ▼ dat kan me geen moer schelen *I don't give a damn*

moeras HET *swamp, marsh*
moeten WW ● gedwongen zijn *must, have to* ★ ik zal moeten gaan *I'll have to go* ▼ ik moest wel lachen, of ik wou of niet *I couldn't help laughing* ● zich verplicht voelen *must, have to, should, ought to* ★ ik moet nodig mijn moeder bellen *I must / have to / should / ought to ring my mother* ● behoren *should, ought to* ★ dat moet je zo niet doen *you shouldn't do it like that* ★ je moest je schamen! *you ought to be / should be ashamed of yourself!*
● waarschijnlijk zijn *be bound to be, be supposed to be* ★ er moet toch ergens een kurkentrekker zijn *there's bound to be a corkscrew somewhere* ★ hij moet erg rijk zijn *he's supposed to be very rich*
mogelijk I BN *possible* ★ zo snel mogelijk *as soon as possible* ★ op alle mogelijke manieren *in every possible way* **II** BIJW *possibly, perhaps* ★ mogelijk is het vliegtuig gekaapt *the plane has possibly / perhaps been hijacked*
mogelijkheid DE *possibility* ★ onbegrensde mogelijkheden *infinite possibilities*
mogen WW ● aardig vinden *like* ★ ik mag hem wel *I like him* ● toestemming hebben *may, can, be allowed to* ★ mag ik een koekje (hebben)? *may / can I have a biscuit?, am I allowed to have a biscuit?* ★ je mag niet naar het feest *you're not allowed to go the party* ● wenselijk zijn *ought to, had better* ★ hij mag wel uitkijken *he ought to watch out, he'd better watch out* ▼ je had je wel eens mogen wassen *you might have washed* ● kunnen *can, may* ★ daar mag je op rekenen *you can / may count on that*
mohammedaan DE *Muslim*
mok DE *mug*
mol DE ● dier *mole* ● muziekteken *flat*
molecule DE *molecule*
molen DE *mill*
molenaar DE *miller*
molensteen DE *millstone* ★ dat huis hangt als een molensteen om mijn nek *that house is a millstone around my neck*
mollig BN *chubby, plump* ★ een mollige baby *a chubby / plump baby*
molshoop DE *molehill*
moment HET *moment* ★ één momentje, graag! *just a moment, please!*
momenteel BIJW *at the moment*

mompelen ww *mutter*
monarchie DE *monarchy*
mond DE *mouth* ★ hij praatte zijn mond voorbij *he shot his mouth off, he blabbed* ▼ houd je mond! *keep quiet!,* ⟨grof⟩ *shut up!* ▼ ze had een grote mond tegen de leraar *she talked back at the teacher, she was cheeky to the teacher*
mondeling I BN *oral, verbal* ★ een mondeling examen *an oral exam* ★ een mondelinge overeenkomst *a verbal agreement* II BIJW *orally, verbally* ★ de verhalen zijn eeuwenlang mondeling overgeleverd *the stories have been passed on orally for centuries* ★ hij heeft het contract mondeling geaccepteerd *he has verbally given his agreement to the contract*
mondharmonica DE *mouth organ*
mond-op-mondbeademing DE *mouth-to-mouth resuscitation*
monnik DE *monk*
monster HET • gedrocht *monster, freak* • proefexemplaar *sample*
monteren ww • in elkaar zetten *assemble* • van film *cut, edit* ★ deze film is niet gemonteerd *this film has not been edited / cut*
monteur DE *mechanic*
montuur HET *frames* ★ dat montuur staat je goed *those frames suit you*
monument HET *monument* ★ er is een monument voor hem opgericht *a monument was erected to his memory*
mooi I BN aantrekkelijk *nice, pretty,* ⟨van mannelijk persoon⟩ *handsome* ★ Utrecht is een mooie stad *Utrecht is a nice city* ★ mooie kleren *pretty clothes* ★ een mooie jonge man *a handsome young man* ★ mooi weer *nice / fine weather* ★ een mooi bedrag *a nice / handsome amount* II BIJW *nicely, well* ★ dat heb je mooi gezegd *you said that nicely / well* ▼ mooi zo! *good!, that's right!* ▼ mooi niet! *no way!*
moord DE *murder*
moordaanslag DE *attempted murder, assassination attempt*
moordenaar DE *murderer*
mop DE *grap joke* ★ hij zit altijd moppen te tappen *he's always cracking jokes*
mopperen ww *grumble* ★ de leraar mopperde op mijn broer over zijn huiswerk *the teacher was grumbling at my brother about his homework*

moraal DE *moral*
morgen I DE ochtend *morning* ★ ik wacht al de hele morgen *I've been waiting all morning* ★ 's morgens vroeg *early in the morning* II BIJW dag na vandaag *tomorrow* ★ morgen vroeg *tomorrow morning* ★ tot morgen! *see you tomorrow!*
morsen ww *spill* ★ ze morste ketchup op haar bloes *she spilled / spilt ketchup on her blouse*
mos HET *moss*
moskee DE *mosque*
moslim DE *Muslim*
mossel DE *mussel*
mosterd DE *mustard*
mot DE • insect *moth* • ruzie *tiff* ▼ zij hebben mot *they've fallen out with each other*
motel HET *motel*
motief HET • reden *motive* ★ het motief voor de moord was jaloezie *jealousy was the motive for the murder* • patroon *motif, pattern, design* ★ behang met een oosters motief *wallpaper with an Eastern motif / pattern / design*
motivatie DE *motivation*
motor DE • machine *motor, engine* ★ er mankeert iets aan de motor *there's something the matter with the motor / engine* • motorfiets *motorcycle, motorbike* ★ we gingen op de motor naar Assen *we went to Assen by motorbike*
motorboot DE *motor boat*
motorrijder DE *motorcyclist*
motregen DE *drizzle*
motto HET *motto* ★ mijn motto is: 'leven en laten leven' *my motto is 'live and let live'*
mountainbike DE *mountain bike*
mouw DE *sleeve*
mozaïek HET *mosaic*
muesli DE *muesli*
muf BN • van geur *stale, mouldy* ★ een muffe geur *a stale / mouldy smell* ▼ het is hier een beetje muf *it's a bit stuffy in here* • saai *dull* ★ het was nogal een muffe boel *it was quite a dull affair*
mug DE *mosquito* ▼ je moet van een mug geen olifant maken *don't make mountains out of molehills*
muggenbeet DE *mosquito bite*
muis DE • dier *mouse* ★ we hebben muizen in de keuken *there are mice in the kitchen* • van computer *mouse*

muisjes MV *aniseed sprinkles*
muismat DE *mouse mat*
muizenval DE *mousetrap*
multicultureel BN *multicultural* ★ een multiculturele samenleving *a multicultural society*
multimiljonair DE *multimillionaire*
mummie DE *mummy* ★ Egyptische mummies *Egyptian mummies*
munitie DE *ammunition*
munt DE • geldstuk *coin* ★ een verzameling munten *a collection of coins* • munteenheid *currency* ★ de euro is de Europese munt *the euro is the currency of Europe*
munteenheid DE *monetary unit, currency unit*
muntstuk HET *coin*
murw BN *tender* ▼ ze was helemaal murw gemaakt *her spirit was completely broken*
mus DE *sparrow*
museum HET *museum*, ⟨voor beeldende kunst ook:⟩ *gallery*
musicus DE *musician*
muskiet DE *mosquito*
muskusrat DE *muskrat*
muts DE *cap*, ⟨gebreid⟩ *beanie*
muur DE *wall* ★ een blinde muur *a blank wall* ▼ ik moet wat geld uit de muur halen *I have to get some money from the ATM*
muziek DE *music* ★ ze dansten op de muziek van Queen *they danced to music by Queen / to the music of Queen*
muziekcorps HET *brass band, band*
muziekinstrument HET *musical instrument*
muziekschool DE *school of music*
muzikaal I BN *musical* ★ hun taal is erg muzikaal *their language is very musical* ▼ ik heb geen muzikaal gehoor *I've got no ear for music* II BIJW *musically* ★ hij heeft het gedicht heel muzikaal voorgedragen *he recited the poem very musically*
muzikant DE *musician*
mysterie HET *mystery*
mythe DE *myth*

N

n DE *n* ★ de N van Nico *N as in November*
na I VZ *after* ★ na u! *after you!* ★ de een na de ander *one after the other* ★ dat heb je na een jaar studeren wel door *that's something you realize after a year of studying* ▼ na een jaar ging hij weg *he left a year later* II BIJW ▼ dat lag hem na aan het hart *that was very dear to him* ▼ op mijn broer na *except for my brother* ▼ ze legden hem het vuur na aan de schenen *they put pressure on him* ▼ ik neem ijs na *I'll have ice cream for dessert*
naad DE • in textiel *seam* • las *weld* • tussen planken *seam, joint* ▼ hij werkt zich uit de naad *he is working himself to death*
naaien WW • met naald en draad *sew* ★ mijn moeder naaide een knoop aan de jas *my mother sewed a button on the coat* • neuken, belazeren *screw*
naaimachine DE *sewing machine*
naakt I HET *nude* II BN *bare, naked*, ⟨van persoon ook⟩ *nude* ★ hij liep naakt rond *he was walking (a)round naked / walking (a)round in the nude / in his birthday suit* ★ de naakte takken van de boom staken duidelijk af tegen de sneeuw *the bare branches of the tree stood out clearly against the snow*
naaktstrand HET *nudist beach*
naald DE *needle* ★ naald en draad *needle and thread*
naaldboom DE *conifer*
naaldhak DE *stiletto heel*
naam DE *name* ★ hoe is je naam? *what's your name?* ★ ze heeft een goede naam *she has a good name / reputation* ★ de eigen naam van mijn vrouw *my wife's maiden name* ▼ uit naam van *on behalf of* ▼ met name *particularly* ▼ hij noemt de dingen bij hun naam *he calls a spade a spade*
naamval DE *case*
naamwoord HET *noun* ★ een zelfstandig naamwoord *a noun* ▼ een bijvoeglijk naamwoord *an adjective*
na-apen WW *imitate* ★ hij aapt me altijd na *he's always imitating me*
naar I BN • akelig *nasty* ★ een nare ervaring *a nasty experience* • misselijk *sick* ★ ik

word er naar van *it makes me sick* ‖ vz • in de richting van *to, for* ★ we gaan naar Londen *we're going to London* ★ hij is naar Frankrijk vertrokken *he has left for France* ▼ hij liep naar huis *he walked home* ▼ de prijzen gingen naar beneden *prices went down* • volgens *to* ★ is alles naar je zin? *is everything to your liking?* ▼ hij is er de man niet naar om te liegen *he is not the sort of person who would lie*

naast I BN dichtst bij *nearest, closest* ★ zijn naaste buren wonen twee kilometer van hem vandaan *his nearest / closest neighbours live two kilometres away from him* ▼ de naaste familie *the next of kin* ‖ BIJW mis *off target* ▼ de spits schoot naast *the forward's shot missed the goal* ‖‖ vz • terzijde *next to* ★ de jongen naast haar is John *the boy next to her is John* ★ naast het postkantoor *next to the post office* ▼ naast elkaar *side by side* • behalve *as well as* ★ naast Engels spreekt hij ook Duits *he speaks German as well as English*

nabestaanden DE *the next of kin*
nabestellen ww *reorder*
nabij I BN *near* ★ in de nabije toekomst *in the near future* ★ het Nabije Oosten *the Near East* ‖ vz *near, close to* ★ de kerk ligt nabij het plein *the church is close to / near the square* ▼ hij was om en nabij de tachtig *he was about eighty*
nablijven ww *stay behind* ★ de leerling moest die middag nablijven *the pupil had to stay behind that afternoon*
nacht DE *night* ★ 's nachts *at night* ★ de afgelopen nacht *last night* ★ de komende nacht *tonight* ▼ ik moet er nog een nachtje over slapen *I have to sleep on it*
nachtdienst DE • in ziekenhuis *night duty* • in fabriek *night shift*
nachtegaal DE *nightingale*
nachthemd HET *nightshirt*
nachtmerrie DE *nightmare*
nachtvlinder DE *moth*
nachtzoen DE *goodnight kiss* ★ haar moeder gaf haar een nachtzoen *her mother gave her a goodnight kiss / kissed her goodnight*
nadat VW *after* ★ hij begon op te ruimen nadat de laatste gasten waren vertrokken *he started cleaning up after the last guests had left*
nadeel HET *disadvantage* ★ de meisjes waren in het nadeel *the girls were at a disadvantage*
nadelig I BN *adverse* ★ nadelige gevolgen *adverse consequences* ‖ BIJW *adversely* ★ dat heeft de beslissing nadelig beïnvloed *that affected the decision adversely, that had an adverse effect on the decision*
nadenken ww *think (about), reflect (on)* ★ Michelle dacht lang na over de vraag *Michelle thought about / reflected on the question for a long time* ★ als je erover nadenkt gaat het mis *if you think about it you'll slip up*
nader I BN *further* ★ nadere details *further details* ▼ bij nader inzien *on second thoughts* ‖ BIJW *nearer, more closely* ★ nader tot u *nearer to you* ★ we moeten het nader bekijken *we must look at it more closely, we must take a closer look at it*
naderbij BIJW *closer, nearer*
naderen ww *approach* ★ we naderen onze eindbestemming *we're approaching our destination*
nadoen ww *imitate*
nadruk DE • klemtoon *emphasis, stress* ★ de nadruk valt op de eerste lettergreep *the emphasis / stress is on the first syllable* ★ het wetsvoorstel legt de nadruk op werk in plaats van op een uitkering *the bill puts the emphasis / stress on work rather than on social security* • herdruk *reprint* ▼ nadruk verboden *all rights reserved, copyright*
nagaan ww • controleren *check* ★ mijn baas gaat mijn werk na *my boss checks (on) my work* ▼ voor zover we kunnen nagaan *as far as we can gather* • zich voorstellen *imagine* ★ je kunt wel nagaan hoe trots ze was *you can imagine how proud she was*
nagel DE • verhoornde huid ⟨van mens⟩ *nail*, ⟨van dier⟩ *claw* ★ mijn broer bijt op zijn nagels *my brother bites his nails* • spijker *nail* ▼ hij is een nagel aan mijn doodskist *he'll be the death of me* • kruidnagel *clove*
nagelknipper DE *nail clippers*
nagellak HET *nail polish*
nagelschaar DE *nail scissors* ★ deze nagelschaar is kapot *these nail scissors are broken* ★ twee nagelschaartjes *two pairs of nail scissors*
nagerecht HET *dessert*
naïef I BN *naive* ★ ze is een erg naïef meisje *she's a very naive girl* ‖ BIJW *naively* ★ ze

geloven naïef dat het alleen maar beter kan worden *they believe naively that things can only get better*

najaar HET *autumn* ★ in het najaar *in autumn*

nakijken WW ● met de ogen volgen *watch* ★ we keken de vrachtwagen na *we watched the truck leave* ● controleren *check, correct* ★ ik zal je tekst eens goed nakijken *I'll check your text carefully, I'll have a good look at your text* ★ de leraar keek het proefwerk na *the teacher corrected / marked the test*

nakomeling DE *descendant*

nakomen WW ● later komen *follow, arrive later* ★ twee koffers zijn er al, maar de andere komen na *two suitcases are already there, but the others will follow / will arrive later* ● houden ⟨van belofte⟩ *keep* ★ ze kwam haar belofte na *she kept her promise*

nalaten WW ● achterlaten *leave (behind)* ★ Paganini liet een fortuin na *Paganini left (behind) a fortune* ● niet doen *refrain from* ★ wil je alsjeblieft het roken nalaten? *would you please refrain from smoking?* ▼ hij kon het niet nalaten te lachen *he couldn't help laughing*

nalatig BN *careless, negligent*

naleven WW *observe, fulfill*

nalopen WW ● achternalopen *run after* ★ de hond liep haar overal na *the dog ran after her everywhere she went* ● controleren *check* ★ heb je de rookmelders al nagelopen? *did you check (on) the smoke detectors?*

namaak DE ● imitatie *imitation* ★ dat is geen echte zijde, maar namaak *that's not real silk but imitation* ● vervalsing *fake, counterfeit* ★ een namaak-Picasso *a fake Picasso* ★ een namaakhorloge *a counterfeit watch*

namaken WW ● imiteren *imitate* ● vervalsen *counterfeit, fake*

namelijk BIJW ● te weten *namely* ★ veel geld, namelijk 5000 euro *a lot of money, namely 5000 euros* ● want *the fact is* ★ ik heb namelijk geen geld *the fact is, I have no money*

namens VZ *on behalf of* ★ ik spreek ook namens de anderen *I also speak on behalf of the others*

namiddag DE *afternoon* ★ in de namiddag *in the afternoon*

napraten WW ● langer blijven *stay and talk* ● nazeggen *repeat, echo* ★ hij praatte zijn ouders na *he echoed his parents*

nar DE *fool*

narcose DE *anaesthesia* ▼ de dokter bracht de patiënt onder narcose *the doctor anaesthetized the patient*

naseizoen HET *late season, end of the season*

nasi DE *rice* ★ nasi goreng *fried rice*

nasmaak DE *aftertaste*

nat BN *wet* ★ een natte handdoek *a wet towel* ▼ het is een pot nat *it's six of one and half a dozen of the other*

natie DE *nation*

nationaal BN *national*

nationaalsocialisme HET *national socialism*

nationalisme HET *nationalism*

nationaliteit DE *nationality*

naturaliseren WW *naturalize*

natuur DE ● natuurlijke omgeving *nature* ★ terug naar de natuur *back to nature* ▼ in de vrije natuur *in the country* ● aard *nature* ★ van nature *by nature*

natuurkunde DE *physics* ★ natuurkunde is niet mijn sterkste vak *physics is not my strongest subject*

natuurlijk I BN *natural* ★ een natuurlijke bron *a natural well* II BIJW *of course, naturally* ★ je kunt natuurlijk ook een andere keer gaan *you can go another time, of course / naturally* III TSW *sure!, of course!*

natuurreservaat HET *nature reserve*

nauw I BN ● smal *narrow* ★ nauwe straatjes *narrow streets* ● krap *tight* ★ een nauwe jurk *a tight dress* ● innig *close* ★ nauwe banden *close ties* II BIJW ● krap *tightly* ▼ die jurk zit veel te nauw *that dress is much too tight* ● hecht, eng *closely* ★ hij is nauw betrokken bij de zaak *he is closely involved with the matter* ★ criminaliteit hangt nauw samen met armoede *criminal behaviour is closely connected to poverty* ▼ sommige mensen nemen het niet zo nauw *some people aren't very particular* ▼ de regering wordt nauw gecontroleerd door de partij *the government is tightly controlled by the party*

nauwelijks BIJW *hardly, barely* ★ hij kan nauwelijks lopen *he can hardly / barely walk* ★ het was nauwelijks genoeg *it was barely enough*

nauwkeurig I BN *accurate, precise* ★ een nauwkeurige schatting *an accurate /*

precise estimation **II** BIJW *accurately, precisely* ★ de details zijn niet nauwkeurig weergegeven *the details were not accurately reported* ★ ik heb het nauwkeurig berekend *I calculated it precisely*
navel DE *navel*, INF *belly button*
navelstreng DE *umbilical cord*
navigeren WW *navigate*
NAVO DE *NATO*
navraag DE *enquiry, inquiry*
navragen WW *enquire, inquire*
navullen WW *refill*
nazeggen WW *repeat* ★ zeg mij na *repeat after me*
nazi DE *Nazi* ★ veel nazi's vluchtten naar Zuid-Amerika *a lot of Nazis fled to South America*
nazomer DE *late summer* ▼ een warme nazomer *an Indian summer*
nectar DE *nectar*
nederig **I** BN *humble* ★ mijn nederige woning *my humble dwelling* **II** BIJW *humbly* ★ we vragen nederig om vergeving *we humbly ask for forgiveness*
nederlaag DE *defeat*
Nederland HET *Netherlands, Holland* ★ Nederland is een klein land *the Netherlands / Holland is a small country*
Nederlander DE *Dutchman*
Nederlands **I** HET *Dutch* ★ hoe zeg je dit in het Nederlands? *how do you say this in Dutch?* **II** BN *Dutch* ★ de Nederlandse premier *the Dutch prime minister*
Nederlandse DE *Dutchwoman*
nederzetting DE *settlement*
nee TSW *no* ★ hij zei van nee *he said no, he refused* ▼ ze schudde nee *she shook her head*
neef DE • zoon van oom en tante *cousin* ★ ze zijn neef en nicht *they are cousins* • zoon van broer of zus *nephew*
neer BIJW *down*
neergooien WW *throw down*
neerhalen WW • naar beneden halen *take down, pull down* ★ de vlag werd neergehaald *the flag was taken down / was lowered* ★ de schutting werd neergehaald *the fence was pulled down* • neerschieten *bring down* ★ het leger haalde drie vijandelijke vliegtuigen neer *the army brought down three enemy planes*
neerkijken WW *look down* ★ ze kijkt op hem neer *she looks down on him*
neerkomen WW • dalend terechtkomen *come down, fall* ★ he vliegtuig kwam in zee neer *the plane came down in the sea* ★ alles komt op hem neer *everything falls on his shoulders* • betekenen *amount to* ★ het komt allemaal op hetzelfde neer *it all amounts to the same thing*
neerlaten WW *lower*
neerleggen WW *lay down, put down* ★ ze hebben hun wapens neergelegd *they laid / put down their arms* ▼ we leggen ons erbij neer *we'll put up with it, we'll resign ourselves to it*
neerschieten WW *shoot down* ★ er zijn deze week al twee helikopters neergeschoten *two helicopters have already been shot down this week* ▼ het slachtoffer was neergeschoten *the victim had been shot*
neerslag DE • regen & *precipitation* ▼ radioactieve neerslag *fallout* • bezinksel *sediment*
neervallen WW *fall (down), drop* ★ hij viel dood neer *he dropped dead / fell down dead* ★ de acrobaat viel neer op de grond *the acrobat fell to the ground*
neerzetten WW *put down* ★ mijn oom zette zijn glas neer *my uncle put down his glass*
negatief **I** HET ontwikkelde film *negative* **II** BN *negative* ★ veel Europeanen zijn negatief over de EU *many Europeans are negative about the EU* **III** BIJW *negatively* ★ sommige deeltjes zijn negatief geladen *some particles are negatively charged*
negen TELW *nine* ▼ op 9 mei *on the ninth of May*
negende TELW *ninth*
negentien TELW *nineteen* ▼ op 19 mei *on the nineteenth of May*
negentiende TELW *nineteenth* ▼ zij trouwde op haar negentiende *she got married when she was nineteen*
negentig TELW *ninety*
negentigste TELW *ninetieth* ▼ hij stierf op zijn negentigste *he died at the age of ninety*
neger DE *black person*
negeren WW *ignore*
neiging DE • zin *inclination* ★ ze voelde de neiging om te gaan huilen *she felt a inclination to start crying* • tendens *tendency* ★ je hebt de neiging om jezelf te herhalen *you have the tendency to repeat*

yourself

nek DE *neck* ▼ hij ging over zijn nek *he puked, he threw up* ▼ je kletst uit je nek *you talk rubbish, you talk through your hat*

nemen ww ● pakken *take* ★ Will nam het laatste chocolaatje *Will took the last chocolate* ★ hij had zijn zusje bij de hand genomen *he had taken his sister by the hand* ● maken, doen *take* ★ mijn vrouw neemt hele goeie foto's *my wife takes very good pictures* ★ Cruijff nam de strafschop *Cruijff took the penalty* ▼ Peter nam een besluit *Peter made a decision* ● consumeren *have* ★ ik neem een biefstuk *I'll have a steak* ▼ neem het ervan! *go for it!* ● accepteren *take, accept* ★ ik neem de zaken zoals ze zijn *I take / accept things as they are* ▼ dat neem ik niet *I won't stand for it* ● opvatten *take* ★ je moet alles niet zo nauw nemen *you shouldn't take things too seriously* ● zich verschaffen *take* ★ we nemen geen huisdier *we won't take / have pets* ★ ik neem een dag vrij *I'm taking a day off*

neonreclame DE *neon sign*

nep DE *namaak fake*

nerf DE ● van blad *vein* ● van hout *grain*

nergens BIJW ● op geen enkele plaats *nowhere, not anywhere* ★ hij kon nergens naar toe *he had nowhere to go* ★ overal en nergens *everywhere and nowhere* ★ ik kan mijn jas nergens vinden *I can't find my coat anywhere* ● niets *nothing* ★ hij geeft nergens om *he cares for nothing*

nerveus I BN *nervous, tense* ★ ze was erg nerveus *she was very nervous / tense* II BIJW *nervously, tensely* ★ hij beet hij op zijn nagels *he bit his nails nervously* ★ hij ging nerveus zitten *he sat down tensely*

nest HET ● broedplaats *nest* ▼ zij komt uit een goed nest *she comes from a good family* ▼ ik duik mijn nest in *I'm hitting the sack* ● worp *litter* ★ een nest jonge honden *a litter of puppies* ● verwaande meid *brat* ★ een verwend nest *a spoilt brat*

net I HET ● materiaal met mazen *net* ★ hij was met een net vis aan het vangen *he was catching fish with a net* ● netwerk *network* ★ een net van wegen *a network of roads* ● televisiezender *channel* ★ een film op het derde net *a movie on channel three* ● niet klad *neat copy* ★ ik moet het nog in het net schrijven *I still have to make a neat copy* II BN ● keurig *neat, smart* ★ nette kleren *neat / smart clothes* ▼ mijn nette pak *my good suit* ● schoon *neat, tidy* ★ een nette tuin *a neat / tidy garden* ● fatsoenlijk *decent* ★ een nette heer *a decent gentleman* III BIJW ● netjes *neatly* ★ hij was heel net gekleed *he was dressed very neatly* ● fatsoenlijk *properly, decently, well* ★ je hebt je niet zo net gedragen *you didn't behave properly / decently / well* ● precies *just* ★ we kwamen net op tijd aan *we arrived just in time* ★ ik ben net klaar *I've just finished* ▼ net goed! *serves you right!*

netjes I BN ● keurig *neat* ★ hij ziet er altijd netjes uit *he always looks neat* ● fatsoenlijk *nice, decent* ★ dat was niet netjes van je om dat te zeggen *it wasn't nice of you to say that* ★ hij ziet er behoorlijk netjes uit in zijn nieuwe pak *he looks quite decent in his new suit* II BIJW ● keurig *neatly* ★ netjes gekleed *neatly dressed* ● fatsoenlijk *decently, properly* ★ hij heeft zich netjes gedragen *he behaved decently / properly*

netnummer HET *dial(l)ing code,* AM *area code*

netto BN *net* ★ netto gewicht *net weight* ★ netto inkomen *net income*

netto-inkomen HET *after tax income*

netvlies HET *retina*

netwerk HET *network* ★ een netwerk van tunnels *a network of tunnels*

neuken ww *fuck* ▼ ze waren aan het neuken *they were having a fuck*

neuriën ww *hum* ★ hij neuriede een liedje *he hummed a song*

neus DE *nose,* toe ⟨van een schoen⟩ ★ een verstopte neus *a blocked / stuffed nose* ★ hij zit in zijn neus te peuteren *he's picking his nose* ★ deze wijn heeft een fruitige neus *this wine has a fruity nose / bouquet* ▼ ik ga een frisse neus halen *I'm going to get a breath of fresh air* ▼ het komt me de neus uit *I'm fed up with it*

neushoorn DE *rhinoceros*

neusvleugel DE *nostril*

neutraal I BN *neutral* ★ ze namen een neutraal standpunt in *they adopted a neutral position* II BIJW *neutrally* ★ de mensen reageerden over het algemeen neutraal *by and large, people reacted neutrally*

nevel DE ● lichte mist *haze, mist* ● sterrennevel *nebula*

nicht DE • dochter van oom en tante *cousin* • dochter van broer of zus *niece*
nicotine DE *nicotine*
niemand VNW *nobody, no one, none, not anybody* ★ helemaal niemand *nobody at all, no one at all* ★ niemand van hen durfde iets te zeggen *none of them dared to say a thing* ★ heb je niemand gezien? *didn't you see anybody?*
nier DE *kidney* ★ hij heeft iets aan zijn nieren *there's something wrong with his kidneys*
niesen WW *sneeze* ★ zij niest al de hele ochtend *she has been sneezing all morning*
niet BIJW *not, n't* ★ ik was niet thuis *I was not / wasn't home* ★ ik denk van niet *I think not* ★ niet eens *not even* ★ helemaal niet *not at all* ▼ ik blijf hier niet langer *I'm not staying here any longer* ▼ we pikken het niet langer *we won't stand for it any more* ▼ hij is er niet meer in geïnteresseerd *he's no longer interested in it*
nieten WW *staple*
nietje HET *staple*
nietmachine DE *stapler*
niets VNW *nothing* ★ niets nieuws *nothing new* ★ niets dan klachten *nothing but complaints* ★ alles voor niets *all for nothing* ▼ het bevalt mij niets *I don't like it at all* ▼ het is niets voor jou om op te geven *it's not like you to give up*
nietsnut DE *good-for-nothing*
nietwaar BIJW vraagconstructie aan eind van zin ★ nietwaar? *isn't it / he / she?, doesn't it / he / she?, hasn't it / he / she?, aren't I / we / you / they?, don't I / we / you / they?, haven't I / we / you / they?* ★ het is koud, nietwaar? *it's cold, isn't it?* ★ ze ziet er leuk uit, nietwaar? *she looks nice, doesn't she?* ★ jullie verkopen schoenen, nietwaar? *you sell shoes, don't you?* ★ ik heb je al eens eerder ontmoet, nietwaar? *we've met before, haven't we?*
nieuw BN *new* ★ ik ga nieuwe kleren kopen *I'm going to buy some new clothes* ★ iets nieuws *something new* ★ nieuwe technieken *new / modern techniques* ▼ deze auto is zo goed als nieuw *this car has hardly been used* ▼ ik heb een nieuw begin gemaakt *I made a fresh start* ▼ hij was volgens de nieuwste mode gekleed *he was dressed in the latest fashion*

nieuwbouw DE • gebouwen *new houses* • wijk *new housing estate*
nieuweling DE *newcomer*
Nieuwjaar HET *New Year* ★ Gelukkig Nieuwjaar! *Happy New Year!*
nieuws HET • berichten *news* ★ het laatste nieuws *the latest news* • iets dat nieuw is *something new*
nieuwsbericht HET *news item, news bulletin*
nieuwsgierig BN *curious, nosey* ★ ik ben nieuwsgierig wat hij zal doen *I'm curious as to what he will do* ★ wees eens niet zo nieuwsgierig *don't be so nosey*
nijdig BN • boos *angry, cross* ★ Maria was nijdig op me *Maria was angry / cross with me* • venijnig *mean* ★ een nijdige blik *a mean look*
nijlpaard HET *hippopotamus*, INF *hippo*
nijptang DE *(pair of) pincers* ★ deze nijptang is te groot *these pincers are too big* ★ twee nijptangen *two pairs of pincers*
niks VNW *nothing* ★ helemaal niets *nothing at all* ▼ de onderzoek leverde niets op *the investigation failed to come up with anything*
niveau HET *level* ★ we hebben het hoogste niveau bereikt *we've reached the highest level* ▼ we zijn nu op het hoogste niveau *we've reached the top now*
nobel I BN *noble* ★ een nobel gebaar *a noble gesture* II BIJW *in a noble manner* ★ van aristocraten werd verwacht dat ze zich nobel gedragen *it was expected of aristocrats that they behave in a noble manner*
Nobelprijs DE *Nobel prize*
noch VW *neither, nor,* or ★ (noch) het een, noch het ander *neither one nor / or the other* ★ hij noch zijn vrouw had de inbreker gehoord *neither he nor his wife had heard the burglar*
nodig I BN *necessary* ★ is een mobieltje echt nodig? *is a mobile / cell phone really necessary?* ▼ ik heb geld nodig *I need some money* II BIJW *urgently* ★ onze auto moet nodig nieuwe banden hebben *our car urgently needs new tyres, our car is in urgent need of new tyres* ★ ik moet nodig naar de wc *I have to go to the toilet urgently / in a hurry*
noemen WW *call* ★ hoe noem je dat? *what do you call that?*
noemer DE WISK *denominator*

nog BIJW • tot nu toe *yet* ★ ik ben nog niet klaar *I haven't finished yet, I'm not done yet* ★ zij kent hem nog niet eens *she doesn't even know him yet* • nog steeds *still* ★ hij houdt nog steeds van haar *he still loves her* • vanaf nu *more, still, from now* ★ nog maar twee dagen te gaan *only two more days to go, still two days to go, only two days from now* ▼ hoe lang nog? *how much longer?* • met vergrotende trap *still, even* ★ nog groter *even bigger, bigger still* • bovendien, meer *another, more, else* ★ hoe veel nog? *how many more?* ★ nog iets *another thing, something else* ★ nog iemand *somebody else* ★ nog iets? *anything else?* • opnieuw *again* ★ nog eens *once again / more* ▼ nog vele jaren! *many happy returns!* • met negatief: minder *less* ★ nog geen uur geleden *less than an hour ago*

nogal BIJW *quite, rather,* INF *pretty* ★ dat huis is nogal lelijk *that house is quite / rather / pretty ugly*

nogmaals BIJW *once more, once again* ★ ik zal het u nogmaals uitleggen *I'll explain it to you once more / again, I'll explain it to you one more time*

nok DE *ridge* ▼ de zaal was tot de nok toe gevuld *the hall was filled to the rafters*

nomade DE *nomad*

nomineren WW *nominate*

non DE *nun*

nonchalant BN *nonchalant*

nonsens DE *nonsense, rubbish*

nood DE • behoefte *need,* ⟨armoede⟩ *poverty* • gevaar *distress* ★ het schip verkeerde in nood *the ship was in distress* ▼ in geval van nood *in case of emergency* • noodzakelijkheid *necessity* ★ door de nood gedwongen *out of necessity* ▼ hij heeft hoge nood *he needs to go (to the toilet) badly*

noodgeval HET *(case of) emergency*

noodlanding DE *emergency landing*

noodlot HET *fate, destiny* ★ het noodlot kwam tussenbeide *fate / destiny intervened* ▼ het noodlot sloeg toe *disaster struck*

noodlottig BN *fatal* ★ een noodlottige ziekte *a fatal disease*

noodrem DE *emergency brake,* ⟨in trein⟩ *communication cord*

noodtoestand DE *state of emergency*

nooduitgang DE *emergency exit*

noodweer HET • slecht weer *terrible weather, violent storm* • zelfverdediging *self-defence* ★ hij handelde uit noodweer *he acted in self-defence*

noodzaak DE *necessity* ★ ik zie de noodzaak van verandering niet in *I don't see any necessity for change*

noodzakelijk I BN *necessary* ★ het is noodzakelijk dat u een e-mailadres opgeeft *it is necessary for you to supply an e-mail address* ★ het is noodzakelijk dat het document door beide ouders wordt ondertekend *it is necessary that the document be signed by both parents* II BIJW *necessarily* ★ dit betekent niet noodzakelijk dat... *this does not necessarily mean / imply that...*

nooit BIJW *never* ★ ik wil je nooit meer zien *I never want to see you again* ★ je kan nooit weten *you never know* ▼ ik ben bijna nooit thuis *I'm hardly ever at home*

Noor DE *Norwegian*

noord BN + BIJW *north* ★ Noord-Amerika *North America* ▼ de wind is noord *the wind is northerly*

noordelijk I BN • noordelijk gelegen *northern* ★ de noordelijke provincies *the northern provinces* • naar het westen *northerly* ★ het verkeer in noordelijke richting *traffic in a northerly direction, northbound traffic* II BIJW *north* ★ Amiens ligt noordelijk van Parijs *Amiens lies (to the) north of Paris*

noorden HET *north* ★ ten noorden van Detroit *(to the) north of Detroit* ★ naar het noorden *to the north, northward*

noordpool DE *North Pole, Arctic*

Noors I HET *Norwegian* II BN *Norwegian*

Noorwegen HET *Norway*

noot DE • vrucht *nut* • muzieknoot *note* ★ een hoge noot *a high note* ★ kun je noten lezen? *can you read music?*

norm DE *standard* ★ dit opstel voldoet niet aan de norm *this essay is not up to standard*

normaal I BN *normal* ★ een normale temperatuur *a normal temperature* II BIJW *normally* ★ normaal zou hij zoiets nooit doen *he wouldn't do a thing like that normally*

nors BN *grumpy*

notaris DE *solicitor, notary (public)*

notebook HET *notebook*
notenbalk DE *staff, stave*
noteren WW *note (down), write down* ★ heeft u mijn bestelling genoteerd? *did you note (down) / write down my order?*
notitie DE *note*
notulen DE *minutes*
nou I TSW ★ nou en of! *you bet!* ★ nou en? *so what?* II BIJW *nu now*
november DE *November* ★ ik heb een afspraak op 28 november *I've got an appointment on the 28th of November / on November the 28th*
nu I BIJW *now* ★ het is nu of nooit *it's now or never* ★ nu pas *only now* ★ van nu af (aan) *from now (on)* ▼ tot nu toe *so far* ▼ nu nog niet *not yet* II VW *now that* ★ nu mijn band lek is, moet ik lopen *now that my tyre is flat, I'll have to walk*
nuchter I BN ● realistisch *sensible* ★ een nuchtere opmerking *a sensible remark* ● niet dronken *sober* ★ de chauffeur was niet helemaal nuchter *the driver was not entirely sober* ▼ op de nuchtere maag *on an empty stomach* II BIJW praktisch *in a matter-of-fact way* ★ we moeten het probleem nuchter bekijken *we should look at the problem in a matter-of-fact way*
nucleair BN *nuclear* ★ het nucleaire tijdperk *the nuclear age*
nukkig BN *moody*
nul TELW *zero, nil* ★ tien graden onder / boven nul *ten degrees below / above zero* ★ de stand was nul-nul *the score was nil-nil* ★ nul komma zeven *o / zero / nought point seven*
nummer HET ● cijfer, getal *number* ★ hij draaide een nummer / toetste een nummer in *he dial(l)ed a number* ● plaats in rangorde *number, place* ● aflevering ⟨van tijdschrift⟩ *issue, edition* ★ het kerstnummer *the Christmas edition* ● liedje *number*, ⟨op cd &⟩ *track*
nummerbord HET *number plate, licence plate,* AM *license plate*
nummeren WW *number*
nut HET *use,* ⟨voordeel⟩ *benefit,* ⟨zin⟩ *point* ★ wat is het nut van piekeren? *what's the use of worrying?* ★ het valt niet te ontkennen dat de uitbreiding van de EU economisch nut heeft *there's no disputing the economic benefits of expanding the EU* ★ het heeft geen nut erheen te gaan *there's no point in going there, going there is pointless*
nutteloos BN ● onbruikbaar *useless* ★ nutteloze uitvindingen *useless inventions* ● vergeefs *futile* ★ nutteloze pogingen *futile efforts*
nuttig I BN *useful* ★ een nuttige oefening *a useful exercise* II BIJW *usefully, profitably* ★ het geld had nuttiger besteed moeten worden *the money should have been more usefully / profitably spent* ★ hij heeft zijn tijd nuttig besteed *he used his time profitably, he put his time to good use*
nylon I DE ● stof *nylon* ● kous *nylons* ★ ze had een ladder in haar nylon *she had a ladder in her nylons* II BN *nylon* ★ een nylon overhemd *a nylon shirt*

O

o I DE *o* ★ de O van Otto *O as in Oscar* II TSW *oh!, ah!* ▼ o zo mooi *ever so beautiful*
oase DE *oasis*
ober DE *waiter*
object HET *object*
objectief I BN *objective* ★ een objectief oordeel *an objective opinion* II BIJW *objectively* ★ we moeten de zaak objectief bekijken *we need to look at the matter objectively*
observeren WW *watch, observe* ★ de politie heeft hen vanaf een afstand geobserveerd *the police watched / observed them from a distance* ★ met zijn camera observeerde hij mensen en situaties *with his camera he observed people and situations*
obsessie DE *obsession* ★ hardlopen is een obsessie voor hem geworden *running has become an obsession with him*
obstakel HET *obstacle*
occasion DE *tweedehands auto used car, second-hand car* ● koopje *bargain*
oceaan DE *ocean* ★ de Atlantische Oceaan *the Atlantic (Ocean)*
ochtend DE *morning* ★ 's ochtends vroeg *early in the morning* ★ ik ben er al de hele ochtend *I've been here all morning*
octaaf HET *octave*
oefenen WW ● repeteren *practise / AM practice, rehearse* ★ het orkest heeft veel geoefend voor het concert *the orchestra has practised / practiced a lot for the concert* ● trainen *train*
oefening DE ● training *practice* ● opgave *exercise* ★ Rob moet nog twee oefeningen doen *Rob has two more exercises to do* ▼ lichamelijke oefening *physical education*
oefenwedstrijd DE *practice match*
oei TSW *oh!,* ⟨bij pijn⟩ *ouch!*
oertijd DE *prehistoric times*
oerwoud HET *jungle*
oester DE *oyster*
oever DE ⟨van zee, meer⟩ *shore,* ⟨van rivier⟩ *bank* ★ de rivier is buiten haar oevers getreden *the river has overflowed / burst / broken its banks*
of VW ● bij tegenstelling *or* ★ goed of fout *right or wrong* ● bij twijfel *if, whether (...or)* ★ hij vroeg of je suiker in je thee wilde *he asked if you wanted sugar in your tea* ★ of je het goed vindt of niet *whether you like it or not* ● alsof *as if, as though* ★ hij doet net of hij gek is *he acts as if / though he is mad* ▼ een minuut of twintig *about / some twenty minutes*
offer HET *sacrifice* ★ sommige van deze jonge soldaten hebben het ultieme offer gebracht *some of these young soldiers made the ultimate sacrifice* ★ we moeten allemaal offers brengen voor de luchtveiligheid *we all have to make sacrifices for airline safety*
offeren WW *sacrifice* ★ ze offerden de slachtoffers aan de goden *they offered the victims to the gods*
offerte DE *offer, quote, quotation* ★ het bedrijf zal een offerte indienen voor de bouw van de nieuwe bibliotheek *the company will submit an offer / a quote / a quotation for the construction of the new library*
officieel I BN *official* ★ een officiële gelegenheid *an official occasion* ▼ een officiële feestdag *a public holiday* II BIJW *officially* ★ dit is officieel bekendgemaakt *this has been officially announced*
officier DE *officer*
ogenblik HET *moment* ★ in een ogenblik *in a moment* ★ een ogenblik, alstublieft *just a moment, please* ★ op dit ogenblik *at the moment*
ogenblikkelijk I BN *immediate* ★ er bestaat geen ogenblikkelijk gevaar *there's no immediate danger* II BIJW *immediately, directly* ★ hij heeft dit ogenblikkelijk begrepen *he understood this immediately / directly*
oké TSW *okay, OK*
oksel DE *armpit*
oktober DE *October* ★ ik heb een afspraak op 28 oktober *I've got an appointment on the 28th of October / on October the 28th*
olie DE *oil* ★ ruwe olie *crude oil* ★ plantaardige olie *vegetable oil* ★ Shell boort naar olie op de Noordzee *Shell is drilling for oil in the North Sea*
olifant DE *elephant* ▼ maak van een mug geen olifant *don't make mountains out of molehills*
olijf DE *olive*

olijfolie DE *olive oil*

olympisch BN *Olympic* ★ de Olympische Spelen *the Olympic games*

om BIJW + VZ ● met als doel *to* ★ ik heb geen tijd om je te helpen *I've no time to help you* ▼ waar gaat het om? *what's it about?* ● vanwege *for* ★ om die reden *for that reason* ● op die tijd *at* ★ om vier uur *at four (o'clock)* ★ om middernacht *at midnight* ▼ om de andere dag *every second day* ● rond(om) *(a)round, about* ★ ze zaten om de tafel *they sat (a)round the table* ★ de optocht kwam de hoek om *the procession came (a)round the corner* ▼ de spelers pakken om de beurt een kaart *the players take turns to pick up a card* ▼ de tijd is om *the time is up*

oma DE *grandma*, INF *granny* ★ mijn oma is dood *my grandma / granny is dead* ★ oma, wil je ons een verhaaltje vertellen? *Grandma / Granny, would you tell us a story?*

omarmen WW *embrace, hug* ★ zij omarmden elkaar en namen afscheid *they embraced / hugged each other and said goodbye* ★ een toenemend aantal jongeren omarmt het idee *an increasing number of young people are embracing the idea*

ombrengen WW *kill, murder*

ombuigen WW *bend, twist* ★ hij boog de randen van de folie naar boven om *he bent / twisted the edges of the foil up*

omdat VW *because* ★ ik deed een kaars aan omdat het donker was *I lit a candle because it was dark*

omdoen WW *put on* ★ doe je sjaal om *put on your scarf, put your scarf on*

omdraaien WW ● omkeren *turn (around / round / over)* ★ hij draaide zich om ⟨staand⟩ *he turned (around / round)*, ⟨liggend⟩ *he turned over* ● terugdraaien, verwisselen *reverse* ★ de rollen zijn omgedraaid *the roles have been reversed*

omelet DE *omelette*

omgaan WW ● rondgaan *go (a)round* ★ ze ging de hoek om *she went (a)round the corner* ● gebeuren *happen, go on* ★ wat gaat er in jou om? *what's going on in your mind?* ● verstrijken *pass* ★ sindsdien is er een week omgegaan *a week has passed since then* ● contact hebben met *associate, go about* ★ hij ging om met de verkeerde mensen *he associated with / went about with the wrong people* ● hanteren *deal with, handle* ★ ik weet niet hoe ik met zulke mensen om moet gaan *I don't know how to deal with / how to handle people like that*

omgangsregeling DE *parental access arrangement*

omgekeerd I BN ⟨ondersteboven⟩ *upside down*, ⟨binnenstebuiten⟩ *inside out*, ⟨achterstevoren⟩ *back to front* ★ dat is de omgekeerde wereld *that's putting things upside down* II BIJW *conversely, vice versa* ★ de toevoeging van zwart maakt de verf donkerder, omgekeerd maakt de toevoeging van wit hem lichter *adding black makes the paint darker; conversely, adding white makes it lighter* ★ vertalingen van het Engels naar het Nederlands en omgekeerd *translations from English to Dutch and vice versa*

omgeven WW *surround* ★ een kasteel, omgeven door een prachtig bos *a castle surrounded by a beautiful forest*

omgeving DE ● omstreken *surroundings, environment* ★ een prachtige omgeving *beautiful surroundings* ★ mensen met astma moeten stoffige omgevingen vermijden *people with asthma should avoid dusty environments* ▼ mensen in haar omgeving vallen altijd voor haar charme *the people around her always fall for her charms* ● nabijheid *neighbourhood* ★ is er een disco in de omgeving? *is there a disco in the neighbourhood?*

omgooien WW ● omvergooien *knock over* ★ Sandra gooide acht blikken om *Sandra knocked over eight tins* ● veranderen *change* ★ we hebben de plannen omgegooid *we changed the plans*

omheining DE *fence*

omhelzen WW *embrace, hug* ★ als jonge vrouw omhelsde ze de islam *as a young woman she embraced Islam* ★ laat me je omhelzen *let me hug you, let me give you a hug*

omhoog BIJW *up, upwards* ★ handen omhoog! *hands up!* ★ we klommen langs het bergpad omhoog *we climbed upwards along the mountain track* ▼ van omhoog *from above*

omkeren WW ● omdraaien *turn (a)round, turn over* ★ hij keerde zich om ⟨staand⟩ *he* *turned (a)round*, ⟨liggend⟩ *he turned over* • ondersteboven draaien *turn upside down*

omkijken ww • achter zich kijken *look (a)round, look back* • zorgen voor *look after* ★ niemand kijkt naar dat kind om *nobody looks after that child* ★ je hebt er geen omkijken naar *it needs no looking after, it looks after itself*

omkleden ww *change* ★ ik ben me aan het omkleden *I'm changing (my clothes)*

omkomen ww • ergens omheen komen *come (a)round* ★ hij kwam de hoek om *he came (a)round the corner* • sterven *die* ★ Tupac kwam om in een vuurgevecht *Tupac died in a gunfight* ▼ de mensen kwamen om van de honger *the people were starving to death*

omkopen ww *bribe*

omlaag BIJW *down* ★ deze lift gaat omlaag *this elevator goes down* ▼ van omlaag *from below*

omleiding DE *diversion, detour*

omlopen ww omweg maken *go (a)round* ★ we liepen een flink eind om *we went a long way (a)round, we made a big detour* ★ we lopen wel even om *we'll go (a)round the back*

omrekenen ww *convert* ★ hoe kan je ponden omrekenen in euro's? *how do you convert pounds to euros?*

omringen ww *surround*

omroep DE *broadcasting corporation*

omschakelen ww • veranderen *change, switch over* ★ het bedrijf schakelde om naar een ander netwerk *the company switched over / changed to a new network* • aanpassen *readjust* ★ als ze weer thuiskomen hebben soldaten vaak moeite om weer om te schakelen naar hun gewone leven *when they come home, soldiers often have difficulty readjusting to their normal lives*

omschrijven ww • beschrijven *describe* ★ hoe zou je je klasgenoten omschrijven? *how would you describe your classmates?* • definiëren *specify, define* ★ de processen zijn niet duidelijk omschreven *the processes have not been clearly specified / defined*

omslaan ww • om iets heen gaan *turn* ★ hij sloeg de hoek om *he turned the corner, he went (a)round the corner* • omkeren, veranderen *turn* ★ het weer slaat om *the weather is turning / changing* ★ de stemming is omgeslagen *the mood has turned* • omvergaan *turn over*, ⟨van boot⟩ *capsize* • omdraaien ⟨van bladzij⟩ *turn over*, ⟨van broekspijp⟩ *roll up* ★ ze sloeg de bladzij om *she turned over the page, she turned the page over* ★ hij sloeg zijn broekspijpen om *he rolled up his trousers, he rolled his trousers up* • omdoen *put on* ★ ze sloeg een sjaal om *she put on a scarf, she put a scarf on*

omslachtig I BN *laborious, roundabout* ★ op een omslachtige manier *in a laborious / roundabout way* II BIJW *laboriously, in a roundabout way* ★ ze vertelde omslachtig waarom ze te laat was *she explained laboriously why she was late* ★ hij ging heel omslachtig te werk *he went about things in a roundabout way*

omspitten ww *turn over, dig up* ★ mijn vader heeft de tuin omgespit *my father has turned over / dug up the garden*

omstander DE *spectator, bystander*

omstreeks VZ *about, approximately* ★ omstreeks Kerstmis *(a)round about Christmas* ★ omstreeks duizend euro *approximately a thousand euros*

omtrek DE • contouren *outline* • lengte rondom ⟨van veelhoek⟩ *perimeter*, ⟨van cirkel⟩ *circumference* • omgeving *neighbourhood, vicinity* ★ in de nabije omtrek *in the vicinity / neighbourhood* ▼ er was in de wijde omtrek geen boom te zien *there wasn't a tree to be seen for miles*

omvallen ww *fall (over), fall down* ★ de fietser botste tegen een boom en viel om *the cyclist bumped into a tree and fell over* ★ de wagen is omgevallen *the car has fallen (over) on its side, the car has toppled over* ▼ ik val om van de slaap *I'm dead tired*

omvang DE grootte *size*, ⟨van schade⟩ *extent* ★ het gebouw is klein van omvang *the building is small* ★ de omvang van de ramp is nog niet bekend *the extent of the disaster is not yet known*

omvangrijk BN • uitgebreid *extensive* ★ hij heeft een omvangrijke kennis van de Duitse literatuur *he has an extensive / wide knowledge of German literature* • groot *large* ★ een omvangrijke tuin *a large garden*

omvatten ww inhouden *comprise, include*

★ het boek omvat twee delen *the book comprises two volumes, the book is comprised of two volumes* ★ het appartement omvat een slaapkamer, een woonkamer, een keuken en een badkamer *the apartment comprises a bedroom, a living room, a kitchen and a bathroom* ★ de kunstcollectie omvat ook fotografisch werk *the art collection includes photographic works*

omver BIJW *down, over*

omvouwen WW *fold over, fold down*

omweg DE *detour* ★ we hebben een omweg gemaakt *we took / made a detour* ▼ hij zei zonder omwegen wat hij bedoelde *he said what he meant without beating about the bush*

omwisselen WW *change* ★ hij heeft zijn dollars omgewisseld tegen euro's *he changed his dollars for euros* ★ de naambordjes waren omgewisseld *de nameplates had been changed around* ▼ zullen we omwisselen? *shall we swap places?*

omzet DE *sales* ★ de omzet is gestegen *sales have gone up*

omzetten WW • veranderen *turn* ★ gist zet suiker in alcohol om *yeast turns sugar into alcohol* • verhandelen *turn over* ★ dit bedrijf zet miljoenen dollars per jaar om *this company turns over millions of dollars annually*

onaangenaam I BN *unpleasant, disagreeable* ★ een onaangenaam persoon *an unpleasant / a disagreeable person* II BIJW *unpleasantly, disagreeably* ★ we waren onaangenaam verrast *we were unpleasantly / disagreeably surprised*

onaanvaardbaar I BN *unacceptable* ★ een onaanvaardbaar risico *an unacceptable risk* II BIJW *in an unacceptable manner* ★ hij heeft zich onaanvaardbaar gedragen *he behaved in an unacceptable manner*

onaardig I BN *unkind , unpleasant* ★ een heel onaardige brief *a very unkind* ⟨onvriendelijke⟩ */ unpleasant* ⟨onplezierige⟩ *letter* ★ het is heel onaardig van je om dat te zeggen *it's very unkind of you to say that* ▼ dat meisje ziet er niet onaardig uit *that's a nice-looking girl* II BIJW *unkindly* ★ hij werd door zijn collega's onaardig behandeld *he was treated unkindly by his colleagues*

onafhankelijk I BN *independent* ★ België is sinds 1830 onafhankelijk van Nederland *Belgium has been independent of the Netherlands since 1830* II BIJW *independently* ★ de twee gebeurtenissen kunnen niet onafhankelijk van elkaar worden verklaard *the two events cannot be explained independently*

onafscheidelijk I BN *inseparable* ★ ze waren onafscheidelijk *they were inseparable from each other* II BIJW *inseparably* ★ liefde en geluk zijn onafscheidelijk met elkaar verbonden *love and happiness are inseparably connected*

onbeduidend I BN *insignificant* ★ het was een onbeduidend schrammetje *it was an insignificant little scratch* II BIJW *insignificantly* ★ het risico is onbeduidend klein *the risk is insignificantly small / is insignificant*

onbegaanbaar BN *impassable*

onbegrijpelijk I BN *incomprehensible* ★ de grondwet is voor veel mensen onbegrijpelijk *the constitution is incomprehensible to many people* II BIJW *incomprehensibly* ★ hij stond onbegrijpelijk te mompelen *he was muttering incomprehensibly*

onbegrip HET *incomprehension* ★ het voorstel stuitte op onbegrip *the proposal was greeted with incomprehension, the proposal fell on deaf ears*

onbekend BN • niet bekend *unknown* ★ een onbekende rockband *an unknown rock band* • niet op de hoogte *ignorant, unfamiliar* ★ veel westerlingen zijn onbekend met Chinese gewoontes *many Westerners are ignorant of / are unfamiliar with Chinese customs* ★ ik ben niet bekend met die uitdrukking *I'm not familiar with that term*

onbelangrijk I BN *unimportant, insignificant* ★ een onbelangrijk detail *an unimportant / insignificant detail* II BIJW ▼ hij heeft zijn zaak niet onbelangrijk uitgebreid *he has expanded his business significantly*

onbeleefd I BN *impolite, rude* ★ een onbeleefde vraag *an impolite / rude question* II BIJW *impolitely, rudely* ★ ik erger me eraan als jongeren zich onbeleefd gedragen *it irritates me when young people behave rudely / impolitely*

onbeperkt I BN *unlimited* ★ onbeperkte macht *unlimited power* **II** BIJW *without limit* ★ je kunt de neusspray onbeperkt gebruiken *you may use the nose spray without any limit* ▼ je kunt hier onbeperkt mosselen eten *you can eat all the mussels you want here*

onbeschoft I BN *insolent, rude* ★ een onbeschofte kerel *an insolent / a rude fellow* **II** BIJW *insolently, rudely* ★ hij gedroeg zich onbeschoft *he behaved insolently / rudely, he behaved in an insolent / rude manner*

onbetrouwbaar BN *unreliable*, ⟨van persoon ook⟩ *untrustworthy*

onbewaakt BN *unguarded* ★ een onbewaakte overweg *an unguarded level crossing* ★ een onbewaakt ogenblik *an unguarded moment*

onbewolkt BN *cloudless*

onbewoond BN *uninhabited* ★ het gebied was grotendeels onbewoond *the area was largely uninhabited* ▼ een onbewoond eiland *a desert island*

onbewust I BN ● zich niet realiserend *unconscious* ★ een onbewuste beweging *an unconscious movement* ● instinctief *subconscious* ★ onbewuste hoop *subconscious hope* **II** BIJW ● zich niet realiserend *unconsciously* ★ onbewust verzette hij zich tegen zijn ouders *he resisted his parents unconsciously* ● instinctief *subconsciously* ★ geluiden kunnen je onbewust beïnvloeden *sounds can affect you subconsciously*

onbezorgd I BN *carefree* ★ een onbezorgde vakantie *a carefree holiday* **II** BIJW *without a care* ★ je kunt hier onbezorgd genieten van je vakantie *you can enjoy your holidays here without a care*

onbreekbaar BN *unbreakable*

ondank DE *ingratitude*

ondankbaar I BN ● *ungrateful* ★ een ondankbaar kind *an ungrateful child* ● geen voldoening gevend *thankless* ★ parkeerwachter is een ondankbaar beroep *being a parking attendant is a thankless job* **II** BIJW *ungratefully* ★ hij gedroeg zich ondankbaar tegenover zijn ouders *he behaved ungratefully towards his parents*

ondanks VZ *in spite of* ★ ondanks alles *in spite of everything*

onder I BIJW aan de onderkant *below, (at) the bottom* ★ van onder op *from below* ★ het staat onder aan de bladzijde *it's at the bottom of the page* ★ de derde regel van onder *the third line from the bottom* ▼ de zon gaat / is onder *the sun is setting / has set* ▼ het land gaat ten onder *the country is going to the dogs* **II** VZ ● aan de onderkant van *under* ★ onder het huis *under the house* ● minder dan, lager dan *under* ★ kinderen onder de twaalf *children under twelve* ● tussen personen ⟨twee⟩ *between*, ⟨meer dan twee⟩ *among* ★ onder ons gezegd *between you and me* ★ niemand onder de toeschouwers durfde te protesteren *among the spectators, there was no one who dared to protest* ● tijdens *during* ★ onder een examen mag je niet praten *talking during an exam is not allowed* ● te midden van *among* ★ onder andere *among other things, including*

onderaan BIJW *at the bottom*

onderarm DE *forearm*

onderbeen HET *(lower) leg*, ⟨scheen⟩ *shin*, ⟨kuit⟩ *calf*

onderbewustzijn HET *subconscious*

onderbreken WW *interrupt* ★ de spreker werd midden in een zin onderbroken *the speaker was interrupted in the middle of a sentence*

onderbreking DE *interruption*

onderbrengen WW ● huisvesten *house, accommodate* ● indelen *classify*

onderbroek DE *underpants*, ⟨voor dames⟩ *panties, knickers* ★ is dat jouw onderbroek? *are those underpants yours?*

onderdaan DE *subject*

onderdak HET *shelter*, ⟨huisvesting⟩ *accommodation*

onderdanig I BN ● kruiperig *subservient* ★ als zijn baas erbij was, was hij altijd onderdanig *he was always subservient in the presence of his boss* ● onderworpen *submissive* ★ een onderdanige vrouw *a submissive woman* **II** BIJW ● onderworpen *submissively* ★ ze volgde hem onderdanig *she followed him submissively* ● kruiperig *subserviently* ★ hij boog onderdanig *he bowed subserviently*

onderdeel HET deel van geheel *part* ★ een belangrijk onderdeel *a major part* ★ reserveonderdelen *spare parts*

onderdoor BIJW *under*
onderdrukken WW • ⟨mensen⟩ *oppress* • ⟨gevoelens⟩ *suppress* ★ Ken kon zijn angst niet onderdrukken *Ken could not suppress his fear*
onderduiken WW *go underground* ★ de leider van de opstand dook onder *the leader of the revolt went underground*
ondergang DE *(down)fall, ruin*
ondergetekende DE ★ (de) ondergetekende *the undersigned*
ondergoed HET *underwear*
ondergrond DE • achtergrond *background* ★ tegen een witte ondergrond *against a white background* • basis *foundation* ★ met deze opleiding heb je een goede ondergrond voor een carrière in management *the training will provide you with a good foundation for a career in management*
ondergronds I BN *underground* ★ ondergrondse tunnels *underground tunnels* ★ het ondergrondse verzet *the (underground) resistance movement* II BIJW *underground* ★ de beweging ging ondergronds *the movement went underground*
onderhandelen WW *negotiate* ★ de politici zijn nog aan het onderhandelen *the politicians are still negotiating*
onderhoud HET • van dingen *maintenance, upkeep* • levensonderhoud *maintenance, support* • gesprek *talk, interview*
onderhouden WW • in goede staat houden *look after, maintain* ★ mijn moeder onderhoudt de tuin *my mother looks after / maintains the garden* • verzorgen *support* ★ hij moest een gezin van tien onderhouden *he had to support a family of ten* • aangenaam bezighouden *entertain* ★ een onderhoudende film *an entertaining movie* • een gesprek voeren *talk, converse* ★ ze onderhielden zich over het weer *they talked / conversed about the weather*
onderin BIJW *at the bottom*
onderkaak DE *lower jaw*
onderkant DE *bottom* ★ aan de onderkant van de doos *on the bottom of the box*
onderkin DE *double chin*
onderkomen HET *accommodation* ★ wij vonden een onderkomen bij mijn tante *we found accommodation with my aunt*
onderlaag DE *bottom layer, lower layer*
onderlaken HET *bottom sheet*
onderling I BN *mutual* ★ met onderlinge goedkeuring *by mutual consent* II BIJW • wederzijds *mutually* ★ onderling verwisselbaar *mutually exchangeable* • samen *together* ★ de tunnels zijn onderling verbonden *the tunnels are joined together* ▼ de betogers waren onderling verdeeld *the demonstrators were divided among themselves*
onderlopen WW *be flooded* ★ de kelder was ondergelopen *the cellar was flooded*
ondermijnen WW *undermine*
ondernemen WW • beginnen, doen *(under)take* ★ de politie ondernam meteen actie *the police (under)took action immediately* • ondernemer zijn *do business* ★ ondernemen in China kan lastig zijn *doing business in China can be tricky*
ondernemer DE *entrepreneur*
onderneming DE • bedrijf *business, enterprise* • project *undertaking*, ⟨met risico⟩ *venture*
onderonsje HET *private discussion, little chat* ★ hun onderonsje werd onderbroken door de telefoon *their private discussion was interrupted by the telephone* ★ zullen we even een onderonsje hebben? *shall we have a little chat?*
onderschatten WW *underestimate*
onderscheid HET *difference*
onderscheiden WW • onderscheid maken *tell apart, distinguish* ★ kun jij de een van de ander onderscheiden? *can you tell them apart?, can you distinguish the one from the other?* • een ereteken uitreiken *decorate* ★ zij werd onderscheiden met een medaille *she was decorated with a medal*
onderscheiding DE • ereteken *decoration* • het maken van verschil *distinction* ▼ ter onderscheiding van *as distinct from*
onderscheppen WW *intercept*
onderstaand BN *below, hereunder* ★ graag 10 euro overmaken op onderstaand rekeningnummer *please transfer 10 euros to the account number below / hereunder*
ondersteboven BIJW *upside down*
ondersteunen WW *support* ★ haar vader ondersteunt haar financieel *her father supports her financially*

onderstrepen ww • een streep zetten onder *underline* ★ onderstreep het goede antwoord *underline the correct answer* • benadrukken *emphasize*

ondertekenen ww *sign*

ondertussen BIJW *meanwhile*

onderuit BIJW *down* ★ ze zakte onderuit in haar stoel *she sank down into her chair* ▼ ik ging onderuit op de ijsbaan *I went sprawling on the skating rink* ▼ hij probeert altijd ergens onderuit te komen *he's always trying to get / wriggle out of something*

ondervinden ww *experience* ★ we hebben wat problemen ondervonden bij dit project *we experienced some troubles with this project*

ondervoeding DE *malnutrition, undernourishment*

ondervragen ww *question* ★ de verdachte zal morgen worden ondervraagd *the suspect will be questioned tomorrow*

onderweg BIJW *on the way* ★ we zijn onderweg naar Denemarken *we're on the way to Denmark* ▼ de goederen zijn onderweg beschadigd *the goods were damaged in transit*

onderwereld DE *underworld*

onderwerp HET *subject*

onderwerpen ww *subject* ★ de twee werden onderworpen aan een kruisverhoor *the two were subjected to a cross-examination*

onderwijs HET *education* ★ lager / middelbaar / hoger onderwijs *primary / secondary / higher education*

onderwijzen ww *teach*

onderwijzer DE *(school)teacher*

onderzeeboot DE *submarine*

onderzetter DE ⟨voor glas, fles⟩ *coaster*, ⟨voor pannen⟩ *table mat*

onderzoek HET *examination, investigation*, ⟨gerechtelijk⟩ *enquiry / inquiry*, ⟨wetenschappelijk⟩ *research*, ⟨medisch⟩ *test* ★ de zaak is in onderzoek *the matter is under investigation* ★ bij (nader) onderzoek *on (closer) examination*

onderzoeken ww *examine, investigate* ★ we moeten alle mogelijkheden onderzoeken *we need to examine / investigate all the possibilities* ★ Scotland Yard onderzoekt de aanslag *Scotland Yard is investigating the attack*

ondeugend I BN *naughty* ★ Jasmijn is het ondeugendste kind van de klas *Jasmijn is the naughtiest child in the class* II BIJW *naughtily* ★ het kind deed nogal ondeugend *the child behaved quite naughtily*

ondraaglijk I BN *unbearable* ★ ondraaglijk lijden *unbearable suffering* II BIJW *unbearably* ★ de oude dame leed ondraaglijk *the old lady suffered unbearably* ★ het was ondraaglijk heet *it was unbearably hot*

onduidelijk I BN *indistinct, unclear* ★ een onduidelijke afbeelding *an indistinct / unclear picture* ▼ het is mij onduidelijk *it's not clear to me* II BIJW *indistinctly, unclearly* ★ hij praatte onduidelijk *he spoke indistinctly / unclearly* ▼ hij drukte zich onduidelijk uit *he didn't express himself clearly*

onecht I BN • niet gemeend *insincere* ★ een onechte glimlach *an insincere smile* • nagemaakt *false, fake* ★ onechte edelstenen *false / fake jewels* II BIJW niet gemeend *insincerely* ★ ze gedragen zich altijd zo onecht *they always behave so insincerely*

oneens BIJW ▼ wij zijn het oneens met elkaar *we disagree with each other*

oneerlijk I BN ⟨persoon⟩ *dishonest*, ⟨behandeling, enz.⟩ *unfair* II BIJW *dishonestly, unfairly* ★ de verkiezingen zijn oneerlijk verlopen *the elections were conducted dishonestly* ★ de plaatselijke bevolking wordt oneerlijk behandeld *the local people are treated unfairly*

oneetbaar BN *inedible*

oneindig I BN *infinite* ★ een oneindig getal *an infinite number* ★ oneindig geduld *infinite / endless patience* II BIJW *infinitely* ★ de opera ging oneindig lang door *the opera carried on infinitely* ▼ oneindig klein *infinitesimally small*

onemanshow DE *one-man show*

oneven I BN *odd, uneven* ★ oneven en even getallen *odd and even numbers* II BIJW *unevenly* ★ de huizen zijn oneven genummerd *the houses have been numbered unevenly*

onfatsoenlijk I BN *indecent, improper* ★ een onfatsoenlijk voorstel *an indecent / improper proposal* II BIJW *improperly* ★ de gemeente is onfatsoenlijk omgegaan met vertrouwelijke informatie *the council has* *dealt improperly with confidential information*

ongedeerd BN *unharmed, uninjured*

ongedierte HET *vermin*

ongeduld HET *impatience*

ongeduldig I BN *impatient* ★ een ongeduldige klant *an impatient customer* ★ de ouders begonnen ongeduldig te worden *the parents were starting to get impatient* II BIJW *impatiently* ★ de kleuters wachtten ongeduldig *the toddlers waited impatiently*

ongehoorzaam I BN *disobedient* ★ de kinderen waren ongehoorzaam *the children were disobedient* II BIJW *disobediently* ★ het kind gedroeg zich ongehoorzaam *the child acted disobediently*

ongehuwd I BN *unmarried, single* ★ een ongehuwde moeder *an unmarried / single mum* II BIJW *without being married* ★ veel mensen wonen tegenwoordig ongehuwd samen *nowadays, many people live together without being married*

ongeldig BN *invalid* ★ haar rijbewijs was ongeldig in Europa *her driving licence was invalid in Europe / was not valid in Europe* ★ een ongeldig argument *an invalid argument*

ongelegen BN +BIJW *inconvenient* ★ hij kwam op een ongelegen moment *he came at an inconvenient / awkward moment* ★ autopech komt altijd ongelegen *a car breakdown is always inconvenient*

ongelijk I HET *wrong* ★ wij hebben ongelijk *we are in the wrong* II BN ●*verschillend unequal* ★ ongelijke kansen *unequal chances* ●*niet gelijkend different* ★ ongelijke vormen *different shapes* ●*niet vlak uneven* ★ een ongelijke vloer *an uneven floor* III BIJW ●*verschillend unequally* ★ de leerlingen werden ongelijk behandeld *the students were treated unequally* ●*niet vlak unevenly* ★ de balken zijn ongelijk aangebracht *the beams have been placed unevenly*

ongelofelijk I BN *unbelievable, incredible* ★ het is ongelofelijk wat hij allemaal kan *the things he can do are unbelievable / incredible* ★ een ongelofelijk verhaal *an incredible story* II BIJW *incredibly, unbelievably* ★ ik ben ongelofelijk moe *I'm incredibly / unbelievably tired*

ongeloof HET *disbelief* ★ ze keek hem vol ongeloof aan *she looked at him in disbelief*

ongelovig I BN *incredulous* ★ we bekijken dergelijk bijgeloof met ongelovige ogen *we look at such superstitions with incredulous eyes* ▼ ze keek me met ongelovige ogen aan *she looked at me incredulously* ▼ een ongelovige Thomas *a doubting Thomas* II BIJW *incredulously* ★ 'heb jij dat gedaan?' vroeg ze ongelovig *'did you do that?' she asked incredulously*

ongeluk HET ●*tegenspoed bad luck* ★ ik heb vandaag alleen maar ongeluk *I've had nothing but bad luck today* ●*ongeval accident* ★ per ongeluk *by accident, accidentally* ★ mijn broer heeft een ongeluk gehad *my brother has had an accident*

ongelukkig I BN ●*niet gelukkig unhappy* ★ een ongelukkige liefde *an unhappy love affair* ●*onfortuinlijk unfortunate* ★ een ongelukkig toeval *an unfortunate coincidence* II BIJW ●*niet gelukkig unhappily* ★ ze zijn ongelukkig getrouwd *they are unhappily married* ●*onfortuinlijk unfortunately* ★ hij kwam ongelukkig terecht en verstuikte zijn enkel *he landed unfortunately and twisted his ankle*

ongemak HET *trouble, inconvenience* ★ ik wil geen ongemak voor je veroorzaken *I don't want to put you to any inconvenience / trouble*

ongemakkelijk I BN ●*onbehaaglijk uncomfortable* ★ ik voel me ongemakkelijk *I feel uncomfortable* ●*lastig in de omgang difficult, tiresome* ★ een ongemakkelijke man *a difficult / tiresome man* II BIJW *onbehaaglijk uncomfortably* ★ zit je ongemakkelijk? *are you sitting uncomfortably?*

ongeneeslijk I BN *incurable* ★ een ongeneeslijke ziekte *an incurable disease* II BIJW *incurably* ★ de patiënt is ongeneeslijk ziek *the patient is incurably ill*

ongerust I BN *anxious* ★ haar ouders maakten zich ongerust over haar *her parents were anxious about her / worried about her* II BIJW *anxiously* ★ ze zaten ongerust te wachten *they were waiting anxiously*

ongeschoold BN *untrained, unskilled* ★ de

leerlingen krijgen les van ongeschoolde leraren *the students are being taught by untrained teachers* ★ er zijn altijd ongeschoolde arbeiders nodig *there will always be a need for unskilled labourers*

ongesteld BN ▼ ze is ongesteld *she's got her period*

ongesteldheid DE *(menstrual) period*

ongestraft I BN *unpunished* ★ zo'n misdaad mag niet ongestraft blijven *a crime like that cannot remain unpunished* II BIJW *with impunity* ★ hij kon ongestraft doorgaan met zijn criminele praktijken *he could carry on with his criminal practices with impunity*

ongetwijfeld BIJW *undoubtedly, no doubt* ★ jij hebt ongetwijfeld een goed cijfer voor wiskunde *no doubt you got a good mark for maths*

ongeval HET *accident*

ongeveer BIJW *about, approximately* ★ het is ongeveer even warm als gisteren *it's about as warm as yesterday* ★ Amsterdam ligt hier ongeveer 200 kilometer vandaan *Amsterdam is approximately 200 kilometres from here*

ongewoon I BN *unusual* ★ hij houdt niet van ongewone situaties *unusual situations disconcert / throw him* II BIJW *unusually* ★ het is ongewoon warm geweest deze winter *it has been unusually warm this winter*

ongezellig I BN ⟨persoon⟩ *unsociable*, ⟨kamer enz.⟩ *cheerless* II BIJW *unsociably* ★ de nieuwe buren gedroegen zich erg ongezellig *the new neighbours behaved very unsociably*

ongezond I BN *unhealthy* ★ een ongezond klimaat *an unhealthy climate* II BIJW *unhealthily* ★ ze is ongezond dik *she's unhealthily fat* ▼ ze leven erg ongezond *they live very unhealthy lives*

onguur BN • *griezelig sinister* • *gemeen, onbetrouwbaar unsavoury*

onhandig I BN *clumsy, awkward* ★ hij maakte een onhandige beweging en gooide zijn glas om *he made a clumsy / awkward movement and knocked his glass over* II BIJW *clumsily, awkwardly* ★ je pakt die klus nogal onhandig aan *you're tackling that job rather clumsily / awkwardly*

onheil HET *calamity, disaster*

onheilspellend I BN *ominous* ★ de financiële situatie van universiteiten is onheilspellend *the financial situation of the universities is ominous* II BIJW *ominously* ★ de zon kleurde de rook van de vulkaan onheilspellend rood *the sun coloured the smoke from the volcano ominously red*

onjuist I BN *incorrect* ★ een onjuiste voorstelling van de feiten *an incorrect representation of the facts* II BIJW *incorrectly* ★ je hebt dit formulier onjuist ingevuld *you've filled in this form incorrectly*

onkosten DE *expenses* ★ alle onkosten worden vergoed *all expenses will be paid for*

onkruid HET *weed(s)* ★ die plant is onkruid *that plant is a weed*

onlangs BIJW *recently* ★ ze is onlangs bevallen *she gave birth recently*

onmacht DE *impotence, powerlessness* ★ jeugdbendes komen voort uit gevoelens van onmacht *youth gangs are formed out of feelings of impotence / powerlessness* ▼ oma viel in onmacht toen ze zag wat er gebeurd was *Grandma fainted when she saw what had happened*

onmenselijk I BN *inhuman* ★ onmenselijke wreedheden *inhuman atrocities* II BIJW *inhumanly* ★ de joden werden onmenselijk behandeld *the Jews were treated inhumanly*

onmiddellijk I BN *immediate* ★ in de onmiddellijke nabijheid *in the immediate vicinity* II BIJW *immediately, at once* ★ kom onmiddellijk naar huis! *come home immediately / at once!*

onmogelijk I BN • *impossible* ★ een onmogelijke opdracht *an impossible assignment* • *heel vervelend impossible, intolerable* ★ een onmogelijke vent *an impossible / intolerable fellow* II BIJW *not possibly* ★ ik kan dat onmogelijk van haar vragen *I can't possibly ask her that*

onnozel I BN • *argeloos naive, innocent* ★ wees toch niet zo onnozel! *don't be so naive!* ★ een onnozel wicht *a naive / innocent girl* • *dom stupid* ★ hij stelt altijd onnozele vragen *he's always asking stupid questions* II BIJW • *argeloos innocently, naively* ★ 'bent u beroemd?' vroeg ze onnozel *'are you famous?' she asked*

onopvallend – ontdekking

innocently / naively • dom *stupidly* ★ hij zat onnozel te grijnzen *he was grinning stupidly*

onopvallend I BN *inconspicuous* ★ een onopvallend bakstenen gebouw *an inconspicuous brick building* II BIJW *inconspicuously* ★ geheime agenten moeten zo onopvallend mogelijk werken *undercover policemen have to work as inconspicuously as possible*

onpersoonlijk I BN *impersonal* ★ de Nederlander vindt de zorg duur en onpersoonlijk *the Dutch find medical care expensive and impersonal* II BIJW *impersonally* ★ hij behandelt zijn patiënten onpersoonlijk *he treats his patients impersonally*

onraad HET *danger, trouble* ★ hij bespeurde onraad *he sensed danger / trouble* ▼ toen ik zijn gezicht zag, rook ik meteen onraad *when I saw his face I sensed there was something wrong*

onrecht HET *wrong, injustice* ★ je doet me onrecht aan *you do me wrong, you do me an injustice* ▼ ten onrechte *wrongly*

onrechtvaardig I BN *unjust, unfair* ★ een onrechtvaardige oorlog *an unjust war* ★ een lager loon voor jongeren is onrechtvaardig *it's unfair for young people to be paid lower wages* II BIJW *unjustly* ★ hij werd onrechtvaardig behandeld *he was treated unjustly*

onredelijk I BN *unreasonable, unfair* ★ dat is een onredelijke eis *that's an unreasonable / unfair demand* II BIJW *unreasonably, unfairly* ★ de eisen zijn onredelijk hoog *the demands are unreasonably high* ★ ze voelde zich onredelijk behandeld *she felt she had been treated unfairly*

onregelmatig I BN *irregular* ★ onregelmatige werkwoorden *irregular verbs* II BIJW *irregularly* ★ onregelmatig gevormde deeltjes *irregularly formed particles*

onrust DE • drukte *unrest* • ongedurigheid *restlessness*

onrustig I BN • zenuwachtig *agitated, restless* ★ de zieke was erg onrustig *the patient was very restless* • roerig *turbulent* ★ onrustige tijd *turbulent times* II BIJW *restlessly* ★ hij liep onrustig heen en weer *he walked back and forth restlessly*

onruststoker DE *troublemaker*

ons I HET *100 gram(me)s, hectogram(me)* II VNW • *us* ★ bij ons vind je dat niet *you won't find that with us* ★ zij gaven ons een gratis krant *they gave us a free newspaper* • van ons *our* ★ onze leraar is aardig *our teacher is nice* • onszelf *ourselves* ★ we amuseren ons *we're amusing ourselves* ▼ we scheren ons met een elektrisch scheerapparaat *we shave with an electric razor*

onschadelijk I BN *harmless* ★ sommige bacteriën zijn onschadelijk *some bacteria are harmless* II BIJW *harmlessly* ★ het begint meestal nogal onschadelijk *it usually starts rather harmlessly*

onschuld DE *innocence*

onschuldig I BN • niet schuldig *innocent* ★ was Simpson onschuldig aan moord? *was Simpson innocent of murder?* • onschadelijk *harmless* ★ een onschuldig huismiddeltje *a harmless home remedy* II BIJW niet schuldig *innocently* ★ het begon zo onschuldig *it started so innocently*

onsterfelijk I BN *immortal* ★ is de ziel van een mens onsterfelijk? *is the human soul immortal?* II BIJW heel erg *absolutely* ▼ hij heeft zich onsterfelijk belachelijk gemaakt *he made an absolute fool of himself*

onszelf VNW *ourselves* ★ in de spiegel zagen we onszelf *we saw ourselves in the mirror*

ontbijt HET *breakfast*

ontbijten WW *have breakfast*

ontbinden WW • tot bederf overgaan *decompose* • opheffen *dissolve* ★ het huwelijk werd ontbonden *the marriage was dissolved*

ontbloten WW *bare* ★ Martin ontblootte zijn bovenlijf *Martin bared his upper body*

ontbranden WW *ignite*

ontbreken WW *be missing,* ⟨van personen⟩ *be absent* ★ een van onze fietsen ontbreekt! *one of our bicycles is missing!* ▼ het ontbreekt hem aan geld *he's short of money*

ontcijferen WW • van handschrift *decipher* • van geheimschrift *decode*

ontdekken WW *discover* ★ Amerika is ontdekt door de Vikingen *America was discovered by the Vikings*

ontdekking DE *discovery* ★ Da Vinci deed vele ontdekkingen *Da Vinci made a lot of*

discoveries
ontdoen ww *dispose of* ★ Stalin ontdeed zich van Trotski *Stalin disposed of Trotsky*
ontdooien ww *thaw,* ⟨voedsel enz.⟩ *defrost* ★ de velden zijn ontdooid *the fields have thawed* ★ ik heb de koelkast ontdooid *I've defrosted the refrigerator*
ontelbaar I BN *countless, innumerable* ★ ontelbare keren *countless / innumerable times* II BIJW *countlessly, innumerably* ★ er staan ontelbaar veel sterren aan de hemel *there are countlessly / innumerably many stars in the sky*
onterecht I BN *unjust* ★ een onterechte beschuldiging *an unjust accusation* II BIJW *unjustly* ★ hij werd onterecht beschuldigd *he was unjustly accused*
ontevreden I BN *discontented, dissatisfied* ★ hij is ontevreden met zijn salaris *he's discontented / dissatisfied with his salary* II BIJW *discontentedly* ★ ze staarde ontevreden naar haar schilderij *she stared discontentedly at her painting, she stared at her painting in dissatisfaction*
ontgaan ww *escape* ★ die gebeurtenis is mij helemaal ontgaan *that event completely escaped my attention* ★ de overwinning is ons ontgaan *victory escaped us*
ontgelden ww *pay for it, suffer for it*
ontginnen ww ⟨van bos⟩ *clear,* ⟨van land⟩ *reclaim*
ontgoocheling DE *disillusionment, disenchantment*
onthalen ww • *ontvangen welcome* • *trakteren treat* ★ we zullen jullie onthalen op een kopje thee *we'll treat you to a cup of tea*
ontheffing DE • *vrijstelling exemption* • *ontslag discharge*
onthoofden ww *behead, decapitate*
onthouden ww • *niet vergeten remember* ★ je hebt mijn naam onthouden! *you remembered my name!* ▼ ik kan slecht namen onthouden *I have a bad memory for names* • *achterhouden withhold* ★ ze kon hem het goede nieuws niet onthouden *she couldn't withhold the good news from him* ▼ hij onthield zich van deelname *they refrained from taking part* ▼ ze onthield zich van stemming *she abstained from voting*
onthullen ww *aan het licht brengen reveal, disclose*

onthulling DE *revelation, disclosure*
ontkennen ww *deny* ★ ze ontkende dat ze er geweest was *she denied having been there*
ontkenning DE *denial*
ontknoping DE *ending, climax* ★ de ontknoping was nogal teleurstellend *the ending was rather disappointing* ★ de zaak kwam tot een ontknoping *things came to / reached a climax*
ontkomen ww *escape, get away* ★ drie mensen ontkwamen aan het vuur *three people escaped the fire / got away from the fire*
ontkoppelen ww *uncouple, disconnect*
ontkroezen ww ⟨van haar⟩ *straighten* ★ de kapper ontkroest haar haar *she has her hair straightened at the hairdresser's*
ontkurken ww *uncork*
ontladen ww • *lading unload* • *bliksem discharge* • *gevoelens release*
ontlasten ww *relieve* ★ zal ik je ontlasten van die taak? *shall I relieve you of the task?*
ontlasting DE *uitwerpselen stools, faeces*
ontleden ww • *een stof analyse /* AM *analyze* • *een zin parse* • *mens of dier dissect*
ontlopen ww • *ontwijken avoid* ★ je moet je plichten niet proberen te ontlopen *don't try to avoid your duties* • *ontkomen aan escape, get out of* ★ hij ontliep de doodstraf *he escaped the death penalty* ★ ik heb de militaire dienst weten te ontlopen *I managed to get out of doing military service* • *verschillen differ* ★ ze ontlopen elkaar niet veel *they don't differ much*
ontmaagden ww *deflower*
ontmaskeren ww *unmask, expose* ★ hij werd ontmaskerd als een leugenaar *he was unmasked / exposed as a liar*
ontmoedigen ww *discourage* ★ hij wilde dokter worden maar raakte ontmoedigd door de lange opleiding *he wanted to be a doctor but was discouraged by the long training*
ontmoeten ww *meet* ★ we ontmoetten elkaar weer in de lente *we met again in spring* ★ ik heb hem nooit eerder ontmoet *I've never met him before*
ontmoeting DE *meeting* ★ haar moeder was bij de ontmoeting aanwezig *her mother was present at the meeting*
ontnemen ww *take away, deprive* ★ ze ontnam hem alle hoop *she took away all*

hope from him, she deprived him of all hope
ontoerekeningsvatbaar BN *not responsible (for his / her actions)*
ontploffen WW *explode*
ontploffing DE *explosion* ★ het kwam tot een ontploffing *there was an explosion*
ontplooien WW *develop* ★ al op jonge leeftijd ontplooide Mozart zijn muzikale talent *Mozart's musical talent started to develop at an early age*
ontrafelen WW *unravel*
ontroeren WW *move, affect*
ontroerend BN *moving, touching* ★ een ontroerend schouwspel *a moving / touching scene*
ontrouw I DE *disloyalty*, ⟨tegenover partner⟩ *unfaithfulness, infidelity* II BN *disloyal*, ⟨tegenover partner⟩ *unfaithful*
ontruimen WW ● (doen) verlaten *evacuate, clear* ★ is het hele pand ontruimd? *has the entire building been evacuated / cleared?* ● leeghalen *vacate* ★ de woning moet binnen een week ontruimd zijn *the dwelling must be vacated within a week*
ontruiming DE ● (doen) verlaten *evacuation* ● uithuizetting *eviction*
ontsieren WW *spoil, disfigure* ★ de fabriek ontsiert het uitzicht *the factory spoils the view* ★ ontsierende haargroei *disfiguring hair growth* ▼ het nieuwe windmolenpark ontsiert het landschap *the new wind farm is a blot on the landscape*
ontslaan WW ● ontslag geven *dismiss*, SPREEKT *fire* ★ je bent ontslagen! *you're dismissed / fired!* ● laten gaan ⟨uit de gevangenis⟩ *release*, ⟨uit het ziekenhuis⟩ *discharge* ★ ze is vanmorgen ontslagen uit het ziekenhuis *she was discharged from hospital this morning*
ontslag HET ● uit betrekking *dismissal* ▼ de arbeiders werd ontslag aangezegd *the workers were given notice* ▼ heb je ontslag genomen? *did you resign?* ▼ nee, ik heb ontslag gekregen *no, I was dismissed / fired* ● uit gevangenis *release* ● uit ziekenhuis *discharge*
ontsluiten WW *unlock, open up*
ontsmetten WW *disinfect*
ontsnappen WW *escape, get away* ★ dat is aan mijn aandacht ontsnapt *that escaped my attention* ★ we wisten aan het gevaar te ontsnappen *we managed to get away from the danger*

ontsnapping DE *escape*
ontspannen I BN *relaxed* ★ een ontspannen houding *a relaxed attitude* II WW *unbend, relax* ★ je moet je een beetje ontspannen, je bent te streng voor die kinderen *you need to unbend a little: you're too strict with those kids* ★ een ontspannend bad *a relaxing bath* ★ ontspan je eens een beetje *relax a little*
ontspanning DE *relaxation*
ontsporen WW *be derailed* ★ de trein is ontspoord *the train has been derailed*
ontstaan I HET *origin* ★ het ontstaan van de mensheid *the origin of man* II WW *start, originate* ★ de brand ontstond in de keuken *the fire started / originated in the kitchen* ▼ er zijn problemen ontstaan *some problems have arisen*
ontsteken WW *light* ★ de zwervers ontstaken een vuurtje *the tramps lit a small fire*
ontstemd BN ● vals *out of tune* ★ de gitaar is een beetje ontstemd *the guitar is slightly out of tune* ● geërgerd *displeased, put out*
ontstoken BN *inflamed, infected*
onttrekken WW ● verwijderen *withdraw* ★ een boom onttrekt water aan de aarde *trees withdraw water from the soil* ● terugtrekken *back out* ★ de tweeling onttrok zich aan het diner *the twins backed out of the dinner* ▼ ik kan me niet aan die indruk onttrekken *I can't avoid that impression*
ontucht DE *sexual offence* ★ hij heeft ontucht gepleegd met minderjarigen *he committed sexual offences with minors*
ontvangen WW *receive* ★ heb je mijn e-mail ontvangen? *did you receive my e-mail?*
ontvangst DE *reception* ★ een hartelijke ontvangst *a warm reception*
ontvellen WW *graze* ★ een ontvelde elleboog *a grazed elbow*
ontvluchten WW *escape, flee* ★ wij zijn de oorlog ontvlucht *we escaped / fled from the war*
ontvoerder DE *abductor, kidnapper*
ontvoeren WW *abduct, kidnap* ★ zeven kinderen zijn ontvoerd *seven children have been abducted / kidnapped*
ontwaken WW *awake, wake up* ★ hij ontwaakte uit zijn droom *he awoke / woke up from his dream*
ontwapenen WW *disarm*

ontwarren ww *unravel*
ontwennen ww *get out of the habit* ★ ik ben het koken ontwend *I've got out of the habit of cooking* ▼ zij is het klimaat ontwend *she's no longer accustomed to the climate*
ontwerp HET *design*
ontwerpen ww *design*
ontwijken ww *avoid*
ontwikkelen ww *develop* ★ geleerden hebben een andere theorie ontwikkeld *scientists have developed a different theory* ★ we zullen afwachten hoe de zaken zich ontwikkelen *we'll wait and see how things develop* ▼ een transformator ontwikkelt warmte *a transformer generates heat*
ontwikkeling DE *development* ★ snelle ontwikkelingen *rapid developments* ▼ algemene ontwikkeling *general knowledge*
ontwikkelingshulp DE *development aid, foreign aid*
ontwikkelingsland HET *developing country*
ontwortelen ww *uproot* ★ de storm heeft heel wat bomen ontworteld *the storm uprooted a lot of trees*
ontwrichten ww • van ledematen *dislocate* ★ een ontwrichte schouder *a dislocated shoulder* • verstoren *disrupt* ★ het verkeer is ontwricht *the traffic has been disrupted*
ontzag HET *respect, awe* ★ hij toonde geen ontzag voor de wet *he showed no respect for the law* ★ haar ogen waren vol ontzag *there was awe in her eyes*
ontzeggen ww *deny* ★ de autoriteiten ontzegden ons de toegang *the authorities denied us admission*
ontzetten ww • met ontzetting vervullen *appal* ★ het nieuws ontzette me *the news appalled me* • bevrijden *raise* ★ Leiden werd in 1574 ontzet *the siege of Leiden was raised in 1574*
ontzettend I BN • vreselijk *terrible, dreadful* ★ een ontzettend lawaai *a terrible / dreadful noise* • groot *enormous* ★ een ontzettende klus *an enormous job* **II** BIJW versterkend *terribly, awfully* ★ we zijn ontzettend boos *we're terribly angry* ▼ ontzettend bedankt! *thanks a lot!*
ontzien ww *spare* ★ de rebellen ontzagen niemand *the rebels spared no one*
onuitputtelijk I BN *inexhaustible* ★ het geld is niet onuitputtelijk *the money isn't inexhaustible* **II** BIJW ▼ zijn liefde is onuitputtelijk groot *his love is inexhaustible* ▼ mijn dankbaarheid is onuitputtelijk groot *my gratitude knows no bounds*
onuitstaanbaar I BN *insufferable, unbearable* ★ ik vind hem onuitstaanbaar *I think he is insufferable / unbearable, I think he's a pain in the neck* **II** BIJW *insufferably, unbearably* ★ de zon was onuitstaanbaar heet *the sun was unbearably hot* ★ ik heb me onuitstaanbaar gedragen tegen haar *I behaved insufferably towards her*
onverantwoordelijk I BN *irresponsible* ★ onverantwoordelijk gedrag *irresponsible behaviour* **II** BIJW *irresponsibly* ★ de directeur heeft zich onverantwoordelijk gedragen *the director acted irresponsibly*
onverdraagzaam I BN *intolerant* ★ veel mensen zijn onverdraagzaam tegen buitenlanders *many people are intolerant towards foreigners* **II** BIJW *intolerantly* ★ sommige mensen reageren onverdraagzaam op homo's *some people react intolerantly towards homosexuals*
onvergeeflijk I BN *unpardonable, unforgivable* ★ een onvergeeflijke fout *an unpardonable / unforgivable mistake* **II** BIJW *unpardonably, unforgivably* ★ ik heb iets onvergeeflijk stoms gedaan *I've done something unforgivably / unpardonably stupid*
onvergetelijk I BN *unforgettable* ★ een onvergetelijke vakantie *an unforgettable holiday* **II** BIJW *unforgettably* ★ ze was onvergetelijk mooi *she was unforgettably beautiful*
onvermijdelijk I BN *inevitable, unavoidable* ★ de onvermijdelijke Oranjegekte bij het wereldkampioenschap *the inevitable Orange madness during the World Championships* **II** BIJW *inevitably, unavoidably* ★ er gaan onvermijdelijk af en toe dingen mis *some things will inevitably / unavoidably go wrong from time to time*
onvermogen HET *impotence, powerlessness*
onverschillig I BN *ongeïnteresseerd indifferent* ★ het bedrijf was onverschillig voor de gevolgen voor het milieu *the company was indifferent to the environmental consequences* **II** BIJW

ongeïnteresseerd *indifferently* ★ hij keek onverschillig om zich heen *he looked (a)round indifferently, he looked (a)round without much interest*

onverstandig I BN *unwise, foolish* ★ het zou onverstandig zijn om nu te verkopen *it would be unwise / foolish to sell now* II BIJW *foolishly, unwisely* ★ ze hadden zich onverstandig gedragen *they'd behaved foolishly / unwisely*

onverwacht I BN *unexpected* ★ een onverwacht bezoek *an unexpected visit* II BIJW *unexpectedly* ★ hij kwam onverwacht op bezoek *he visited us unexpectedly*

onverwoestbaar BN *indestructible*

onverzettelijk I BN *uncompromising, ⟨afkeurend⟩ stubborn, obstinate* II BIJW *uncompromisingly, ⟨afkeurend⟩ stubbornly, obstinately* ★ Frankrijk blijft onverzettelijk het voorstel afwijzen *France remains uncompromisingly / stubbornly / obstinately opposed to the proposal*

onvoldoende I DE *fail* ★ heb je een onvoldoende voor biologie gehaald? *did you get a fail for biology?* II BN *insufficient, not enough* ★ er is onvoldoende reden om in te grijpen *there is insufficient / not enough reason to intervene* ★ er is onvoldoende ruimte op de harde schijf *there isn't enough room on the hard drive* III BIJW *insufficiently, not enough* ★ de steekproef was onvoldoende groot *the sample was insufficiently large* ★ heb je er onvoldoende voor gestudeerd? *didn't you study hard enough for it?*

onvolledig I BN *incomplete* ★ het verslag was onvolledig *the report was incomplete* II BIJW *incompletely* ★ het bestelformulier was onvolledig ingevuld *the order form was filled in incompletely* ▼ de minister heeft de Kamer onvolledig geïnformeerd *the minister failed to inform the House adequately*

onvoorstelbaar I BN *inconceivable, incredible* ★ het is onvoorstelbaar dat zij niet wisten wat er met de Joden gebeurde *it's inconceivable that they were unaware of what was happening to the Jews* ★ het Panamakanaal heeft een onvoorstelbare hoeveelheid geld gekost *the Panama Canal cost an incredible amount of money* II BIJW *inconceivably, incredibly* ★ hij is onvoorstelbaar rijk *he's inconceivably / incredibly rich*

onvoorzichtig I BN *careless, ⟨erger⟩ reckless* ★ onvoorzichtig rijgedrag *careless / reckless driving* II BIJW *carelessly, recklessly* ★ hij reed erg onvoorzichtig *he drove very carelessly / recklessly*

onvrede DE onbehagen *dissatisfaction* ★ uit onvrede over de situatie *out of dissatisfaction with the situation*

onweer HET *thunderstorm* ★ er zit onweer in de lucht *there's a thunderstorm coming* ★ onweer barstte los boven de stad *a thunderstorm broke out above the city*

onweersbui DE *thunderstorm*

onweerstaanbaar I BN *irresistible* ★ een onweerstaanbare neiging om te eten *an irresistible urge to eat* II BIJW *irresistibly* ★ de meeste meisjes vinden hem onweerstaanbaar aantrekkelijk *most girls find him irresistibly attractive*

onwel BN *unwell* ★ zij is onwel geworden *she has become unwell*

onwennig I BN *uncomfortable, ill at ease* ★ hij voelde zich een beetje onwennig *he felt a little uncomfortable / ill at ease* II BIJW *ill at ease* ★ hij ging wat onwennig aan tafel zitten *he sat down at the table feeling a bit ill at ease*

onweren WW *thunder* ▼ het onweerde *there was a thunderstorm*

onwetend BN • niet op de hoogte *ignorant* ★ hij was onwetend van wat er in zijn afwezigheid was gebeurd *he was ignorant of what had gone on in his absence* • argeloos *innocent* ★ een onwetend kind *an innocent child*

onwettig I BN *unlawful, illegal* ★ onwettige daden *unlawful / illegal actions* ▼ een onwettig kind *an illegitimate child* II BIJW *unlawfully, illegally* ★ onwettig verkregen bewijs *unlawfully / illegally obtained evidence*

onwijs BIJW *erg awfully* ★ onwijs gaaf *awfully cool*

onwil DE *unwillingness*

onwillekeurig I BN *involuntary* ★ de ziekte gaat meestal gepaard met onwillekeurige bewegingen *the illness is usually accompanied by involuntary movements / spasms* II BIJW *instinctively, involuntarily* ★ onwillekeurig ga je dan denken dat je iets verkeerds hebt gedaan *instinctively you start thinking that you've done something wrong* ★ zijn been bewoog onwillekeurig *his leg moved involuntarily*

onzeker I BN • niet vaststaand *uncertain* ★ hij is onzeker over zijn toekomst *he is uncertain about his future* • niet zelfverzekerd *insecure* ★ hij is onzeker in het gezelschap van vrouwen *he is insecure in the presence of women* II BIJW *uncertainly* ★ ze keek onzeker om zich heen *she glanced around uncertainly*

Onze-Lieve-Heer DE *Our Lord*

onzichtbaar I BN *invisible* ★ hij probeerde zich onzichtbaar te maken *he tried to make himself invisible* II BIJW *invisibly* ★ de scheur is onzichtbaar gerepareerd *the tear was mended invisibly*

onzijdig BN • niet mannelijk of vrouwelijk TAALK *neuter* • neutraal *neutral* ★ Nederland wilde onzijdig blijven in de oorlog *the Netherlands wanted to remain neutral during the war*

onzin DE *nonsense, rubbish* ★ hij kraamt onzin uit *he's talking nonsense / rubbish*

onzinnig I BN *absurd, ridiculous* ★ dat is een onzinnig voorstel *that's an absurd / a ridiculous suggestion* II BIJW *absurdly, ridiculously* ★ een onzinnig groot bedrag *an absurdly / ridiculously large amount of money*

oog HET • gezichtsorgaan *eye* ★ blind aan één oog *blind in one eye* ▼ ze heeft bruine ogen *she's brown-eyed* ▼ kijk uit je ogen! *look out!* ▼ ga uit mijn ogen! *get out of my sight!* ▼ onder vier ogen *in private, privately* ▼ ik kwam oog in oog te staan met een leeuw *I came face-to-face with a lion* ▼ ik zag mijn angst onder ogen *I faced (up to) my fears* • gat *eye* ★ het oog van een naald *the eye of a needle* ▼ hij is door het oog van de naald gekropen *he escaped by the skin of his teeth* • stip op dobbelsteen *dot*

ooggetuige DE *eyewitness*
ooglid HET *eyelid*
oogpotlood HET *eye pencil*
oogschaduw DE *eye shadow*
oogst DE *harvest*
oogsten WW *harvest* ★ we zijn de druiven aan het oogsten *we're harvesting the grapes*

ooi DE *ewe*
ooievaar DE *stork*
ooit BIJW *ever,* ⟨toekomst⟩ *some day,* ⟨verleden⟩ *once* ★ ben je ooit in Spanje geweest? *have you ever been to Spain?* ★ nee, maar ik hoop er ooit heen te gaan *no, but I hope to go there some day* ★ ik heb er ooit gewoond *I lived there once*

ook BIJW • evenzo *also, as well, too* ★ als je hem een snoepje geeft, moet je haar er ook een geven *if you give him a sweet you ought to give her one as well / too* ▼ ik hou niet van bier en hij ook niet *I don't like beer and neither / nor does he* • zelfs *even* ★ ook de armste mensen *even the poorest people* • misschien *by any chance, perhaps* ★ hebt u misschien ook een blik tomatensoep? *do you have a can of tomato soup by any chance?* • als versterking *again* ★ hoe heet je ook al weer? *what's your name again?*

oom DE *uncle*
oor HET • gehoororgaan *ear* ★ ik ben doof aan mijn linker oor *I'm deaf in my left ear* • handvat *handle* ★ het oor van een kopje *the handle / ear of a cup*
oorbel DE *earring*
oord HET *place*
oordeel HET *judgement* ★ dat laat ik aan jouw oordeel over *I leave that to your judgement* ★ het is niet goed om een oordeel te geven als je alle feiten niet kent *it's wrong to pass judgement if you don't have all the facts*
oordelen WW *judge* ★ daar kan ik niet over oordelen *I can't judge that*
oorkonde DE *certificate*
oorlel DE *earlobe*
oorlog DE *war* ★ de Verenigde Staten voerde oorlog tegen Irak *the United States waged war against / on Iraq* ★ de regering heeft de oorlog verklaard aan armoede *the government has declared war on poverty* ★ Nederland was in oorlog met Spanje *the Netherlands was at war with Spain*
oorlogsmisdadiger DE *war criminal*
oorontsteking DE *ear infection*
oorsprong DE *origin, source* ★ de kerstboom heeft waarschijnlijk een Germaanse oorsprong *the Christmas tree is probably Germanic in origin* ★ de oorsprong van het gerucht is onbekend *the source of the*

rumour is unknown ▼ sommigen zeggen dat geld de oorsprong is van alle kwaad *some say money is the root of all evil*

oorspronkelijk I BN *original* ★ de oorspronkelijke versie van het verhaal *the original version of the story* II BIJW *originally* ★ de term komt oorspronkelijk uit het Frans *the expression originally came from the French*

oorworm DE *earwig* ▼ hij zette een gezicht als een oorwurm *he pulled a long face*

oorzaak DE *cause* ★ oorzaak en gevolg *cause and effect*

oost BN + BIJW *east* ★ Oost-Azië *East Asia* ▼ de wind is oost *the wind is easterly* ▼ oost west thuis best *there's no place like home*

oostelijk I BN • oostelijk gelegen *eastern* ★ oostelijke landen *eastern countries* • naar het oosten *easterly* ★ een oostelijke wind *an easterly wind* II BIJW *east* ★ het dorp ligt oostelijk van Paris *the village lies (to the) east of Paris*

oosten HET *east* ★ ten oosten van Utrecht *(to the) east of Utrecht* ★ naar het oosten *to the east, eastward*

Oostenrijk HET *Austria*

Oostenrijker DE *Austrian*

Oostenrijks BN *Austrian*

oosters BN Aziatisch *oriental* ★ oosterse gerechten *oriental dishes* ★ de oosterse landen ⟨cultureel⟩ *the Eastern countries*

op I BIJW omhoog *up* ★ op en neer *up and down* ★ de trap op *up the stairs* II BN • uitgeput *exhausted* ★ zij was helemaal op na de wedstrijd *she was totally exhausted after the match* • opgebruikt *run out, finished, used up* ★ de melk is op *the milk has run out, we've run out of milk, the milk is finished* ★ mijn geduld raakte op *my patience ran out* • uit bed *up (and about)* ★ ben je al op? *are you up (and about) yet?* III VZ • boven op (positie) *on* ★ de kat zit op tafel *the cat is on the table* • boven op (beweging) *on, onto* ★ de kat sprong op tafel *the cat jumped on / onto the table* • in *in* ★ op straat *in the street* ★ op zijn kamer *in his room* • verwijderd van *at* ★ op drie kilometer afstand *at a distance of three kilometres* • tijdens *on* ★ op maandag *on Monday* ★ op 1 augustus *on August 1st* ★ op vakantie *on holiday* ★ op visite *on a visit* ▼ op dit moment *at this moment* ▼ allemaal op twee na *all but two*

▼ de meeste auto's lopen op benzine *most cars run on petrol*

opa DE *grandpa, gran(d)dad* ★ mijn opa is dood *my grandpa / grand(d)ad is dead* ★ opa, wil je ons een verhaaltje vertellen? *Grandpa / Grand(d)ad, would you tell us a story?*

opbellen WW *ring (up), call (up), give a ring* ★ ze belde hem gisteren op *she rang / called him (up) yesterday, she gave him a ring yesterday*

opbergen WW *put away* ★ Dexter heeft al zijn spullen opgeborgen *Dexter put away all his stuff*

opbiechten WW *confess* ★ hij biechtte zijn misdaad op *he confessed to his crime*

opblaasbaar BN *inflatable*

opblazen WW • vullen met lucht *blow up* ★ ze blies het luchtbed op *she blew up the air bed* ★ blew up the air bed ★ heb je alle ballonnen al opgeblazen? *have you already blown up all the balloons / blown all the balloons up?* • doen ontploffen *blow up* ★ de vijand blies alle bruggen op *the enemy blew up all the bridges / blew all the bridges up*

opblijven WW *stay up*

opbouwen WW *build up* ★ we hebben in de jaren een goede relatie opgebouwd *we've built up a good relationship over the years*

opbrengen WW • opleveren *bring in* ★ zijn boek bracht een fortuin op *his book brought in a fortune* • betalen *afford* ★ dat kan ik niet opbrengen *I can't afford that* • aanbrengen *apply* ★ je moet de verf met een kwast opbrengen *you have to apply the paint with a brush* ▼ kun je wat begrip opbrengen? *can you show some understanding?*

opbrengst DE • rendement *yield, proceeds* ★ een hoge opbrengst *a high yield, high proceeds* • van oogst *yield, produce*

opdagen WW *turn up, show up* ★ hij kwam niet opdagen *he didn't turn / show up*

opdienen WW *serve (up)*

opdoen WW • van hoed, make-up etc. *put on* ★ mijn moeder deed wat parfum op *my mother put on some perfume / put some perfume on* • verwerven *gather, gain* ★ ik heb veel kennis opgedaan *I gathered / gained a lot of knowledge*

opdonderen WW *beat it, get lost*

opdracht DE • taak *assignment, task* ★ hij

voerde een moeilijke opdracht uit *he carried out a difficult assignment / task* ● bevel *order* ★ in opdracht van de koningin *by order of the Queen*

opdragen ww ● opdracht geven *assign* ★ de leraar heeft ons een taak opgedragen *the teacher has assigned us a task* ● toewijden *dedicate* ★ hij heeft het boek opgedragen aan zijn moeder *he dedicated the book to his mother*

opdringen ww ● dwingen *force* ★ heb ik jou deze keuze opgedrongen? *did I force you to make this choice?, did I force this choice on you?* ● opdringerig zijn *force yourself* ★ hij drong zich aan haar op *he forced himself on her*

opdrukken ww *press up*

opduiken ww ● boven water komen *emerge*, ⟨van onderzeeboot⟩ *surface* ● te voorschijn komen *turn up* ★ de spion dook op in Oss *the spy turned up in Oss*

opeen BIJW ● dicht bij elkaar *together* ● op elkaar *on top of one another*

opeenhoping DE *accumulation* ★ de opeenhoping van rijkdom *the accumulation of wealth*

opeens BIJW *all at once, suddenly* ★ opeens besefte ze wat er gebeurd moest zijn *all at once / suddenly she realized what must have happened* ★ de deur viel opeens dicht *suddenly the door closed*

opeisen ww *claim* ★ de rebellen hebben de aanslag opgeëist *the rebels have claimed responsibility for the attack*

open BN ● niet dicht *open*, ⟨niet op slot⟩ *unlocked* ★ de dierentuin is open tot vijf *the zoo is open till five* ▼ de winkel gaat om acht uur open *the shop opens at eight* ● niet bezet *vacant* ★ de betrekking staat nog open *the job is still vacant*

openbaar I BN *public* ★ een openbare weg *a public road* ★ in het openbaar *in public, publicly* ★ een openbare school *a public school* II BIJW *publicly, in public* ★ zijn bezittingen werden openbaar geveild *his possessions were auctioned off publicly / in public*

openbaren ww *reveal, disclose*

openbreken ww ⟨voorwerp⟩ *break / force open*, ⟨huis⟩ *break into*, ⟨weg⟩ *break up* ★ de kamer was opengebroken en doorzocht *the room had been broken into and searched* ▼ na een fikse stortbui brak het wolkendek helemaal open *after a heavy downpour the clouds disappeared completely*

openen ww *open* ★ de bibliotheek opent pas om 10.00 *the library doesn't open until 10 a.m.* ★ de koningin heeft deze tentoonstelling geopend *the Queen opened this exhibition*

opengaan ww *open* ★ het raam gaat naar binnen open *the window opens inwards*

openhartig I BN *frank, candid* ★ een openhartig interview *a frank / candid interview* II BIJW *frankly, candidly, openly* ★ hij sprak openhartig over zijn ziekte *he talked frankly / candidly / openly about his illness*

opening DE ● aanvang *opening* ● gat *gap, hole*

openingstijd DE *opening hours* ★ de openingstijd is van 9 tot 6 *opening hours are from 9 a.m. to 6 p.m.*

openlijk I BN *open*, ⟨in het openbaar⟩ *public* ★ er was een openlijke vijandschap tussen de beide groeperingen *there was open hostility between the two groups* ★ openlijke geweldpleging *public violence* II BIJW *openly, publicly* ★ hij kwam er openlijk voor uit dat hij alcoholist was *he openly / publicly admitted that he was an alcoholic*

openmaken ww *open* ★ kun jij de deur even voor mij openmaken? *could you please open the door for me?*

openstaan ww ● geopend zijn *be open* ★ staat het raam nog steeds open? *is the window still open?* ● vacant zijn *be vacant* ★ die betrekking staat nog open *that job is still vacant*

openstellen ww *open* ★ de tuinen zijn opengesteld voor het publiek *the gardens have been opened to the public*

opera DE *opera*

operatie DE *operation*

operatiekamer DE *operating theatre* / AM *theater, operating room*

opereren ww *operate* ★ de chirurg heeft de patiënt geopereerd *the surgeon operated on the patient* ★ zij is geopereerd aan de blindedarm *she has had an operation on her appendix*

opeten ww *eat (up)* ★ heb je al je boterhammen opgegeten? *did you eat* *(up) all of your sandwiches?* ★ de geit at alle bloemen op *the goat ate all the flowers*

opfrissen ww *freshen up, refresh* ★ het koude water zal je wel opfrissen *the cold water will freshen you up* ★ ik moet mijn geheugen eens opfrissen *I must refresh my memory*

opgaan ww • omhooggaan, gaan naar *go (up)* ★ Jack en Jill gingen de heuvel op *Jack and Jill went up the hill* ★ ze gaan de verkeerde kant op *they're going the wrong way* ★ zijn verwachtingen gingen in rook op *his expectations went up in smoke* ▼ de zon ging op *the sun rose* • opraken *be finished* ★ de wijn was helemaal opgegaan *the wine was all finished* • juist zijn *hold, apply* ★ die vergelijking gaat niet op *that comparison doesn't hold / apply*

opgave DE • taak *task, assignment* ★ een zware opgave *a difficult task / assignment* • verklaring *statement, return* ★ de opgave voor de belastingen moet voor 1 april binnen zijn *the tax statement / return has to be in by April 1st*

opgelaten I BN *embarrassed* ★ je hoeft je er niet opgelaten over te voelen *you don't have to feel embarrassed about it* II BIJW *in an embarrassed way* ★ hij reageerde opgelaten *he reacted in an embarrassed way*

opgelucht BN + BIJW *relieved* ★ hij was opgelucht toen hij hoorde dat hij geslaagd was *he was relieved when he heard that he'd passed* ▼ ze haalden opgelucht adem *they heaved a sigh of relief*

opgeven ww • ermee stoppen *give up,* 〈van hoop〉 *abandon* ★ ik heb het roken opgegeven *I've given up smoking* • melden *state* ★ kunt u een reden opgeven? *can you state a reason?* • zich aanmelden *apply* ★ zij gaf zich op voor het bestuur *she applied for a position on the board* • opdragen *set,* 〈van raadsel〉 *ask* ★ geeft hij veel huiswerk op? *does he set much homework?* • braken *vomit up* ★ de patiënt gaf bloed op *the patient vomited up some blood / vomited some blood up*

opgewekt I BN *cheerful, animated* ★ een opgewekt persoon *a cheerful person* ★ een opgewekt gesprek *an animated conversation* II BIJW *cheerfully, animatedly* ★ hij praatte opgewekt over de toekomst *he talked cheerfully / animatedly about the future*

opgewonden I BN *excited* ★ als onze hond een tennisbal ziet, raakt hij helemaal opgewonden *whenever our dog sees a tennis ball it gets all excited* II BIJW *excitedly* ★ hij wees opgewonden naar de lucht *he pointed to the sky excitedly*

opgraven ww *dig up* ★ de hond groef een bot op *the dog dug up a bone / dug a bone up*

opgroeien ww *grow up* ★ hij groeide op in Frankrijk *he grew up in France*

ophalen ww • omhooghalen *raise* ★ haal het anker op! *raise the anchor!* • terughalen *bring back* ★ we zaten herinneringen op te halen *we brought back some memories* ▼ ik moet mijn Frans ophalen *I have to brush up on my French* • inzamelen *collect* ★ we halen geld op voor Amnesty *we're collecting money for Amnesty* ▼ kom me bij het station ophalen *pick me up at the station*

ophangen ww • van iets *hang (up)* ★ zullen we de lamp boven de tafel ophangen? *shall we hang the lamp above the table?* ★ ze hing haar jas op *she hung up her coat* ★ 〈telefoon〉 hij heeft opgehangen *he hung up* ★ mijn zus hangt de was op *my sister is hanging out the washing* • van iemand *hang* ★ hij heeft zelfmoord gepleegd door zich op te hangen *he committed suicide by hanging himself* ★ de dictator werd opgehangen *the dictator was hanged*

ophef DE *fuss* ★ maak toch niet zo'n ophef! *don't make such a fuss!*

opheffen ww • optillen *raise* ★ hij hief boos zijn hand op *he raised his hand angrily* • beëindigen *discontinue,* 〈wet〉 *abolish* ★ ons project is opgeheven *our project has been discontinued*

ophoepelen ww *beat it, get lost* ★ hoepel op! *beat it!, get lost!,* VULG *piss off!*

ophouden ww • stoppen *stop, quit* ★ zonder ophouden *without stopping* ★ houd (daarmee) op! *stop (it)!* ★ mijn moeder is twee weken geleden opgehouden met roken *my mother stopped / quit smoking two weeks ago* • omhoog houden *hold up* ★ de bedelaar hield zijn hand op *the beggar held up his hand* • op je hoofd

houden *keep on* ★ opa hield altijd zijn hoed op *Grandpa always kept his hat on* • tegenhouden *hold up* ★ ik zal u niet langer ophouden *I won't hold you up / I won't detain you any longer* ★ zij werd opgehouden door een file *she was held up / delayed by a traffic jam* • zich bevinden *be*, INF *hang out*, ⟨rondhangen⟩ *hang around* ★ er bevond zich een olietank in de tuin *there was an oil tank in the garden* ★ ze hielden zich op in de buurt van het station *they were hanging out / around near the station*

opinie DE *opinion*

opjagen ww • voortjagen *hunt, chase* • tot haast aanzetten *rush, hurry* ★ jaag me niet zo op *don't rush / hurry me*

opkijken ww *look up* ▼ daar zal hij vreemd van opkijken *he'll be surprised*

opklapbed HET *foldaway bed*

opklaren ww *clear (up)* ★ de lucht klaart op *the sky's clearing (up)*

opknappen ww • beter worden *get better* ★ ik hoop dat je gauw weer opgeknapt bent *I hope you get better soon, I hope you're better soon* • verbeteren *do up, restore* ★ hij heeft die oude woning mooi opgeknapt *he did that old house up nicely* • netjes maken *tidy up* ★ hij knapte zijn kamer op voor de gasten aankwamen *he tidied up his room before the visitors arrived* • verrichten *fix* ★ hij zal het wel voor je opknappen *he'll fix it for you*

opkomen ww • omhoogkomen *rise*, ⟨gewas⟩ *come up* ★ de zon komt om zes uur op *the sun rises at six* ★ driekwart van de bonen is maar opgekomen *only three quarters of the beans have come up* • ontstaan *come on* ★ de koorts kwam snel op *the fever came on rapidly* • in gedachten komen *occur* ★ die vraag zou nooit bij haar opgekomen zijn *that question would never have occurred to her* • verdedigen *stand up* ★ je moet voor jezelf opkomen *you should stand up for yourself* ▼ kom maar op! *come on!*

opkomst DE *rise* ★ de opkomst van extreemrechts *the rise of the extreme right*

oplaadbaar BN *rechargeable*

opladen ww *charge* ⟨batterij⟩, *load* ⟨vrachtauto &⟩

oplage DE *edition*, ⟨van krant⟩ *circulation*

oplaten ww *fly* ★ Charley liet een vlieger op *Charley was flying a kite*

opleiden ww *train*, ⟨school⟩ *educate* ★ hij was opgeleid tot duiker *he was trained to be a diver*

opleiding DE *training, education, course* ★ opleidingen *training courses* ★ ben je tevreden met je opleiding? *are you satisfied with your education?* ★ zij volgt een opleiding tot accountant *she's doing an accountancy course*

opletten ww *pay attention* ★ Susan zat niet op te letten *Susan wasn't paying attention*

opleveren ww • opbrengen *bring (in), yield* ★ schrijven levert niet veel op *writing doesn't bring in much* ★ de onderneming heeft dit jaar geen winst opgeleverd *the business failed to yield a profit this year* • voortbrengen *give, cause* ★ zijn grote mond leverde hem een pak slaag op *his big mouth got him a beating* ★ die auto levert hem alleen maar problemen op *that car caused him nothing but trouble* ▼ zijn baan levert veel stress op *his job is very stressful* ▼ de situatie leverde gevaar op *the situation was dangerous*

oplichten ww *swindle* ★ John werd door de verkoper opgelicht *John was swindled by the salesman*

oplichter DE *swindler*

oplopen ww • groter worden *increase* ★ de spanning is opgelopen *the tension has increased* • ongewild krijgen *sustain, catch* ★ het huis heeft schade opgelopen *the house sustained damage* ★ ze liep een verkoudheid op *she caught a cold*

oploskoffie DE *instant coffee*

oplossen ww • de uitkomst vinden *solve* ★ we hebben het raadsel opgelost *we solved the riddle* • in vloeistof opgenomen worden *dissolve* ★ suiker lost makkelijk op in heet water *sugar dissolves easily in hot water*

oplossing DE • uitkomst *solution* ★ er was een eenvoudige oplossing voor het mysterie *there was a simple solution to the mystery* • vloeistof *solution* ★ een verdunde oplossing *a diluted solution*

opluchten ww *relieve*

opluchting DE *relief*

opmaak DE • van tekst *layout* • van gezicht *make-up*

opmaken ww • verbruiken *spend* ★ ik heb al mijn geld opgemaakt aan drank *I spent* *all my money on alcohol* • afleiden *gather* ★ wij maken uit de berichten op, dat... *we gather from the reports that...* • opstellen ⟨van een contract, plan⟩ *draw up*, ⟨van een rekening⟩ *make out* • make-up gebruiken *put on* ★ ik moet mij eerst opmaken *I have to put on some make-up first* • op orde brengen *make* ⟨van bedden⟩ ★ ik heb de bedden nog niet opgemaakt *I haven't made the beds yet*

opmerkelijk I BN *remarkable, striking* ★ een opmerkelijk verschijnsel *a remarkable / striking phenomenon* **II** BIJW *remarkably, strikingly* ★ het water stond opmerkelijk hoog *the water was remarkably high* ★ hij was opmerkelijk gekleed *he was strikingly dressed*

opmerken WW • waarnemen *notice* ★ de chauffeur merkte de voetganger nog net op tijd op *the driver noticed the pedestrian just in time* • opmerking maken *remark, point out* ★ mag ik even opmerken dat het al half vier is? *may I remark / point out that it's half past three already?*

opmerking DE *remark* ★ een opmerking die je maakte *a remark you made*

opname DE • toelating *admission* ★ opname in het ziekenhuis *admission to the hospital* • geluid, beeld *recording*

opnemen WW • oppakken *pick up* ★ zij nam het speelgoed op van de vloer *she picked the toy up / picked up the toy from the floor* ▼ hij heeft contact met mij opgenomen *he has contacted me, he's got in touch with me* • telefoon beantwoorden *answer the phone* • geld van je rekening halen *withdraw* • absorberen *absorb* ★ dit doekje neemt twee keer zoveel water op *this cloth absorbs twice as much water* • geluid, beeld *record*, ⟨foto, film⟩ *shoot* ★ het concert werd digitaal opgenomen *the concert was recorded digitally* • een plaats geven *take in* ★ de vluchtelingen werden opgenomen door de dorpelingen *the refugees were taken in by the villagers* ▼ de patiënt werd in het ziekenhuis opgenomen *the patient was admitted to (the) hospital* ▼ er zijn veel nieuwe woorden in het woordenboek opgenomen *a lot of new words have been included in the dictionary* • noteren *take* ★ de ober nam de bestelling op *the waiter took the order* ★ de verpleegster heeft mijn temperatuur opgenomen *the nurse took my temperature* • aanvaarden *take on* ★ hij heeft mijn verdediging opgenomen *he has taken on my defence* ▼ ik kan het tegen jou niet opnemen *I'm no match for you*

opnieuw BIJW *again, once more* ★ wil je het opnieuw proberen? *do you want to try it again / once more?*

opnoemen WW *name, mention*

opofferen WW *sacrifice*

oponthoud HET *vertraging delay* ★ het bomalarm leverde zes uur oponthoud op *the bomb scare caused a delay of six hours*

oppakken WW *pick up*

oppas DE *babysitter*

oppassen WW • opletten *watch out, look out* ★ pas op! *watch / look out!* ▼ pas goed op jezelf *take care of yourself, look after yourself* ▼ pas op voor de hond *beware of the dog* • babysitten *babysit*

opperhoofd HET *chief*

oppervlak HET *surface*

oppervlakkig I BN *superficial, shallow* ★ er wordt vaak gezegd dat jongeren oppervlakkig zijn *it's often said that young people are superficial / shallow* **II** BIJW *superficially* ★ je kunt een boek intensief of oppervlakkig lezen *you can read a book intensively or superficially*

oppoetsen WW *brush up, polish up*

oppositie DE *opposition* ★ toen de regering in de oppositie zat *when the government was in opposition*

oprapen WW *pick up*

oprecht I BN *sincere, genuine* ★ we hebben allemaal oprechte vrienden nodig *we all need sincere / genuine / real friends* ★ mijn oprechte dank *my sincere thanks* **II** BIJW *sincerely, genuinely* ★ de vluchtelingen waren de hulpverleners oprecht dankbaar *the refugees were sincerely / genuinely thankful to the relief workers* ★ we hebben oprecht genoten van onze reis *we genuinely enjoyed our journey*

oprichten WW • overeind zetten *set up, raise* • bouwen *erect* • stichten *establish, found* ★ de stad is gesticht door Karel de Grote *the city was founded by Charlemagne*

oprichting DE • stichting *foundation* • bouw *erection*

oprijlaan DE *drive*

oproepen WW *call up* ★ er werd een getuige

oproer – opstellen

opgeroepen *a witness was called up*
oproer HET *revolt, rebellion*
oproerpolitie DE *riot police*
oprollen ww ● een rol maken *roll up* ★ de stoffeerders rolden het tapijt op *the upholsterers rolled up the carpet*
● aanhouden *round up* ★ de bende werd opgerold *the gang was rounded up*
opruimen ww ● ze ruimde de tafel op *she cleared the table* ★ je kamer is een puinhoop, wil je hem alsjeblieft opruimen? *your room's messy: would you please tidy it?*
opruiming DE *(clearance) sale* ★ Harrods houdt opruiming *Harrods is having / holding a (clearance) sale*
opscheppen ww ● dik doen *brag, boast* ★ zij schepte op over haar rapportcijfers *she bragged / boasted about her marks*
● uitserveren *dish up* ★ zij schepte de soep op *she dished up the soup / dished the soup up*
opschepper DE *show-off*
opschieten ww ● zich haasten *hurry up*
● vorderen *make progress* ★ we schieten flink op met ons project *we're making good progress with our project* ● overweg kunnen *get along* ★ zij kunnen niet met elkaar opschieten *they don't get along*
opschrijven ww *write down* ★ wat ben je aan het opschrijven? *what are you writing down?*
opschudden ww *shake (up),* ⟨kussens⟩ *plump up* ★ mijn moeder schudde de kussens op *my mother plumped up the pillows* ★ de afdeling moet opgeschud worden *the department needs to be shaken up*
opschudding DE *commotion* ★ de film veroorzaakte heel wat opschudding *the film caused quite a commotion*
opslaan ww ● opbergen *store,* COMP *save*
● openslaan *open* ★ ik sloeg het boek op op de goede pagina *I opened the book at the right page* ● omhoog doen *raise* ★ ze sloeg haar ogen op *she raised her eyes*
● opzetten *pitch* ★ ze sloegen hun tent op naast een riviertje *they pitched their tent next to a little stream*
opslag DE ● (het) opbergen *storage*
● opslagplaats *warehouse, depot*
● loonsverhoging *rise* ● SPORT *serve, service*
opsluiten ww *lock up*

opsommen ww *enumerate, list*
opsporen ww *trace, track down* ★ lukt het hun om de crimineel op te sporen? *will they succeed in tracking down / tracing the criminal?*
opsporing DE *tracing* ★ hun doel is de opsporing van de terroristen *their goal is to trace the terrorists* ▼ opsporing verzocht *wanted (by the police)*
opstaan ww ● gaan staan *stand up, rise* ★ iedereen stond op toen de koningin binnenkwam *everyone stood up / rose when the Queen entered* ● uit bed komen *get up* ★ ik stond vandaag om 10 uur op *today I got up at 10* ● op het vuur staan *be on (the stove)* ★ het eten staat op *dinner is on (the stove)*
opstand DE *uprising, rebellion* ▼ de slaven kwamen in opstand tegen de Romeinen *the slaves revolted against the Romans*
opstandig I BN *rebellious* ★ opstandige troepen *rebellious / mutinous troops* ★ de leraren vonden haar een opstandige leerlinge *the teachers thought she was a rebellious student* II BIJW *rebelliously* ★ hij gedroeg zich opstandig *he behaved rebelliously*
opstapelen ww *pile up* ★ de rommel blijft zich maar opstapelen *the rubbish keeps on piling up*
opstappen ww ● op voertuig *get on, board* ★ ze stapten op de tram *they got on(to) the tram, they boarded the tram* ★ hij stapte op zijn fiets en reed weg *he got on his bike and rode off* ● weggaan *leave,* ⟨ontslag nemen⟩ *resign* ★ ik moet maar eens opstappen *it's time for me to leave* ★ zes ministers zijn opgestapt *six ministers have resigned*
opsteken ww ● harder worden *rise* ★ de wind steekt op *the wind is rising*
● omhoogsteken ⟨van hand⟩ *put up, raise,* ⟨haar⟩ *pin up* ● aansteken *light (up)* ★ hij stak een sigaret op *he lit a cigarette* ● leren *learn* ★ ik hoop dat hij er wat van opsteekt *I hope he'll learn something from it*
opstel HET *essay, paper* ★ ik heb mijn opstel geschreven over de Franse Revolutie *I did my essay / paper on the French Revolution*
opstellen ww ● voor gebruik neerzetten *set up,* SPORT *line up* ★ de trainer heeft een nieuwe speler opgesteld *the coach has lined up a new player* ● ontwerpen *draw*

up ★ ze stelden een nieuw plan op *they drew up a new plan* ● houding aannemen *take a stance, adopt a stance* ★ we moeten ons actief opstellen tegen alcoholgebruik door teenagers *we need to take / adopt an active stance against teenage drinking* ★ de vakbonden stelden zich hard op in deze kwestie *the unions took a hard line on the matter* ▼ zij stelt zich altijd kwetsbaar op *she always exposes her vulnerable side*

opstelling DE ● plaatsing *position, arrangement* ● houding *attitude* ● van team SPORT *line-up*

opstijgen WW ● omhoogstijgen *rise,* 〈van vliegtuig〉 *take off* ★ hete lucht stijgt op *hot air rises* ★ de vliegtuig steeg een uur te laat op *the plane took off an hour late* ● te paard klimmen *mount*

opstopping DE *blockage,* 〈van verkeer〉 *congestion, jam*

opsturen WW *send*

optellen WW *add (up)* ★ als we deze cijfers bij het totaal optellen ... *if we add these figures to the total ...*

opticien DE *optician*

optillen WW *lift up, raise*

optimist DE *optimist*

optimistisch I BN *optimistic* ★ hij heeft een optimistische kijk op het leven *he has an optimistic attitude to life* II BIJW *optimistically* ★ 'we gaan winnen', zei hij optimistisch *'we're going to win' he said optimistically*

optocht DE *procession, parade*

optreden I HET ● handelwijze *action* ★ het krachtige optreden van de politie *the firm action taken by the police* ● opvoering *performance* ★ de groep gaf een kort optreden *the band gave a short performance* II WW ● handelen *take action, act* ★ de vader van de bruid trad als gastheer op *the father of the bride acted as host* ★ we zullen flink optreden tegen overtreders *we will take strong action against offenders* ● als artiest *perform* ★ zij hebben op Pinkpop opgetreden *they performed at Pinkpop* ● een rol spelen *appear, act* ★ ze gaat in een film optreden *she's going to appear / act in a film* ● plaatsvinden *take place* ★ er trad een verandering op in de vloeistof *a change took place in the liquid*

optrekken WW ● opstijgen *lift* ★ de mist trekt op *the fog is lifting* ● oprukken *march* ★ de rebellen trekken op naar de hoofdstad *the rebels are marching on the capital* ▼ we trekken veel met elkaar op *we spend a lot of time together* ● omhoogtrekken *pull up, raise* ★ Jan trok zijn sokken op *Jan pulled up his socks* ★ ze trok haar wenkbrauwen op *she raised her eyebrows* ● versnellen *accelerate* ★ de auto trekt goed op *the car accelerates well*

optuigen WW ● van tuig voorzien 〈van paard〉 *harness* ● versieren *decorate* ★ we hebben de kerstboom opgetuigd *we decorated the Christmas tree*

opvallen WW *strike* ★ het viel hem op dat ze andere schoenen droeg *it struck him that she was wearing different shoes* ▼ hij viel op door zijn gevoel voor humor *his sense of humour attracted attention*

opvallend I BN *striking, remarkable* ★ een opvallende gelijkenis *a striking / remarkable resemblance* II BIJW *strikingly, remarkably* ★ het was een opvallend rustige dag *it was a strikingly / remarkably quiet day*

opvangen WW ● vangen *catch* ★ Beckham ving de bal op *Beckham caught the ball, the ball was caught by Beckham* ● verzamelen *collect* ★ de tank dient om water op te vangen *the tank is used to collect water* ● helpen 〈kinderen〉 *take care of,* 〈vluchtelingen〉 *receive, take in*

opvatting DE *opinion* ★ naar mijn opvatting *in my opinion*

opvliegend BN *short-tempered, quick-tempered* ★ men zegt dat Italianen nogal opvliegend zijn *people say Italians are quite short-tempered / quick-tempered*

opvoeden WW *bring up, raise* ★ Joan heeft haar kinderen in haar eentje opgevoed *Joan brought up / raised her children on her own* ★ hij is goed opgevoed *he was brought up well*

opvoeding DE *upbringing* ★ zij werkt lange dagen; hij is dus verantwoordelijk voor de opvoeding van de kinderen *she works long hours so he is in charge of the children's upbringing* ▼ lichamelijke opvoeding *physical education / training*

opvoeren WW ● vertonen *perform* ★ dit toneelstuk is nog maar twee keer opgevoerd *this play has only been performed twice* ● groter / krachtiger

opvoering DE vertoning *performance*

opvolgen ww *succeed* ★ zij volgde haar vader op *she succeeded her father* ▼ hij volgde haar advies op *he followed her advice* ▼ hij volgt nooit een bevel op *he never obeys an order*

opvolger DE *successor*

opvragen ww *ask for, request* ★ hij vroeg bij de gemeente zijn geboortebewijs op *he asked for / requested a copy of his birth certificate at the council offices*

opvrolijken ww *cheer up*

opvullen ww • vol maken *fill up* • van vulling voorzien *stuff*

opwachten ww *wait for* ★ ze stond hem op te wachten bij het hek *she was waiting for him at the gate*

opwarmen ww *warm up* ★ Joop warmde de soep op *Joop warmed up the soup / warmed the soup up* ★ het is essentieel om op te warmen voor de wedstrijd *it's essential to warm up before the match*

opwinden ww • oprollen *wind (up)* ★ we hebben het touw stevig opgewonden *we wound up the rope firmly* ★ hij wond zijn horloge op *he wound (up) his watch* • heftige gevoelens veroorzaken *excite* ★ haar nabijheid wond hem op *her nearness excited him* • zich druk maken *get excited* ★ wind je niet zo op *don't get so excited*

opwindend BN • spannend *exciting* • erotisch *sexy, arousing*

opwinding DE *excitement*

opzeggen ww • voordragen *recite* ★ hij zei een gedicht op *he recited a poem* • beëindigen *resign, terminate* ★ het contract kan binnen een maand worden opgezegd *the contract can be terminated within a month* ★ ga je je baan opzeggen? *are you going to resign your job?* ▼ ik heb de krant opgezegd *I cancelled my newspaper*

opzet DE plan *plan, idea* ★ de opzet was om haar te ontvoeren *the idea was to kidnap her* ▼ hij deed dat met opzet *he did it on purpose* ▼ zonder opzet *accidentally*

opzettelijk I BN *deliberate* ★ een opzettelijke leugen *a deliberate lie* **II** BIJW *deliberately* ★ de bosbrand was opzettelijk aangestoken *the bush fire was lit deliberately*

opzetten ww • overeind zetten *set up, put up* ★ samen zetten ze de tent op *they set / put up the tent together* • ergens opdoen *put on* ★ Bea zette haar hoed op *Bea put on her hat* ★ zet jij het water even op? *could you put the kettle on?* • beginnen *start* ★ mijn broer heeft een zaak opgezet *my brother has started a business* • prepareren *stuff* ★ een opgezette vos *a stuffed fox* ▼ je moet mensen niet tegen elkaar opzetten *you shouldn't set people against each other*

opzicht HET *respect* ★ in ieder opzicht *in every respect*

opzichtig I BN *showy* ★ hij droeg opzichtige kleren *he wore showy clothes* **II** BIJW *showily* ★ hij was opzichtig gekleed *he was showily dressed*

opzien I HET *sensation* ★ de film baarde opzien *the film caused a sensation* **II** ww • opkijken *look up* ★ hij zag op naar de hoge bergen *he looked up to the high mountains* • vrezen *be reluctant* ★ hij zag er tegen op om haar op te bellen *he was reluctant to call her up* ▼ ze zag tegen haar vader op *she thought highly of her father*

opzij BIJW *aside*

opzoeken ww • zoeken *look up* ★ Jane zocht het woord 'dictionary' op *Jane looked up the word 'dictionary'* • bezoeken *look up* ★ kom me eens opzoeken *look me up some time, come and see me some time*

opzuigen ww • absorberen *absorb, soak up* • naar boven zuigen *suck up,* ⟨met stofzuiger⟩ *vacuum*

orang-oetan DE *orang-utan*

oranje BN *orange*

orchidee DE *orchid*

orde DE *order* ★ hij kan geen orde houden *he can't keep order, he has a discipline problem* ★ haar moeder riep haar tot de orde *her mother called her to order* ★ zij stelde orde op zaken *she put things in order* ▼ er is iets niet in orde *there is something wrong, something isn't right* ▼ dat moet ik nog in orde brengen / maken *I still have to straighten that out* ▼ in orde! *all right!, okay!*

ordelijk I BN *orderly* ★ een ordelijke leerling

an orderly pupil **II** BIJW *in good order, smoothly* ★ de papieren waren niet ordelijk gerangschikt *the papers hadn't been arranged in good order* ★ de verkiezingen zijn ordelijk verlopen *the elections went smoothly*

ordenen WW *arrange, sort out* ★ kun jij deze papieren ordenen? *can you arrange / sort out these papers?*

order DE • *bevel order, command* ★ hij gaf de order om aan te vallen *he gave the order / issued the command to attack* ▼ tot uw orders *at your service* • *bestelling order*

ordinair I BN • *gewoon common* ★ een ordinaire boef *a common criminal* • *onbeschaafd coarse* ★ een ordinaire vent *a coarse fellow* **II** BIJW *coarsely* ★ ze stond midden op straat ordinair te schreeuwen *she was screaming coarsely in the middle of the street*

orgaan HET *organ* ★ de transplantatie van organen *organ transplantation*

organisatie DE *organization*

organiseren WW *organize* ★ we organiseren een groot feest *we're organizing a big party*

organisme HET *organism*

organizer DE *organizer*

orgasme HET *orgasm*

orgel HET *organ*

oriënteren WW *orientate* ★ de kamer leek rond te draaien en ik kon mij niet oriënteren *the room seemed to be spinning around and I couldn't orientate myself* ▼ kun je je oriënteren? *have you got your bearings?* ▼ het is een goed idee om je eerst te oriënteren op wat er voor de cursus vereist wordt *it's a good idea to familiarize yourself with the course requirements*

origineel I BN *original* ★ is deze Van Gogh origineel of namaak? *is this an original Van Gogh or a fake?* ★ een origineel cadeau *an original gift* **II** HET *original* ★ het origineel hangt in het Louvre *the original is in the Louvre*

orkaan DE *hurricane*

orkest HET *orchestra*

os DE *ox* ★ ossen werden gebruikt als trekdieren *oxen were used as draught animals*

otter DE *otter*

oud BN *old* ★ onze hond is vijf jaar oud *our dog is five years old* ★ hij is de oudste van de twee broers *he is the older / elder of the two brothers* ▼ mijn grootvader begint oud te worden *my grandfather is starting to show his age* ▼ toen ik zo oud was als jij *when I was your age* ▼ oud en nieuw *New Year's Eve*

oudejaarsavond DE *New Year's Eve*

ouder I DE *parent* ★ mijn ouders *my parents* **II** BN *older* ★ hij is ouder dan jij *he's older than you* ★ mijn oudere broer *my elder / older brother*

ouderdom DE • *leeftijd age* • *hoge leeftijd old age*

ouderlijk BN *parental*

ouderling DE *elder*

ouderwets I BN *old-fashioned* ★ een ouderwetse jurk *an old-fashioned dress* **II** BIJW *in an old-fashioned way* ★ ze kleedt zich ouderwets *she dresses in an old-fashioned way* ▼ het was ouderwets gezellig *it was good old-fashioned cosy*

oudheid DE *antiquity*

ouwehoeren WW *talk nonsense,* VULG *bullshit* ★ ze zaten te ouwehoeren *they were talking nonsense, they were bullshitting*

ovaal BN *oval*

oven DE *oven,* ⟨van pottenbakker &⟩ *kiln*

ovenschotel DE *oven dish*

ovenwant DE *oven glove*

over I VZ • *boven over, above* ★ hij boog zich over het slachtoffer *he leaned over the victim* ★ hij droeg een trui over zijn hemd *he wore a jumper over his shirt* • *over heen across, over* ★ hij liep dwars over het plein *he walked straight across the square* ★ je mag niet over het hek klimmen *you are not allowed to climb over the fence* ★ over de hele wereld *all over the world* • *langs along* ★ hij liep over straat *he walked along the street* • *meer / langer dan over,* ⟨van tijd⟩ *past* ★ hij is over de twee meter lang *he is over two metres, he is two metres tall* ★ het is al over tienen *it's already past ten (o'clock)* • *resterend left* ★ hoeveel hebben we nog over? *how much have we got left?* • *na in* ★ over een minuut ben ik bij je *I'll be with you in a minute* • *opnieuw again* ★ lees die zin nog eens over *read that sentence again* • *betreffende about* ★ de film gaat over een voetbalteam *the movie is about a soccer team* **II** BN *voorbij over*

★ hun vriendschap was over *their friendship was over* **III** BIJW resterend *left, over* ★ er zijn nog twee over *there are two left* ▼ over en weer *back and forth*

overal BIJW *everywhere* ★ ik heb overal naar je gezocht *I've been looking for you everywhere*

overall DE *overalls*

overbelasten WW *overload, overtax* ★ de vrachtwagen was overbelast *the truck had been overload* ★ je mag je arm niet overbelasten *you shouldn't overtax your arm*

overbevolking DE *overpopulation*

overblijven WW ● resteren *remain, be left* ★ er was niets overgebleven van het dorp *nothing had remained of the village* ★ sorry, maar er is niets van de taart overgebleven *sorry, there's nothing left of the cake* ● op school blijven *stay over the lunch break*

overbodig I BN *superfluous* ★ hij doet veel overbodig werk *he does a lot of superfluous work* **II** BIJW *superfluously* ★ 'het giet', zei hij overbodig *'it's pouring', he said superfluously*

overbrengen WW ● verplaatsen *bring ⟨naar spreker toe⟩, take ⟨van spreker vandaan⟩* ★ ze werd naar het ziekenhuis overgebracht *she was taken / brought to hospital* ● doen overgaan *pass on* ★ de ziekte wordt overgebracht door trekvogels *the illness is passed on by migratory birds* ● bezorgen *pass on, convey* ★ wilt je mijn dank overbrengen aan je moeder? *would you pass on / convey my thanks to your mother?*

overbruggen WW *bridge*

overdaad DE *excess*

overdag BIJW *in the daytime, during the day*

overdenken WW *consider*

overdoen WW *do (all over) again* ★ de baby morste haar melk over mijn boodschappenlijstje en ik moest het overdoen *the baby spilt her drink on my shopping list and I had to do it (all over) again*

overdosis DE *overdose* ★ een overdosis slaaptabletten *an overdose of sleeping pills*

overdreven I BN *exaggerated* ★ hij sprak met een overdreven accent *he spoke with an exaggerated accent* **II** BIJW *excessively* ★ hij is overdreven beleefd *he's excessively polite*

overdrijven WW *exaggerate* ★ je overdrijft: het waren er maar vijf *you're exaggerating: there were only five*

overeenkomen WW ● corresponderen *correspond* ★ jouw cijfers komen niet overeen met de mijne *your figures don't correspond to mine* ▼ zijn naam komt overeen met zijn karakter *his name matches his character* ● overeenstemming bereiken *agree* ★ de leiders kwamen een vredesverdrag overeen *the leaders agreed on a peace treaty*

overeenkomst DE ● gelijkenis *similarity* ★ de tweelingen vertonen geen enkele overeenkomst *there's no similarity between the twins* ● afspraak, overeenstemming *agreement* ★ we hebben een overeenkomst getroffen *we have reached an agreement*

overeind BIJW *up, upright* ★ hij kwam overeind uit zijn stoel *he got up out of his chair* ★ ze zette de omgevallen kandelaar weer overeind *she put the fallen candlestick upright again*

overgaan WW ● oversteken *cross* ★ hij ging de straat over *he crossed the street* ● voorbijgaan *pass* ★ de pijn gaat wel weer over *the pain will pass* ● veranderen *turn* ★ het water ging over in ijs *the water turned into ice* ● verder gaan *proceed* ★ Donald ging tot actie over *Donald proceeded to take action* ● bevorderd worden *move up* ★ alle leerlingen zijn overgegaan *all of the students have moved up to the next class* ▼ de telefoon gaat over *the telephone is ringing*

overgang DE ● verandering *transition* ● tussenfase *phase* ● menopauze *menopause*

overgave DE ● capitulatie *surrender* ● toewijding *devotion*

overgeven WW ● braken *throw up, be sick* ★ ik moet overgeven *I'm going to throw up / to be sick* ● overhandigen *hand over* ● opgeven *surrender* ★ de kapers hebben zich overgegeven *the hijackers have surrendered*

overgrootouders DE *great-grandparents*

overhalen WW ● trekken aan *pull* ★ wie heeft de grendel overgehaald? *who pulled the handle?* ● overreden *persuade* ★ hij heeft me overgehaald om met hem

mee te gaan *he persuaded me to do come with him*
overhandigen ww *hand over* ★ de atleet overhandigde het stokje *the athlete handed over the baton*
overhebben ww ● overhouden *have left* ★ hoeveel heb jij nog over? *how much do you have left?* ● willen geven *be prepared to give* ★ daar heb ik wel vijf euro voor over *I'm prepared to give five euros for that* ▼ hij heeft alles voor haar over *he'd do anything for her*
overheen BIJW *over* ★ ze stapte over de hond heen *she stepped over the dog* ★ ze kan zich er niet overheen zetten *she can't get over it* ▼ ik heb er overheen gelezen *I overlooked it*
overheersen ww *dominate*
overheid DE *government, authorities* ⟨meervoud⟩ ★ de plaatselijke overheid *the local authorities*
overhemd HET *shirt*
overhoren ww *test* ★ de leraar overhoort ons meestal mondeling, maar soms ook schriftelijk *the teacher usually tests us orally, but occasionally he gives us a written test*
overhoring DE *test* ★ een mondelinge / schriftelijke overhoring *an oral / written test*
overhouden ww *be left with* ★ we hielden elk drie pond over *we were left with three pounds each*
overig BN *remaining* ★ de overige dagen *the remaining days* ▼ de naam is verkeerd gespeld maar al het overige klopt *the name is misspelled, but everything else is correct / but the rest is correct*
overigens BIJW *by the way*
overkant DE *opposite side*
overlappen ww *overlap*
overlast DE *trouble, inconvenience* ★ je moet de buren geen overlast bezorgen *make sure you don't cause the neighbours any trouble / inconvenience*
overlaten ww *leave* ★ ze liet niets voor ons over *she left us with nothing* ★ ze hebben niets aan het toeval overgelaten *they left nothing to chance* ▼ dat laat aan duidelijkheid niets te wensen over *that's as clear as can be*
overleden BN *dead*
overleg HET *consultation* ★ in overleg met *in consultation with* ▼ over de loonsverhoging is overleg gepleegd met de vakbonden *the trade unions have been consulted about the wage increases*
overleven ww *survive*
overlevende DE *survivor*
overlijden I HET *death* II ww *die* ★ zij overleed aan kanker *she died of cancer* ★ mijn oma is vannacht overleden *my Grandma died last night, my Grandma passed away last night*
overlopen ww ● overstromen *run over* ★ de gootsteen loopt over *the sink is running over* ● naar andere partij gaan *go over, defect* ★ ze zijn overgelopen naar de vijand *they went over / defected to the enemy*
overmaken ww *transfer* ★ ik heb het geld overgemaakt op je bankrekening *I've transferred the money to your bank account*
overmeesteren ww *overpower*
overmoedig I BN *reckless, overconfident* ★ halverwege de oorlog werd Hitler overmoedig *Hitler started to become overconfident / reckless halfway through the war* II BIJW *recklessly, overconfidently* ★ hij had overmoedig de kampioen uitgedaagd *he had recklessly / overconfidently challenged the champion*
overmorgen BIJW *the day after tomorrow*
overnachten ww *stay the night, spend the night* ★ het kind overnachtte bij haar grootouders *the child stayed / spent the night with her grandparents*
overnemen ww *take over* ★ de generaal nam de macht over van de president *the general took over power from the president*
overnieuw BIJW *(over) again* ★ we beginnen even overnieuw *we'll just start (over) again*
overplaatsen ww *transfer*
overreden ww *persuade*
overschatten ww *overestimate, overrate* ★ ik heb de tijd die er voor nodig was overschat *I overestimated the amount of time needed* ★ het gemak van een auto wordt altijd overschat *the convenience of a car is always overrated*
overschot HET ● rest *remainder* ▼ het stoffelijk overschot *the remains, the body* ● te veel *surplus* ★ er is geen overschot aan leraren meer *there is no longer a surplus of teachers* ★ er was een overschot van 5 miljoen *there was a surplus of 5 million*

overschrijven ww • kopiëren *copy* ★ Bianca schreef het antwoord over van Eva *Bianca copied the answer from Eva* • overboeken *transfer* ★ hij heeft het geld overgeschreven op mijn rekening *he transferred the money to my account*

overslaan ww • snel overgaan *jump over* ★ de vlammen sloegen over op de schuur *the flames jumped over to the barn* ▼ de auto sloeg over de kop *the car overturned* • weglaten *leave out* ★ je hebt één woord overgeslagen *you've left out one word* • laten voorbijgaan *skip, miss* ★ ik sla een beurt over *I'll skip / miss a turn* ▼ haar stem sloeg over *she had a catch in her voice*

overspannen I BN overwerkt *stressed* ★ je moet niet overspannen raken *don't get stressed*, INF *don't stress out* ▼ ze is behoorlijk overspannen *she's suffering from severe stress / tension* ▼ overspannen verwachtingen *unrealistic expectations* **II** BIJW *tensely* ★ ze reageerde overspannen *she reacted tensely*

overspel HET *adultery*

overspringen ww *jump over*

overstappen ww • overgaan op *change over, switch* ★ ik ben op een nieuwe shampoo overgestapt *I've changed over / switched to a new shampoo* • van vervoermiddel wisselen *change* ★ voor Schiphol moet je bij Duivendrecht overstappen *if you're going to Schiphol you have to change at Duivendrecht*

oversteekplaats DE *(pedestrian) crossing*

oversteken ww *cross* ★ hij is naar Engeland overgestoken *he crossed over to England*

overstroming DE *flood*

overstuur BN *upset* ★ ze raakte helemaal overstuur *she became quite upset* ★ mijn maag is overstuur *I've got an upset stomach*

overtollig BN • meer dan nodig *excess* ★ ik probeer de overtollige kilo's kwijt te raken *I'm trying to lose some excess kilos* • onnodig *superfluous, redundant* ★ er zaten een hoop overtollige details in jouw opstel *there were a lot of superfluous details in your essay* ★ het overtollige personeel wordt ontslagen *redundant staff will be laid off*

overtreding DE *offence*, SPORT *foul*

overtreffen ww • verbeteren *excel* ★ je hebt jezelf overtroffen *you've excelled yourself* • groter zijn dan *exceed* ★ de vraag overtreft het aanbod *demand exceeds supply* ▼ dat overtreft alles *that beats everything*

overtrek DE *cover*

overtuigen ww *convince* ★ overtuigend bewijs *convincing evidence*

overtuiging DE *conviction*

overval DE *hold-up, raid* ★ verschillende klanten raakten gewond tijdens de overval op de bank *several customers were injured during the bank hold-up / bank raid*

overvallen ww • aanvallen *raid, hold up* ★ deze winkel is al drie keer overvallen *this shop has been held up / raided three times already* • verrassen *take by surprise* ★ zijn vraag overviel me *his question took me by surprise* • overrompelen *catch* ★ we werden overvallen door onweer *we were caught in a thunderstorm*

overvloed DE *abundance*

overweg I DE spoorwegovergang *level crossing* **II** BIJW ▼ ik kan goed met hem overweg *I get along well with him*

overweging DE *consideration*

overwerken ww • langer doorwerken *work overtime, work late* • te hard werken *overwork* ★ hij heeft zich overwerkt *he's overworked himself, he's driven himself too hard*

overwinnen ww ⟨een vijand⟩ *conquer*, ⟨angst, moeilijkheden⟩ *overcome*

overwinning DE *victory* ★ de club heeft zeven overwinningen op rij behaald *the club scored seven victories in a row*

overzees BN *overseas* ★ Frankrijk heeft overzeese gebiedsdelen *France has overseas territories*

overzetten ww • naar overkant brengen *take across* • overplaatsen *transfer* • vertalen *translate*

overzicht HET *survey*

overzichtelijk I BN *clear, clearly presented* ★ kort en overzichtelijk nieuws *short, clear(ly) presented news* **II** BIJW *clearly* ★ alles is overzichtelijk weergegeven *everything is clearly set out*

ovulatie DE *ovulation*

oxide HET *oxide*

oxideren ww *oxidize*

ozon HET *ozone*

ozonlaag DE *ozone layer*

P

p DE *p* ★ de P van Pieter *P as in Papa*
pa DE *dad* ★ mijn pa werkt thuis *my dad works at home* ★ hé pa, heb je mijn sleutels gezien? *hey Dad, have you seen my keys?*
paal DE ⟨stevig⟩ *post*, ⟨lang⟩ *pole* ★ de kat klom in een paal *the cat climbed a pole* ▼ ik stond voor paal *I looked a complete fool*
paar HET ● koppel *couple, pair* ★ het jonge paar gaat trouwen *the young couple is getting married* ● klein aantal *couple of, few* ★ een paar dagen *a couple of days, a few days, a day or two*
paard HET ● dier *horse* ● schaakstuk *knight*
paardenbloem DE *dandelion*
paardenstaart DE ● staart van paard *horse's tail* ● plant *horsetail, equisetum* ● haardracht *ponytail*
paardrijden WW ● *ride, ride (on) horseback* ★ we gaan vaak paardrijden *we often go horse riding*
paars BN *purple*
paartijd DE *mating season*
paasdag DE ★ eerste paasdag *Easter Sunday* ★ tweede paasdag *Easter Monday*
paasei HET *Easter egg*
paashaas DE *Easter bunny*
pacifist DE *pacifist*
pad I DE *toad* ★ een dikke pad *a fat toad*
II HET *path* ★ we volgden een pad door het bos *we followed a path through the woods*
paddenstoel DE ⟨niet eetbaar⟩ *toadstool*, ⟨eetbaar⟩ *mushroom*, ⟨zwam⟩ *fungus* ★ een giftige paddenstoel *a poisonous toadstool / fungus* ▼ we gaan vaak paddenstoelen zoeken *we often go mushrooming*
padvinderij DE *scouting* ▼ ik zat vroeger bij de padvinderij *I used to be a scout*
pagina DE *page*
pak HET ● pakket *package, parcel* ▼ we gaan niet bij de pakken neerzitten *we're not going to give up so easily* ● verpakking *packet, carton* ★ een pak sinaasappelsap *a carton of orange juice* ▼ een pak sneeuw *a layer of snow* ▼ de dief kreeg een pak slaag *the thief got a beating, the thief was beaten up* ▼ dat kind heeft een pak slaag nodig *that child needs a good spanking* ● kostuum *suit* ★ zijn beste pak *his Sunday suit*
pakken WW ● beetpakken *catch, grab* ★ hij pakte me bij de arm *he grabbed my arm* ★ de moordenaar is gepakt *the murderer has been caught, they caught the murderer* ▼ ik heb hem gisteren te pakken gekregen *I managed to get hold of him / get on to him yesterday* ▼ als ik hem ooit te pakken krijg heeft hij een probleem *if I ever get hold of him / lay hands on him he's in trouble* ▼ ze probeert me altijd te pakken te nemen *she's always having a go at me* ● inpakken *pack* ★ ik moet nu mijn koffers pakken *I have to pack now* ● te voorschijn halen *get, fetch* ★ pak een schone handdoek uit de kast *get / fetch a clean towel from the cupboard* ● boeien *grip*, INF *grab* ★ het boek pakte me totaal niet *the book didn't grip / grab me at all*
pakket HET *parcel, package*, FIG *set* ★ ik heb het pakket gisteren op de post gedaan *I posted the parcel / package yesterday* ★ een pakket maatregelen *a set of measures*
pakpapier HET *wrapping paper*
paleis HET *palace*
paling DE *eel* ★ gerookte paling *smoked eel* ★ zo glad als een paling *(as) slippery as an eel*
palm DE ● handpalm *palm* ● palmboom *palm (tree)*
Palmpasen DE *Palm Sunday*
pamflet HET *pamphlet, brochure, leaflet*
pan DE ● kookpan *pan* ★ zij deed het deksel van de pan *she took the lid off the pan* ▼ de prijzen rijzen de pan uit *prices are soaring / are going through the roof* ▼ ze hebben het Spaanse leger in de pan gehakt *they made mincemeat of the Spanish army* ● dakpan *tile* ★ de pannen waaien van het dak *the tiles are blowing off the roof*
pand HET ● gebouw *building, premises* ★ een oud pand aan de gracht *an old building on the canal* ★ de inbreker was nog in het pand aanwezig *the burglar was still on the premises* ● onderpand *pawn* ▼ in pand gegeven goederen *pawned goods*
paneel HET *panel*
paneren WW *coat with breadcrumbs*
paniek DE *panic* ★ de bende zaaide paniek onder de bevolking *the gang spread / caused panic among the inhabitants* ▼ de toeschouwers raakten in paniek *the*

onlookers panicked ▾ *geen paniek! don't panic!*
pannenkoek DE *pancake*
panter DE *panther*
pantoffel DE *slipper*
pantservoertuig HET *armoured vehicle*
panty DE *pantyhose, tights* ★ *ik heb een ladder in mijn panty I've got a ladder in my pantyhose / tights* ★ *twee panty's two pairs of tights*
pap DE ● *gerecht porridge* ★ *een bord pap a plate / bowl of porridge* ▾ *hij lust er wel pap van he can't get enough of it* ▾ *ik kon geen pap meer zeggen* 〈uitgeput〉 *I'd had it, I was whacked;* 〈volgegeten〉 *I was full up / full to bursting* ● *papa dad, daddy* ★ *mijn pap werkt thuis my dad / daddy works at home* ★ *pap, wil je me een verhaaltje vertellen? Dad / Daddy, would you tell me a story?*
papa, ook: **pappa** DE *dad, daddy* ★ *mijn papa werkt thuis my dad / daddy works at home* ★ *papa, wil je me een verhaaltje vertellen? Dad / Daddy, would you tell me a story?*
papaver DE *poppy*
papegaai DE *parrot*
papier HET ● *materiaal paper* ★ *ik zal mijn gedachten op papier zetten I'll put my ideas down on paper, I'll write down my ideas* ● *document paper* ★ *mag ik uw papieren zien? may I see your papers?*
papiergeld HET *paper money, banknotes*
paprika DE ● *vrucht capsicum, pepper* ★ *een rode paprika a red capsicum / pepper* ● *specerij paprika*
paraaf DE *initials* ▾ *wilt u uw paraaf even zetten? would you initial this?*
paraat BN *ready, prepared* ★ *een brandweerman moet altijd paraat zijn a fireman has to be ready / prepared at all times, a fireman is always on standby* ★ *studenten moeten over parate kennis beschikken over deze onderwerpen students must have a ready knowledge of these topics*
parachute DE *parachute*
parachutist DE *parachutist*
parade DE *parade* ★ *er werd een parade gehouden a parade was held*
paradijs HET *paradise* ★ *toen de overledene bij het paradijs aankwam ... when the dead man arrived in Paradise ...*

paragraaf DE *deel van een tekst section*
parallel I BN + BIJW *parallel* ★ *de weg loopt parallel aan de snelweg the road is / runs parallel to the highway* II DE *parallel*
paraplu DE *umbrella*
parasol DE *parasol, sunshade*
pardon I TSW *pardon me, (I beg your) pardon, sorry, excuse me* II HET *vergeving pardon, mercy* ★ *hij smeekte de koningin om pardon he begged the Queen's mercy, he begged the Queen to pardon him* ▾ *jarenlang werden vossen zonder pardon afgeschoten foxes have been ruthlessly shot for years* ▾ *een generaal pardon a general amnesty*
parel DE *pearl* ★ *een ketting met parels a pearl necklace, a string of pearls*
paren WW ● *copuleren mate, copulate* ★ *we zagen parende kikkers we saw frogs mating / copulating* ● *verbinden couple, combine* ▾ *het onweer ging gepaard met windstoten the thunderstorm was accompanied by gusts of wind* ▾ *een goede gezondheid gaat gepaard met goed voedsel good health goes hand-in-hand with good food*
parfum HET *perfume, scent*
park HET *park*
parkeerautomaat DE *parking meter, (parking) ticket machine*
parkeergarage DE *parking garage, car park*
parkeren WW *park* ★ *verboden te parkeren no parking*
parkiet DE *budgerigar, budgie,* 〈iets groter〉 *parakeet*
parlement HET *parliament* ★ *de minister heeft in het parlement gezegd dat... the minister said in Parliament that...*
parochie DE *parish*
particulier I BN *private* ★ *het particulier initiatief private initiative* II BIJW *privately* ▾ *ik ben particulier verzekerd I have private insurance* III DE *private individual, private person*
partij DE ● *groep party* ★ *een politieke partij a political party* ● *deelnemer party* ★ *de regering is geen partij in die overeenkomst the government is not a party to that agreement* ▾ *hij koos partij voor mij he sided with me, he took my side* ● *spel game* ★ *een partijtje schaken a game of chess* ● *feest party* ★ *mijn zus gaf een partijtje my sister held a party*

partijdig I BN *biased* ★ de scheidsrechter was partijdig *the umpire was biased* II BIJW *in a biased way* ★ hij ging partijdig te werk *he acted in a biased way, he was biased in what he did*

partner DE *partner*

pas I DE ● stap *step, pace* ★ ze deed twee passen naar rechts *she took two steps / paces to the right* ★ de soldaten liepen in de pas *the soldiers marched in step* ▼ de brandweer moest er aan te pas komen *the fire brigade had to be called in* ▼ er moesten extra stoelen aan te pas komen *extra chairs had to be brought in* ▼ ben je goed in hoofdrekenen of moet er een rekenmachine aan te pas komen? *can you work it out in your head or do you need a calculator?* ▼ rubber laarzen kunnen goed van pas komen *rubber boots would come in handy* ▼ jouw ervaring komt uitstekend van pas *your experience is just what we need* ● legitimatiebewijs *passport* ● bergpas *pass* II BIJW ● nog maar net *just, recently* ★ het vliegtuig was nog maar pas geland *the plane had only just landed* ★ ik ben pas begonnen met mijn opleiding *I've only just started my course* ★ ze zijn pas getrouwd *they married recently, they're newly weds* ▼ ik ben nog maar pas lid van de club *I'm a new club member, I'm new to the club* ● niet meer / eerder / verder dan *just, only* ★ pas twee jaar oud *only two years old* ● niet eerder dan *not until* ★ ze kwam er pas gisteren achter dat... *she didn't find out until yesterday that..., she only found out yesterday that...* ● echt *really* ★ dat zou pas mooi zijn! *that would be really nice!* ★ dat is pas een biertje! *that's a real beer! that's what I call a beer!*

Pasen DE *Easter* ▼ als Pasen en Pinksteren op één dag vallen *never in a month of Sundays*

pasfoto DE *passport photo* ★ ik zal een pasfoto laten maken *I'll have a passport photo taken*

paskamer DE *fitting room*

paspoort HET *passport*

passagier DE *passenger*

passen WW ● op maat zijn *fit* ★ deze schoenen passen precies *these shoes fit perfectly / fit like a glove* ★ Nederlandse stekkers passen op de meeste stopcontacten *Dutch plugs fit most power points / are suitable for most power points* ▼ het was passen en meten om 16 stoelen neer te zetten *it took a bit of juggling to fit 16 chairs in* ● gepast betalen *pay the exact amount* ★ kunt u het niet passen? *don't you have the exact amount?* ● passen bij *match, suit* ★ je schoenen passen goed bij je jas *your shoes match your coat well* ★ die jurk past niet bij jou *that dress doesn't suit you* ★ die kleuren passen niet bij elkaar *those colours don't match* ▼ wij passen niet goed bij elkaar *we're not very compatible* ● oppassen *mind, look after* ★ pas op het opstapje *mind the steps* ★ ze moet op de kinderen passen *she has to look after the children* ● aanproberen *try on* ★ ik wil graag deze broek even passen *I'd like to try on these trousers / try these trousers on*

passer DE *compass*

passeren WW ● voorbijgaan *pass (by)*, ⟨inhalen⟩ *overtake* ★ de auto passeerde ons *the car passed / overtook us* ▼ hij is de 40 gepasseerd *he has turned 40* ▼ we passeerden de grens *we crossed the border* ● overslaan *pass over* ★ zij voelt zich gepasseerd *she feels passed over*

passie DE *passion* ▼ heeft u een passie voor...? *are you passionate / crazy about...?*

pasta DE ● deegwaar *pasta* ● mengsel *paste* ★ meng tot een pasta *mix to a paste*

pastei DE *pie*, ⟨vooral met groente⟩ *pasty*

pastoor DE *priest*, ⟨aanspreekvorm⟩ *Father*

patat DE *chips*, AM *French fries* ★ mag ik een portie patat met? *could I have a serving of chips with mayonnaise?*

pater DE *father, priest*

patiënt DE *patient*

patrijs DE *partridge*

patroon I DE ● voor geweer of printer *cartridge* ★ een losse patroon *a blank cartridge* ● baas *employer, boss* II HET model *pattern, design*

patrouille DE *patrol*

pauk DE *kettledrum*

paus DE *pope* ★ wanneer heeft de paus Holland bezocht? *when did the Pope visit Holland?*

pauw DE *peacock* ★ zo trots als een pauw *as proud as a peacock*

pauze DE *pause*, ⟨in schouwburg &⟩ *interval*, ⟨op school⟩ *break* ★ ze kregen in de pauze ruzie met elkaar *they had an argument during the break*

pauzeren WW *pause, have a break*
pech DE • tegenspoed *bad luck* ★ pech gehad! *bad / tough luck!* ▼ we hebben pech gehad met het weer *the weather wasn't any good, we didn't strike it lucky with the weather* • panne *trouble, breakdown* ★ ik heb pech met de auto *I've got car trouble, I've had a breakdown*
pedaal HET *pedal* ★ je moet stevig op het pedaal trappen om te remmen *you have to press the pedal in hard to brake, you really have to stand on the brakes*
pedaalemmer DE *pedal bin*
pedicure DE • persoon *pedicurist, chiropodist* • behandeling *pedicure*
pedofiel DE *p(a)edophile*
peen DE *carrot* ▼ ik zweette peentjes daar op het dak *I was in a cold sweat up there on the roof*
peer DE • vrucht *pear* • gloeilamp *bulb*
pees DE *tendon, sinew* ★ zij heeft met gym een pees verrekt *she pulled a tendon during gym*
peetoom DE *godfather*
peettante DE *godmother*
peil HET *mark, standard* ★ beneden peil *not up to the mark, below standard* ★ zij moeten de voorraad weer op peil brengen *they have to top up the supplies / top the supplies up* ★ ik moet mijn conditie weer op peil brengen *I have to get fit again / get into condition again / get into shape again*
peilen WW • inhoud van vat *gauge* • diepte van water *sound, fathom* • positie bepalen *take bearings, locate the position of* ▼ hij is moeilijk te peilen *it's hard to figure him out*
peinzen WW • denken (over) *consider, think about* ★ ik peins er niet over *I wouldn't consider it* ★ we zaten er net over te peinzen wat we konden doen als het regent *we were just thinking about what we could do if it rains* ▼ ze peinzen zich suf *they're racking their brains* • ernstig nadenken *ponder, meditate, muse* ★ hij zat te peinzen over het doel van het leven *he was sitting there pondering the meaning of life / meditating on the meaning of life / musing about the meaning of life*
pekel DE *salt* ★ de gemeente strooit pekel bij vorst *the council puts down salt when it starts freezing*

pekelvlees HET *salted meat*
pelgrim DE *pilgrim*
pelikaan DE *pelican*
pellen WW *peel,* ⟨van noten⟩ *shell* ★ we pelden pinda's *we shelled peanuts*
peloton HET SPORT *pack* ★ ik werd ingehaald door het peloton *the pack caught up with me*
pels DE *fur*
pen DE • lang, puntig voorwerp *pin,* ⟨van egel⟩ *quill,* ⟨breipen⟩ *knitting needle* • schrijfpen *pen* ★ mag ik je pen even lenen? *may I borrow your pen?* ★ hij klom in de pen *he put pen to paper*
pendelen WW *commute, shuttle*
penicilline DE *penicillin*
penis DE *penis*
pennen WW *pen, scribble*
penningmeester DE *treasurer*
pens DE buik *belly, gut, paunch* ★ hij heeft een dikke pens *he has a fat belly / gut, he has a paunch*
penseel HET *(paint) brush*
pensioen HET *retirement pay, pension, superannuation* ▼ hij is met pensioen gegaan *he has retired*
peper DE *pepper* ★ zwarte peper *black pepper* ▼ een Spaanse peper *a chilli* ▼ rode / groene pepertjes *red / green chillis*
peperduur BN *very expensive*
pepermunt DE *peppermint* ★ een rolletje pepermunt *a roll of peppermints*
per VZ • vanaf *from* ★ per 1 augustus ben ik afwezig *I will be absent from the 1st of August onwards* ▼ per 1 augustus is de nieuwe spelling van kracht *the new spelling rules take effect as of the 1st of August* • door middel van / met *by* ★ per fiets / boot / trein / vliegtuig *by bike / boat / train / plane* • voor / bij / in elk(e) *per, by the, a* ★ per kilo *by the kilo, per kilo* ★ per stuk *per piece, apiece* ★ per vierkante meter *per square metre* ★ per dag *per day, a day* ★ honderd km per uur *one hundred kilometres per hour / an hour*
percent HET *percent* ★ vijfenzestig percent van de bevolking is vrouw *sixty-five percent of the population are women*
percentage HET *percentage*
perenboom DE *pear tree*
perfect I BN *perfect* ★ ze dacht dat ze de perfecte man had gevonden *she thought she'd found the perfect man* II BIJW *perfectly*

★ alles is perfect in orde *everything is perfectly all right*
periode DE *period*
perkament HET *parchment, vellum* ★ ze vonden een stapel oude perkamenten *they found a stack of old parchments* ★ in de middeleeuwen schreven ze op perkament *they wrote on parchment / vellum in the Middle Ages*
permanent I HET *permanent (wave), perm* II BN *permanent* ★ een permanente tentoonstelling *a permanent exhibition* III BIJW ● voor altijd *permanently* ★ de spam wordt permanent verwijderd *the spam is removed permanently*
● voortdurend *constantly* ★ de cursus wordt permanent geëvalueerd *the course is constantly under review*
perron HET *platform* ★ we stonden op het perron te wachten toen haar trein aankwam *we were waiting on the platform when her train arrived*
pers DE ● drukpers *(printing) press* ▼ ter perse *soon to be published* ● nieuwsbladen en journalisten *press* ★ de pers was ook uitgenodigd *the press had also been invited*
per se BIJW ● met alle macht *at all costs, by any means* ★ hij wilde er per se heen *he wanted to go there at all costs / by any means* ● noodzakelijk *necessarily* ★ de ziekte is niet per se beperkt tot homoseksuelen *the disease is not necessarily restricted to homosexuals*
persen WW ● bij bevalling *push* ● iets krachtig drukken *press* ● uitpersen ⟨olijf, druif⟩ *press*, ⟨citrusvruchten⟩ *squeeze* ● gladstrijken *press* ★ mijn broek is geperst *my trousers have been pressed*
personage HET ● in roman & *character* ● persoon *figure, person*
personeel HET *personnel, staff* ★ we hebben extra personeel nodig *we need extra personnel / staff*
personenauto DE *(private) car*
persoon DE ● individu *person* ★ in (eigen) persoon *in person, personally* ● TAALK *person* ★ derde persoon enkelvoud *third person singular*
persoonlijk I BN ● van / voor een persoon *personal, private* ★ strikt persoonlijk *(strictly) private / personal* ★ ik wil niet persoonlijk worden *I don't want to get personal* ★ een persoonlijke lening *a personal loan* ● TAALK *personal* ★ het persoonlijk voornaamwoord *the personal pronoun* II BIJW *personally* ★ ik ken hem niet persoonlijk *I don't know him personally* ▼ het paspoort moet persoonlijk worden opgehaald *the passport must be collected in person*
persoonsvorm DE TAALK *finite form, finite verb*
perzik DE *peach*
pessimistisch I BN *pessimistic* ★ de artsen zijn pessimistisch over zijn kansen *the doctors are pessimistic about his chances* II BIJW *pessimistically* ★ 'we halen het nooit', zei hij pessimistisch *'we'll never make it', he said pessimistically*
pest DE *plague* ★ de pest was wijd verbreid in de middeleeuwen *the plague was widespread during the Middle Ages* ▼ ze heeft de pest in *she's in a foul mood*, INF *she's pissed off*
pesten WW *bait, badger* ★ de leerlingen pestten de leraar *the students were baiting the teacher* ★ je moet ophouden je vader te pesten met je vragen *stop badgering your father with your questions*
pet I DE *cap* ★ hij droeg een pet met een klep *he wore a peaked cap* ▼ hij gooit er met de pet naar *he's making a half-hearted attempt at it* ▼ Jan met de pet *the man in the street* II BN *lousy* ★ die wedstrijd was pet! *what a lousy match!*
petekind HET *godchild*
peterselie DE *parsley*
petroleum DE ⟨ruw⟩ *petroleum*, ⟨gezuiverd⟩ *paraffin, kerosene*
peuk DE *butt, stub*
peultjes DE *sugar peas, snow peas*
peuter DE *toddler*
peuteren WW ● pulken *pick* ★ zit niet in je neus te peuteren! *don't pick your nose!* ● friemelen *fumble, fiddle* ★ hij peuterde aan een pleister *he fumbled / fiddled with a sticking plaster*
peuterspeelzaal DE *playgroup, day care* ★ het kind gaat 's middags naar de peuterspeelzaal *the child is in day care during the afternoon, the child goes to a playgroup during the afternoon*
pianist DE *pianist*
piano DE *piano* ★ wil je piano leren spelen? *do you want to learn (to play) the piano?*
picknicken WW *picnic*

piek DE • Nederlandse gulden *guilder* • bergtop *peak, summit* • in kerstboom *top* • haarlok *wisp* ★ een piek haar *a wisp of hair*

piekeren WW *puzzle, worry* ★ we zitten te piekeren wat we zullen eten *we're puzzling about what to do for dinner* ★ ze piekerde zich suf over de toekomst *she worried herself sick about the future*

piemel DE *willy, dick*

pienter I BN *clever, smart* ★ hij is erg pienter *he's very clever / smart* II BIJW *cleverly* ▼ ze hebben pienter gebruik gemaakt van de oude balken *they made clever use of the old beams*

piepen WW ⟨van muizen⟩ *squeak*, ⟨van scharnier⟩ *creak*, ⟨van vogels⟩ *peep, chirp* ★ het raam piept *the window creaks*

piepschuim HET *polystyrene foam*

pier DE • worm *worm* • dam *pier, jetty*

pietluttig I BN *petty, fussy* ★ je moet niet zo pietluttig doen *don't be so petty / fussy* ★ hij is erg pietluttig *he's very fussy* II BIJW *in a fussy way* ★ hij gaat altijd heel pietluttig te werk *he always goes about things in a very fussy way*

pijl DE *arrow*, ⟨klein⟩ *dart* ★ pijl en boog *bow and arrow(s)*

pijltjestoets DE *arrow key*

pijn DE • lichamelijk lijden *pain, ache* ★ een stekende pijn *a stabbing / sharp pain* ▼ mijn been doet pijn *my leg hurts / aches* • verdriet *distress, pain* ★ hij heeft zijn moeder veel pijn gedaan *he caused his mother a lot of distress / pain, he hurt his mother a lot*

pijnboompit DE *pine nut*

pijnlijk I BN *painful, sore* ★ pijnlijke voeten *painful / sore feet* ★ een pijnlijk moment *a painful moment* II BIJW *painfully* ★ de wandeltocht eindigde nogal pijnlijk *the walk ended rather painfully* ▼ ze glimlachte pijnlijk *she gave a painful smile*

pijnstiller DE *painkiller* ★ hij heeft een pijnstiller ingenomen *he took a painkiller*

pijp DE • buis *tube*, ⟨van orgel⟩ *pipe* • broekspijp *leg* ▼ een broek met omgeslagen pijpen *a pair of turned-up trousers* • rookgerei *pipe* ★ hij rookt pijp *he smokes a pipe*

pik DE penis *prick, cock*

pikant BN • gewaagd *racy, naughty* ★ een pikant verhaal *a racy story* ★ pikant ondergoed *naughty underwear* • gekruid *spicy*

pikken WW • pakken *pinch, nick* ★ zij pikte zomaar een pen van me *she pinched / nicked a pen of mine without asking* • dulden *take* ★ dat zou ik niet pikken *I wouldn't take it if I were you* • door vogels *peck*

pil DE geneesmiddel *pill* ★ ze slikt de pil *she is on the pill* ▼ we moesten zo'n dikke pil lezen *we had to read a book this thick*

piloot DE *pilot*

pils HET *beer, lager* ★ een pilsje graag *a glass of beer / lager, please*

pinautomaat DE *cash dispenser, automated teller machine, ATM*

pincet HET *(pair of) tweezers* ★ heb je mijn pincet gezien? *have you seen my tweezers anywhere?* ★ heb je hier ergens een pincet zien liggen? *have you seen a pair of tweezers lying around here?*

pincode DE *PIN code*

pinda DE *peanut*

pindakaas DE *peanut butter*

pingpongen WW *play ping-pong*

pinguïn DE *penguin*

pink DE • vinger *little finger* • jonge koe *heifer*

Pinksteren DE *Whitsun(tide), Pentecost*

pinkstergemeente DE *Pentecostal church*

pinnen WW • betalen met pinpas *pay with a card* ★ betaalt u contant of wilt u pinnen? *are you paying cash or with a card?* • geld opnemen met pinpas *withdraw money from a cash dispenser / an ATM* ★ ik moet nog even wat geld pinnen *I have to withdraw some money from a cash dispenser / an ATM*

pinpas DE *cash card*

pion DE schaakstuk *pawn*

pionier DE *pioneer*

piraat DE *pirate*

piramide DE *pyramid*

pis DE *piss, pee*

pissen WW *piss, pee, do a pee*

piste DE ⟨van circus⟩ *ring*, ⟨skipiste⟩ *slope*, ⟨wielerbaan⟩ *track*

pistool HET *pistol*

pit DE • elan *spirit* ★ hij heeft pit *he has a lot of spirit* • kern van vrucht ⟨van appel, druif, zonnebloem, sinaasappel, &⟩ *seed*, pip, ⟨van kers, perzik, &⟩ *stone* ★ druiven zonder pit *seedless grapes* • brander burner ★ een gasstel met drie pitten *a gas cooker with three burners* ● lont ⟨van kaars, olielamp⟩ *wick*

pitten ww ● slapen *nap* ▼ ik ga even pitten *I'm just going to have a bit of a nap* ● ontpitten *stone*

pittig I BN ● energiek *lively, spirited* ★ een pittig debat *a lively / spirited debate* ● kruidig *spicy* ● erg hoog *steep, stiff* ★ de prijs was behoorlijk pittig *the price was quite steep / stiff* ★ aan die baan worden pittige eisen gesteld *the requirements for that job are quite stiff* ● moeilijk *tough* II BIJW *in a spirited / lively way* ★ ze zaten pittig te debatteren *they were debating in a spirited / lively way*

pizza DE *pizza*

pizzeria DE *pizzeria*

plaag DE ● besmettelijke ziekte *plague* ● v. ongedierte *plague* ★ een plaag van sprinkhanen *a plague of grasshoppers* ● kwelling *curse, nuisance*

plaat DE ● plat, hard stuk ⟨van glas, metaal, &⟩ *plate*, ⟨van dun metaal⟩ *sheet* ● prent *picture, plate* ● grammofoonplaat *record* ★ hij heeft thuis oude platen van The Beatles *he has old Beatles records at home*

plaats DE ● waar iemand / iets zich bevindt *place, position* ★ de ploeg is op de derde plaats geëindigd *the team ended in third place* ★ in de eerste plaats *in the first place, first of all* ▼ ter plaatse *on the spot* ● ruimte *room, space*, ⟨zitplaats⟩ *seat* ★ wilt u uw plaats innemen? *would you take your seats, please?* ★ het bos gaat plaats maken voor woningen *the woods will give way to houses / will make place for houses* ▼ in plaats van *instead of* ● woonplaats *town*, ⟨dorp⟩ *village* ★ in welke plaats woont u? *what town do you live in?*

plaatsbewijs HET *ticket*

plaatselijk I BN *local* ★ een plaatselijke verdoving *a local anaesthetic* II BIJW *locally* ★ de wegen kunnen plaatselijk nog glad zijn *the roads may be slippery locally*

plaatsen ww ● een plaats geven *place, put*, ⟨stationeren⟩ *post* ★ ze hebben een advertentie in de krant geplaatst *they placed / put an ad in the paper* ● zich kwalificeren *qualify* ★ het team heeft zich geplaatst voor de finale *the team qualified for the final*

plaatsnemen ww *sit down* ★ hij nam naast mij plaats *he sat down beside me*

plaatsvervanger DE *substitute, replacement*

plaatsvinden ww *take place*

plafond HET *ceiling* ★ er hing een versiering aan het plafond *some decorations hung from the ceiling*

plagen ww ● speels *tease* ★ hij plaagt maar wat *he's just teasing* ● hinderen *trouble, worry* ★ hij werd door een schuldgevoel geplaagd *he was troubled by a sense of guilt* ★ het idee bleef hem plagen *the idea kept on worrying him* ● beetje pesten *annoy* ★ mama, hij plaagt mij *Mum, he's annoying me*

plak DE ● schijf *slice*, ⟨van chocola⟩ *bar* ★ een plak kaas / worst *a slice of cheese / sausage* ● medaille *medal* ★ ze heeft een gouden plak gewonnen *she's won a gold medal* ● tandaanslag *(dental) plaque*

plakband HET *adhesive tape, sticky tape*

plakken ww ● kleven *stick* ★ het plakt niet *it won't stick* ● lang blijven *stay on, stick (a)round* ★ zij blijft altijd te lang plakken *she always sticks (a)round too long* ● aanplakken, opplakken *stick, glue* ★ hij plakte een postzegel op de envelop *he stuck / put a stamp on the envelope* ★ ze plakte zijn foto in haar agenda *she glued his picture into her diary* ▼ de fietsenmaker plakte de band *the bicycle repair man mended the tyre*

plaksel HET *glue, paste*

plamuurmes HET *filling knife*

plan HET ● voornemen *plan, intention* ★ volgens plan *according to plan* ★ dat ben ik niet van plan *that's not my intention* ● ontwerp *plan, design*

planeet DE *planet*

plank DE ● lang stuk hout *plank, board* ● in kast *shelf* ★ zet het maar op de onderste plank *just put it on the bottom shelf*

plankenkoorts DE *stage fright*

plannen ww *plan*

plant DE *plant*

plantaardig BN *vegetable* ★ plantaardige olie *vegetable oil*

plantage DE *plantation, estate*

planten ww *plant*

plantengroei DE begroeiing *vegetation*

plantkunde DE *botany*

plantsoen HET *public garden, park*

plas DE ● regenplas *pool, puddle* ★ ze stapte

in een plas *she stepped in a puddle* • meer *lake* • urine *water, pee* ▼ ik moet een plas doen *I have to go to the toilet*, INF *I have to have a pee / piss*

plaspauze DE *toilet break, sanitary stop*
plassen WW *urinate*, INF *have a pee, piss*
plastic I HET *plastic* II BN *plastic* ★ een plastic zak *a plastic bag*
plat BN + BIJW *vlak flat* ★ mensen dachten vroeger dat de aarde plat was *people used to think that the world was flat* ▼ ik drukte me plat tegen de muur *I pressed myself against the wall* ▼ de werknemers hebben de zaak platgelegd *the workers have closed the place down* ▼ hij praat plat *he talks with a broad regional accent*
platform HET *platform*
platina HET *platinum*
platonisch I BN *platonic* ★ een platonische verhouding *a platonic relationship* II BIJW ▼ hij hield alleen platonisch van haar *his love for her was solely platonic*
plattegrond DE ⟨van stad &⟩ *(street) map*, ⟨van gebouw⟩ *floor plan*
platteland HET *country(side)* ★ een huis op het platteland *a house in the country* ★ we gaan vaak fietsen op het platteland *we often go cycling through the countryside*
plavuis DE *floor tile*
playbacken WW *lip-sync, mime*
plechtig I BN *solemn*, ⟨met veel vertoon⟩ *ceremonious* ★ een plechtige gelegenheid *a solemn occasion* II BIJW *solemnly*, ⟨met veel vertoon⟩ *ceremoniously* ★ hij heeft het me plechtig beloofd *he promised me solemnly* ★ de kerk werd plechtig ingewijd door de aartsbisschop *the church was ceremoniously blessed by the archbishop*
plechtigheid DE *ceremony* ★ een mooie, maar sobere plechtigheid *a simple but nice ceremony*
pleegkind HET *foster child*
pleegmoeder DE *foster mother*
plegen WW • begaan *commit* ★ hij pleegde zelfmoord *he committed suicide* • verrichten *perform, do* ★ het was vroeger illegaal voor artsen om abortus te plegen *it used to be illegal for doctors to perform / do abortions* ★ ze pleegden overleg over verdere samenwerking *they discussed continuation of their collaboration* • gewoon zijn *be in the habit of* ★ zoals mijn vader placht te zeggen *as my father was in the habit of saying, as my father used to say*
plein HET *square*
pleister I DE verbandmiddel *(sticking) plaster, Band-Aid* ★ ze plakte een pleister op de wond *she put / stuck a plaster / Band-Aid on the wound* II HET specie *plaster*
pleiten WW *plead, argue* ★ zijn moeder pleitte namens hem *his mother pleaded on his behalf* ★ de vakbonden pleitten voor een loonsverhoging *the unions argued in favour of a wage increase* ▼ het bewijsmateriaal pleit tegen hem *the evidence is against him* ▼ dat pleit zeker voor hem *that's certainly to his credit*
plek DE • *spot, place* ★ mijn favoriete plek in de stad *my favourite spot in town* ★ ze heeft een speciale plek in mijn hart *she has a special place in my heart* ▼ een blauwe plek *a bruise* • ruimte *space, room* ★ daar is geen plek voor *there is no space / room for it*
plenzen WW *pour (down), bucket down* ★ het plenst van de regen *it's pouring (down) / bucketing down*
pletten WW *flatten*, ⟨metaal⟩ *roll*, ⟨koolzaad, druiven, &⟩ *crush*
plezier HET *pleasure, fun* ★ dat deed me veel plezier om dat te horen *it gave me much pleasure to hear this* ★ ze hadden veel plezier *they had a lot of fun, they enjoyed themselves, they had a good time* ▼ de meeste mensen hebben plezier in hun werk *most people enjoy their work*
plezierig I BN *pleasant* ★ het was een plezierige avond *it was a pleasant evening* II BIJW *pleasantly* ★ we hebben heel plezierig met elkaar gepraat *we talked very pleasantly together*
plicht DE *duty, obligation* ★ er wordt van je verwacht dat je je plicht doet *you are expected to do your duty* ★ ik heb al veel te veel plichten *I have too many obligations as it is*
ploeg DE • landbouwwerktuig *plough* / AM *plow* • groep SPORT *team, side* • in werk shift ★ ze werken in drie ploegen *they are working three shifts*
ploegendienst DE *shift work*
ploeteren WW werken *plod*
ploffen WW • zich laten vallen *flop* ★ hij

plofte in een luie stoel *he flopped down in an easy chair* • geluid geven *pop* ★ ik hoorde een ploffend geluid *I heard a popping sound* ▼ het geluid van een ploffende motor *the sound of an engine backfiring*

plonzen ww *splash* ★ ze plonsde in het water *she splashed into the water*

plooi DE • vouw ⟨in stof⟩ *fold, pleat,* ⟨in broek⟩ *crease* ★ een geplooide rok *a pleated skirt* ▼ hij komt nooit uit de plooi *he never unbends* • rimpel *wrinkle*

plotseling I BN *sudden* ★ zijn plotselinge dood *his sudden death* II BIJW *suddenly, all of a sudden* ★ plotseling was hij verdwenen *all of a sudden he was gone, suddenly he was gone*

pluim DE *feather, plume* ★ ze staken hem een pluim op zijn hoed *they stuck a feather in his cap* ★ een pluim van rook *a plume of smoke*

pluimvee HET *poultry*

pluis I DE *fluff* ★ er zitten pluisjes op je blouse *there are little bits of fluff on your blouse* II BN ▼ het is hier niet pluis *there is something fishy going on here*

plukken ww • oogsten *gather, pick* ★ de hele gemeenschap helpt mee de olijven te plukken *the whole community helps in gathering the olives* ★ wij plukken appels uit de boom *we picked apples from the tree* • grijpen, plukken *pluck* ★ de keeper plukte de bal uit de lucht *the goalie plucked the ball from the air* • van veren ontdoen *pluck* ▼ van een kale kip kan je niet plukken *you can't get blood out of a stone* • bezit afpakken *fleece*

plunderen ww *plunder, loot, raid* ★ de Vikingen hebben het noorden van Engeland geplunderd *the Vikings plundered the north of England* ★ de winkels werden geplunderd *the shops were looted* ★ ze heeft de koektrommel geplunderd *she raided the biscuit tin*

plus I DE + HET • plusteken *plus* • waardering *plus point* ★ zijn ervaring was een grote plus *his experience was a big plus point, his experience spoke strongly for him* II vz *plus* ★ drie plus vier is zeven *three plus four is seven* III BIJW *plus* ★ het is plus vijf graden *the temperature is plus five, it's five degrees above zero* ★ €86 plus btw *€86 plus VAT*

plusminus BIJW *approximately, about*

pochen ww *boast, brag*

podium HET *platform,* ⟨van toneel⟩ *stage* ★ alle acteurs verschenen op het podium *all the actors appeared on stage*

poedel DE *poodle*

poeder HET *powder* ★ de cacao wordt tot poeder gemalen *the cocoa is ground into a powder*

poederkoffie DE *instant coffee*

poelier DE *poulterer,* ⟨winkel⟩ *poulterer's, poultry shop*

poen DE *dough*

poep DE *shit* ★ ik heb in de poep getrapt *I stepped in the (dog)shit*

poepen ww *(have a) crap, shit*

poes DE *(pussy)cat* ▼ zij is niet voor de poes *she's not to be trifled with*

poetsen ww • glimmend wrijven *polish,* ⟨schoenen ook⟩ *shine* ★ de meid poetste het koper *the maid polished the brassware* • reinigen *clean,* ⟨van tanden⟩ *brush* ★ heb je je tanden gepoetst? *have you brushed your teeth?*

poëzie DE *poetry*

poffertje HET ˜ *pikelet*

poging DE *attempt,* ⟨met inspanning⟩ *effort* ★ zijn poging het wereldrecord te breken *his attempt to break the world record* ▼ ik ga een poging wagen *I'll have a try / go* ▼ een poging tot moord *attempted murder*

pokken DE *smallpox*

polder DE *polder*

Polen HET *Poland*

polikliniek DE *out-patients' clinic*

polio DE *polio*

politicus DE *politician*

politie DE *police (force)* ★ hij is bij de politie *he is in the police force* ★ we hebben de politie laten komen *we called the police*

politieagent DE *police officer, constable,* ⟨vrouw⟩ *policewoman,* ⟨man⟩ *policeman*

politieauto DE *police car*

politiebureau HET *police station*

politiek I DE • staatkunde *politics* ★ ze gaat in de politiek *she is going into politics* • tactisch beleid *policy* ★ een politiek van confrontatie *a policy of confrontation* II BN staatkundig *political, diplomatic* ★ een politieke carrière *a political / diplomatic career* III BIJW *politically* ★ een politiek correcte uitdrukking *a politically correct expression* ▼ ze is politiek geïnteresseerd

she's interested in politics
pollepel DE *wooden spoon, ladle*
pols DE • polsgewricht *wrist* ★ ze heeft een gebroken pols *she has a fractured wrist* ▼ we moeten een vinger aan de pols houden *we have to keep a close eye on things* • polsslag *pulse* ★ de dokter voelde mijn pols *the doctor took / felt my pulse*
polshorloge HET *wristwatch*
polsstokhoogspringen HET *pole vault*
pomp DE • werktuig *pump* • tankstation *petrol station, service station*
pompen WW *pump*
pompoen DE *pumpkin*
pond HET • munteenheid *pound* ★ twintig pond *twenty pounds* • gewichtseenheid *pound*
pont DE *ferry (boat)*
pony DE • dier *pony* • haardracht *fringe* ★ zijn pony is te lang *his fringe is too long*
pool DE *pole* ★ gelijke polen stoten elkaar af *like poles repel*
poolcirkel DE *polar circle*
poort DE • ingang *gate* • doorgang *gate(way), doorway*
poos DE *while, time* ★ een hele poos *quite some time, quite a while*
poot DE *leg*, ⟨van dier⟩ *paw* ★ hij heeft geen poot om op te staan *he hasn't got a leg to stand on* ▼ hij houdt zijn poot stijf *he refuses to give in, he's standing his ground* ▼ ik kan geen poot meer verzetten *I'm exhausted* ▼ hij krijgt bij haar geen poot aan de grond *he doesn't stand a chance with her*
pop DE • speelgoed *doll* • etalagepop *dummy* • marionet *puppet* • van insect *pupa* • popmuziek *pop*
popelen WW *be dying to* ★ zij popelen om aan de slag te gaan *they're dying to start work, they can't wait to start work*
popgroep DE *pop group*
popmuziek DE *pop music*
poppenhuis HET *doll's house*
poppenkast DE *puppet show* ▼ het is allemaal poppenkast *it's all a show*
poppenspel HET *puppet show*
populair I BN *popular* ★ hij was razend populair bij de jeugd *he was wildly popular with young people* II BIJW *popularly* ★ het gebied wordt populair omschreven als de Bermuda driehoek *the area is popularly described as 'the Bermuda Triangle'*
populariteit DE *popularity*
por DE *dig, poke* ★ ze gaf me een por in de ribben *she gave me a poke / dig in the ribs*
porno DE *porn, porno*
pornografisch BN *pornographic* ★ een pornografisch tijdschrift *a pornographic magazine, a porn magazine*
porselein HET *china, porcelain*
port I DE wijn *port* ★ een glaasje port *a glass of port* II HET posttarief *postage* ★ de port is al betaald *postage has been prepaid*
portefeuille DE • portemonnee *wallet* • taak *portfolio* ★ een minister zonder portefeuille *a minister without portfolio*
portemonnee DE *purse*, ⟨vooral van mannen⟩ *wallet*
portie DE *portion*, ⟨aandeel⟩ *share*, ⟨van eten⟩ *helping, serving* ★ we hebben de buit in gelijke porties verdeeld *we divided the loot into equal portions* ★ wil je nog een portie patat? *would you like another helping / serving of chips?* ★ een portie ijs ⟨aan tafel⟩ *a serving of ice cream*, ⟨gekocht⟩ *an ice cream* ★ een flinke portie geluk *a fair amount / share of luck*
portiek DE + HET *entrance, porch*
portier I DE iemand bij de deur *doorman, doorkeeper*, ⟨hotel⟩ *porter* II HET van voertuigen *door*
portret HET *portrait*
Portugal HET *Portugal*
Portugees I DE *Portuguese* II HET taal *Portuguese* III BN *Portuguese*
poseren WW model staan *pose* ★ ze heeft voor een mannenblad geposeerd *she posed for a men's magazine*
positie DE • ligging, (toe)stand *position* • betrekking *position, post* ★ hij heeft een prima positie bij de bank *he has an excellent position at the bank* ★ welke positie je ook maar in het leven inneemt *whatever your position / post in life*
positief I BN • niet negatief *positive* ★ de positieve pool *the positive pole* • bevestigend *positive, affirmative* ★ een positief antwoord *a positive / affirmative answer* II BIJW *positively* ★ zij reageerde zeer positief *she reacted very positively*
post DE • postbestelling *mail, post* ★ is er post? *is there any post / mail?* ★ hij werkt bij de post *he works for the post office* ▼ ze heeft de brief op de post gedaan *she*

posted the letter • standplaats *post* ★ ik ben op mijn post *I'm at my post*
postbode DE *postman*
postbus DE *post (office) box*
postcode DE *postal code*, AM *ZIP code*
postduif DE *homing pigeon*
posten ww • op de post doen *post* • op wacht staan *stand guard*, ⟨bij staking⟩ *picket*
postkantoor HET *post office*
postorderbedrijf HET *mail order company*
poststuk HET *parcel, postal item*
postzegel DE *(postage) stamp*
pot DE • om in te bewaren *pot*, ⟨van glas⟩ *jar* ★ een pot pindakaas *a jar of peanut butter* • po *(chamber) pot* ★ de peuter zat op het potje *the toddler was sitting on the (chamber) pot* / INF *potty* • kookpot *(cooking) pot* ★ potten en pannen *pots and pans* • lesbienne INF *dike, dyke*
poten ww *plant*
potgrond DE *potting earth*
potlood HET *pencil*
pottenbakker DE *potter*
praatje HET • voordracht *talk* ★ ze gaat een praatje houden over haar huisdier *she's going to give a talk about her pet* • gesprekje *talk, chat* ★ we maakten een praatje *we were having a chat* • gerucht *rumour, story* ★ je moet geen praatjes rondstrooien *you shouldn't spread rumours / stories, you shouldn't gossip* ▼ er gaan rare praatjes rond over jou *people have been talking / gossiping about you*
prachtig I BN • mooi *splendid, magnificent* ★ een prachtig kunstwerk *a splendid work of art* • goed *fine, wonderful* ★ een prachtige gelegenheid *a fine opportunity* II BIJW *splendidly, magnificently, wonderfully* ★ het is prachtig gemaakt *it has been splendidly / magnificently / wonderfully made*
prakken ww *mash*
praktijk DE • toepassing *practice* ★ we proberen onze ideeën in praktijk te brengen *we try to put our ideas into practice* ★ de praktijk is heel anders *in practice / reality, things are quite different* • van dokter & *practice* ★ onze huisarts legt binnenkort zijn praktijk neer *our family doctor will retire from practice soon*
praktisch I BN *practical* ★ dat is een praktisch plan *that's a practical plan* II BIJW *practically, almost* ★ hij zit praktisch dagelijks op internet *he surfs the Internet practically / almost every day* ★ dat komt praktisch op hetzelfde neer *that's practically / almost / virtually the same thing*
praten ww *talk, speak* ★ ze kon niet meer praten *she couldn't talk / speak any more* ★ de politie probeerde hem aan het praten te krijgen *the police tried to get him talking* ★ ik wil hem het idee uit zijn hoofd praten *I want to talk him out of the idea* ★ hij praat Duits *he speaks / talks German*
precies I BN *precise, exact* ★ het precieze tijdstip is nog niet bekend *the precise / exact time is not known yet* ★ hij is erg precies *he's very precise* II BIJW *precisely, exactly* ★ om tien uur precies *at ten o'clock precisely / exactly*
predikant DE *preacher*, ⟨protestant⟩ *minister*, ⟨Anglicaans⟩ *vicar*
preek DE *sermon*, ⟨vermaning⟩ *lecture* ★ de dominee hield een preek *the minister delivered a sermon* ▼ zijn moeder gaf hem een flinke preek *his mother read him the riot act*
preekstoel DE *pulpit*
prei DE *leek*
preken ww *preach*
premie DE • voor verzekeringen & *premium, contribution* ★ verzekeringspremies *insurance premiums* ★ zijn sociale premie *his social security / insurance contribution* • boven op het loon *bonus*
premier DE *prime minister*
première DE *first night, premiere* ★ het toneelstuk was een flop bij de première *the play flopped on its first night* ★ de musical is in 2004 in première gegaan *the musical had its premiere in 2004*
present BN aanwezig *present* ★ iedereen was present *everybody was present, they were all there* ▼ present! ⟨bij appel⟩ *here!*
presentator DE ⟨van nieuws⟩ *presenter*, ⟨van tv⟩ *host, hostess*
presenteren ww • aanbieden, voorstellen *present*, ⟨van voedsel &⟩ *offer* ★ wil jij het gebak presenteren aan de visite? *would you offer the cakes to our guests?* ▼ ze presenteert het als haar eigen werk *she passes it off as her own work* • op tv *host*,

compere ★ zij presenteert een quiz op tv *she hosts a quiz on TV*

president DE • staatshoofd *president* ★ een interview met president Bush *an interview with President Bush* ★ Bush werd gekozen tot president van de VS *Bush was elected president of the USA* • voorzitter *president, chairman*

prestatie DE *achievement, performance* ★ een hele prestatie *quite an achievement* ★ hij heeft een goede prestatie geleverd *he turned in a good performance*

presteren ww • *achieve, perform* ★ hij presteert onvoldoende *he is performing badly, he is underperforming* ★ hij heeft heel wat gepresteerd in zijn leven *he has achieved quite a lot during his lifetime*

pret DE *fun, pleasure* ★ we hadden veel pret *we had great fun* / *a lot of pleasure*

pretpark HET *amusement park, funfair*

prettig I BN • plezierig *pleasant, nice* ★ het was voor de verandering prettig weer *the weather was pleasant / nice for a change* ★ prettig weekend! *have a nice weekend!* ★ ze vindt het prettig om voor kinderen te schrijven *she likes / enjoys writing for children* ▼ prettige feestdagen! *the compliments of the season!* • op je gemak *comfortable, at ease* ★ ze voelt zich niet prettig hier *she doesn't feel comfortable / at ease here* II BIJW *pleasantly* ★ zijn schoolrapport heeft zijn ouders prettig verrast *his school report pleasantly surprised his parents* ▼ u zult prettig verrast zijn door de sfeer in ons hotel *you will be charmed by our hotel's ambience* ▼ die pen schrijft niet prettig *that pen isn't pleasant / comfortable to write with* ▼ hij is prettig gestoord *he's a bit excentric*

preuts I BN *prudish* ★ wees niet zo preuts *don't be so prudish, don't be such a prude* II BIJW *prudishly* ★ ze gedraagt zich preuts *she acts prudishly*

priemgetal HET *prime number*

priester DE *priest*

prijs DE • bedrag *price* ★ voor een zacht prijsje *at a low price, cheaply* ★ tot elke prijs *at any price, at all costs* • beloning *prize, award* ★ hij heeft de eerste prijs gewonnen *he's won first prize* ★ ze kreeg een prijs voor haar vernieuwende ontwerpen *she won an award for her innovative designs*

prijskaartje HET *price tag*

prijsvraag DE *competition, contest*

prijzen ww • loven *praise* ★ prijs de Heer *praise the Lord* • schatten, achten *consider* ★ ik prijs mezelf gelukkig *I consider myself fortunate* • van prijs voorzien *price*

prijzig BN *expensive*, INF *pricey*

prik DE • steek *prick, stab*, ⟨van insect⟩ *sting* • injectie *injection* ★ een prik tegen de griep *a flu injection* • frisdrank *fizz, fizzy drink, soft drink*

prikbord HET *notice board*

prikkelbaar I BN *irritable, touchy* ★ hij was de hele dag een beetje prikkelbaar *he's been a bit irritable / touchy all day* II BIJW *irritably* ★ hij reageerde prikkelbaar *he reacted irritably*

prikkeldraad HET *barbed wire*

prikkelen ww • opwekken *encourage, arouse, stimulate* ★ zijn uitspraken prikkelden mij om politiek actief te worden *his statements encouraged me to become politically active* ★ het prikkelde zijn nieuwsgierigheid *it aroused / stimulated his curiosity* ▼ prikkelende lectuur *salacious literature* • irriteren *irritate* ★ hij raakte geprikkeld *he was becoming irritated*

prikken ww • steken *stick, pin* ★ ze prikte een foto op de deur *she stuck / pinned a photo on the door* ▼ laten we een datum prikken *let's set / fix a date* • stekend aanvoelen *sting* ★ jodium prikt erg *iodine stings awfully*

pril BN *early* ★ in haar prille jeugd *in her early youth* ▼ pril geluk *budding happiness*

prima I BN *excellent, first-rate* ★ een prima optreden *an excellent performance* II BIJW *excellently, well* ★ dat heb je prima gedaan! *excellently / well done!*

primeur DE van krant *scoop* ★ de Times had de primeur *the Times had a scoop*

primitief I BN *primitive* ★ ze leefden onder primitieve omstandigheden *they lived under primitive circumstances* II BIJW *primitively* ★ het is moeilijk voor te stellen hoe primitief onze voorouders leefden *it's hard to imagine how primitively our ancestors lived*

principe HET *principle*

prins DE *prince* ▼ de prins op het witte paard *the knight in shining armour* ▼ hij weet van de prins geen kwaad *he's as innocent*

as a newborn babe
prinses DE *princess*
print DE • computeruitdraai *printout, hard copy* • afdruk *print*
printer DE *printer*
prisma HET *prism*
privacy DE *privacy*
privé I BN *private, personal* ★ uitsluitend voor privé gebruik *for private / personal use only* II BIJW *privately* ★ kan ik u even privé spreken? *could I speak to you privately / in private?*
proberen WW • iets beproeven *try, test (out)* ★ je moet deze wijn eens proberen *you should try this wine* ★ Rusland heeft een raket afgeschoten om haar verdedigingssysteem uit te proberen *Russia fired a missile to test (out) its defence system* ▼ we gaan het nieuwste model proberen *we're going to test-drive the newest model* • een poging doen *try, attempt* ★ laat mij het eens proberen *let me try to do it, let me have a go (at it)* ★ duikers zullen proberen zijn lichaam te vinden *divers will attempt to find his body*
probleem HET *problem, trouble* ★ ze zijn in grote problemen gekomen *they got into great problems / trouble*
procedure DE *procedure* ★ de juiste procedure *the proper procedure*
procent HET *per cent, percent* ★ vijfenzestig procent van de bevolking is vrouw *sixty-five per cent / percent of the population are women*
proces HET • wijze waarop iets verloopt *process* • rechtszaak *action, (law)suit* ★ de aandeelhouders deden het bedrijf een proces aan *the shareholders took legal action against the company* ★ het bedrijf is in een proces verwikkeld *the company is involved in a lawsuit*
proces-verbaal HET *report* ★ de politieagent maakte proces-verbaal op van de getuigenverklaring *the policeman made a report of the witness' statement* ▼ hij kreeg een proces-verbaal *he was booked*
produceren WW *produce, ⟨warmte &⟩ generate*
product HET *product* ▼ landbouwproducten *agricultural produce*
productie DE *production, ⟨opbrengst⟩ output*
proef DE • onderzoek *test* ★ ze stelde mij op de proef *she put me to the test*
• experiment *test, experiment* ★ we doen proeven bij scheikunde *we carry out tests / experiments during our chemistry lesson* • om te proberen *trial* ★ hij is hier een week op proef *he's here on trial / on probation for a week* ★ we hebben de auto een week op proef *we have the car on trial / on approval for a week*
proefdier HET *laboratory animal*
proefrit DE *trial run, test drive*
proefwerk HET *test paper*
proesten WW • niezen *sneeze* • van het lachen *snort* ★ we proestten van het lachen *we snorted with laughter*
proeven WW *taste, sample* ★ we hebben verschillende soorten kaas geproefd *we sampled / tasted various kinds of cheese*
profeet DE *prophet*
professioneel I BN *professional* ★ u krijgt van ons professioneel advies *we offer you professional advice* ▼ een professioneel politicus *a politician by profession* II BIJW *professionally* ★ hij gedraagt zich niet erg professioneel *he doesn't behave very professionally*
professor DE *professor* ★ professor Smit *Professor Smit* ★ een professor in de natuurkunde *a professor of physics*
profiel HET • zijaanzicht *profile* • op autoband *tread* ★ er zit bijna geen profiel meer op de band *there's hardly any tread left on the tyre*
profijt HET *profit, benefit* ▼ hij trok profijt van de situatie *he profited / benefited from the situation*
profiteren WW *profit, benefit, advantage* ★ anderen kunnen ook van je ervaring profiteren *others may also profit from your experience* ★ het zijn voornamelijk de rijken die van de belastingverlaging hebben geprofiteerd *the rich have mainly profited from the tax cuts, the tax cuts have mainly benefit(t)ed the rich* ★ hij profiteerde van de oorlog om een fortuin te vergaren *he took advantage of the war to acquire a fortune*
profvoetballer DE *professional football player*
prognose DE *prognosis, forecast*
programma HET *program(me)*, COMP *program* ★ wat staat er voor vanavond op het programma? *what's on the program(me) for tonight?*

programmatuur DE *software*

programmeren WW COMP *program* ★ zij heeft dit systeem zelf geprogrammeerd *she program(m)ed this system herself*

progressief BN *progressive* ★ de progressieve politieke partijen *the progressive political parties*

project HET *project*

projectiel HET *missile, projectile* ★ een geleid projectiel *a guided missile* ★ het projectiel miste mijn hoofd op een haar na *the projectile narrowly missed my head*

projectleider DE *project manager*

projector DE *projector,* ⟨van dia's⟩ *slide projector*

promille HET ▼ 5 promille van alle kinderen *5 children out of every thousand*

promotie DE ● bevordering *promotion* ★ ze hoopt op promotie *she's hoping for a promotion* ▼ hij maakte snel promotie in het bedrijf *he shot through the company ranks* ● plechtigheid *taking out a doctorate* ▼ haar familie kon niet aanwezig zijn bij haar promotie *her family was unable to be present when she took out her doctorate*

promoveren WW ● van sportclub *be promoted* ● aan universiteit *become a doctor, take out a PhD*

prompt I BN *prompt* ★ een prompt antwoord *a prompt reply* II BIJW *promptly* ★ zij begon prompt te huilen *she promptly began to cry*

pronken WW *show off* ★ hij pronkt met zijn nieuwe auto *he's showing off his new car*

prooi DE *prey, victim* ★ een makkelijke prooi *an easy prey* ★ miljoenen mensen zijn aan computerfraude ten prooi gevallen *millions have fallen victim to computer fraud*

proost TSW *cheers!*

proosten WW *toast, drink to* ★ we proosten op het gelukkige paar *we toasted the happy couple* ★ laten we proosten op de goede afloop *let's drink to the happy end*

prop DE ⟨papier⟩ *ball,* ⟨kleiner⟩ *pellet* ⟨watten &⟩ *wad* ★ een propje papier *a ball / pellet of paper* ▼ hij durft er niet mee op de proppen te komen *he doesn't dare (to) come out with it*

propaganda DE *propaganda*

propeller DE *propeller*

prostituee DE *prostitute*

protest HET *protest* ★ uit protest tegen de beslissing *in protest at the decision* ▼ de leerlingen laten een protest horen *the students are protesting*

protestant DE *Protestant*

protesteren WW *protest* ★ ze protesteerden tegen de beslissing *they protested against the decision*

prothese DE *prosthesis,* ⟨gebit⟩ *dentures, false teeth*

provincie DE *province* ★ de provincie Noord-Holland *the province of North Holland*

provisie DE ● voorraad *stock, supply* ● makelaarsloon *commission*

provoceren WW *provoke*

proza HET *prose*

pruik DE *wig*

pruim DE *plum*

prullenbak DE *waste-paper basket, wastebasket*

prutsen WW *mess about, mess around* ★ ga nergens aan zitten prutsen *don't mess about / around with anything, don't tamper with anything*

psalm DE *psalm*

pseudoniem HET *pseudonym*

psychiater DE *psychiatrist*

psychisch I BN *psychological, mental, emotional* ★ een psychische aandoening *a psychological / mental disorder* ★ ze staat onder grote psychische druk *she's under a lot of emotional pressure* II BIJW *psychologically, mentally, emotionally* ★ ze kan het psychisch niet aan *she can't cope with it psychologically / mentally / emotionally*

psychologie DE *psychology*

psycholoog DE *psychologist*

puber DE *adolescent*

puberteit DE *puberty*

publiciteit DE *publicity* ★ het kreeg veel publiciteit *it got a lot of publicity, it attracted a lot of attention*

publiek I HET *public,* ⟨van sport⟩ *crowd,* ⟨van culturele gebeurtenis⟩ *audience* II BN openbaar *public* ★ de publieke sector *the public sector* ▼ een publieke vrouw *a prostitute*

pudding DE *pudding*

puffen WW *pant, puff* ★ we puften van de hitte *the heat had us panting* ★ hij pufte aan zijn pijp *he puffed on his pipe*

puin HET *rubble, debris* ★ verboden puin te

storten *no dumping of rubbish* ★ er werden 30 lichamen gevonden onder het puin van de ingestorte school *30 bodies were found in the rubble / debris of the collapsed school* ▼ puin ruimen wordt onze eerste taak *clearing up the mess will be our first task* ▼ de stad ligt in puin *the city lies in ruins*

puinhoop DE • hoop puin *heap of rubble* • warboel *mess* ★ je hebt er een puinhoop van gemaakt *you've made a mess of it*

puist DE • pukkel *pimple, spot* • steenpuist *boil, carbuncle*

pukkel DE *pimple, spot*

punaise DE *drawing pin*

punk DE *punk*

punt I DE • uiteinde *tip, point,* ⟨van zakdoek, tafel, &⟩ *corner* • wigvormig stuk *wedge, piece* ★ een punt appeltaart *a wedge / piece of apple pie* • stip *dot* • leesteken *full stop, period* ▼ dubbele punt *colon* ▼ we zetten er een punt achter ⟨m.b.t. werk⟩ *let's call it a day* **II** HET • onderdeel, kwestie *point, item* ★ punt voor punt *point by point* ★ een interessant punt om te bespreken *an interesting point for discussion* ★ het volgende punt op de agenda *the next item on the agenda* • moment *point* ★ we staan op het punt om te vertrekken *we're on the point of leaving, we're about to leave* • waarderingseenheid *point, mark* ★ hij haalde de meeste punten *he scored the most points / got the highest marks*

puntenslijper DE *pencil sharpener*

puntig I BN • spits *pointed, sharp* • snedig *succinct* **II** BIJW *succinctly* ★ dat heeft hij heel puntig geformuleerd *he formulated that quite succinctly*

puntje HET • kleine punt *tip, dot* ▼ FIG hij zet de puntjes op de i *he dots the i's and crosses the t's* • broodje *roll*

puntkomma DE *semicolon*

pupil DE • oogpupil *pupil* • leerling *pupil, student*

puree DE *purée* ★ tomatenpuree *tomato purée* ▼ aardappelpuree *mashed potatoes*

purper HET *purple*

put DE ⟨van water, gas, olie⟩ *well,* ⟨kuil⟩ *pit,* ⟨afvoerput⟩ *drain* ★ ze groeven een put *they sunk a well* ★ een bodemloze put *a bottomless pit* ▼ ze zit in de put *she's down in the dumps*

putdeksel HET • van put *well cover* • van riool *manhole cover*

puur I BN *pure, complete* ★ pure onzin *pure / complete / sheer nonsense* ▼ pure chocola *plain / dark chocolate* ▼ hij drinkt zijn whisky puur *he drinks his whisky straight* **II** BIJW *completely* ★ puur biologisch *completely organic*

puzzel DE *puzzle,* ⟨legpuzzel⟩ *jigsaw (puzzle)*

puzzelen WW *do puzzles*

pyjama DE *pyjamas /* AM *pajamas* ★ twee pyjama's *two pairs of pyjamas*

pyromaan DE *arsonist, pyromaniac*

Q

q DE *q* ★ de Q van Quotiënt *Q as in Quebec*
quiche DE *quiche*
quiz DE *quiz*
quotiënt HET *quotient*

R

r DE *r* ★ de R van Rudolf *R as in Romeo*
raad DE ● advies *advice* ★ ze vroegen mij om raad *they asked me for advice, they asked my advice* ● redmiddel *remedy* ★ de huisarts weet er wel raad op *the doctor will have a remedy, the doctor will know what to do about it* ▼ hij weet overal raad op *he's never at a loss for an answer* ▼ hij is ten einde raad *he's at his wits' end* ● adviserend college *council, board* ★ de raad van bestuur *the board of directors, the executive board* ★ de Raad van Europa *the Council of Europe*
raadplegen WW *consult* ★ ik zou een arts raadplegen als ik jou was *I'd consult / see a doctor if I were you*
raadsel HET *mystery, riddle* ★ het is voor mij een raadsel *it is a mystery to me* ★ de raadsel van de piramiden *the riddle of the pyramids* ▼ wij stonden voor een raadsel *we were baffled*
raadzaam BN *advisable*
raaf DE *raven* ▼ hij steelt als de raven *he steals like a magpie*
raak I BN doel treffend *on target, to the point* ★ het schot was precies raak *the shot was right on target* ★ dat was een rake opmerking *that remark was to the point, that remark hit home* ▼ een rake omschrijving *an apt description* ▼ precies raak! *bullseye!* **II** BIJW *home* ★ hij sloeg raak *he hit home* ▼ hij kletst maar wat raak *he talks out of the back of his head*
raam HET ● venster *window* ★ hij stond voor het raam *he stood at the window* ● kader *framework, context*
raap DE *turnip* ▼ toen waren de rapen gaar *then the fat was in the fire*
raar I BN *strange, odd* ★ dat drankje heeft een rare smaak *that drink tastes strange / odd* ★ een rare snuiter *a strange / weird customer* ▼ ze voelde zich een beetje raar worden *she started to feel a bit funny / queasy* **II** BIJW *strangely* ★ hij kan soms raar doen *he can act strangely at times*
raat DE *honeycomb*
rabarber DE *rhubarb*
rabbijn DE *rabbi*
race DE *race*

raceauto DE *racing car*
racen WW • aan een snelheidswedstrijd deelnemen *race* • zeer snel gaan *speed*
racisme HET *racism*
racket HET *racket*
rad HET *wheel* ★ het rad van fortuin *the wheel of fortune*
radar DE *radar*
radeloos I BN *desperate* ★ hij was radeloos *he was desperate, he was at his wits' end* ▼ het is om radeloos van te worden *it's enough to drive you mad* II BIJW *desperately* ★ ze voelde zich radeloos verloren *she felt desperately lost*
raden WW *guess* ★ dat heb je goed / verkeerd geraden *you guessed right / wrong*
radiator DE *radiator*
radicaal I BN *radical* ★ ze was een radicale feministe *she was a radical feminist* II BIJW *radically* ★ het onderwijs is in de laatste vijf jaar radicaal veranderd *education has changed radically over the last five years*
radijs DE *radish*
radio DE *radio* ★ hij is voor / op de radio geweest *he was on the radio*
radioactief BN *radioactive*
rafelig BN *frayed*
raffineren WW *refine*
rage DE *craze, rage*
ragout DE *ragout*
rail DE • roede (voor o.a. gordijnen) *rail* • spoorstaaf *rail* ★ de trein is uit de rails gelopen *the train was derailed / came off the rails*
raken WW • aanraken *touch* ★ hun lippen raakten elkaar *their lips touched* • treffen *hit* ★ de auto's raakten elkaar *the cars hit* ★ hij heeft de schijf / het doel geraakt *he hit the target* ★ de helikopter werd drie keer geraakt *the helicopter was hit three times* • ontroeren *move, touch* ★ het heeft mij diep geraakt *it moved / touched me deeply* • betreffen *concern, affect* ★ dat raakt me niet *it doesn't concern / affect me* • geraken *get, become* ★ hij raakte gewond *he became / got / was wounded* ★ ze raakte aan de drank *she became addicted to drink / alcohol* ★ Amerika raakte in oorlog met Irak *America became involved in a war with Iraq*
raket DE *rocket, missile*
ram DE • mannetjesdier ⟨schaap⟩ *ram,* ⟨konijn⟩ *buck* • klap *whack, thump* ▼ ze gaf hem een ram voor zijn kop *she whacked / thumped him over the head*
Ram DE *Aries* ★ mijn teken van de dierenriem is Ram *my sign of the zodiac is Aries*
ramadan DE *Ramadan*
rammelaar DE • speelgoed *rattle* • mannetjeskonijn *buck rabbit*
rammelen WW *rattle* ★ hij rammelde met z'n sleutels *he rattled his keys* ▼ zijn verhaal rammelde aan alle kanten *his story was very shaky* ▼ hij rammelde haar door elkaar *he gave her a good shaking*
rammen WW *ram*
ramp DE *catastrophe, disaster*
rand DE • omranding *edge,* ⟨van hoed⟩ *brim,* ⟨van bord &⟩ *rim,* ⟨omlijsting⟩ *border,* ⟨van papier⟩ *margin* ★ op de rand van het zwembad *on the edge of the pool* ★ mijn hoed heeft een brede rand *my hat has a wide brim* ▼ de rand van het dorp *the fringes / outskirts of the village* • bovenrand *brim* ★ tot de rand vol *filled to the brim, brimful* • uiterste deel *verge,* ⟨van afgrond⟩ *brink* ★ aan de rand van de afgrond *on the brink of the abyss;* FIG *on the verge / brink of disaster* ★ aan de rand van een zenuwinzinking *on the verge of a nervous breakdown*
randaarde DE *earth connection*
randstad DE *urban agglomeration (in the western part of the Netherlands)*
rang DE *rank, position* ★ hij bekleedt een hoge rang *he has a high rank / position*
rangeren WW *shunt*
rangorde DE *order*
rangschikken WW • ordenen *order, arrange* ★ de namen zijn op alfabetische volgorde gerangschikt *the names are ordered / arranged in alphabetical order* • classificeren *class, classify* ★ deze wijn wordt gerangschikt onder de grote wijnen van Bordeaux *this wine is classed among the great wines of Bordeaux* ★ de boeken zijn naar onderwerp gerangschikt *the books are classified according to subject*
rantsoen HET *ration* ▼ in 1917 waren aardappels op rantsoen *potatoes were rationed in 1917*
rap I DE muzieksoort *rap* II BN snel *quick* ★ hij heeft een rappe tong *he has a quick*

tongue **III** BIJW snel *quickly* ★ hij deed het heel rap *he did it very quickly*

rapen ww ● oppakken *pick up* ● verzamelen *gather*

rappen ww *rap*

rapport HET ⟨ook op school⟩ *report* ▼ hij komt rapport uitbrengen over de vergadering *he's come to report on the meeting*

rapportcijfer HET *report mark*

ras I HET ⟨van mensen⟩ *race,* ⟨van dieren⟩ *breed,* ⟨van planten⟩ *variety* ★ er wordt verteld dat het een ras van reuzen was *they were reported to be a race of giants* **II** BN snel *quick, swift* ★ met rasse schreden *with quick / swift steps* **III** BIJW snel *quickly, swiftly* ★ de vakantie komt ras naderbij *the holidays are approaching quickly / swiftly*

rashond DE *pedigree dog*

rasp DE ● keukengereedschap *grater* ● vijl *rasp*

rassendiscriminatie DE *racial discrimination*

rat DE *rat*

ratelen ww ● geluid maken *rattle* ● druk praten *chatter, rattle* ★ ze ratelt maar door *she keeps chattering / rattling on*

ratelslang DE *rattlesnake*

rauw BN ● ongekookt *raw, uncooked* ★ het is gevaarlijk om rauwe kip te eten *it's dangerous to eat raw / uncooked chicken* ● schor *raucous, harsh* ★ hij heeft een rauwe stem *he has a raucous / harsh voice* ● hard *harsh* ★ het rauwe leven *the harsh life* ▼ dat viel me rauw op m'n dak *that was an unpleasant surprise*

rauwkost DE *raw vegetables, vegetable salad*

ravage DE *trail of devastation, havoc* ★ de storm heeft een ravage achtergelaten *the storm left a trail of devastation* ★ een dronken man heeft een ravage aangericht in het ziekenhuis *a drunk man caused havoc at the hospital*

ravijn HET *ravine, gorge* ★ de auto stortte het ravijn in *the car plunged into the ravine* ★ de stad is boven een ravijn gebouwd *the town is built over a steep gorge*

razen ww ● tekeergaan *rage, rave* ★ hij liep te razen en te tieren *he was ranting and raving* ● snel bewegen *race, tear* ★ hij raasde over de weg *he raced / tore along the road*

razend I BN ● woedend *furious, mad* ★ het is om razend van te worden *it's enough to drive you mad* ● enorm *terrific* ★ met een razende vaart *at a terrific speed* ▼ ik heb een razende honger *I'm ravenous / starving* **II** BIJW erg *madly* ★ hij is razend verliefd *he's madly in love* ▼ we hebben razend veel plezier gehad *we enjoyed ourselves immensely*

reactie DE *reaction*

reageerbuis DE *test tube*

reageren ww *react, respond* ★ hij reageerde op mijn vraag *he reacted / responded to my question* ★ ze reageerden op een oproep *they responded to an appeal*

realiseren ww *realize* ★ ik realiseerde me dat ik geen gelijk had *I realized (that) I was wrong* ▼ dat plan is niet te realiseren *that plan is impracticable*

realistisch I BN *realistic* ★ een realistische roman *a realistic novel* **II** BIJW *realistically* ★ het leven tijdens de oorlog wordt in deze film realistisch weergegeven *life during the war is portrayed realistically in this film*

realiteit DE *reality* ★ we moeten de realiteit onder ogen zien *we have to face reality*

rebel DE *rebel*

recensie DE *review* ★ lovende recensies *rave reviews*

recent BN *recent*

recept HET ● keukenrecept *recipe* ● doktersrecept *prescription* ★ het medicijn is zonder recept verkrijgbaar *it is a non-prescription medicine, the medicine is sold over the counter*

receptie DE ● balie *reception (desk)* ★ u kunt u melden bij de receptie *please report to the reception desk* ● ontvangst *reception* ★ het bruidspaar hield een receptie *the bride and groom gave a reception*

recherche DE politieafdeling *criminal investigation department*

recht I HET ● rechtvaardigheid *right, justice* ★ we hebben het recht aan onze kant *we have justice / right on our side* ▼ hij komt goed tot zijn recht in deze baan *he has come into his own in this job* ▼ het schilderij komt goed tot zijn recht tegen die blauwe muur *the painting shows up to advantage against that blue wall* ● rechtsregels *law* ★ zo is het in het recht geregeld *that's what the law says* ★ mijn zoon studeert rechten *my son is studying law* ★ ze nemen het recht in eigen hand *they're taking the law into their own hands* ● bevoegdheid, aanspraak *right*, ⟨auteursrechten⟩ *copyright* ★ u hebt recht op korting *you have a right to a discount, you're entitled to a discount* ★ dat is mijn goed recht *that's my right* ▼ het recht van de sterkste *the law of the jungle* ▼ dit bonnetje geeft recht op een gratis drankje *this ticket entitles you to a free drink* II BN ● niet gebogen *straight* ★ een rechte lijn *a straight line* ▼ een rechte hoek *a right angle* ● goed, juist *right, true* ★ alles wat recht en billijk is *all that's right and fair* ▼ op het rechte pad *on the straight and narrow* III BIJW zonder omweg *straight* ★ hij ging recht op zijn doel af *he made straight for his goal*

rechtbank DE ● college van rechters *law court, court of law* ● gerechtsgebouw *court*

rechtdoor BIJW ● richting *straight on, straight ahead* ● rechtstreeks *straight* ★ hij ging uit school rechtdoor naar huis *he went straight home after school*

rechter I DE *judge, justice* II BN ⟨van lichaamsdelen⟩ *right*, ⟨van zaken⟩ *right-hand* ★ de rechter voet *the right foot* ★ de rechter voorband *the right-hand front tyre*

rechterkant DE *right-hand side, right side*

rechthoek DE *rectangle*

rechtlijnig BN van mensen *straightforward, consistent*

rechtmatig BN *rightful, lawful*

rechtop BIJW *upright, erect* ▼ ga rechtop zitten *sit up* ▼ zit rechtop *sit straight*

rechts I BN ● aan de rechterkant *right, on the right(-hand side)* ● rechtshandig *right-handed* ★ hij is rechts *he's right-handed* ● politiek *right-wing* ★ een rechtse partij *a right-wing party* II BIJW ● aan de rechterkant *to the right, on the right* ★ rechts houden *keep to the right* ● de tweede straat rechts *the second street on the right* ● met de rechterhand *with your right hand* ★ hij schrijft rechts *he writes with his right hand, he's a right-hander*

rechtsaf BIJW *to the right*

rechtshandig BN *right-handed*

rechtspraak DE *jurisdiction*

rechtstreeks I BN *direct* ★ een rechtstreeks telefoongesprek *a direct phone call* II BIJW *straight, directly* ★ zij ging rechtstreeks naar de kroeg *she went straight to the pub, she made directly for the pub*

rechtszaak DE *lawsuit*

rechtuit BIJW *straight on*

rechtvaardig BN *just, fair*

reclame DE ● aanprijzing *advertising, publicity* ▼ ze maken reclame voor auto's *they are advertising cars* ● advertentie *ad, advertisement*, INF *advert* ● op radio / tv *commercial*, INF *advert* ★ het programma wordt steeds onderbroken door reclame *the programme is interrupted constantly by commercials*

reclamebureau HET *advertising agency*

record HET *record* ★ hij probeerde het record te verbeteren / breken *he tried to beat / break the record*

recreatie DE *recreation*

recreatiegebied HET *recreation area*

rector DE hoofd van school *headmaster, principal*

recyclen WW *recycle*

redactie DE ● het redigeren *editorship* ● de redacteuren *editors*, ⟨afdeling⟩ *editorial office*

redden WW ● in veiligheid brengen *save, rescue* ★ dat gebouw is niet meer te redden *that building is past saving* ★ hij heeft mij het leven gered *he saved my life* ● voor elkaar krijgen *manage* ★ met dat geld kan hij het redden *he can manage on that amount of money* ★ je moet je zelf maar redden *you'll have to manage for yourself*

redding DE *rescue*, ⟨geestelijk⟩ *salvation*, ⟨door doelman⟩ *save*

reddingsboot DE *lifeboat*

reddingsvest HET *life jacket*

rede DE ● toespraak *speech* ● verstand *reason, sense* ★ ze probeerden hem tot rede te brengen *they tried to bring him to his senses / to talk some reason into him*

redelijk I BN ● met verstand *rational*, ⟨verstandig⟩ *sensible* ★ de mens is een redelijk wezen *man is a rational being* ● billijk *reasonable, fair* ★ wees redelijk *be reasonable* ● acceptabel *passable, tolerable* ★ de maaltijd was redelijk *the meal was passable / tolerable* ▼ ik heb redelijke cijfers gehaald *my marks were all right I suppose* II BIJW tamelijk *fair, reasonably* ★ het is redelijk ver *it's a fair / reasonable* *distance*

reden DE *reason, cause* ★ om die reden *for that reason* ★ er is alle reden om bezorgd te zijn *there is every reason to be concerned* ★ zonder geldige reden *without good / valid reason* ★ ze hebben geen reden tot klagen *they have no reason / no cause / no grounds for complaint* ★ een reden om te scheiden *grounds for divorce*

redeneren WW *reason, argue* ★ ik heb zo geredeneerd... *I argued as follows...* ★ zijn manier van redeneren was voor mij niet te volgen *I couldn't follow his reasoning*

ree DE *roe (deer)*

reëel BN • werkelijk *real* ★ het plan heeft een reële kans op succes *the plan has a real chance of success* • realistisch *realistic, reasonable* ★ ik denk dat ik een reële kijk op het leven heb *I think that I have a realistic outlook on life* ★ wees nou eens een keertje reëel! *be reasonable / realistic for a change!*

reeks DE *series* ★ een reeks ongelukken *a series / string of accidents*

reep DE • strook *strip* • plak chocola *bar*

reet DE • *arse* ▾ lik mijn reet! *fuck off!*

referendum HET *referendum*

reflecteren WW weerkaatsen *reflect, mirror* ★ het water reflecteert het zonlicht *water reflects the sun* ★ in de plaatselijke kranten wordt gereflecteerd wat er in de gemeenschap gebeurt *local newspapers mirror what goes on in the community*

reflector DE *reflector*

reformwinkel DE *health food shop*

refrein HET *refrain, chorus*

regel DE • tekstregel *line* ★ je moet op een nieuwe regel beginnen *start on a new line* ★ als je tussen de regels door leest *if you read between the lines* • voorschrift *rule* ★ tegen de regels in *contrary to the rules, against the rules* ★ volgens de regelen der kunst *according to the rules* ★ dat is de uitzondering op de regel *that's the exception to the rule* • gewoonte *rule, habit* ★ in de regel *as a rule* ★ je moet er geen regel van maken om te laat te komen *don't make a habit of coming late*

regelen WW • in orde brengen *arrange, sort out*, ⟨verkeer⟩ *regulate* ★ mijn secretaresse regelt alle details *my secretary will arrange / sort out the details* ★ je moet je zaken regelen *you should sort out your affairs* • bepalen *regulate, lay down* ★ geregeld bij de wet *regulated / laid down by the law*

regeling DE • het regelen *regulation, control* ★ de regeling van het verkeer *regulation of the traffic, traffic control* • schikking *arrangement* ★ ze hebben een regeling getroffen *they've come to an arrangement*

regelmaat DE *regularity*

regelmatig I BN *regular* ★ ze heeft een regelmatige hartslag *she's got a regular heartbeat* II BIJW *regularly* ★ hij komt regelmatig te laat *he's regularly late*

regen DE • neerslag *rain* ★ zure regen *acid rain* ★ in de stromende regen *in the pouring rain* • grote hoeveelheid *shower* ★ een regen van bezwaren *a shower of objections*

regenboog DE *rainbow*

regenbui DE *shower of rain*

regenen WW *rain* ★ het gaat morgen regenen *it's going to rain tomorrow* ▾ het regent dat het giet *it's pouring, it's bucketing down*

regenjas DE *raincoat*

regenworm DE *earthworm*

regenwoud HET *rainforest*

regeren WW *rule*, ⟨van vorst⟩ *reign*, ⟨van ministers⟩ *govern*

regering DE *government*, ⟨van vorst⟩ *reign* ★ een regering in ballingschap *a government in exile* ★ onder de regering van koningin Victoria *during the reign of Queen Victoria* ▾ de socialisten kwamen aan de regering *the socialists came into power*

regie DE *direction, production* ★ de regie ligt in handen van Jan *Jan was in charge of the direction / production* ▾ ieder mens voert de regie over zijn eigen leven *people are in control of their own lives* ▾ de gemeente voert de regie over veiligheidsmaatregelen *safety measures fall under the jurisdiction of the council*

regio DE *region*

regionaal BN *regional*

regisseur DE ⟨film⟩ *director*, ⟨toneel⟩ *stage manager*

registratie DE *registration*

registreren WW *register*

reglement HET *regulations, rules*

reiger DE *heron* ★ de blauwe reiger *the grey heron*

reiken ww• zover komen *reach*, ⟨van stem⟩ *carry*★ de jurk reikte tot aan haar enkels *the dress reached her ankles / went down to her ankles*▼ zover als het oog reikt *as far as the eye can see*• hand uitstrekken *reach* ★ hij reikte naar het boek *he reached for the book*▼ ze reikten elkaar de hand ⟨handen schudden⟩ *they shook hands*, ⟨bij de hand vasthouden⟩ *they joined hands*

reinigen ww *clean*

reis DE *journey*, ⟨rondreis⟩ *tour*, *trip*★ we gaan morgen op reis *we're going on a journey / trip tomorrow*★ goede reis! *have a pleasant journey / trip!*▼ Gullivers reizen *Gulliver's travels*▼ een enkele reis ⟨kaartje⟩ *a single (ticket)*

reisbureau HET *travel bureau, travel agency*

reisgids DE• boek *guidebook, travel guide* • persoon *(tour) guide, travel guide*

reizen ww *travel, journey*★ ze reisde naar Egypte *she travel(l)ed to Egypt*★ hij heeft meer dan zeven jaar lang gereisd *he journeyed for more than seven years*

reiziger DE *travel(l)er*

rek I DE elasticiteit *elasticity* **II** HET bergplaats ⟨voor bagage &⟩ *rack*, ⟨voor kleren⟩ *clothes horse*, ⟨voor handdoek⟩ *towel rack*

rekenen ww• cijferen *calculate, work out*, ⟨sommen maken⟩ *do sums*▼ ze is goed in rekenen *she's good at figures*• vertrouwen op *count, rely*★ reken er maar niet op *don't count on it*★ kan ik op hem rekenen? *can I rely on him?*• in rekening brengen *charge*★ hij rekende er niets voor *he didn't charge for it*

rekening DE• nota *bill*★ mag ik de rekening alstublieft? *could I have the bill, please?*▼ ze hebben ons te veel in rekening gebracht *they've charged us too much, they've overcharged us* • bankrekening *account*★ ik zal het bedrag op jouw rekening storten / overmaken *I'll pay the amount into your account*

rekenmachine DE *calculator*

rekken ww• langer maken *stretch*★ hij rekte zich uit *he stretched*★ hij rekte het elastiek zo ver mogelijk *he stretched the elastic as far as it would go*• lang aanhouden *prolong, spin out*★ het heeft geen zin om de zaak te rekken *there is no point in trying to prolong things / to spin things out*▼ de tegenstanders probeerden tijd te rekken *the opponents tried to play for time*

rel DE *riot, row*★ de rellen werden snel door het leger de kop ingedrukt *the riots were quickly suppressed by the army*★ er was een rel toen hij benoemd werd *there was a row when he was appointed*

relatie DE• onderlinge betrekking *relation, connection*★ de relatie tussen Noord- en Zuid-Korea is gespannen *relations between North and South Korea are strained* ★ de firma knoopte relaties aan met een Duits bedrijf *the firm made connections with a German concern*
• liefdesverhouding *relationship, (love) affair*★ de twee kregen een relatie *the two struck up a relationship*★ de relatie was al snel voorbij *the (love) affair was soon over*

relatief BN *relative*

relaxen ww *relax*

relevant BN *relevant, pertinent*

religie DE *religion*

religieus BN *religious*

reling DE *rail(ing)*

rem DE *brake*★ hij ging op de rem(men) staan *he slammed / jammed on the brakes*

remedie DE *remedy*★ een remedie tegen maagklachten *a remedy for an upset stomach*

remlicht HET *brake light*

remmen ww *brake, put on the brake(s)*★ hij remde plotseling *he braked suddenly, he suddenly put on the brakes*

ren DE• snelle loop *run*• voor kippen *(chicken) run*

rendier HET *reindeer*

rennen ww *run*, ⟨hard⟩ *race*★ hij rende de deur uit *he ran / raced out the door*★ we hadden hard gerend, maar toch waren we te laat *we ran fast but were still late*

renoveren ww *renovate*

rente DE *interest*, ⟨renteniveau⟩ *interest rate* ★ op een spaarrekening krijg je rente *a savings account attracts interest*★ tegen lage / hoge rente *at a low / high interest rate*

reparatie DE *repair(s)*▼ onze auto is in reparatie *our car is being repaired*

repareren ww *fix, mend, repair*★ de monteur heeft de auto gerepareerd *the mechanic fixed / repaired the car*★ mijn schoenen moesten worden gerepareerd *my shoes had to be fixed / mended / repaired*

repertoire HET *repertoire*

repeteren WW● herhalen *repeat*★ een repeterende breuk *a recurring decimal* ● instuderen *rehearse*★ ze repeteren een nieuw toneelstuk *they're rehearsing a new play*

repetitie DE● herhaling *repetition* ● proefwerk *test*● proefuitvoering *rehearsal*★ de generale repetitie *the dress rehearsal*

reportage DE *report*, ⟨op radio & tv⟩ *commentary*★ een rechtstreekse reportage vanuit het stadion *a live / running commentary from the stadium*

reporter DE *reporter*, ⟨op radio & tv⟩ *commentator*

reproductie DE *reproduction*

reptiel HET *reptile*

republiek DE *republic*

reputatie DE *reputation*★ ik moet mijn reputatie hoog houden *I have to maintain my reputation*

reservaat HET● voor bevolkingsgroep *reservation*● natuurreservaat *(nature) reserve*● vogelreservaat *(bird) sanctuary*

reserve DE● noodvoorraad *reserve*★ de rest van het geld wordt in reserve gehouden *the rest of the money is held in reserve* ● plaatsvervanger *standby, substitute* ● wisselspeler SPORT *reserve, substitute (player)*

reserveren WW● bespreken *book* ★ reserveer uw plaatsen tijdig! *book your seats early!*● in reserve houden *reserve* ★ we moeten voldoende tijd reserveren voor het project *we need to reserve enough time for the project, we need to set aside enough time for the project*

reservoir HET● voor vloeistof *reservoir, tank* ● van mensen & *pool*

respect HET *respect, regard*★ ik heb het grootste respect voor hem *I have the greatest respect / the highest regard for him*

rest DE● het overige *rest*★ hij nam één hap en gooide de rest weg *he took one bite and threw the rest away*● wat overblijft *remainder, remains, remnant*★ hak de peterselie fijn, maar bewaar een restje om de schotel mee te garneren *chop the parsley finely, leaving a remainder to garnish the dish*★ de stoffelijke resten *the mortal remains*★ een restje van de stof *a remnant of the material*

restaurant HET *restaurant*

restaureren WW● herstellen *restore* ● renoveren *renovate*

resteren WW *remain, be left*

resultaat HET *result, outcome*★ ze haalt bevredigende resultaten bij Engels *she's achieving satisfactory results in English*★ de onderzoeksresultaten *the research results / outcomes*★ het is moeilijk om het resultaat van de onderhandelingen te voorspellen *it is hard to predict the outcome of the negotiations*▼ onze pogingen bleven zonder resultaat *our attempts were in vain*

resusfactor DE *rhesus factor*

retour HET *return (ticket)*★ een retour Arnhem *a return ticket to Arnhem*

retourtje HET *return, return ticket*

reu DE *male dog*

reuk DE● zintuig *(sense of) smell*● geur *smell, odour*▼ de Hell's Angels staan in een kwade reuk *Hell's Angels have a bad reputation*

reuma HET *rheumatism*★ ze lijdt aan reuma *she suffers from rheumatism*

reus DE *giant*

reusachtig I BN *gigantic, huge*★ in de film komen reusachtige monsters voor *gigantic / huge monsters appear in the film* **II** BIJW *immensely, hugely*★ we hebben reusachtig genoten *we enjoyed ourselves immensely / hugely*

reuze I BN *great*★ we hebben reuze lol gehad *we had great fun, we had a smashing time* **II** BIJW *enormously*★ we hebben ons reuze vermaakt *we enjoyed ourselves enormously*▼ reuze veel *an awful lot*

reuzenrad HET *Ferris wheel*

revanche DE *revenge*

revolutie DE *revolution*

revolver DE *revolver*

rib DE *rib*★ hij gaf mij een por tussen de ribben *he poked me in the ribs*

ribbenkast DE *ribcage*

richel DE● rand *ledge, edge*▼ ze zijn tuig van de richel *they're the scum of the earth*● lat *lath*

richten WW● sturen *direct, address*★ de brief was niet aan hem gericht *the letter was not addressed to him*★ ik richt mijn vraag tot de minister *I direct my question*

richting DE • kant *direction* ★ zij ging richting Zwolle *she went in the direction of Zwolle* ▼ de auto gaf geen richting aan *the car failed to signal / indicate* ▼ dat komt aardig in de richting *that's pretty close* • gezindheid *school* ★ de moderne richting in de muziek *the modern school of music*

to the minister • instellen op een doel *point, aim* ★ ze richtte haar fototoestel op mij *she pointed / aimed her camera at me* • zich schikken *conform* ★ wij richten ons naar uw wensen *we'll conform to your wishes*

richtingaanwijzer DE *indicator*
ridder DE *knight*
riem DE • van leer *strap, ⟨voor hond⟩ lead, leash, ⟨om middel⟩ belt* • roeiriem *oar*
riet HET • grassoort *reed, ⟨suikerriet⟩ (sugar) cane* • stengel *reed, ⟨dik⟩ cane*
rietje HET *straw*
rietsuiker DE *cane sugar*
rif HET *reef*
rij DE *reeks ⟨onder elkaar⟩ column, ⟨naast elkaar⟩ row, ⟨achter elkaar⟩ line, ⟨wachtenden⟩ queue* ★ we gingen in de rij staan *we joined the queue* ★ drie overwinningen op rij *three victories in a row* ▼ ze stonden in rijen van vijf *they were standing five deep*
rijbaan DE *roadway, ⟨rijstrook⟩ lane*
rijbewijs HET *(driving) licence* ▼ mijn zus heeft haar rijbewijs gehaald *my sister passed her driving test*
rijden ww • op fiets, paard *ride* ★ hij reed op een zwarte motor *he was riding a black motorbike* ★ heb je ooit op een kameel gereden? *have you ever ridden a camel?* ★ gisteren is hij op de fiets van zijn zus naar school gereden *yesterday he rode to school on his sister's bike* • in voertuig *drive* ★ hoe vaak is hij voorbij je huis gereden? *how often has he driven past your house?* ★ hij reed ons naar het station *he drove us to the station* ▼ dat is twee uur rijden *that's a two-hour drive* ▼ hij reed door rood / het rode licht *he jumped the lights* ▼ die auto rijdt op diesel *that car runs on diesel* ▼ de treinen rijden vandaag niet *the trains aren't running today*
rijexamen HET *driving test* ★ ze heeft haar rijexamen gehaald *she passed her driving test* ★ hij moet morgen rijexamen doen *he's doing his driving test tomorrow*
rijgen ww • aan een snoer doen *thread, string* • naaien *baste, tack*
rijk I HET *state, ⟨internationaal⟩ empire, ⟨koninkrijk⟩ kingdom* ★ het Britse Rijk *the British Empire* II BN *rich, wealthy* ★ hij is stinkend rijk *he's filthy rich* ★ hij is met een rijke weduwe getrouwd *he married a wealthy widow* III BIJW *richly* ★ de mantel was rijk versierd met juwelen *the gown was richly decorated with jewels*
rijkdom DE *wealth, riches* ▼ het land heeft veel natuurlijke rijkdommen *the country has many natural resources*
rijles DE • in auto *driving lesson* • op paard *riding lesson*
rijm HET *rhyme*
rijmen ww • rijm hebben *rhyme* ★ rat rijmt op kat *rat rhymes with cat* • overeenstemmen *be in accordance, be consistent* ★ dat rijmt niet met wat u net gezegd hebt *that's not consistent with / in accordance with your previous statement*
rijp I DE *hoar frost* ★ alles is wit van de rijp *everything is white with hoar frost* II BN • volwassen *mature* • eetbaar *⟨gewassen, vruchten⟩ ripe, ⟨kaas, wijn⟩ mature*
rijpen ww *ripen, mature*
rijst DE *rice* ★ gepelde rijst *polished rice* ★ zilvervliesrijst *unpolished rice*
rijstveld HET *rice field, paddy (field)*
rijtjeshuis HET *terrace(d) house*
rijwiel HET *bicycle*
rijzen ww *rise* ★ de bakker laat het deeg rijzen *the baker leaves the dough to rise* ★ de rijzende zon *the rising sun* ★ in april vorig jaar zijn de prijzen van olie sterk gerezen *oil prices rose steeply during April last year*
rillen ww *shiver, ⟨van angst ook⟩ shudder* ★ ze rilde van de kou / angst *she shivered with cold / fear*
rimpel DE *wrinkle* ★ een gezicht met rimpels *a face lined with wrinkles*
ring DE *ring*
ringband DE *ring binder*
ringvinger DE *ring finger*
rinkelen ww *jingle, tinkle, ⟨van bel, telefoon⟩ ring, ⟨glas, metaal⟩ rattle*
riolering DE *sewerage*
riool HET *sewer, ⟨vanaf huis⟩ drain*
risico HET *risk* ★ als je geen hoed draagt, loop je een groot risico om te verbranden *if you don't wear a hat you run a great risk*

of becoming sunburnt
riskant BN *risky*
riskeren WW *risk*★ hij riskeert zijn leven *he's risking his life*
rit DE *run*, ⟨op paard, fiets, &⟩ *ride*, ⟨in voertuig⟩ *drive*★ we maakten een ritje *we went for a ride / drive*
ritme HET *rhythm*★ luister naar het ritme van de vallende regen *listen to the rhythm of the falling rain*
rits DE● sluiting *zip, zipper*▼ kun je mijn rits even dichtdoen? *could you zip me up?*
 ● serie *row, series*★ een hele rits kinderen *a whole row of kids*
ritueel I HET *ritual* II BN *ritual*★ een rituele begrafenis *a ritual burial* III BIJW *ritually*★ de schapen worden ritueel geslacht *the sheep are ritually slaughtered*
rivaal DE *rival*
rivier DE *river*★ de rivier op / af *up / down the river*★ de rivier de Rijn *the river Rhine*
robijn DE + HET *ruby*
robot DE *robot*
rock DE *rock*
roddelen WW *gossip*★ ze roddelen over hun klasgenoten *they gossip about their classmates*
rodehond DE *German measles*
rodekool DE *red cabbage*
Rode Kruis HET *Red Cross*
roeiboot DE *rowing boat*
roeien WW *row*▼ je moet roeien met de riemen die je hebt *you have to cut your coat according to your cloth*
roekeloos I BN *reckless, rash*★ roekeloos gedrag *reckless / rash behaviour* II BIJW *recklessly, rashly*★ de chauffeur had roekeloos gereden *the driver had driven recklessly*★ ze zullen niet roekeloos te werk gaan *they won't act rashly*
roem DE *fame, glory*★ de Beatles hebben veel roem vergaard *the Beatles achieved enormous fame*★ deze zelfmoordterroristen hopen eeuwige roem te ontvangen *these suicide bombers hope to achieve everlasting glory*▼ eigen roem stinkt *self-praise is no recommendation*
roepen WW● schreeuwen *call out, shout (out)*★ de betogers riepen beledigingen *the demonstrators were shouting (out) / calling out insults*● vragen te komen *call, send for*★ we moeten een dokter roepen

we need to send for / call a doctor
roepnaam DE *first name, Christian name*
 ▼ hij heet William, maar zijn roepnaam is Bill *his name is William, but they call him Bill*
roerbakken WW *stir-fry*
roeren WW● met lepel & *stir*★ ze roerde haar koffie *she stirred her coffee*
 ● ontroeren *move, touch*★ hij was geroerd door de muziek *he was moved / touched by the music*
roerloos I BN *motionless*★ hij lag roerloos op de grond *he lay motionless on the floor* II BIJW *motionlessly*★ ze stond roerloos in de schaduw te wachten *she waited motionlessly in the shadows*
roes DE *intoxication*, ⟨van drugs⟩ *high*▼ hij slaapt zijn roes uit *he's sleeping it off*
roest DE + HET *rust*
roesten WW *rust*
roestig BN *rusty*
roet HET *soot*▼ de regen gooide roet in het eten *rain spoiled things*
roffelen WW▼ de trommels roffelden *a drum roll sounded*
rog DE *ray, stingray*
rogge DE *rye*
rok DE● *skirt*▼ een Schotse rok *a kilt*
 ● rokkostuum *tails, tailcoat*
roken WW *smoke*★ verboden te roken *no smoking*
rol DE● toneelrol *part, role*★ de rol van de moeder wordt gespeeld door Mary *the role / part of the mother is played / acted by Mary*▼ de rollen zijn omgedraaid *the tables are turned*● opgerold iets *roll*, ⟨perkament⟩ *scroll*
rolgordijn HET *roller blind*
rollade DE *meat roll*
rollator DE *rollator*
rollen WW *roll*★ de kar rolde de heuvel af *the cart rolled down the hill*★ hij rolde een sjekkie *he rolled a cigarette*★ ze rolde met haar ogen *she rolled her eyes*
rolschaatsen WW *roller-skate*
rolstoel DE *wheelchair*
roltrap DE *escalator*
roman DE *novel*
romantisch I BN *romantic*★ een romantisch avondje *a romantic evening* II BIJW *romantically*★ haar vriendje is niet erg romantisch aangelegd *her boyfriend isn't very romantically inclined*

rommel DE • wanorde *mess* • waardeloze spullen *rubbish, junk*

rommelen WW • zoeken zonder doel *rummage* • prutsen *mess about, mess (a)round* ★ hij rommelt maar wat aan *he's just messing about / (a)round*

rommelig I BN *untidy, messy* ★ de etalage maakte een rommelige indruk *the display looked untidy / messy* II BIJW *untidily, messily* ★ een rommelig ingericht klaslokaal *an untidily / a messily arranged classroom*

rommelmarkt DE *jumble sale, flea market*

romp DE *trunk*

rond I BN • bol- / cirkelvormig *round* ★ een ronde vijver *a round pond* • afgerond *round* ★ ronde cijfers / getallen *round figures* ▼ de zaak is rond *the matter is settled, the case is completed* II BIJW + VZ • om(heen) *(a)round, round* ★ ze zaten rond de tafel *they were sitting (a)round the table* ★ hij keek (in het) rond *he looked (a)round* • ongeveer, in de buurt van *(a)round, (round) about* ★ rond een uur of zes *(a)round about six (o'clock)*

rondbrengen WW *take (a)round*, ⟨kranten, post, &⟩ *deliver*

ronddraaien WW *turn (a)round, rotate*, ⟨snel⟩ *spin (round / around)*

ronde DE • rondgang *rounds* ★ het verhaal doet de ronde dat... *the story is doing the rounds / going (a)round that...* ★ de postbode doet zijn ronde *the postman is doing his rounds* • onderdeel van wedstrijd *round* • wielerronde *tour*

rondkijken WW *look (a)round*

rondkomen WW *manage* ★ hij kan van zijn salaris rondkomen *he can manage on his income*

rondleiding DE *guided tour*

rondlopen WW *walk about, walk (a)round* ▼ de dief loopt nog vrij rond *the thief is still at large / on the loose*

rondom BIJW + VZ *round, around* ★ ze zaten rondom het vuur *they were sitting (a)round the fire* ▼ een tafel met stoelen rondom *a table with chairs all (a)round*

rondrit DE *tour*

ronduit BIJW • eerlijk *frankly* ★ zeg het maar ronduit! *just speak frankly!* • versterkend *simply, absolutely* ★ dit is ronduit belachelijk *this is simply / absolutely ridiculous*

rondvaart DE *boat tour, boat trip* ★ een rondvaart door de grachten van Amsterdam *a boat trip / tour through the canals of Amsterdam*

rondzwerven WW zwerven *wander about, roam (about)* ★ de kinderen zwierven op straat rond *the children wandered about / roamed (about) the streets*

ronken WW • ronkend geluid maken ⟨van motor⟩ *throb*, ⟨van vliegtuig⟩ *roar* • snurken *snore*

röntgenfoto DE *X-ray* ★ de dierenarts maakte een röntgenfoto *the vet took an X-ray*

rood BN *red* ★ SPORT een rode kaart *a red card* ★ ik sta rood *I'm in the red* ★ zo rood als een kreeft *as red as a lobster / beetroot*

roodborstje HET *robin (redbreast)*

Roodkapje HET *Little Red Riding Hood*

roodvonk DE *scarlet fever*

roof DE *robbery*

roofdier HET *beast of prey, predator*

roofoverval DE *robbery, hold-up*

roofvogel DE *bird of prey*

rooien WW *uproot*, ⟨van aardappels enz⟩ *dig (up), lift* ★ vroeger werden aardappels met de hand gerooid *in the past, potatoes were dug (up) / lifted by hand*

rook DE *smoke* ★ er staat rook in de kamer *there's some smoke in the room*

rookmelder DE *smoke detector*

rookvrij BN *non-smoking*

rookworst DE *smoked sausage*

room DE *cream* ★ geklopte room *whipped cream*

roomboter DE *butter*

roomijs HET *ice cream*

rooms-katholiek BN *Roman Catholic*

roos DE • bloem *rose* ★ op moederdag krijgt mam een bos rozen *we give Mum a bunch of roses on Mother's Day* ▼ ze sliep als een roos *she slept like a baby* • middelpunt van schietschijf *bull's eye* ★ hij schoot in de roos *he scored a bull's eye* • huidschilfers *dandruff*

rooster HET • braadrooster *grill* • broodrooster *toaster* • lesschema / werkschema *timetable* ★ het is haar taak om de roosters op te stellen *it's her job to draw up the timetable*

roosteren WW ⟨van vlees⟩ *roast, grill*, ⟨van brood⟩ *toast* ▼ geroosterd brood *toast*

rot I BN • verrot *rotten, bad* ★ een rotte tand

a rotten / bad tooth ● vervelend *rotten, beastly* ★ dat is rot voor je *how rotten for you* **II** VOORV *nasty, beastly* ★ rotweer *beastly weather* ★ wat een rotvent! *what a beastly person!*

rotje HET *(fire) cracker, squib*

rotonde DE *roundabout*

rots DE *rock, ⟨steil⟩ cliff*

rotsblok HET *boulder*

rotten WW *decay, rot*

rottig I BN *horrible, beastly, rotten* ★ hij deed rottig tegen mij *he was horrible / beastly to me* ★ ik voel me rottig over wat er gebeurd is *I feel horrible / rotten about what happened* **II** BIJW *horribly, rottenly* ★ ik doe rottig tegen iedereen *I'm behaving horribly / rottenly towards everyone, I'm being beastly to everyone*

rotzooi DE ● waardeloze rommel *junk, rubbish* ● wanorde *mess*

rouleren WW ● in omloop zijn *circulate* ★ dat memo laten we rouleren *we'll circulate that memo* ● afwisselen *take turns* ★ het voorzitterschap rouleert *members take turns at being chairman*

route DE *route, way* ★ wij namen een andere route *we took a different route, we went a different way*

rouw DE *mourning* ★ zij is in de rouw *she's in mourning*

rouwen WW *grieve, mourn* ★ de dorpelingen rouwen om hun doden *the villagers are grieving for their dead / are mourning their dead*

roven WW *rob, steal* ★ ze roofden de bezittingen van de rijken *they robbed the rich, they stole from the rich*

rover DE *robber*

royaal BN ● gul *generous* ● ruim *ample* ★ een royaal inkomen *an ample income*

roze BN *pink*

rozenkrans DE *rosary* ★ oma bad haar rozenkrans *Grandma said the rosary*

rozijn DE *raisin*

rubber HET *rubber*

rubberlaars DE *rubber boot, wellington*

rubriek DE *section*

rug DE *back* ★ pa moet aan zijn rug worden geopereerd *Dad's back has to be operated on* ▼ het is eindelijk achter de rug *it's finally finished / done*

rugby HET *rugby*

ruggelings BIJW *backwards*

ruggengraat DE *backbone, spine*

ruggenmerg HET *spinal cord*

ruggenwervel DE *dorsal vertebra*

rugslag DE *backstroke*

rugzak DE *backpack, rucksack*

rui DE *moult* ▼ de kippen zijn in de rui *the hens are moulting*

ruig I BN ● harig *shaggy, bushy* ★ een ruige baard *a shaggy / bushy beard* ● woest, onherbergzaam *rugged* ★ een ruig gebied *rugged terrain* ● ruw, wild *rough, coarse* ★ ruige taal *rough / coarse language* **II** BIJW ruw *roughly* ★ hij behandelt haar ruig *he treats her roughly* ▼ het ging er ruig aan toe *things got pretty rough*

ruiken WW *smell* ★ hij ruikt naar aftershave *he smells of aftershave* ★ ruik je de bloemen? *can you smell the flowers?*

ruil DE *exchange,* INF *swap* ★ in ruil voor *in exchange for*

ruilen WW *exchange, change,* INF *swap* ★ kan ik dit overhemd ruilen als hij hem niet mooi vindt? *can I exchange this shirt if he doesn't like it?* ★ ze hebben van plaats geruild *they changed / swapped places*

ruim I BN ● wijd *wide, large* ★ de kamer biedt een ruim uitzicht op de kust *the room has a wide view of the coast* ★ een ruime kamer *a large / spacious room* ● onbekrompen *broad* ★ ruim van opvatting *broad-minded* ★ ze hebben hier een ruime opvatting over homoseksualiteit *they take a broad view of homosexuality here* **II** BIJW overvloedig *amply, more than* ★ ruim voldoende *amply sufficient, more than enough* ★ hij sprak ruim een uur *he talked for more than an hour* ▼ ze hebben het niet ruim *they're not well off*

ruimte DE ● plaats *room, space* ● heelal *space*

ruimtevaart DE *space travel*

ruïne DE *ruin*

ruisen WW ⟨van wind, bladeren⟩ *rustle,* ⟨van water⟩ *murmur, gurgle*

ruit DE ● vensterglas *pane,* ⟨raam⟩ *window* ★ de zon scheen door de ruiten *the sun was shining through the windows* ● figuur *diamond* ● vierkant ⟨van stof⟩ *check,* ⟨van schaakbord⟩ *square*

ruiten DE *diamonds* ★ ruitenaas *ace of diamonds*

ruitenwisser DE *windscreen wiper*

ruiter DE *horseman, rider*

ruk DE *jerk, pull, tug* ★ de kleuter gaf een ruk aan m'n arm *the toddler gave a tug on my arm* ▼ ik heb het boek in één ruk uitgelezen *I read the book at one sitting* ▼ het is een hele ruk naar Berlijn *it's a long haul to Berlin*

rukken ww hard trekken *tear, pull*, ⟨plotseling⟩ *snatch* ★ de dief rukte mijn tas uit mijn handen en rende weg *the thief snatched my bag from my hands and ran off*

rum DE *rum*

rumoer HET • lawaai *noise* • ophef *commotion, uproar* ★ zijn toespraak heeft een groot rumoer teweeggebracht *his speech caused a big commotion / caused a major uproar*

rund HET • ⟨koe⟩ *cow*, ⟨os⟩ *ox*, ⟨stier⟩ *bull*, ⟨meervoud⟩ *cattle* ★ de runderen staan in de wei *the cattle are in the meadow* ▼ hij bloedde als een rund *he was bleeding like a pig* • stommeling *idiot, moron*

rundvee HET *cattle*

rundvlees HET *beef*

rups DE *caterpillar*

Rusland HET *Russia*

Russisch I HET *Russian* II BN *Russian*

rust DE • ontspanning *rest* ★ je moet rust nemen *you should take a rest* • kalmheid *calm, quiet* ★ zij straalt rust uit *she exudes calm* ★ de rust van het platteland *the quiet of the countryside* ▼ de rust is weergekeerd *peace has been restored* ▼ laat hem met rust! *leave him in peace!, leave him be!* • matchpauze *interval, half-time* ★ in de rust kochten we een zakje friet *during interval we bought a bag of chips* ★ de trainer heeft het team een peptalk gegeven in de rust *the coach gave the team a peptalk during half-time*

rusten ww *rest* ★ rust zacht *rest in peace* ★ we zullen die zaak maar laten rusten *we'll let the matter rest* ▼ ik moet wat rusten *I must take a rest* ▼ de verdenking rust op u *suspicion has fallen on you*

rustig I BN • van zaken *peaceful, quiet* • van personen *calm* ★ hij houdt zich rustig *he's keeping calm / quiet* II BIJW *quietly, calmly* ★ ze zat rustig tv te kijken *she was quietly watching TV* ★ ze praatte rustig *she spoke calmly* ▼ ga maar rustig door *please do continue, feel free to continue*

ruw I BN • oneffen *rough* ★ ruw terrein *rough terrain* • grof *rough, rude* ★ een ruwe schatting *a rough estimate* ★ ruw gedrag *rude behaviour* II BIJW *rudely, roughly* ★ ik werd ruw wakker gemaakt door een harde knal *I was rudely awakened by a loud bang* ★ ze gaat ruw met kinderen om *she treats children roughly*

ruzie DE *quarrel, argument, row* ★ waar ging de ruzie over? *what was the quarrel / argument / row about?* ▼ ze hebben altijd ruzie met elkaar *they're always quarrel(l)ing / arguing / rowing*

ruziën ww *argue, quarrel, row* ★ waar zitten jullie nou over te ruziën met zijn tweeën? *what are you two quarrel(l)ing / arguing / rowing about now?*

S

s DE *s* ★ de S van Simon *S as in Sierra*

saai I BN *boring, dull* ★ een saaie les *a boring / dull lesson* II BIJW *boringly* ★ een saaie lange reis *a boringly long journey* ▼ hij geeft heel saai les *his lessons are very boring*

sabbelen WW *suck* ★ hij sabbelde op zijn fopspeen *he was sucking his dummy*

sabotage DE *sabotage* ★ de spoorwegarbeiders pleegden sabotage *the railway workers committed sabotage*

sadist DE *sadist*

sadistisch I BN *sadistic* ★ een sadistische dictator *a sadistic dictator* II BIJW *sadistically* ★ 'gil maar', zei hij sadistisch *'go ahead and scream', he said sadistically* ▼ haar opmerking was niet sadistisch bedoeld *her comment wasn't was intentionally sadistic*

safari DE *safari* ★ we gingen op safari *we went on (a) safari*

salade DE *salad*

salaris HET *salary, pay* ★ een vast salaris *a fixed salary, fixed pay*

saldo HET *balance*

salmonella DE *salmonella*

salto DE *somersault* ★ de clown maakte een salto *the clown turned a somersault* ▼ een salto mortale *a death-defying leap*

salvo HET *salvo, volley*

sambal DE *sambal*

samen BIJW ● met elkaar *together* ★ samen uit, samen thuis *out together, home together* ▼ we doen wel samen met dit ene boek *we'll share this book* ● bij elkaar gerekend *altogether, in all* ★ dat wordt samen tien euro *that'll be ten euros altogether / in all*

samengaan WW ● gepaard gaan *be accompanied, go hand-in-hand* ★ de ziekte gaat vaak samen met koorts *the illness is often accompanied by fever* ★ oorlog gaat samen met seksueel geweld *war goes hand-in-hand with sexual violence* ● passen *be compatible* ★ alcohol drinken gaat niet samen met sporten *drinking alcohol is not compatible with playing sports* ● fuseren *merge* ★ deze banken zijn samengegaan *these banks have merged*

samenhangen WW *be connected* ★ die dingen hangen nauw samen *those things are closely connected*

samenkomen WW ● van mensen *get together, meet* ★ deze groep is al eerder samengekomen *this group has got together / has met before* ● van lijnen *converge, meet* ★ de lijnen kwamen samen aan de horizon *the lines converged / met on the horizon*

samenleving DE *society* ★ in de samenleving *in society*

samenstellen WW *put together, make up* ★ ze stelden een maaltijd samen *they put together a meal / put a meal together* ★ dit boek is samengesteld uit afzonderlijke artikelen *this book is made up of individual articles*

samenstelling DE ● het combineren *compilation* ● structuur *composition, arrangement* ★ wat is de samenstelling van leidingwater? *what is the composition of tap water?* ★ een barcode is een samenstelling van zwarte en witte streepjes *a barcode is an arrangement of black and white stripes* ● samengesteld woord *compound*

samenvatting DE *summary*

samenwerking DE *cooperation, collaboration, association* ★ we danken u voor uw samenwerking *thank you for your cooperation* ★ hij heeft in samenwerking met zijn zoon een boek geschreven *he wrote a book in collaboration with his son* ★ het project zou onmogelijk geweest zijn zonder hun hulp en samenwerking *the project would not have been successful without their help and cooperation / collaboration* ★ in samenwerking met *in cooperation / collaboration / association with* ▼ waarom Europese samenwerking op het gebied van terrorismebestrijding? *why should the European Union take concerted action to combat terrorism?*

samenwonen WW *live together*

samenzwering DE *plot, conspiracy* ★ ze smeedden een samenzwering *they hatched a plot* ★ er waren nog vijf anderen bij de samenzwering betrokken *five others were also involved in the conspiracy*

sanatorium HET *sanatorium*

sandaal DE *sandal*

sanitair HET *sanitary fittings, plumbing*

sap HET ⟨van plant⟩ *sap*, ⟨vruchtensap⟩ *juice* ★ een glaasje sap, alsjeblieft *a glass of juice, please*

sappig I BN • vol sap ⟨plant⟩ *sappy*, ⟨fruit⟩ *juicy* • smeuïg *juicy, vivid* ★ een sappig verhaal *a juicy story* ★ sappige taal *vivid language* II BIJW *vividly* ★ hij kan heel sappig vertellen *he can tell a story very vividly*

sarcasme HET *sarcasm*

sardine DE *sardine*

saté DE *satay, saté*

satelliet DE *satellite*

satéstokje HET *skewer*

saucijzenbroodje HET *sausage roll*

sauna DE *sauna*

saus DE *sauce*, ⟨voor sla⟩ *dressing*, ⟨voor muur⟩ *whitewash*

saxofoon DE *saxophone* ★ ik zou graag saxofoon willen leren spelen *I'd like to learn (to play) the saxophone*

scène DE • van toneel *scene* ▼ het was allemaal in scène gezet *it was all pre-arranged*, INF *it was a put-up job* • ophef *scene* ★ ze maakte een scène *she made a scene*

schaaf DE • voor hout *plane* • voor kaas & slicer, grater

schaak HET *chess* ★ we speelden een partijtje schaak *we played a game of chess* ▼ ik sta schaak *I'm in check* ▼ schaak! *check!*

schaakbord HET *chessboard*

schaakmat BN *checkmate, mate*

schaakspel HET • spel *(game of) chess* • bord met stukken *chess set*

schaakstuk HET *chessman, piece*

schaal DE • schotel *plate*, ⟨dieper⟩ *bowl* ★ een schaal met koekjes *a plate of biscuits* ★ een schaal met fruit *a bowl of fruit* • omhulsel *shell* ★ de schaal van een ei *an eggshell* • grootteverhouding *scale* ★ op grote schaal *on a large scale* ★ dit is op schaal getekend *this is drawn to scale*

schaamhaar HET *pubic hair*

schaamte DE *shame* ★ het kind liet uit schaamte het hoofd hangen *the child hung her head in shame* ▼ zij is de schaamte voorbij *she is past caring*

schaap HET dier *sheep* ★ er lopen drie schapen in de wei *there are three sheep in the meadow* ★ het zwarte schaap van de familie *the black sheep of the family* ▼ ⟨persoon⟩ dat arme schaap! *the poor thing!* ▼ gezocht: een schaap met vijf poten *wanted: a jack of all trades* ▼ ze zoeken een schaap met vijf poten *they are looking for the impossible*

schaapskooi DE *sheepfold*

schaar DE *(pair of) scissors*, ⟨voor schapen, heggen⟩ *(pair of) shears* ★ twee scharen *two pairs of scissors / shears*

schaars I BN • niet veel voorkomend *scarce* ★ voedsel werd schaars *food became scarce* • niet vaak voorkomend *rare, infrequent* ★ tijdens mijn schaarse vrije dagen *during my rare / infrequent free days* II BIJW karig *scantily, sparsely* ★ ze was schaars gekleed *she was scantily dressed* ★ het land was schaars bevolkt *the country was sparsely populated*

schaats DE *skate* ▼ hij rijdt een scheve schaats *he's overstepping the mark*

schaatsen WW *skate*

schade DE beschadiging *damage* ★ hij heeft geen schade aangericht *he hasn't done any damage* ★ ze hebben veel schade geleden door de storm *they suffered a lot of damage in the storm* ★ we moeten de schade inhalen *we'll have to make up for the damage* ▼ roken brengt schade toe aan je gezondheid *smoking damages your health, smoking is detrimental to your health*

schadelijk BN *damaging, harmful* ★ alcohol is schadelijk voor je lever *alcohol is damaging to your liver / is harmful for your liver*

schadevergoeding DE *compensation*

schaduw DE • zonder bepaalde omtrek *shade* ★ in de schaduw van een boom *in the shade of a tree* • met bepaalde omtrek *shadow* ★ Lucky Luke is sneller dan zijn eigen schaduw *Lucky Luke is faster than his own shadow* ★ die ruzie wierp een schaduw over de hele reis *the argument cast a shadow over the entire trip*

schaften WW *have a lunch break, break (for lunch)* ★ ze zitten te schaften *they're having their lunch break*

schakel DE *link* ★ de zwakste schakel *the weakest link*

schakelaar DE *switch*

schakelen WW van versnelling *change gears, shift gear* ★ hij schakelde van één naar twee *he changed / shifted from first into second gear*

schakelkast DE *switch box*

schaken ww • schaak spelen *play chess* • ontvoeren *abduct*

schamen ww *be ashamed* ★ hij schaamt zich voor zijn gedrag *he's ashamed of his behaviour* ★ je moest je schamen! *you ought to be ashamed of yourself!*

schandaal HET *scandal, disgrace* ★ wat een schandaal! *what a scandal / disgrace!*

schande DE *disgrace, shame* ★ hij was een schande voor zijn familie *he was a disgrace to his family* ★ het is een schande dat dat niet gedaan is *it's a shame that wasn't done*

schapenvlees HET *mutton*

scharnier HET *hinge*

scharrelei HET *free-range egg*

scharrelvlees HET *free-range meat*

schat DE • kostbaar bezit *treasure* • lief persoon *dear, darling, sweetheart* ★ heb je mijn sleutels gezien, schat? *have you seen my keys, dear / darling / sweetheart?* ★ wat een schatje! *what a little darling! what a sweetheart!* • overvloed *treasure (trove), wealth* ★ de kamer waar de schat was verstopt zat op slot *the room where the treasure was hidden was locked* ★ het boek bevat een schat aan nieuwe ideeën *this book is a treasure trove of new ideas* ★ een schat aan informatie *a wealth of information*

schateren ww *roar (with laughter)*

schatkist DE • staatskas *treasury* • geldkist *treasure chest*

schatten ww *value,* ⟨ramen, begroten⟩ *estimate* ★ we schatten het op een waarde van 100 euro *we value it at 100 euros, we estimate its value at 100 euros* ▼ ze weten het niet op de juiste waarde te schatten *they don't appreciate its value* ▼ hoe oud schat je hem? *how old do you think he is?*

schattig I BN *sweet* ★ wat een schattig kind! *what a sweet child!* II BIJW *sweetly* ★ hij lacht altijd zo schattig *he always smiles so sweetly*

schavot HET *scaffold*

schedel DE *skull*

scheef I BN • niet recht *crooked,* ⟨naar één kant⟩ *leaning,* ⟨oppervlak⟩ *slanting, sloping* ★ de scheve toren van Pisa *the leaning tower of Pisa* ★ je das zit scheef *your tie is crooked* ▼ de vloer loopt scheef *the floor slopes* • verkeerd *wrong* ★ de zaak loopt scheef *things are going wrong* II BIJW *crookedly* ★ je houdt het scheef *you're holding it crookedly*

scheel BN *cross-eyed* ★ hij kijkt scheel *he's cross-eyed, he squints*

scheenbeen HET *shin bone*

scheepsbouw DE *shipbuilding*

scheepvaart DE *shipping, navigation*

scheerapparaat HET *(electric) shaver*

scheercrème DE *shaving cream*

scheerkwast DE *shaving brush*

scheermesje HET *razor blade*

scheerzeep DE *shaving cream*

scheet DE • wind *fart* ▼ de hond liet een scheet *the dog farted* • koosnaam *cutie (pie)* ★ ah, wat een scheet(je)! *oh, isn't (s)he cute / a cutie (pie)!*

scheiden ww • echtscheiden *divorce,* ⟨van tafel en bed⟩ *separate* ★ zij wil zich laten scheiden van haar man *she wants to divorce her husband* • van elkaar afzonderen *separate* ▼ het huisvuil wordt gescheiden ingezameld *the household waste is collected separately* • uit elkaar (doen) gaan *part* ★ hier scheiden (zich) onze wegen *this is where our ways part*

scheiding DE • splitsing *separation, division* ★ scheiding van Kerk en Staat *separation of Church and State* ★ de scheiding tussen rijk en arm *the division between rich and poor* • lijn in haar *parting* ★ hij heeft zijn scheiding in het midden *he has a centre parting* • echtscheiding *divorce* ★ hij heeft een scheiding aangevraagd *he has applied for (a) divorce*

scheidsrechter DE ⟨tennis⟩ *umpire,* ⟨voetbal⟩ *referee*

scheikunde DE *chemistry*

schelden ww *curse, swear* ★ ze stond te schelden als een viswijf *she was cursing like a trooper* ★ hij schold naar de leraar *he swore at the teacher*

scheldwoord HET *term of abuse,* ⟨schunnige taal⟩ *obscenity*

schelen ww • verschillend zijn *differ* ★ zij schelen niet veel in leeftijd *they don't differ much in age* • uitmaken *make a difference* ★ dat scheelt veel *that makes a big difference* ▼ het kan mij niet schelen ⟨niet geïnteresseerd⟩ *I don't care;* ⟨vind het niet erg⟩ *I don't mind* ▼ het scheelde niet

schelp DE *shell*

schema HET ● tijdsplanning *schedule* ★ we liggen precies op schema *we're right on schedule* ● tekening *diagram*

schemering DE ● 's avonds *twilight*, ⟨donkerder⟩ *dusk* ★ de schemering viel in *twilight fell* ● 's ochtends *dawn*

schenken ww ● geven *give, donate* ★ we schenken het geld aan een goed doel *we'll give / donate the money to a good cause* ★ hij schonk mij het boek *he gave the book to me, he made me a present of the book* ▼ daar moet je geen aandacht aan schenken *don't pay any attention to that* ● gieten *pour* ★ hij schonk het glas vol wijn *he poured the glass full of wine, he filled the glass with wine*

schep DE ● gereedschap *scoop*, ⟨groter⟩ *shovel, spade* ★ de kinderen speelden met emmertjes en schepjes *the children were playing with buckets and spades* ● lepel vol *spoonful* ★ een schepje suiker *a spoonful of sugar*

scheppen ww ● opscheppen *scoop*, ⟨sneeuw, kolen⟩ *shovel* ★ ze schepten de sneeuw op een hoop *they shovel(l)ed the snow into a heap* ▼ ik ga een luchtje scheppen *I'm going to get a breath of fresh air* ● omverrijden *knock down* ★ de fietser werd geschept door een auto *the cyclist was knocked down by a car* ● creëren *create* ★ God schiep de hemel en de aarde *God created heaven and earth*

schepsel HET *creature*

scheren ww ● ontharen *shave*, ⟨schapen⟩ *shear* ★ hij scheert zich elke dag *he shaves every day* ★ ze scheren de schapen *they're shearing the sheep* ★ de schapen zijn geschoren *the sheep have been shorn* ● rakelings langs iets gaan *skim* ★ de steen scheerde over het water *the stone skimmed across the water* ▼ scheer je weg! *buzz off!*

scherf DE ⟨van aardewerk⟩ *sherd*, ⟨van glas, granaat⟩ *fragment, splinter* ▼ de vaas viel aan scherven *the vase fell to pieces, the vase smashed*

scherm HET ● afscheiding *screen*, ⟨zonnescherm⟩ *awning* ▼ achter de schermen *behind the scenes / curtain* ● beeldscherm *screen*

schermen ww *fence*

scherp I BN ● puntig *sharp* ● goed snijdend *sharp* ★ pas op, het mes is erg scherp *be careful, the knife is very sharp* ● hoekig *sharp* ★ een scherpe hoek *a sharp corner*; WISK *an acute angle* ★ een scherpe bocht *a sharp turn* ● scherpzinnig *sharp*, ⟨verstand⟩ *keen*, ⟨oordeel⟩ *acute* ★ valken hebben scherpe ogen *falcons have sharp eyes / keen eyesight* ★ honden hebben een scherp gehoor *dogs have sharp hearing / ears* ● duidelijk uitkomend *sharp* ★ de printer zorgt voor extra scherpe contouren *the printer produces extra sharp outlines* ▼ de fotograaf stelde het beeld scherp *the photographer focused the image* ● sterk gekruid *hot, spicy* ★ scherp gekruid eten *hot and spicy food* II BIJW *sharply, keenly* ★ de prijzen zijn scherp gedaald *prices have dropped sharply* ★ de kerk tekende zich scherp af tegen de blauwe lucht *the church was outlined sharply against the blue sky* ★ het dier had scherp in de gaten dat er gevaar dreigde *the animal was keenly aware of the danger* III HET ▼ hij staat op scherp ⟨nerveus⟩ *he's on edge*, ⟨alert⟩ *he's alert* ▼ de politie schoot met scherp *the police used live ammunition / bullets*

schets DE *sketch, outline*

scheuren ww ● een scheur krijgen *tear*, ⟨van ijs &⟩ *crack* ★ ze heeft haar bloes gescheurd *she tore her blouse* ★ het papier is doormidden gescheurd *the paper is torn in half* ● hard rijden *tear, race* ★ hij scheurde door de stad *he tore / raced through the town*

scheut DE ● uitloper *shoot* ● hoeveelheid vloeistof *dash* ● pijnscheut *twinge, shooting pain*

schiereiland HET *peninsula*

schieten ww ● een schot lossen *shoot* ★ hij heeft zich door zijn voet geschoten *he shot himself in the foot* ★ de politie schoot op de bankovervallers *the police shot / fired at the bank robbers* ★ de fotograaf schoot een mooi plaatje *the photographer shot a nice picture* ★ SPORT hij schoot op het doel *he shot at (the) goal* ● plotseling opkomen *flash* ★ het schoot mij door het hoofd *it flashed through / across my mind* ▼ zijn ogen schoten vol tranen *his eyes*

schijf – schitterend

filled with tears • snel groeien *shoot up, spring up* ★ het onkruid schiet de grond uit *the weeds are shooting / springing up* • losgaan *let go* ★ hij liet het touw schieten *he let go of the rope* ★ zo'n aanbieding laat je toch niet schieten? *you wouldn't let an offer like that go, would you?* • snel iets doen *do quickly, dash* ★ hij schoot in de kleren *he quickly got dressed* ★ hij schoot de hoek om *he dashed / shot (a)round the corner*

schijf DE • platrond voorwerp *disc* • plakje *slice* ★ snij de komkommer in schijfjes *cut the cucumber into fine slices, slice the cucumber finely* • schietschijf *target* • damschijf *man, piece* • COMP voor gegevens *disk*

schijn DE • (valse) indruk *appearance, semblance, hint* ★ schijn bedriegt *appearances are deceptive* ★ zij doet haar uiterste best de schijn van normaliteit op te houden *she tries to keep some semblance of normality* ★ er was een schijn van fraude *there was a hint of fraud* ▼ het was allemaal maar schijn *it was all show* • beetje *shadow, ghost* ★ zonder een schijntje twijfel *without a shadow of doubt* ★ hij had geen schijn van kans *he didn't have the ghost of a chance*

schijnbaar I BN *seeming, apparent* ★ een schijnbare tegenstrijdigheid *a seeming / an apparent contradiction* II BIJW *apparently* ★ hij heeft schijnbaar het bestand weggegooid *he has apparently deleted the file*

schijnen WW • stralen *shine* ★ de zon schijnt *the sun is shining* • lijken *seem, appear* ★ hij schijnt zo aardig *he seems so nice* ★ het schijnt waar te zijn *it appears to be true*

schijnheilig I BN *hypocritical* ★ ik heb een hekel aan schijnheilige mensen *I hate hypocritical people* II BIJW *hypocritically* ★ 'ik hoop dat je gauw weer beter bent', zei zijn plaatsvervanger schijnheilig *'hope you get better soon', his deputy said hypocritically*

schijnwerper DE *floodlight,* ⟨toneel⟩ *spotlight,* ⟨zoeklicht⟩ *searchlight* ★ de kerk wordt met schijnwerpers verlicht *the church is illuminated by floodlights* ▼ zij staat in de schijnwerpers *she's in the limelight*

schijten WW *shit, crap*

schil DE • buitenkant ⟨van banaan, sinaasappel⟩ *peel,* ⟨van appel, bes, druif, banaan⟩ *skin,* ⟨van meloen⟩ *rind,* ⟨van tak⟩ *bark* ▼ aardappels in de schil *potatoes in their jackets* • als afval ⟨van aardappels⟩ *peelings,* ⟨van appels⟩ *parings*

schild HET *shield,* ⟨van schildpad⟩ *shell* ▼ ik weet niet wat hij in zijn schild voert *I don't know what he's up to*

schilder DE • huisschilder *(house) painter* • kunstschilder *painter, artist*

schilderen WW • met verfkwast *paint* ★ zij schildert het huis groen *she's painting the house green* • met woorden & *paint, depict* ★ de schrijver schilderde het dorp van zijn jeugd *the author painted / depicted the village of his youth*

schilderij HET *picture, painting*
schildklier DE *thyroid gland*
schildpad DE • landschildpad *tortoise* • zeeschildpad *turtle*
schillen WW *peel*
schilmesje HET *paring knife*
schim DE • vage gedaante *shadow* • geest *ghost*
schimmel DE • paard *grey* • uitslag *mould,* ⟨op planten⟩ *mildew* ★ er zit schimmel op de kaas *there's some mould on the cheese, the cheese is mouldy*

schip HET *ship,* ⟨binnenvaart⟩ *boat,* ⟨van kerk⟩ *nave* ★ als het schip met geld komt *when my ship comes home* ▼ hij maakte schoon schip *he made a clean sweep of things*

schipbreuk DE *shipwreck* ▼ ze leden schipbreuk *they were shipwrecked*

schipper DE *captain,* ⟨van kleiner schip⟩ *skipper*

schitteren WW • van licht *shine* • van ogen, diamanten *glitter, sparkle* ★ de diamanten schitterden in het licht *the diamonds glittered / sparkled in the light* • uitblinken *shine, excel* ★ hij schitterde in wiskunde *he shone / excel(l)ed at maths* ▼ hij schitterde door afwezigheid *he was conspicuous by his absence*

schitterend I BN *brilliant, splendid* ★ een schitterende uitvoering van de vijfde symfonie van Beethoven *a brilliant / splendid performance of Beethoven's fifth symphony* II BIJW *brilliantly, splendidly* ★ de sopraan heeft schitterend gezongen *the soprano sang brilliantly / splendidly*

schoen DE shoe, ⟨hoge schoen⟩ ankle boot ★ je moet je schoenen poetsen *you need to polish your shoes* ▼ als de schoen past trek je hem aan *if the cap fits, wear it*

schoenmaker DE *shoemaker* ▼ schoenmaker, blijf bij je leest *don't talk about things you know nothing about*

schoensmeer HET *shoe polish*

schoffel DE *hoe*

schoft DE • schurk *bastard, rat*, ⟨minder hard⟩ *scoundrel* ★ jij vuile schoft! *you dirty bastard / rat!* ★ wat is die vent een schoft! *what a scoundrel that guy is!* • schouder van dier *withers*

schok DE • stoot *jolt, bump* ★ hij werd met een schok wakker *he woke up with a jolt* • stroomstoot *shock* • emotionele gebeurtenis *shock* ★ het was een grote schok *it was a great shock*

schokken WW • schudden *shake* ★ ik schokte helemaal *I was shaking like a leaf* • aangrijpen *shock* ★ het heeft mij zeer geschokt *it shocked me greatly*

scholengemeenschap DE ˜ *comprehensive school*

scholier DE *pupil, student*

schommel DE *swing*

schommelstoel DE *rocking chair*

school DE • onderwijsinstelling *school, college* ★ een lagere school *an elementary / a primary school* ★ een middelbare school *a secondary / high school* ★ mijn zusje gaat nog niet naar school *my little sister doesn't go to school yet* ★ ik zit op school in Breda *I go to school in Breda* • lessen / gebouw *school* ★ de school is uit *school is over / out* • vissen *shoal* ★ een school vissen *a shoal of fishes*

schoolkrant DE *school paper*

schoolreis DE *school outing*

schoolslag DE *breaststroke*

schoon I BN • niet vuil *clean* ★ schoon goed *clean clothes* ▼ heb je schone sokken bij je? *did you bring a change of socks?* • mooi *fine* ★ de schone kunsten *the fine arts* • netto *net* ★ hij verdient schoon 500 per week *he earns 500 a week net, he nets 500 a week* II BIJW • niet vuil, netjes *cleanly* ★ deze brandstof brandt niet schoon *this fuel doesn't burn cleanly* • helemaal *completely* ★ ik heb er schoon genoeg van! *I'm completely fed up with it!*

schoondochter DE *daughter-in-law*

schoonfamilie DE *in-laws*

schoonheid DE *beauty* ★ echte schoonheid zit van binnen *beauty is only skin deep*

schoonheidssalon DE *beauty parlour*

schoonheidsspecialiste DE *beautician, cosmetician*

schoonmaak DE *cleaning* ★ help je even mee met de schoonmaak? *how about helping with the cleaning?, how about helping to clean up?* ▼ de grote schoonmaak *the spring clean*

schoonmaakmiddel HET *cleaner, cleaning product*

schoonmaken WW *clean*

schoonmoeder DE *mother-in-law*

schoonouders DE *parents-in-law, in-laws*

schoonvader DE *father-in-law*

schoonzoon DE *son-in-law*

schoonzuster DE *sister-in-law*

schoorsteen DE *chimney*, ⟨van stoomboot⟩ *funnel*

schoorsteenmantel DE *mantelpiece*

schoorsteenveger DE *chimney sweep*

schoot DE bovenbenen *lap* ★ hij had een hond op schoot *he had a dog on his lap*

schop DE • trap *kick* ★ hij gaf mij een schop *he gave me a kick, he kicked me* ★ SPORT een vrije schop *a free kick* • spade *shovel, spade*

schoppen I DE *spades* ★ de schoppenaas *the ace of spades* II WW *kick* ★ hij schopte de bal (het veld) uit *he kicked the ball out* ▼ hij heeft het ver geschopt *he's come quite a long way* ▼ de kinderen schopten nogal wat herrie *the kids made a lot of noise*

schor I BN *hoarse* ★ hij schreeuwde zichzelf schor *he shouted himself hoarse* II BIJW *hoarsely* ★ hij praatte schor *he spoke hoarsely*

schorpioen DE *scorpion*

Schorpioen DE *Scorpio* ★ mijn teken van de dierenriem is Schorpioen *my sign of the zodiac is Scorpio*

schors DE *bark*

schorsen WW • van school sturen *suspend* ★ de leerling werd een week geschorst *the student was suspended for a week* • voorlopig stopzetten *adjourn* ★ de vergadering / het onderzoek werd geschorst *the meeting / the investigation was adjourned*

schort HET *apron* ★ opa deed een schort voor *Grandpa put on an apron*

schot HET • het schieten *shot* ★ een dodelijk schot *a fatal shot* ▼ hij bleef buiten schot *he kept out of range / out of harm's way* ▼ er komt een beetje schot in *we're making a bit of headway* • losse wand *partition*

Schot DE *Scot, Scotsman*

schotel DE • onder kopje *saucer* ★ een vliegende schotel *a flying saucer* • gerecht *dish*

schotelantenne DE *satellite dish*

Schotland HET *Scotland*

Schots BN *Scots, Scottish*

schouder DE *shoulder* ★ hij haalde zijn schouders op *he shrugged his shoulders, he gave a shrug* ★ het publiek stond schouder aan schouder *the public was standing shoulder-to-shoulder*

schouderblad HET *shoulder blade*

schouwburg DE *theatre / AM theater*

schram DE *scratch* ★ ze liepen een paar schrammen op, dat was alles *they sustained a few scratches, that's all*

schrappen WW • verwijderen *cancel*, ⟨naam⟩ *strike off*, ⟨woord, passage⟩ *delete* ★ hij werd van de lijst geschrapt *he was struck off the list* • wortels & *scrape*

schreeuw DE *shout, cry* ★ hij gaf een schreeuw *he gave a shout / cry*

schreeuwen WW hard roepen *shout, cry, yell* ★ hij schreeuwde om hulp *he shouted / cried out for help* ★ de buren lopen te schreeuwen naar elkaar *the neighbours are yelling at each other*

schrift I HET • schrijfboek *notebook*, ⟨schoolschrift⟩ *exercise book* • het schrijven *writing* ★ kunt u dat op schrift stellen? *can you put that in writing?* • handschrift *handwriting* II DE ★ de Heilige Schrift *Holy Scripture*

schriftelijk I BN *written* ★ een schriftelijk tentamen *a written examination* II BIJW *in writing* ★ alle afspraken moeten schriftelijk bevestigd worden *all arrangements have to be confirmed in writing*

schrijfmachine DE *typewriter*

schrijven WW *write* ★ deze pen schrijft niet lekker *this pen doesn't write well* ★ de dokter schreef een recept *the doctor wrote (out) a prescription* ★ deze romanschrijver schrijft meestal over zijn jeugd *this novelist usually writes about his youth* ★ hoe schrijf je dat? *how do you write / spell that?* ★ het is niet om over naar huis te schrijven *it's nothing to write home about* ★ hij had een brief aan zijn grootmoeder geschreven *he had written a letter to his grandmother* ▼ dat kun je op je buik schrijven *you can forget about that, fat chance of that*

schrijver DE *writer, author* ★ hij is een bekende schrijver *he is a well-known writer / author*

schrik DE *fright, terror* ★ we kwamen met de schrik vrij / er met de schrik van af *we got off with a fright* ★ ik kreeg de schrik van mijn leven *I got the fright of my life* ★ hij is de schrik van de stad *he's the terror of the town* ▼ tot mijn grote schrik kwam zij langs *to my dismay / horror she turned up*

schrikdraad HET *electric fence*

schrikkeljaar HET *leap year*

schrikken WW *be frightened*, ⟨opschrikken⟩ *start* ★ hij schrok zich dood *he was frightened to death, he got a big fright* ▼ hij schrok wakker *he awoke with a start* ▼ laat de eieren in koud water schrikken *plunge the eggs into cold water*

schrobben WW *scrub*

schroef DE • pin met schroefdraad *screw* ★ een schroef met een kruiskop *a Phillips head screw* ★ er is bij haar een schroefje los *she's got a screw loose* ▼ alles staat op losse schroeven *everything is unsettled* • van schip / vliegtuig *propeller*

schroefdeksel HET *screw cap*

schroeien WW • van haar, kleding *singe* ★ hij heeft met zijn sigaret zijn overhemd geschroeid *he singed / scorched his shirt with his cigarette* • van vlees *sear* • dichtmaken van wond *cauterize*

schroeven WW *screw*

schroevendraaier DE *screwdriver*

schroot HET *scrap (iron)*

schudden WW *shake*, ⟨kaarten⟩ *shuffle* ★ hij schudde (met) zijn hoofd *he shook his head* ★ ze zat te schudden van het lachen *she was shaking with laughter* ★ de twee leiders hebben elkaar eindelijk de hand geschud *the two leaders have finally shaken hands* ★ schudden voor gebruik *shake before use* ▼ je kunt het nu wel schudden *you can forget about it now*

schuifdeur DE *sliding door*

schuifelen WW • voortbewegen *shuffle* ★ oma schuifelde voorzichtig door de

kamer *Grandma shuffled carefully across the room* • dansen *dance closely*
schuilen ww • beschutting zoeken *take shelter* ★ we schuilden voor de regen *we took shelter from the rain* • zich verbergen *hide* ▼ daar schuilt wat achter *there's something behind it, there's more to it than meets the eye*
schuilplaats DE • verborgen plek *hiding place* ★ een geheime schuilplaats *a secret hiding place* • veilige plek *shelter, refuge* ★ we zochten een schuilplaats onder een boom *we took shelter / refuge under a tree*
schuim HET *foam*, ⟨op bier &⟩ *froth*, ⟨van zeep⟩ *lather* ★ de badkuip stond vol water met schuim *the bathtub was full of frothy water* ▼ het schuim stond hem om de mond *he was foaming at the mouth*
schuimplastic HET *plastic foam*
schuin I BN • scheef *slanting, sloping* ★ onze zolder heeft een schuin dak *our attic has a slanting / sloping roof* ▼ de schuine zijde van een rechthoekige driehoek *the hypotenuse of a right-angled triangle* • dubbelzinnig *dirty* ★ een schuine mop *a dirty joke* II BIJW *diagonally, at an angle* ★ snij de bloemen schuin af *cut the flower stalks diagonally / at an angle* ★ schuin tegenover ons huis *diagonally opposite our house*
schuiven ww • schuivend bewegen *slide (up), shift* ★ ze schoven tegen elkaar aan *they slid (up) against each other* • de lading schoof naar één kant *the cargo shifted to one side* ▼ alle stukjes van een legpuzzel in elkaar schuiven is een heel karwei *it's quite difficult fitting all the pieces of a jigsaw puzzle together* ▼ laat hem maar schuiven *he knows what's what* • duwen *push, shove, brush* ★ Thatcher werd naar voren geschoven als de nieuwe leider *Thatcher was pushed forward as the new leader* ★ al mijn tegenwerpingen werden terzijde geschoven *all my objections were pushed / shoved / brushed aside* ▼ schuif jullie stoelen een beetje dichter bij elkaar *move your chairs a bit closer together*
schuld DE • fout *guilt, fault* ★ het was zijn schuld niet *it wasn't his fault, he wasn't to blame* ★ hij wilde geen schuld bekennen *he didn't want to admit to his guilt / to own up* ▼ de aangeklaagde bekende schuld *the accused confessed / pleaded guilty*
• verantwoordelijkheid *blame* ★ het is allemaal jouw schuld *you are to blame for everything* ★ ik krijg altijd de schuld *I always get the blame* • (geldelijke) verplichting *debt* ★ ze maken altijd veel schulden *they always run up a lot of debts* ★ ik sta bij hem in de schuld *I'm in his debt*
schuldbekentenis DE *confession, admission of guilt*
schuldig I BN • schuld hebbend *guilty* ★ hij is schuldig aan moord *he's guilty of murder* • verschuldigd *owing* ★ het schuldige bedrag *the amount owing* ▼ je bent me 10 euro schuldig *you owe me 10 euros* II BIJW *guiltily* ★ hij keek schuldig naar het tapijt *he looked guiltily at the carpet*
schuren ww • schurend effect hebben *grate* ★ het zand schuurde tussen mijn tenen *the sand grated between my toes* • met schuurpapier / schuurmiddel behandelen ⟨hout, metaal⟩ *sand(paper)*, ⟨pan, vloer⟩ *scour* ★ ik zal de deur schuren voordat ik hem verf *I'll sand(paper) the door before I paint it*
schurk DE *rogue, scoundrel*
schutkleur DE *camouflage colour / AM color*
schutting DE *fence*
schuttingwoord HET *four-letter word*
schuur DE *shed*, ⟨boerenschuur⟩ *barn*
schuurmachine DE *sander*
schuurpapier HET *sandpaper, emery paper*
schuurspons DE *scourer, scouring pad*
schuw I BN *shy, timid*, ⟨bang⟩ *apprehensive* ★ een schuw kind *a shy / timid / apprehensive child* II BIJW ⟨bang⟩ *apprehensively* ★ het hert keek schuw om zich heen *the deer looked (a)round apprehensively*
sciencefiction DE *science fiction*
scooter DE *scooter*
scoren ww *score*
scriptie DE *final paper, thesis*
seconde DE *second*
secretaresse DE *secretary*
secretaris DE *secretary*
sein HET *signal* ★ het sein van vertrek *the departure signal* ▼ geef me een seintje als je klaar bent *let me know when you're ready*
seizoen HET *season* ★ midden in het seizoen *at the height of the season* ★ buiten het seizoen *in the off season*

seks DE *sex* ★ ze heeft seks met de buurman *she's having sex with the next-door neighbour*

sekse DE *sex*

seksualiteit DE *sexuality*

seksueel I BN *sexual, sex* ★ de seksuele organen *the sexual / sex organs* ★ seksuele voorlichting *sex education* II BIJW *sexually* ★ een seksueel overdraagbare ziekte *a sexually transmitted disease*

sekte DE *sect*

selderie, ook: **selderij** DE *celery*

selecteren WW *select, pick (out)*

selectie DE *selection* ★ een selectie uit zijn gedichten *a selection from his poems* ▼ de nationale selectie *the national team*

senior BN *senior* ★ meneer Smith senior *Mr Smith senior*

sensatieblad HET *tabloid*

sentiment HET *sentiment, emotion* ★ vals sentiment *cheap sentiment* ★ eerlijk sentiment *genuine emotion*

sentimenteel I BN *sentimental* ★ een sentimenteel liedje *a sentimental song* II BIJW *sentimentally* ★ hij praatte sentimenteel over de goede oude tijd *he talked sentimentally about the good old days*

september DE *September* ★ ik heb een afspraak op 28 september *I've got an appointment on the 28th of September / on September the 28th*

serie DE ● reeks *series* ● vervolgverhaal *serial*, ⟨op tv⟩ *series* ★ er komt vanavond een nieuwe serie op tv *there's a new series showing on TV tonight*

serieus I BN *serious* ★ een serieus aanbod *a serious offer* II BIJW *seriously* ★ je neemt me niet serieus *you aren't taking me seriously*

seropositief BN *HIV positive*

serveren WW *serve*

servet HET ⟨linnen⟩ *napkin*, ⟨papier⟩ *serviette*

service DE ⟨ook bij sport⟩ *service*

servies HET *dinner service*, ⟨theeservies⟩ *tea set*

sesamzaad HET *sesame seed*

set DE *set*

sfeer DE *atmosphere* ★ er hing een ontspannen sfeer *the atmosphere was relaxed*

shag DE *cigarette tobacco* ★ hij rookt zware shag *he smokes strong tobacco*

shampoo DE *shampoo*

sherry DE *sherry*

shirt HET *shirt*

shit TSW *shit!*

shoarma DE ★ een broodje shoarma *a doner kebab*

show DE *show* ★ voor de show *just for show* ★ mijn zusje probeerde de show te stelen *my little sister tried to steal the show*

shuttle DE ● SPORT *shuttle(cock)* ● ruimteveer *space shuttle*

sidderen WW *tremble* ★ hij sidderde van angst *he trembled with fear* ▼ ik sidder voor de leraar Frans *the French teacher terrifies me*

sieraad HET *jewel, piece of jewellery /* AM *jewelry* ★ al hun sieraden zijn gestolen *all their jewellery has been stolen* ▼ het team is een sieraad voor de stad *the team is a credit to the town*

sierplant DE *ornamental plant*

sigaar DE *cigar*

sigaret DE *cigarette*

signaal HET *signal*

signalement HET *description* ★ zij beantwoordt niet aan het signalement *she doesn't fit the description*

sik DE puntbaardje *goatee*

siliconenkit DE *silicon kit, silicon sealant*

simpel I BN ● eenvoudig *simple* ★ ik wil gewoon een simpel antwoord *I just want a simple answer* ● onnozel *simple, simple-minded* ★ hij is een beetje simpel *he's a bit simple / simple-minded* II BIJW eenvoudig *simply* ★ ik heb het zo simpel mogelijk uitgelegd *I explained it as simply as possible*

sinaasappel DE *orange*

sinaasappelsap HET *orange juice*

sinas DE *orangeade, orange lemonade*

sinds I VZ ⟨vanaf tijdstip⟩ *since*, ⟨gedurende⟩ *for* ★ hij is hier sinds zondag niet meer geweest *he hasn't been here since Sunday* ★ ik ben hier al sinds jaren niet geweest *I haven't been here for years* II VW *since* ★ sinds zij een vriendje heeft, komt ze niet meer *since she's had a boyfriend she hasn't been coming*

single DE ● muziekplaatje *single* ● alleenstaande *single* ● enkelspel *singles* ★ hij speelt in de mannensingle *he plays in the men's singles*

sinterklaas DE *(feast of) St. Nicholas*

sip I BN *glum, crestfallen* ★ hij keek sip *he looked glum / crestfallen* II BIJW *glumly* ★ hij zat sip uit het raam te staren *he was staring glumly out of the window*

sirene DE *siren* ★ een loeiende sirene *a wailing siren*

siroop DE *syrup* ★ perziken op lichte siroop *peaches in light syrup*

sissen WW ● van dieren, personen *hiss* ● van vet & *sizzle*

situatie DE *situation*

sjaal DE *shawl, scarf*

sjeik DE *sheik(h)*

sjoelen WW ˜ *play shuffleboard, -play shovelboard*

sjouwen WW *drag, lug* ★ hij loopt met die zware tas te sjouwen *he's dragging / lugging that heavy bag around*

skeeleren WW *rollerblade*

skelet HET *skeleton*

ski DE *ski* ★ op ski's *on skis*

skiën WW *ski*

skinhead DE *skinhead*

sla DE ● groente *lettuce* ★ een krop sla *a (head of) lettuce* ● gerecht *salad* ★ zijn vriendin maakte de sla aan *his girlfriend dressed the salad*

slaaf DE *slave*

slaag DE ★ hij kreeg een pak slaag *he got a beating / thrashing*

slaan WW ● met kracht treffen *hit, strike,* ⟨met vlakke hand⟩ *slap* ★ hij sloeg zijn zus *he hit his sister* ★ ze sloeg hem in het gezicht *she slapped his face* ★ deze munt is geslagen in China *this coin was struck / minted in China* ★ hij sloeg met de vuist op tafel *he struck the table with his fist, he thumped the table* ★ het sloeg 10 uur *the clock struck 10* ▼ je moet niet met de deur slaan *don't slam the door* ● meerdere slagen geven *beat* ★ ze sloeg op de trommel *she beat the drum* ★ hij sloeg zich op de borst *he beat his chest* ★ hij werd bont en blauw geslagen *he was beaten black and blue* ▼ mijn hart slaat 70 keer per minuut *my heart rate is 70 beats a minute* ● betrekking hebben op *refer* ★ dat slaat op jou *that refers to you* ▼ dat slaat nergens op *that makes no sense at all* ● leggen *put* ★ hij sloeg een arm om mij heen *he put his arm around me* ▼ ze sloeg haar armen / benen over elkaar *she crossed her arms / legs* ● nemen bij schaken / dammen *take, capture* ★ je kunt nu zijn loper slaan *now you can take / capture his bishop* ● maken *build* ★ er werd een brug geslagen *a bridge was built* ● beginnen te *start* ★ de soldaten sloegen aan het plunderen *the soldiers started plundering*

slaap DE ● het slapen *sleep* ★ ze kon de slaap niet vatten *she couldn't get to sleep* ▼ hij begint slaap te krijgen *he's getting sleepy* ▼ hij is in slaap gevallen *he's fallen asleep* ▼ hij valt om van de slaap *he's asleep on his feet, he can't keep his eyes open* ● zijkant van je hoofd *temple* ★ bij de slapen begint hij grijs te worden *he's turning grey at the temples*

slaapbank DE *sofa bed*

slaapkamer DE *bedroom*

slaapliedje HET *lullaby*

slaapmiddel HET *sleeping pill*

slaapwandelen I HET *sleepwalking* II WW *walk in your sleep* ★ mijn broer slaapwandelde wel eens *my brother used to walk in his sleep sometimes*

slaapzaal DE *dormitory*

slaapzak DE *sleeping bag*

slabbetje HET *bib*

slachten WW *slaughter, kill*

slachthuis HET *abattoir, slaughterhouse*

slachtoffer HET *victim* ★ hij werd het slachtoffer van zijn eigen hebzucht *he fell victim to his own greed*

slag I DE ● klap *hit, stroke,* ⟨met hand⟩ *blow,* ⟨met vlakke hand⟩ *slap* ★ met één slag *with one hit / stroke / blow* ★ een slag in het gezicht *a slap in the face* ▼ zij was op slag dood *she was killed instantly* ● keer dat iets slaat ⟨van hart, pols⟩ *beat,* ⟨van klok⟩ *stroke* ★ op slag van zessen *on the stroke of six* ▼ de arme jongen was helemaal van slag *the poor boy was very upset* ● veldslag *battle* ★ de slag bij Waterloo *the battle of Waterloo* ● golving *wave* ★ een slag in je haar *a wave in your hair* ▼ een slag in een touw *a twist in a rope* ● handigheid *knack* ★ ik heb de slag te pakken *I've got the knack / hang of it* ▼ hij ging aan de slag *he got going* ● bij kaarten *trick* ▼ hij sloeg zijn slag *he seized the / his opportunity* ● zwemslag *stroke* ★ de schoolslag *the breaststroke* ▼ de vrije slag *freestyle* II HET soort *sort, kind* ★ je kent dat slag mensen wel *you know the sort / kind of people I'm*

talking about ▼ een eigenaardig slag mensen *peculiar people*
slagader DE *artery*
slagboom DE *barrier*
slagen WW ● succes hebben *succeed* ★ zij slaagde erin de baan te krijgen *she succeeded in getting the job* ▼ de expeditie is geslaagd *the expedition was successful* ● en examen halen *pass* ★ hij is geslaagd voor Engels *he has passed his English examination*
slager DE *butcher*
slagerij DE *butcher's shop*
slagroom DE ⟨voor het kloppen⟩ *whipping cream*, ⟨na het kloppen⟩ *whipped cream*
slagveld HET *battlefield, field of battle*
slagzin DE *slogan, catchphrase*
slak DE ● weekdier ⟨zonder huis⟩ *slug*, ⟨met huis⟩ *snail* ▼ ze legt op alle slakken zout *she finds fault with everything* ● traag persoon *slowcoach* ★ ijzerslak *slag*
slang DE ● buis *hose* ★ ik gebruik altijd een slang als ik mijn auto was *I always use a hose to clean my car* ● reptiel *snake*
slank BN *slender, slim* ★ mijn vrouw is erg slank *my wife is very slim / slender* ▼ mijn zus doet aan de slanke lijn *my sister watches her figure*
slaolie DE *salad oil*
slap BN ● van band, boord *soft* ● van ledematen, spieren *flaccid* ● van touw, band, seizoen, handel *slack* ● van handje, lichaam, boekband *limp* ★ zo slap als een vaatdoek *as limp as a rag* ▼ ze kregen de slappe lach *they got the giggles* ● van buik & *flabby*, ⟨van borsten⟩ *floppy* ● van vloeistoffen *thin, weak* ★ slappe thee *weak tea* ● van discipline *lax* ● van persoon *spineless, weak-kneed*
slapeloosheid DE *sleeplessness, insomnia*
slapen WW ● in slaap zijn *sleep* ★ je moet nu gaan slapen *it's time to go to sleep now* ★ ze sliep als een roos *she slept like a log / top* ★ hij had nog nooit zo goed geslapen *he had never slept so well* ★ ik zal er nog eens over slapen *I'll sleep on it* ● suffen *doze* ★ ze zat in haar leunstoel te slapen *she was dozing in her armchair* ▼ zit je weer te slapen? *you're not paying any attention again, are you?* ● tintelen van ledematen *go to sleep* ★ mijn been slaapt *my leg has gone to sleep, I've got pins and needles in my leg*

slaperig I BN *sleepy* ★ ben je slaperig? *are you feeling sleepy?* II BIJW *sleepily* ★ 'hoe laat is het?', vroeg ze slaperig *'what time is it?', she asked sleepily*
slappeling DE *weakling, wimp*
slash DE schuine streep naar voren *(forward) slash*
slavernij DE *slavery* ★ de afschaffing van de slavernij *the abolition of slavery*
slavin DE *(female) slave*
slecht I BN ● niet goed *bad, poor* ★ een slechte film *a bad film* ★ slechte hygiëne *poor hygiene* ▼ hij heeft slechte manieren *he's ill-mannered* ● moreel slecht *evil, wicked* ★ hij leidt een slecht leven *he leads an evil / a wicked life* ● ziekelijk *ill* ★ je ziet er slecht uit *you look ill, you don't look well* II BIJW *badly, poorly, ill* ★ hij heeft zich slecht gedragen *he behaved badly / poorly, he misbehaved* ★ ze passen slecht bij elkaar *they're an ill-matched couple* ▼ een slecht gehumeurde jongen *a bad-tempered boy*
slee DE ● voertuig *sledge* ★ we hebben met de slee in de sneeuw gespeeld *we played with the sledge in the snow* ● grote auto *big car, limousine* ★ mijn oom heeft een slee van een wagen gekocht *my uncle has bought a big car* ★ een Amerikaanse slee *an American limousine*
sleepboot DE *tug*
slenteren WW *saunter, stroll* ★ ze slenterden langs de winkels *they sauntered / strolled past the shops*
slepen WW ● over de grond gaan *drag* ★ haar jurk sleepte over de grond *her dress dragged / trailed along the floor* ● traag verlopen *drag on, linger* ★ het conflict sleepte zich jarenlang voort *the conflict dragged / lingered on for years* ● slepend vervoeren *drag, haul*, ⟨een vaar- of voertuig⟩ *tow* ★ de kinderen slopen takken naar het kampvuur *the children dragged / hauled branches to the campfire* ★ we sleepten de auto naar de garage *we towed the car to the garage*
slet DE *slut*
sleutel DE ● voor een slot *key* ★ een bos sleutels *a bunch of keys* ★ hard werken is de sleutel tot succes *working hard is the key to success* ● gereedschap *wrench, spanner* ★ een Engelse sleutel *an adjustable spanner, a monkey wrench*

sleutelbeen HET *collarbone*
sleutelen WW *tinker* ★ hij sleutelde wat aan zijn auto *he tinkered with his car*
sleutelgat HET *keyhole*
sliert DE ● rij *string* ● van haar, rook, & *wisp*
slijm HET ● van mens *mucus, phlegm* ● van plant, slak, & *slime*
slijmen WW vleien *suck up to people, lick someone's boots* ★ slijmen doet hij niet *he never sucks up to people, he's not a bootlicker* ▼ slijmen doet wonderen! *bootlicking always works!* ▼ je probeert me te slijmen zodat je kunt vragen of je wat geld kunt lenen, hè? *trying to butter me up so that you can ask for a loan, are you?*
slijpen WW ● scherp maken *grind, sharpen* ★ de messen zijn geslepen *the knives have been ground / sharpened* ● polijsten *polish*, ⟨edelstenen ook⟩ *cut*
slijpsteen DE *grindstone*
slijten WW ● slijtage vertonen *wear out, wear away* ★ dat bankstel is erg gesleten *that lounge suite has just about worn out* ★ de bank is bij de leuningen gesleten *the couch has worn away on the armrests* ● verkopen *sell* ★ ik heb de auto aan hem kunnen slijten *I was able to sell him the car* ● doorbrengen *spend* ★ hij slijt zijn dagen achter een bureau *he spends his days behind a desk*
slikken WW ● doorslikken *swallow* ● aanvaarden *put up with* ★ ik hoef dit niet te slikken *I don't have to put up with that*
slim I BN ● pienter *clever, smart* ★ een slimme meid *a clever / smart girl* ★ hij was mij te slim af *he was too clever for me* ● sluw *sly* ★ hij is een slimme oude vos *he's a sly old fox* II BIJW *cleverly* ★ dat is heel slim gedaan *that's very cleverly done* ★ de vergadering werd heel slim belegd terwijl hij weg was *the meeting was slyly arranged to take place in his absence?*
slinger DE ● deel van klok *pendulum* ● versiering *festoon, paper chain*, ⟨van bloemen⟩ *garland* ★ de kamer hangt vol slingers *the room is full of paper chains*
slingeren WW ● heen en weer gaan *swing* ★ Tarzan slingerde door het oerwoud *Tarzan swung through the jungle* ▼ de dronken man liep te slingeren *the drunk was reeling / swaying on his feet* ● kronkelen *wind, twist* ★ een slingerend pad *a winding / twisting path* ★ een rivier slingerde zich door het landschap *a river wound through the countryside* ● ordeloos liggen *lie about* ★ ze laat haar boeken overal slingeren *she leaves her books lying about everywhere* ● gooien *fling, hurl* ★ het slachtoffer werd uit de auto geslingerd *the victim was flung out of the car* ★ ze slingerde me scheldwoorden naar het hoofd *she hurled / flung abuse at me / at my head*
slingerplant DE *climber, creeper*
slip DE ● onderbroek *briefs, underpants* ● het wegglijden *skid* ★ de auto raakte in een slip *the car went into a skid, the car skidded*
slipper DE ● pantoffel *slipper* ● teenslipper *flip-flop, thong*
slof DE ● pantoffel *slipper* ▼ hij doet het op zijn sloffen ⟨tijd genoeg⟩ *he's got plenty of time for it*; ⟨gemakkelijk⟩ *it's a piece of cake for him* ▼ hij is uit zijn slof geschoten ⟨werd boos⟩ *he flew off the handle, he flared up*; ⟨was gul⟩ *he was very generous* ● sigaretten *carton*
slok DE ● het slikken *sip*, ⟨grote teug⟩ *swig* ★ hij nam een slok van zijn bier *he took a swig of his beer* ● borreltje *drop* ★ opa lust graag een slokje *Grandpa likes his drop* ★ hij heeft een slok op *he's had a drop too many* ▼ dat scheelt een slok op een borrel *that makes a world of difference*
slokdarm DE *gullet*
sloom I BN ● *slow* ★ mijn computer is erg sloom *my computer is very slow* ▼ een slome duikelaar *a slowcoach* II BIJW *slowly* ★ hij kwam sloom overeind *he slowly got to his feet*
sloot DE *ditch*
slopen WW ● afbreken *demolish, pull down* ● uitputten *sap, drain* ★ dit werk heeft me gesloopt *this work has sapped / exhausted me*
slordig I BN ● onverzorgd *untidy* ★ een slordige huisvrouw *an untidy housewife* ● onzorgvuldig *careless, sloppy* ★ de politie is slordig geweest met het bewijsmateriaal *the police has been careless / sloppy with the evidence* II BIJW onzorgvuldig *carelessly, sloppily* ★ ze gaan er slordig mee om *they go about things carelessly* ★ ze maakt haar huiswerk altijd slordig *her homework is always sloppily done*

slot HET • sluiting ⟨van deur⟩ *lock*, ⟨van boek⟩ *clasp*, ⟨van halssnoer⟩ *fastening* ★ achter slot en grendel *under lock and key* ▼ doe de deur op slot *lock the door* • einde *end, conclusion* ★ aan het slot van het verhaal *at the end of the story* ★ tot slot wil ik mijn collega's graag bedanken voor hun steun *in conclusion, I'd like to thank my colleagues for their support* ▼ per slot van rekening *after all (is said and done)* • kasteel *castle*

sluier DE *veil*

sluipen ww lopen *sneak* ★ hij sloop naar boven *he sneaked upstairs* ▼ er is hier en daar een spelfoutje in geslopen *the occasional spelling mistake has managed to creep in*

sluipschutter DE *sniper*

sluis DE *lock, sluice* ★ de boot voer door een sluis *the boat passed through a lock* ★ het overtollige water wordt via een sluis geloosd *surplus water is let out by means of a sluice*

sluiten ww • dichtgaan, dichtdoen *shut, close* ★ de winkel is op zon- en feestdagen gesloten *the shop is closed on Sundays and holidays* ★ de treindeuren sloten vlak voor mijn neus *the train doors closed right in front of my nose* • op slot doen *lock* • ten einde lopen *close* ★ de inschrijving sluit morgen *entry closes tomorrow* • kloppen *balance* ★ de begroting sluit *the budget balances* • aangaan *conclude, make* ★ ze sloten vriendschap met elkaar *they made friends* ▼ ze sloten een huwelijk *they married*

sluiting DE • het dichtdoen *closing* • iets dat afsluit *fastening, fastener*, ⟨van halsketting⟩ *clasp, catch* ⟨slot⟩ *lock*

sluitingstijd DE *closing time* ▼ na sluitingstijd *after hours*

slungel DE *beanpole*, ⟨lomp⟩ *lout*

slurf DE • van olifant *trunk* • van tornado *funnel* • op vliegveld *movable gangway*

sluw I BN *sly* ★ hij speelde een sluw spelletje met zijn tegenstander *he played a sly game / played sly tricks with his opponent* II BIJW *slyly* ★ hij gaat sluw te werk *he operates slyly*

smaak DE • wat men proeft *taste, flavour* ★ een zoute smaak *a salty taste* ★ de smaak is verbeterd *the favour has improved* • schoonheidszin *taste* ★ hij heeft een goede / slechte smaak *he has good / bad taste* • voorkeur *taste* ★ naar mijn smaak *to my taste / liking* ★ over smaak valt niet te twisten *there is no accounting for taste*

smakelijk I BN *tasty, appetising* ★ dat ziet er smakelijk uit *that looks tasty / appetising* II BIJW *heartily* ★ ze begon smakelijk te lachen *she started laughing heartily* ★ ze zaten smakelijk te eten *they were eating heartily, they were eating with relish* ▼ smakelijk eten! *enjoy your meal!*

smakeloos I BN • niet lekker *tasteless* ★ het eten was smakeloos *the food was tasteless / had no taste* • niet van goede smaak getuigend *tasteless, in bad taste* ★ die grap was smakeloos *that joke was tasteless / in bad taste* II BIJW *tastelessly* ★ het huis was smakeloos ingericht *the house was tastelessly decorated*

smaken ww smaak hebben *taste* ★ het heeft goed gesmaakt *it tasted good* ★ het smaakt naar frambozen *it tastes like raspberries* ▼ smaakt het? *(do you) like it?*

smakken ww • met mond *smack* ★ je moet niet smakken *don't smack your lips* • gooien *fling, dash* ★ hij werd op de grond gesmakt *he was flung to the ground* ★ ze werd door de golven op de rotsen gesmakt *she was dashed onto the rocks by the waves*

smal BN *narrow* ★ een smal steegje *a narrow alleyway* ★ een broek met smalle pijpen *a pair of narrow trousers* ▼ de weg wordt smaller *the road narrows*

smeden ww • bewerken *forge*, ⟨aan elkaar⟩ *weld* ★ de ring was in het geheim gesmeed *the ring was forged in secret* ★ ze smeedden twee stukken metaal aan elkaar *they welded two pieces of metal together* ▼ men moet het ijzer smeden als het heet is *strike while the iron is hot* • uitdenken *devise, hatch* ★ ze smeedden een plan *they hatched / devised a plan*

smeer DE *grease*

smeergeld HET *bribe*

smeken ww *beg* ★ ze smeekten om hulp *they begged for help*

smelten ww *melt* ★ het ijsje smolt in de zon *the ice cream melted in the sun* ★ gesmolten boter *melted butter* ★ gesmolten lood *molten lead* ★ het deed mijn hart smelten *it made my heart melt*

smeren ww • uitstrijken *smear*, ⟨met boter⟩

butter ★ ze had verf over haar broek gesmeerd *she had smeared paint on her pants* ★ zal ik een toastje voor je smeren? ⟨met boter⟩ *shall I butter you a piece of toast?* ⟨met beleg⟩ *shall I make you a piece of toast?* ● invetten *grease*, ⟨met olie⟩ *oil* ★ hij was bezig zijn auto te smeren *he was greasing his car* ★ als de gesmeerde bliksem *like greased lightning* ▼ je moet zonnebrandolie op je armen smeren *you need to put some sunscreen / sun tan lotion on your arms* ▼ het ging gesmeerd *things went smoothly*

smerig I BN ● vuil *dirty*, ⟨erger⟩ *filthy*, ⟨van weer⟩ *foul* ★ maak je nou niet weer smerig *don't get yourself dirty again* ● gemeen *dirty* ★ een smerige streek *a dirty trick* II BIJW *nastily* ★ ze werd smerig behandeld door hem *he treated her nastily*

smeulen ww *smoulder*

smid DE *blacksmith*

smijten ww *throw, fling* ★ ze hebben hem eruit gesmeten *they threw / flung him out* ★ hij smijt met zijn geld *he's throwing his money about* ▼ ze smeet met de deur *she slammed the door*

smoel DE ● gezicht *mug* ★ dat nare smoel van hem! *that awful mug of his!* ● mond *trap* ★ hou je smoel! *shut your trap!*

smoes DE *excuse* ★ allemaal smoesjes! *nothing but excuses!*

smoking DE *dinner jacket,* AM *tuxedo*

smokkelaar DE *smuggler*

smokkelen ww *smuggle*

sms-bericht, ook: **sms'je** HET *text message* ★ ze stuurde me een sms'je *she sent me a text message*

sms'en ww *text (message)* ★ ze sms'te me *she text-messaged / texted me*

smullen ww *enjoy* ★ ze smulden van de pannenkoeken *they enjoyed the pancakes, they ate the pancakes eagerly* ▼ om van te smullen *finger-licking good*

snaar DE *string, chord* ★ er brak een snaar toen hij zijn viool stemde *a string broke as he was tuning his violin* ★ het raakte een gevoelige snaar *it touched a sensitive chord*

snack DE *snack*

snackbar DE *snack bar*

snappen ww ● begrijpen *get* ★ snap je het? *(do you) get it?, got it?* ▼ hij snapt er de ballen van *he's totally in the dark* ● betrappen *catch, nab* ★ hij werd gesnapt door de politie *he was caught / nabbed by the police*

snauwen ww *snarl, snap* ★ ze snauwde tegen iedereen *she snarled / snapped at everybody*

snavel DE *bill,* ⟨krom⟩ *beak*

snee DE ● insnijding *cut, incision* ★ de chirurg maakte een snee van 20 centimeter *the surgeon made a 20 centimetre incision* ★ er zat een diepe snee in de band *there was a deep cut in the tyre* ● plak *slice* ★ een dun sneetje brood *a thin slice of bread*

sneeuw DE *snow* ★ eeuwige sneeuw *perennial snow* ★ een dik pak sneeuw *a thick layer of snow* ★ het verdween als sneeuw voor de zon *it disappeared like snow in spring / summer*

sneeuwbal DE *snowball*

sneeuwen ww *snow* ★ het sneeuwt al de hele dag *it has been snowing all day* ▼ het sneeuwde bloemblaadjes *petals rained down*

sneeuwpop DE *snowman*

Sneeuwwitje HET *Snow White*

snel I BN ● vlug *quick, fast, prompt* ★ een snel antwoord *a quick answer* ★ snelle service *fast service* ★ zij was heel snel met het eten brengen *she was prompt in bringing the food, she brought the food promptly* ● modern *trendy* ★ een trendy jongen *a trendy guy* II BIJW ● vlug *rapidly, fast* ★ deze buurt is snel achteruitgegaan *this neighbourhood has declined rapidly* ★ oma gaat snel achteruit ⟨door ziekte⟩ *Grandma is sinking fast* ● spoedig *soon* ★ bel je me snel op? *will you call me soon?*

snelbinder DE *carrier straps*

snelheid DE *speed* ★ met een snelheid van *at a speed of* ★ de auto verminderde snelheid *the car reduced speed* ★ snelheid over de grond / door de lucht *ground speed / air speed*

snelkookpan DE *pressure cooker*

sneltrein DE *fast train, express train*

snelweg DE *motorway, freeway*

snert DE ● erwtensoep *pea soup* ● rotzooi *trash*

sneu I BN *disappointing, sad* ★ dat is sneu voor haar *that's disappointing / sad for her* II BIJW *disappointed* ★ ze keek sneu *she looked disappointed*

snijbloem DE *cut flower*
snijboon DE *French bean* ▼ een rare snijboon *a weird fellow*
snijden ww ● met mes *cut*, ⟨in plakken⟩ *slice*, ⟨aan stukken⟩ *cut up* ★ ik heb me in mijn vinger gesneden *I cut my finger* ▼ de spanning was te snijden *the tension was palpable* ● een snijpunt hebben *cross, intersect* ★ lijn a snijdt lijn b in c *lines a and b intersect at point c* ● opzijdringen *cut off* ★ kijk uit, die auto snijdt ons *look out, that car is cutting us off*
snijplank DE *chopping board*
snijtand DE *incisor*
snik I DE *gasp*, ⟨bij huilen⟩ *sob* ★ zijn laatste snik *his last gasp* ★ ze barstte in snikken uit *she burst out in sobs, she burst out sobbing* II BN ▼ niet goed snik *not all there, not right in the head*
snikken ww *sob*
snoeien ww ● afknippen ⟨bomen⟩ *prune*, ⟨struik ook⟩ *trim* ● inkorten *cut (back)* ★ de regering heeft in de uitgaven gesnoeid *the government has cut (back) its expenditure*
snoeischaar DE *pruning shears, secateurs*
snoek DE *pike*
snoep DE *sweets*
snoepen ww *eat sweets* ★ kinderen snoepen graag *children like (eating) sweets* ▼ wie heeft er van de honing gesnoept? *who's been at the honey?*
snoepje HET *sweet* ★ wil je een snoepje? *would you like a sweet?*
snoer HET ● elektrische leiding *flex, cord* ● koord *cord, line* ● ketting *string* ★ een parelsnoer *a string of pearls* ● van hengel *line*
snoezig BN *sweet, lovely* ★ wat een snoezig hondje! *what a sweet little dog!* ★ een snoezig jurkje *a lovely dress*
snor I DE ● van mens *moustache* ● snorharen *whiskers* II BIJW ▼ dat zit wel snor *that's fine / all right*
snorkelen ww *snorkel*
snot HET *mucus*, VULG *snot*
snotneus DE ● loopneus *runny nose* ● klein kind *brat*
snotteren ww ● met loopneus *sniffle* ● huilen *snivel*
snowboarden ww *snowboard*
snuit DE ● deel van kop *snout* ● van olifant *trunk* ● gezicht *face* ★ zij heeft een lief snuitje *she has a cute little face*
snuiten ww *blow* ★ hij snoot luidruchtig zijn neus *he blew his nose loudly* ★ hij had net zijn neus gesnoten *he had just blown his nose*
snuiven ww *sniff, snort*
snurken ww *snore* ★ mijn vader snurkt als een os *my father snores like a chainsaw*
soa AFK seksueel overdraagbare aandoening *STD, sexually transmissible disease*
soap DE televisieserie *soap*
sober I BN eenvoudig *sober, frugal* ★ een sobere maaltijd *a sober / frugal meal* II BIJW eenvoudig *soberly, plainly* ★ ga sober gekleed *dress soberly / plainly* ★ het gebouw is sober uitgevoerd *the building is soberly designed, the building has few frills to it*
sociaal I BN *social* ★ sociale verzekering *social security, social insurance* ★ de sociale dienst *social services* II BIJW *socially* ★ hij is een sociaal denkend persoon *he's a socially aware person*
socialisme HET *socialism*
soda DE *soda*
soep DE *soup* ★ een kop soep *a cup of soup* ▼ het is niet veel soeps *it's nothing to write home about* ▼ hij heeft het in de soep laten lopen *he made a mess of it* ▼ hij heeft zijn auto in de soep gereden *he smashed up his car*
soepel I BN ● buigzaam *flexible, pliable* ★ als je plastic warm maakt wordt het soepel *if you heat plastic it becomes flexible / pliable* ● lenig *supple, flexible, lithe* ★ soepele gewrichten *supple / flexible joints* ★ soepele bewegingen *lithe movements* ● moeiteloos *smooth* ★ een soepele overgang *a smooth transition* ● niet streng *lenient* ★ een soepele leraar *a lenient teacher* II BIJW ● moeiteloos *smoothly* ★ de oude naaimachine naait nog heel soepel *the old sewing machine still works very smoothly* ● lenig *lithely* ★ hij sprong soepeltjes over het hek *he jumped lithely jumped over the gate* ● niet streng *leniently* ★ hij behandelt laatkomers nogal soepel *he treats latecomers fairly leniently*
sofinummer HET ˜ *national insurance number, social security number*
softbal HET *softball*
softdrug DE *soft drug*

softijs HET *soft ice cream*
software DE *software*
soja DE *soy, soya*
sok DE • kledingstuk *sock* ▼ hij werd van de sokken gereden *he was knocked down* • metalen mof *socket*
soldaat DE *soldier*
soldeerbout DE *soldering iron*
solderen ww *solder*
solide I BN • van persoon *reliable, solid* ★ hij wordt beschouwd als een solide werkgever *he's regarded as a solid / reliable employer* • van voorwerp *solid* ★ een solide tafel *a solid table* II BIJW *solidly, firmly* ★ de kast staat solide *the cupboard sits solidly / firmly on its legs*
sollicitant DE *candidate, applicant*
sollicitatiegesprek HET *job interview*
solliciteren ww *apply* ★ ik wil graag solliciteren naar de baan *I'd like to apply for the job*
som DE • rekenoefening *sum* ★ de kinderen maakten een som *the children did a sum* • bedrag *sum, amount* ★ een som ineens *a lump sum* ★ dat is een flinke som geld *that's a huge amount of money*
somber I BN *sombre, gloomy* ★ sombere gedachten *sombre / gloomy thoughts* II BIJW *gloomily* ★ hij keek mij somber aan *he looked at me gloomily* ▼ ik zie het somber in *I'm pessimistic about it*
sommige VNW *some* ★ sommige mensen geloven dat niet *some people don't believe that* ★ sommigen geloven het wel *some do believe it*
soms BIJW • nu en dan *sometimes, now and then* ★ soms wel, soms niet *sometimes yes, sometimes no* ★ soms houden we pauze *we have a break now and then* • misschien *perhaps* ★ kijk eens of hij daar soms is *go and see whether he's there, perhaps* ▼ als je Jan soms ziet *if you happen to see John*
soort DE + HET • type *sort, kind* ★ vermicelli is een soort spaghetti *vermicelli is a sort of / kind of spaghetti* ★ het beste boek in zijn soort *the best book of its kind* ★ we logeerden in een soort hotel *we stayed in a hotel of sorts* • biologische soort *species* ★ de ontwikkeling van de soorten *the origin of species*
soortgenoot DE *(one of) its own kind* ★ kreeften zijn kannibalen en eten hun soortgenoten op *the lobster is a cannibal and will eat its own kind* ▼ een klavier is een soortgenoot van de piano *a harpsicord is like the piano*
sop HET van zeep *suds* ▼ laat hem in zijn eigen sop gaar koken *let him stew in his own juice* ▼ hij koos het ruime sop *he went to sea*
sopraan DE *soprano*
sorry TSW *sorry*
sorteren ww ordenen *sort* ★ sorteer de was in wit en gekleurd *sort the washing into whites and coloureds* ▼ onze winkel is goed gesorteerd *our shop has a wide range*
SOS HET *SOS, Mayday (call)* ★ het schip zond een SOS uit *the ship sent out an SOS signal / a Mayday*
souvenir HET *souvenir*
spa DE mineraalwater *mineral water*
spaak DE *spoke* ★ hoeveel spaken zitten er in een wiel? *how many spokes are there in a wheel?* ▼ dat liep spaak *that went wrong*
spaanplaat HET *chipboard*
Spaans I HET taal *Spanish* II BN *Spanish*
spaarbank DE *savings bank*
spaargeld HET *savings* ★ mijn spaargeld is op *I've gone through my savings*
spaarpot DE *money box*, ⟨spaarvarken⟩ *piggy bank*
spaarrekening DE *savings account*
spaghetti DE *spaghetti*
spalken ww *splint*
spandoek HET *banner*
Spanjaard DE *Spaniard*
Spanje HET *Spain*
spannen ww • strak trekken *tighten, stretch* ★ de draad moet gespannen worden *the wire needs to be tightened* ★ we spanden een draad tussen twee palen *we stretched a wire between two posts* • van spieren *flex* ★ de bodybuilder spande zijn spieren *the bodybuilder flexed his muscles* • aanspannen *hitch* ★ span de paarden voor het rijtuig *hitch the horses to the carriage* • spanning veroorzaken *strain* ★ een gespannen verhouding *a strained relationship* ▼ het zal erom spannen *it will be close*
spannend I BN • boeiend *exciting, thrilling* ★ een spannende film *an exciting / thrilling film* • zenuwslopend *tense* ★ een spannend moment *a tense moment* II BIJW ▼ het gaat er spannend aan toe *things are getting exciting*

spanning DE • druk *tension, pressure* ★ voer langzaam de spanning op *increase the tension / pressure gradually* ★ breng de band op spanning *put the tyre under pressure* • elektriciteit *tension, voltage* • onrust *tension, strain* ★ de spanning voor het examen was groot *tension was high prior to the examination* ★ de spanning op de arbeidsmarkt *the strain on the labour market* • onzekerheid *suspense* ★ ze hielden haar in spanning *they kept her in suspense*
spanningzoeker DE *electrician's screwdriver*
spar DE *spruce*
sparen WW • zuinig zijn met *save (up)* ★ hij spaarde wat geld voor later *he saved (up) some money for later* ★ hij spaarde zich voor de finale *he saved his strength for the final* • verzamelen *collect* ★ spaar jij postzegels? *do you collect stamps?* • ontzien *spare, save* ★ de koning spaarde zijn leven *the king spared his life* ★ zij zijn voor de vernietiging gespaard gebleven *they were saved from destruction*
spartelen WW *flounder, thrash*
spat DE *drop, splash* ★ spatten verf *drops of paint* ★ een spat water *a splash of water*
spatader DE *varicose vein*
spatbord HET *mudguard*
spatie DE *space*
spatiebalk DE *space bar*
spatten WW *splash, splatter* ★ je spat koffie op mijn jurk *you're splashing coffee on my dress* ★ deze verf spat erg *this paint splatters a lot* ▼ het glas spatte uit elkaar *the glass smashed to pieces*
specerij DE *spice*
specht DE *woodpecker*
speciaal I BN *special, particular* ★ dat kind heeft speciale aandacht nodig *that child needs special attention* ★ een speciale manier van praten *a particular way of talking* II BIJW *especially, in particular* ★ dat was speciaal voor hem bedoeld *that was meant especially for him, that was meant for him in particular*
specialist DE *specialist*
specialiteit DE *speciality*
spectaculair I BN *spectacular, sensational* ★ een spectaculair doelpunt *a spectacular / sensational goal* II BIJW *spectacularly* ★ huizenprijzen zijn spectaculair gestegen *house prices have risen spectacularly*
speculaas DE ¯ *gingerbread* ★ speculaasje ¯ *gingerbread biscuit*
speech DE *speech* ★ de directeur heeft een speech gehouden *the director made / gave a speech*
speeksel HET *saliva, spittle*, INF *spit*
speelfilm DE *film, movie*
speelgoed HET *toys* ★ een stuk speelgoed *a toy*
speelkaart DE *playing card*
speelkwartier HET *playtime, break*
speelplaats DE *playground*
speels I BN dartel *playful*, 〈van dier ook〉 *frisky* ★ een speels poesje *a playful / frisky kitten* II BIJW *playfully* ★ ze kneep hem speels in zijn wang *she pinched his cheek playfully*
speeltuin DE *playground*
speen DE *teat, nipple*, 〈fopspeen〉 *dummy*
speer DE *spear*, SPORT *javelin*
speerwerpen HET *throwing the javelin*
spek HET *bacon*, 〈vers〉 *pork*
spekkie HET *marshmallow*
spektakel HET herrie *racket, row* ★ ze maakten een vreselijk spektakel *they made a terrible racket / row* ▼ de show was een fantastisch spektakel *the show was spectacular*
spel HET • bezigheid ter ontspanning *play*, 〈met regels〉 *game* ▼ er staat veel op het spel *there's a lot at stake* • manier van spelen *performance* ★ zij liet subliem spel zien *her performance was sublime* • speelbenodigdheden 〈van kaarten〉 *pack, deck*, 〈van schaken〉 *set* ★ een spel kaarten *a pack / deck of cards*
spelcomputer DE *games computer*
speld DE • naaigerei *pin* • haarspeld *hair pin, hair clasp*
spelen WW • zich met spel bezighouden *play, have a game*, 〈gokken〉 *gamble* ★ ze spelen om geld *they're playing for money* ★ Ajax speelt morgen tegen Benfica *Ajax is playing Benfica tomorrow* ★ ze speelden een partij tennis 〈competitie〉 *they had a tennis match*; 〈vriendschappelijk〉 *they had a game of tennis* ▼ hij speelde vals *he cheated* • luchtig omgaan met *play, trifle* ★ speel niet met je eten *stop playing with your food* ★ ze speelde met zijn gevoelens *she trifled with his feelings* • zich afspelen *be set, take place* ★ het stuk speelt in

Londen *the play is set in London* ● acteren *play, act* ★ hij speelt de hoofdrol *he's playing the leading part* ★ hij speelt Othello *he plays / acts the part of Othello* ● muziek maken *play* ★ hij speelt erg vals *he's playing badly out of tune* ★ ze speelt viool *she plays the violin*

speler DE *player,* ⟨toneel⟩ *actor*

spelfout DE *spelling mistake*

speling DE ● ruimte *play* ★ er zit wat speling in de cilinders *there's a bit of play in the cylinders* ● marge *leeway* ★ we hebben een week speling *we've got a week's leeway* ● gril *freak* ★ een speling der natuur *a freak of nature* ▼ een speling van het lot *fortune's whim*

spellen ww *spell* ★ het woord was goed gespeld *the word was spelled correctly* ★ het woord was verkeerd gespeld *the word was misspelled*

spelling DE *spelling*

spellingchecker DE *spelling checker*

spelregel DE *rule (of the game)* ★ je moet je aan de spelregels houden *stick to the rules, please*

sperma DE *sperm*

sperzieboon DE *French bean*

speuren ww *hunt, search* ★ de politie speurde naar een bewijs *the police hunted / searched for evidence*

speurtocht DE *search*

spiegel DE *mirror* ★ ze keek in de spiegel *she looked (at herself) in the mirror*

spiegelbeeld HET ● omgekeerd beeld *mirror image* ▼ in spiegelbeeld *in reverse* ● teruggekaatst beeld *reflection*

spiegelei HET *fried egg,* AM *egg sunny side up*

spiegelglad BN ● zonder oneffenheid *as smooth as glass* ● spekglad *very slippery*

spiegelreflexcamera DE *single lens reflex camera, SLR*

spiekbriefje HET ● op school *copy notes,* AM *cheat sheet* ● bij toespraken *notes*

spieken ww *copy* ★ hij spiekte bij zijn buurman *he copied from his neighbour*

spier DE ● *muscle* ★ hij vertrok geen spier *he didn't move a muscle* ● grasspriet *blade*

spierbal DE *muscle*

spierpijn DE *muscular pain, aching muscles*

spijbelen ww *skip school,* INF *bunk off school* ★ ze hebben gisteren gespijbeld *they skipped school / bunked off school yesterday*

spijker DE *nail* ★ hij sloeg een spijker in de muur *he hammered a nail into the wall* ★ je hebt de spijker op de kop geslagen *you've hit the nail on the head* ▼ nu worden er spijkers met koppen geslagen *now we're getting down to brass tacks*

spijkerbroek DE *jeans* ★ twee spijkerbroeken *two pairs of jeans*

spijs DE ● gerecht *food* ● amandelspijs *almond paste, marzipan*

spijsvertering DE *digestion* ★ een slechte spijsvertering *poor digestion*

spijt DE *regret* ★ ze toonde geen spijt voor wat ze had gedaan *she showed no regret for what she had done* ▼ tot mijn spijt moet ik u zeggen... *I regret to have to tell you...* ▼ ik heb er spijt van *I regret it, I'm sorry*

spijten ww *regret, be sorry* ★ het spijt me *I'm sorry* ★ het spijt me te moeten zeggen *I'm sorry to say, I regret to say*

spin DE ● dier *spider* ● snelbinder *octopus (strap)*

spinazie DE *spinach*

spinnen ww ● van kat *purr* ● garen maken *spin*

spinnenweb HET *cobweb*

spinnewiel HET *spinning wheel*

spion DE *spy*

spiraal DE *spiral*

spiritus DE *methylated spirits*

spits I DE ● top ⟨van scherp voorwerp⟩ *point,* ⟨van toren⟩ *spire,* ⟨van berg⟩ *peak, top* ▼ het conflict werd op de spits gedreven *the conflict came to a head* ● voorhoedespeler *striker, forward* ★ hij speelt als spits bij Ajax *he's playing as a striker / forward for Ajax* ▼ hij staat in de spits *he's in the forward line* ● spitsuur *rush hour* ★ de ochtend- / avondspits *the morning / evening rush* **II** BN ● puntig *pointed, sharp* ★ een spitse baard *a pointed beard* ★ een spitse punt *a sharp point* ● slim *sharp, clever* ★ een spits antwoord *a sharp / clever answer* **III** BIJW *pointedly* ★ hij merkte spits op dat... *he commented pointedly that...*

spitsuur HET *rush hour, peak hour*

spitten ww *dig* ★ hij had de hele dag staan spitten *he had been digging all day* ▼ toen ze in zijn verleden spitten... *when they delved into his past...*

spleet DE ● barst *crack, split,* ⟨in rots⟩ *cleft, crevice* ● vagina *slit*

splinter DE *splinter,* ⟨van glas⟩ *sliver*

splitsen ww *split, divide, fork* ★ de weg

splitst zich bij de kerk *the road splits / divides / forks at the church*
splitsing DE • uiteengaan ⟨*partij, organisatie*⟩ *split*, ⟨*van atomen*⟩ *fission* • plaats van splitsing *fork, junction* ★ bij de splitsing van de weg *at the fork / junction in the road*
spoed DE *haste, speed*, ⟨*op brief*⟩ *priority* ★ haastige spoed is zelden goed *the more haste, the less speed*
spoedgeval HET *emergency*
spoedig I BN *speedy* ★ ik wens je een spoedig herstel *I wish you a speedy recovery* **II** BIJW *soon* ★ zo spoedig mogelijk (z.s.m.) *as soon as possible (asap)*
spoelbak DE *washbasin, sink*
spoelen WW *wash, rinse* ★ het zand spoelde weg *the sand was washed away* ★ spoel de luiers uit voordat je ze wast *rinse the nappies before you wash them*
spoken WW *haunt* ★ het spookt in het huis *the house is haunted* ▼ hij liep al vroeg door het huis te spoken *he was prowling about in the house at an early hour* ▼ het kan op dat meer erg spoken *that lake can be very rough*
spons DE *sponge*
sponsor DE *sponsor*
spontaan I BN *spontaneous* ★ een spontaan antwoord *a spontaneous answer* **II** BIJW *spontaneously* ★ ze groette me spontaan *she greeted me spontaneously*
spook HET *ghost*
spookhuis HET *haunted house*
spookrijder DE *motorist who drives against the traffic*
spoor I DE aan rijlaars *spur* ▼ hij gaf het paard de sporen *he spurred his horse on* **II** HET • overblijfsel *sign, trace* ★ er is geen spoor van te vinden *there is no sign of it, not a trace of it is to be found* ★ ze hebben geen sporen achtergelaten *they didn't leave any traces* • afdruk *track, mark*, ⟨*geurspoor*⟩ *scent*, ⟨*van voet*⟩ *footprint* ★ de jagers volgden een spoor *the hunters followed a track* ★ de honden waren het spoor bijster *the dogs had lost the scent* ▼ de politie kwam hem op het spoor *the police tracked him down* • spoorweg *rails, track* ★ enkel / dubbel spoor *a single track / double tracks* ★ er stond een koe op het spoor *there was a cow on the rails* ★ we sturen het per spoor *we'll send it by rail*

▼ de trein vertrekt van spoor 3 *the train leaves from platform 3* ▼ ze zitten op een dood spoor *they've reached a dead end*
spoorbiels DE *railway sleeper*
spoorboom DE *level-crossing barrier*
spoorlijn DE *railway line*
spoorweg DE *railway, railroad*
spoorwegovergang DE *level crossing*
sport DE • lichaamsoefening *sport(s)* ★ hij doet aan sport *he goes in for sport(s)* ★ ze is goed in sport *she's good at sport(s)* • trede van ladder *rung, step* ▼ op de hoogste / laagste sport van de maatschappelijke ladder *at the top / bottom of the social ladder*
sporten WW *exercise, play a sport*
sporter DE ⟨*man*⟩ *sportsman*, ⟨*vrouw*⟩ *sportswoman*
sportief I BN *sportsmanlike* ★ een sportieve reactie *a sportsmanlike reaction* **II** BIJW *in a sportsmanlike way* ★ hij nam het erg sportief op *he took it in a very sportsmanlike way*
sportman DE *sportsman*
sportschool DE *martial arts academy*
sportwagen DE *sports car*
spot DE • belachelijkmaking *mockery, ridicule* ▼ ze dreven de spot met hem *they mocked / ridiculed him* • reclame *commercial, advert* • lamp *spotlight* ★ licht uit, spot aan *lights out, spotlight on*
spouwmuur DE *cavity wall*
spreekbeurt DE *lecture*, ⟨*op school*⟩ *talk* ★ de politicus hield een spreekbeurt in de stad *the politician delivered / held a lecture in the town* ★ ik moet op school een spreekbeurt houden *I have to give a talk at school*
spreekkamer DE van dokter *consulting room, surgery*
spreektaal DE *spoken language*
spreekwoord HET *proverb*
spreeuw DE *starling*
sprei DE *bedspread*
spreiden WW *spread*
spreken WW praten *speak, talk* ⟨*telefoon*⟩ met wie spreek ik? *who's speaking, please?* ★ u spreekt met Ria *Ria speaking* ★ ze spreken niet tegen elkaar *they're not on speaking terms, they don't talk to each other* ★ ik heb al tijden niet meer met haar gesproken *I haven't spoken to her for ages* ★ hij spreekt uit ervaring *he speaks from*

experience ★ zijn gezicht sprak boekdelen *his face spoke volumes* ★ kan ik meneer Bakker spreken? ⟨persoonlijk⟩ *can I see Mr Bakker?*; ⟨aan telefoon⟩ *can I speak to Mr Bakker?* ★ Marije spreekt heel goed Engels *Marije speaks very good English* ▼ ik moet je eens even spreken *I want a word with you* ▼ dat spreekt vanzelf *that goes without saying*
spreuk DE *saying, proverb*
spriet DE • halm *blade (of grass)* • voelhoorn *antenna, feeler* • dun persoon *beanpole*
springen ww • zich afzetten en omhoog gaan *jump, leap,* ⟨met steun⟩ *vault* ★ hij sprong over een schutting *he jumped a fence, he leapt over a fence, he vaulted a fence* • barsten *blowout,* ⟨van snaren⟩ *snap,* ⟨van glas⟩ *crack* ★ de band is gesprongen *the tyre has had a blowout* • ontploffen *explode,* ⟨van ketel⟩ *blow (up)* ★ de ketel van de cv is gesprongen *the central heating boiler has blown (up)*
springplank DE *springboard* ▼ de springplank naar succes *the stepping stone to success*
springtouw HET *skipping rope*
sprinkhaan DE *grasshopper,* ⟨groter⟩ *locust*
sprinten ww *sprint, spurt*
sproeien ww *water*
sproet DE *freckle*
sprong DE *jump, leap* ★ met zijn eerste sprong verbeterde hij het wereldrecord *with his first jump he broke the world record* ★ hij gaat met sprongen vooruit *he's improving by leaps and bounds* ★ een sprong in het duister *a leap in the dark*
sprookje HET *fairy-tale*
spruit DE • takje *sprout,* ⟨bamboe &⟩ *shoot* ★ ik lust geen spruitjes *I don't like (Brussels) sprouts* • kind *offspring*
spugen ww • speeksel uitspugen *spit* ★ hij spuugde op de grond *he spat on the ground* • braken *vomit, be sick*
spuitbus DE *spray (can)*
spuiten ww • naar buiten persen *spout, squirt* ★ geisers spuiten water *geysers spout water* ★ het kind spoot me nat met zijn waterpistool *the child squirted me with his water pistol* • bespuiten *spray,* ⟨verf⟩ *spray(-paint)* ★ de auto is in een nieuwe kleur gespoten *the car has been spray-painted a new colour* • injecteren *inject,* ⟨van drugs⟩ *shoot up*

spuitje HET *injection,* INF *shot* ★ een spuitje tegen de griep *a flu injection / shot* ▼ de dierenarts heeft de hond een spuitje gegeven *the vet put the dog down / put the dog to sleep*
spul HET • goedje *stuff* ★ het is raar spul *it's funny stuff* • benodigdheden *stuff, gear, things* ★ heb je al je spullen bij je? *do you have all your stuff / gear / things with you?*
spuug HET *spittle, spit*
spuwen ww • spugen *spit, spew* ★ de draak spuwde vuur *the dragon spat / spewed fire* ▼ hij spuwde zijn gal *he vented his gall* • uitbraken *vomit*
squash HET *squash*
staaf DE *rod,* ⟨als afsluiting &⟩ *bar*
staakt-het-vuren HET *ceasefire* ★ ze kondigden een staakt-het-vuren af *they declared / announced a ceasefire*
staal HET *steel*
staalindustrie DE *steel industry*
staalpil DE *iron pill*
staan ww • overeind zijn *stand* ★ hij ging staan *he stood up* ★ ze gingen naast elkaar staan *they stood side-by-side, they lined up* • (staand) bezig zijn met iets *be ...ing, stand ...ing* ★ ze stonden te kijken *they were looking, they stood looking* ★ wat sta je nou te lachen? *what are you laughing at?* • zijn *be* ★ hoe staat het er mee? *how are things?* ★ wat staat er in de brief? *what's in the letter?, what does the letter say?* ★ de zon staat hoog aan de hemel *the sun is high in the sky* ★ de brug staat op instorten *the bridge is about to collapse* ▼ ze zegt altijd waar het op staat *she always speaks plainly* ★ er staat een gevangenisstraf op *it carries a jail sentence* ▼ hij stond voor een moeilijke opgave *he was faced with a difficult problem* ▼ hij staat er alleen voor *he's (all) on his own* ▼ dat staat nog te bezien *that remains to be seen* • passen *suit, become* ★ die kleur staat jou heel goed *that colour suits you very well* • aanwijzen *read, show* ★ de teller stond op 100 *the speedometer read / showed 100* • betekenen *stand for* ★ 'm' staat voor mannelijk *'m' stands for masculine* • eisen, erop staan *insist on* ★ zij stond erop te betalen *she insisted on paying* • laten staan *leave* ★ laat dat staan! *leave it alone!* ★ hij liet zijn snor staan *he grew a moustache* ▼ hij liet zijn eten staan

he didn't touch his meal
staanplaats DE *standing room* ★ er zijn alleen nog staanplaatsen *there's only standing room left*
staart DE • van dier, vlieger, komeet *tail* • samengebonden haar *ponytail, pigtails* ★ ze heeft haar haar in een staart / in staartjes *she wears her hair in a ponytail / in pigtails* • achterstuk *tail end* ★ de staart van het vliegtuig *the tail end of the plane*
staartdeling DE *long division*
staat DE • toestand *condition, state* ★ de auto is in goede staat *the car is in (a) good condition* ★ hij is in een goede staat van gezondheid *his health is in a good state* ▼ zijn burgerlijke staat *his marital status* ▼ ze zijn in staat / niet in staat te betalen *they are able / unable to pay* ▼ hij is tot alles in staat ⟨capabel⟩ *he's capable of anything*; ⟨onberekenbaar⟩ *he'll stop at nothing* • rijk *state* ★ de Verenigde Staten van Amerika *the United States of America* • lijst *record* ★ zijn staat van dienst *his record (of service), his service record*
staatsburger DE *citizen, national*
staatshoofd HET *head of state*
staatssecretaris DE *state secretary*
stabiel BN *stable*
stacaravan DE *mobile home, (stationary) caravan*
stad DE • woonplaats *town,* ⟨grote stad⟩ *city* ★ in de stad ⟨door / tot bewoner gezegd⟩ *in town,* ⟨door vreemdeling⟩ *in the town* ★ we gaan de stad in *we're going into (the) town* ★ hij is de stad uit *he's out of town* • stadsbevolking *town* ★ de hele stad weet het *it's the talk of the town*
stadhuis HET *town hall, city hall*
stadion HET *stadium*
stadium HET *stage*
staf DE • stok *staff,* ⟨toverstaf⟩ *wand* • leiding *staff* ★ de technische staf van Manchester United *the Manchester United technical staff*
stage DE *work placement* ★ we moeten ook stage lopen *we do a work placement too*
staking DE *strike* ★ de buschauffeurs gingen in staking *the bus drivers went on strike* ▼ bij staking van stemmen beslist de voorzitter *in the event of a tied vote, the chairman has the deciding vote*
stal DE • dierenverblijf ⟨van paarden⟩ *stable,* ⟨van koeien⟩ *cowshed,* ⟨van schapen⟩ *(sheep) fold,* ⟨van varkens⟩ *pigsty* ★ de koeien staan op stal *the cows are in the shed* • renstal *racing stable*
stam DE • boomstam *trunk* • geslacht *stock* • volksstam *tribe* • van woord *stem*
stamboek HET • van rasdieren *pedigree* • van personen *genealogy, genealogical register*
stamboom DE *family tree,* ⟨van dieren⟩ *pedigree*
stamgast DE *regular, regular customer*
stampen WW • fijnmaken *pound,* ⟨van aardappels &⟩ *mash* ★ gestampte aardappelen *mashed potatoes* • stampvoeten *stamp* ★ klap in je handen en stamp je voeten *clap your hands and stamp your feet*
stamppot DE *vegetable mash*
stand DE • plaatsing *position* ★ de stand van de zon *the sun's position* • maatschappelijke rang *rank, standing* ★ ... van welke maatschappelijke stand dan ook ... *whatever their rank in life* ★ een heer van stand *a man of some standing* ▼ de burgerlijke stand *the registry office* • toestand *state,* ⟨van water, barometer⟩ *height,* ⟨van maan⟩ *phase* ★ de stand van zaken *the state of affairs* ★ het staakt-het-vuren is met veel moeite tot stand gebracht *the ceasefire was brought about with great difficulty* ★ de regering wil de hypotheekrenteaftrek in stand houden *the government wants to maintain the tax rebate on mortgage interest* • uitkomst, score *score* ★ wat is de stand? *what's the score?*
standaard DE • houder *stand* ★ hij zette zijn fiets op de standaard *he propped his bike on its stand* • maatstaf *standard, norm*
standaardprijs DE *standard price*
standbeeld HET *statue*
standje HET • berisping *telling-off* ★ hij kreeg een standje *he got a telling-off, he was told off* • houding *(sexual) position*
stang DE *rod, bar,* ⟨van fiets⟩ *crossbar* ▼ probeer je me op stang te jagen? *are you trying to get my back up?*
stank DE *stench, bad smell*
stap DE • pas *step* ★ stap voor stap *step-by-step, little by little* ★ hij deed een stap in de goede richting *he took a step in the right direction* • maatregel *step, measure* ★ de regering gaat stappen

ondernemen tegen belastingontduikers *the government is taking steps / measures against tax evaders*

stapel I DE *pile, heap* ★ een stapel kranten *a pile / heap of newspapers* ▼ hij loopt te hard van stapel *he rushes things* ▼ er staat een nieuwe film op stapel *a new film is in the make* II BN *crazy* ★ ben je stapel? *are you crazy?* ★ ze is stapel op hem *she's crazy about him*

stapelbed HET *bunk beds*

stappen ww ● lopen *step, walk* ★ hij stapte over de streep *he stepped over the line* ★ hij stapte het plein over *he walked across the square* ● stap zetten *get* ★ ze stapte uit de auto *she got out of the car* ★ we stappen straks op de bus *we'll get on the bus later* ★ stap maar op de fiets *get on your bicycle* ● uitgaan *go out (for a drink)* ★ heb je zin om te stappen vanavond? *feel like going out (for a drink) this evening?*

stapvoets BIJW *at a walking pace* ▼ stapvoets rijden! *please drive slowly!*

staren ww *stare, gaze*

start DE het vertrekken *start,* ⟨van vliegtuig⟩ *take-off* ★ ze hadden een valse start *they got off to a false start* ★ bij de start verloor het vliegtuig een motor *the plane lost an engine during take-off* ▼ de bouw kan van start gaan *building can get underway / can proceed*

starten ww *start,* ⟨van vliegtuig⟩ *take off* ★ ik kan mijn auto niet starten *I can't start my car, I can't get my car started* ▼ de atleten gaan starten voor de 100 meter *the athletes are lining up for the 100 metres* ▼ Jones is goed gestart *Jones is off to a good start, Jones got away well*

statiegeld HET *deposit, return* ★ zit er statiegeld op die fles? *is there a deposit / return on that bottle?*

station HET ● treinen *(railway) station* ● radiozender *station*

stedelijk BN ● van bepaalde stad *municipal, of the town* ● van steden in het algemeen *urban*

steeds BIJW ● telkens weer *constantly, again and again* ★ de pijn komt steeds terug *the pain returns constantly / again and again* ● aldoor *constantly, always* ★ ik heb steeds gekeken of de deur dicht zat *I checked the door constantly, I kept a constant check on the door* ★ hij staat steeds op me te wachten *he's always standing waiting for me* ▼ zij is nog steeds ziek *she's still sick* ● met een woord in de vergrotende trap *increasingly, more and more,* ⟨negatief⟩ *less and less* ★ steeds moeilijker *more and more / increasingly difficult* ★ steeds minder belangrijk *less and less important* ▼ steeds meer mensen zijn te dik *an increasing number of people are overweight* ▼ er worden steeds minder kinderen geboren *fewer children are being born all the time*

steeg DE *alley(way), lane* ★ een doodlopende steeg *a dead alley*

steek DE ● stoot met iets scherps *stab,* ⟨van wesp &⟩ *sting,* ⟨van mug⟩ *bite* ● hatelijkheid *dig* ★ een steek onder water *a sly dig* ● pijnscheut *pang,* ⟨in de zij⟩ *stitch* ● van handwerk *stitch* ★ ik heb een steek laten vallen *I dropped a stitch* ▼ er is een steekje aan hem los *he has a screw loose* ▼ hij heeft haar in de steek gelaten *he deserted / left / abandoned her* ▼ geen steek *not a bit, not at all, nothing whatsoever*

steekproef DE *random sample, random check*

steel DE ● van bloem, plant *stem, stalk* ● van wijnglas, pijp *stem* ● handgreep *handle*

steelpan DE *saucepan*

steen DE ⟨natuursteen⟩ *stone,* ⟨baksteen⟩ *brick* ★ hij heeft de eerste steen gelegd *he laid the foundation stone* ★ ze keerde de onderste steen boven *she left no stone unturned* ★ ze gooiden met stenen naar de politie *they threw stones at the police* ★ hij heeft een hart van steen *he's got a heart of stone* ▼ hij klaagde steen en been *he complained bitterly*

Steenbok DE *Capricorn* ★ mijn teken van de dierenriem is Steenbok *my sign of the zodiac is Capricorn*

steenkool DE *coal*

steiger DE ● werkstellage *scaffolding* ★ het gebouw staat momenteel in de steigers *the building is in scaffolding at the moment* ▼ de website staat nog in de steigers *the website is under preparation / construction* ● aanlegplaats *jetty* ★ zijn bootje ligt aan de steiger *his boat is moored at the jetty*

steigeren ww ● van paard *rear (up)* ★ het paard steigerde *the horse reared (up)* ● protesteren *get up on your hind legs* ★ de vakbonden steigerden *the trade unions*

steil I BN *steep*, ⟨loodrecht naar beneden⟩ *sheer* ★ een steile helling *a steep slope* ▼ ze heeft steil haar *she has straight hair* **II** BIJW *steeply* ★ het pad loopt steil naar beneden *the path drops down steeply*

stek DE ● plantendeel *cutting* ★ mag ik een stekje van je fuchsia? *could you give me a cutting of your fuchsia?* ● vaste plek *niche* ★ ik heb mijn stek gevonden *I've found my niche*

steken ww ● prikken ⟨met mes⟩ *stab*, ⟨van insect⟩ *sting*, ⟨met naald⟩ *prick* ★ hij was tweemaal gestoken met een mes *he had been stabbed twice with a knife* ★ ze was gestoken door een wesp *she was stung by a wasp* ● pijnlijk zijn ⟨wond⟩ *hurt*, ⟨van zon⟩ *burn* ★ de wond aan mijn been steekt behoorlijk *the wound on my leg is hurting quite a bit* ▼ ik heb stekende pijn in mijn kies *I have a sharp pain in my tooth* ● vastzitten *bog down, stick* ★ oudere mensen zijn vaak blijven steken in het verleden *old people often get bogged down / often remain stuck in the past* ▼ daar steekt iets achter *there's something behind it* ▼ daar steekt geen kwaad in *there's no harm in that* ● grieven *pain* ★ dat steekt me *that pains me* ● in bepaalde plaats / toestand brengen *put* ★ hij stak het bij zich / in zijn zak *he put it in his pocket* ★ ze stak de stekker in het stopcontact *she put the plug into the socket* ★ ze staken zich in de schulden *they ran into debt*

stekker DE *plug* ★ hij stak de stekker in het stopcontact *he put the plug into the socket*

stel HET ● set *set* ★ zij heeft een goed stel hersens *she has a good set of brains, she has a good head on her shoulders* ● paar *couple* ★ een aardig stel *a nice couple*

stelen ww *steal* ★ hij steelt alles wat los en vast zit *he steals whatever he can lay his hands on* ★ ze stelen als de raven *they steal like magpies* ★ zijn auto is gisteren gestolen *his car was stolen yesterday* ★ ze heeft vanmorgen een reep chocola uit de winkel gestolen *she stole a bar of chocolate from the shop this morning*

stellen ww ● zetten, plaatsen *give, set* ★ ze stelden hem voor de keus om A of B te doen *they gave him the choice of doing A or B* ★ ze stelde zich een taak *she set herself a task* ▼ hij stelde zich kandidaat voor het presidentschap *he stood for president* ● doen *do* ★ we zullen het zonder koffie moeten stellen *we'll have to go / to do without coffee* ★ het is niet goed gesteld met haar *she's not doing well* ● veronderstellen *suppose* ★ stel dat hij komt *supposing he comes* ● uiten *put* ★ ze stelden hem een vraag *they put a question to him, they asked him a question* ● beweren *state, claim* ★ hij stelde dat het te veel zou kosten *he stated / claimed that it would cost too much* ● vaststellen *set, fix* ★ de prijs is gesteld op 5 euro *the price has been set / fixed at 5 euros* ★ de dokter stelde een diagnose *the doctor made a diagnosis*

stelling DE ● stellage *rack* ★ hij haalde de doos uit de stelling *he got the box from the rack* ● bewering ⟨wiskunde, logica⟩ *proposition*, ⟨in proefschrift⟩ *thesis* ▼ ze namen stelling tegen armoede *they made / took a stand against poverty*

stem DE ● stemgeluid *voice* ★ ze is haar stem kwijt *she's lost her voice* ★ met luide stem *in a loud voice* ★ je moet je stem niet verheffen *please don't raise your voice* ● keuze *vote* ★ met 5 stemmen voor en 3 tegen *five votes in favour and three against* ▼ hij werd met algemene stemmen gekozen *he was elected unanimously* ▼ de meeste stemmen gelden *the majority has it* ▼ hij bracht zijn stem uit op X *he voted for X* ● zangpartij *part* ★ ze zong de tweede stem *she sang the second part*

stemband DE *vocal cord*

stembureau HET *polling booth, polling station*

stemmen ww ● kiezen *vote* ★ ik ga stemmen voor / op de Groenen *I'm voting for the Green Party* ● in bepaalde stemming brengen *make* ★ het bericht stemde mij vrolijk *the report put me in a cheerful mood / made me happy* ▼ we zijn optimistisch gestemd *we're optimistic* ● klank aanpassen *tune* ★ de piano moet worden gestemd *the piano needs tuning*

stemming DE ● het stemmen *vote* ★ we hebben het in stemming gebracht *we put it to the vote* ● gemoedstoestand *mood, frame of mind* ★ ik ben er niet voor in de stemming *I'm not in the mood for it, I'm not in the right frame of mind for it*

stempel DE + HET ● afdruk *stamp*, ⟨van post⟩ *postmark* ● kenmerk *mark, stamp* ★ Jim

drukte zijn stempel op de organisatie *Jim left his mark on the organisation* • van bloem *stigma*
stempelkussen HET *stamp pad, ink pad*
stengel DE *stalk, stem*
stenigen ww *stone (to death)*
step DE • autoped *scooter* • danspas *step*
ster DE • hemellichaam *star* ★ een vallende ster *a shooting star* • beroemdheid *star, celebrity*
stereo BN *stereo*
sterfbed HET *deathbed* ★ op zijn sterfbed werd opa weer gelovig *on his deathbed Grandpa rediscovered his faith*
sterfgeval HET *death* ★ er was een sterfgeval in de familie *there was a death in the family* ▼ wegens sterfgeval gesloten *closed because of bereavement*
steriel DE + BN • onvruchtbaar *barren* • vrij van ziektekiemen *sterile* ★ steriele instrumenten *sterile instruments*
steriliseren ww *sterilize, ⟨dieren⟩ fix, spay*
sterk I BN • krachtig *strong* ★ de sterkste man van Nederland *the strongest man in the Netherlands* ★ een sterk gestel *a strong constitution* ★ twintig man sterk *twenty strong* • vergrotend *powerful* ★ een sterke microscoop *a powerful microscope* • hevig *sharp* ★ een sterke daling / toename *a sharp fall / increase* • geconcentreerd *strong* ★ sterke koffie *strong coffee* ▼ sterke drank *spirits, liquor* • van werkwoorden *strong, irregular* ★ 'slapen' is een sterk werkwoord *'sleep' is a strong / an irregular verb* **II** BIJW *strongly, highly* ★ voorzichtig rijden wordt sterk aanbevolen *you are strongly advised to drive carefully* ★ de cijfers zijn sterk overdreven *the figures are highly exaggerated* ▼ ze zijn sterk verschillend *they are very different*
sterkte DE • kracht *strength, power* ★ het hangt van de sterkte van zijn argumenten af *it depends on the strength of his arguments* ★ de snelheid hangt van de sterkte van je processor af *the speed depends on the power of your processor* ▼ veel sterkte toegewenst! *wishing you good luck!* • intensiteit *intensity, ⟨geluid⟩ volume*
sterrenbeeld HET • groep sterren *constellation* • astrologisch teken *sign of the zodiac*
sterretje HET • kleine ster *little star* ★ ik stootte mijn hoofd en zag sterretjes *I saw stars when I bumped my head* • stervormig leesteken *asterisk* • vuurwerk *sparkler*
sterveling DE *mortal* ▼ geen sterveling in de buurt *not a living soul in sight*
sterven ww doodgaan *die, pass away* ★ mijn oma ligt op sterven *my grandmother is dying, my grandmother is on her deathbed* ★ zij is vredig gestorven *she passed away peacefully* ★ zij stierf aan tyfus *she died of typhoid* ★ ik sterf van de kou *I'm freezing (to death)* ▼ het sterft er van het ongedierte *the place is swarming with vermin*
stervormig BN *star-shaped*
steun DE • stut *support* ★ het dak rust op houten steunen *the roof rests on wooden supports* • hulp *help, support* ★ ze zocht steun bij haar tante *she turned to her aunt for support* • sociale bijstand *welfare, dole* ★ het gezin leeft van de steun *the family is on welfare / on the dole* ★ ze hebben hun auto van de steun betaald *they used the their welfare money / the dole to pay for their car*
steunen ww • leunen *lean, rest* ★ hij steunde met zijn ellebogen op de tafel *he rested / leaned his elbows on the table* • zich verlaten op *rely* ★ hij steunt geheel op zijn vader *he relies entirely on his father* • ondersteunen *support, back (up)* ★ mijn familie heeft me aldoor gesteund *my family has supported me all along* ★ nog maar weinig mensen steunen de oorlog in Irak *few people are now backing the war in Iraq* • kreunen *groan, moan*
steunpilaar DE *pillar* ★ de steunpilaren van de maatschappij *the pillars of society*
steunzool DE *arch support*
stevig I BN • solide *solid, ⟨van persoon⟩ sturdy* ★ een stevig postuur *a solid / sturdy build* • krachtig *firm, tight, ⟨van eten⟩ hearty, ⟨van wind⟩ stiff* ★ een stevige handdruk *a firm handshake* ★ een stevige greep *a firm / tight grip* **II** BIJW • solide *solidly, sturdily* ★ hij is stevig gebouwd *he is solidly / sturdily built* • krachtig *tightly, firmly* ★ trek je veters stevig aan *pull your shoelaces tightly / firmly* ★ houd me stevig vast *hold me tightly / tight*
stichten ww • oprichten *found* ★ deze kerk is gesticht in 1760 *this church was founded in 1760* ▼ ze hebben een gezin gesticht

stichting DE • het oprichten *establishment* • organisatievorm *foundation*
they started a family • veroorzaken *bring about, cause* ★ kun je vrede stichten door te vechten? *can you bring about peace by fighting?* ★ ze hebben expres verwarring gesticht *they caused the confusion on purpose* ▼ de jongens stichtten brand in het schuurtje *the boys started a fire in the shed*

stichting DE • het oprichten *establishment* • organisatievorm *foundation*

stickie HET *joint*

stiefmoeder DE *stepmother*

stiefvader DE *stepfather*

stiekem I BN *sneaky* ★ een stiekeme jongen *a sneaky boy* II BIJW *on the sly, secretly* ★ de jongens stonden stiekem achter het fietsenhok te roken *the boys were smoking on the sly behind the bike shed* ▼ zij is stiekem verliefd op de buurman *she's secretly in love with the man next door* ▼ ze zijn stiekem verliefd op elkaar *they're in love but nobody is allowed to know* ▼ hij wou er stiekem vandoor gaan *he wanted to sneak off*

stier DE *bull* ▼ hij baalt als een stier *he's fed up to the back teeth*

Stier DE *Taurus* ★ mijn teken van de dierenriem is Stier *my sign of the zodiac is Taurus*

stijf I BN • niet soepel *stiff* ★ mijn vingers zijn stijf van de kou *my fingers are stiff / numb with cold* • stevig *firm* ★ zet het mengsel in de koelkast om stijf te worden *put the mixture in the fridge to become firm / to set* ▼ een stijve ⟨erectie⟩ *a hard-on* • niet spontaan *stiff,* INF *uptight* ★ het zijn erg stijve mensen *they are very stiff people* II BIJW • niet buigzaam *stiffly, firmly, rigidly* ★ hij gedraagt zich nogal stijf in hun gezelschap *he acts rather stiffly in their company, he's quite uptight when he's with them* ★ hij hield stijf vast aan zijn principes *he stuck firmly / rigidly to his principles* ★ het aapje klampte zich stijf aan ons vast *the monkey held on to us firmly* • koppig *stubbornly* ★ hij bleef stijf volhouden dat hij de hele tijd thuis was geweest *he maintained stubbornly that he had been home all the time* ▼ hij hield zijn poot stijf *he stood firm, he stuck to his guns* ▼ het tapijt stond stijf van het vuil *the carpet was stiff with dirt / was full of dirt* ▼ zij stond stijf van de zenuwen *she was a bundle of nerves*

stijfkop DE *stubborn person* ▼ hij is een echte stijfkop *he's really stubborn / obstinate*

stijgen WW • omhooggaan *rise,* ⟨van vliegtuig⟩ *climb* ★ de waterspiegel steeg weer *the water level has risen again* • toenemen *rise, increase* ★ het aantal brugklassers is weer gestegen vorig jaar *the number of seventh graders increased / rose again last year* ★ hij is behoorlijk in mijn achting gestegen *he has risen considerably in my esteem*

stijging DE • het omhooggaan *rise, climb* • toename *rise, increase* ★ een scherpe stijging van de lonen *a sharp rise / increase in wages*

stijl DE • vormgeving *style, tradition* ★ zij heeft een prachtige stijl van schrijven *her writing style is wonderful* ★ een stuk in de stijl van Hamlet *a play in the Hamlet tradition* • handelswijze *style* ★ hij heeft een geheel eigen stijl *he has a style all of his own* ▼ dat is geen stijl *that's no way to behave*

stijldansen WW *ballroom dancing*

stikken WW • het benauwd krijgen *choke, suffocate, choke* ★ hij stikte van woede / van het lachen *he choked with fury / laughter* ★ we stikten bijna in het hete lokaal *we nearly suffocated in the hot classroom* ▼ het was om te stikken *it was suffocating, it was stifling* ▼ ach, stik jij! *oh, go to hell!, drop dead!* • in overvloed hebben / zijn *swarm with* ★ in de stad stikt het van de toeristen *the town is swarming with tourists* ▼ ik stik in het werk *I'm up to my ears in work* • naaien *stitch*

stikstof DE *nitrogen*

stil I BN • zonder geluid, rustig *silent, quiet* ★ ze hielden zich stil *they kept silent / quiet* ★ stil! *be quiet!, hush!* ▼ stil maar! *there, there!* • zonder beweging *still, motionless* ★ blijf eens stil zitten *please sit still* • verborgen *secret, silent* ★ een stille drinker *a secret drinker* ★ een stil verlangen *a secret / silent wish* II BIJW *quietly, silently* ★ ze luisterden stil naar de leraar *they listened to the teacher quietly / silently / in silence*

stilstaan WW • niet bewegen *stand still* • niet doorgaan *stagnate, stand still, stop* ★ de ontwikkeling in die landen staat stil *development is stagnating / is at a standstill*

stilte DE *in those countries* ★ de klok staat stil *the clock has stopped* ▼ de telefoon stond niet stil *the telephone never stopped ringing* ● overdenken *dwell on* ★ hij stond stil bij het verschil tussen mannen en vrouwen *he dwelt on the difference between men and women* ▼ zij heeft er nooit bij stilgestaan dat... *it has never occurred to her that...*

stilte DE geluidloosheid *silence, quiet* ★ stilte alstublieft! *silence / quiet please!* ★ er heerste een diepe stilte *there was a profound silence* ★ ze leed in stilte *she suffered in silence* ▼ de stilte voor de storm *the lull / calm before the storm* ▼ in stilte ⟨zonder ophef⟩ *quietly*; ⟨in het geheim⟩ *privately, secretly* ▼ hij is in stilte begraven *he was buried privately*

stilzwijgen HET *silence* ★ steekpenningen garandeerden zijn stilzwijgen *a bribe ensured his silence* ▼ we zullen het stilzwijgen bewaren *we shall be silent / shall remain silent* ▼ hij deed er verder het stilzwijgen toe *he fell silent*

stimuleren ww *encourage, stimulate* ★ de leerlingen worden gestimuleerd om verder te studeren *the students are encouraged to study further* ★ het roken van cannabis stimuleert de eetlust *smoking cannabis stimulates the appetite*

stinken ww *smell,* ⟨sterker⟩ *stink* ★ het stonk naar verbrand rubber *it smelt / smelled / stank of burnt rubber* ★ het moet in de middeleeuwen vreselijk gestonken hebben *it must have stunk terribly in the Middle Ages* ▼ ik ben erin gestonken *I fell into the trap*

stip DE ● punt *dot, spot, point* ★ een jurk met rode stippen *a dress with red dots / spots, a red-spotted dress* ★ een stipje op de landkaart *a point on the map* ▼ hij is met stip de beste *he is by far the best* ● sport *penalty spot*

stipt I BN *punctual, precise* ★ hij is altijd heel stipt *he's always very punctual / precise* II BIJW *punctually* ★ we eten altijd stipt om zes uur *we always eat punctually at six* ▼ de trein vertrok stipt op tijd *the train left right on time*

stoeien ww ● ravotten *play around* ★ ze waren aan het stoeien *they were playing around* ● speels omgaan *play, toy* ★ ze stoeiden met het idee *they played / toyed with the idea*

stoel DE *chair, seat* ★ pak / neem een stoel *take a chair / seat* ★ een luie stoel *an easy chair* ★ de elektrische stoel *the electric chair*

stoeltjeslift DE *chair lift*

stoep DE ● trottoir *footpath, pavement,* AM *sidewalk* ★ op de stoep blijven *stay on the footpath / pavement / sidewalk* ● stenen opstapje *steps, doorstep* ★ sommige huizen hebben een stoep *some houses have steps up to the entrance* ★ hij stond plotseling bij me op de stoep *he turned up on my doorstep*

stoeprand DE *kerb, kerbstone*

stoer BN flink *tough* ★ hij is stoer aan het doen *he's acting tough, he's showing off* ▼ een stoere bink *a show-off*

stof I DE ● materie *substance, matter* ★ zoutzuur is een bijtende stof *hydrochloric acid is a corrosive substance* ★ gevaarlijke stoffen *hazardous matter, toxic substances* ● weefsel *material, fabric* ● onderwerp *subject matter* ▼ hij is lang van stof *he's long-winded* II HET poeder *dust* ★ pa is bezig met stof afnemen *Dad is dusting (the room)* ★ de auto zit onder het stof *the car is covered with dust* ★ de cowboy beet in het stof *the cowboy bit the dust*

stofbril DE *goggles*

stofdoek DE *duster*

stoffer DE *brush* ▼ stoffer en blik *dustpan and brush*

stofferen ww ● van meubels *upholster* ● van kamer *furnish*

stoffig BN *dusty*

stofzuiger DE *vacuum cleaner*

stok DE *stick,* ⟨van vlag⟩ *pole,* ⟨wapenstok⟩ *truncheon,* ⟨bij estafette⟩ *baton* ▼ de kippen gingen op stok *the chickens went to roost*

stokbrood HET *French bread, baguette*

stoken ww ● als brandstof gebruiken *burn* ★ de kachel kan omgebouwd worden om kolen te stoken *the heater can be converted to burn coal* ▼ olie hebben we nog nooit gestookt *we've never / used oil for heating* ● oppoken *poke,* ⟨ketel, motor, &⟩ *fire* ★ zij stookte het vuur nog wat op *she poked up the fire a bit* ★ de jongens waren een vuurtje aan het stoken *the boys were lighting / making a fire* ● verwarmen *heat* ★ vroeger werden kolen gebruikt om te

stoken *coal used to be used for heating* ▼ vanaf 1 april stoppen we met stoken *we turn off the heating as from the first of April* ▼ wij stoken op aardgas *we use natural gas for heating* ● opruien *make trouble, stir up (trouble)* ★ hij zit weer (onrust) te stoken *he's making trouble again, he's stirring up trouble again* ★ zit je zus niet op te stoken! *stop stirring your sister up!*

stollen ww ● coagulate, congeal, ⟨van jus, ei⟩ set, ⟨van bloed⟩ clot

stom I BN ● zonder spraakvermogen *mute* ▼ een stomme film *a silent film* ▼ hij zei geen stom woord *he never said a word* ● dom *stupid* ★ het is je eigen stomme schuld *it's your own stupid fault* ★ het was een stomme vertoning *it was a stupid performance* **II** BIJW dom *stupidly* ★ hij zat stom te grijnzen *he sat grinning stupidly*

stomen ww ● damp afgeven *steam* ● gaar maken / worden *steam* ● reinigen *dry-clean* ★ ik heb mijn broek laten stomen *I had my trousers dry-cleaned* ● losweken *steam off* ★ mijn broertje stoomde de postzegels van de envelop *my brother steamed the stamps off the envelope*

stomerij DE *dry cleaner's* ★ mijn jas is bij de stomerij *my coat is at the dry cleaner's*

stommeling DE *idiot, blockhead*

stommiteit DE *blunder* ★ ik heb een stommiteit begaan *I made a silly blunder*

stomp I DE ● vuistslag *punch* ● overblijfsel *stub*, ⟨van been⟩ *stump* ★ een stompje potlood *a pencil stub* **II** BN ● niet scherp *blunt* ★ een stomp mes *a blunt knife* ● niet puntig ⟨van hoek⟩ *obtuse*, ⟨van neus⟩ *flat, snub*

stoned BN *stoned, high*

stoofschotel DE *stew*

stookolie DE *heating oil*

stoom DE *steam* ★ ik heb mijn hand gebrand aan de hete stoom *I burnt my hand on the hot steam* ★ ze moet af en toe even stoom afblazen *she needs to let off steam every now and then*

stoomtrein DE *steam train*

stoot DE ● duw *push*, ⟨met vuist⟩ *punch*, ⟨met voorwerp⟩ *thrust*, ⟨bij biljart⟩ *shot* ▼ hij gaf zich zonder slag of stoot gewonnen *he gave up without a struggle* ● hoeveelheid *load* ★ er was een hele stoot mensen *there were loads of people*

stop I DE ● oponthoud *stop, break* ★ de passagiers maakten van de stop gebruik om hun benen te strekken *the passengers took advantage of the stop to stretch their legs* ★ de voetbalcompetitie kent een winterstop *competition football takes a winter break* ● iets dat afsluit ⟨van fles⟩ *stopper*, ⟨van bad⟩ *plug* ★ doe jij even de stop op de fles? *will you put the stopper in the bottle?* ● zekering *fuse* ★ de stoppen zijn doorgeslagen *the fuses have blown* **II** TSW ● houd op *stop it!* ● sta stil *stop!*

stopcontact HET *socket, power point* ▼ wil je de stekker uit het stopcontact halen? *would you pull out the plug?*

stoplicht HET *traffic light* ★ het stoplicht sprong op rood *the traffic light turned red* ▼ hij reed door het rode stoplicht *he went through a red light*

stoppen ww ● ophouden *stop, quit* ★ ik stop er mee *I'm stopping / quitting* ▼ hij is gestopt met werken *he has retired* ● halt houden *stop*, ⟨auto, bus⟩ *draw up, pull up* ★ verboden te stoppen *no stopping* ★ de taxi stopte bij het hotel *the taxi drew up outside the hotel* ★ de bus stopte bij de halte *the bus pulled up at the bus stop* ● tot stilstand brengen *stop* ★ de agent stopte het verkeer *the policeman stopped the traffic* ▼ zij was gewoon niet te stoppen *there was no holding her back*
● dichtmaken *fill, stop*, ⟨gat, lek⟩ *plug*, ⟨gat in kous &⟩ *darn* ● ergens in doen *put* ★ pa stopte de kinderen in bed *Dad put the children to bed*

stoppenkast DE *fuse box*

stoptrein DE *slow train*

storen ww ⟨afleiden⟩ *disturb*, ⟨onderbreken⟩ *interrupt* ★ stoor ik u? *am I intruding?, am I interrupting you?* ▼ stoor je maar niet aan hem *don't mind him, don't bother about him*

storing DE ● onderbreking *disturbance*, ⟨telefoon, spoorverkeer⟩ *interruption*, ⟨van tv, radio⟩ *interference* ▼ een technische storing *a technical malfunction / breakdown, technical trouble* ● in het weer *depression*

storm DE hevige wind *storm, gale* ★ er staat een storm *there's a storm / gale blowing* ★ een storm van kritiek *a storm of criticism* ★ een storm in een glas water *a storm in a tea cup*

stormachtig I BN • met storm *stormy* • onstuimig *stormy, tempestuous, tumultuous* ★ een stormachtige verhouding *a stormy / tempestuous relationship* ★ stormachtige toejuichingen *tumultuous applause* **II** BIJW *tumultuously* ★ ze werd stormachtig toegejuicht *she was applauded tumultuously*

stormen WW • zeer hard waaien ▼ het stormt *it's blowing a gale* • heftig bewegen *rush, storm* ★ het publiek stormde naar voren *the public rushed forward* ★ de kinderen stormden de kamer binnen *the children stormed into the room*

stormvloed DE *storm tide* ▼ hij kreeg een stormvloed aan kritiek over zich heen *he received a storm / barrage of criticism*

stortbui DE *downpour, heavy shower*

storten WW • vallen *fall, plunge* ★ de auto stortte in het ravijn *the car fell / plunged into the ravine* • doen vallen *dump,* ⟨van tranen, bloed⟩ *shed,* ⟨van beton⟩ *pour* ★ de regering wil radioactief afval in zee storten *the government wants to dump nuclear waste in the sea* • geld overmaken *deposit, pay* ★ het geld wordt op je rekening gestort *the money will be deposited / paid into your account* • zich werpen *throw* ★ ik stortte me op het huiswerk *I threw myself into the homework*

stortplaats DE *dump, rubbish tip*

stoten WW • botsen *bump, strike* ★ ik heb mijn hoofd gestoten *I bumped / hit my head* ★ het schip stootte op een ijsberg *the ship struck an iceberg / collided with an iceberg* ▼ ze zijn op de vijand gestoten *they ran into the enemy* • duwen *push,* ⟨met elleboog⟩ *nudge,* ⟨met puntig voorwerp⟩ *poke,* ⟨met horens⟩ *butt,* ⟨bij biljarten⟩ *play, shoot* ▼ hij werd uit de partij gestoten *he was expelled from the party*

stotteren WW *stutter, stammer* ★ hij stottert heel erg *he stutters / stammers badly*

stout I BN *naughty* ★ een stout jongetje *a naughty little boy* **II** BIJW *naughtily* ★ stout lachend pakte ze haar zweepje op *she smiled naughtily as she picked up her whip* ▼ hij gedraagt zich heel stout *he behaves very badly*

stoven WW *stew, simmer*

straal I DE • stroom vloeistof *jet* ★ een straal water *a jet of water* • lichtbundel *ray, beam* ★ een straal zonlicht *a ray of sunlight* ★ een laser zendt een straal licht uit *a laser emits a beam of light* • van cirkel *radius* ★ de straal van een cirkel *the radius of a circle* **II** BIJW *dead, clean* ★ hij is straalbezopen *he's dead drunk,* VULG *he's pissed as a newt to the eyeballs* ★ ik ben het straal vergeten *I clean forgot it*

straalvliegtuig HET *jet*

straat DE *street* ★ de kinderen spelen op straat *the children are playing in the street* ★ ze hebben hem op straat gezet ⟨uit huis⟩ *they threw him out onto the streets;* ⟨ontslagen⟩ *they sacked / fired him*

straatvoetbal HET *street football, street soccer*

straf DE *punishment,* ⟨boete &⟩ *penalty* ★ hij moest voor straf in de hoek staan *for punishment, he had to stand in the corner* ▼ jij krijgt straf *you'll be punished*

strafbaar BN *punishable*

strafblad HET *criminal record, police record*

straffen WW *punish* ★ ze zullen voor hun daden worden gestraft *they will be punished for what they did*

strafschop DE *penalty (kick)* ★ ze scoorden uit een strafschop *they scored from a penalty*

strafwerk HET *lines* ★ hij moest strafwerk maken *he had to do lines*

strak I BN • gespannen *tight* ★ ze verscheen in een strakke zwarte jurk *she appeared in a tight black dress* • star, stug *fixed,* ⟨onverzettelijk⟩ *rigid,* ⟨van gezicht⟩ *stony* ★ een strakke blik *a fixed / stony stare* **II** BIJW • gespannen *tightly* ★ de klok moet niet te strak worden opgewonden *the clock mustn't be wound up too tightly* • star *intently, fixedly* ★ ze keek hem strak aan *she gazed intently at him* ★ kijk niet zo strak naar de camera *don't stare so fixedly at the camera*

straks BIJW *later, soon* ★ tot straks *see you later, so long* ★ ik bel je straks even op *I'll call you later*

stralen WW *shine, beam, radiate* ★ haar ogen straalden van blijdschap *her eyes were shining with joy* ★ haar gezicht straalde *her face beamed* ★ het geluk straalde van haar gezicht *happiness radiated from her face* ▼ hij straalde voor zijn examen *he failed his examination*

straling DE *radioactivity, radiation* ★ ze hebben blootgestaan aan radioactieve straling *they were exposed to radioactivity / radiation*

strand HET *beach* ★ ze wandelden over het strand *they walked along the beach*

strandbal DE *beach ball*

stranden ww *vastlopen strand, run aground* ★ hij strandde op een onbewoond eiland *he stranded on a desert island* ★ het schip is gestrand *the ship has run aground* ▼ hun huwelijk is gestrand *their marriage has broken up* ▼ er is een walvis gestrand bij Scheveningen *a whale was washed ashore at Scheveningen*

strandstoel DE *beach chair, ⟨opvouwbaar⟩ deck chair*

strategie DE *strategy*

stratenmaker DE *road worker*

streek DE● *haal stroke, ⟨op viool⟩ bow* ★ Van Gogh schilderde meestal met forse streken *Van Gogh's brush strokes were usually quite vigorous* ● *gebied region, area* ★ in de streek van de lever *in the liver region* ★ kom jij ook uit deze streek? *are you from this area too?, are you from around here too?* ● *daad trick* ★ hij zit weer streken uit te halen *he's up to his tricks again* ★ een handige streek *a clever trick* ▼ mijn maag is van streek *my stomach is upset* ▼ hij was helemaal van streek *he was beside himself*

streep DE● *lijn line, mark* ★ een rechte streep *a straight line* ▼ een schuine streep *a slash* ● *strook stripe* ★ een jurk met zwarte strepen *a dress with black stripes, a black-striped dress* ● *veeg streak* ★ er zaten vuile strepen op het raam *there were dirty streaks on the window*

streepjescode DE *bar code*

strekken ww● *reiken extend* ★ zo ver strekt mijn kennis niet *my knowledge doesn't extend / go that far* ▼ zolang de voorraad strekt *as long as stocks last* ● *uitrekken stretch* ★ ik ga even mijn benen strekken *I'm going to stretch my legs*

strelen ww● *aaien caress, stroke* ● *prettig zijn voor please* ★ die muziek streelt het gehoor *it's music that pleases the ear* ▼ dat streelt de tong *it tickles the palate*

streng I DE *⟨van garen, wol⟩ skein, ⟨van touw⟩ strand* ★ een streng wol *a skein of wool* **II** BN● *strikt strict, severe* ★ hij is erg streng voor zijn leerlingen *he's very strict / severe with his pupils* ● *heftig severe, harsh* ★ een strenge winter *a severe / harsh winter* **III** BIJW *strikt strictly, severely* ★ streng verboden toegang *strictly private* ★ hij sprak haar streng toe *he talked to her severely, he gave her a severe talking-to*

stress DE *stress*

streven I HET *goal, aim* ★ het streven is om onafhankelijk te worden *the goal / aim is to achieve independence* **II** ww *aim* ★ ik streef naar een hoog cijfer *I'm aiming to get a high mark* ★ we streven naar perfectie *we aim for perfection*

strijd DE *struggle, fight, battle* ★ de strijd om het bestaan *the struggle for life* ★ haar strijd voor rechtvaardigheid zal doorgaan *her fight for justice will continue* ★ ze bonden de strijd aan met de vijand *they engaged the enemy (in battle)* ▼ dat is in strijd met de regels *that is contrary to the rules, that's against the rules* ▼ verklaringen zijn in strijd met elkaar *the statements contradict each other*

strijdbijl DE *battle axe* ▼ ze hebben de strijdbijl begraven *they've buried the hatchet*

strijden ww● *vechten fight, battle* ★ in het noorden strijden de rebellenlegers om de macht *in the north, the rebel armies are fighting / battling for supremacy* ● *wedijveren compete* ★ de twee teams streden om de eerste plaats *the two teams competed for first place / battled it out for first place*

strijder DE *fighter, warrior*

strijdkrachten DE *armed forces*

strijdmacht DE *(armed) force*

strijkbout, ook: **strijkijzer** DE *iron*

strijken ww● *met strijkijzer iron* ★ pa strijkt de was *Dad is ironing the clothes, Dad is doing the ironing* ● *gladstrijken met hand smooth out, brush* ★ hij streek de kreukels uit het papier *he smoothed out the creases in the paper* ★ ze streek zich het haar uit de ogen *she brushed the hair out of her eyes* ● *aaien stroke* ★ zij streek hem over zijn haar *she stroked his hair* ▼ hij streek met zijn hand over zijn hart *he was soft-hearted* ● *dichtbij langs gaan brush, ⟨over water⟩ skim* ★ de wind streek langs mijn gezicht *the wind brushed across my face* ● *neerhalen lower, strike* ★ het jacht

streek zijn zeilen *the yacht lowered its sails / struck sail*
strijkorkest HET *string orchestra*
strijkplank DE *ironing board*
strik DE • van lint *bow* ★ een strik in je haar *a bow in your hair* • om te vangen *snare*
strikken ww *tie* ★ kan zij haar eigen veters strikken? *can she tie her own shoelaces?* ▼ hij heeft zijn zus gestrikt voor de schoolkrant *he's roped his sister in for the school paper* ▼ hij strikt altijd zijn eigen das *he always knots his own tie*
strikvraag DE *loaded question, trick question*
strip DE • strook *strip* • stripverhaal *comic (strip)*
strippenkaart DE ˉ *bus and tram card, multi-ride ticket*
stripverhaal HET *comic (strip)*
stro HET *straw*
stroef I BN • ruw *rough, uneven* ⟨van oppervlak⟩ • moeizaam *difficult, awkward* ★ een stroef gesprek *a difficult / awkward conversation* • stug, gereserveerd *stand-offish* ★ zijn moeder is een beetje stroef *his mother is a bit stand-offish* **II** BIJW *with difficulty, brusquely* ★ de gesprekken verlopen stroef *the talks are going with difficulty* ★ hij antwoordde nogal stroef *he answered somewhat brusquely*
stromen ww *stream, flow* ★ de tranen stroomden over haar wangen *the tears were streaming / flowing down her face* ▼ het stroomt van de regen *it's pouring with rain* ▼ stromend water *running water*
strompelen ww *stumble, hobble* ★ hij strompelde naar binnen *he hobbled / stumbled in*
stront DE *shit, dung*
strooien I BN *straw* ★ een strooien hoed *a straw hat* **II** ww *scatter,* ⟨peper &⟩ *sprinkle,* ⟨mest &⟩ *spread* ★ zout strooien helpt tegen gladheid *spreading salt / gritting helps against icy roads*
strook DE *strip,* ⟨op weg⟩ *lane* ★ een strook land *a strip of land*
stroom DE • rivier, beek *stream* • stroming *flow, current* ★ in het midden is de stroom het sterkst *the current is strongest in the middle* • elektriciteit *(electric) power* ★ de stroom is uitgevallen *there's been a power cut / failure* ▼ de draad staat onder stroom *the wire is live* • toevloed *stream, flood* ★ er kwam een stroom mensen op af *it attracted a stream of people* ★ een stroom van e-mailtjes *a flood / stream of emails*
stroomlijn DE *streamline*
stroomversnelling DE *rapids* ⟨altijd meervoud⟩ ▼ onze plannen zijn in een stroomversnelling geraakt *our plans are gaining momentum* ▼ de discussie is in een stroomversnelling gekomen *the discussion is heating up*
stroop DE *syrup, treacle* ★ een pannenkoek met stroop *a syrup / treacle pancake*
stroopwafel DE *syrup waffle, treacle waffle*
strop DE *noose*
stropdas DE *(neck)tie*
stroper DE *poacher*
strot DE keel *throat* ★ hij vloog me naar de strot *he flew at my throat* ▼ het komt me de strot uit *I'm sick (and tired) of it*
strottenhoofd HET *larynx*
structuur DE *structure*
struik DE plant *bush, shrub* ★ hij verstopte zich in de struiken *he hid in the bushes / shrubs* ▼ een struik andijvie *a head of endive*
struikelen ww *trip (over), stumble* ★ ze struikelde en brak haar pols *she tripped (over) and broke her wrist* ★ hij struikelde over de drempel *he stumbled over the threshold*
struisvogel DE *ostrich*
studeerkamer DE *study*
student DE *student,* ⟨van universiteit⟩ *undergraduate* ★ een student Engels *a student of English* ★ een student in de rechten *a law student*
studeren ww • studie volgen *study,* ⟨universiteit⟩ *go to university* ★ zij heeft gestudeerd *she's been to university* ★ hij studeert voor dokter *he's studying to be a doctor* • oefenen *practise* ★ ze studeert dagelijks op de piano *she practises the piano daily*
studie DE • bestudering *study* ★ hij maakt een studie van insectengedrag *he's doing a study of insect behaviour*
• onderzoeksverslag *paper* ★ zij schreef een studie over een beroemde dichter *she wrote a paper on a famous poet*
studiebeurs DE *scholarship, grant*
studio DE *studio*
stug I BN • onbuigzaam *stiff, tough* ★ die kaft is gemaakt van stug materiaal *that cover is made of tough / stiff material*

stuifmeel – suggestie

- stuurs *surly, dour* ★ hij is nogal stug *he's rather surly / dour* ▼ dat is stug ⟨niet te geloven⟩ *that's steep* ‖ BIJW volhardend, flink *firmly, steadily* ★ hij bleef stug zwijgen *he remained firmly silent* ★ hij werkte stug door *he worked away steadily*

stuifmeel HET *pollen*

stuiteren ww *bounce* ★ de bal stuiterde een paar keer *the ball bounced a few times*

stuiver DE *five cent piece* ▼ daar valt geen stuiver in te verdienen *it won't earn you a cent / penny*

stuk I HET • gedeelte *part, piece,* ⟨kleiner⟩ *fragment* ★ ik heb maar een stuk van de film gezien *I only saw part of the film* ★ een stuk hout *a piece of wood* ★ in één stuk *in one piece* ★ hij sloeg de vaas aan stukken *he knocked the vase to pieces* ▼ hij houdt voet bij stuk *he's sticking to his guns* ▼ hij praatte aan één stuk door *he never stopped talking, he talked non-stop*
• exemplaar *piece* ★ een stuk gereedschap *a piece of equipment* ★ dat is een goed stuk werk *that's a fine piece of work* ▼ 100 euro per stuk *100 euros each* ▼ een stuk of zes *five or six* ▼ vijftig stuks vee *fifty head of cattle* • hoeveelheid *lot* ★ een stuk beter *a lot better* • gestalte *build* ★ hij is klein van stuk *he has a short build, he is short*
• geschrift *document,* ⟨in tijdschrift⟩ *article*
• schaakstuk *piece, chessman* • kunstwerk *piece,* ⟨muziek⟩ *piece of music,* ⟨schilderij⟩ *work* • aantrekkelijk persoon ⟨man⟩ *hunk,* ⟨vrouw⟩ *(piece of) skirt* ★ hij is een lekker stuk *he's some hunk* ‖ BN kapot *broken,* ⟨defect⟩ *out of order* ★ mijn fiets is stuk *my bike is broken* ‖‖ BIJW kapot *to pieces, to bits* ★ de porseleinen vaas viel stuk op de vloer *the china vase fell to pieces / bits on the floor* ★ Rotterdam werd stukgebombardeerd *Rotterdam was bombed to bits / to the ground*

stukadoor DE *plasterer*

stukmaken ww *break, smash* ★ het jongetje maakte het speelgoed van zijn zusje stuk *the little boy broke / smashed his sister's toys* ★ wie heeft mijn fiets stukgemaakt? *who has broken my bicycle?*

stunt DE *stunt*

stuntelen ww *bungle*

sturen ww • voertuig *drive, steer, direct* ★ de auto stuurt slecht *the car steers badly* ★ mijn vriend stuurde *my friend was driving / was at the wheel* ★ hij stuurde het gesprek in de richting van de politiek *he steered / directed the conversation towards politics* ▼ ze worden gestuurd door angst *they're driven by fear* ▼ hij stuurt alles in de war *he throws everything out of gear*
• zenden *send,* ⟨van brief⟩ *post* ★ ze stuurde haar dochter naar de winkel *she sent her daughter to the shop* ★ de scheidsrechter stuurde de speler het veld uit *the umpire sent / ordered the player off*

stuur HET ⟨van auto⟩ *(steering) wheel,* ⟨van fiets⟩ *handlebars* ▼ hij verloor de macht over het stuur *he lost control of the car*

stuurbekrachtiging DE *power steering*

stuurboord HET *starboard*

stuwmeer HET *reservoir*

subsidie DE *subsidy*

succes HET *success* ★ het was een enorm succes *it was an overwhelming success, it was highly successful* ★ succes met je examen! *good luck with your exam!*

succesvol I BN *successful* ★ hij is een succesvol zakenman *he's a successful businessman* ‖ BIJW *successfully* ★ de artsen hebben zijn tumor succesvol behandeld *the doctors successfully treated his tumour*

sudderen ww *simmer*

sudderlap DE *braising steak*

suède BN *suede* ★ blauwe suède schoenen *blue suede shoes*

suf I BN • slaperig *dozy, drowsy* ★ ze was nog suf van de slaap *she was still dozy / drowsy* ▼ met een suffe kop zat hij aan het ontbijt *he ate his breakfast sleepily* • niet in de mode *dumb, boring* ★ suffe fietstassen *dumb / boring old panniers* • dom *thick, thick-witted* ★ hij is nogal suf *he's rather thick / thick-witted* ‖ BIJW slaperig *dozily, drowsily* ★ hij zat suf uit het raam te kijken *he sat dozily / drowsily looking out of the window* ▼ hij zat zich suf te prakkiseren waar hij zijn bril gelaten had *he was puzzling his head about where he had left his glasses*

sufferd DE *fathead, dope*

suggestie DE • voorstel *suggestion* ★ mag ik een suggestie doen? *may I make a suggestion?* • gewekte indruk *suggestion,* ⟨niet uitgesproken⟩ *implication* ▼ hij wekte de suggestie dat hij rijk was *he gave the impression that he was rich*

suiker DE • zoetstof *sugar* ★ een klontje suiker *a lump / cube of sugar* • suikerziekte *diabetes*

suikerbiet DE *sugar beet*

Suikerfeest HET *end of Ramadan, Eid al-Fitr*

suikerklontje HET *sugar cube, lump of sugar*

suikerriet HET *sugar cane*

suikerziekte DE *diabetes* ▼ een lijder aan suikerziekte *a diabetic*

sukkel DE *mug, dope*

sukkelen ww • sjokken *trudge* ★ hij sukkelde de straat uit *he trudged along the street* • ziekelijk zijn *be ailing* ★ mijn grootvader sukkelt met zijn gezondheid *my grandfather is ailing* ▼ hij sukkelt met zijn been *he has trouble with his leg*

sul DE • sukkel *mug, dope* • goedzak *softie*

super I BN *super, excellent* II DE • benzine *super* • supermarkt *supermarket*

supermarkt DE *supermarket*

supporter DE *supporter*

surfen ww • zonder zeil *surf, go surfing* • met zeil *go windsurfing* • op internet *surf, browse*

surfplank DE *surfboard*, ⟨met zeil⟩ *sailboard*

Surinaamse DE *Surinamese* ★ ze is Surinaamse *she's a Surinamese, she's from Surinam*

Suriname HET *Surinam*

Surinamer DE *Surinamese*

surveilleren ww ⟨bij examen⟩ *supervise, invigilate*, ⟨leraar, politieman⟩ *be on duty*

sussen ww ⟨ruzie⟩ *hush up*, ⟨kind⟩ *soothe* ▼ ze suste de baby in slaap *she lulled the baby to sleep*

sweater DE *sweater*

swingen ww *swing* ▼ het swingt here de pan uit *things are pretty lively here*

symbool HET *symbol*

symfonie DE *symphony*

symmetrisch I BN *symmetric, symmetrical* ★ een symmetrisch effect *a symmetric(al) effect* II BIJW *symmetrically* ★ de tekens op de steen waren symmetrisch geordend *the signs on the stone were arranged symmetrically*

sympathie DE *sympathy* ★ ik heb veel sympathie voor hem *I have a lot of sympathy for him*

sympathiek I BN persoon *lik(e)able, nice, sympathetic* ★ een sympathieke vent *a lik(e)able / nice chap* ★ haar man is een sympathieker iemand dan zij *her husband is a more sympathetic character than she is* ▼ hij was mij meteen sympathiek *I took to him at once* ▼ ik ben hem sympathiek gaan vinden *I came to like him* II BIJW *sympathetically* ★ ze luisterde sympathiek naar onze verhalen *she listened sympathetically to our stories* ▼ ze stonden sympathiek tegenover het plan *they were sympathetic to the plan*

symptoom HET *symptom*

synagoge DE *synagogue*

synoniem HET *synonym*

synthesizer DE *synthesizer*

synthetisch I BN *synthetic* ★ synthetische rubber *synthetic rubber* II BIJW *synthetically* ★ de meeste medicijnen worden synthetisch geproduceerd *most medicines are synthetically produced*

systeem HET *system, method* ★ het systeem is gecomputeriseerd *the system has been computerized* ★ er zit geen systeem in haar manier van werken *there's no method to the way she works, her work lacks method*

systematisch I BN *systematic* ★ een systematische aanpak *a systematic approach* II BIJW *systematically* ★ we moeten het probleem systematisch aanpakken *we need to tackle the problem systematically*

T

t DE *t* ★ de T van Theo *T as in Tango*

taai I BN • van vlees & *tough* • van vloeistoffen *viscous* • saai *dull* ★ het is een taai boek *it's dull reading* • volhardend *tough, tenacious* ★ mijn opa is een taaie rakker *my grandpa is a tough customer* ★ wij Nederlanders zijn een taai volk *we Dutch are a tenacious nation* ▼ hou je taai! *never say die!, chin up!* II BIJW *tenaciously* ★ ze hield taai vast aan haar verhaal *she stuck tenaciously to her story*

taak DE *task, ⟨onderwijs⟩ assignment* ★ jij hebt de taak om de planten water te geven *your task is to water the plants*

taal DE *language, ⟨gesproken⟩ speech* ★ hij spreekt drie talen vloeiend *he speaks three languages fluently* ▼ ze zwijgen in alle talen *they are utterly silent* ▼ hij sprak duidelijke taal *he didn't beat about the bush*

taalgebied HET verspreidingsgebied *language area* ▼ in het Duitse taalgebied *in the German-speaking area*

taalkunde DE *linguistics*

taart DE • gebak *cake, ⟨met vruchtenvulling⟩ tart, pie* ★ een stuk taart *a piece of cake* • vrouw *frump* ★ zij is echt een ouwe taart *she's such a old frump*

tabak DE *tobacco* ▼ ik heb er tabak van *I'm fed up with it*

tabel DE *table*

tablet DE • plak *tablet, ⟨van chocola⟩ bar* ★ een tablet chocola *a bar of chocolate* • pil *tablet, ⟨zuigtablet⟩ lozenge* ★ hij neemt tabletten tegen malaria *he's taking tablets for malaria*

taboe I HET *taboo* ★ er werden veel taboes doorbroken *a lot of taboos were broken* II BN *taboo* ★ homoseksualiteit is in veel landen taboe *homosexuality is taboo in many countries*

tachtig TELW *eighty* ★ hij is dik in de tachtig *he's well into his eighties* ★ in de jaren tachtig *in the eighties*

tachtigste TELW *eightieth* ▼ hij stierf op zijn tachtigste *he died at the age of eighty*

tactisch I BN *tactical* ★ tactische wapens *tactical weapons* II BIJW *tactically* ★ hij stelde zich tactisch op *he positioned himself tactically*

tafel DE • meubel *table* ★ ik zal de tafel dekken *I'll lay the table* ▼ ze gingen aan tafel *they sat down to dinner / eat* ▼ een scheiding van tafel en bed *a legal separation* • tabel *table* ★ de tafel van acht *the eight times table*

tafelkleed HET *tablecloth*

tafeltennis HET *table tennis*

tak DE • van boom *branch, ⟨klein⟩ twig* • afdeling, afsplitsing *branch* ★ een tak van een rivier *a branch of a river* ★ een tak van sport *a branch of sport* ▼ een wetenschappelijke tak *a scientific discipline*

takelen WW *hoist* ★ ze takelden de piano het huis in *they hoisted the piano into the house*

takelwagen DE *tow truck*

talenknobbel DE *flair for languages* ★ ze heeft een talenknobbel *she has a flair for languages, she's a born linguist*

talent HET *talent, gift* ★ een vrouw van / met veel talenten *a woman of great talent, a very talented / a highly gifted woman*

talkpoeder HET *talcum powder*

talmoed DE *Talmud*

tam I BN • van dier *tame, domesticated* ★ zij houdt tamme otters *she keeps tame otters* ★ koeien zijn tamme dieren *cows are domesticated animals* • van planten *cultivated* ★ tamme rozen *cultivated roses* ▼ tamme kastanjes *edible chestnuts, sweet chestnuts* • niet enthousiast *tame, weak* ★ een tam protest *a tame / weak protest* II BIJW *tamely, weakly* ★ het publiek reageerde tam *the public reacted tamely* ★ 'ik wilde alleen maar met haar praten', protesteerde hij tam *'I only want to talk to her', he protested weakly*

tamboerijn DE *tambourine*

tampon DE *tampon*

tand DE • van gebit *tooth* ★ hij knarste zijn tanden *he gnashed / ground his teeth* ★ de baby begint tandjes te krijgen *the baby is cutting his / her teeth, the baby is teething* • puntig uitsteeksel ⟨van zaag, tandrad, &⟩ *tooth, ⟨van vork⟩ prong*

tandarts DE *dentist*

tandartsassistente DE *dental assistant*

tandenborstel DE *toothbrush* ★ een elektrische tandenborstel *an electric toothbrush*

tandenstoker DE *toothpick*
tandpasta DE *toothpaste* ★ een tube tandpasta *a tube of toothpaste*
tandvlees HET *gum* ★ mijn tandvlees is ontstoken *my gums are inflamed*
tandwiel HET *gear wheel, cog*
tang DE *tongs, pliers,* ⟨nijptang⟩ *pincers* ★ drie tangen *three pairs of tongs / pliers / pincers* ▼ dat slaat als een tang op een varken *that's neither here nor there*
tank DE • reservoir *tank* ★ een volle tank benzine *a full tank of petrol* • pantservoertuig *tank*
tanken ww *fill up*
tankstation HET *petrol station, filling station*
tante DE *aunt* ▼ een stevige tante *a sturdy lady*
tapijt HET *carpet* ★ ik heb wijn op het tapijt gemorst *I spilt some wine on the carpet*
tarief HET • prijs *tariff, rate,* ⟨notaris &⟩ *fee,* ⟨vervoer⟩ *fare* ★ tegen verlaagd tarief *at a reduced tariff* • lijst van invoerrechten *list of charges*
tarwe DE *wheat*
tas DE *bag,* ⟨aktetas⟩ *briefcase,* ⟨handtas⟩ *handbag, purse* ★ ik stop het wel in mijn tas *I'll put it in my handbag*
tasten ww *grope, fumble* ▼ de politie tast in het duister over zijn motief *the police are in the dark about his motives, the police are baffled about his motives*
tatoeage DE *tattoo*
taxi DE *taxi, cab* ★ met de taxi is het 10 minuten naar het vliegveld *it takes 10 minutes to get to the airport by taxi / cab*
te I BIJW *too* ★ te groot *too big / large* ★ te veel *too much* ★ hij kwam te laat *he was late,* ⟨sterker⟩ *he was too late* ▼ des te beter / erger *so much the better / worse* **II** VZ • in, op *at, in, on* ★ te paard / voet *on horseback / foot* ★ te Utrecht *in Utrecht* • voor hele werkwoord *to* ★ moeilijk te verstaan *difficult to understand* ★ blij je te zien *happy to see you* ▼ zonder iets te zeggen *without saying anything* • met het doel *for* ★ te koop *for sale* ★ te huur *for hire, to let*
techniek DE *technique* ★ ik heb de techniek eindelijk onder de knie *I've finally mastered the technique* ▼ de afdeling techniek *the technical department*
technisch I BN *technical* ★ technische termen *technical terms* ▼ een technische hogeschool *an institute of technology* **II** BIJW *technically* ★ de auto is technisch in goede staat *technically, the car is in good order*
technologie DE *technology*
teddybeer DE *teddy bear*
teder I BN *tender* ★ een tedere ziel *a tender soul* **II** BIJW *tenderly* ★ ze streek teder over zijn hoofd *she caressed his head tenderly*
teef DE *bitch*
teek DE *tick*
teelt DE *cultivation, culture*
teen DE *toe* ★ de grote teen *the big toe* ▼ ze liep op haar tenen *she walked on tiptoe* ▼ FIG ik moest op mijn tenen lopen *I had to push myself to the limit* ▼ hij is gauw op zijn tenen getrapt *he's quick to take offence, he's touchy*
teer I HET *tar* **II** BN *kwetsbaar delicate, fragile* ★ ze heeft een tere huid *she has a delicate skin*
tegel DE *tile,* ⟨stoeptegel⟩ *paving stone*
tegelijk BIJW op hetzelfde ogenblik *at the same time, at once* ★ we kwamen tegelijk aan bij het huis *we reached the house at the same time* ★ ik kan niet op twee plaatsen tegelijk zijn *I can't be in two places at once* ▼ niet allemaal tegelijk! *one at a time, please!*
tegen I BIJW • anti *against* ★ zij is fel tegen *she's dead against it* • niet mee *against* ★ we hadden wind tegen *the wind was against us, we had a headwind* ▼ zij kan daar niet meer tegen *she can't take any more* **II** VZ • in tegengestelde richting *against* ★ tegen de wind (in) *against the wind* • in aanraking met *against* ★ we liepen tegen de muur op *we ran up against a brick wall* ★ het staat tegen de muur *it's against the wall* ▼ ze hielden de plannen tegen het licht *they held the plans up to the light* • ter bestrijding van *for* ★ een vaccin tegen aids *a vaccine for AIDS* • ter voorkoming van *against* ★ vitamine C werkt goed tegen verkoudheid *vitamin C is good against colds / is effective in preventing colds* • in strijd met *against, contrary to* ★ tegen de regels *against the rules* ★ tegen zijn gewoonte in *contrary to his usual practice* • in ruil voor *at, for* ★ tegen een goede prijs *at / for a good price* • tot, tegenover *to(wards)* ▼ zij is altijd erg aardig tegen mij *she's always*

kind to(wards) me ★ tien tegen één *ten to one* ▼ hij kan niet tegen zijn verlies *he can't stand losing, he's a bad loser* ● bijna *towards* ★ het was al tegen middernacht en nog was ze er niet *it was already towards / was nearly midnight and she still hadn't arrived*

tegendeel HET *contrary, opposite* ★ het tegendeel is waar *the contrary / opposite is true*

tegenhouden ww ● beletten voort te gaan *stop* ★ de politie hield de menigte tegen *the police stopped the crowd* ● verhinderen *prevent* ★ je kunt de vooruitgang niet tegenhouden *you can't prevent progress*

tegenkomen ww *meet, come across, run into* ★ ik kwam op straat John tegen *I came across / ran into / met John in the street* ★ we zijn wat problemen tegengekomen *we've met with / encountered some problems* ★ ik ben dat woord nog nooit tegengekomen *I've never come across / encountered that word before*

tegenligger DE *oncoming car, approaching vehicle*

tegenover vz ● aan de overkant *opposite* ★ ze woont tegenover mij *she lives opposite me, she lives across from me* ● ten opzichte van *towards* ★ tegenover mij is hij altijd beleefd *he is always polite towards / with me* ● in tegenstelling met *against* ★ de nieuwe auto heeft ruimte voor zes passagiers tegenover vier in de oude *the new car has room for six passengers against four in the old one*

tegenovergestelde HET *opposite*

tegenpartij DE *opposition, other side*

tegenslag DE *setback*

tegenspoed DE *adversity, bad luck* ★ we kenden wat tegenspoed *we had a bit of adversity, we ran into a bit of bad luck*

tegenspreken ww ● beweringen bestrijden *deny, contradict* ★ Martin sprak tegen dat hij had gespiekt *Martin denied he had been copying* ★ spreek me alsjeblieft niet tegen! *please don't contradict me!* ● tegenstrijdig zijn *contradict, be inconsistent* ★ die twee dingen spreken elkaar tegen *those two things contradict one another / are inconsistent with one another*

tegenstand DE *resistance, opposition* ★ we ontmoetten wat tegenstand *we met some resistance, we ran into some opposition*

tegenstander DE *opponent, adversary* ★ hij is een tegenstander van de vrije markt *he's an opponent of free trade* ★ een geduchte tegenstander *a formidable adversary* ▼ wie is de volgende tegenstander van Ajax? *who plays Ajax next?* ▼ hij is een verwoed tegenstander van abortus *he's fervently against abortion*

tegenstelling DE *contrast* ★ in tegenstelling tot / met wat er in de krant staat *in contrast to newspaper reports* ★ in tegenstelling met andere jaren *in contrast to other years, unlike other years* ▼ er waren grote tegenstellingen binnen de partij *there were big differences of opinion within the party*

tegenstrijdig BN *contradictory, conflicting* ★ tegenstrijdige rapporten *contradictory / conflicting reports* ★ dat was tegenstrijdig met wat hij gisteren zei *this was contradictory to what he said yesterday, this conflicted with what he said yesterday*

tegenvallen ww *be disappointing* ★ de opbrengst viel tegen *the proceeds were disappointing*

tegenwoordig I BN ● huidig *present-day, current* ★ onze tegenwoordige manier van leven *our present-day / current way of life* ▼ deze zin staat in de tegenwoordige tijd *this sentence is in the present tense* ● aanwezig *present* ★ de koningin was tegenwoordig bij de plechtigheid *the Queen was present at the ceremony* II BIJW *at present, nowadays* ★ tegenwoordig gebruiken we meestal de magnetron *nowadays, we usually use the microwave*

tegenzin DE *reluctance* ★ ... zij het met enige tegenzin ... *albeit with some reluctance* ▼ hij ging met tegenzin naar school *he went to school reluctantly*

tegenzitten ww *be against, go against* ★ alles zit hem vandaag tegen *everything is (going) against him today*

tegoed I HET *balance, credit* ★ er staat een tegoed van 50 euro op je rekening *there is a credit / balance of 50 euros on your account* II BIJW ▼ ik heb nog geld van hem tegoed *he still owes me money*

tehuis HET *home,* ⟨voornamelijk daklozen⟩ *shelter, refuge* ★ een tehuis voor ouden van dagen *an old people's home* ★ een tehuis voor daklozen *a shelter / refuge (for*

the homeless)
teisteren ww *ravage* ★ de orkaan teisterde het eiland *de hurricane ravaged the island*
tekeergaan ww *carry on, rant and rave* ★ hoor de buren eens tekeer gaan *listen to the neighbours carrying on / ranting and raving*
teken HET ● symbool *sign, mark* ● aanduiding *signal, sign* ★ als ik het teken geef, rennen jullie weg *when I give the signal / sign, run off* ● blijk *token* ★ als teken van hun waardering *as a token of their esteem*
tekenen ww ● tekening maken *draw, sketch* ★ hij tekende een hond *he drew / sketched a dog* ★ de winnende cartoon was getekend door Matt Davies *the winning cartoon was drawn by Matt Davies* ▼ de schrijver tekent hem als een man van zijn tijd *the author characterizes him as a man of his time* ▼ dat tekent hem *that's typical of him* ● ondertekenen *sign (up)* ★ hij heeft voor vijf jaar getekend *he's signed (up) for five years* ★ ⟨in paspoort van kind⟩ kan niet tekenen *unable to sign*
tekenfilm DE *cartoon*
tekening DE *drawing, sketch*
tekort HET *shortage, deficiency,* ⟨financieel⟩ *deficit* ★ een tekort aan leraren *a shortage of teachers* ★ een tekort aan vitamine *a vitamin deficiency* ▼ een tekort aan slaap *lack of sleep* ▼ we hebben een tekort aan personeel *we're short of staff, we're short-staffed*
tekst DE *text, words,* ⟨bij muziek⟩ *lyrics* ★ een tekst uit de Bijbel *a Bible text / passage* ★ de spreker was zijn tekst kwijt *the speaker lost track of his words / lost track of what he was saying*
tekstverwerker DE *word processor*
tel DE ● het tellen *count* ★ ik ben de tel kwijt *I've lost count* ▼ pas op je tellen! *be on your guard!, watch out!* ● moment *second* ★ het spook was binnen een minuut verdwenen *the ghost vanished within a second*
telefoneren ww *telephone, phone* ★ ze telefoneerde met haar moeder *she was (tele)phoning her mother* ▼ ik moet nog even telefoneren *I've got to make a phone call*
telefoon DE *telephone, phone* ★ haar zus nam de telefoon aan *her sister answered the (tele)phone* ★ er is telefoon voor je *there's a telephone call for you*
telefoonboek HET *telephone book*
telefooncel DE *telephone booth*
telefoonkaart DE *phonecard*
telefoonnummer HET *telephone number* ▼ een geheim telefoonnummer *an unlisted number*
telen ww *grow, cultivate* ★ mijn vader teelde sla en tomaten *my father grew lettuce and tomatoes* ★ hij had nog nooit eerder pompoenen geteeld *he had never grown pumpkins before* ★ weinig boeren telen andere granen dan tarwe *few farmers cultivate / grow cereals other than wheat*
teletekst DE *teletext*
teleurstellen ww *disappoint* ★ ze was teleurgesteld in haar zoon *she was disappointed in her son* ▼ de resultaten stellen mij teleur *I find the results disappointing*
teleurstelling DE *disappointment* ★ hij vindt het moeilijk om over zijn teleurstelling heen te komen *he's finding it hard to get over his disappointment*
televisie DE *television,* INF *telly, TV* ★ vanavond is er een mooie film op televisie *there's a good film on TV / the telly tonight*
telkens BIJW *iedere keer every time* ★ telkens als we afscheid nemen verwachten we dat het de laatste keer is *every time we say goodbye we expect it to be for the last time* ▼ telkens weer *time and time again, over and over again*
tellen ww ● getallen noemen *count (up)* ★ kan jij tot 100 tellen? *can you count (up) to 100?* ● meetellen *count* ★ dat telt niet *that doesn't count* ● aantal bepalen *count* ★ hij telde zijn geld *he counted his money* ● aantal hebben *have, number* ★ de club telt 500 leden *the club has 500 members, the club's members number 500*
teller DE ● van breuk WISK *numerator* ● teltoestel *meter*
telwoord HET *numeral*
temmen ww *tame, domesticate,* ⟨van paard⟩ *break*
tempel DE *temple*
temperament HET *temperament*
temperatuur DE *temperature* ★ zijn temperatuur is weer gezakt / gedaald *his*

temperature has gone down again
tempo HET snelheid *pace, speed,* MUZ *tempo, time* ★ hij kan het tempo niet bijhouden *he can't keep up with the pace* ★ ze voerden het tempo op *they increased the speed*
tenger I BN *slight, slender* ★ hij is een tengere jongen *he's a slight / slender boy* II BIJW *slightly, slenderly* ★ ze is tenger gebouwd *she's slightly / slenderly built*
tenminste BIJW *at least* ★ op jou kan ik tenminste vertrouwen *at least I can rely on you*
tennis HET *tennis* ★ een partijtje tennis *a game of tennis*
tennissen ww *play tennis* ▼ ga je mee tennissen? *how about a game of tennis?*
tenor DE *tenor*
tenslotte BIJW • uiteindelijk *in the end, eventually* ★ tenslotte zijn we maar weggegaan *in the end / eventually we just left* • immers *after all* ★ het is tenslotte maar een spelletje *after all, it's only a game*
tent DE • tijdelijk verblijf *tent*
• eetgelegenheid *joint, place* ★ een leuk tentje om te eten *a nice joint / little place for a meal*
tentamen HET *exam* ★ ik heb morgen tentamen *I have an exam tomorrow*
tentdoek HET *canvas*
tentoonstellen ww *exhibit, show*
tentoonstelling DE *exhibition, show*
tenzij VW *unless* ★ het team gaat verliezen tenzij er een wonder gebeurt *unless a miracle happens, the team is going to lose* ▼ we gaan op de fiets tenzij het regent *we'll go by bike if it doesn't rain*
tepel DE *nipple,* ⟨voornamelijk dieren⟩ *teat*
terecht I BN • juist *correct, appropriate* ★ een terechte opmerking *an appropriate remark* • teruggevonden *found, back* ★ mijn fiets is terecht *my bicycle has been found* II BIJW met recht *rightly* ★ hij werd terecht de klas uitgestuurd *he was rightly sent out of the class*
terechtkomen ww • aankomen *land, end up* ★ tenslotte kwam ze terecht in Londen *she landed / ended up in London* • in orde komen *turn out all right* ★ haar zussen en broers zijn ook goed terechtgekomen *her brothers and sisters turned out all right too / landed on their feet too* ▼ van al je goede voornemens komt niets terecht *nothing ever comes of your good intentions*
• teruggevonden worden *turn up*
terechtstellen ww *execute*
termiet DE *termite, white ant*
termijn DE • tijdruimte *term*
• afbetalingsbedrag *instal(l)ment* ★ we betalen de tv in termijnen af *we're paying the TV off in instal(l)ments*
terras HET *terrace*
terrein HET • grond *ground,* ⟨landschap⟩ *terrain,* ⟨om huis⟩ *grounds* ▼ eigen terrein *private property* • gebied, sfeer *ground, field* ★ we winnen / verliezen terrein *we're gaining / losing ground* ★ op het terrein van de wetenschap *in the field of science*
terreur DE *terror*
territorium HET *territory*
terrorisme HET *terrorism* ★ de strijd tegen (het) terrorisme *the war against terrorism*
terrorist DE *terrorist*
terug BIJW • weerom *back* ★ ik ben zo terug *I'll be right back* ★ we zijn weer terug bij af *we're back to square one* ▼ daar had hij niet van terug *he didn't know what to say to that* ▼ hebt u terug van 50 euro? *do you have change for 50 euros?* • achteruit *back, backward(s)* ★ een stap terug *a step backward(s)* • geleden *back, ago* ★ vier jaar terug *four years back / ago*
terugbrengen ww • weer op zijn plaats brengen *take back, return* ★ breng je de fiets ook weer terug? *would you please bring the bike back?,* would you please return the bike? • reduceren tot *reduce to* ★ doel is de wachttijd terug te brengen tot een week *the goal is to reduce waiting time to a week*
teruggaan ww *go back, return* ★ zij gaat nog weleens terug naar haar oude school *she sometimes goes back to her old school* ★ laten we niet naar dat onderwerp teruggaan *let's not return to that subject*
teruggeven ww *give back, return* ★ heb je je vriend zijn boek al teruggegeven? *have you given your friend his book back yet?,* have you returned your friend's book yet? ★ hij gaf me vijf euro terug *he gave me back five euros*
terugkomen ww *come back, return* ★ ze is teruggekomen uit Parijs *she has returned from Paris* ★ ze kwamen op het onderwerp terug *they returned / went back to the subject* ▼ hij kwam terug van /

op zijn belofte *he went back on his promise*
terugkrijgen ww *get back* ★ ik heb mijn fiets nooit meer terug gekregen *I didn't ever get my bike back*
terugtraprem DE *back-pedal brake*
terugtrekken ww ● achteruit doen gaan *withdraw, pull back* ★ de generaal trok zijn troepen terug *the general withdrew / pulled back his troops* ● zich afzonderen *retreat, retire* ★ pa trok zich terug naar de veiligheid van zijn studeerkamer *Dad retreated to the safety of his study* ★ ze trok zich naar haar kamer terug *she retired to her room* ● zijn positie opgeven *withdraw* ★ de minister trok zich uit zijn functie terug *the minister withdrew from his position*
terwijl vw ● gedurende *as, while* ★ zij huilde terwijl zij het verhaal voorlas *she wept as / while she read the story* ● waarbij ook *while, whereas, (even) though* ★ ze heeft rood haar terwijl haar beide ouders blond zijn *she's got red hair while / whereas both her parents are blond* ★ ze drinkt terwijl ze weet dat ze dat niet zou moeten doen *she drinks even though she knows that she shouldn't, she drinks though she knows well enough that she shouldn't*
test DE *test* ★ de leraar nam de klas een test af *the teacher gave the class a test*
testament HET *(last) will*
testen ww *test* ★ de wielrenner werd getest op doping *the cyclist was tested for drug use*
teug DE *swig, gulp* ★ hij nam een teug van zijn bier *he took a swig / gulp of his beer* ▼ hij geniet er met volle teugen van *he's enjoying it to the full*
tevoorschijn BIJW ▼ hij haalde een mes tevoorschijn *he produced a knife* ▼ zij kwam plots tevoorschijn *she suddenly appeared / showed up / turned up*
tevoren BIJW *before, previously* ★ één dag van tevoren *one day before / previously* ▼ je moet van tevoren betalen *you have to pay in advance*
tevreden I BN *satisfied, content(ed), happy* ★ de leraar was erg tevreden over je werkstuk *the teacher was very satisfied with your paper* ★ een tevreden baby *a contented / happy baby* ★ hij moest tevreden zijn met de derde plaats *he had to be content with third place* ★ zij is niet tevreden met haar uiterlijk *she's not happy with the way she looks* II BIJW *contentedly* ★ hij glimlachte tevreden *he smiled contentedly*
textiel DE + HET *textile* ★ de winkel verkoopt textiel *the shop sells textiles*
tezamen BIJW *together* ▼ alles tezamen (genomen) *all in all*
thans BIJW *currently, at present* ★ hij is thans voorzitter *he is currently the chairman; at present, he is the chairman*
theater HET *theatre*, AM *theater*
thee DE *tea* ★ ze dronken thee *they were having tea* ★ zal ik even thee zetten? *shall I make some tea?*
theedoek DE *tea towel*
theepot DE *teapot*
theezakje HET *tea bag*
thema HET *theme, subject (matter)*
theologie DE *theology*
theorie DE *theory* ★ in theorie *in theory, theoretically speaking*
therapie DE *therapy* ★ zij ging in therapie *she went into therapy*
thermometer DE *thermometer*
thermosfles DE *Thermos flask*
thuis BIJW ● in huis *at home* ★ ik voel me daar niet thuis *I don't feel at home there* ★ doe of je thuis bent *make yourself at home* ● naar huis *home* ★ wanneer kom je weer thuis? *when are you coming home again?* ● op de hoogte *well up, at home* ★ niet iedereen is goed thuis in het onderwerp *not everybody is at home / well up in the subject*
thuisbrengen ww ● naar huis brengen *see home* ★ zal ik je thuisbrengen? *would you like me to see you home?* ● plaatsen in herinnering *place* ★ ik kan zijn gezicht niet thuisbrengen *I can't place his face*
thuiskomen ww *come home, get home* ★ toen hij thuiskwam was zijn vrouw weg *when he came / got home his wife had gone*
thuiswedstrijd DE *home match*
ticket HET *ticket*
tien TELW *ten* ▼ op 10 mei *on the tenth of May*
tiende TELW *tenth* ▼ op zijn tiende verhuisde het gezin naar Berlijn *the family moved to Berlin when he was ten*
tienduizend TELW *ten thousand* ★ tienduizenden mensen *tens of thousands of people*

tiener DE *teenager*
tiet DE *tit*
tij HET *tide* ★ het tij keert *the tide is turning* ▼ de regering probeert het tij te keren *the government is trying to turn things (a)round*
tijd DE • tijdsduur *time* ★ we hebben alle tijd *we have all the time in the world* ★ ik heb de tijd *I've got plenty of time* ★ ze proberen tijd te winnen *they're playing for time* ▼ na kortere of langere tijd *sooner or later* • tijdvak *time, period* ★ er is een tijd geweest zonder televisie *there was a time when there was no television* ★ voor onbepaalde tijd *for an indefinite period* ★ ten tijde van de Franse Revolutie *at the time of the French Revolution* ▼ romanschrijvers van onze tijd *contemporary novelists* ▼ de goede oude tijd *the good old days* • tijdstip *time* ★ op tijd *in time* ★ precies op tijd *right / exactly on time* ★ morgen om deze tijd *this time tomorrow* ★ tegen die tijd *by that time* • werkwoordstijd *tense* ★ de verleden tijd *the past tense*
tijdbom DE *time bomb*
tijdelijk I BN *temporary* ★ tijdelijk personeel *temporary staff* II BIJW *temporarily* ★ ik logeer tijdelijk bij een vriend *I'm staying at a friend's place temporarily*
tijdens VZ *during*
tijdperk HET *period, era*
tijdschrift HET *magazine*
tijdstip HET *moment, (point in) time* ★ het was erg druk op dat tijdstip *things were very busy at that particular moment / particular point in time* ★ laten we op een ander tijdstip afspreken *let's make an appointment for some other time*
tijger DE *tiger*
tijm DE *thyme*
tik DE • klap *flick, ⟨harde tik⟩ rap* ★ een tik op de vingers *a rap on / over the knuckles* • geluid *tap, ⟨van klok⟩ tick* ★ een tik op het raam *a tap on the window*
tikken WW • kloppen *tap* • geluid geven ⟨van klok &⟩ *tick,* ⟨van breinaalden⟩ *click* ★ de klok tikt *the clock is ticking* • typen *type* ★ ze tikte een brief *she typed a letter*
tillen WW *lift, raise* ★ deze doos is haast niet te tillen *this box is almost to heavy to lift* ★ ze tilde haar hand boven haar hoofd *she raised her hand above her head* ▼ daar tilt ze niet zwaar aan *she doesn't feel strongly about that*
timmeren WW • slaan *bang, beat (up)* ★ de drummer timmerde er vrolijk op los *the drummer was happily banging / beating away* ★ hij timmerde zijn vrouw in elkaar *he beat up his wife* • bouwen *build* ★ hij timmerde een schuurtje *he built a shed* ▼ de band timmert behoorlijk aan de weg *the band is making a name for themselves*
timmerman DE *carpenter*
tin HET • metaal *tin* • legering voor gebruiksvoorwerpen *pewter*
tinnen BN *pewter* ★ een tinnen bord *a pewter plate*
tintelen WW • prikkelen *tingle* ★ mijn vingers tintelen van de kou *my fingers are tingling with cold* • glinsteren *sparkle, twinkle*
tip DE • informatie *tip, hint* ★ hij gaf me een paar tips *he gave me a few tips / hints* • uiterste punt *tip, corner*
tiran DE *tyrant*
tissue DE *tissue*
titel DE • benaming *title* ★ onder de titel van *under the title of* • waardigheid *title, degree* ★ ze ontving de titel van 'Sportvrouw van het jaar' *she was awarded the title of Sportswoman of the Year* ★ een universitaire titel *a university degree*
tjilpen WW *chirp, twitter*
tl-buis DE *neon tube, fluorescent light*
toast DE • heildronk *toast* ★ we brachten een toast uit op het bruidspaar *we drank a toast to the married couple* • brood *piece of toast*
toch BIJW • desondanks *yet, still, despite* ★ je wist dat ik boos zou worden, maar je ging toch door *you knew I'd be angry and yet you went ahead, you knew I'd be angry but you still went ahead* ★ hij heeft veel succes en toch is hij niet gelukkig *despite his success, he is not happy* ▼ ik doe het lekker toch! *I'll do it anyway!* • immers *after all* ★ je kunt niets krijgen, de winkels zijn toch dicht *you can't buy anything: the shops are closed, after all* • als nadruk *do* ★ wees toch stil *do be quiet* ★ wat bedoel je toch? *whatever do you mean?* • ongeduldig *on earth, ever* ★ waar is hij toch? *where on earth / wherever could he be?* • versterkend ⟨vraagzinnetje⟩ ★ je

bent toch niet doof? *you are not deaf, are you?* ★ hij zat toch in het leger? *he was in the army, wasn't he?* ★ we gingen toch naar huis? *we were going home, weren't we?*

tocht DE ● luchtstroom *draught* / AM *draft* ★ hij zat in / op de tocht zitten *he was sitting in a draught* ▼ zijn baan staat op de tocht *his job hangs in the balance* ● reis *journey, trip* ★ een tocht door de Alpen *a journey / trip through the Alps*

tochten ww *be draughty* ★ het tocht hier *it's draughty here, there's a draught here*

tochtstrip DE *weather strip*

toe I BIJW ● heen *to, towards* ★ waar ga je naartoe? *where are you going (to)?* ★ naar het oosten toe *towards the east* ● erbij ▼ wat hebben we toe? *what do we have for dessert / afters?* ● tot *to, till, until* ★ tot nu toe *up to now, until now* ▼ hij is er slecht aan toe *he's in a bad way* II TSW ▼ toe, ga nu! *do go now!* ▼ toe nou! *come on!, hurry up!*

toegang DE ● recht / mogelijkheid tot toegang *access, admittance* ★ verboden toegang *private, no access / admittance, no trespassing* ● entreegeld *admission* ★ vrije toegang *admission free* ● ingang *entrance, entry* ★ er stonden portiers bij de toegang *there were doorkeepers at the entrance* ★ twee portiers blokkeerden ons de toegang *two doorkeepers block our entry*

toegangsbewijs HET *admission ticket*

toegeven ww ● zich overgeven *give in, yield* ★ vraag het papa maar, die geeft snel toe *ask Dad, he gives in quickly* ★ Korea gaf toe aan de druk en tekende het document *Korea yielded to the pressure and signed the document* ● erkennen *admit* ★ je moet toegeven dat ze erg mooi is *you have to admit that she's very pretty*

toehoorder DE *listener*

toekijken ww *look on*

toekomst DE *future* ★ in de nabije toekomst *in the near future* ▼ dit bedrijf heeft geen toekomst meer *this company's prospects are bleak*

toekomstig BN *future* ★ de toekomstige eigenaar *the future owner* ▼ mijn toekomstige echtgenoot *my husband-to-be*

toelaten ww ● binnenlaten *admit* ★ honden worden niet toegelaten *dogs are not admitted* ▼ wij werden niet bij de zieke toegelaten *we were not allowed to see the patient* ● goedvinden *permit, allow, tolerate* ★ als de tijd het toelaat *if time permits* ★ roken niet toegestaan *no smoking (allowed / permitted)* ▼ op die school laten ze roken oogluikend toe *that school turns a blind eye to smoking*

toelatingsexamen HET *entrance exam, entrance examination*

toen I BIJW ● vervolgens *then, next* ★ wat gebeurde er toen? *what happened next?* ● in die tijd *then, at the time* ★ toen vond ik de leraar aardig *I liked the teacher then, at the time I liked the teacher* II VW *when* ★ toen de politie kwam, was de inbreker al gevlucht *when the police came, the burglar had already fled*

toenemen ww *increase, grow* ★ de onrust neemt toe *agitation is increasing / is growing* ▼ in toenemende mate *increasingly*

toepasselijk BN ● passend *appropriate* ● geldend *applicable*

toer DE ● omwenteling *turn* ★ 33 toeren per minuut *33 turns a minute* ▼ de fabriek draait op volle toeren *the factory is producing at full capacity* ▼ hij is over zijn toeren *he is upset* ● reis *trip, ⟨lang⟩ tour* ★ ze maakten een toer door Engeland *they did a tour of England* ● kunstje *feat* ★ dat is een hele toer *that's no mean feat, that's no sinecure*

toerenteller DE *revolution counter,* INF *rev counter*

toerisme HET *tourism*

toerist DE *tourist*

toernooi HET *tournament* ★ we hebben aan een toernooi meegedaan *we took part in a tournament*

toeschouwer DE *spectator, onlooker*

toeslaan ww *strike* ★ de bende sloeg weer toe *the gang struck again*

toeslag DE *allowance, bonus* ★ ik krijg een toeslag voor vuil werk *I receive / get a bonus / an allowance for dirty work*

toespraak DE *speech* ★ de vader van de bruid hield een toespraak *the bride's father made a speech*

toespreken ww *speak to, address* ★ ik zal hen ernstig toespreken *I'll speak to them severely* ★ de rector zal de leerlingen toespreken *the headmaster will address the students*

toestaan ww ● goedvinden *allow, permit* ★ roken is hier niet toegestaan *smoking is not permitted here* ● inwilligen *grant*

toestand DE ● omstandigheden *state,* ⟨leef-, werksituatie⟩ *condition,* ⟨van het ogenblik⟩ *position, situation* ★ de gijzelaars waren in een slechte toestand *the hostages were in poor condition* ● opschudding *commotion* ★ het waren hele toestanden toen de affaire uitkwam *there was quite a commotion when the affair became known*

toestel HET ● apparaat *apparatus, machine,* ⟨radio, tv⟩ *set* ● vliegtuig *plane* ★ het toestel vloog in brand na de crash *the plane caught fire after crashing*

toestemmen ww ● consent

toestemming DE *consent, permission* ★ met toestemming van de koningin *by / with permission of the Queen*

toeteren ww ● op toeter *toot, hoot* ● op claxon *sound the horn, hoot*

toetje HET ● *sweet, dessert, afters* ★ als toetje hadden we ijs *for sweets / dessert / afters we had ice cream*

toets DE ● examen *test* ★ hij moest een schriftelijke toets afleggen *he had to do a written test* ● van piano, computer *key* ★ ze sloeg een toets aan *she hit a key*

toetsen ww *test*

toetsenbord HET *keyboard*

toeval HET ● omstandigheid *accident, chance* ★ by toeval *by chance / accident, accidentally* ● epileptische aanval *epileptic fit* ★ hij kreeg een toeval *he had an epileptic fit*

toevallig I BN *accidental, chance* ★ een toevallige omissie *an accidental omission* ★ een toevallige ontmoeting *a chance meeting* ▼ dat is ook toevallig! *what a coincidence!* II BIJW *by chance, by accident* ★ heb jij toevallig nog een paraplu over? *do you have a spare umbrella by any chance?, do you happen to have a spare umbrella?* ★ ik heb dat woord niet toevallig weggelaten *I didn't omit that word by accident* ▼ toevallig zag ik hem *I happened to see him*

toevoegen ww bijvoegen *add* ★ zout en peper naar smaak toevoegen *add salt and pepper to taste*

toevoeging DE *addition*

toezeggen ww *promise*

toezicht HET *supervision* ★ hij is onder toezicht gesteld *he has been put under supervision* ▼ hij houdt toezicht op het personeel *he supervises the staff*

toezien ww ● toekijken *look on* ▼ een toeziend voogd *a co-guardian* ● oppassen *take care* ★ ze zal erop toezien dat het nodige gedaan wordt *she'll see to it that all the necessary things are done*

tof BN *great* ★ een toffe vent *a great guy*

toffee DE *toffee*

toilet HET ● wc *toilet, lavatory* ● kleding *dress* ★ in groot toilet *in full dress* ▼ ze maakte haar toilet voor de spiegel *she got dressed in front of the mirror* ▼ de vogel maakte zijn toilet *the bird was preening itself*

toiletpapier HET *toilet paper*

toilettas DE *toilet bag*

tokkelen ww *strum* ★ hij tokkelde op zijn gitaar *he strummed his guitar*

tol DE ● tolgeld *toll* ★ op die brug moet je tol betalen *you have to pay a toll to get over that bridge* ★ de hitte eiste zijn tol *the heat took its toll* ● speelgoed *top*

tolerant I BN *tolerant, broad-minded* ★ hij is tolerant tegenover homoseksualiteit *he's tolerant of / broad-minded about homosexuality* II BIJW *tolerantly* ★ hij reageert tolerant op het gedrag van zijn zoon *he reacts tolerantly to his son's behaviour, he's tolerant of his son's behaviour*

tolereren ww *tolerate*

tolk DE *interpreter*

tolweg DE *toll road*

tomaat DE *tomato*

tompoes DE *millefeuille*

ton DE ● vat *cask, barrel* ● gewicht *ton* ● geld *a hundred thousand*

tondeuse DE *clippers*

toneel HET ● dramatische kunst *drama* ● podium *stage* ★ Hamlet kwam het toneel op *Hamlet came on to the stage* ▼ voor de verkiezingen verschenen er nieuwe partijen op het toneel *some new parties arrived on the scene just before the elections* ● achtergrond *scene* ★ Londen is het toneel van nieuwe terroristische aanslagen *London is the scene of new terrorist attacks*

toneelspeler DE *actor*

toneelstuk HET *play* ★ er werd een toneelstuk opgevoerd *a play was performed*

tonen ww *show, display* ★ hij toonde geen belangstelling voor meisjes *he showed / displayed no interest in girls*

tong DE ● lichaamsdeel *tongue* ★ hij stak zijn tong uit *he stuck out his tongue* ★ het ligt op het puntje van mijn tong *it's on the tip of my tongue* ● soort vis *sole*

tongzoen DE *French kiss*

tonic DE *tonic*

tonijn DE *tuna*

toon DE *tone* ★ je hoeft tegen mij niet zo'n toon aan te slaan *you needn't take that tone with me* ▼ hij valt een beetje uit de toon *he's the odd man out* ▼ hij kan goed toon houden *he can keep in tune quite well*

toonbank DE *counter* ★ illegale kopieën worden onder de toonbank verkocht *illegal copies are sold under the counter* ▼ die boeken vliegen over de toonbank *the books are selling like hot cakes*

toonladder DE *scale*

top DE ● bovenste gedeelte *top, ⟨van berg ook⟩ summit, peak* ★ de wielrenners bereikten de top van de berg *the cyclists reached the top of the mountain* ★ van top tot teen *from top to toe, from head to foot* ● de besten / hoogste *top* ★ hij staat aan de top van de organisatie *he is at the top of the organisation* ★ de top van de Labour partij *the Labour party executive*

topje HET ● kledingstuk *top* ● hoogste punt *tip* ★ het topje van de ijsberg *the tip of the iceberg*

topless BN *topless*

topografie DE *topography*

toppunt HET hoogtepunt *height, top* ★ het toppunt van cynisme *the height of cynicism* ★ hij staat op het toppunt van zijn sportcarrière *he is at the height of his sporting career, he has reached the top of his sporting career* ▼ dat is het toppunt! *that's the limit!, that beats all!*

tor DE *beetle*

toren DE ● bouwwerk *tower, ⟨met spits⟩ steeple* ★ de scheve toren van Pisa *the leaning tower of Pisa* ● schaakstuk *rook*

torenflat DE *high-rise flat, high-rise building*

torenspits DE *spire*

tornado DE *tornado*

torpedo DE *torpedo*

tosti DE *toasted ham and cheese sandwich*

tot I VZ ● van afstand *to, as far as* ★ hij telde tot tien *he counted to ten* ★ de bus gaat tot (aan) Utrecht *the bus goes as far as Utrecht* ● van richting *to* ★ hij sprak tot de menigte *he spoke to the crowd* ● van tijd *till, until, to* ★ tot 1 mei *until May the first* ★ tot nu toe *until now, up till now, so far* ★ tot 1974 *until / up to 1974* ★ dat gaat terug tot de dertiende eeuw *that goes back as far as the thirteenth century* ● van hoedanigheid *as, for* ★ ze kozen hem tot leider *they elected him as their leader* ▼ hij werd tot chef benoemd *he was appointed manager* ● van hoeveelheid *to* ★ tot de laatste cent *to the last penny / cent* ★ de rechter veroordeelde hem tot tien jaar gevangenisstraf *the judge sentenced him to ten years' imprisonment* **II** vw *until, till* ★ hij sliep tot het licht werd *he slept until / till dawn*

totaal I HET *total* ★ in totaal *in total, in all* ▼ het totaal aan schade bedraagt een miljoen euro *the damage amounts to a million euros* **II** BN *total* ★ het totale aantal leerlingen *the total number of students* **III** BIJW *totally, completely* ★ ik ben het totaal vergeten *I completely / totally forgot (it)*

totdat vw *till, until*

touringcar DE *coach*

tournee DE *tour* ★ op tournee *on tour* ★ het orkest maakt een tournee door / in de VS *the orchestra is on tour in the US / is touring the US*

touw HET ⟨dik⟩ *rope*, ⟨vrij dun⟩ *cord*, ⟨dun⟩ *string* ★ het was met een stukje touw vastgemaakt *it was tied with a piece of string / cord* ▼ er is geen touw aan vast te knopen *you can't make head (n)or tail of it* ▼ ik ben de hele dag in touw geweest *I've been busy all day*

touwtjespringen I ww *skip* **II** HET *skipping*

touwtrekken HET *tug of war* ★ een touwtrekken om de macht *a tug of war to hold power*

tovenaar DE *magician, wizard*

toveren ww *work magic, conjure (up)* ★ ik kan niet toveren *I can't work magic, I'm no magician* ★ hij toverde een konijn uit een hoed *he conjured up a rabbit out of a hat*

toverij DE *witchcraft, magic*

toverspreuk DE *spell, charm*

traag I BN *slow, sluggish* ★ een trage hartslag *a slow / sluggish pulse* **II** BIJW *slowly* ★ een slak beweegt zich traag *snails move slowly* ▼ eiken groeien traag *oaks are slow growers* ▼ het project ging traag van start *the project got off to a slow start*

traan DE *tear* ★ ze barstte in tranen uit *she burst into tears* ★ met tranen in de ogen *with tears in his eyes* ★ de tranen sprongen hem in de ogen *his eyes filled with tears*

traangas HET *tear gas*

trachten WW *attempt, try*

tractor DE *tractor*

traditie DE *tradition* ★ volgens de traditie *according to / by tradition* ★ we houden de traditie in ere *we're keeping up the tradition*

tragisch I BN *tragic* ★ een tragische gebeurtenis *a tragic event* II BIJW *tragically* ★ hij is tragisch om het leven gekomen *he died tragically*

trainen WW *train, coach*

trainer DE *trainer, coach*

trainingspak HET *tracksuit*

traject HET *route, ⟨van spoorlijn⟩ section* ★ op het traject Haarlem-Amsterdam *on the Haarlem-Amsterdam section*

trakteren WW *treat* ★ hij trakteerde zijn vrienden op gebakjes *he treated his friends to cake*

tralie DE *bar* ★ achter de tralies *behind bars*

tram DE *tram* ★ ik ga met de tram naar de stad *I'll take the tram to town*

tramhalte DE *tram stop*

tranen WW *water, run* ★ tranende ogen *running / watering eyes*

transfer DE *transfer*

transfusie DE *transfusion*

transpireren WW *perspire*

transplanteren WW *transplant*

transport HET *transport* ▼ hij werd op transport gezet naar Australië *he was transported to Australia*

transporteren WW *transport*

trap DE ● *schop kick* ▼ ze gaf hem een trap *she kicked him* ● met treden *stairs, staircase* ★ ze viel van de trap *she fell down the stairs* ▼ hij ging de trap op / af *he went upstairs / downstairs* ● *graad level, degree* ★ de Inca's bereikten een hoge trap van beschaving *the Incas reached a high level / degree of civilization* ▼ de trappen van vergelijking *the comparative scale*

trapeze DE *trapeze*

trapleuning DE *banister, handrail*

trappelen WW *stamp* ★ ze trappelden met hun voeten *they stamped their feet*

trappen WW ● *voet neerzetten step on, step in* ★ trap niet in de hondenpoep! *don't step in the dog poo!* ▼ daar trappen we niet in! *we won't fall for that!* ● *fietsen pedal* ★ we trapten tegen de wind in *we pedalled against the wind* ● *schoppen kick* ★ hij trapte de bal het publiek in *he kicked the ball into the crowd* ★ hij werd eruit getrapt *he was kicked out, he got the boot* ★ Jamie is van school af getrapt *Jamie has been kicked out of school*

trapper DE *pedaal pedal*

trauma HET *trauma*

trechter DE ● *voor vloeistof funnel* ● *veroorzaakt door explosie crater*

trede DE *⟨van trap⟩ step* ★ met twee treden tegelijk *two steps at a time*

treden WW *step* ★ hij trad naar voren *he stepped / came forward* ▼ ik zal niet in bijzonderheden treden *I won't go into details* ▼ ze zijn in het huwelijk getreden *they got married*

treffen WW ● *raken hit, strike* ★ hij werd door de bliksem getroffen *he was hit / struck by lightning* ▼ hij werd niet getroffen door die maatregelen *the measures did not affect him* ● *aantreffen run into* ★ we hebben elkaar bij een concert getroffen *we ran into each other at a concert* ● *tot stand brengen take, make* ★ we moeten maatregelen treffen *we have to take measures* ★ er zijn regelingen getroffen *arrangements have been made* ▼ je hebt het goed / slecht getroffen *you've been lucky / unlucky*

trein DE *train* ★ ik moet de trein van 2 uur halen *I have to catch the two o'clock train* ★ ze ging met de trein *she went by train* ▼ ik haal je wel van de trein *I'll meet you at the station* ▼ het loopt als een trein *it's going like a house on fire*

treinkaartje HET *train ticket, railway ticket*

treiteren WW *nag, torment*

trek DE ● *ruk pull, tug* ★ ik voelde een trek aan mijn rok *I felt a pull at / tug on my skirt* ● *aan pijp / sigaret puff, drag* ★ ze nam een trekje van / aan haar sigaret *she took a drag on / a puff of her cigarette* ● *vogeltrek migration* ● *eigenschap trait* ★ dat is een naar trekje van hem *that is a nasty trait of his* ▼ in brede trekken *in* *broad outline* • **luchtstroom** *draught / AM draft* ★ ze zat op de trek *she was sitting in a draught* • **eetlust** *appetite* ★ ik heb helemaal geen trek *I don't have an appetite at all* ▼ ik heb trek in koffie *I feel like a coffee* ▼ deze dingen zijn erg in trek *these things are in great demand / are very popular*

trekken ww • **naar zich toehalen** *draw, pull* ★ ze trok de doos naar zich toe *she drew / pulled the box towards her* ★ hij trok aan de oren van de hond *he pulled the dog's ears* ★ hij trok aan de bel *he pulled the bell*; FIG *he sounded the alarm* • **te voorschijn halen** *pull, draw* ★ ze trok gekke gezichten *she pulled funny / silly faces* ★ hij trok een pistool *he drew / pulled a gun* ★ er werden lootjes getrokken *lots were drawn* • **aan pijp, sigaret** *draw, pull* • **tochten** *be a draught / AM draft* ★ het trekt hier *there's a draught here* • **uittrekken** *pull* ★ de tandarts heeft de kies getrokken *the dentist pulled the tooth* • **aantrekken** *attract*, ⟨van publiek, klanten⟩ *draw* ★ hij trok de aandacht van enkele agenten *he attracted the attention of a couple of policemen* • **reizen** *travel, move*, ⟨te voet⟩ *hike*, ⟨van dieren⟩ *migrate* ★ vele vogels trekken naar het zuiden *many birds migrate south* • **lokken** *appeal to* ★ dat trekt mij niet *that doesn't appeal to me*

trekker DE • **auto** *truck, lorry* ★ trekker met oplegger *truck and trailer* • **tractor** *tractor* • **onderdeel van vuurwapen** *trigger* ★ hij haalde de trekker over *he pulled the trigger*

trekvogel DE *migratory bird, migrant*

trema HET *two dots* ★ 'Brontë' heeft een trema op de 'e' *'Brontë' has two dots above the 'e'*

trend DE *trend, fashion* ★ de laatste trend *the latest trend / fashion*

treuren ww *grieve* ★ ze treurden over / om het verlies van hun hond *they grieved over their dead dog*

treurig I BN *sad, mournful* ★ het is een treurige toestand *it is a sad situation* ★ spaniels hebben treurige ogen *spaniels have mournful eyes* **II** BIJW *sadly, mournfully* ★ hij zat treurig uit het raam te kijken *he was sadly / mournfully looking out of the window*

treurwilg DE *weeping willow*

treuzelen ww *dawdle* ★ hij treuzelt met zijn huiswerk *he dawdles over his homework*

triangel DE *triangle*

tribune DE • **in sportstadion** *stand*, ⟨overdekt⟩ *grandstand* • **in rechtszaal, parlement, &** *gallery* ★ de publieke tribune *the public gallery*

triest I BN *sad*, ⟨triestmakend⟩ *dreary, dismal* ★ triest weer *dismal / dreary weather* **II** BIJW *sadly* ★ hij ging triest weg *he went away sadly*

trillen ww • **van snaren &** *vibrate* • **van personen, stem** *tremble, quiver* ★ hij trilde van emotie *he trembled / quivered with emotion*

trilling DE • **het trillen** *vibration* • **siddering** *trembling, shaking* • **aardbeving** *tremor*

trimmen ww • **aan conditietraining doen** ⟨buitenshuis⟩ *jog*, ⟨binnenshuis⟩ *work out* • **hond knippen** *trim*

trio HET *trio*

triomf DE *triumph*

trip DE • **uitstapje** *outing, trip* • **effect van drugs** *trip*

troef DE *trump* ★ schoppen is troef *spades are trumps* ★ hij speelde zijn laatste troef uit *he played his last trump*

troep DE • **rommel** *mess* ★ ruim die troep eens op! *just clear away that mess!* • **groep** *group, troop*, ⟨wolven, honden, hyena's⟩ *pack*, ⟨vogels, schapen⟩ *flock*, ⟨vee⟩ *herd*, ⟨leeuwen⟩ *pride* • **militairen** *troop* ★ alle troepen worden naar huis gehaald *the troops will all be brought back home*

trol DE *troll*

trom DE *drum*

trombone DE *trombone* ★ ik wil graag trombone leren spelen *I'd like to learn (to play) the trombone*

trombose DE *thrombosis*

trommel DE • **muziekinstrument** *drum* • **metalen doos** *tin, box*

trommelen ww *drum, beat the drum* ★ hij trommelde met zijn vingers op de tafel *he was drumming on the table with his fingers*

trommelvlies HET *eardrum*

trompet DE *trumpet* ★ hij blies op de trompet *he blew / sounded the trumpet* ★ wil je trompet leren spelen? *do you want to learn (to play) the trumpet?*

troon DE *throne* ★ hij kwam op de troon in 1901 *he ascended the throne in 1901*

troost DE *comfort, consolation* ★ dat is een

schrale troost *that's cold comfort, that's not much consolation*

troosten ww *comfort, console* ★ hij probeerde het kind te troosten *he tried to comfort / console the child* ▼ ze troostte zich met die gedachte *she took comfort in that thought*

troostprijs DE *consolation prize*

tropen DE *tropics*

tropisch BN *tropical*

tros DE vruchten ⟨bananen, druiven⟩ *bunch*, ⟨bessen⟩ *string* ★ een tros bananen *a bunch of bananas* ▼ ze gooiden de trossen los *they cast off*

trots I DE *pride* ★ gekrenkte trots *hurt pride* ★ misplaatste trots *false pride* ★ het medisch centrum is de trots van het dorp *the medical centre is the pride of the village* II BN *proud* ★ ze waren trots op hun zoon *they were proud of their son* ★ zo trots als een pauw *as proud as a peacock* III BIJW *proudly* ★ hij stelde trots zijn vriendin aan ons voor *he introduced his girlfriend to us proudly*

trottoir HET *pavement, footpath*

trottoirtegel DE *paving stone*

trouw I DE *fidelity, loyalty* ▼ ze beloofden elkaar eeuwige trouw *they promised to be forever faithful to each other* ▼ te goeder / kwader trouw *in good / bad faith* II BN getrouw *faithful, loyal* ★ hij bleef zijn partij altijd trouw *he remained faithful / loyal to his party* ▼ een trouwe klant *a regular customer* III BIJW *faithfully, loyally* ★ zij volgde de instructies trouw op *she followed the instructions faithfully, she followed the instruction to the letter* ★ ze hebben hun land trouw gesteund *they supported their country faithfully / loyally*

trouwdag DE ● dag van het huwelijk *wedding day* ● huwelijksjubileum *wedding anniversary*

trouwen ww ● in het huwelijk treden *get married* ★ trouw jij in het wit? *are you going to get married in white?* ★ ze zijn gisteren getrouwd *they got / were married yesterday* ● tot echtgenoot nemen *marry* ★ hij trouwde (met) haar *he married her* ★ ze is met een Duitser getrouwd *she's married to a German* ● in de echt verbinden *marry, join in marriage* ★ dominee De Vries trouwde het paar *the reverend De Vries married the couple /* *joined the couple in marriage*

trouwens BIJW *for that matter, by the way*

trouwjurk DE *wedding dress*

trouwring DE *wedding ring*

truc DE *trick* ★ hij haalde een trucje uit *he performed a trick*

truck DE *truck* ▼ een truck met oplegger *an articulated vehicle, a semi-trailer*

trui DE *sweater, jumper, jersey* ★ SPORT de gele trui *the yellow jersey*

trut DE *cow* ★ stomme trut! *silly cow!*

T-shirt HET *T-shirt*

tube DE *tube* ★ een tube lijm / tandpasta *a tube of glue / toothpaste*

tuig HET *scum* ★ het is tuig van de richel *they are the scum of the earth*

tuin DE *garden* ▼ hij heeft mij om de tuin geleid *he led me up the garden path*

tuinboon DE *broad bean*

tuinbouw DE *horticulture*

tuinbroek DE *overalls, dungarees*

tuingereedschap HET *gardening tools*

tuinier DE *gardener*

tuinman DE *gardener*

tulband DE ● hoofddeksel *turban* ● cake *gugelhupf cake*

tulp DE *tulip*

tulpenbol DE *tulip bulb*

tumor DE *tumour* ★ een goedaardige / kwaadaardige tumor *a benign / malignant tumour*

tunnel DE *tunnel*, ⟨van station, onder straat⟩ *subway*

turen ww *peer, gaze* ★ hij tuurde in de verte *he gazed into the distance*

turf DE *peat, lump of peat*

Turk DE *Turk*

Turkije HET *Turkey*

Turks I HET taal *Turkish* II BN *Turkish*

turnen ww *do gymnastics*

turner DE *gymnast*

tussen VZ ● tussen twee personen / zaken / plaatsen / tijdstippen *between* ★ tussen nu en 6 uur *between now and six o'clock* ★ een contract tussen twee partijen *a contract between two parties* ● te midden van meerdere *among* ★ tussen de omstanders *among the bystanders* ▼ ik kan er geen woord tussen krijgen *I can't get a word in edgeways*

tussenbeide (zeg: -) BIJW ▼ hij kwam tussenbeide *he stepped in, he intervened*

tussendoor BIJW *in between* ★ dat klusje doe

ik er wel even tussendoor *I'll fit that job in between the others* ▼ die opening is te smal, daar kan ik niet tussendoor *that opening is too narrow; I can't get through it*
tussendoortje HET *snack (between meals)*
tussenin BIJW *in between*
tussenlanding DE *stopover*
tussenpersoon DE *agent, intermediary*
tussenstand DE *intermediate score, half-time score*
tussenwerpsel HET *interjection*
tv DE *TV, telly* ★ ze kijken tv *they're watching TV / the telly*
twaalf TELW *twelve* ▼ op 12 mei *on the twelfth of May*
twaalfde TELW *twelfth* ▼ op zijn twaalfde verhuisde het gezin naar Berlijn *the family moved to Berlin when he was twelve*
twee TELW *two* ▼ op 2 mei *on the second of May*
tweecomponentenlijm DE *epoxy glue*
tweede TELW *second*
tweedehands BN + BIJW *second-hand* ★ een tweedehands auto *a used / second-hand car* ★ ik heb die auto tweedehands gekocht *I bought that car second-hand*
tweederangs BN *second-rate*
tweeling DE *(pair of) twins* ★ een eeneiige tweeling *identical twins* ★ een twee-eiige tweeling *non-identical / fraternal twins* ★ zij / hij is een tweeling *she / he is a twin*
tweelingbroer DE *twin brother*
Tweelingen DE *Gemini* ★ mijn teken van de dierenriem is Tweelingen *my sign of the zodiac is Gemini*
twee-onder-een-kapwoning DE *semi-detached house*
tweepersoonsbed HET *double bed*
twijfel DE *doubt* ★ ik geef hem het voordeel van de twijfel *I give him the benefit of the doubt* ★ er is geen twijfel aan *there's no doubt about it* ★ daar heb ik mijn tijfels over *I have my doubts about that* ▼ hij trok mijn bewering in twijfel *he questioned my statement*
twijfelen WW *doubt* ★ ik twijfel eraan of ze wel komt *I doubt whether she'll come* ★ ik twijfel aan zijn talent *I have doubts about his talent* ★ ik twijfel eraan *I doubt it*
twinkelen WW *twinkle* ★ de sterren twinkelen aan de hemel *the stars are twinkling in the sky*
twintig TELW *twenty* ▼ op 20 mei *on the twentieth of May*
twintigste TELW *twentieth* ▼ op haar twintigste werd zij ernstig ziek *she developed a serious illness when she was twenty*
twist DE *onenigheid quarrel, dispute*
twisten WW *quarrel, dispute* ★ ze twistten over de erfenis *they quarrel(l)ed about the inheritance* ★ daar valt niet over te twisten *there's no disputing that*
type HET *type* ★ hij is wel een raar type *he's quite an odd type*
typen WW *type* ★ ze kan erg snel typen *she can type very quickly* ▼ honderd getypte pagina's *a hundred typewritten pages*
typisch BN ● kenmerkend *typical* ★ dat is typisch voor haar *that's typical of her* ● eigenaardig *curious, peculiar* ★ wat een typische vrouw! *what a curious / peculiar woman!*

U

u I DE *u* ★ de U van Utrecht *U as in Uniform* **II** VNW *you* ▼ een prestatie om u tegen te zeggen *an achievement that anyone would be proud to claim*

ufo DE *UFO*

ui DE *onion* ★ fruit de uien in boter *fry the onions in butter*

uier DE *udder*

uil DE *owl*

uit I BIJW • (naar) buiten *out* ★ hij is met haar uit geweest *they've been out together* ★ zij liep de kamer uit *she went out of the room* • beëindigd *out, finished* ★ de school is uit *school is out* ★ het is uit tussen hen *it's all over / finished between them* ▼ ik heb het boek uit *I've finished the book* • niet populair (meer) *out* ★ zwart is uit dit seizoen *black is out this season* **II** VZ • (naar) buiten *out (of)* ★ hij gooide iets uit het raam *he threw something out (of) the window* ▼ het ligt een kilometer uit het centrum *it's one kilometre from the centre* ▼ hij heeft het uit het hoofd geleerd *he's learnt / learned it (off) by heart* • van(daan) *from* ★ zij komt uit Suriname *she is from Surinam* ★ uit welk boek heb je dat? *what book did you get that from?* • vanwege *out of, from* ★ uit medelijden *out of pity* ★ uit ervaring *from experience*

uitademen WW *breathe out*

uitbarsten WW • van vulkaan *erupt* ★ de Etna barst af en toe uit *Etna erupts every once in a while* • zich fel uiten *burst (out)*, ⟨van twist⟩ *flare up* ★ hij was in tranen uitgebarsten *he burst into tears* ★ ze barstte in lachen uit *she burst out laughing*

uitbarsting DE *outburst*, ⟨van oproer &⟩ *outbreak*, ⟨van vulkaan⟩ *eruption* ▼ de ruzie kwam eindelijk tot een uitbarsting *the quarrel finally erupted, the quarrel finally came to a head*

uitbeelden WW *portray, depict* ★ de schrijver heeft het leven in het dorp goed uitgebeeld *the author portrayed life in the village well* ★ alle oefeningen worden in het boekje duidelijk uitgebeeld *all the exercises are depicted clearly in the booklet*

uitblazen WW • uitrusten *take a breather* • uitademen *breathe out* ▼ hij blies de laatste adem uit *he breathed his last* • doven *blow out* ★ blaas jij de kaarsen even uit? *would you blow out the candles?* ★ ze blies de kaars uit *she blew out the candle*

uitbraak DE • uit gevangenis *escape, breakout* • van ziekte *outbreak* ★ een uitbraak van het Noro-virus *an outbreak of the Noro virus*

uitbreiden WW • vergroten *expand,* ⟨aantallen⟩ *increase,* ⟨oppervlakte⟩ *extend* ★ hij heeft zijn verzameling uitgebreid *he has expanded his collection* • zich uitstrekken *expand,* ⟨van brand, ziekte, gerucht, &⟩ *spread,* ⟨van oppervlakte, lichaam⟩ *extend* ★ de ziekte breidde zich uit over het hele land *the disease spread over the entire country*

uitbreken I HET *outbreak* ▼ bij het uitbreken van de brand *when the fire broke out* **II** WW • ontsnappen *break out, escape* ★ er zijn vannacht twee gedetineerden uitgebroken *two prisoners broke out / escaped last night* • uitbarsten *break out* ★ het zweet brak me uit *I broke out in a sweat* ★ ondertussen was er oorlog uitgebroken *in the meantime, war had broken out*

uitbrengen WW • uiten *utter* ★ de woorden die zij uitbracht raakten mij in het hart *the words that she uttered went straight to my heart* ▼ hij kon geen woord uitbrengen *he was speechless* ▼ heb jij je stem al uitgebracht? *have you already voted?* • op de markt brengen *bring out,* ⟨film, muziek⟩ *release* ★ de groep heeft een nieuwe cd uitgebracht *the group has released a new album*

uitbroeden WW eieren doen uitkomen *hatch* ★ de eieren zijn uitgebroed *the eggs have hatched* ★ ze hadden een plan uitgebroed *they had hatched a scheme*

uitbuiten WW *exploit, take advantage of* ★ sommige werkgevers buiten gastarbeiders uit *some employers exploit / take advantage of migrant workers* ▼ we moeten de gelegenheid uitbuiten *we must make the most of the opportunity*

uitbundig I BN *exuberant* ★ de school was afgelopen en iedereen was in een uitbundige stemming *school had finished and everyone was in an exuberant mood* ▼ een uitbundig feest *a wild party* **II** BIJW

uitdagen ww *challenge*, ⟨tarten⟩ *provoke* ★ ik daag je uit om met een beter idee te komen *I challenge you to come up with a better idea*

uitdaging DE *challenge* ★ hij nam de uitdaging aan *he took up / accepted the challenge*

uitdelen ww ⟨geld &⟩ *hand out, distribute*, ⟨klappen⟩ *deal (out)*, ⟨straf⟩ *measure out* ★ hij deelde wat klappen uit *he dealt (out) a few blows* ★ de VN deelde voedsel uit aan de slachtoffers *the UN handed out / distributed food to the victims*

uitdeuker DE *panel beater*

uitdoen ww ● uittrekken *take off* ★ doe je jas maar uit *take off your coat* ● uitschakelen *turn off, switch off* ★ hij deed het licht uit *he turned / switched off the light* ● doven *put out* ★ je kunt je sigaret in de asbak uitdoen *if you wouldn't mind putting out your cigarette in the ashtray*

uitdraai DE *printout*

uitdraaien ww ● eindigen *end, come* ★ het draaide uit op een mislukking *it ended in failure* ★ dat draait op niets uit *that's sure to come to nothing* ● uitschakelen *turn off, switch off* ★ hij draaide het gas onder de pan uit *he turned / switch off the gas under the pan* ● uitschroeven *unscrew* ● printen *print (out)*

uitdrogen ww *dry up, dry out*, ⟨van mens⟩ *dehydrate*

uitdrukken ww ● uitdoven *stub out, extinguish* ● uiten *express* ★ in woorden uitgedrukt *expressed in words, put into words* ★ hij kan zich goed uitdrukken *he expresses himself well* ▼ en dat is nog zacht uitgedrukt *and that's putting it mildly*

uitdrukking DE ● gelaatsuitdrukking *expression* ★ hij had een verdrietige uitdrukking op zijn gezicht *he had a sad look on his face* ● zegswijze *expression, phrase* ★ een vaste uitdrukking *a standard expression, a set phrase*

uiteengaan ww *separate, part*, ⟨in alle richtingen⟩ *disperse* ★ na jaren zijn ze uiteen gegaan *they separated / parted after years of being together*

uiteinde HET *end* ★ houd jij het uiteinde van het touw vast? *will you grab hold of the end of the rope?* ★ naar alle uiteinden van de wereld *to the very ends of the earth*

uiteindelijk BIJW *eventually, in the end* ★ uiteindelijk kwam zij toch *she arrived eventually, in the end she arrived*

uiten ww ● gevoelens *express* ★ je kunt je gevoelens uiten in een gedicht *you can express your feelings in a poem* ★ hij vindt het heel moeilijk om zich te uiten *he finds it very difficult to express himself* ● klanken, woorden *utter* ★ ze uitte geen woord *she didn't utter a word*

uiteraard BIJW *naturally, of course*

uiterlijk I HET *appearance, looks* ★ naar zijn uiterlijk te oordelen *judging by his appearance, by the looks of him* II BN *external* ★ uiterlijke kenmerken *external features* ▼ uiterlijke verzorging *cosmetology, beauty care* III BIJW ● van buiten *on the outside* ★ uiterlijk zag je niets aan haar *on the outside she seemed calm enough* ● op zijn laatst *at the latest* ★ uiterlijk woensdag moet je je werkstuk inleveren *your paper must be handed in by Wednesday at the latest*

uiterst I BN ● het meest verwijderd *extreme, far* ★ het uiterste noorden van het land *the extreme / far north of the country* ● grootst *utmost* ★ hij deed zijn uiterste best *he did his utmost* ● laatst *final* ★ een uiterste poging *a final attempt* II BIJW *extremely, exceedingly* ★ de leraar was uiterst vriendelijk *the teacher was extremely / exceedingly friendly*

uitgaan ww ● naar buiten gaan *come out*, ⟨uit een ruimte⟩ *leave* ★ die vlekken gaan er niet uit *those stains won't come out* ★ ze ging het huis / de kamer uit *she left the house / room* ● naar feest & gaan *go out* ★ ga je vanavond met me uit? *like to go out with me tonight?* ● doven *go out* ★ de lampen gingen uit *the lights went out* ● eindigen *end* ★ dat woord gaat uit op een klinker *that word ends in a vowel* ● zich baseren *base* ★ in hun artikel gingen ze uit van de laatste theorie *they based their article on the latest theory* ▼ daar zou ik maar niet van uitgaan *I wouldn't be so sure of that*

uitgaanscentrum HET *entertainment centre /*

AM *center*

uitgang DE • doorgang *exit, way out* • einde TAALK *ending* ▼ de uitgang van 'loopt' is een 't' *'loopt' ends with a 't'*

uitgave DE • geld *expenditure, cost* • boek *publication* ★ dit jaarrapport is een uitgave van de Canadese politie *this annual report is a publication of the Canadian Police* ▼ de uitgave van een boek is een kostbare zaak *publishing a book is an expensive business* ▼ dit is de eerste uitgave van de 'Camera Obscura' *this is the first edition of the 'Camera Obscura'*

uitgebreid I BN *extensive, comprehensive* ★ hij heeft een uitgebreide kennis van auto's *he has an extensive / comprehensive knowledge of cars, he knows all about cars* II BIJW *extensively, at length* ★ het probleem werd uitgebreid behandeld *the problem was dealt with extensively / at length*

uitgelaten I BN *elated* ★ de stemming was uitgelaten *the mood was elated* II BIJW *elatedly* ★ zij reageerde uitgelaten op het nieuws *she reacted elatedly to the news*

uitgeput BN • erg moe *exhausted, worn out* ★ ik ben uitgeput *I'm exhausted / worn out* • van voorraden & *used up* ★ al hun voorraden waren tegen september uitgeput *all their supplies had been used up / had run out by September, they had got through all their supplies by September* ▼ ons geduld raakt uitgeput *our patience is at an end*

uitgeslapen BN • klaar wakker *wide awake* • slim *smart, clever*

uitgestorven BN • van dier *extinct* • van dorp & *deserted*

uitgestrekt BN • groot *extensive, vast* • languit *stretched out* ★ hij lag uitgestrekt op de grond *he lay stretched out on the ground*

uitgeven WW • publiceren *publish* ★ de vereniging geeft een tijdschrift uit *the club publishes a magazine* • besteden *spend* ★ hij gaf veel geld uit aan cd's *he spent a lot of money on CDs* ★ ze heeft nooit veel geld uitgegeven *she's never spent much money* • doen alsof *pass* ★ hij gaf zich uit voor professor *he passed himself off as a professor*

uitgezonderd VW *except, apart from* ★ iedereen was er uitgezonderd zij *everyone was there, except for / apart from her* ▼ niemand uitgezonderd *nobody excepted*

uitglijden WW • wegglijden *slip, lose one's footing* ★ ze gleed uit over een bananenschil *she slipped on a banana peel* ★ als hij uitgegleden was, dan was hij het ravijn ingestort *if he had lost his footing / slipped he would have fallen into the ravine* • een blunder begaan *blunder, slip up*

uitgraven WW *dig out, excavate* ★ het lichaam van een man werd uitgegraven uit het veen *the body of a man was dug out of the bog* ★ de grafkelder werd in 1900 uitgegraven *the tomb was excavated in 1900* ▼ de vaargeulen moeten regelmatig uitgegraven worden *shipping canals have to be dredged regularly*

uithangen WW • buiten (op)hangen *hang out* ★ de vlag hangt uit *the flag is hanging out* ▼ het hangt me de keel uit *I'm fed up with it* • verblijven BE, INF *HANG OUT* ★ waar hangt zij uit? *where is she (hanging out)?* zich gedragen als *play* ★ hij hangt de grote meneer uit *he's playing the big shot* ▼ hij hangt de beest uit *he's behaving like an animal*

uithoek DE *far corner* ★ tot in de verste uithoeken *to the farthest corners*

uithollen WW • hol maken *hollow out* ★ ze holden een boomstam uit *they hollowed out a tree trunk* • ontkrachten *undermine, erode* ★ hierdoor werd het vertrouwen in de regering verder uitgehold *this undermined / eroded confidence in the government even more*

uithoren WW *question, interrogate* ★ de politie hoorde de verdachte uit *the police questioned / interrogated the suspect*

uithouden WW *bear, stand* ★ hij kon het niet meer uithouden *he couldn't stand / bear it any longer*

uithoudingsvermogen HET *staying power, stamina*

uithuilen WW *have a good cry*

uiting DE *expression* ★ een uiting van ontevredenheid *an expression of dissatisfaction* ▼ hij gaf uiting aan zijn gevoelens *he gave vent to his feelings*

uitje HET • kleine ui *baby onion* • uitstapje *outing*

uitkering DE *payment*, ⟨bij ziekte &⟩

uitkiezen – uitleveren

benefit(s) ★ hij heeft recht op een uitkering *he's entitled to benefits* ▼ hij leeft van een uitkering *he's living on the dole*

uitkiezen ww *choose, select* ★ hij koos een mooi boek uit *he chose / selected a nice book* ★ die film is door het publiek uitgekozen *the film was chosen / selected by the public* ▼ je hebt het voor het uitkiezen *you can take your pick*

uitkijken ww ● uitzicht geven op *look out over, overlook* ★ het raam keek uit op de tuin *the window overlooked the garden* ● oppassen *watch out, look out, take care* ★ kijk uit, een auto! *watch / look out, a car!* ★ je moet uitkijken dat je je sleutel niet in het slot laat zitten *take care that you don't leave your key in the lock* ● zoeken *look out, be on the lookout* ★ hij kijkt uit naar ander werk *he's looking out for a new job, he's on the lookout for a new job* ● verlangen naar *look forward* ★ ik kijk echt uit naar dat feest *I'm really looking forward to that party*

uitkleden ww *undress* ★ kleedt u zich maar uit, zei de dokter *please get undressed, the doctor said* ★ de verpleger kleedde de patiënt uit *the nurse undressed the patient*

uitknijpen ww *squeeze (out)*

uitkomen ww ● naar buiten komen *come out* ▼ doe geen moeite, ik kom er wel uit *don't bother, I'll find my own way out* ● uitbotten *sprout, come out* ★ de tuinbonen beginnen uit te komen *the broad beans are sprouting* ★ de tulpen komen uit *the tulips are coming out* ● van ei *hatch* ● aan het licht komen *emerge, become evident* ★ het kwam uit dat ze van haar buren had gestolen *it emerged that she'd been stealing from her neighbours* ★ zijn bedrog kwam al gauw uit *his deceit quickly became evident* ● in druk verschijnen *appear, be published* ★ zijn nieuwe roman is net uitgekomen *his new novel has just appeared / been published* ● toegang geven tot *join, link up* ⟨deur⟩ *open onto,* ⟨pad⟩ *lead to* ★ de straat komt uit op een drukke weg *the street links up with a busy road* ★ het fietspad komt uit bij de kerk *the bike path finishes up at the church* ● genoemde uitkomst hebben *turn out, work out* ★ het kwam heel anders uit *things turned / worked out quite differently* ● opgaan, kloppen *prove to be correct,* ⟨van droom⟩ *come true,* ⟨som⟩ *come out, work out* ★ de voorspelling kwam uit *the prophecy came true* ● gelegen komen *suit* ★ dat komt me goed uit *that suits me admirably* ★ doe zoals het je het beste uitkomt *suit yourself* ● de eerste kaart spelen *lead* ▼ wie moet er uitkomen? *whose lead is it?* ● spelen *play, compete* ★ Ajax komt uit in de Champions League *Ajax will be playing / competing in the Champions League*

uitkomst DE *result, outcome, answer* ★ wat zijn de uitkomsten van jullie onderzoek? *what results have you reached with your research?, what are the outcomes of your research?* ★ wat is de uitkomst van deze som? *what is the answer to this sum?* ▼ een uitkomst voor elke huisvrouw *what every housewife has been waiting / looking for*

uitlaat DE ● van motor & *exhaust (pipe)* ● uitingsmogelijkheid *outlet*

uitlaatgas HET *exhaust fumes*

uitlachen ww *laugh at* ★ lach me niet uit! *don't laugh at me!*

uitladen ww *unload*

uitlaten ww ● naar buiten laten *walk* ⟨hond⟩ ★ mijn zus laat de hond uit *my sister is walking the dog* ● naar buiten geleiden *show out, see out* ★ mijn vader laat de visite uit *my father is showing / seeing the guests out* ● uiten *say, mention, comment* ★ daar heeft ze zich niet over uitgelaten *she had nothing to say about that, she didn't mention that, she didn't comment on that*

uitleg DE *explanation* ★ zonder verdere uitleg *without further explanation*

uitleggen ww *explain* ★ kun je dat nog een keer uitleggen? *could you explain that once more?*

uitlenen ww *lend (out)* ★ ik heb dit boek nog nooit uitgeleend *I've never lent this book out before* ★ zijn vrouw wist dat hij vaak geld uitleende aan vrienden *his wife knew that he often lent money to his friends*

uitleven ww *let oneself go, live it up* ★ als ze op vakantie zijn in Spanje leven ze zich uit *when they're on holiday in Spain they let themselves go / live it up* ▼ ze kan zich heerlijk uitleven in de speeltuin *she has free rein in the playground*

uitleveren ww *hand over,* ⟨aan ander land⟩ *extradite*

uitloggen ww *log off, log out*

uitlokken ww *provoke, invite* ★ die opmerking lokte kritiek uit *the remark provoked some criticism* ★ lok je geen moeilijkheden uit door je huis niet op slot te doen? *aren't you just inviting trouble by leaving the house unlocked?*

uitlopen ww • uitmonden *end in, lead to, join* ★ de staart loopt in een punt uit *the tail ends in a point* ★ de straat loopt uit op een drukke weg *the street leads to / joins a busy road* • uitbotten *bud,* ⟨van aardappelen, takje⟩ *sprout* ★ de bomen lopen uit *the trees are budding* • vlekkerig worden *run* ★ de inkt is uitgelopen *the ink has run* • langer duren *go overtime, be drawn out* ★ de vergadering liep anderhalf uur uit *de meeting went overtime by an hour and a half / was drawn out by an hour* • leiden tot *result in, end in* ▼ dat loopt op niets uit *that'll come to nothing* • voorsprong krijgen *get ahead* ★ PSV loopt nog verder uit *PSV is getting even further ahead*

uitmaken ww • betekenen *matter, be of importance* ★ dat maakt niets uit *that doesn't matter at all, that's not of any importance* • doen ophouden *finish,* ⟨relatie⟩ *break off,* ⟨van vuur⟩ *put out* ★ zij heeft het uitgemaakt met Peter *she has broken it off with Peter* • uitschelden *call* ★ ze maakte mij voor leugenaar uit *she called me a liar* • beslissen *settle, decide* ★ dat moeten ze onderling maar uitmaken *they can settle / decide that between themselves* ▼ moeder maakt de dienst uit *Mother is in charge / is the boss*

uitmesten ww *clean out*

uitnodigen ww *invite* ★ de buren hebben ons voor het eten uitgenodigd *the neighbours invited us for dinner*

uitnodiging DE *invitation,* ⟨kaart⟩ *invitation card* ★ op uitnodiging van het schoolbestuur *at the invitation of the school committee*

uitoefenen ww • beoefenen ⟨ambt⟩ *hold, occupy,* ⟨ambacht, beroep⟩ *practise* • doen gelden *exercise, wield* ★ het opperhoofd oefent gezag uit over de stam *the chief exercises / wields authority over the tribe*

uitpakken ww • aflopen *turn out* ★ dat zaakje pakte niet goed uit *the matter didn't turn out well* • openen *unpack,*
unwrap ★ hij pakte zijn lunch uit *he unpacked his lunch* ★ ze pakte haar cadeautje uit *she unwrapped her present*

uitpraten ww • tot het eind praten *finish, have one's say* ★ laat me eens uitpraten *let me finish, let me have my say* ▼ dan zijn we uitgepraat *in that case there's nothing more to be said* • oplossen *settle, talk over* ★ laten we de zaak eens uitpraten *let's try and settle the matter, let's talk the matter over*

uitprinten ww *print (out)*

uitputten ww • moe maken *exhaust, wear out* ★ die examenweken hebben ons uitgeput *the weeks of exams have exhausted us / have worn us out* • opmaken *exhaust, deplete* ★ hun voorraad voedsel is uitgeput *their food reserves are exhausted / depleted*

uitputting DE *exhaustion* ★ ze waren de uitputting nabij *they were close to exhaustion*

uitreiken ww ⟨prijs⟩ *present,* ⟨onderscheiding⟩ *confer* ★ morgen worden de diploma's uitgereikt *the certificates will be presented tomorrow*

uitrekenen ww *calculate, figure out, work out* ★ hij rekende uit dat het hem een jaar zou kosten *he calculated / figured out / worked out that it would take him a year* ★ ze heeft de som uitgerekend *she's worked out the sum* ▼ wanneer is ze uitgerekend? *when is the baby due?*

uitrekken ww *stretch (out)*

uitrit DE *exit, way out*

uitroeien ww *wipe out,* ⟨mens, dier⟩ *exterminate* ★ tijgers zijn in het wild bijna uitgeroeid *tigers have almost been wiped out / exterminated in the wild*

uitroepen ww • afkondigen *proclaim,* ⟨staking &⟩ *declare* ★ hij is uitgeroepen tot de beste atleet van het jaar *he has been proclaimed best athlete of the year* • luid roepen *exclaim* ★ 'daar is mijn vader!', riep ze uit *'there's my father!', she exclaimed*

uitroepteken HET *exclamation mark*

uitrukken ww • heengaan ⟨troepen⟩ *march (out),* ⟨brandweer⟩ *be called out* ★ alle hulpdiensten moesten uitrukken *all the emergency services were called out* • uittrekken *tear out, pull out*

uitrusten ww • rusten *(have a) rest* ★ ik heb

uitrusting – uitstekend

uitrusten in de vakantie lekker kunnen uitrusten *I had a nice rest during the holidays* • bevoorraden *equip* ★ het appartement is volledig uitgerust voor vier personen *the apartment is fully equipped for four people*

uitrusting DE *equipment, outfit*

uitschakelen ww • afzetten *switch off, disconnect* ★ hij schakelde de televisie uit *he switched off the television* ★ de elektricien schakelde de stroom uit *the electrician disconnected the electricity* • elimineren *eliminate* ★ de tegenstander werd uitgeschakeld *the opponent was eliminated*

uitscheiden ww *stop* ★ ik schei ermee uit! *I'm stopping!, I've had enough!*

uitschelden ww *call names, abuse* ★ ze scholden elkaar uit *they called each other names, they abused each other* ▼ hij schold mij uit voor idioot *he called me an idiot*

uitschudden ww *shake out* ★ moeder schudde het tafellaken uit *mother shook out the tablecloth / shook the tablecloth out*

uitschuiven ww *pull out, draw out*

uitslag DE • puistjes *rash, eruption* ★ zijn handen zitten onder de uitslag *his hands are covered with a rash / by a rash* • afloop *result, outcome* ★ de voorzitter maakte de uitslag van de verkiezing bekend *the chairman announced the election results / the outcome of the election*

uitslapen ww *sleep in* ★ op zaterdagmorgen slapen wij uit *we sleep in on Saturday mornings*

uitsloven ww • moeite doen *put yourself out, lean over backwards* ★ je hoeft je voor mij niet uit te sloven *please don't put yourself out just for me* ★ hij sloofde zich uit om het zijn ouders naar de zin te maken *he leaned / bent over backwards to please his parents* • zich aanstellen, overdreven doen *show off*

uitslover DE • aandachttrekker *show-off* • vleier *bootlicker*

uitsluiten ww *exclude, rule out* ★ medewerkers zijn van deelname uitgesloten *employees are excluded from taking part* ★ die mogelijkheid kunnen we uitsluiten *we can rule out / exclude that possibility*

uitsluitend BIJW *only, exclusively* ★ uitsluitend voor leden *for members only*

uitsmeren ww *spread (out)*

uitsmijter DE • portier *bouncer* • gerecht *open ham and egg sandwich*

uitsnijden ww wegsnijden *cut out*, MED *excise* ▼ een laag uitgesneden truitje *a low-cut sweater*

uitspraak DE • wijze van uitspreken *pronunciation* ★ zijn uitspraak van het Engels is erg goed *his pronunciation of English is very good* • oordeel *statement, opinion* ★ de club zal deze week een uitspraak doen over de kwestie *the club will issue a statement on the matter this week* ★ ik durf daar geen uitspraak over te doen *I wouldn't venture an opinion on that* • vonnis *judgement* / AM *judgment, sentence* ★ de rechter doet morgen uitspraak *the judge will pass judg(e)ment tomorrow*

uitspreiden ww *spread (out)*

uitspreken ww • articuleren *pronounce* • uiten *speak out, give one's opinion* ★ je moet niet bang zijn om je uit te spreken, zelfs niet als anderen er anders over denken *don't be afraid to speak out, even if others hold a different opinion* ★ het parlement heeft zich nog niet uitgesproken over het wetsvoorstel *parliament hasn't yet given its opinion on the proposed law*

uitstaan ww *stand, bear* ★ ik kan hem / het niet uitstaan *I can't stand / bear him / it* ▼ dat heeft er niets mee uit te staan *that has nothing to do with it*

uitstapje HET *trip, outing* ★ ze maakten een uitstapje *they went on a trip / an outing*

uitstappen ww ⟨bus, trein⟩ *alight, get off*, ⟨auto⟩ *get out*, ⟨vliegtuig⟩ *disembark* ★ ze stapte uit de bus *she alighted from the bus, she got off the bus* ★ hij stapte uit de auto *he got out of the car* ★ ze stapten uit het vliegtuig *they disembarked from the plane, they got off the plane* ▼ iedereen uitstappen! *all change (here)!*

uitsteken ww naar buiten / vooruit steken *stick out, project*, ⟨hand, voet⟩ *stretch out* ★ ze stak haar tong naar mij uit *she stuck out her tongue at me* ★ er steekt een smalle richel uit van de muur *a small ledge projects from the wall* ▼ hij stak geen vinger uit *he didn't lift a finger* ▼ de kerk steekt boven het dorp uit *the church rises high / towers above the village*

uitstekend I BN *excellent* ★ het was een

ui

uitstekende zomer voor paddenstoelen *it was an excellent summer for mushrooms* ‖ BIJW *very well, excellently* ★ je hebt dat uitstekend gedaan *you did that very well / excellently*

uitstellen WW *postpone, put off* ★ de vergadering is uitgesteld tot volgende week *the meeting has been postponed until next week* ★ stel niet uit tot morgen wat je vandaag kunt doen *don't put off till tomorrow what you can do today*

uitsterven WW *die out, become extinct* ★ de dodo is uitgestorven *the dodo has died out / has become extinct*

uitstralen WW *radiate* ★ de radiator straalt warmte uit *the radiator radiates warmth*

uitstrekken WW *stretch (out)* ★ dat bos strekt zich uit over tien vierkante kilometer *that forest stretches (out) over ten square kilometres*

uitstrijkje HET *smear test, Pap smear* ★ om de vijf jaar moeten vrouwen een uitstrijkje laten maken *women should have a smear test / Pap smear every five years*

uittrekken WW • uitdoen *take off* ★ trek je schoenen uit! *take off your shoes!* • door trekken verwijderen *pull out* ⟨planten⟩, *extract* ⟨informatie⟩ • bestemmen *set aside, reserve* ★ ze hebben een week uitgetrokken voor het voeren van sollicitatiegesprekken *they set aside / reserved a week for conducting job interviews* ★ de overheid moet meer geld uittrekken voor de biologische landbouw *the government should set aside / reserve more money for organic farming*

uittreksel HET • korte inhoud *extract, summary* • van burgerlijke stand *certificate*

uitvaart DE *funeral*

uitvallen WW • agressief spreken *fly out* ★ zijn vader viel tegen hem uit *his father flew out at him* • wegvallen ⟨haar, tanden⟩ *fall out,* ⟨van trein⟩ *be cancelled,* ⟨verbinding⟩ *break down,* SPORT *drop out* ★ mijn tanden / haren vallen uit *my teeth are falling out / hair is falling out* ▼ de stroom is uitgevallen *there's a power failure* • worden *turn out, work out* ★ hoe het ook uitvalt *however things turn / work out* ★ hij is nogal lui uitgevallen *he's turned out rather lazy*

uitverkocht BN *niet meer te koop sold out,* ⟨van goederen⟩ *out of stock,* ⟨van boek⟩ *out of print* ★ het concert was uitverkocht *the concert was sold out* ▼ een uitverkochte zaal *a full house*

uitverkoop DE *sale* ★ ik heb dit rokje in de uitverkoop gekocht *I bought this skirt at the sale* ★ het is uitverkoop *the sales are on*

uitvinden WW • nieuw bedenken *invent* ★ Watt heeft de stoommachine uitgevonden *Watt invented the steam engine* • te weten komen *find out, discover* ★ Einstein vond uit dat deze theorie klopte *Einstein found out / discovered that this theory was correct*

uitvinder DE *inventor*

uitvinding DE *invention* ▼ hij heeft een uitvinding gedaan *he invented something*

uitvlucht DE *excuse, pretext*

uitvoer DE • export *export* • van computer *output* • uitvoering *execution* ★ hij helpt de klant bij het ten uitvoer brengen van zijn plannen *he assists clients in the execution of their plans, he helps clients to carry out their plans*

uitvoeren WW • exporteren *export* • volbrengen ⟨belofte⟩ *fulfil,* AM *fulfill,* ⟨besluit, instructies, plan⟩ *carry out, execute,* ⟨functie, muziek, taak⟩ *perform* ★ het concert werd uitgevoerd door het Filharmonisch orkest *the concert was performed by the Philharmonic orchestra* • verrichten *do* ★ hij heeft de hele dag niets uitgevoerd *he's done nothing all day, he hasn't lifted a finger all day* ▼ de uitvoerende macht *the executive (power)*

uitvoerig I BN • langdurig *ample, lengthy* • gedetailleerd *full, detailed, comprehensive* ★ een uitvoerig verslag *a full / detailed / comprehensive report* ‖ BIJW • langdurig *at length* ★ zij heeft uitvoerig verteld over haar vakantie *she talked about her holiday at length* • gedetailleerd *in detail* ★ ze schreef uitvoerig over haar ervaringen *she wrote about her experiences in detail*

uitvoering DE • het uitvoeren *carrying out,* ⟨van taak⟩ *execution,* ⟨van wet⟩ *enforcement* ▼ werk in uitvoering *roadworks in progress* ▼ ze geven uitvoering aan het plan *they're putting the plan into effect, they're carrying out the plan* • voorstelling *performance* ★ een prachtige uitvoering van 'Romeo en

Julia' *a wonderful performance of 'Romeo and Juliet'*
uitwedstrijd DE *away game*
uitweg DE *way out, solution* ★ hij zag geen uitweg meer *he couldn't see a way out any more, he could see no solution* ▼ hij zoekt een uitweg voor zijn emoties *he's looking for an outlet for his emotions*
uitwendig I BN *external* ★ voor uitwendig gebruik *for external use* II BIJW *externally* ★ het mengsel wordt uitwendig aangebracht *the mixture is applied externally*
uitwerken ww ● niet langer werken *wear off* ★ de verdoving is uitgewerkt *the anaesthetic has worn off* ● bewerken *work out the details* ★ we moeten dat plan nog beter uitwerken *we still have to work out the details of the plan*
uitwerpselen DE *excrement*
uitwijken ww ● opzij gaan *step aside, get out of the way,* ⟨voertuig⟩ *swerve* ★ de auto moest plots uitwijken *the car suddenly had to swerve* ● vluchten *flee* ★ de crimineel week uit naar het buitenland *the criminal fled abroad / fled the country*
uitwijzen ww ● aantonen *demonstrate, prove* ★ zijn onderzoek wijst het uit *his research demonstrates / proves it*
● verdrijven *expel,* ⟨van vreemdeling⟩ *deport* ★ sommige asielzoekers worden uitgewezen *some asylum seekers are deported*
uitwisselen ww *exchange*
uitwringen ww *wring out*
uitzendbureau HET *temporary employment agency*
uitzenden ww ● radio, tv *broadcast, transmit* ★ de BBC zond de documentaire uit *the BBC broadcast the documentary, the documentary was broadcast by the BBC* ▼ de wedstrijd werd uitgezonden door de televisie *the match was televised*
● wegsturen *send out* ★ de soldaten werden uitgezonden naar Irak *the soldiers were sent out to Iraq*
uitzending DE *broadcast*
uitzet DE van bruid *trousseau*
uitzetten ww ● groter worden *expand, swell, pull up* ★ water zet uit wanneer het bevriest *water expands when it freezes*
★ mijn voeten zetten uit als het warm weer is *my feet swell / puff up when the weather is hot* ● uitwijzen *deport* ★ ze zijn Nederland uitgezet *they were deported from the Netherlands* ● buiten werking stellen *turn off, switch off* ★ zet die radio eens uit! *just turn / switch off that radio, just turn / switch that radio off!*

uitzetting DE ● lengte- / volumetoename ⟨in lengte⟩ *extension,* ⟨in volume⟩ *expansion* ★ de uitzetting van het heelal *the expansion of the universe*
● verwijdering *expulsion,* ⟨uit huis⟩ *eviction* ★ uitzetting uit het land *expulsion / deportation from the country*

uitzicht HET ● gezicht *view* ★ je beneemt mij het uitzicht *you're obstructing my view*
● vooruitzicht *prospect* ★ hij heeft uitzicht op een baan *he has prospects of a job, he has a chance of getting a job*

uitzien ww uitzien op *overlook, look out over* ★ mijn raam ziet uit op het plein *my window overlooks / looks out over the square*

uitzoeken ww ● kiezen *select, pick out* ★ oma zocht een mooi kadeau uit *Grandma selected / picked out a nice present* ● te weten komen *sort out, figure out* ★ ze zoeken het maar uit *let them sort / figure it out for themselves*

uitzondering DE *exception* ★ zonder uitzondering *without exception* ▼ slechts bij hoge uitzondering wordt uitstel verleend *postponement is only very rarely permitted*

uitzonderlijk I BN *exceptional*
★ uitzonderlijk geweld *exceptional violence* II BIJW *exceptionally* ★ we krijgen donderdag uitzonderlijk hoge temperaturen *there will be exceptionally high temperatures on Thursday*

uk DE *tiny tot, toddler*
ultimatum HET *ultimatum* ★ de regering heeft de rebellen een ultimatum gesteld *the government has set the rebels an ultimatum*

umlaut DE twee puntjes *umlaut, two dots* ★ a umlaut *an a with an umlaut / with two dots above it*

unaniem I BN *unanimous* ★ er was unanieme steun voor de motie *there was unanimous support for the motion* II BIJW *unanimously* ★ we vonden unaniem dat dit de mooiste tekening was *we decided unanimously that this was the nicest* *drawing*

unie DE *union* ★ de Europese Unie *the European Union*

uniek BN *unique*, ⟨geweldig⟩ *marvellous* ★ een unieke kans om beroemd te worden *a unique chance to become famous*

uniform I HET *uniform* ★ de politie draagt uniformen *the police wear uniforms* II BN eenvormig *uniform* ★ uniforme wetten *uniform laws* ▼ een uniform tarief *a flat rate* III BIJW *uniformly* ★ de luipaard had een uniform zwarte vacht *the leopard had a uniformly black coat*

universiteit DE *university* ★ hij gaat naar de universiteit *he goes to university*

updaten WW *update*

upgraden WW *upgrade*

urine DE *urine*

urinoir HET *public urinal*

uur HET *hour* ★ een half uur *half an hour* ★ om het uur *every hour* ★ uren lang *for hours* ★ over een uur *in an hour* ★ om het uur een lepel hoestdrank *a spoonful of cough syrup every hour* ★ in de vroege / kleine uurtjes *in the small hours (of the morning)* ▼ om één uur *at one o'clock*

uurwerk HET • klok *clock* • raderwerk *works*

uw VNW *your*

V

v DE *v* ★ de V van Victor *V as in Victor*

vaag I BN *vague, dim* ★ een vage herinnering *a vague / dim memory* II BIJW *vaguely, dimly* ★ ik kan me het vaag herinneren *I can vaguely / dimly remember (it)*

vaak BIJW *often, frequently* ★ hoe vaak moet ik het zeggen? *how often do I have to tell you?, how many times do I have to tell you?* ★ ze komen vaak bij elkaar *they meet often / frequently* ▼ steeds vaker *more and more*

vaal BN ⟨kleur⟩ *faded*, ⟨gelaatskleur⟩ *pallid* ★ vale kleuren *faded colours*

vaardig I BN *skilled, skilful* / AM *skillful, proficient* ★ de hyena is een vaardige jager *hyenas are skilful hunters* ★ hij is een vaardig timmerman *he is a skilled / skilful carpenter* ★ hij is vaardig in het Spaans *he's proficient / fluent in Spanish* II BIJW *skilfully* / AM *skillfully* ★ vaardig stuurde hij de boot naar de kust *he skilfully steered the boat to the shore*

vaart DE • snelheid *speed* ★ in volle vaart *(at) full speed* ★ hij (ver)minderde vaart *he reduced speed, he slowed down* • het varen *navigation* ▼ de grote vaart *ocean-going trade* ▼ de kleine vaart *home trade, coastal trade* • kanaal *canal*

vaartuig HET *vessel, craft*

vaas DE *vase*

vaat DE *washing-up, dishes* ★ mijn broer doet de vaat *my brother is doing the washing-up / the dishes*

vaatdoek DE *dishcloth*

vaatwasser DE *dishwasher*

vacature DE *vacancy* ★ er is een vacature voor de functie van verkoper *there is a vacancy for a salesman*

vaccinatie DE *vaccination*

vaccineren WW *vaccinate*

vacht DE *fur*, ⟨van hond⟩ *coat*, ⟨van schaap⟩ *fleece*

vacuüm HET *vacuum*

vader DE *father*, INF *dad(dy)* ★ zo vader, zo zoon *like father, like son*

vaderdag DE *Father's Day*

vaderland HET *(native) country*

vaderlandsliefde DE *patriotism*

vaderschap HET *fatherhood* ★ voor sommige mannen is het vaderschap niet gemakkelijk *for some men, fatherhood doesn't come easily*

vagina DE *vagina*

vak HET ● van kast & *compartment* ● deel van vlak *section, space* ● beroep *trade, profession* ★ het is goed om (voor) een vak te leren *it's good to learn a trade / profession* ● leervak *subject*

vakantie DE *holiday(s), vacation* ★ we gaan morgen met vakantie *we're going on holiday(s) tomorrow* ★ de grote vakantie *the summer holidays / vacation*

vakantiewerk HET *holiday job*

vakbond DE *union, trade union*

vakkenpakket HET *chosen subjects, examination subjects*

vakkenvuller DE *supermarket stocker*

vakkundig I BN *expert, skilled* ★ hij is een vakkundig timmerman *he's an expert / a skilled carpenter* II BIJW *expertly, skilfully* ★ de tuinman snoeide de bomen vakkundig *the gardener pruned the trees skilfully / expertly*

vakman DE *professional,* ⟨die met zijn handen werkt⟩ *craftsman*

val DE ● het vallen, daling *fall* ★ hij maakte een lelijke val *he had a bad fall* ▼ de regering werd ten val gebracht *the government was brought down / overthrown* ● ondergang *(down)fall* ★ de val van het Romeinse Rijk *the fall of the Roman Empire* ★ ze spanden samen om Caesar ten val te brengen *they conspired to bring about Caesar's downfall* ● om te vangen *trap* ★ hij liep in de val *he fell into the trap*

Valentijnsdag DE *Valentine's Day*

valhelm DE *crash helmet*

valk DE *falcon*

valkuil DE *trap,* FIG *pitfall*

vallei DE *valley*

vallen I WW ● neerkomen *fall* ★ hij viel van de trap *he fell down the stairs* ★ de regering is gevallen *the government has fallen* ★ de boom viel om *the tree fell down / toppled over* ★ hij is gevallen in de slag bij Waterloo *he fell during the battle of Waterloo* ▼ er valt veel sneeuw *there's a lot of snow, it's snowing heavily* ▼ hij valt over elke kleinigheid *he makes a fuss about every trifle* ● laten vallen *drop* ★ ze heeft hem laten vallen *she dropped him* ★ zij liet een bord vallen *she dropped a plate* ● zich aangetrokken voelen *fall for, fancy* ★ hij valt op blondjes *he falls for / fancies blondes* ● zijn, komen *fall, be* ★ er zijn veel slachtoffers gevallen *there were a lot of casualties* ★ het valt op een maandag *it falls on a Monday* ★ er vielen klappen *it came to blows* ★ dat valt buiten zijn verantwoordelijkheid *that's outside of his responsibility* ▼ dat valt mij moeilijk *I'm finding it difficult* ▼ wat valt erover te zeggen? *what's to be said about it?* II HET *fall* ▼ het vallen van de avond *nightfall*

vals I BN ● onwaar, onecht *false, fake* ★ valse tanden *false teeth* ★ een valse Vermeer *a fake Vermeer* ▼ valse parels *imitation pearls* ▼ vals spel *foul play* ● vervalst *forged, counterfeit* ★ een valse handtekening *een forged signature* ★ een vals paspoort *a forged / fake passport* ★ vals geld *counterfeit money* ● verkeerd *false* ★ een valse start *a false start* ● onzuiver van toon *false* ★ een valse noot *a false note* ▼ de piano klinkt vals *the piano is out of tune* ● boosaardig *vicious, nasty* ★ een valse hond *a vicious dog* ★ een valse kerel *a nasty fellow* II BIJW *falsely* ★ hij werd vals beschuldigd *he was falsely accused* ▼ ze keek hem vals aan *she gave him a mean look* ▼ hij speelt vals ⟨oneerlijk⟩ *he's cheating*; ⟨op muziekinstrument⟩ *he's playing out of tune*

valuta DE ● munt *currency* ★ vreemde valuta *foreign currency* ● koers *rate of exchange*

vampier DE *vampire*

van VZ ● bezit *of,* -*'s* ★ de staart van de hond *the tail of the dog, the dog's tail* ★ het huis van John *John's house* ▼ dat geld is van mij *that money is mine* ▼ een vriend van mij / hem / haar *a friend of mine / his / hers* ▼ van wie is die fiets? *whose bike is that?* ● gemaakt door *by* ★ een boek van die schrijver *a book by that writer* ▼ een song van de Beatles *a Beatles song* ● gedaan door *of* ★ dat was dom van hem *that was stupid of him* ● veroorzaakt door *with* ★ hij beefde van schrik *he trembled with fear* ▼ tranen van vreugde *tears of joy* ● afkomstig van *from* ★ ik kreeg een brief van hem *I got a letter from him* ★ dat heeft hij niet van mij *he didn't get it from me*

- bestaande uit *of* ★ een hart van goud *a heart of gold* ▼ een briefje van 100 euro *a hundred euro note* • vanaf *from* ★ de Eerste Wereldoorlog duurde van 1914 tot 1918 *the First World War lasted from 1914 till 1918* ★ van dag tot dag *from day to day* ▼ hij viel van de ladder *he fell off the ladder* • uit *out of* ★ drie van de vier *three out of four*

vanaf VZ • daarvandaan *from* ★ vanaf daar wordt het moeilijk *it's going to be difficult from there* ★ vanaf het dak *from the roof* ★ vanaf tien euro *from ten euros* • met ingang van *from, as from* ★ vanaf nu *from now on* ★ vanaf vandaag *as from today*

vanavond BIJW *tonight, this evening*

vandaag BIJW *today* ★ hij is jarig vandaag *it's his birthday today* ▼ vandaag de dag *nowadays, these days* ▼ vandaag of morgen *sooner or later*

vandaal DE *vandal,* ⟨voetbal⟩ *hooligan*

vandaan BIJW • verwijderd van *away from, from* ★ het is hier niet ver vandaan *it's not far from here* • afkomstig van *from* ★ waar kom je vandaan? *where are you from?*

vandalisme HET *vandalism,* ⟨voetbal⟩ *hooliganism*

vangen WW • te pakken krijgen *catch, capture* ★ de reiger ving een vis *the heron caught a fish* ★ ze hebben de leider van de rebellen gevangen *they've caught / captured the leader of the rebels* • opvangen *catch* ★ de bal werd door de pitcher zelf gevangen *the ball was caught by the pitcher himself*

vangst DE *catch* ★ ze deden een goede vangst *they got a good catch*

vanille DE *vanilla*

vanmiddag BIJW *this afternoon*

vanmorgen BIJW *this morning*

vannacht BIJW ⟨afgelopen nacht⟩ *last night,* ⟨komende nacht⟩ *tonight*

vanochtend BIJW *this morning*

vanuit VZ *from*

vanwege VZ *because of, on account (of)* ★ je moet het niet vanwege mij doen *don't do it because of me, don't do it on my account* ★ ze kwamen vanwege een verkeersongeval te laat aan *they arrived late on account of a traffic accident / because of a traffic accident* ▼ vanwege valsheid in geschrifte *for false representation*

vanzelf BIJW *by itself, automatically* ★ de deur gaat vanzelf dicht *the door closes by itself / automatically* ▼ het ging bijna vanzelf *there wasn't much to it* ▼ dat spreekt vanzelf *that goes without saying*

vanzelfsprekend I BN *obvious* ★ het was voor ons een vanzelfsprekende keuze *to us it was an obvious choice* ▼ schoon drinkwater is niet overal vanzelfsprekend *you can't take it for granted that there is clean drinking water everywhere* II BIJW *naturally, obviously* ★ vanzelfsprekend is het belangrijk dat ... *naturally / obviously it's important that ...* ▼ daar doe ik vanzelfsprekend geen mededelingen over *it goes without saying that I will not comment on that* ▼ het is vanzelfsprekend niet mogelijk de hele wereld te bestrijken *it is self-evident / obvious that the whole world can't possibly be covered*

varen I DE *fern,* ⟨heidevaren⟩ *bracken* II WW *sail*

variatie DE • afwisseling *variation* • verscheidenheid *variety* ★ je moet zorgen voor variatie in je dieet *make sure there is variety in your diet, make sure you have a varied diet*

variëren WW *vary* ★ de schattingen varieerden *the estimates varied* ▼ variërend van 10 tot 20 euro *ranging from 10 to 20 euros*

varken HET *pig* ▼ wild varken *boar*

varkensvlees HET *pork*

vast I BN • niet beweegbaar *fixed, firm* ★ een vaste wastafel *a fixed washbasin* ★ vaste grond *firm ground* ▼ de vaste wal *the shore* ▼ vaste vloerbedekking *wall-to-wall carpet(ing)* • standvastig *firm, steady* ★ een vaste overtuiging *a firm conviction* ★ met vaste hand *with a steady hand* • duurzaam, permanent *permanent* ★ een vaste baan *a permanent job* ▼ vaste kleuren *non-run colours* ▼ vaste lasten ⟨van bedrijf⟩ *overhead expenses, overheads;* ⟨van huishouden⟩ *fixed charges, recurring expenses* ▼ vaste planten *perennials* • vastgelegd, geregeld *regular, fixed* ★ een vaste klant *a regular customer* ★ vast werk *a regular job* ★ zonder vaste woon- of verblijfplaats *of no fixed abode* ★ vaste prijzen ⟨vastgesteld⟩ *fixed prices;* ⟨geen korting⟩ *no discount given!* ▼ een vast vriendje *a steady boyfriend* • massief, stevig *solid*★ vast voedsel *solid food*★ vaste brandstoffen *solid fuel* **II** BIJW • stevig firmly, *fast*★ hij gelooft vast in spoken *he firmly believes in ghosts*★ vast in slaap *fast asleep* • zeker, stellig *certainly, definitely* ★ hij komt nu vast niet meer *he certainly / definitely won't come now* ▼ dat is vast en zeker *that's dead certain* • alvast *in the meantime* ▼ laten we maar vast beginnen *in the meantime, let's get going*

vastbesloten I BN *determined*★ hij is vastbesloten zijn naam te zuiveren *he's determined to clear his name, he's bent on clearing his name* **II** BIJW *resolutely*★ hij liep vastbesloten op de indringer af *he walked resolutely towards the intruder*

vastbinden ww *fasten, tie (up)*

vasteland HET *mainland, continent*

vasten ww *fast*

vastenmaand DE *month of fasting,* ⟨islamitisch⟩ *Ramadan,* ⟨christelijk⟩ *Lent*

vasthouden ww • beethouden *hold*★ hij hield zijn moeders hand vast *he held his mother's hand* ▼ de zeelui hielden zich vast aan de mast *the sailors clung to the mast*▼ hij houdt vast aan zijn mening *he's sticking to his opinion* • in bewaring houden *detain*

vastmaken ww *fasten*★ die blouse maak je van achteren vast *that blouse fastens at the back* ▼ je moet je veters vastmaken *do up / tie your shoelaces*

vastpakken ww *grip, grasp*

vaststaan ww • zeker zijn *be certain, be sure* ★ de datum staat nog niet vast *the date isn't certain yet*★ het staat vast dat hij niet zal slagen *he's sure to fail* • onveranderlijk zijn *be fixed*★ de prijs staat vast *the price is fixed*

vaststellen ww • afspreken, opstellen *fix, determine*★ hij stelde de prijs vast op twee euro *he fixed the price at two euros*★ we hebben nog geen datum vastgesteld *we haven't determined a date yet*▼ we moeten de agenda voor de vergadering nog vaststellen *we still have to draw up the agenda for the meeting* • te weten komen, taxeren *determine, assess*★ de waarde werd vastgesteld op €500 *the value was assessed at €500*★ de politie trachtte de oorzaak van het ongeluk vast te stellen *the police tried to determine the cause of the accident*• constateren *conclude*★ ik stelde vast dat hij loog *I concluded that he was lying*

vastzitten ww • gevangen zitten *be in prison* • klem zitten *be stuck,* ⟨van deur, stuur⟩ *be jammed,* ⟨van schip⟩ *be aground* ★ hij zit vast in de file *he's stuck in a traffic jam* • gebonden zijn *be tied down, be committed*★ ze zitten aan hun hypotheek vast *they're tied down to their mortgage* ★ daar zit je aan vast! *you're committed to it now!, you can't get out of it now!*

vat I DE greep *hold, grip*★ ik heb geen vat op hem *I haven't got a hold on him*★ hij moet vat op zichzelf krijgen *he ought to get a grip on himself* **II** HET • ton *barrel,* ⟨voor wijn⟩ *cask,* ⟨van ijzer⟩ *drum*★ een vat olie *a drum / barrel of oil*▼ bier uit het vat *draught beer* • bloedvat *vessel*

vatbaar BN *susceptible*★ katten zijn vatbaar voor vogelgriep *cats are susceptible to bird flu* ▼ hij was niet voor rede vatbaar *he wouldn't listen to reason* ▼ de planning is voor verbetering vatbaar *the planning could be improved*

vechten ww *fight*★ ze vochten dapper tegen de vijand *they fought the enemy bravely*★ ze hadden jarenlang gevochten voor onafhankelijkheid *they had been fighting for independence for years* ▼ ze vochten regelmatig met de jongens van een andere school *they had regular fights with boys from another school* ▼ er wordt hevig gevochten ten zuiden van de hoofdstad *there is fierce fighting south of the city*

vechtpartij DE *fight*

vee HET • levende have *livestock* • rundvee *cattle*

veearts DE *vet*

veeg DE • het vegen *wipe, lashing*★ hij gaf een veeg over zijn voorhoofd *he gave his forehead a wipe*★ ze kreeg een veeg uit de pan *she got a lashing* • vlek, streep *smudge, streak, smear*★ de inkt op zijn vingers liet vegen achter op het papier *the ink on his fingers left smudges on the paper*★ je hebt een paar vegen achtergelaten op het raam *you've left some streaks on the windows*★ een veeg verf *a smear of paint*

veehouderij DE boerderij *cattle farm*

veel I BIJW• in grote mate *much, a lot*★ veel

veelkleurig – ver

ouder *much older, a lot older* • vaak *often* ★ hij gaat veel naar Amsterdam *he often goes to Amsterdam* ‖ TELW ⟨niet telbaar⟩ *much*, ⟨telbaar⟩ *many*, ⟨allebei⟩ *a lot of* ★ veel regen *a lot of rain* ★ niet veel regen *not much rain* ★ veel vragen *many / a lot of questions* ★ niet veel vragen *not many questions* ★ heel veel moed *a whole lot of courage* ★ heel veel appels *a whole lot of apples, a heap of apples*

veelkleurig BN *multicoloured*

veelzijdig BN *multi-sided, versatile, all-round* ★ een veelzijdige meetkundige figuur *a multi-sided geometric shape* ★ een veelzijdig acteur *a versatile actor, an all-round actor* ▼ een veelzijdige vrouw *a woman of many talents*

veen HET • grondsoort *peat* • veengebied *peat moor, peat bog*

veer I DE • van vogel *feather* ▼ hij is vaak vroeg uit de veren *he is often up early* • spiraalvormig voorwerp *spring* • aan plank *tongue* ★ een veer en groef verbinding ⟨bij timmerwerk⟩ *a tongue and groove joint* ‖ HET *ferry (boat)*

veerboot DE *ferry (boat)*

veerkracht DE *elasticity*, FIG *resilience*

veertien TELW *fourteen* ▼ op 14 mei *on the fourteenth of May*

veertiende TELW *fourteenth* ▼ op zijn veertiende verhuisde het gezin naar Berlijn *the family moved to Berlin when he was fourteen*

veertig TELW *forty*

veertigste TELW *fortieth* ▼ hij trouwde op zijn veertigste *he got married when he was forty*

veestapel DE *stock, livestock*

veganist DE *vegan*

vegen WW • met een bezem *sweep* ★ hij veegde de vloer *he swept the floor* ★ de schoorsteen is gisteren geveegd *the chimney was swept yesterday* • afvegen *wipe* ★ voeten vegen! *please wipe your feet!* ★ hij heeft mij van het bord geveegd ⟨schaken &⟩ *he swept me off the board*

vegetariër DE *vegetarian*

vegetarisch I BN *vegetarian* ★ vegetarische recepten *vegetarian recipes* ‖ BIJW *vegetarian* ★ we eten thuis vegetarisch *we eat vegetarian at home*

veilen WW *auction, sell by auction*

veilig I BN *safe, secure* ★ een veilige plek *a safe / secure place* ⟨tegen diefstal⟩; *a place of safety* ⟨tegen gevaar⟩ ★ veilig en wel *safe and sound* ‖ BIJW *safely, securely* ★ ik heb het veilig opgeborgen *I put it away safely / securely, I put it in a safe place*

veiligheid DE *safety, security* ★ de openbare veiligheid *public security / safety* ▼ hij is nu in veiligheid *he's out of danger now*

veiligheidsbril DE *safety goggles*

veiligheidsgordel DE *seat belt, safety belt*

veiligheidsspeld DE *safety pin*

veiling DE *auction*

vel HET • huid *skin*, ⟨van dier / afgestroopt⟩ *hide* ▼ zij is vel over been *she's skin and bone, she's as skinny as a rake* • blad papier *sheet* • op melk *skin*

veld HET • vlakte *field* ★ in het open veld *in the open field* • speelterrein *field, pitch* ★ de teams komen in het veld *the teams are coming into / onto the field* ★ hij is van het veld gestuurd *he was ordered / sent off (the field)* • vakje ⟨van schaakbord &⟩ *square*

veldloop DE *cross-country*

veldslag DE *battle*

velg DE *rim*

vellen WW • omhakken *fell, cut down* • uitschakelen *strike down, put out of action* ★ ze is door een griepje geveld *she's been struck down / put out of action by the flu* • uitspreken *pass* ★ de rechter velde vonnis *the judge passed judgement / sentence*

venijnig I BN *vicious, venomous* ★ venijnige kritiek *vicious / venomous criticism* ‖ BIJW *viciously, venomously* ★ het is venijnig koud *it's viciously / bitterly cold* ★ 'zo sprak je niet toen je geld nodig had', zei ze venijnig *'that wasn't how you were talking when you needed money', she said venomously*

venster HET *window*

vensterbank DE *window sill*

vent DE *fellow*, INF *chap, guy* ★ een aardige vent *a nice guy / chap*

ventiel HET *valve*

ventilator DE *fan*

ver I BN • m.b.t. tijd *distant, remote* ★ in het verre verleden *in the distant / remote past* ★ in de verre toekomst *in the far / remote future* • m.b.t. afstand *far, faraway, distant* ★ hoe ver is het van Amsterdam naar Londen? *how far is it from Amsterdam to*

London? ★ verre landen *faraway / distant countries* • m.b.t. verwantschap *distant* ★ een ver familielid *a distant relative* **II** BIJW *far* ★ hoe ver ben je gekomen? *how far have you got?* ★ het was verre van gemakkelijk *it was far from easy* ★ daar kom je niet ver mee *that won't get you very far* ▼ zij heeft het ver gebracht *she has come a long way*

verachten ww *despise, scorn*

verademing DE opluchting *relief*

veraf BIJW *far (away), far (off)*

veranda DE *veranda(h)*

veranderen ww • wijzigen *change, alter* ★ de regering heeft zijn tactiek veranderd *the government has changed its tactics* ▼ daar is niets meer aan te veranderen *nothing can be done about that now* • helemaal anders maken *transform, convert* ★ ze hebben de boerderij in een restaurant veranderd *they've transformed / converted the farmhouse into a restaurant* • anders worden *change, alter* ★ het weer verandert *the weather is changing* ★ hij is erg veranderd *he has changed / altered a great deal*

verandering DE • wijziging *change, alteration* ★ we hebben een paar veranderingen aangebracht *we've made a few changes / alterations* • afwisseling *change, variation, variety* ★ voor de verandering *for a change* ★ ze houden wel van een beetje verandering *they like a bit of variation / variety* ▼ verandering van spijs doet eten *a change is as good as a holiday*

veranderlijk BN *variable, changeable,* ⟨wispelturig⟩ *fickle* ★ veranderlijk weer *variable / unsettled weather* ★ haar stemmingen zijn erg veranderlijk *her moods are very changeable / variable* ★ er is niets veranderlijker dan een vrouw *there is nothing more fickle than a woman*

verantwoord I BN • veilig *safe* ★ is dat wel verantwoord? *is that safe?, is that a safe thing to do?* • weloverwogen / verstandig *sound, sensible* ★ verantwoord advies *sound / sensible advice* ▼ een verantwoorde maaltijd *a well-balanced meal* **II** BIJW *sensibly, safely* ★ mensen die proberen af te vallen doen dat niet altijd verantwoord *people who try to lose weight don't always go about it sensibly* ★ je moet eerst beslissen hoeveel je verantwoord kunt lenen *first decide how much you can safely borrow*

verantwoordelijk BN *responsible* ★ een verantwoordelijke baan *a responsible job* ★ hij is verantwoordelijk voor het eten *he's responsible for the food*

verantwoording DE • rekenschap *account* ★ hij werd ter verantwoording geroepen *he was called to account* ▼ hij moet verantwoording afleggen *he has to justify himself* • verantwoordelijkheid *responsibility* ★ op eigen verantwoording *on your own responsibility*

verbaasd I BN *surprised,* ⟨sterker⟩ *amazed* ★ iedereen was verbaasd over zijn resultaten *everybody was surprised / amazed at his results* ▼ ze leek verbaasd *she looked puzzled* **II** BIJW *in surprise,* ⟨sterker⟩ *in amazement* ★ ze keek ons verbaasd aan *she looked at us in surprise / amazement*

verband HET • samenhang *connection, relation* ★ in verband met *in connection with, in relation to* ▼ het een houdt verband met het ander *they are both connected* ▼ in dit verband wil ik een voorbeeld noemen *I'd like to mention an example in this respect / regard* • zinsverband *context* • zwachtel *bandage* ★ de verpleegster legde een verband aan *the nurse applied a bandage* • van metselwerk, houtwerk *bond*

verbandtrommel DE *first aid kit*

verbannen ww • uitwijzen *exile* • uitbannen *banish*

verbazen ww *surprise,* ⟨sterker⟩ *astonish* ★ hij verbaasde zich over het besluit *he was surprised / astonished at the decision*

verbazing DE *surprise,* ⟨sterker⟩ *astonishment* ★ tot verbazing van iedereen liep ze ongedeerd weg *to everybody's surprise / astonishment she walked away unharmed*

verbeelden ww • zich indenken *fancy, imagine* ★ verbeeld je eens dat je zo'n groot huis had! *fancy owning such a big house!* ★ dat verbeeld je je maar *you're just imagining that* • zich inbeelden *fancy* ★ hij verbeeldt zich heel wat *he fancies himself, he thinks a lot of himself* ▼ wat verbeeld je je wel? *just who do you think you are?* • voorstellen *represent* ★ dat moet de koningin verbeelden *that's meant to represent the queen*

verbeelding DE • fantasie *imagination* ★ een levendige verbeelding *a vivid imagination* • verwaandheid *conceit*

verbergen ww *hide, conceal* ★ ze verborg haar verdriet voor de kinderen *she hid / concealed her grief from the children* ★ hij hield zijn gevoelens goed verborgen *he kept his feelings well hidden* ★ je moet je niet achter allerlei uitvluchten verbergen *don't hide behind all kinds of excuses* ▼ verberg je iets voor mij? *are you keeping something from me?*

verbeteren ww • beter maken / worden *improve* ★ hij kon zijn beste tijd niet verbeteren *he couldn't improve on his fastest time* ▼ hij heeft zijn positie verbeterd *he has bettered himself* • corrigeren *correct* • overtreffen *beat, improve* ★ ze heeft het record verbeterd *she's beaten / broken the record* ★ hij heeft zijn manier van optreden verbeterd *he has improved on his performance*

verbetering DE • vooruitgang *improvement* ★ in haar gezondheid is verbetering opgetreden *there's been an improvement in her health* • correctie *correction* ★ er staan verbeteringen in de marge *there are some corrections in the margin*

verbieden ww *forbid, prohibit,* ⟨film, boek⟩ *ban* ★ het is automobilisten verboden een mobiele telefoon te gebruiken *drivers are prohibited from using mobile phones, it is forbidden to use mobile phones while driving* ▼ verboden te roken *no smoking*

verbinden ww • samenvoegen *join, connect* ★ de dijk verbindt het eiland met het vasteland *the dyke connects / joins the island to the mainland* ▼ hij is verbonden aan de universiteit *he's attached to the university* • telefonisch aansluiten *connect, put through* ★ ik verbind u door *I'll connect you, I'll put you through* ▼ sorry, ik ben verkeerd verbonden *sorry, I have the wrong number* • omzwachtelen *bandage* ★ een verbonden hand *a bandaged hand*

verbinding DE • samenhang *connection, link* • aansluiting in vervoer *connection* ★ dit is een directe verbinding *this is a direct connection, this is a through train* • contact *connection* ★ de verbinding werd verbroken *the connection was broken, we were cut off* ▼ hij stelde zich in verbinding met het hoofdkwartier *he contacted headquarters, he got in touch with headquarters* • van hout & *join, joint* • scheikundige verbinding *compound*

verbindingsteken, ook:

verbindingsstreepje HET *hyphen*

verbleken ww • mensen *turn pale* • kleuren *fade* ★ mijn herinnering aan mijn grootvader begint te verbleken *my memory of my grandfather is starting to fade* ▼ zijn optreden verbleekte helemaal bij de laatste fantastische act *his performance was completely eclipsed by the last fantastic act*

verblijf HET • het verblijven *stay* ★ tijdens ons verblijf in Frankrijk *during our stay in France* • verblijfplaats *residence* • verblijfsruimte *quarters* ★ het verblijf van de olifanten was aan de kleine kant *the elephants' quarters were on the small side*

verblijfsvergunning DE *residence permit*

verblijven ww *stay*

verbod HET *ban, prohibition* ★ de partij wil een verbod op vuurwapens *the party wants a ban / prohibition on firearms*

verboden BN *forbidden, prohibited* ★ in de hele bioscoop is roken ten strengste verboden *smoking is strictly prohibited / forbidden in every part of this cinema* ▼ verboden te roken *no smoking* ▼ verboden toegang *no entry, no admittance*

verbond HET *alliance, pact* ★ de twee landen hebben een verbond gesloten *the two countries have entered into a pact / alliance*

verbouwen ww • veranderen *renovate* ★ we gaan ons huis verbouwen *we're going to renovate our house* • telen *grow, cultivate* ★ hij verbouwde suikerbieten *he grew sugar beet* ★ er wordt op grote schaal tarwe verbouwd in Noord-China *wheat is cultivated widely in northern China*

verbranden ww • door vuur vernietigen *burn,* ⟨afval⟩ *incinerate* ★ hij verbrandde al zijn papieren *he burnt all his papers* • verbrand raken *burn down, be burnt* ★ een verbrand huis *a burnt-down house* ★ hij was lelijk verbrand ⟨door zon⟩ *he was badly sunburnt;* ⟨door vuur⟩ *he was badly burnt*

verbreiden ww *spread*

verbreken ww *break (off)* ★ ze heeft alle contact met haar familie verbroken *she's broken off all contact with her family* ★ plotseling verbrak een trompet de stilte *the silence was suddenly broken by the sound of a trumpet* ▼ mijn telefoonverbinding is verbroken *my connection has been severed, I've been cut off* ▼ hij wil het contract verbreken *he wants to cancel the contract*

verbrijzelen ww *smash, crush* ★ de ramen werden door de storm verbrijzeld *the windows were smashed in the storm* ★ haar hand werd verbrijzeld door de machine *her hand was crushed in the machine*

verbruiken ww opgebruiken *use up, consume* ★ mijn auto verbruikt veel olie *my car uses / consumes a lot of oil*

verbruiker DE *consumer*

verbuigen ww *bend, twist*

verdacht I BN ● verdenking wekkend *suspicious* ★ verdachte omstandigheden *suspicious circumstances* ● onder verdenking *suspected* ▼ een verdacht persoon *a suspect* ● voorbereid *prepared* ★ hij was er niet op verdacht *he wasn't prepared for it, he didn't expect it* II BIJW *suspiciously* ★ hij lijkt verdacht veel op de melkboer *he looks suspiciously like the milkman*

verdachte DE *suspect, ⟨in rechtzaak⟩ accused, defendant*

verdampen ww *evaporate*

verdedigen ww ● verweren *defend* ● pleiten voor *stand up for, defend* ★ hij verdedigde de vrijheid van godsdienst *he stood up for / he defended freedom of religion* ● rechtvaardigen *justify, defend* ★ hij probeerde zijn gedrag te verdedigen *he tried to justify his behaviour* ★ ik wil niet verdedigen wat ik heb gedaan *I don't want to defend what I did* ▼ zijn gedrag is niet te verdedigen *his behaviour is indefensible*

verdediger DE *defender,* SPORT *defender, back*

verdediging DE *defence /* AM *defense* ★ ter verdediging van *in defence of*

verdelen ww ● splitsen *divide, split up* ★ verdeel en heers *divide and rule* ★ ze verdeelden de taken onderling *they split up / divided the tasks among themselves* ● uitdelen *distribute, share out* ★ hij verdeelde voedsel onder de armen *he distributed food among the poor* ★ ze moesten de paar dekens die ze hadden verdelen *they had to share out the few blankets they had*

verdelgen ww *exterminate, destroy*

verdeling DE ● splitsing *division* ● het uitdelen *distribution*

verdenken ww *suspect* ★ hij wordt ervan verdacht brand gesticht te hebben *he's suspected of lighting fires*

verdenking DE *suspicion* ★ boven / buiten verdenking *above / beyond suspicion* ★ onder verdenking van *on suspicion of*

verder I BN bijkomend *further, the rest of* ★ verdere bijzonderheden *further details* ★ zijn verdere leven *the rest of his life* II BIJW *farther, further* ★ ze gingen verder het bos in *they went farther / further into the forest* ▼ verder nog iets? *anything else?* ▼ verder niets *nothing else* ▼ ze aten / lazen / reden verder *they ate / read / drove on*

verderf HET *ruin, destruction*

verderop BIJW *further on, further along*

verdienen ww ● waard zijn *deserve* ★ waar heb ik dit aan verdiend? *what did I do to deserve this?* ● als loon / winst krijgen *earn, make* ★ hij verdient een goed salaris *he earns a good salary* ★ hij heeft een fortuin verdiend *he's made / earned a fortune*

verdieping DE *floor, storey* ★ de tweede verdieping *the second floor / storey,* AM *the third floor / storey*

verdomme TSW *damn!, goddamn!,* VULG *shit!, fuck!*

verdoven ww *stun, stupefy, ⟨voor operatie⟩ anaesthetize* ★ verdoofd van verdriet *stunned with grief* ★ verdoofd van angst *stupefied with fear* ▼ het werd plaatselijk verdoofd *they used a local anaesthetic* ▼ een verdovend middel *a narcotic / drug*

verdoving DE ● *anesthesie anaesthesia, anaesthetic* ● gevoelloosheid *stupor*

verdraagzaam I BN *tolerant, broad-minded* ★ hij is verdraagzaam tegenover homoseksualiteit *he's tolerant of / broad-minded about homosexuality* II BIJW *tolerantly* ★ hij reageert verdraagzaam op het gedrag van zijn zoon *he reacts tolerantly to his son's behaviour, he's*

tolerant of his son's behaviour
verdraaien ww *twist, ⟨vervormen ook⟩ distort* ★ hij verdraait altijd de waarheid *he always twists / distorts the truth* ▼ hij verdraaide zijn stem *he masked / disguised his voice*
verdrag HET *treaty, pact*
verdragen ww *bear, stand, endure* ★ hoe kan je dat verdragen? *how can you bear / stand that?* ★ ik kan die gedachte niet verdragen *I can't stand that idea* ★ ik zal de pijn gewoon moeten leren verdragen *I'll just have to learn to endure the pain* ▼ ik kan geen bier verdragen *beer doesn't agree with me* ▼ mensen moeten elkaar leren verdragen *people should be tolerant of each other*
verdriet HET *grief, sorrow* ★ hij heeft zijn moeder veel verdriet aangedaan *he caused his mother much grief, he hurt his mother deeply*
verdrietig I BN ● *bedroefd sad, distressed* ★ hij was verdrietig door het overlijden van zijn hond *he was sad / distressed at the loss of his favourite dog* ▼ haar dood heeft ons verdrietig gemaakt *her death saddened us* ● *bedroefd makend distressing* ★ verdrietige omstandigheden *distressing circumstances* **II** BIJW *sadly* ★ 'hij gaat zes maand weg', zei ze verdrietig *'he's going away for six months', she said sadly* ★ hij staarde verdrietig uit het raam *he stared sadly out of the window*
verdringen ww ● *wegduwen jostle, elbow* ★ de fotografen verdrongen elkaar voor de deur *the photographers jostled / elbowed for space in front of the door* ● *plaats innemen supersede* ★ dvd's hebben videobanden verdrongen *videotapes have been superseded by DVDs* ● *onderdrukken block out, suppress, ⟨onbewust⟩ repress* ★ hij heeft die herinnering bewust verdrongen *he consciously blocked / repressed the memory of it* ● *dringen crowd (round / around)* ★ de mensen verdrongen zich om de filmster *the people crowded round the film star*
verdrinken ww *drown, be drowned*
verdrogen ww *dry up, ⟨planten⟩ wither*
verdubbelen ww *double,* FIG *redouble* ★ hij verdubbelde zijn inspanningen *he redoubled his efforts*
verduidelijken ww *explain, elucidate*

verdunnen ww *thin, ⟨vloeistof⟩ dilute*
verdwalen ww *lose your way, get lost* ★ ze zijn verdwaald *they've lost their way / got lost*
verdwijnen ww *disappear, ⟨langzaam⟩ fade away, ⟨snel, geheel⟩ vanish* ★ spoorloos verdwenen *vanished without (any) trace*
vereenvoudigen ww *simplify*
vereisen ww *require, demand* ★ deze plant vereist veel zorg *this plant requires a lot of care* ★ zijn werk vereist zijn volle aandacht *his work demands his full attention*
Verenigde Naties DE *United Nations*
Verenigde Staten DE *United States (of America)*
Verenigd Koninkrijk HET *United Kingdom*
verenigen ww *unite, ⟨gegevens⟩ combine* ★ verenigd in de dood *united in death* ★ ze kan abortus niet met haar geloof verenigen *she can't reconcile abortion with her beliefs* ▼ ik kan mij niet met het voorstel verenigen *I can't agree to the proposal*
vereniging DE *club, association*
verf DE *paint, ⟨textiel, haar⟩ dye*
verfilmen ww *film*
verfroller DE *paint roller*
vergaan ww ● *ten onder gaan die, ⟨van schip⟩ be wrecked* ★ ik verga van de honger *I'm dying of hunger, I'm starving* ● *verteren decay, rot* ★ veen bestaat uit vergane plantenresten *peat consists of rotted / decayed plant material* ★ het geraamte was grotendeels vergaan *the skeleton was almost entirely decayed* ● *voorbijgaan pass, go by* ★ er vergaat geen dag zonder dat hij drinkt *not a day passes / goes by without him drinking*
vergaderen ww *meet, hold a meeting* ★ het bestuur vergadert elke maand *the board meets once a month* ★ de commissie vergaderde om het plan te bespreken *the committee held a meeting / met to discuss the plan*
vergadering DE *meeting*
vergaderzaal DE *meeting room, conference room*
vergassen ww ● *in gas omzetten gasify* ● *met gas doden gas*
vergeefs I BN *in vain* ★ al haar pogingen waren vergeefs *all her attempts were in vain* ▼ het was vergeefse moeite *it was*

wasted effort ❙❙ BIJW *in vain, vainly* ★ hij wachtte vergeefs op haar terugkomst *he vainly waited for her return, he waited in vain for her return*

vergeet-mij-nietje HET *forget-me-not*

vergelijken WW *compare* ★ vergeleken bij de anderen is hij jong *he's young compared to the rest* ★ dit is niets vergeleken met het andere bier *this doesn't compare to the other beer, this isn't in the same class as the other beer* ▼ vergelijk blz. 8 *see p. 8*

vergelijking DE ● het vergelijken *comparison* ★ in vergelijking met *in comparison with* ● wiskundige vergelijking *equation*

vergeten WW *forget* ★ voor het gemak vergat hij te vertellen dat hij was getrouwd *he conveniently forgot to say that he was married* ★ ik ben vergeten hoe het moet *I've forgotten how to do it* ★ je hebt blijkbaar de krant vergeten *you seem to have forgotten the newspaper* ★ vergeet het maar! *forget it!* ★ we moeten het maar vergeven en vergeten *we should forgive and forget*

vergeven I WW *forgive* ★ dat zal ik je nooit vergeven *I'll never forgive you for that* ★ ze heeft hem nooit vergeven dat hij haar ring heeft verloren *she never forgave him for losing her ring* ★ kom terug, alles is vergeven! *come back, all is forgiven!* ❙❙ BN *infested, crawling* ★ het is er vergeven van de ratten *the place is infested / crawling with rats*

vergezellen WW *accompany*

vergezicht HET *panorama, wide view*

vergiet DE *colander, strainer*

vergif HET *poison, ⟨dierlijk⟩ venom* ★ een dodelijk vergif *a lethal / deadly poison*

vergiffenis DE *pardon, forgiveness*

vergiftigen WW *poison*

vergissen WW *make a mistake, be mistaken* ★ hij heeft zich vergist *he's made a mistake, he's mistaken* ★ als ik me niet vergis *if I'm not mistaken*

vergissing DE *mistake, error* ★ bij vergissing *by mistake, in error, unintentionally*

vergoeden WW *compensate, refund* ★ de verzekering vergoedt de schade *the insurance will compensate the damage* ★ toen ik voor zaken in Frankrijk was heeft de firma mijn onkosten vergoed *when I went on business to France the company refunded my expenses* ▼ dat vergoedt veel *that makes up for a lot* ▼ onkosten worden vergoed *expenses will be paid*

vergoeding DE ● tegemoetkoming *allowance* ★ een vergoeding voor reiskosten *a travelling allowance* ● schadeloosstelling *compensation*

vergrijp HET *offence* ★ een licht vergrijp *a minor offence, a misdemeanour*

vergrootglas HET *magnifying glass*

vergroting DE ● toename *increase* ★ een vergroting van de omzet *an increase in sales* ● het groter worden *enlargement* ★ een vergroting van de lever *an enlargement of the liver* ● foto *enlargement, blow-up*

vergunning DE ● toestemming *permission* ● machtiging *permit, ⟨voor vuurwapen, drank⟩ licence*

verhaal HET ● vertelling *story, ⟨verslag⟩ account* ★ een sterk verhaal *a tall story* ★ hij deed zijn verhaal *he told his story* ● vergoeding ▼ hij kwam bij de firma verhaal halen *he wanted the firm to reimburse him for his losses*

verhalen WW ● vertellen *relate* ● vergoeding verkrijgen *reimburse* ★ hij wil de schade op de firma verhalen *he wants the firm to reimburse him for the damage*

verhandelen WW *deal in, trade in* ★ hij verhandelde gestolen goederen *he dealt / traded in stolen goods*

verheffen WW ● hoger / luider maken *raise, ⟨van hart, geest⟩ lift* ● uitsteken *rise* ★ de toren verheft zich hoog boven de stad *the tower rises high above the city*

verheugen WW *be pleased, be happy* ★ dat verheugt mij *I'm pleased / happy about that* ▼ ze verheugt zich op haar verjaardag *she's looking forward to her birthday*

verhinderen WW *prevent, stop* ★ dat zal hem niet verhinderen te komen *that won't prevent / stop him from coming* ▼ ik ben verhinderd (te komen) *I'm unable to come*

verhitten WW ● heet maken *heat (up)* ★ verhit de pan alvorens de boter toe te voegen *heat the pan before added the butter* ● opwinden *stir up, inflame* ★ wat het publiek het meest verhitte was de opmerking van King dat hij een droom had *what most stirred up / inflammed the crowd was King's announcement that he had a dream* ▼ de gemoederen waren verhit *feelings were running high*

verhogen ww ● hoger maken *raise* ★ na de ramp werden de dijken verhoogd *after the disaster the dykes were raised* ● versterken *heighten* ★ een beetje alcohol verhoogt meestal de feestvreugde *a little bit of alcohol usually heightens the party mood* ● vermeerderen *increase, raise* ★ de belastingen zijn verhoogd *taxes have been increased / raised*

verhoging DE ● het hoger maken *raising* ● vermeerdering ⟨van prijs, salaris, &⟩ *increase, rise* ● verhoogde plaats ⟨in terrein⟩ *rise*, ⟨podium⟩ *platform* ● lichte koorts *temperature* ★ de baby heeft verhoging *the baby has a temperature*

verhongeren ww *starve, die of starvation*

verhoor HET *interrogation, questioning* ▼ de politie nam hem een verhoor af *the police questioned / interrogated him*

verhoren ww ● ondervragen *interrogate, question* ● inwilligen ⟨van gebed⟩ *hear*, ⟨van wens⟩ *grant*

verhouding DE ● relatie *relations, relationship* ★ een gespannen verhouding *strained relations, a strained relationship* ● liefdesrelatie *affair* ★ ze had een verhouding met een getrouwde man *she had an affair with a married man* ● evenredigheid *proportion* ★ in verhouding tot *in proportion to* ★ buiten alle verhoudingen *out of all proportion* ▼ naar verhouding erg goedkoop *comparatively / relatively cheap*

verhuizen ww *move (house)* ★ we zijn verhuisd *we've moved (house)*

verhuizer DE *remover, removal man*

verhuren ww ● huis *let, rent out* ★ hij verhuurde het huis aan een leraar *he let the house to a teacher, he rented the house out to a teacher* ● voorwerpen *hire out*

vering DE *springs, (auto) suspension*

verjaardag DE *birthday*, ⟨van gebeurtenis⟩ *anniversary* ★ zij viert dit jaar haar verjaardag niet op de dag zelf *she won't celebrate her birthday on the day itself this year*

verjaardagsfeest HET *birthday party*

verjagen ww *chase away*, FIG *dispel*

verkeer HET ● vervoer *traffic* ★ de agent regelde het verkeer *the policeman regulated / directed the traffic* ▼ de minister van verkeer *the Minister of Transport* ▼ geen doorgaand verkeer ⟨opschrift⟩ *no through road* ● omgang *association*, ⟨maatschappelijk, seksueel⟩ *intercourse*

verkeerd I BN *wrong, bad* ★ een verkeerd antwoord *the wrong answer* ★ hij is in verkeerd gezelschap *he keeps bad company* ★ met de verkeerde kant naar buiten *wrong side out, inside out* ▼ koffie verkeerd *caffe latte, coffee with hot milk* II BIJW *wrong, wrongly* ★ alles liep verkeerd *everything went wrong* ▼ het liep verkeerd af *things came to a bad end* ▼ ik heb hem verkeerd begrepen *I misunderstood him* ▼ je trui zit verkeerd om *you've got your sweater on back to front*

verkeersagent DE *traffic policeman*, INF *traffic cop*

verkeersbord HET *road sign, traffic sign*

verkeersdrempel DE *speed hump*, INF *sleeping policeman*

verkeerslicht HET *traffic light*

verkennen ww *explore*, MIL *reconnoitre*

verkering DE ▼ hij heeft verkering met ons buurmeisje *he's going steady with the girl next door* ▼ de verkering is uit *they have broken / split up*

verkiezen ww *prefer* ★ ik verkies dit boven de rest *I prefer this one to the others*

verkiezing DE *election* ★ algemene verkiezingen *general elections* ★ tussentijdse verkiezingen *by-elections*

verkiezingsuitslag DE *election results*

verklappen ww *give away*, INF *blab* ★ ze verklapte de afloop van de film *she gave away the end of the film* ★ wie heeft aan moeder verklapt dat ik de klas uitgestuurd ben? *who blabbed to Mum that I was sent out of class?* ▼ ik zal je een geheim verklappen *I'll tell you a secret*

verklaren ww ● kenbaar maken *state, declare* ★ hij verklaarde dat hij gemarteld was *he stated that he had been tortured* ★ hij verklaarde onder ede dat hij onschuldig was *he declared on / under oath that he was innocent* ● uitleggen *explain, account for* ★ verklaar je nader *explain yourself* ★ kun je zijn gedrag verklaren? *can you account for his behaviour?* ▼ iedereen verklaarde hem voor gek *everyone said he was crazy*

verklaring DE ● uitleg *explanation*

verkleden – verlegen

● mededeling *declaration, statement,* ⟨onder ede⟩ *testimony* ★ de verklaring zet de rechten van de Aborigines uiteen *the declaration sets out the rights of the Aborigines* ★ hij heeft een verklaring afgelegd *he made a statement* ▼ een geneeskundige verklaring *a doctor's certificate*

verkleden ww ● omkleden *change* ★ ik moet me nog voor het eten verkleden *I still have to change for dinner*
● vermommen *disguise, dress up*

verkleinvorm DE *diminutive form*

verkleuren ww ● kleur verliezen *lose colour / AM color, fade* ★ de trui was helemaal verkleurd *the jumper had completely lost its colour / had completely faded* ▼ deze stof verkleurt niet *this material is colour fast* ● van kleur veranderen *change colour / AM color, turn colour / AM color* ★ de bladeren beginnen te verkleuren *the leaves are starting to change / turn colour*

verknoeien ww ● verspillen *waste (away)* ★ je verknoeit je tijd *you're wasting your time* ● verprutsen *mess up,* ⟨iets moois⟩ *spoil,* ⟨werk⟩ *bungle* ▼ hij heeft de boel verknoeid *he's made a mess of things*

verkondigen ww *proclaim*

verkoop DE *sale* ★ een openbare verkoop *a sale by public auction*

verkoopster DE *saleswoman*

verkopen ww *sell* ★ hij heeft het met verlies verkocht *he sold it at a loss* ★ ik heb nog nooit zoveel verkocht als gisteren *I've never sold as much as I did yesterday* ▼ ze verkocht hem een klap *she bashed / hit him*

verkoper DE ⟨in winkel⟩ *salesman, shop assistant,* ⟨huis aan huis⟩ *door-to-door salesman*

verkorten ww *shorten,* ⟨van boek⟩ *abridge*

verkouden BN ▼ ik ben verkouden *I have a cold* ▼ je wordt nog verkouden *you'll catch a cold*

verkoudheid DE *cold* ★ ik kan niet van mijn verkoudheid afkomen *I can't get rid of my cold*

verkrachten ww *rape*

verkrachting DE *rape*

verkrijgen ww ● ontvangen *receive, get*
● bemachtigen *gain, come by* ★ hoe kan ik toegang tot de informatie verkrijgen? *how do I gain admission to the information?* ★ polonium is moeilijk te verkrijgen *polonium is difficult to come by*
● kopen *acquire*

verlagen ww *lower, reduce* ★ een verlaagd plafond *a lowered ceiling* ★ we verkopen het tegen een sterk verlaagde prijs *we're selling it at a greatly reduced price*

verlammen ww *paralyse* ★ hij was verlamd van angst *he was paralysed with fear*

verlamming DE *paralysis*

verlangen I HET *desire,* ⟨sterker⟩ *craving* ★ een sterk verlangen naar wat frisse lucht *a craving for some fresh air* **II** ww
● uitzien naar *long, look forward* ★ ik verlang naar de vakantie *I'm looking forward to the holidays* ★ hij verlangt naar een sigaret *he's longing for a cigarette*
● willen *want, desire* ★ dat is alles wat ik verlang *that's all I want / desire, that's all I ask for* ● eisen *demand* ★ hij verlangt geld van ons *he's demanding money from us*

verlanglijst DE *gift list* ▼ ik heb het op mijn verlanglijstje gezet *I put it on the list of things I'd like*

verlaten I BN ● in de steek gelaten *abandoned, deserted* ★ een verlaten mijn *an abandoned mine* ★ een verlaten boerderij *a deserted farmhouse* ● afgelegen *lonely, desolate* ★ een verlaten gebied *a lonely / desolate area* **II** ww ● weggaan van *leave* ★ ze verlieten het huis voordat de politie kwam *they left the house before the police arrived* ★ hij heeft de school verlaten *he's left school* ● in de steek laten *abandon, desert* ★ hij heeft zijn gezin verlaten *he has abandoned / deserted his family*

verleden I HET *past* ★ het verre verleden *the distant past* **II** BN *past* ★ TAALK de verleden tijd *the past tense, the simple past* ★ daar praten we niet meer over, dat is verleden tijd *it's a thing of the past and we won't talk about it any more* ▼ verleden week *last week*

verlegen I BN schuchter *shy, timid* ★ een verlegen meisje *a shy / timid girl* ▼ ze was verlegen met haar figuur *she was self-conscious about her figure* ▼ hij zat om geld verlegen *he was in need of money* **II** BIJW *shyly, timidly* ★ hij vroeg verlegen of ze wilde dansen *he asked shyly / timidly if she'd like to dance*

verleiden ww • overhalen *tempt, entice* ★ zijn reisverhalen hebben me verleid om een vakantie te boeken *his travel stories tempted / enticed me to book a holiday* ▼ ze verleidden me om een dagje te spijbelen *they talked me into skipping school for a day* • tot seks *seduce*

verleiding DE *temptation* ★ ik kon de verleiding niet weerstaan *I couldn't resist the temptation*

verlenen ww *grant, give* ★ de gemeente heeft een vergunning verleend tot het kappen van drie bomen *the shire has granted permission for the cutting down of three trees* ★ je moet voorrang verlenen aan verkeer van rechts *you have to give way to traffic coming from the right* ★ ze verleende hulp aan vluchtelingen *she gave assistance to refugees*

verlengsnoer HET *extension cable, extension cord*

verlichten ww • minder zwaar maken *lighten* ★ dat zou mijn taak behoorlijk verlichten *that would lighten my job considerably* • beschijnen *illuminate* ★ de toren is 's nachts verlicht *the tower is illuminated at night* • verzachten *relieve, ease* ★ de dokter gaf hem iets om de pijn te verlichten *the doctor gave him something to relieve / ease the pain*

verlichting DE • licht *lighting* • opluchting *relief* ★ een zucht van verlichting *a sigh of relief*

verliefd I BN *in love* ★ ze was / werd verliefd op hem *she was / fell in love with him* II BIJW *lovingly, amorously* ★ hij keek haar verliefd aan *he looked at her lovingly / amorously*

verliefdheid DE *love*

verlies HET *loss* ★ we moesten het huis met verlies verkopen *we had to sell the house at a loss* ▼ hij kan goed tegen zijn verlies *he's a good loser*

verliezen ww *lose* ★ ik heb mijn portemonnee verloren *I've lost my purse* ★ ze had nog nooit eerder een vriend verloren *she'd never lost a friend before* ★ we hebben niets te verliezen *we've got nothing to lose* ★ Ajax heeft van / tegen PSV verloren *Ajax lost to PSV*

verliezer DE *loser*

verlof HET • *permission* ★ hij kreeg verlof om te vertrekken *he got / obtained permission to leave* • verloftijd *leave* ★ hij is met verlof *he's on leave* ▼ betaald verlof *a paid vacation*

verloofde DE ⟨man⟩ *fiancé*, ⟨vrouw⟩ *fiancée* ▼ de verloofden *the engaged couple*

verlopen ww • van tijd *go by, pass* ★ er zijn een paar jaar verlopen *a few years went by / passed* • van handeling *work out, go off* ★ de zaken verliepen voorspoedig *things worked out well* ★ alles verliep rustig *everything went off quietly* • ongeldig worden *expire* ★ mijn paspoort is verlopen *my passport has expired* • achteruitgaan *go down* ★ zijn zaak is helemaal verlopen *his business has gone downhill*

verloren I BN *lost* ★ een verloren zaak *a lost cause* ▼ je moet geen tijd verloren laten gaan! *please don't waste any time!* II BIJW ▼ ze dwaalde verloren rond *she wandered (a)round like a lost soul*

verloskundige DE *midwife*, ⟨specialist⟩ *obstetrician*

verlossen ww *deliver* ★ ... en verlos ons van het boze *... and deliver us from evil* ▼ als hij verhuist zijn we van een groot probleem verlost *if he moves we'll be rid of a big problem* ▼ de hond werd uit zijn lijden verlost *the dog was put out of its misery*

verloten ww *raffle*

verloven ww *get engaged* ★ ze zijn verloofd *they're engaged*

verloving DE *engagement* ★ haar verloving met Peter *her engagement to Peter*

vermaak HET *entertainment, pleasure*

vermageren ww • door ziekte *lose weight* ★ onze poes is sterk vermagerd *our cat has lost a lot of weight* • lijnen *diet, slim*

vermaken ww • amuseren *entertain, amuse* ★ Jennifer Lopez vermaakte de Amerikaanse troepen *Jennifer Lopez entertained the American troops* ★ de kinderen vermaken zich *the children are amusing themselves* • nalaten *bequeath, will* ★ hij heeft zijn huis aan zijn zus vermaakt *he bequeathed / willed his house to his sister* • veranderen *alter* ★ ik heb mijn jas laten vermaken *I've had my coat altered*

vermeerderen ww *increase, grow* ★ het aantal inwoners is vermeerderd met 14.000 *the population has increased / grown by 14,000* ▼ een vermeerderde

vermelden – veroorzaken

uitgave *an enlarged edition*
vermelden ww *mention, report*
vermengen ww *mix,* ⟨van thee, koffie⟩ *blend*
vermenigvuldigen ww *multiply* ★ zeven vermenigvuldigd met drie is eenentwintig *seven multiplied by three is / makes twenty-one* ★ konijnen vermenigvuldigen zich heel snel *rabbits multiply rapidly*
vermicelli DE *vermicelli*
vermijden ww ● ontwijken *avoid* ▼ het ongeluk was niet te vermijden *the accident was unavoidable* ● schuwen *shun*
verminderen ww *decrease, diminish* ★ het aantal geboorten vermindert *the number of births is decreasing* ★ de pijn begint te verminderen *the pain is starting to diminish*
vermissen ww *miss* ★ onze poes wordt vermist *our cat is missing* ★ de student wordt al twee maand vermist *the student has been missing for two months*
vermist BN *missing* ★ vermiste personen *missing persons* ★ er wordt een meisje vermist in Portugal *there's a girl missing in Portugal*
vermoedelijk I BN *probable* ★ de vermoedelijke uitkomst van de beslissing *the probable outcome of the decision* ▼ de vermoedelijke dader *the suspected offender* II BIJW *probably* ★ dat is iets wat je vermoedelijk nog niet weet *you probably don't know that yet*
vermoeden I HET ● voorgevoel *suspicion* ★ we hadden al een vaag vermoeden dat dit zou kunnen gebeuren *we had a vague suspicion that this might happen* ★ een donkerbruin vermoeden *a vague suspicion* ▼ ik heb geen flauw vermoeden *I don't have the faintest idea* ● verdenking *suspicion* ★ ons vermoeden was juist *our suspicions proved / was correct* II ww *suspect* ★ ik vermoed dat hij erachter zit *I suspect he's behind it* ★ zijn vrouw vermoedt niets *his wife doesn't suspect anything, his wife has no idea* ▼ ik vermoed dat je dat bedoelt *I suppose that's what you mean*
vermoeid I BN *tired, weary* ★ hij was vermoeid na zijn lange reis *he was tired / weary after his long journey* II BIJW *tiredly, wearily* ★ hij opende vermoeid zijn ogen *he opened his eyes tiredly / wearily*

vermogen HET ● capaciteit *power, capacity* ★ ik zal alles doen wat in mijn vermogen ligt *I'll do everything in my power* ★ zijn verstandelijke vermogen *his intellectual capacity* ● bezit *fortune* ★ die auto kost een vermogen *that car costs a fortune*
vermommen ww *disguise*
vermoorden ww *murder, kill*
vernederen ww *humiliate*
vernemen ww *be told, hear, learn* ★ ik heb vernomen dat je geslaagd bent *I've been told that you passed your exams* ★ wanneer heb je het vernomen? *when did you hear / learn about it?*
vernielen ww *destroy, wreck*
vernietigen ww *destroy, wreck,* ⟨wegvagen⟩ *annihilate,* ⟨van vijand⟩ *wipe out*
vernieuwen ww ● vervangen *renew* ● opknappen *renovate*
veronderstellen ww *assume, suppose* ★ ik veronderstel van wel *I assume / suppose so*
verongelukken ww ● van personen *have an accident, be killed* ★ hij is verongelukt *he was killed in an accident* ● van schepen & *be wrecked,* ⟨vliegtuig⟩ *crash* ★ een verongelukte auto *a wrecked car*
verontreinigen ww *pollute, contaminate* ★ verontreinigd water *polluted / contaminated water* ★ de beek is verontreinigd met bestrijdingsmiddelen *the creek is polluted with pesticides / has been contaminated by pesticides*
verontrusten ww ● ongerust maken *alarm* ● storen, onrustig maken *disturb*
verontschuldigen ww *excuse* ★ hij liet zich verontschuldigen *he asked to be excused* ▼ hij verontschuldigde zich voor zijn vergissing *he apologised for his mistake*
verontwaardiging DE *indignation*
veroordelen ww ● afkeuren *condemn* ● oordeel uitspreken *sentence,* ⟨schuldig bevinden⟩ *convict* ★ hij werd ter dood veroordeeld *he was sentenced to death*
veroordeling DE ● vonnis *sentence* ● afkeuring *condemnation*
veroorloven ww *toestaan* ▼ ik kan mij geen auto veroorloven *I can't afford a car*
veroorzaken ww *cause, bring about* ★ de auto die het ongeluk veroorzaakte is nog niet gevonden *the car that caused the accident hasn't been located yet* ★ de uitstoot van broeikasgassen veroorzaakt klimaatverandering *the emission of*

greenhouse gases is bringing about climate change

veroveren ww *conquer, capture* ★ De Nederlanders hebben in het midden van de zeventiende eeuw Brazilië veroverd *the Dutch conquered Brazil in the mid 17th century* ★ opstandige troepen hebben de stad veroverd *rebel forces captured the city* ▼ hij heeft de eerste plaats veroverd *he's taken the lead* ▼ de partij heeft twee zetels veroverd *the party has won two seats*

verovering DE *conquest*

verpakken ww *pack up, wrap up*

verpakking DE *pack, packet, package* ★ ...nu verkrijgbaar in een verpakking van 10 stuks *...now available in a pack of 10* ★ ...nu verkrijgbaar in een verpakking van 250 gram *...now available in a 250 gram packet / package* ▼ op de verpakking staat ... *it says on the packaging / wrapper that that ...*

verpesten ww *spoil, ruin* ★ ze verpest altijd de sfeer *she always spoils / ruins the atmosphere* ▼ de lucht is verpest *the air is polluted*

verplaatsen ww ● elders plaatsen *move, shift, transfer* ★ het meubilair wordt verplaatst naar het nieuwe kantoor *the furniture is being moved / shifted to the new office* ★ het personeel wordt verplaatst naar de vestiging in Amsterdam *the staff will being transferred to the Amsterdam branch* ▼ ze gaan het bedrijf verplaatsen, waarschijnlijk naar Polen *they're going to relocate the business, probably to Poland* ▼ verplaats je eens in mijn positie *put yourself in my place* ● van water, lucht *displace*

verpleeghuis HET *nursing home*

verpleegkundige DE *nurse* ★ een gediplomeerd verpleegkundige *a trained / qualified nurse*

verplegen ww *nurse* ★ ze verpleegde haar moeder tijdens haar ziekte *she nursed her mother through her illness*

verpleging DE *nursing*

verpletteren ww *crush, smash*

verplicht I BN *compulsory* ★ een verplicht vak *a compulsory subject* ▼ we zijn verplicht op te ruimen *we're obliged to clean up* II BIJW *compulsorily* ★ we zijn verplicht verzekerd tegen ziektekosten *we are compulsorily insured against medical expenses, we have a compulsory medical benefits insurance*

verpotten ww *repot*

verraad HET *treachery*, 〈vooral tegen staat〉 *treason*

verraden ww ● verraad plegen *betray*, 〈vooral tegen staat〉 *commit treason* ★ iemand heeft ons verraden *somebody has betrayed us* ● verklappen *betray, give away* ★ hij heeft het geheim verraden *he betrayed / gave away the secret*

verrader DE *traitor*, 〈van vrienden, geheim, enz〉 *betrayer* ★ een verrader van de zaak *a traitor to the cause* ★ een verrader van zijn vrienden *a betrayer of his friends*

verrassen ww *surprise, take by surprise* ★ toen hij het huis binnenkwam, verraste hij een inbreker *on entering his house, he surprised a burglar* ★ de aankondiging verraste ons allemaal *the announcement took us all by surprise* ▼ we werden door een onweer verrast *we got caught in a thunderstorm*

verrassing DE *surprise, amazement*, 〈onplezierig〉 *shock* ★ tot mijn grote verrassing *much to my surprise, to my amazement*

verrekijker DE ● met 2 lenzen *binoculars, field glasses* ● met 1 lens *telescope*

verrichten ww *do, perform* ★ we verrichten een hoop werk *we do a lot of work* ★ alle godsdiensten sporen mensen aan om goede werken te verrichten *all religions encourage people to do / to perform good deeds*

verroeren ww *stir, budge* ★ een minuut lang verroerde zich niemand *nobody stirred for a full minute* ★ verroer je niet *don't budge, stay put* ▼ ze verroert thuis geen vinger *she never lifts / raises a finger around the house*

verroesten ww *rust*

verrukkelijk I BN *delightful*, 〈van smaak〉 *delicious* ★ we hebben een verrukkelijke avond gehad *we had a delightful evening* II BIJW *delightfully*, 〈van smaak〉 *deliciously* ★ het koor heeft verrukkelijk gezongen *the choir sang delightfully* ★ ze kan verrukkelijk koken *she cooks deliciously*

vers I HET ● regel *verse* ● couplet *stanza* ● gedicht *poem* II BN nieuw *fresh, new* ★ verse eieren *fresh / new-laid eggs* ★ verse koffie *fresh / new coffee* **III** BIJW *freshly* ★ vers geplukte boontjes *freshly picked beans*

verscheiden BN + TELW ● meerdere *various* ★ ze heeft verscheidene mensen brieven geschreven, onder wie rechters en zelfs de president *she has written letters to various people, including judges and the President himself* ★ verscheidene keren *at various times* ● een paar *several* ★ verscheidene mensen hebben dit genoemd *several people have mentioned this*

verscheuren WW ● in stukken *tear* ● in kleine stukjes *shred* ● in verdeeldheid brengen *tear apart* ★ het land wordt verscheurd door een burgeroorlog *the country is being torn apart by civil war*

verschijnen WW ● te voorschijn komen *appear, show up, turn up* ● uitkomen van boeken, films, & *come out,* ⟨van film⟩ *appear* ★ het boek is vorig jaar verschenen *the book came out last year*

verschijning DE ● het verschijnen *appearance,* ⟨van boek⟩ *publication* ▼ een aardige verschijning *a good-looking person* ● geest *ghost, apparition*

verschijnsel HET *phenomenon,* ⟨van ziekte⟩ *symptom* ★ het noorderlicht is een natuurverschijnsel *the northern lights are a natural phenomenon*

verschil HET *difference* ★ een verschil van mening *a difference of opinion* ★ dat maakt een groot verschil *that makes all the difference*

verschillen WW *differ* ★ op dat punt verschillen we van mening *on that point our opinions differ, on that point we disagree*

verschillend **I** BN ● afwijkend *different* ★ ook al zijn het broers, ze zijn erg verschillend *though they are brothers, they are very different* ● menig *various,* ⟨een paar⟩ *several* ★ op verschillende plaatsen *in various / several places* **II** BIJW *differently* ★ mannen en vrouwen gaan verschillend met emoties om *men and women deal with their emotions differently*

verschimmelen WW *grow mouldy*

verschonen WW ● schoon goed geven *change* ★ ze verschoont het bed *she's changing the bed* ★ ze verschoont de baby *she's changing the baby's nappy* ▼ hij is zich aan het verschonen *he's putting on clean clothes* ● sparen *spare* ★ ik wil verschoond blijven van al die spam *I want to be spared all that SPAM*

verschrikkelijk **I** BN *terrible, dreadful* ★ ik heb een verschrikkelijke kiespijn *I have a terrible / dreadful toothache* **II** BIJW *terribly, dreadfully* ★ het is verschrikkelijk ingewikkeld *it's terribly / dreadfully complicated*

verschrompelen WW *shrivel up, wither*

verschuiven WW ● verplaatsen *shift, move* ● uitstellen *postpone* ★ de vergadering is verschoven naar vrijdag *the meeting has been postponed until Friday*

versgebakken BN *freshly baked*

versie DE *version*

versieren WW ● met versieringen *decorate* ★ we hebben de kerstboom versierd *we've decorated the Christmas tree* ● voor elkaar krijgen *fix, wangle* ★ dat versier ik wel voor je *I'll fix / wangle it for you* ● verleiden *pick up* ★ ze versierde een leuke vent in de kroeg *she picked up a cute guy at the pub* ▼ hij wil je versieren *he's trying to chat you up*

versiering DE *decoration, adornment* ★ kerstversieringen *Christmas decorations* ★ een gebouw zonder versieringen *a building without any adornment*

verslaafd BN *addicted,* INF *hooked* ★ hij is verslaafd aan gokken *he's addicted to gambling, he's hooked on gambling* ▼ hij is verslaafd aan drugs *he's a drug addict*

verslaafde DE ● aan drugs & *addict* ● aan alcohol *alcoholic*

verslaan WW ● overwinnen *defeat,* ⟨sport ook⟩ *beat* ● verslag geven *cover, report* ★ James zal de wedstrijd verslaan *James will be covering the match / will be reporting on the match*

verslag HET ● rapport *report, account* ★ ...en nu naar onze correspondent in Libanon voor een verslag van het staakt-het-vuren *...and now over to our correspondent in Libanon for a report on the ceasefire* ★ hij deed verslag van de reis *he gave an account of the trip* ● reportage *commentary* ★ de BBC gaf een rechtstreeks verslag van de wedstrijd *the BBC provided a running commentary on the match*

verslaggever DE *reporter*

verslapen ww *oversleep, sleep in* ★ zij heeft zich verslapen *she overslept, she slept in*
verslaving DE *addiction*
verslechteren ww slechter worden *get worse, grow worse*
verslijten ww *wear out* ★ versleten kleren *worn out clothes*
verslinden ww *devour*
versnapering DE *snack*
versnellen ww *accelerate, speed up*
versnelling DE ● het versnellen *acceleration* ● mechanisme *gear* ★ in de hoogste / laagste versnelling *in top / bottom gear* ▼ een fiets met drie versnellingen *a three-speed bike*
versnipperen ww ● van tijd *fritter away* ★ probeer je tijd niet te versnipperen met onbenulligheden *try not to fritter away your time on matters that aren't important* ● van papier *shred* ★ alle vertrouwelijke correspondentie moet versnipperd worden *all confidential correspondence must be shredded*
verspelen ww ● met spelen verliezen *gamble away* ★ hij heeft al zijn geld verspeeld *he gambled away all his money* ● door eigen schuld verliezen *lose, forfeit* ★ hij heeft de kans van zijn leven verspeeld *he lost the opportunity of a lifetime* ★ door te liegen heeft hij zijn goede naam verspeeld *he forfeited his reputation by lying* ▼ hij heeft zijn kans verspeeld *he threw away / blew his chance*
versperren ww *block, obstruct, bar* ★ een auto versperde de ingang *a car was blocking / obstructing the entrance* ★ de politie versperde de toegang *the police barred the entrance*
verspillen ww *squander, waste*
verspreiden ww ● uiteen (doen) gaan *spread, disperse* ★ ratten hebben zich over de hele wereld verspreid *rats have spread all over the world* ★ na de demonstratie verspreidde de menigte zich *the crowd dispersed after the demonstration* ● verbreiden *spread, circulate* ★ hij heeft leugens over mij verspreid *he spread / circulated lies about me* ★ de boer was mest aan het verspreiden *the farmer was spreading manure* ▼ het verspreidde een vieze geur *it gave off / out a nasty smell*
verspreken ww *make a slip (of the tongue)* ★ ze versprak zich *she made a slip of the tongue*
verspringen ww + HET atletiekonderdeel *long jump*
verstaan ww ● horen *catch, hear, understand* ★ ik verstond niet wat hij zei *I didn't catch / hear / understand what he said* ● begrijpen *understand* ★ ik versta geen Duits *I don't understand German* ▼ hij verstaat zijn vak *he knows his job* ● bedoelen *mean, understand* ★ wat versta je daaronder? *what do you take this to mean?* ★ wat versta je onder 'een actiefilm'? *what do you understand by 'an action film'?*
verstand HET denkvermogen *mind, intellect* ★ hij is een aardige jongen met een goed verstand *he is a pleasant boy with a keen mind / intellect* ▼ gebruik je verstand nou eens! *use your brains for a change!* ▼ gezond verstand *common sense* ▼ dat gaat mijn verstand te boven *that's beyond me* ▼ ze heeft een goed verstand *she's got a good head on her shoulders, she's intelligent* ▼ heb jij verstand van banden plakken? *do you know how to mend a puncture?* ▼ ik heb er geen verstand van *I know nothing about it, I don't know the first thing about it*
verstandig I BN *sensible, wise* ★ een verstandig meisje *a sensible girl* ★ hij zou er verstandig aan doen te stoppen *he would be wise to stop* ★ wees verstandig *be sensible* **II** BIJW *sensibly, wisely* ★ hij is verstandig met zijn geld omgegaan *he handled his money sensibly / wisely*
versterken ww ● krachtiger maken *strengthen,* ⟨van licht, geluid⟩ *intensify,* ⟨van geluid⟩ *amplify,* ⟨tegen aanvallen⟩ *fortify* ● talrijker maken *reinforce, increase* ★ ons team is versterkt met twee nieuwe leden *our team has been reinforced with two new members*
versterker DE *amplifier*
verstijven ww *stiffen* ★ hij verstijfde van angst *he stiffened with fear*
verstikking DE *suffocation, asphyxiation*
verstoppen ww ● verbergen *hide* ★ ze verstopte zich achter de kast *she hid behind the cupboard* ★ de drugs waren verstopt in een vrachtwagen *the drugs were hidden in a truck* ● verstopt raken / maken *clog, block up* ★ een verstopt riool *a clogged sewer, a blocked drain* ▼ een

verstopte neus a blocked-up nose
verstoppertje HET hide-and-seek
verstopping DE • verstopt zijn stoppage, blockage • constipatie constipation
verstoren WW ⟨van rust⟩ disturb, ⟨van evenwicht, plannen⟩ upset, ⟨van stilte⟩ break
verstoten WW ⟨van kind⟩ disown, ⟨van dier⟩ reject ★ de koe verstootte haar kalf the cow rejected its calf
verstuiken WW sprain ★ hij heeft zijn enkel verstuikt he sprained his ankle
versturen WW send (off) ★ hij heeft het pakje gisteren al verstuurd he sent (off) the packet yesterday
vertalen WW translate ★ dit is van het Duits in het Engels vertaald this has been translated from German into English
vertaling DE translation
verte DE distance ★ uit de verte from a distance ★ heel in de verte far away (in the distance) ▼ in de verste verte niet not in the least, not by a long shot
vertegenwoordigen WW represent
vertellen WW • verhaal doen tell ★ je moet het niet verder vertellen don't tell anybody ▼ hij kan goed vertellen he is a good storyteller ▼ je hebt hier niets te vertellen you have no authority here • verkeerd tellen miscount ★ ik heb me verteld I miscounted
verteren WW • vergaan decay, decompose ★ verteerde lichamen decayed / decomposed bodies • van voedsel digest
verticaal I BN vertical, ⟨in kruiswoord⟩ down ★ verticale jaloezieën vertical blinds II BIJW vertically ★ de vlag kan ook verticaal worden gehangen the flag can also be hung vertically
vertonen WW • laten zien / blijken show, exhibit ★ hij vertoonde tekenen van ongeduld he was showing signs of impatience ★ het dier vertoont tekenen van angst the animal is exhibiting signs of distress ▼ hij vertoonde zich niet he didn't show / turn up • opvoeren perform, show ★ ze vertoonden de film Hamlet they performed Hamlet ★ de video zal vanavond worden vertoond the video will be shown this evening
vertoning DE • het vertonen showing, presentation • voorstelling show, performance ★ wat een beschamende vertoning! what a pathetic show / performance! ▼ het was een hele vertoning it was quite a spectacle / display
vertragen WW slow down, ⟨van ontwikkeling⟩ be delayed ★ de trein is vertraagd the train is delayed ▼ een vertraagde filmopname a slow-motion film scene
vertraging DE • het vertragen slowing down • oponthoud delay ▼ de trein had twintig minuten vertraging the train was twenty minutes late
vertrek HET • het weggaan departure ★ het tijdstip van vertrek the time of departure • kamer room ★ een huis met veel vertrekken a house of many rooms
vertrekhal DE departure hall
vertrekken WW • weggaan leave, ⟨van boot⟩ sail ★ een groep artsen is vanmorgen naar het rampgebied vertrokken a group of doctors left for the disaster area this morning ★ de boot vertrekt morgen naar Amerika the boat will sail for America tomorrow • van gezichtsuitdrukking distort, contort ★ zijn gezicht was vertrokken van woede his face was distorted with rage ★ een van pijn vertrokken gezicht a face contorted with pain ▼ hij vertrok geen spier he didn't flinch, he didn't bat an eyelid
vertrektijd DE departure time
vertrouwd BN • bekend familiar ★ hij raakte vertrouwd met het onderwerp he became familiar with the subject ▼ ik heb me vertrouwd gemaakt met de regels I've familiarized myself with the rules ▼ in zijn vertrouwde omgeving in the surroundings he knows • betrouwbaar safe, reliable ★ de zaak is in vertrouwde handen the matter is in safe / reliable hands ▼ een vertrouwde vriend a trusted friend
vertrouwelijk I BN • intiem intimate, familiar ★ een vertrouwelijke vriend an intimate friend ★ hij wil niet te vertrouwelijk zijn met zijn werknemers he doesn't want to be too familiar with his employees • geheim confidential ★ dat is vertrouwelijke informatie that's confidential information II BIJW • intiem in an intimate way, familiarly ★ ze gaan vertrouwelijk met elkaar om they treat each other in an intimate / familiarly • geheim confidentially, in confidence ★ de

sollicitatie wordt vertrouwelijk behandeld *the application will be treated confidentially / in confidence*

vertrouwen I HET *confidence, faith* ★ in vertrouwen *in confidence* ★ zij nam hem in vertrouwen *she took him into her confidence, she confided in him* ★ ik heb vertrouwen in de toekomst *I have faith in the future* ★ ze hebben het vertrouwen in een vreedzame oplossing van het conflict verloren *they've lost their faith in a peaceful solution to the conflict* II WW *trust, rely on* ★ ik vertrouw hem volledig *I trust him completely* ★ hij vertrouwt op God *he trusts in God* ★ ik zou er maar niet op vertrouwen dat die oude auto Italië haalt *I wouldn't rely / bank on that old car making it to Italy*

verval HET *decline, deterioration* ▼ het gebouw raakt in verval *the building is falling into disrepair*

vervallen I BN ● bouwvallig *dilapidated, ramshackle* ★ een vervallen huis *a ramshackle house* ★ het huis was vervallen *the house was dilapidated / in bad repair* ● niet meer geldig *expired* ★ de verzekeringspolis is vervallen *the insurance policy has expired* II WW ● achteruitgaan *decline* ● niet meer gelden *expire* ● geërfd worden *be inherited* ★ het huis verviel aan de oudste zoon *the house was inherited by the eldest son*

vervalsen WW namaken *forge, counterfeit* ★ een vervalste handtekening *a forged signature* ★ geld vervalsen is een misdrijf *forging / counterfeiting money is a crime* ▼ ze hebben de rekeningen vervalst *they've tampered with the accounts*, INF *they've cooked the books*

vervalsing DE *forgery, ⟨van geld, enz⟩ counterfeit*, SPREEKT *fake* ★ de brief was een vervalsing *the letter was a forgery*

vervangen WW *replace, substitute* ★ ik zal deze gloeilamp vervangen door een spaarlamp *I'll replace this bulb with a low-energy one* ▼ niet te vervangen *irreplaceable*

vervelen WW ● bore ★ hij verveelde me met zijn verhalen *he bored me with his stories* ● be / feel bored ★ ze verveelde zich dood *she was bored stiff*

vervelend I BN ● onaangenaam *tedious,*

307   **vertrouwen – vervuilen**

annoying ★ garnalen pellen is een vervelende klus *peeling shrimps is a tedious job* ★ wat vervelend! *how annoying!, what a bore!, what a nuisance!* ▼ een vervelend bericht *bad news* ● saai *boring, tedious* ★ een vervelende les *a boring lesson* ★ lange vliegreizen kunnen vervelend zijn als je kleine kinderen hebt *long flights can be tedious if you have young children* ▼ doe toch niet zo vervelend *don't be such a nuisance* ▼ een vervelend iemand / iets *a bore* II BIJW *tediously* ★ onderzoekingen op luchthavens kunnen vervelend langzaam verlopen *searches at airports can be tediously slow* ▼ de man gedroeg zich vervelend *the man was being annoying*

verveling DE *boredom* ★ uit pure verveling *out of complete / sheer / utter boredom*

vervellen WW *peel* ★ mijn neus is aan het vervellen *my nose is peeling* ▼ een slang vervelt elk jaar *a snake sheds its skin every year*

verven WW ● schilderen *paint* ● kleuren *dye* ★ geverfd haar *dyed hair*

verversen WW *change*, ⟨van lucht⟩ *freshen*, ⟨van olie⟩ *change* ★ ververs het water in de vaas elke dag *change the water in the vase daily*

vervloeken WW *curse*

vervoer HET *transport* ★ openbaar vervoer *public transport*

vervoeren WW *transport, carry*

vervoermiddel HET *(means of) transport*

vervolg HET ● voortzetting *sequel* ★ een vervolg op een boek / film *a sequel to a book / film* ● komende tijd *future* ★ wees in het vervolg wat voorzichtiger! *be more careful in future!*

vervolgen WW ● voortgaan *continue* ★ wordt vervolgd *to be continued* ● achtervolgen *pursue*, ⟨wegens geloof, politiek⟩ *persecute* ● gerechtelijk *prosecute* ▼ ze laten hem gerechtelijk vervolgen *they are taking legal action against him*

vervolgens BIJW *then, next, further* ★ we nemen een drankje en gaan vervolgens lekker eten *we'll have a drink and then we'll have a nice meal*

vervuilen WW ● vuil worden *become filthy, become polluted* ★ de kanalen beginnen te vervuilen *the canals are becoming polluted* ★ de stad vervuilt omdat de

vervuiling – verwijten

vuilnismannen staken *the city is becoming filthy because the rubbish collectors are on strike* • vuil maken *pollute, contaminate* ★ de rivier raakt vervuild met zware metalen *heavy metals are polluting / contaminating the river*

vervuiling DE • van milieu *pollution* ★ de vervuiling van het milieu *environmental pollution* • vuilheid *filthiness*

verwaand I BN *arrogant, conceited* ★ zijn zus is nogal verwaand *his sister is rather arrogant / conceited* II BIJW *arrogantly, conceitedly* ★ ze gedroeg zich heel verwaand tegenover de anderen *she behaved very arrogantly toward the others* ★ hij liep verwaand voorop *he conceitedly walked in front*

verwaarlozen WW • niet verzorgen *neglect* ★ hij verwaarloost zijn plichten *he's neglecting his duties* • buiten beschouwing laten *disregard, ignore*

verwachten WW • rekenen op *expect* ★ dat verwacht ik niet van hem *I don't expect that from him* ▼ lang verwacht *long awaited* • zwanger zijn *be expecting* ★ ze verwacht een baby *she is expecting (a baby)*

verwachting DE *expectation* ★ tegen alle verwachtingen in won hij de race *against all expectations he won the race* ★ boven verwachting *beyond expectation* ★ het beantwoordde aan de verwachting *it lived / came up to expectations* ▼ de (weers)verwachting tot middernacht *the weather forecast until midnight* ▼ ze is in verwachting *she's pregnant / expecting*, INF *she's in the family way*

verwant BN *related* ★ wij zijn verwant aan de apen *we're related to the apes* ▼ verwante geesten *kindred spirits*

verwarmen WW *heat, warm* ▼ de kamer is niet verwarmd *the room is unheated*

verwarming DE *heating, warming* ★ de verwarming in mijn auto doet het niet meer *the heater / heating in my car doesn't work any more* ★ centrale verwarming *central heating*

verwarmingsketel DE *boiler*

verwarmingsmonteur DE *heating engineer*

verwarren WW • in de war brengen *confuse,* ⟨van draden⟩ *tangle (up)* • verwarren met *mistake for* ★ ze verwarren haar altijd met haar zuster

people always mistake her for her sister

verwarring DE *confusion, muddle* ★ je moet geen verwarring stichten *you shouldn't cause / create confusion* ★ er is verwarring over het precieze aantal slachtoffers *there's confusion about the exact number of casualties* ▼ ze werd in verwarring gebracht *she was confused / flustered*

verwelkomen WW *welcome*

verwend BN *spoilt*

verwennen WW • te toegeeflijk zijn *spoil* ★ ze verwennen het kind helemaal *they completely spoil the child* • vertroetelen *indulge, pamper* ★ ik ga mezelf eens lekker verwennen *I'll go and indulge / pamper myself*

verwerken WW • gebruiken *process, handle* ★ Schiphol verwerkt ongeveer 130.000 ton vracht per maand *Schiphol handles / processes about 130,000 tons of freight per month* • omwerken *process* ★ mais wordt meestal verwerkt tot veevoer *maize is usually processed into cattle feed* • opnemen *incorporate* ★ we hebben die gegevens nog niet verwerkt *we haven't incorporated this data yet* ▼ mijn maag kon dat voedsel niet verwerken *my stomach couldn't digest that food* • te boven komen *cope with* ★ zij kan het verlies van haar broer niet verwerken *she isn't coping with the loss of her brother*

verwerpen WW *reject, dismiss* ★ het voorstel werd verworpen *the proposal was rejected / turned down*

verwerven WW *acquire, obtain*

verwezenlijken WW *realize*

verwijderen WW • wegnemen *remove* ★ deze vloeistof verwijdert vlekken *this liquid removes stains* • wegsturen ⟨van school⟩ *expel,* ⟨van sportveld⟩ *send off* ★ hij is van school verwijderd *he's been expelled* ★ hij is van het veld verwijderd *he's been sent off* • weggaan *go away* ★ hij verwijderde zich *he went away*

verwijsbriefje HET van dokter *referral*

verwijt HET *reproach* ★ ze keek me vol verwijt aan *she looked at me full of reproach*

verwijten WW *reproach* ★ je moet jezelf dat niet verwijten *you mustn't reproach yourself with that* ▼ dat verwijten ze mij nog steeds *they still hold that against me* ▼ de pot verwijt de ketel dat hij zwart ziet

verwisselen ww *change, exchange* ★ ik moest een band verwisselen *I had to change a tyre* ★ hij verwisselde theologie voor rechten *he exchanged theology for law* ▼ je moet ze niet met elkaar verwisselen *don't mistake the one for the other*

verwoesten ww *destroy, ruin* ★ de haven was volledig verwoest *the harbour was completely destroyed* ★ zij heeft zijn leven verwoest *she destroyed / ruined his life*

verwoesting DE *destruction, devastation* ★ de verwoesting van het centrum van Rotterdam *the destruction of the centre of Rotterdam* ★ de verwoesting was enorm *the devastation was immense*

verwonden ww *wound, injure*

verwonderen ww *surprise, astonish* ★ dat verwondert me *I'm surprised at it, that surprises me* ★ ze verwonderde zich over het moois dat ze zag *she was surprised / astonished at the beautiful things she saw* ▼ het is niet te verwonderen dat dit gebeurd is *it's no wonder that this happened*

verwondering DE *astonishment, surprise* ★ tot ieders verwondering *to everybody's astonishment / surprise*

verzadigen ww • met eten *satisfy* ★ na het diner voelde ik me volledig verzadigd *the dinner completely satisfied me* • alles opnemen *saturate*

verzamelen ww • bijeenkomen *gather, assemble* ★ een grote menigte verzamelde zich voor het stadhuis *a large crowd gathered / assembled in front of the town hall* • bijeenzoeken *collect, gather* ★ de verzamelde werken van Vondel *the collected works of Vondel* ★ hij verzamelt postzegels *he collects stamps* ★ de leerlingen verzamelden informatie over hun dorp *the students gathered information about their village*

verzameling DE • collectie *collection* • samenkomst *gathering, assembly*

verzekeren ww • garanderen *guarantee, assure* ★ ik kan je niet verzekeren dat de operatie succes zal hebben *I can't guarantee that the operation will be successful* ★ ik verzeker je dat ik op tijd zal zijn *I assure you I'll be in time* • verzekering afsluiten *insure* ★ je moet je verzekeren tegen risico's *you should insure yourself against the risks you face* • vergewissen *secure, make sure* ★ ze verzekerde zich van een goed plaatsje *she secured a good place for herself* ★ hij verzekerde zich ervan dat het alarm aanstond *he made sure that the alarm was switched on*

verzekering DE • garantie *guarantee, assurance* ★ ik geef u de verzekering dat dat voetpad veilig is *I can give you an assurance that / I give you my guarantee that that footpath is safe,* • assurantie *insurance, assurance* ★ we hebben een levensverzekering afgesloten *we've taken out life insurance* ★ een allriskverzekering *comprehensive insurance* ★ een verzekeringsmaatschappij *an insurance company*

verzekeringspolis DE *insurance policy*

verzenden ww *send (off), dispatch* ★ deze brief is een week geleden verzonden *this letter was sent / dispatched a week ago*

verzet HET • tegenstand *resistance, opposition* ★ verzet is zinloos *resistance is futile* ★ de bevolking kwam in verzet tegen het leger *the population rose in opposition to the army* • verzetsbeweging *resistance*

verzetten ww • verplaatsen *shift, move (around)* ★ we hebben de meubels verzet *we've shifted the furniture, we've moved the furniture around* ▼ ik kan geen stap meer verzetten *I can't walk another step* • uitstellen *put off* ★ we moeten de vergadering verzetten naar volgende week *we'll have to put off the meeting till next week* • verrichten *get through* ★ hij verzet veel werk *he gets through a lot of work* • weerstand bieden *resist, oppose* ★ hij verzette zich tegen zijn arrestatie *he resisted arrest* ★ de aartsbisschop verzet zich tegen abortus *the archbishop opposes abortion*

verziend BN *long-sighted, far-sighted*

verzinnen ww *invent, make up, think up* ★ ze had een smoes verzonnen *she had thought up an excuse* ★ dat verzin je maar *you're making it up* ★ ik zal er iets op moeten verzinnen *I'll have to think up something*

verzinsel HET *story, invention* ▼ het was maar een verzinsel van haar *it was just*

something she made up
verzoek HET • vraag *request* ★ op verzoek van *at the request of* ★ een dringend verzoek aan het publiek *an urgent request to the public* • verzoekschrift *appeal, petition*
verzoeken ww *ask, request, beg* ★ mag ik u verzoeken plaats te nemen? *may I ask / request you to take your seats, please?* ★ ik verzoek u haar niet te doden! *I beg you not to kill her!*
verzoeknummer HET *request*
verzoenen ww *reconcile* ★ ze heeft zich met haar broer verzoend *she became reconciled with her brother*
verzorgen ww *look after, take care of* ★ ze verzorgde het huishouden *she looked after the house* ★ hij verzorgt zijn invalide moeder *he takes care of / looks after his invalid mother*
verzorger DE *attendant, caretaker, ⟨van hulpbehoevende⟩ carer*
verzorging DE *care*
verzuimen ww • afwezig zijn *be absent* ★ ze heeft de school verzuimd *she was absent from school* ▼ hij verzuimde een les *he skipped a class* • nalaten *fail, neglect* ★ hij verzuimde zijn rekeningen te betalen *he failed to pay his bills* ★ ze verzuimde ons te vertellen waar het feest was *she neglected to tell us where the party was*
verzuipen ww • omkomen door verdrinking *drown* • door teveel drinken kwijtraken *booze away* ★ hij heeft zijn hele erfenis verzopen *he's boozed away all of his inheritance* • van carborateur *flood* ★ de auto wou niet goed starten en nu is hij verzopen *the car wouldn't start properly and now it's flooded*
verzwijgen ww *keep silent (about)* ▼ ze heeft het voor mij verzwegen *she concealed / kept it from me*
verzwikken ww *twist, sprain* ★ ik heb mijn enkel verzwikt *I've twisted / sprained my ankle*
vest HET • jasje zonder mouwen *waistcoat* • soort trui *cardigan*
vestigen ww • richten *focus, direct* ★ hij vestigde zijn aandacht op de andere gasten *he focus(s)ed / directed his attention to the other guests* • opzetten, stichten *set (up), establish* ★ het bedrijf werd gevestigd in 1900 *the business was set up / established in 1900* ★ hij vestigde een nieuw record *he established / set a new record* • gaan wonen *settle* ★ hij vestigde zich in Londen *he settled in London* ▼ het bedrijf is gevestigd in Amsterdam *the firm has its base in Amsterdam* ▼ hij vestigde zich als huisarts *he set up (general) practice*
vestingstad DE *fortified city*
vet I HET *fat, ⟨smeer⟩ grease* ▼ hij zette de machine in het vet *he greased the machine* II BN • niet mager *fat* ★ een vet varken *a fat pig* ★ een vette winst *a fat profit* • vettig *greasy* ★ vette vingers *greasy fingers* • dik gedrukt *bold* ★ met vette letters *in bold (type)* • fantastisch ⟨jongerentaal⟩ *awesome* ★ die auto is vet! *that car is awesome!* III BIJW • in dikke letters *in bold* ★ deze tekst moet vet gedrukt worden *this text has to be printed in bold* • heel ⟨jongerentaal⟩ *fat* ★ die band is vet gaaf *that band is fat cool, that band is awesome*
veter DE *lace, ⟨schoenveter⟩ shoelace* ★ hij kan zijn veters al strikken *he can already tie his shoelaces*
veteranenziekte DE *legionnaire's disease, legionella*
veto HET *veto* ▼ de president sprak een veto uit over het wetsvoorstel *the president vetoed the bill*
vetplant DE *succulent*
veulen HET *foal, ⟨hengst⟩ colt, ⟨merrie⟩ filly*
vezel DE *fibre, thread*
vezelplaat DE *fibreboard*
via VZ • langs *via, by way of* ★ de dief kwam via het dak binnen *the thief got in via the roof* • door middel van *through, by way of* ★ ik hoorde het via een collega *I heard it through / from a colleague*
viaduct HET *⟨van spoorweg⟩ viaduct, ⟨van snelweg⟩ flyover*
vicepresident DE *vice-president*
video DE • videoband *video* • videorecorder *video recorder*
videocamera DE *video camera*
videotheek DE *video shop*
vier TELW *four* ▼ op 4 mei *on the fourth of May*
vierde TELW *fourth*
vieren ww • gedenken *celebrate* ★ een gevierd dichter *a celebrated poet* ▼ dat moeten we vieren *that calls for a celebration* • laten schieten *pay out, slacken* ★ ze lieten het touw vieren *they*

paid out / slackened the rope
viering DE *celebration* ★ ter viering van *in celebration of*
vierkant I HET *square* ▼ drie meter in het vierkant *three metres square* II BN *square* ★ een vierkante tafel *a square table* ★ vijf vierkante meter *five square metres* III BIJW ▼ hij weigerde vierkant om weg te gaan *he flatly refused to go* ▼ daar ben ik vierkant tegen *I'm dead (set) against it*
viertaktmotor DE *four-stroke engine*
vierwielaandrijving DE *four-wheel drive*
vies I BN ● smerig *dirty, grubby* ★ hij had vieze handen *his hands were dirty / grubby* ● onsmakelijk *foul, nasty* ★ een vieze lucht *a foul / nasty smell* ● onfatsoenlijk *obscene, dirty* ★ een vieze mop *a dirty joke* ★ vieze plaatjes *obscene pictures* II BIJW smerig *dirty* ★ hij keek me vies aan *he gave me a dirty look* ★ de hond is vies bruin *the dog is a dirty brown colour* ▼ dat valt vies tegen *that's a real let-down*
viezerik DE ● obsceen persoon *dirty old man, pervert* ● smerig persoon *pig, slob*
vijand DE *enemy*
vijandig I BN *hostile, enemy* ★ een vijandige omgeving *a hostile environment* ★ vijandige vliegtuigen *enemy aircraft* II BIJW *in a hostile manner* ★ de school reageerde vijandig *the school reacted in a hostile manner*
vijf TELW *five* ▼ op 5 mei *on the fifth of May*
vijfde TELW *fifth*
vijftien TELW *fifteen* ▼ op 15 mei *on the fifteenth of May*
vijftiende TELW *fifteenth* ▼ op zijn vijftiende verhuisde het gezin naar Berlijn *the family moved to Berlin when he was fifteen*
vijftig TELW *fifty*
vijftigste TELW *fiftieth* ▼ hij trouwde op zijn vijftigste *he got married when he was fifty*
vijg DE *fig*
vijl DE *file*
vijver DE *pond*
vijzel DE *mortar* ★ een vijzel en stamper *a mortar and pestle*
villa DE *large house*
vilt HET *felt*
viltje HET *beer mat*
viltstift DE *felt-tip pen, felt tip*
vin DE ⟨van vis⟩ *fin,* ⟨van zeehond⟩ *flipper* ▼ ik kan geen vin verroeren *I can't move a finger*

vinden WW ● aantreffen *find,* ⟨toevallig⟩ *come across* ★ ze vonden explosieven in de schuur *they found some explosives in the shed* ★ die foto is nergens te vinden *that picture is nowhere to be found* ★ ik vond het toevallig in de kelder *I happened to come across it in the cellar* ● van mening zijn / oordelen *find, think* ★ vind je niet? *don't you think?* ★ hoe vind je het? *what do you think of it?, how do you like it?* ★ ik vind dat het niet zo koud is als gisteren *I don't find it as cold as yesterday* ▼ ik vind het goed / best *that's fine by me, it's all right with me* ▼ hij vindt het goed *he approves (of it)* ▼ zou je het erg vinden als ... *would you mind if ...* ★ ik vind er niets aan *I don't like it at all* ▼ ik vind haar aardig *I like her* ▼ daar ben ik wel voor te vinden *I'm in for it* ▼ ze kunnen het goed met elkaar vinden *they get on very well together*
vinger DE *finger* ★ hij heeft lange vingers ⟨hij steelt⟩ *he has sticky fingers* ★ hij zal geen vinger uitsteken om je te helpen *he won't lift a finger to help you* ▼ hij heeft het in de vingers *he's got a talent for it* ▼ we zullen het deze keer door de vingers zien *we'll overlook it this time, we'll turn a blind eye to it this time*
vingerafdruk DE *fingerprint*
vink DE ● vogel *finch* ● tekentje *check (mark)*
vinnig I BN *sharp, biting* ★ een vinnig antwoord *a sharp / biting answer* ★ een vinnige wind *a biting wind* II BIJW *sharply, curtly, bitingly* ★ 'hoepel op!' zei ze vinnig *'buzz off!', she said sharply / curtly* ★ het is vinnig koud *it's bitingly / bitterly cold*
violet BN *violet*
violist DE *violinist, violin player*
viool DE *violin* ★ wil je viool leren spelen? *do you want to learn (to play) the violin?*
viooltje HET *violet* ▼ het driekleurig viooltje *the pansy*
virus HET *virus*
vis DE *fish* ▼ zo gezond als een vis *as fit as a fiddle*
visgraat DE *fish bone*
vishandelaar DE *fishmonger*
visie DE kijk *outlook, view* ★ wat is jouw visie op de zaak? *what's your outlook on things?, what's your view of things?*
visite DE ● bezoek *visit, call* ★ ze kwamen bij ons op visite *they paid us a visit, they called*

on us • bezoekers *visitors, guests* ★ we hebben visite *we have visitors / guests*
visitekaartje HET *visiting card, business card*
vissen ww • vis vangen *fish* ★ we gaan morgen vissen *we're going fishing tomorrow* ★ de keeper moest driemaal vissen *the goalkeeper had to fish the ball out of the net three times* • trachten te krijgen *fish, angle* ★ ze viste duidelijk naar een complimentje *she was obviously fishing / angling for a compliment*
Vissen DE *Pisces* ★ mijn teken van de dierenriem is Vissen *my sign of the zodiac is Pisces*
visser DE *fisherman*, SPORT *angler*
visstick DE *fish finger*
visum HET *visa*
vitaal I BN *vital* ★ van vitaal belang *of vital importance* ▼ opa is nog heel vitaal *Grandpa is still as fit as a fiddle* **II** BIJW *vitally* ★ vitaal belangrijk onderzoek *vitally important research*
vitamine DE *vitamin*
vitrage DE *lace curtain*
vitrine DE *showcase, show window*
vitten ww *find fault, carp* ★ ze zit steeds op me te vitten *she's constantly carping at / finding fault with me*
vla DE *custard*
vlaag DE • windstoot *gust* • bui *fit, burst* ★ een vlaag van woede *a fit / burst of anger*
Vlaams I HET taal *Flemish* **II** BN *Flemish* ▼ een Vlaamse gaai *a jay*
Vlaamse DE *Flemish woman*
Vlaanderen HET *Flanders*
vlag DE *flag* ★ de vlag werd gehesen / neergehaald *the flag was hoisted / lowered* ★ we steken de vlag uit *we put out the flag* ▼ hij is met vlag en wimpel geslaagd *he passed with flying colours*
vlak I HET • gebied *field* ★ op politiek vlak ben ik al jaren actief *I have been active in (the field of) politics for years* • oppervlak *plane* ★ een kubus heeft zes vlakken *a cube has six planes* ▼ we begeven ons op een hellend vlak *we're are on slippery ground* **II** BN plat *flat, level* ★ vlak van toon *flat in tone* ★ een vlak scherm *a flat screen* ★ we zetten onze tent op op een vlak stukje grond *we pitched our tent on a flat / level bit of ground* ▼ met de vlakke hand *with the flat of the hand* **III** BIJW direct *right, just* ★ vlak tegenover ons *directly opposite us, right across from us* ★ vlak om de hoek *just (a)round the corner* ★ vlak boven *right over / above* ★ tot vlak bij het huis *right up to the house* ★ vlak voor ons *right in front of us* ▼ vlak bij de deur *close by*
vlakte DE *plain* ▼ hij houdt zich op de vlakte *he's non-committal*
vlam DE *flame* ★ het huis ging in vlammen op *the house went up in flames* ★ ze is een oude vlam van hem *she's an old flame of his* ▼ het hout vatte vlam *the wood caught fire*
Vlaming DE *Fleming*
vlas HET *flax*
vlecht DE *braid, plait*
vlechten ww ⟨haar⟩ *plait, braid*, ⟨manden⟩ *weave*, ⟨touw⟩ *twine*
vleermuis DE *bat*
vlees HET • spiermassa *flesh* ★ zijn eigen vlees en bloed *his own flesh and blood* • om te eten *meat* • vruchtvlees *flesh, pulp*
vleeseter DE *meat eater, carnivore*
vleeswaren DE *meats and sausages* ★ fijne vleeswaren *assorted sliced meat*
vlegel DE • deugniet *brat, lout* • dorsvlegel *flail*
vleien ww *flatter* ★ hij voelde zich gevleid door mijn complimentje *he felt flattered by my compliment*
vlek DE *stain, spot* ★ er zit een vlek op je broek *there's a spot / stain on your trousers*
vleugel DE • *wing* ★ hij slaat de / zijn vleugels uit *he's spreading his wings* ★ de vleugels van een vliegtuig *the wings of a plane* ★ de zuidvleugel van het gebouw *the south wing of the building* ★ de linker vleugel van de partij *the left wing of the party* • piano *grand piano*
vleugelmoer DE *wing nut, butterfly nut*
vlieg DE *fly* ★ hij doet geen vlieg kwaad *he wouldn't hurt a fly* ★ hij sloeg twee vliegen in een klap *he killed two birds with one stone*
vliegdekschip HET *aircraft carrier*
vliegen ww • door de lucht bewegen *fly* ★ de vogels vlogen af en aan naar het nest *the birds flew back and forth to the nest* ★ ze wilden hem arresteren, maar de vogel was gevlogen *they wanted to arrest him, but the bird had flown* ★ de angst om te vliegen *fear of flying* ▼ hij ziet ze vliegen *he's off his head* ▼ wie zijn werk niet goed

doet vliegt eruit *if you don't do your work properly you'll be fired / sacked* ● snellen *fly, tear, rush* ★ de tijd vliegt *time flies* ★ hij vloog de trap af *he rushed / tore down the stairs* ▼ hij vliegt voor haar *he's at her beck and call*

vliegenmepper DE *fly swatter*

vlieger DE ● speelgoed *kite* ★ Charley probeerde een vlieger op te laten *Charley was trying to fly a kite* ● vliegenier *pilot, airman*

vliegtuig HET *(aero)plane, aircraft*

vliegtuigkaper DE *hijacker*

vliegveld HET *airport*, MIL *airfield* ★ het vliegveld Schiphol *Schiphol Airport*

vlierbes DE *elderberry*

vlinder DE *butterfly*

vlinderdas DE *bow tie*

vlo DE *flea* ★ onder de vlooien *flea-ridden*

vloed DE ● hoogtij *high tide* ★ bij vloed *at high tide* ● overweldigende massa *flood, torrent* ★ een vloed van klachten *a flood of complaints* ★ een tranenvloed *a flood of tears* ★ een vloed van scheldwoorden *a torrent of abuse*

vloei HET ● vloeitje *cigarette paper* ● vloeipapier *blotting paper*

vloeibaar BN *liquid* ★ vloeibaar voedsel *liquid food*

vloeistof DE *liquid*

vloeitje HET *cigarette paper*

vloek DE ● vervloeking *curse* ● krachtterm *curse, swear word*

vloeken WW ● vervloeken *curse* ● krachttermen gebruiken *swear* ★ hij vloekte als een ketter *he swore like trooper* ● van kleuren *clash* ★ deze kleuren vloeken met elkaar *these colours clash with each other*

vloer DE *floor*

vloerbedekking DE *floor covering*, ⟨tapijt⟩ *fitted carpet*

vlok DE ● sneeuwvlok *flake* ● pluisje *flock*

vlooienmarkt DE *flea market*

vloot DE *fleet*

vlot I HET *raft* **II** BN ● zonder oponthoud / meteen *prompt, smooth* ★ een vlotte betaling *prompt payment* ★ een vlotte doorstroming van het verkeer *a smooth flow of traffic* ▼ het gesprek had een vlot verloop *the conversation went smoothly* ● gemakkelijk, handig *ready, fluent* ★ een vlot antwoord *a ready answer* ★ een vlotte spreker *a fluent / an easy speaker* ● ongedwongen *sociable, jovial* ★ een vlotte kerel *a sociable / jovial chap* ▼ een vlot jasje *a smart little jacket* ● drijvend *afloat* ★ het schip werd weer vlot getrokken *the ship was pulled afloat again / was refloated* **III** BIJW *smoothly, fluently* ★ het interview verliep vlot *the interview went smoothly* ★ hij sprak de taal vlot *he spoke the language fluently*

vlucht DE ● het vluchten *flight* ★ de gevangene sloeg op de vlucht *the prisoner took flight, the prisoner fled* ★ ze werden op de vlucht gejaagd *they were put to flight* ● vliegreis *flight* ★ een vlucht van drie uur *a three-hour flight*

vluchteling DE ● voor de politie *fugitive* ● voor politiek / oorlogsgeweld *refugee*

vluchten WW *flee, escape,* ⟨toevlucht zoeken⟩ *take refuge* ★ hij vluchtte het land uit *he fled the country* ★ ze vluchtten voor de Nazi's naar Engeland *they fled from the Nazis to England* ★ ze wilden hem arresteren, maar hij was al gevlucht *they wanted to arrest him, but he had already fled / escaped* ★ de rebellen vluchtten de bergen in *the rebels took refuge in the mountains*

vluchtstrook DE *hard shoulder, emergency lane*

vlug I BN ● snel *quick, fast* ★ vlug achter elkaar *in quick / rapid succession* ★ hij was me te vlug af *he was too quick / fast for me* ● bijdehand *quick, smart* ★ ze is vlug van begrip *she's quick(-witted) / smart* **II** BIJW *fast, quickly*, INF *quick* ★ vlug! *quickly!, quick!, hurry up!* ★ ze liep vlug *she ran fast / quickly*

VN DE *UN, United Nations*

vocht HET ● vloeistof *liquid* ● vochtigheid *moisture, dampness* ★ de muur is zwart van het vocht *the wall is black with moisture* ▼ de hoeveelheid vocht in de lucht *air humidity*

vochtig BN *moist, damp*, ⟨klimaat⟩ *humid* ★ haar ogen waren vochtig *her eyes were moist* ★ een vochtig klimaat *a humid climate* ★ vochtige lakens *damp sheets* ▼ het doekje moet eerst vochtig gemaakt worden *the tissue has to be moistened first*

vod HET *rag* ▼ hij zit mij achter de vodden *he's keeping me hard at it*

voeden WW *feed* ★ die vogels voeden zich

met zaden *these birds feed on seeds* ★ het meertje wordt gevoed door een smalle beek *the lake is fed by a small stream* ★ de Mosasaurus voedde zich waarschijnlijk met vissen *the Mosasaurus probably fed on fish* ▼ zij voedt haar kind zelf *she breastfeeds her baby* ▼ rijst voedt meer dan aardappels *rice is more nutritious than potatoes*

voeding DE ● het voeden *feeding* ● voedsel *food* ▼ een gezonde voeding *a healthy diet* ● toevoer *input, feeding* ● stroomtoevoer *power supply*

voedingsmiddel HET *food* ▼ voedingsmiddelen *foodstuffs*

voedsel HET *food* ★ de dieren zoeken naar voedsel *the animals are looking for food* ★ een voedselpakket *a food parcel* ★ een voedselschaarste *a food shortage*

voedselvergiftiging DE *food poisoning*

voeg DE *grout*

voegijzer, ook: **voegspijker** HET *jointer*

voegwoord HET *conjunction*

voelen ww ● zintuiglijk *feel* ★ de dokter voelde mijn pols *the doctor felt my pulse* ★ het voelt warm / koud *it feels hot / cold* ▼ ik voel mijn benen *my legs are aching* ● innerlijk gewaarworden *feel, sense* ★ ik heb me nog nooit zo ziek gevoeld *I've never felt as sick as this* ★ ik voel me een ander mens *I feel a new man / woman* ★ ik voelde de boosheid in haar toon *I sensed some anger in her tone* ▼ ik voel wel iets voor dat idee *I rather fancy / like that idea* ▼ ik voel er niet veel voor *the idea doesn't really appeal to me*

voer HET *feed, food, ⟨van vee⟩ forage*

voeren ww ● leiden, brengen, *lead, take* ★ de weg voerde naar een meer *the road led towards a lake* ★ dit pad moet ons naar de top van de berg voeren *this path should take us to the top of the mountain* ● hebben / houden *carry* ★ dat merk voeren ze niet *they don't carry that brand* ▼ het schip voerde de Nederlandse vlag *the ship flew the Dutch flag* ▼ hij voerde de onderhandelingen *he conducted the negotiations* ▼ Irak voerde oorlog tegen Koeweit *Iraq waged war on Kuwait* ● voeden *feed* ★ we gaan de eendjes voeren *let's go and feed the ducks* ★ vader heeft net de varkens gevoerd *father has just fed the pigs* ★ ze hebben hem dronken gevoerd *they've got / made him drunk* ● op stang jagen *bait* ★ zit hem toch niet steeds te voeren *don't bait him all the time* ● van voering voorzien *line* ★ de rok is helemaal gevoerd *the skirt is completely lined*

voering DE *lining*

voertuig HET *vehicle*

voet DE ● lichaamsdeel *foot* ★ te voet *on foot* ★ ze liep op blote voeten *she walked barefoot / on bare feet* ★ voetje voor voetje *foot by foot, inch by inch* ▼ hij werd op vrije voeten gesteld *he was set free, he was released* ▼ ze werd op staande voet ontslagen *she was fired on the spot* ▼ het land werd onder de voet gelopen *the country was overrun* ▼ hij maakte zich uit de voeten *he took to his heels, he made off* ● onderste deel *base, foot* ★ de voet van een glas *the stem / base of a glass* ★ aan de voet van de heuvel *at the foot of the hill* ● lengtemaat (30,48 cm) *foot*

voetafdruk DE *footprint* ★ de inbreker heeft een voetafdruk in de tuin achtergelaten *the burglar left a footprint behind in the garden*

voetbal I DE bal *football, soccer ball* II HET spel *football, soccer*

voetbalelftal HET *football team, soccer team*

voetballen ww *play football, play soccer*

voetballer DE *football player, soccer player*

voetganger DE *pedestrian*

voetgangersgebied HET *pedestrian area*

voetnoot DE *footnote*

voetstap DE ● stap *footstep* ★ hij is in zijn vaders voetstappen getreden *he followed his father's footsteps* ● spoor *footprint* ★ voetstappen in de sneeuw *footprints in the snow*

vogel DE *bird* ★ zo vrij als een vogel *as free as a bird* ★ een vroege vogel *an early bird* ★ beter één vogel in de hand dan tien in de lucht *a bird in the hand is worth two in the bush* ▼ een vreemde vogel *an odd customer / character*

vogelkooi DE *birdcage*

vol I BN ● geheel gevuld *full* ★ de trein zit vol *the train is full / crowded* ★ het werk zit vol fouten *the work is full of / riddled with mistakes* ★ niet met (een) volle mond praten *don't talk with your mouth full* ● volledig *full, ⟨van baan⟩ full-time* ★ een volle maan *a full moon* ★ een volle baan *a full-time job* ★ een volle dag *a full day* ★ in

volbrengen – volmaakt

volle bloei *in full bloom* ▼ volle melk *whole milk, full-cream milk* ▼ je hebt het volste recht om... *you have a perfect right to...* ▼ een volle neef / nicht *a first cousin* ▼ in het volle daglicht *in broad daylight* **II** BIJW *completely* ★ de grond lag vol met kranten *the floor was completely covered with / was littered with papers* ▼ de stad is helemaal volgebouwd *the city is heavily built-up* ▼ hij schonk het glas vol *he filled the glass*

volbrengen ww *complete, finish*

voldoen ww ● tevredenstellen *be satisfactory, satisfy* ★ het rampenplan voldoet niet *the disaster plan is not satisfactory* ★ het moet aan twee belangrijke voorwaarden voldoen *it has to satisfy two important conditions* ▼ onze auto voldoet uitstekend *our car does the job quite satisfactorily* ▼ we kunnen niet aan de eisen voldoen *we can't meet the requirements* ● betalen *pay, settle* ★ de schuld is helemaal voldaan *the debt has been paid / settled in full*

voldoende I DE *pass* ★ ik heb een voldoende gehaald voor Engels *I got a pass in English* **II** BN *enough, sufficient, adequate* ★ voldoende eten *enough food* ★ er was voldoende tijd om de taak af te maken *there was adequate / sufficient time to finish the job* ★ ruim(schoots) voldoende *more than enough, ample* **III** BIJW *enough, sufficiently* ★ hij is nog niet voldoende hersteld om mee te spelen *he hasn't recovered enough / sufficiently to play yet*

volgen ww ● erna komen *follow, ⟨in reeks⟩ be next* ★ onze redenen zijn als volgt... *our reasons are as follows...* ▼ wie volgt? *who's next?* ● voortvloeien *follow* ★ hieruit volgt dat.... *(hence) it follows that...* ● nalopen *follow* ★ je volgt deze weg tot aan de stoplichten *just follow this road until the traffic lights* ▼ ik heb het verhaal niet gevolgd *I haven't been paying any attention to the story, I haven't been listening* ● handelen naar *follow, pursue* ★ hij volgt zijn vaders voorbeeld *he follows his father's example* ● bijwonen *follow, attend* ★ ze volgen acht uur per week college *they attend lectures / follow classes eight hours a week* ● begrijpen *follow* ★ ik kan je niet volgen *I don't follow you*

volgend BN *next, following* ★ de volgende keer *next time* ★ het volgende bericht stond in de krant van zaterdag *the following report was in Saturday's paper* ▼ daar zou ik het volgende over willen zeggen *this is what I'd like to say about it*

volgens VZ *according to* ★ volgens hem *according to him, in his opinion* ▼ (niet) volgens de regels *(not) in accordance with the rules*

volgorde DE *sequence, order* ▼ in willekeurige volgorde *at random*

volhouden ww ● niet opgeven *carry on, keep up* ★ ze proberen hun normale leven zoveel mogelijk vol te houden *they're trying to carry on with as normal a life as possible* ★ ze hebben de strijd volgehouden *they kept up the fight* ▼ houd vol! *keep going!* ● blijven beweren *maintain, insist* ★ hij hield vol dat het verhaal waar was *he insisted that the story was true* ★ hij hield bij hoog en bij laag vol, dat... *he maintained through thick and thin that...*

volk HET *people, nation* ★ het Franse volk *the French people* ★ het gewone volk *the common people* ★ een volk van zeevaarders *a seafaring nation / people*

volkomen I BN ● volledig *complete* ★ een volkomen mislukking *a complete disaster* ● volmaakt *perfect* ★ een volkomen idioot *a perfect idiot* **II** BIJW ● volledig *absolutely, completely* ★ je hebt volkomen gelijk *you're absolutely right* ★ hij zat er volkomen naast *he was completely wrong* ● volmaakt *perfectly* ★ we zijn volkomen gelukkig *we're perfectly happy*

volkorenbrood HET *wholemeal bread*

volksdansen HET *folk dancing*

volkslied HET ● van land *national anthem* ★ het Nederlandse volkslied *the Dutch national anthem* ● volksliedje *folk song*

volkstuintje HET *allotment*

volkszanger DE *popular singer*

volledig I BN *complete, full* ★ een volledige lijst *a complete / full list* ▼ een volledige baan *a full-time job* **II** BIJW *fully* ★ volledig bevoegd *fully qualified*

volleybal I DE bal *volleyball* **II** HET spel *volleyball*

volleyballen ww *play volleyball*

volmaakt I BN *perfect* ★ niemand is volmaakt *nobody's perfect* **II** BIJW *perfectly*

★ we zijn volmaakt gelukkig *we're perfectly happy*
volt DE *volt*
voltooien ww *complete, finish*
volume HET ● inhoud *content* ● omvang *volume* ● geluidssterkte *volume, loudness* ★ moet je het volume helemaal openzetten? *do you have to turn the volume on full?*
volwassen I BN *adult, mature, grown-up* ★ volwassen gedrag *adult / mature / grown-up behaviour* II BIJW *like an adult* ★ hij gedraagt zich volwassen *he behaves like an adult*
volwassene DE *adult*
vondeling DE *abandoned child* ▼ het kind was te vondeling gelegd *the child had been abandoned*
vondst DE ● ontdekking *discovery* ★ er zijn aanhoudingen verricht na de vondst van drieduizend kilo cocaïne *arrests were made after the discovery of three thousand kilos of cocaine* ● wat gevonden wordt *find* ★ een belangrijke archeologische vondst *an important archaeological find*
vonk DE *spark* ▼ de vonk sprong over tussen hen *they were attracted to each other* ▼ haar ogen schoten vonken *her eyes flashed*
vonnis HET *judgement / AM judgment, ⟨in strafzaken⟩ sentence* ★ de rechter velde vonnis over hem *the judge passed judg(e)ment / sentence on him*
voogd DE *guardian* ★ een toeziend voogd *a co-guardian*
voogdij DE *custody* ★ wie krijgt bij een scheiding de voogdij over de kinderen? *in the event of a divorce, who gains custody over the children?*
voor I HET *pro* ★ de voors en tegens *the pros and cons* II DE ● ploegsnede *furrow* ● rimpel *furrow, wrinkle* III BIJW ● aan de voorzijde *in front, at the front* ★ voor in de zaal *at the front of the hall* ★ hij was voor in de dertig *he was in his early thirties* ▼ voor in het boek *at the start of the book* ● met voorsprong, eerder *in front, ahead* ★ hij was mij voor *he got there before me / ahead of me* ▼ hij lag voor *he was leading* ▼ de klok loopt drie minuten voor *the clock is three minutes fast* ▼ AZ stond voor met 2-0 *AZ was leading by 2-0* ● voorstander *for, in favour* ★ ik ben (er)voor *I'm for it, I'm in favour (of it)* IV VZ ● voorafgaand aan *before* ★ de week voor de vakantie *the week before the holidays* ● eerder dan *before, ahead* ★ hij was voor mij aangekomen *he arrived before me / ahead of me* ▼ 5 minuten voor 2 *five minutes to two* ● geleden *ago* ★ voor twee jaar is hij getrouwd *he got married two years ago* ● aan de voorkant van *in front of, before* ★ voor het huis *in front of the house* ★ kijk eens voor je uit *look in front of you* ● komt voor f in het alfabet *e comes before f in the alphabet* ● gedurende *for* ★ ik ben voor twee weken op reis *I'll be travelling for two weeks* ● wat betreft *for* ★ net iets voor hem om niet te komen *just like him not to come* ★ dat is niets voor mij *that's not my kind of thing* ● ten behoeve van *for, to* ★ ik deed het voor jou *I did it for you* ★ ik ben voor Ajax *I'm for Ajax* ★ hij is altijd goed voor hem geweest *he' always been good to him* ● ter ontkoming / onthouding *from* ★ hij verstopte zich voor zijn moeder *he hid from his mother* ★ hij hield het geheim voor zijn vrouw *he kept it from his wife* ● in plaats van *for* ★ ik heb het voor vijf euro gekocht *I bought it for five euros* ● voorstander *in favour of, for* ★ hij is voor de doodstraf *he's in favour of the death penalty*
vooraan BIJW *in front* ★ hij stond vooraan *he was standing in front* ★ je moet vooraan instappen *you have to get in at the front* ▼ vooraan in het boek *at the start / beginning of the book* ▼ hij is vooraan in de dertig *he's in his early thirties*
vooraf BIJW *beforehand, in advance* ★ even een woord vooraf *just a word beforehand* ★ ik had vooraf betaald *I had paid in advance*
vooral BIJW *especially, particularly* ★ ik ben blij met mijn examenuitslagen, vooral omdat ik niet veel tijd had om me voor te bereiden *I'm happy with my exam results, especially / particularly since I didn't have much time to prepare for them*
voorbeeld HET *example, model* ★ hij gaf niet het goede voorbeeld *he didn't set a good example* ★ hij volgt zijn vaders voorbeeld *he's following his father's example* ★ hij werd mij tot voorbeeld gesteld *he was held up as an example / a model for me* ★ bijvoorbeeld *for example, e.g., for instance*

voorbehoedmiddel HET *contraceptive*
voorbereiden ww *prepare, get ready* ★ hij is op alles voorbereid *he's prepared / ready for anything* ★ bereid je maar voor *prepare yourself*
voorbereiding DE *preparation* ★ in voorbereiding *in preparation*
voorbij I BN *past, over* ★ die tijden zijn voorbij *those days are past / over* ★ in voorbije jaren *in past years* II BIJW *past, by* ★ hij is ons voorbij gelopen *he walked past us* ★ er ging een politieauto voorbij *a police car went by / past* ▼ zijn we Almelo al voorbij? *have we passed Almelo yet?* III VZ *past, beyond* ★ voorbij die heuvels is de zee *beyond those hills is the sea* ★ hij woont even voorbij het station *he lives a bit past the station*
voorbijgaan ww ● *passeren pass, go by* ★ ze gingen ons voorbij *they passed us* ★ er kwam een muziekkorps voorbij *a brass band went by* ● *verstrijken pass by, go by* ★ vele jaren gingen voorbij *many years passed / went by* ▼ we hebben een kans voorbij laten gaan *we missed a chance, we passed up a chance*
voorbijganger DE *passer-by*
voordat VW *before*
voordeel HET *advantage, benefit, profit* ★ in je voordeel *to your advantage* ★ daar hebben we voordeel van *we'll benefit / profit from that* ★ het voordeel van de twijfel *the benefit of the doubt* ★ met voordeel *with advantage / profit* ★ SPORT voordeel serveerder *advantage server* ▼ hij is in zijn voordeel veranderd *he has changed for the better* ▼ de stand was 2-0 in het voordeel van België *the score was 2-0 in favour of Belgium*
voordelig I BN ● *winstgevend profitable* ● *goedkoop inexpensive, cheap* ● *zuinig economical* II BIJW *cheaply* ★ we hebben die dingen voordelig ingekocht *we bought those things cheaply*
voordeur DE *front door*
voordoen ww ● *laten zien show, demonstrate* ★ ik zal het je eens voordoen *I'll show you (how to do it), I'll demonstrate (how to do it)* ● *presenteren act, pose as* ★ er kwam een man de bank binnen die zich voordeed als beveiligingsbeambte *a man acting as a security guard came into the bank* ★ hij deed zich voor als schilder *he posed as a painter* ▼ als de gelegenheid zich voordoet *if / when the opportunity presents itself* ▼ als het probleem zich voordoet *if / when the problem arises*
voordracht DE ● *het voorgedragene* MUZ *recital,* ⟨*gedicht &*⟩ *recitation* ● *lezing lecture* ★ hij hield een voordracht over vrije radicalen *he gave a lecture on free radicals, he read a paper on free radicals*
voordragen ww ● ⟨*van gedicht*⟩ *recite* ● *aanbevelen nominate* ★ Clinton werd als presidentskandidaat voorgedragen *Clinton was nominated for President*
voordringen ww *jump the queue, push ahead*
voorgaan ww ● *als eerste gaan go first* ★ hij liet haar voorgaan *he let her go first* ▼ dames gaan voor *ladies first* ▼ gaat u voor! *after you (please)!* ● *belangrijkst zijn come first* ★ mijn werk gaat voor *my work comes first* ● *leiden lead the way* ★ zal ik maar voorgaan? *shall I lead the way?* ▼ de dominee ging voor in gebed *the minister led in prayer*
voorganger DE ● *persoon die is opgevolgd predecessor* ● *predikant pastor, minister*
voorgerecht HET *entrée, first course*
voorgevoel HET *premonition*
voorgoed BIJW *for good, permanently*
voorgrond DE *foreground* ▼ dat moeten we op de voorgrond plaatsen *that's something we must emphasize* ▼ hij houdt er niet van op de voorgrond te treden *he doesn't like to be prominent* ▼ ze stelt zich altijd op de voorgrond *she likes to take centre stage*
voorhamer DE *sledgehammer*
voorhoofd HET *forehead*
voorhuid DE *foreskin*
voorin BIJW ⟨*van plaats*⟩ *in front,* ⟨*aan het begin*⟩ *at the beginning*
voorjaar HET *spring* ★ in het voorjaar *in spring* ★ in het voorjaar van 1973 *in the spring of 1973, spring 1973*
voorkant DE *front* ★ op de voorkant van het boek *on the front / cover of the book*
voorkeur DE *preference* ★ wat heeft je voorkeur, Nederlands of Belgisch bier *what's your preference: Dutch or Belgian beer?* ▼ bij voorkeur *preferably* ▼ ik geef de voorkeur aan koffie (boven thee) *I prefer coffee (to tea)*
voorkomen I HET *uiterlijk appearance, looks*

II ww • gebeuren *happen, occur* ★ het komt nog regelmatig voor dat ... *it still happens regularly that ...* ★ rugklachten komen in mijn familie veel voor *back troubles occur frequently in our family* ▼ tijgers komen in Afrika niet voor *tigers are not found in Africa, there are no tigers in Africa* • voor de rechter *appear in court* ★ zij moet morgen vóórkomen *she has to appear in court tomorrow* • bij hardlopen & *get ahead* • verhinderen *prevent* ★ hij voorkwam dat het een ramp werd *he prevented it from becoming a disaster*

voorletter DE *initial*

voorlezen ww *read (out aloud)* ★ moeder leest de kinderen een verhaaltje voor *Mum is reading the children a story* ★ hij las hardop voor uit de krant *he read aloud from the newspaper*

voorlichten ww *inform* ★ ze heeft het parlement verkeerd voorgelicht over de reden waarom de asielzoeker werd geweigerd *she misinformed Parliament about why the asylum seeker was denied entry* ▼ ze lichtte haar dochter seksueel voor *she told her daughter the facts of life*

voorlichting DE *information, advice* ▼ seksuele voorlichting *sex education*

voorlopen ww • voorop lopen *walk in front* • te snel gaan *be fast* ★ mijn horloge loopt tien minuten voor *my watch is ten minutes fast*

voorlopig I BN *temporary, provisional* ★ een voorlopige verblijfsvergunning *a temporary residence permit* ★ een voorlopige aanslag *a provisional tax assessment* ▼ een voorlopig verslag *an interim report* **II** BIJW *for the time being, for now* ★ voorlopig komt er geen nieuwe regering *for the time being / for now we'll have to do without a government* ▼ voorlopig blijft hij een weekje thuis *he'll stay home for a week*

voornaam I DE *first name, Christian name* **II** BN • deftig *distinguished* • belangrijk *main, important* ★ hun voornaamste zorg *their main concern* ★ dat is het voornaamste *that is the main thing / the most important thing*

voornaamwoord HET *pronoun*

voornamelijk BIJW *mainly, chiefly*

voornemen I HET *resolution, intention* ★ we hebben goede voornemens *we have good intentions* ★ goede voornemens voor het nieuwe jaar *New Year's resolutions* **II** ww *resolve, make up your mind* ★ zij had zich vast voorgenomen met roken te stoppen *she had resolved to / had made up her mind to stop smoking*

vooroordeel HET *prejudice, bias*

voorop BIJW • aan de voorkant *on the front* ★ voorop hangt een bordje met 'breekbaar' *there's a sign on the front that says 'fragile'* • als voorste *in the lead, in front* ★ hij ging voorop *he was in front, he was in the lead* ⟨in wedstrijd⟩; *he led the way* ⟨als gids⟩

voorouder DE *ancestor*

voorover BIJW *head first, headlong* ★ ze viel voorover de trap af *she fell head first / headlong down the stairs* ▼ hij lag voorover in de sneeuw *he was lying face down in the snow*

voorpagina DE *front page*

voorraad DE *stock, supply, store* ★ in voorraad *in stock / store, on hand* ★ we kunnen het uit voorraad leveren *we can deliver from stock, it's available from stock* ★ we krijgen morgen een nieuwe voorraad binnen *we're getting in a new supply tomorrow*

voorrang DE • in verkeer *(right of) way* ★ hij verleende geen voorrang *he failed to give (right of) way* • prioriteit *precedence, priority* ★ buurtbewoners krijgen voorrang boven mensen van elders *local residents take precedence over / have priority over people from elsewhere*

voorrangsweg DE *major road*

voorrecht HET *privilege, prerogative*

voorruit DE *windscreen*

voorschot HET *advance* ★ hij kreeg een voorschot op zijn loon *he got an advance on his wages*

voorschrift HET *regulation, rule*

voorspellen ww *forecast, predict* ★ er was slecht weer voorspeld *bad weather was forecast* ★ Nostradamus heeft 9 / 11 niet echt voorspeld *Nostradamus didn't really predict 9 / 11* ▼ ze heeft me de toekomst voorspeld *she told my fortune* ▼ ik heb het altijd al voorspeld *I always told you so*

voorspelling DE *prediction,* ⟨van weer⟩ *forecast* ★ zijn voorspelling is uitgekomen *his prediction has come true* ★ de voorspelling voor morgen is niet gunstig *the weather forecast for tomorrow isn't the best*

voorspoed DE *prosperity* ▼ in voor- en tegenspoed *for better or for worse*

voorspoedig I BN *successful* ★ een voorspoedige reis *a successful trip* II BIJW *successfully* ★ alles verliep voorspoedig *everything went successfully / well*

voorsprong DE *(head) start, lead* ★ ze hadden een voorsprong van vijf kilometer *they had a lead of five kilometres* ★ ik zal je een voorsprong geven *I'll give you a head start*

voorstaan WW *be in front* ★ de auto staat voor *the car is in front / at the door* ▼ Ajax staat voor met twee-nul *Ajax is leading two to nil*

voorstander DE *advocate, supporter* ★ ze is een sterk voorstander van de herinvoering van de doodstraf *she's a strong advocate of reimposing the death penalty* ★ hij is een voorstander van het verbod op roken *he's a supporter of the new ban on smoking*

voorstel HET *proposal, suggestion* ★ hij deed een voorstel *he made a proposal, he offered a suggestion* ★ op voorstel van *at the suggestion of*

voorstellen WW • presenteren *introduce* ★ mag ik mij even voorstellen? *may I introduce myself?* • voorstel doen *propose, suggest* ★ ik stel voor dat we naar huis gaan *I propose / suggest that we go home* • afbeelden *depict, represent* ★ dit schilderij stelt een jong meisje voor *this painting depicts / represents a young girl* • betekenen *mean* ★ wat moet dit voorstellen? *what is this supposed to mean / be?* ★ dat stelt niets voor *that doesn't mean anything, that doesn't amount to much* • indenken *imagine, picture* ★ stel je voor! *just imagine!* ★ ik kan me haar gezicht niet meer voorstellen *I can't recall / picture her face any more* • van plan zijn *intend, mean*

voorstelling DE • uitvoering *performance* ★ de voorstelling begint om 20.00 uur *the performance starts at 8 p.m.* • afbeelding *representation* ★ een verkeerde voorstelling van de feiten *a misrepresentation* • denkbeeld *idea, impression* ★ het is de voorstelling van een kunstenaar van hoe Jezus er heeft uitgezien *it's an artist's idea / impression of what Jesus looked like* ▼ ik had daar een heel andere voorstelling van *I had imagined something entirely different*

voortaan BIJW *from now on, in future*

voortbewegen WW *propel, move (forward)* ★ de Kon-Tiki werd voortbewogen door de wind *the Kon-Tiki was propel(l)ed by the wind* ★ de groep bewoog zich langzaam voort *the group moved slowly on*

voortbrengen WW • produceren *produce* ★ de beste popgroep die België heeft voortgebracht *the best pop group Belgium has ever produced* ▼ mijn ouders hebben drie kinderen voortgebracht *my parents had three children* • veroorzaken *bring about, generate* ★ de regeling zal grote veranderingen voortbrengen *the regulation will bring about / generate big changes*

voortdurend I BN *constant, continual* ★ een voortdurende bron van vreugde *a constant source of joy* ★ ik haat haar voortdurende gezeur *I can't work with these constant / continual interruptions* II BIJW *constantly, continually* ★ ze hielden haar voortdurend in de gaten *they kept an eye on her constantly / continually* ▼ hij moest voortdurend overgeven *he couldn't stop vomiting*

voorteken HET *omen, sign*

voortent DE *caravan tent*

voortkomen WW *stem* ★ haar gedrag komt voort uit afgunst *her behaviour stems from a feeling of envy* ▼ daar kan niets goeds uit voortkomen *nothing good will from that*

voortmaken WW *hurry up*

voortplanten WW *reproduce, multiply* ★ konijnen planten zich snel voort *rabbits reproduce / multiply quickly* ▼ geluid plant zich voort in golven *sound is transmitted in waves*

voortplanting DE *reproduction, ⟨van licht / geluid⟩ transmission*

voortreffelijk I BN *excellent* ★ deze wijn is voortreffelijk *this wine is excellent* II BIJW *excellently* ★ de violist heeft voortreffelijk gespeeld *the violinist played excellently*

voortrekken WW *favour* ★ hij trekt de meisjes voor boven de jongens *he favours the girls above the boys* ▼ sommige leerlingen worden duidelijk voorgetrokken *some pupils are clearly*

voortzetten ww *continue* ★ ze hebben de vredesonderhandelingen voortgezet *they continued the peace talks*

vooruit I BIJW • naar voren *ahead, further* ★ recht vooruit *straight ahead* ★ zij was haar tijd ver vooruit *she was far ahead of her time* ▼ hier kunnen we een poosje mee vooruit *this will keep us going for a while* ▼ ik kan niet voor- of achteruit *I'm completely stuck* • van tevoren *in advance, beforehand* ★ we moeten vooruit betalen *we have to pay in advance* II TSW *come on!, go ahead!* ▼ vooruit dan maar! *all right then!*

vooruitgang DE *progress, advance,* ⟨verbetering⟩ *improvement*

vooruitzicht HET *prospect, outlook* ★ hij heeft goede vooruitzichten *he has good prospects* ★ het is geen prettig vooruitzicht *it's not a happy prospect*

voorval HET *incident*

voorverpakt BN *pre-packaged*

voorwaarde DE *condition,* ⟨vereiste⟩ *requirement* ★ op voorwaarde dat *on the condition that* ▼ onder geen voorwaarde *on no account, under no circumstances*

voorwaarts I BN *forward* ★ een voorwaartse beweging *a forward movement* II BIJW *forward(s)* ★ hij deed een stap voorwaarts *he took a step forward(s)*

voorwerp HET *object* ★ TAALK een lijdend voorwerp *a direct object* ★ TAALK een meewerkend voorwerp *an indirect object* ▼ gevonden voorwerpen *lost property*

voorwiel HET *front wheel*

voorzetsel HET *preposition*

voorzichtig I BN *careful, cautious* ★ hij is altijd heel voorzichtig *he's always very cautious / careful* ▼ een voorzichtige schatting *a conservative estimate* II BIJW *carefully, cautiously* ★ als het glad is moet je voorzichtig rijden *when it's slippery you should drive carefully* III TSW *watch out!, (be) careful!*

voorzien ww • verwachten *foresee, anticipate* ▼ dat was te voorzien *that was to be expected* • zorgen, verschaffen *provide, supply* ★ de dorpelingen voorzagen de vluchtelingen van voedsel *the villagers provided the refugees with food* ★ dat voorzag in een grote behoefte *that supplied a great want* ★ we kunnen goed in ons onderhoud voorzien *we can provide for ourselves well* ▼ in de vacature is voorzien *the vacancy has been filled*

voorziening DE • verschaffing *provision* • faciliteiten *facilities* ★ sanitaire voorzieningen *sanitary facilities* ▼ een huis met alle voorzieningen *a house with all conveniences* ▼ de sociale voorzieningen *social services*

voorzitter DE *president,* ⟨man⟩ *chairman,* ⟨vrouw⟩ *chairwoman* ▼ hij is vandaag voorzitter *he'll chair the meeting today*

voorzorg DE *precaution* ★ hij deed het uit voorzorg *he did it as a precaution*

vordering DE • vooruitgang *progress, headway* ★ we maakten geen vorderingen *we weren't making any headway* • eis *claim*

voren BIJW *forward* ★ naar voren *to the front, forward* ▼ van voren *in front* ▼ van voren af aan *from the beginning*

vorig BN *previous, last* ★ de vorige eigenaar *the previous owner* ★ vorige week *last week* ★ vorige week zondag *Sunday of last week*

vork DE *fork,* ⟨hooivork⟩ *pitchfork*

vorm DE • gestalte *form, shape* ★ het idee begint vaste vorm aan te nemen *the idea is starting to take shape* ★ in de vorm van *in the form / shape of* ▼ TAALK de lijdende vorm *the passive voice* • conditie *shape, condition* ★ hij is in goede vorm *he's in good shape / condition*

vormen ww • vorm geven *form, shape* ★ zij is academisch gevormd *she's academically formed* ★ het is gevormd als een driehoek *it's shaped like a triangle* ★ de raad vormt zich daarna een oordeel over het verslag *the council will form an opinion about the report* • uitmaken *form, make up, constitute* ★ zij vormen het bestuur *they form / make up / constitute the board*

vorst DE • koning *sovereign, monarch* • het vriezen *frost* ★ zes graden vorst *six degrees of frost*

vos DE *fox*

vouw DE *fold,* ⟨in broek⟩ *crease* ★ een scherpe vouw *a sharp crease*

vouwen ww *fold* ★ het papier was in tweeën gevouwen *the paper was folded in two* ★ hij vouwde zijn handen *he folded his hands*

vraag DE • het vragen *question* ★ hij stelde mij een vraag *he asked me a question* ★ de

vraag rijst wat hij daar te zoeken had *the question arises as to what he was doing there* ▼ dat is nog maar de vraag *that remains to be seen* ● behoefte *demand* ★ er is veel vraag naar *it is in great demand* ▼ vraag en aanbod *supply and demand*

vraaggesprek HET *interview*

vraagstuk HET *issue,* ⟨opgave⟩ *assignment* ★ sociale vraagstukken *social issues*

vraagteken HET *question mark* ★ zet maar een vraagteken achter zijn naam want hij kon wel eens niet komen *put a question mark behind his name: he may not be coming* ▼ ik zet daar vraagtekens bij *I have my doubts about that*

vracht DE ● lading *load,* ⟨auto, schip, vliegtuig⟩ *cargo, freight* ● hoop *load, tons* ★ een vracht boeken *a load / ton of books*

vrachtauto DE *lorry, truck*

vrachtschip HET *freighter, cargo ship*

vrachtverkeer HET *freight traffic, goods traffic*

vrachtwagen DE *lorry, truck*

vragen ww ● vraag stellen *ask* ★ mag ik u iets vragen? *may / can I ask you a question?* ★ laten we iemand de weg vragen *let's ask someone the way* ▼ hij vroeg naar de gezondheid van haar moeder *he enquired / inquired after her mother's health* ● willen hebben *ask, request,* ⟨dwingend⟩ *demand* ★ hij vroeg om de rekening *he asked for / requested the bill* ★ dat is vragen om moeilijkheden *that's asking for trouble* ★ hij vraagt veel aandacht *he demands a lot of attention* ▼ hoeveel vraagt hij voor zijn auto? *how much does he want for his car?* ● uitnodigen *ask, invite* ★ heb je haar op je feestje gevraagd? *did you ask / invite her to your party?*

vragenlijst DE *questionnaire*

vrede DE ● geen oorlog *peace* ★ ze sloten vrede met elkaar *they made peace with each other* ★ de Vrede van Münster *the peace of Westphalia* ● rust *peace, quiet*

vredesbesprekingen DE *peace talks*

vredig I BN *peaceful, quiet* ★ een vredig plekje *a peaceful / quiet spot* II BIJW *peacefully, quietly* ★ hij is vredig gestorven *he passed away peacefully* ★ de demonstranten gingen vredig uiteen *the demonstrators dispersed quietly*

vreedzaam I BN ● vredelievend *peaceful* ★ koeien zijn vreedzame beesten *cows are peaceful animals* ● geweldloos *non-violent, peaceful* ★ een vreedzame demonstratie *a peaceful / non-violent demonstration* II BIJW vredelievend, geweldloos *peacefully* ★ we proberen conflicten vreedzaam op te lossen *we try to solve conflicts peacefully*

vreemd BN ● niet vertrouwd *strange, unfamiliar* ★ veel Japanse gebruiken vinden wij vreemd *many Japanese customs are strange to us* ★ het werk is nog wat vreemd voor hem *he is still unfamiliar with the work* ▼ zo'n houding is me vreemd *such an attitude is alien to me* ▼ ik ben hier zelf ook vreemd *I'm a stranger here myself* ▼ haar man gaat vreemd *her husband is having an affair* ● raar *strange, odd* ★ het was vreemd hem zonder zijn uniform te zien *it was strange seeing him without his uniform* ★ een vreemd kind *an odd child* ● buitenlands *foreign* ● een vreemde taal *a foreign language* ★ vreemd geld *foreign currency / money* ▼ vreemde strijdmachten *alien forces*

vreemdeling DE ● onbekende *stranger* ● buitenlander *foreigner* ▼ een illegale vreemdeling *an illegal alien*

vreemdelingenlegioen HET *foreign legion*

vreemdgaan ww *have an affair*

vrees DE *fear, dread* ★ uit vrees voor *for fear of* ★ ze dacht met vrees aan de lange winter *she thought with dread of the long winter*

vrek DE *miser, skinflint*

vreselijk I BN *awful, terrible* ★ een vreselijk ongeluk *an awful / a terrible accident* II BIJW *terribly, awfully* ★ hij had een vreselijke dorst *he was terribly thirsty* ★ dat was vreselijk aardig *that was awfully kind* ▼ we hebben vreselijk gelachen *we nearly died laughing*

vreten ww ● van dieren *feed on, eat* ● van iets *eat, gnaw* ★ er vreet iets aan hem *something's eating (at) him* ★ de twijfel vreet aan hem *doubts were gnawing at him* ▼ die machine vreet stroom *that machine uses a lot of power* ● van mensen *stuff yourself* ★ hij eet niet, hij vreet *he doesn't just eat, he stuffs himself* ★ ze zaten zich vol te vreten *they were busy stuffing themselves*

vreugde DE *joy, gladness* ★ haar vreugde was van korte duur *her joy / gladness was* *short-lived* ▼ tot mijn vreugde zag ik John *I was pleased to see John*

vrezen ww *fear, be afraid* ★ we hebben niets te vrezen *we have nothing to fear / to be afraid of* ★ ik vrees van wel *I'm afraid so* ★ ik vrees van niet *I'm afraid not* ★ men vreest voor zijn leven *they fear for his life*

vriend DE *friend* ★ vrienden en vriendinnen *friends* ▼ ze zijn dikke vrienden *they are close friends* ▼ we zijn goede vrienden geworden met de buren *we've become friendly with the neighbours* ▼ een correspondentievriend *a pen pal* ▼ ze heeft een vriend(je) *she's got a boyfriend*

vriendelijk I BN *kind, friendly* ★ wilt u zo vriendelijk zijn om op te staan? *would you be so kind as to stand up?* ★ je moet wat vriendelijker zijn *you should be more friendly* II BIJW *kindly, in a friendly way* ★ ze keek hem vriendelijk aan *she looked at him kindly / in a friendly way* ▼ vriendelijk bedankt! *thank you very much!*

vriendin DE *(girl)friend* ★ hij stelde zijn vriendin voor aan zijn ouders *he introduced his girlfriend to his parents*

vriendschap DE *friendship* ★ ze sloten vriendschap met elkaar *they made friends with each other*

vrieskist DE *freezer, deep freeze*

vriespunt HET *freezing point*

vriezen ww *freeze* ★ alle vliegen vroren dood *all the flies froze to death* ▼ het vroor vijf graden *it was five degrees below freezing (point)* ▼ het vriest dat het kraakt *there is a heavy frost* ▼ het kan vriezen en dooien *it could go either way*

vriezer DE *freezer*

vrij I BN • onbelemmerd *free, unrestricted* ★ de vrije markt *the free market* ★ een vrij land *a free country* ★ vrije keus *free / unrestricted choice* ★ een vrije schop *a free kick* ★ de vrije slag *free style* ⟨school⟩ een vrij uur *a free period* ▼ ik ben vrij van zorgen *I've got nothing on my mind* ▼ de weg was vrij *the road was clear* • onbezet *free, vacant* ★ is deze plaats nog vrij? *is this seat free?* ★ is de wc vrij? *is the bathroom vacant?* ★ kunt u een stoel vrij houden voor mij? *can you reserve a seat for me?* • gratis *free* ★ vrije toegang *entrance free* ★ een vrijkaartje *a free ticket* ★ hij mag vrij reizen *he can travel free of charge* • zonder verplichting of werk *free* ★ ik heb de rest van de week vrij *I'm free for the rest of the week* ▼ ik kan geen vrij krijgen *I can't get any time off* ▼ vrije tijd *spare time, leisure (time)* ▼ een vrije avond / dag *an evening / a day off* II BIJW • vrijelijk *freely* ★ ze kan zich vrij uitdrukken in haar schilderijen *she can express herself freely in her paintings* • tamelijk *rather, pretty* ★ het was een vrij lange preek *it was a rather / pretty long sermon* ★ ze hebben vrij veel werk aan het huis gedaan *they've done quite a lot of work on the house*

vrijaf BIJW *off* ★ we hebben een dag vrijaf genomen *we've taken a day off*

vrijdag DE *Friday* ★ op vrijdag *on Friday* ★ Goede Vrijdag *Good Friday*

vrijen ww • kussen & *neck, pet* ★ ze zaten in de auto te vrijen *they were necking / petting in the car* • seks hebben *make love, have sex* ▼ ik vrij veilig *I practise safe sex* • verkering hebben *go out with* ★ ze vrijt met de buurjongen *she's going out with the boy next door*

vrijer DE *boyfriend, lover*

vrijetijdskleding DE *casual wear, casual clothes*

vrijgevig BN *liberal, generous*

vrijgezel I BN *single, unmarried* ★ ze is nog vrijgezel *she's still single / unmarried* II DE *bachelor*

vrijheid DE *freedom, liberty* ★ ze willen in vrijheid leven *they want to live in freedom* ★ vrijheid van meningsuiting *freedom of speech* ★ vrijheid van godsdienst *freedom of religion* ★ vrijheid, gelijkheid en broederschap *liberty, equality and fraternity* ▼ de gevangene werd in vrijheid gesteld *the prisoner was set free / was released*

vrijkaart DE *free ticket*

vrijlaten ww • laten gaan *release, (set) free* ★ de gevangenen werden vrijgelaten *the prisoners were released / set free* • onbezet laten *leave free* ★ deze stoelen vrijlaten a.u.b. *please leave these seats free* • niet verplichten *leave free, put no pressure on* ★ ze lieten me helemaal vrij *they left me completely free, they put no pressure on me at all*

vrijmaken ww *clear* ★ de politie maakte de weg vrij voor de parade *the police cleared the way for the parade* ▼ ze maakt altijd

tijd vrij voor een praatje *she always has time for a chat* ▼ ze maakte zich vrij van haar tegenstandster en scoorde een doelpunt *she wrested loose from her opponent and scored a goal*

vrijmoedig I BIJW *frank* ★ een vrijmoedig antwoord *a frank answer* II BIJW *frankly* ★ hij sprak vrijmoedig over zijn verslaving *he spoke frankly / openly about his addiction*

vrijspreken ww *acquit, clear* ★ hij werd vrijgesproken *he was acquitted / cleared*

vrijwel BIJW *nearly, almost* ★ dat is vrijwel onmogelijk *that's nearly / almost impossible*

vrijwillig I BN *voluntary* ★ de vrijwillige brandweer *a voluntary fire brigade* II BIJW *voluntarily* ★ vrijwillig zou hij daar nooit heen gaan *he'd never go there voluntarily, he'd never go there of his own accord*

vrijwilliger DE *volunteer*

vroedvrouw DE *midwife*

vroeg I BN *early,* ⟨te vroeg⟩ *premature, untimely* ★ de vroege middeleeuwen *the early Middle Ages* ★ zijn vroege dood *his untimely / premature death* II BIJW *early,* ⟨te vroeg⟩ *prematurely* ★ 's morgens vroeg *early in the morning* ★ een uur te vroeg *an hour early* ★ we moeten vroeg beginnen *we'll have to make an early start* ▼ vroeg of laat *sooner or later* ▼ de baby werd één maand te vroeg geboren *the baby was a month premature*

vroeger I BN *earlier, former* ★ in vroegere tijden *in former times* ★ zijn vroegere vrouw *his former wife, his ex-wife* II BIJW *formerly* ▼ vroeger ging hij altijd vissen *he used to go fishing* ▼ opa vertelt altijd over vroeger *grandpa is always talking about the old days*

vrolijk I BN *cheerful, merry* ★ een vrolijke bui *a cheerful mood* ★ vrolijk kerstfeest! *Merry Christmas!* II BIJW *merrily, cheerfully* ★ hij liep vrolijk te zingen *he was singing away merrily / cheerfully*

vroom I BN *pious* ★ mijn grootmoeder was een erg vrome vrouw *my grandmother was a very pious woman* II BIJW *piously* ★ ze vouwde vroom haar handen *she folded her hands piously*

vrouw DE ● *woman* ★ een werkende vrouw *a working woman* ★ er zitten maar weinig vrouwen in de regering *there are only a few women in the government* ● echtgenote *wife* ★ een bigamist heeft twee vrouwen *a bigamist has two wives* ● speelkaart *queen* ★ de schoppenvrouw *the queen of spades*

vrouwelijk BN ● van vrouwelijk geslacht *female, woman* ★ een vrouwelijke dokter *a female / woman doctor* ★ het vrouwelijke geslacht *the female sex* ★ deze plant heeft alleen vrouwelijke bloemen *this plant only has female flowers* ● typisch voor een vrouw *feminine* ★ vrouwelijke charme *feminine charm* ● taalkundig *feminine* ★ dat woord is vrouwelijk *that word is feminine*

vrouwenarts DE *gynaecologist*

vrucht DE *fruit* ★ deze boom draagt veel vrucht *this tree bears a lot of fruit*

vruchtbaar BN *fertile* ★ vruchtbare grond *fertile / rich soil* ▼ een vrouw in de vruchtbare leeftijd *a woman of childbearing age* ▼ dat was een vruchtbaar gesprek *that was a productive conversation*

vruchtensap HET *fruit juice*

vuil I HET ● vuiligheid *dirt* ★ was het vuil van je gezicht *wash the dirt off your face* ● afval *refuse, rubbish, garbage* ★ huisvuil *household refuse / rubbish / garbage* ★ verboden vuil te storten *no dumping of rubbish* ★ grof vuil *bulky rubbish* II BN ● niet schoon *dirty, grimy* ⟨in sterke mate⟩ *filthy* ★ vuile handen *dirty / grimy hands* ★ vuil goed *dirty / soiled linen* ★ vuile was *dirty clothes* ★ een vuile industriestad *a grimy industrial city* ● gemeen *dirty* ★ een vuile streek *a dirty trick* ★ een vuil zaakje *a dirty business* ★ hij keek me vuil aan *he gave me a dirty / black look*

vuilnis HET *refuse, rubbish, garbage,* AM *trash*

vuilnisbak HET *dustbin, rubbish bin, garbage bin,* AM *trash can*

vuilnisbelt DE *rubbish dump, rubbish tip*

vuilniszak DE *rubbish bag, garbage bag,* AM *trash bag*

vuilverbranding DE *refuse incineration*

vuist DE *fist* ★ gebalde vuisten *clenched fists* ▼ voor de vuist weg *offhand*

vulgair BN *vulgar* ★ ze kan soms heel vulgair zijn *she can be quite vulgar at times*

vulkaan DE *volcano*

vullen ww *fill (up),* ⟨met lucht⟩ *inflate,* ⟨gevogelte⟩ *stuff* ★ de werklui vulden een gat in de weg *the workers filled (up) a hole* *in the road* ★ haar ogen vulden zich met tranen *her eyes filled with tears* ★ de tandarts heeft mijn kies gevuld *the dentist filled my tooth* ★ een gevulde kalkoen *a stuffed turkey* ▼ gevulde chocolaatjes *chocolates with soft centres*

vulpen DE *fountain pen*
vurenhout HET *pine, pinewood*
vurig **I** BN ● gloeiend *fiery, red-hot* ★ vurige kolen *fiery / red-hot coals* ● hartstochtelijk *fervent, ardent* ★ vurige aanhangers *fervent / ardent supporters* ▼ een vurige minnaar *a passionate lover* ▼ een vurige toespraak *a passionate / spirited speech* ▼ een vurig verlangen *a burning desire* **II** BIJW *fervently, ardently, passionately* ★ hij is vurig anti-Amerikaans *he is fervently anti-American* ★ hij heeft mijn grootmoeder vurig het hof gemaakt *he courted my grandmother ardently* ★ Napoleon beminde Josephine vurig *Napoleon loved Josephine passionately* ▼ zij verlangt vurig naar kinderen *she longs to have children*
vuur HET ● iets dat brandt *fire* ★ we maakten vuur *we made / lit a fire* ● geweervuur *fire* ★ de soldaten openden het vuur op de menigte *the soldiers opened fire at / on the crowd* ▼ de president ligt onder vuur *the President is under attack* ● geestdrift *fire, enthusiasm, ardour* ★ vol vuur *filled with fire / enthusiasm, full of ardour* ▼ hij vertelde vol vuur over zijn werk *he talked enthusiastically about his work*
vuurpijl DE *rocket*
vuurtje HET *light* ★ heeft iemand een vuurtje voor me? *has anybody got a light?*
vuurtoren DE *lighthouse*
vuurwapen HET *firearm*
vuurwerk HET *fireworks*
VVV DE *Tourist Information Office*
vwo HET *pre-university education, -grammar school*

W

w DE *w* ★ de W van Willem *W as in Whisky*
waaien WW *blow* ★ de wind waait uit het oosten *the wind is blowing / coming from the east* ★ er waaiden drie bomen om *three trees blew down* ★ er waren veel pannen van het dak gewaaid *a lot of tiles had blown off the roof* ▼ hij laat de boel maar waaien *he's letting things slide*
waakhond DE *watchdog*
waakvlam DE *pilot light*
Waal DE *Walloon*
Waals HET taal *Belgian French, Walloon*
waan DE *delusion* ★ hij verkeert in de waan dat... *he's under the delusion that...*
waanzin DE ● krankzinnigheid *madness, insanity* ★ je reinste waanzin *pure madness / insanity* ● onzin *nonsense*
waanzinnig **I** BN ● krankzinnig *insane, mad* ★ haar vader is waanzinnig geworden *her father went insane / mad* ● onzinnig *crazy, stupid* ★ een waanzinnig idee *a crazy / stupid idea* **II** BIJW *very, madly* ★ een waanzinnig mooie kleur *a very beautiful colour* ★ ze is waanzinnig verliefd *she's madly in love*
waar **I** DE goederen *goods* ▼ hij kreeg waar voor zijn geld *he got his money's worth* **II** BN ● waarheidsgetrouw *true* ★ dat is niet waar, wat je nu zegt *what you're saying isn't true* ● echt *real, actual*, ⟨van gevoelens, geloof &⟩ *true* ★ de ware reden *the real / actual reason* ★ zij heeft haar ware liefde gevonden *she has found her true love* ▼ dat is waar ook, ik moet nog bellen *that reminds me, I have to make a phone call* **III** BIJW ● vragend *where*, ⟨met voorzetsel⟩ *what* ★ waar ben je geboren? *where were you born?* ★ waar gaat het om? *what is it about?* ● teruggrijpend *where*, ⟨met voorzetsel⟩ *that, which* ★ dit is het huis waar hij geboren is *this is the house where he was born / in which he was born / (that) he was born in* ★ dit is het boek waar ik het over had *this is the book (that) I mentioned*
waard BN *worth* ★ zijn vriendschap is niets waard *his friendship is worth nothing / is valueless* ★ het is het proberen waard *it's worth trying*

waarde DE *value* ★ er was niets van waarde gestolen *nothing of any value was stolen, nothing valuable was stolen* ★ normen en waarden *norms and values* ▼ zij hebben een huis gekocht ter waarde van 300.000 euro *they have bought a house valued at 300,000 euros* ▼ welke waarde geeft de meter aan? *what's (the reading) on the meter?*

waardebon DE • als geschenk *gift voucher* ★ ze gaven hem een waardebon *they gave him a gift voucher* • om iets goedkoop / gratis te krijgen *coupon, voucher* ★ als je de waardebon uitknipt krijg je 50% korting *cut out the voucher / coupon and you will get 50% off*

waardeloos BN *worthless, useless, pathetic* ★ dat geld is waardeloos *that money is worthless* ★ hij is een waardeloze vent *he's a useless person* ★ wat een waardeloze smoes! *what a pathetic excuse!* ▼ waardeloos! *hopeless!*

waarderen WW • de waarde bepalen *value, estimate* ★ het bedrijf werd gewaardeerd op vier miljoen euro *the company was valued at four million euros, the company's value was estimated at four million euros* • op prijs stellen *appreciate* ★ je cadeau werd zeer gewaardeerd *your gift was greatly appreciated*

waarheen BIJW • vragend *where (... to)* ★ waar zullen we heen gaan? *where shall we go (to)?* • teruggrijpend *where, to which* ★ een plaats waar niemand ooit heen was geweest *a place where nobody had ever been before* ★ de stad waar zij heen gingen *the city to which they were going, the city (that) they were going to*

waarheid DE *truth* ★ hij sprak de waarheid *he told the truth* ★ ze vertelde / zei hem flink de waarheid *she told him some home truths, she gave him a piece of her mind* ▼ om de waarheid te zeggen *to be quite honest*

waarnemen WW • observeren *observe, notice* ★ wat neem je waar als je naar het groene blokje kijkt? *what do you observe / notice when you look at the green square?* • als vervanger dienst doen *fill in for* ★ hij neemt waar voor de burgemeester *he's filling in for the mayor* ▼ zij neemt de volgende les voor mij waar *she's taking over my next lesson* • gebruik maken van *take, make use of* ★ hij nam zijn kans waar *he took the opportunity, he made use of the opportunity*

waarnemer DE • die opmerkt *observer* • plaatsvervanger *deputy, substitute*

waarom BIJW • vragend *why, what* ★ waarom ben je boos? *why are you angry?, what are you angry about?* • teruggrijpend *why* ★ dat is de reden waarom ik boos ben *that's why I'm angry, that's the reason I'm angry*

waarschijnlijk I BN *probable, likely* ★ de waarschijnlijke oorzaak van het probleem *the probable / likely cause of the problem* II BIJW *probably, in all likelihood* ★ je vriend stuurt je waarschijnlijk een kaart *your friend will probably send you a postcard* ★ hij zit waarschijnlijk in de file *he's probably in a traffic jam, in all likelihood he's in a traffic jam*

waarschuwen WW • waarschuwing geven *warn* ★ ze was gewaarschuwd voor zijn driftbuien *she had been warned about his outbursts of anger* ★ je bent gewaarschuwd! *I'm warning you!* • seintje geven *let know, tell* ★ waarschuw je me even als hij komt? *please let me know / tell me when he's here, would you please let me know when he's here?* • roepen *call, send for* ★ je moet onmiddellijk een dokter waarschuwen! *send for / call a doctor immediately!*

waarschuwing DE het waarschuwen *warning* ★ zonder voorafgaande waarschuwing *without prior warning*

waarzegster DE *fortune teller*

waas HET *haze, mist* ▼ hij kreeg een waas voor zijn ogen *things grew hazy / misty before his eyes*

wacht DE • het waken *watch* ★ de soldaat hield de wacht bij zijn jeep *the soldier kept watch near his jeep* ▼ hij stond op wacht *he stood guard, he was on guard duty* • persoon / personen *watchman, guard* ★ de wacht kreeg een inbreker in het oog *the watchman / guard caught sight of the intruder* ★ de wisseling van de wacht bij Buckingham Palace *the changing of the guard at Buckingham Palace*

wachten WW • in afwachting zijn *wait* ★ we wachten op een beslissing *we're waiting for a decision* ★ ze hebben ons laten wachten *they kept us waiting* ▼ daar zit

wachter DE *watchman*
wachtgeld HET *redundancy pay, reduced pay*
wachtkamer DE *waiting room*
wachtlijst DE *waiting list*
wachtwoord HET *password*
Waddeneilanden DE *Frisian Islands*
waden WW *wade*
wafel DE *waffle*, ⟨dun⟩ *wafer*
wagen I DE *voertuig (motor)car* II WW ● *durven dare, hazard* ★ waag het niet! *don't you dare!* ★ ik waag me er niet aan *I'm not going to hazard it, I'm not taking the risk* ● *riskeren venture, risk* ★ wie niet waagt, die niet wint *nothing ventured, nothing gained* ★ hij waagde zijn leven *he risked his life*
wagenziek BN *carsick*
waggelen WW *totter*, ⟨van eend, dikzak⟩ *waddle*
wagon DE *carriage*, ⟨voor goederen⟩ *van, wagon*
wak HET *hole in the ice* ★ hij schaatste een wak in *hij skated into a hole in the ice*
waken WW ● *wakker blijven watch, stay awake* ● *beschermend toezien watch, guard* ★ de hond waakte over mijn spullen *the dog watched over / guarded my things*
wakker BN *awake* ★ hij was klaarwakker *he was wide awake* ▼ ik word vaak te vroeg wakker *I often wake up too early* ▼ je moet me niet wakker maken *don't wake me up*
wal DE ● *vasteland land, shore* ▼ de bemanning van het schip ging aan wal *the crew of the ship went ashore* ● *langs rivier bank(s)* ★ op de wal van de Theems *on the banks of the Thames* ● *kade quay, embankment* ▼ we raakten van de wal in de sloot *we jumped out of the frying pan into the fire* ● *verdedigingswal ramparts, city wall* ● *onder de ogen bag* ★ ze had wallen onder haar ogen *she had bags under her eyes*
walgen WW *be disgusted* ★ ik walg ervan *I'm disgusted, it makes me sick*
Wallonië HET *the Walloon provinces*
walm DE *smoke*
walnoot DE *walnut*
wals DE ● *dans waltz* ★ de Engelse / Weense wals *the English / Viennese waltz* ● *wegwals steamroller* ● *pletrol roller*
walvis DE *whale*
walvisvangst DE *whale fishery, whaling*
wanbetaler DE *defaulter*
wand DE ● *muur wall* ★ aan de wand hangen veel foto's *there are a lot of photographs on the wall* ● *van rots, berg face* ★ we beklommen de zuidwand van de berg *we climbed the south face of the mountain*
wandelen WW *walk*, ⟨lange afstanden⟩ *hike* ★ hij wandelde langs het strand *he walked along the shore* ▼ laten we gaan wandelen met dit mooie weer *the weather's beautiful: let's go for a walk* ▼ ze ging wandelen met de hond *she took the dog for a walk*
wandeling DE *walk, stroll* ★ ze maakte een wandeling *she took a walk / stroll*
wandelwagen DE *stroller, buggy*
wang DE *cheek*
wanhoop DE *despair* ★ uit wanhoop *in despair*
wanhopig BN *desperate, despairing* ★ ze deden een laatste wanhopige poging *they made a last desperate attempt* ★ de wanhopige ouders van het vermiste kind *the lost child's despairing parents* ▼ het is om wanhopig van te worden *it's enough to drive you to despair*
wankel BN *unsteady, shaky* ★ een wankel evenwicht *an unsteady / a shaky balance* ▼ een wankele stoel *a rickety chair* ▼ zij heeft een wankele gezondheid *her health is delicate*
wanneer I BIJW *when* ★ wanneer kom je eens eten bij me? *when are you coming to have dinner at my place?* II VW ● *op het moment dat when* ★ we zijn er allemaal wanneer hij komt *we'll all be there when he arrives* ● *indien if* ★ wanneer het regent gaan we met de trein *if it rains we'll go by train*
wanorde DE *disorder, confusion*
want I DE *mitten* II VW *because* ★ hij heeft het moeilijk want zijn ouders zijn aan het scheiden *he's having a hard time because his parents are going through a divorce*
wantrouwen I HET *distrust, suspicion* II WW *distrust, be suspicious of*
wapen HET *weapon* ★ biologische / chemische wapens *biological / chemical*

wapenstilstand – waterleiding

weapons ▼ ze grepen naar de wapens *they took up arms*

wapenstilstand DE *armistice, ceasefire*

wapperen WW ● vlag *blow, fly* ★ de vlag wapperde in de wind *the flag was blowing in the wind* ★ FIG er hebben verschillende vlaggen gewapperd boven ons land *several flags have flown over our country* ● haar *wave, stream* ★ haar haar wapperde in de wind *her hair waved / streamed in the wind*

war DE ★ in de war ⟨van personen⟩ *confused, muddled*; ⟨van dingen⟩ *mixed up*; ⟨van touw⟩ *entangled, knotted*

warenhuis HET *department store*

warm I BN ● met hoge temperatuur *hot, warm* ★ warm eten *a hot meal* ★ ik heb het warm *I'm (feeling) warm / hot* ★ een warme bakker *a hot bread bakery* ● hartelijk *warm(-hearted)* ★ een warm welkom *a warm welcome* ★ een warme vrouw *a warm-hearted woman* II BIJW *warmly* ★ we werden warm ontvangen *we were warmly welcomed*

warmen WW *warm (up), heat* ★ hij warmde zijn handen bij het vuur *he warmed his hands at the fire* ★ ze warmde het flesje van de baby (op) *she warmed up / heated the baby's bottle*

warmte DE *warmth, heat* ★ toeristen lagen in de warmte van de zon te zonnebaden *tourists basked in the warmth of the sun* ★ lampen geven veel warmte af *lights give off a lot of heat*

was I DE het wassen, wasgoed *wash, washing, laundry* ★ moeder doet de was *mother is doing the wash(ing) / laundry* ★ ik kom zo, ik moet nog even de was ophangen *I'll come in a minute, I have to hang out the wash(ing) / laundry first* ▼ de fijne / bonte was *delicate / coloureds* ▼ je moet de vuile was niet buiten hangen *don't air your dirty linen in public* II DE + HET vettige substantie *wax* ★ ik heb de tafel in de was gezet *I've waxed the table* ▼ hij zit goed in de slappe was *he's well off* ▼ ze is als was in zijn handen *she's like putty in his hands*

wasbak DE *washbasin*
wasgoed HET *washing, laundry*
washandje HET *facecloth, flannel*
wasmachine DE *washing machine*
wasmiddel HET *detergent, washing powder*

wassen I BN *wax* ★ de wassen beelden bij Madame Tussaud *the wax figures at Madame Tussaud's* II WW *wash* ★ oma kan zich niet meer zo goed zelf wassen *Grandma can't wash herself properly any more*

wasserette DE *laundrette, launderette, laundromat*

wastafel DE *washbasin*

wat I BIJW *somewhat, a little, a bit* ★ zij is wat traag *she's somewhat / a bit / a little slow* ★ ik kom wat later *I'll come a little / bit later* II VNW ● vragend *what* ★ wat is er? *what is it?, what's the matter?* ★ wat voor iemand is hij? *what's he like?* ● uitroepend *what, how* ★ wat een boeken! *what a lot of books!* ★ wat dans je goed! *how well you dance!* ● teruggrijpend *what, that* ★ je kunt zeggen wat je wil, maar ... *you can say what you like, but ...* ★ het ergste wat je kan overkomen *the worst thing that could happen to you* ● wat dan ook *whatever* ★ wat er ook gebeurt *whatever happens* ● iets, een beetje ⟨zelfstandig gebruikt⟩ *something*, ⟨bijvoeglijk gebruikt⟩ *some* ★ er zit wat in *there's something to it* ★ neem nog wat druiven *have some more grapes* ▼ hij voelde zich wat beter *he felt a little better* ▼ het scheelt heel wat *it makes a lot of difference, it makes quite a difference*

water HET ● vloeistof *water* ★ een kamer met warm en koud stromend water *a room with hot and cold running water* ★ een glas water *a glass of water* ★ ze kunnen maar net het hoofd boven water houden *they're only just managing to keep their heads above water* ▼ het hele feest viel in het water *the party fell through* ▼ hij is vlug als water *he's quick as lightning* ▼ ze geeft de planten water *she's watering the plants* ● meer, rivier, & ⟨algemeen⟩ *water*, ⟨waterweg⟩ *waterway* ▼ de internationale wateren *the high seas* ● urine *urine* ▼ ik voel het aan m'n water *I feel it in my bones*

waterbed HET *waterbed*
watergolven WW *set* ★ ik laat mijn haar wassen en watergolven *I'm having my hair washed and set*
waterijsje HET *ice lolly, icy pole*
waterleiding DE ● buis *water pipe* ● buizenstelsel *waterworks* ▼ ze hebben geen waterleiding *they have no running water*

Waterman DE *Aquarius* ★ mijn teken van de dierenriem is Waterman *my sign of the zodiac is Aquarius*
watermeloen DE *watermelon*
watermolen DE *water mill*
waterpas I DE *spirit level* II BN *level* ★ die muur is niet waterpas *that wall isn't level*
waterpokken DE *chickenpox*
waterschildpad DE *turtle*
watersport DE ● op het water *water sports* ● in en op het water *aquatic sports*
waterstof DE *hydrogen*
watertoren DE *water tower*
waterval DE *waterfall*
watje HET ● propje watten *wad of cotton wool* ● persoon *softie*
wattenstaafje HET *cotton bud*
wazig BN ● niet helder *blurry* ★ een wazige herinnering *a hazy memory* ★ een wazige foto *a blurry photograph* ● suf *dopey*
wc DE *toilet*, INF *loo* ★ ik moet naar de wc *I have to go to the toilet* / AM *to the bathroom*
wc-bril DE *toilet seat*
wc-papier HET *toilet paper*
we VNW *we*
web HET *web*
wedden WW *bet* ★ ik wed dat je morgen weer te laat bent *I bet you'll be late again tomorrow* ★ ik heb met hem gewed om vijf euro *I bet him five euros* ★ wedden? *(do you) want to bet?* ▼ hij heeft op het verkeerde paard gewed *he put his money on the wrong horse*
weddenschap DE *bet* ★ hij ging een weddenschap met mij aan *he made a bet with me*
wedstrijd DE *match, contest*
weduwe DE *widow* ★ ze werd weduwe op haar 50ste *she was left a widow at the age of 50, she was widowed at the age of 50*
weduwnaar DE *widower*
wee I DE bij bevalling *labour pain, contraction* ★ ze heeft al drie uur weeën *she has been having contractions / labour pains for three hours now* II BN ● gevoel *faint* ★ hij was wee van de honger *he was faint with hunger* ● van geur *sickly* ★ er zijn bloemen die een weeë geur verspreiden *some flowers have a sickly smell* III TSW *woe* ★ wee je gebeente als je dat doet! *woe betide you if you do that!* ▼ o, wee! *oh dear!*
weefgetouw HET *loom*

weegschaal DE *(pair of) scales, balance*
Weegschaal DE *Libra* ★ mijn teken van de dierenriem is Weegschaal *my sign of the zodiac is Libra*
week I DE 7 dagen *week* ★ door de week ⟨tijdens⟩ *during the week*; ⟨op werkdagen⟩ *on weekdays* ★ over een week / twee week *in a week's time / two weeks' time* ★ verleden / volgende week *last / next week* ★ woensdag over een week *Wednesday week* ★ morgen over drie weken *three weeks from tomorrow* II BN *sensitive* ★ hij is een week jongetje *he is a sensitive lad*
weekblad HET *weekly (magazine)*
weekeinde HET *weekend*
weekloon HET *weekly wage*
weer I HET *weather* ★ het is mooi weer *the weather is fine* ★ in weer en wind *in all weather, come rain or shine* ★ het weer slaat om *the weather is changing* II BIJW ● opnieuw *again, once again, once more* ★ telkens weer *again and again* ★ het voorjaar komt er weer aan *spring is on us once again* ★ laten we het nog eens weer proberen *let's try once again / more* ▼ morgen is er weer een dag *tomorrow is another day* ● terug *back* ★ heen en weer ⟨één keer⟩ *there and back*, ⟨meerdere malen⟩ *back and forth, to and fro*
weerbericht HET *weather forecast, weather report*
weergeven WW ● weerspiegelen *reflect, describe, convey* ★ de verkiezingsresultaten geven de stemming onder de kiezers weer *the election results reflect the mood among the voters* ★ zijn woorden gaven precies weer hoe we ons voelden *he described our feelings exactly, he conveyed exactly how we were feeling* ● reproduceren *reproduce, repeat* ★ het rapport geeft letterlijk weer wat er is gezegd *the report repeats / reproduces what was said word for word*
weerhouden WW *stop, keep* ★ dat zal mij niet weerhouden te gaan *that won't not stop / keep me from going*
weerkunde DE *meteorology*
weerspiegelen WW *reflect*
weerstaan WW *resist* ★ ik kan de verleiding niet weerstaan *I can't resist the temptation*
weerstand DE ● tegenstand *resistance, opposition* ★ er was veel weerstand tegen

het plan *there was a lot of resistance / opposition to the plan* • elektrische weerstand ⟨eigenschap⟩ *electrical resistance,* ⟨schakelelement⟩ *resistor*

weersverwachting DE *weather forecast, weather report*

weerzin DE *aversion, reluctance* ★ hij heeft een weerzin tegen vlees *he has an aversion to meat* ▼ met weerzin zette hij zich aan zijn huiswerk *he reluctantly applied himself to his homework*

wees DE *orphan* ★ ze werd wees *she became an orphan*

weeshuis HET *orphanage*

weg I DE • straat *road,* ⟨kleiner⟩ *path* ★ de grote weg *the main road* ★ langs de weg *by the wayside, along the road* ▼ openbare weg *public highway* ▼ de band timmert behoorlijk aan de weg *the band is making a name for itself* • richting *way, approach* ★ we zijn op weg naar mijn ouders *we're on the way to my parents* ★ FIG we moeten een andere weg inslaan *we need to take a different approach* ▼ hij vraagt altijd naar de bekende weg *he always asks things he knows already* ▼ zal ik je een beetje op weg helpen? *shall I give you a bit of a start?, shall I help you along a bit?* • traject *distance, way* ★ hoe lang is de weg tussen… *what's the distance between…* ★ we hebben nog een lange weg te gaan *we still have a long way to go* • doortocht *way* ★ je staat in de weg *you're in the way* ★ ga uit de weg! *(get) out of the way!* ▼ de laatste hindernissen zijn uit de weg geruimd *the last obstacles have been removed / eliminated* • manier, middel *way, course* ★ hij gaat zijn eigen weg *he goes his own way* ★ dit lijkt me de verstandigste weg *this seems to be the wisest course* ▼ ze volgde de weg van de minste weerstand *she took the line of least resistance* ▼ hij weet geen weg met zijn geld *he doesn't know what to do with his money* **II** BIJW • afwezig *gone, away* ★ vanaf zondag ben ik drie weken weg *I'll be gone / away for three weeks, starting from Sunday* ▼ onze poes is al een paar weken weg *our cat has been missing for a few weeks now* ▼ wegwezen! ⟨ga weg⟩ *beat it!, get lost!*, VULG *piss off!*; ⟨laten we gaan⟩ *let's get out of here!* ▼ weg met de kapitalisten! *down with the capitalists!*

• verrukt *crazy* ★ ze is er weg van *she's crazy about it* • lijkend *look like* ▼ het heeft wel iets weg van een piramide *it looks a bit like a pyramid*

wegbrengen WW • elders brengen *take* ★ ik heb mijn auto weggebracht naar de garage *I've taken my car to the garage* • vergezellen *see* ★ ik breng tante wel weg naar het station *I'll see Auntie to the station*

wegdek HET *road surface*

wegdoen WW • van de hand doen *dispose of, get rid of* • wegleggen *put away* ★ doe die telefoon weg! *put that telephone away!*

wegen WW *weigh* ★ de baby wordt elke dag gewogen *the baby is weighed every day* ★ zij weegt 80 kilo *she weighs 80 kilos* ▼ wat het zwaarst is moet het zwaarst wegen *first things first*

wegenkaart DE *road map*

wegens VZ *because of, on account of* ★ wegens vakantie gesloten *closed because of holidays* ★ wegens sterfgeval gesloten *closed on account of death* ▼ hij is aangeklaagd wegens moord *he's been charged with murder*

weggaan WW *go away, leave* ★ ze gingen weg in 2002 en kwamen twee jaar later weer terug *they went away / left in 2002 and returned two years later* ★ hij is bij zijn vrouw weggegaan *he's left his wife* ▼ ach, ga weg! *you're kidding!*

weggeven WW *give away* ★ ik heb mijn postzegelverzameling weggegeven *I've given away my stamp collection*

weggooien WW *throw away, throw out* ★ er wordt veel te veel eten weggegooid *far too much food is thrown away / out* ★ ze gooide het gebroken kopje weg *she threw the broken cup away / out*

weghalen WW *remove, take away* ★ ik laat die moedervlek weghalen *I'm going to have that birthmark removed* ★ het kind werd na de geboorte bij haar weggehaald *the child was taken away from her at birth*

weglaten WW *leave out, omit* ★ hij heeft de belangrijkste feiten weggelaten *he left out / omitted the most important facts*

wegleggen WW *put away, put aside* ★ je moet dat boek wegleggen *put that book away / aside* ▼ hij had een aardig bedrag weggelegd *he had set aside a tidy sum*

weglopen WW • wegvloeien *run off, drain*

away ★ de olie liep weg het riool in *the oil ran off / drained away into the sewer* ▼ ik liet het water uit de badkuip weglopen *I pulled out the bathtub plug* ● er vandoor gaan *run away, make off* ★ ze is weggelopen met de melkboer *she ran away / made off with the milkman* ▼ zij is bij haar man weggelopen *she walked out on her husband* ▼ het werk loopt niet weg *the work can wait*

wegnemen ww *take away, remove* ▼ dat neemt niet weg dat... *that doesn't alter the fact that...*

wegraken ww ● zoekraken *get lost* ● bewustzijn verliezen *faint, pass out*

wegrestaurant HET *road house*

wegsturen ww ● wegzenden *send away* ● ontslaan *dismiss* ● verzenden *mail*

wegversmalling DE *narrowing of the road*, ⟨opschrift⟩ *road narrows*

wegwijzer DE *signpost*

wei, ook: **weide** DE ● grasland *meadow, pasture* ★ de koeien staan / lopen in de wei *the cows are in the meadow / pasture* ● kleine wei voor paard *paddock* ● speelwei *playground*

weigeren ww ● niet functioneren *fail* ★ de remmen van de auto weigerden *the car brakes failed* ▼ het geweer weigerde *the gun misfired* ● niet toestaan *refuse, deny* ★ hem werd de toegang geweigerd *he was refused / denied admittance* ★ het verzoek werd geweigerd *the request was refused / turned down* ● niet willen doen *refuse* ★ hij weigerde zijn jas uit te doen *he refused to take his coat off*

weigering DE *refusal*

weiland HET *pasture, meadow*

weinig I BIJW ● niet vaak *rarely, hardly, ever, seldom* ★ zij is weinig thuis *she's rarely / hardly ever home, she's seldom at home* ● niet veel *little* ★ het betekent weinig *it means little* II VNW niet veel *little, not much* ★ we kunnen er weinig aan doen *there's little / not much we can do about it* ★ hij dronk weinig *he didn't drink much* III TELW niet veel ⟨voor meervoud⟩ *few, not many*, ⟨voor enkelvoud⟩ *little, not much* ★ weinig leerlingen hadden een voldoende *few / not many students had a pass mark* ★ er is nog maar weinig melk *there's not much milk* ▼ ik heb vijf dollar te weinig *I'm five dollars short*

wekelijks BN + BIJW *weekly*

wekken ww *wake, (a)waken* ★ wek me om zeven uur *wake / call me at seven o'clock* ★ ze werd gewekt door de wekker *she was awoken by the alarm clock* ▼ dat wekte verbazing *that came as a surprise* ▼ hij wekte de indruk dat hij rijk was *he created the impression that he was rich*

wekker DE *alarm (clock)* ★ een nieuwe wekker *a new alarm clock* ★ ik heb de wekker op zeven uur gezet *I set the alarm for seven o'clock*

wel BIJW ● tegenover ontkenning *so, indeed* ★ ik denk het wel *I think so* ★ ik heb de rekening gecontroleerd, maar hij klopte wel *I checked the bill, but it was indeed correct* ▼ ik houd er wel van *I quite / rather like it*, ⟨met nadruk⟩ *I do like it* ▼ ik heb niet geslapen, maar hij wel *I haven't slept, but he has* ▼ zij kan het niet doen, maar hij wel *she can't do it, but he can* ● tamelijk *quite, rather, fairly* ★ het was wel leuk, hoor *it was quite nice, you know* ★ het is wel wat duur *it's rather / fairly expensive* ● goed *rightly, correctly, certainly* ★ als ik me wel herinner *if I remember rightly / correctly* ★ ik heb mijn lesje wel geleerd *I've certainly learned / learnt my lesson* ● zeer *very* ★ dank u wel *thanks very much* ★ u bent wel vriendelijk *that's very kind of you* ● versterkend *indeed, certainly* ★ hij moet wel rijk zijn om dat te kunnen betalen *he must indeed / certainly be rich to be able to afford that* ▼ hij zal wel moeten! *he'll jolly well have to!* ● niet minder dan *as many as, no fewer than* ⟨telbaar⟩, *no less than* ⟨niet telbaar⟩ ★ het zijn er wel 50 *there are as many as 50* ★ ze hadden niet veel mensen verwacht maar er kwamen wel 50 opdagen *they hadn't expected many people but no fewer than 50 turned up* ● vermoedelijk *surely* ★ hij komt vast wel *he'll come surely, he's bound to come*

weleens BIJW ⟨verleden⟩ *once*, ⟨heden⟩ *sometimes*, ⟨in vragen⟩ *ever* ★ ik ben weleens in Parijs geweest *I was in Paris once* ★ fietsen worden weleens gestolen *bicycles are sometimes stolen* ★ heb jij weleens een dolfijn geaaid? *have you ever stroked a dolphin?*

welk VNW ● vragend *what, which* ★ welke dag is het vandaag? *what day is it today?* ★ welke jurk vind je leuker, de rode of de zwarte? *which dress do you like best: the red one or the black one?* ● welke ook maar *whatever, whichever* ★ welke cd je ook wilt, ik koop hem voor je *I'll buy whatever CD you want* ★ welke optie we ook kiezen, er zijn altijd problemen *whichever option we choose, there will always be problems*

welkom HET + BN + TSW *welcome*

welnee TSW *(no,) of course not*

welp DE ● dier *cub* ★ de leeuwin beschermt haar welpen *the lioness protects her cubs* ● padvinder *Cub Scout*

welterusten TSW *good night, sleep well*

welvaart DE *prosperity*

wenden WW ● omdraaien *turn* ★ in Londen zijn er, waar je je ook wendt of keert, flatgebouwen *in London, there are high-rise flats whatever way you turn* ▼ je kunt je daar niet wenden of keren *there's hardly enough room to swing a cat* ▼ hoe je het ook wendt of keert *whichever way you look at it* ● zich richten *turn* ★ je kunt je altijd tot hem wenden voor advies *you can always turn to him for advice* ▼ voor informatie kunt u zich wenden tot de informatiebalie *for information, please go to the enquiry / inquiry desk*

wending DE *turn* ★ het heeft een ongunstige / gunstige wending genomen *it's taken a turn for the worse / better*

wenk DE ● gebaar *sign, wink* ● aanwijzing *hint* ★ een stille wenk *a quiet hint*

wenkbrauw DE *eyebrow* ▼ hij fronste zijn wenkbrauwen *he frowned, he knitted his brows*

wennen WW *be used to, be accustomed* ★ ik ben gewend om in teamverband te werken *I'm used / accustomed to working in teams* ★ je went er wel aan *you'll get used to it* ★ we zijn er nog niet aan gewend *we haven't got used to it yet*

wens DE ● verlangen *wish, desire* ★ de prinses mocht een wens doen *the princess was allowed to make a wish* ★ het was tegen de wens van zijn vader *it was against his father's wishes* ★ haar enige wens was om hem nog eens te zien *her one desire was to see him again* ● gelukwens *wish* ★ mijn beste wensen! *(my) best wishes!*

wensen WW ● verlangen *desire* ★ dat laat niets te wensen over *it leaves nothing to be desired* ● willen hebben *want, ⟨beleefder⟩ like* ★ wat wens je voor je verjaardag? *what do you want for your birthday?, what would you like for your birthday?* ● toewensen *wish* ★ ik wens je alles goeds *I wish you well*

wentelen WW *roll, turn, rotate* ★ de aarde wentelt zich om zijn as *the earth rotates / turns on its axis* ★ het varken wentelde zich door de modder *the pig rolled through the mud*

wenteltrap DE *spiral staircase*

wereld DE *world, earth* ★ een reis om de wereld *a journey (a)round the world* ★ over de hele wereld *all over the world* ★ overal op de wereld *everywhere in the world, everywhere on earth* ★ de derde wereld *the Third World* ★ ze heeft twee kinderen ter wereld gebracht *she's brought two children into the world* ★ hij weet wat er in de wereld te koop is *he knows the ways of the world, he knows what's what* ★ hij is een man van de wereld *he's a man of the world* ★ er gaat een wereld voor je open *a new world will open for you* ★ ze leeft in haar eigen wereldje *she lives in her own little world* ★ een wereld van verschil *a world of difference* ▼ zo oud als de wereld *as old as the hills* ▼ we moeten die zaak uit de wereld helpen *we must settle that matter*

wereldberoemd BN *world-famous*

wereldbol DE *globe*

werelddeel HET *continent*

wereldkampioen DE *world champion*

wereldoorlog DE *world war* ★ de Eerste Wereldoorlog *the Great War, the First World War* ★ de Tweede Wereldoorlog *World War II, the Second World War*

wereldrecord HET *world record*

wereldreis DE *world tour*

werk HET ● het werken *work, ⟨zwaar werk⟩ labour* ★ jongens, aan het werk! *to work, chaps* ▼ ze gaan verkeerd te werk *they're going about it in the wrong way* ▼ ik maak er meteen werk van ⟨aan de slag⟩ *I'll see to it at once*; ⟨klacht &⟩ *I'll take the matter up immediately* ● taak *work, job, task* ★ openbare werken *public works* ★ dat is een heel werk *that's quite a job* ★ het is onbegonnen werk *it's a hopeless task* ★ er is werk aan de winkel *there's (a lot of) work to be done* ▼ hij doet geen half werk he doesn't do things by halves • baan *work, job, employment* ★ hij heeft geen werk *he doesn't have any work / have a job, he's unemployed* ★ Simon zoekt vast werk *Simon is looking for a permanent job / for regular employment* ★ hij gaat naar zijn werk *he's going off to work* • product *work, piece* ⟨muziekstuk⟩ ★ een knap stukje werk *a clever piece of work* ★ de verzamelde werken van Shakespeare *the (collected) works of Shakespeare* ★ het werk bestaat uit drie delen *the piece is in three parts* ▼ het is jouw werk dat het mis ging *it's all your doing that things went wrong* • mechanisme *works*

werkbank DE *workbench*

werkboek HET *workbook*

werkelijk I BN *real, actual* ★ wat is de werkelijke reden dat hij er niet is? *what is the real reason for his absence?* ★ wat waren de werkelijke kosten? *what were the actual costs?* **II** BIJW *really, actually* ★ ik weet het werkelijk niet *I really don't know, I don't actually know*

werkelijkheid DE *reality*

werkeloos I BN • zonder baan *unemployed* • niets uitvoerend *inactive* **II** BIJW ▼ hij keek werkeloos toe *he stood around watching*

werken WW • werk doen *work* ★ hij werkt erg hard *he works very hard* ★ ze werkt aan een schilderij *she's working on a painting* ▼ hij werkte de hele maaltijd naar binnen *he finished off the whole meal* • functioneren *function*, ⟨van machine⟩ *work* ★ de nieuwe opzet werkt goed *the new set-up is functioning well* • verschuiven *settle* ★ de muur werkt nog wat *the wall is still settling* ▼ hout blijft altijd werken *wood will always expand and contract* • uitwerking hebben *have an effect* ★ de regeling werkt nadelig voor ouderen *the regulation is having a negative effect on older people* ▼ dat werkt op mijn zenuwen *it's getting on my nerves*

werkgever DE *employer*

werking DE • het functioneren *action, operation* ★ de liften zijn buiten werking gesteld *the lifts have been put out of action / operation* ▼ die regel is buiten werking gesteld *that rule has been suspended / is no longer operative* • uitwerking *effect* ★ dit product heeft een heilzame werking *this product has a beneficial effect*

werkloos I BN • zonder baan *unemployed, out of work* • niets uitvoerend *inactive* **II** BIJW ▼ hij keek werkloos toe *he stood around watching*

werkloosheid DE *unemployment*

werkloze DE *unemployed person*

werknemer DE *employee*

werkplaats DE *workshop*

werkstuk HET • vervaardigd stuk werk *piece of work* • schoolopdracht *paper, assignment* ★ je moet je werkstuk op tijd inleveren! *make sure you hand in your paper / assignment in time!*

werktuig HET *tool, piece of equipment*

werkweek DE • van werkers *working week* • van scholieren *project week* ★ de klas ging met werkweek *the class had a project week*

werkwoord HET *verb*

werpen WW • gooien *throw* ★ hij wierp de bal naar Susan *he threw the ball to Susan* • baren ⟨hond⟩ *have puppies*, ⟨poes⟩ *have kittens*

wervel DE *vertebra* ★ een mens heeft 24 wervels *a human being has 24 vertebrae*

wervelkolom DE *spinal column, spine*

wervelstorm DE *cyclone, hurricane*

wesp DE *wasp*

west BN + BIJW *west* ★ West-Vlaanderen *West Flanders* ▼ de wind is west *the wind is westerly*

westelijk I BN • westelijk gelegen *western* ★ de westelijke voorsteden *the western suburbs* • naar het westen *westerly* ★ het verkeer in westelijke richting *traffic in a westerly direction, westbound traffic* **II** BIJW *west* ★ Glasgow ligt westelijk van Edinburgh *Glasgow lies (to the) west of Edinburgh*

westen HET *west* ★ ten westen van Montreal *(to the) west of Montreal* ★ het Wilde Westen *the Wild West* ★ naar het westen *to the west, westward* ▼ hij was buiten westen *he was unconscious*

westers BN *western* ★ westers eten *western food* ★ de westerse landen ⟨cultureel⟩ *the Western countries*

wet DE • wetmatigheid *law* ★ de wet van de zwaartekracht *the law of gravitation* • voorschrift *law, act* ★ het parlement heeft de wet aangenomen *parliament has passed the law / act*

weten I HET *knowledge* ★ buiten mijn weten *without my knowledge* ▼ tegen beter weten in bestelden ze twee pizza's *against their better judgement, they ordered two pizzas* II ww ● informatie hebben *know* ★ hij weet het *he knows* ★ je wist heel goed waar ik het over had *you knew very well what I was talking about* ★ als ik dat geweten had was ik niet gegaan *if I'd known that, I wouldn't have gone* ★ zij is er niet, weet jij daar iets van? *she isn't here: do you know why?* ★ wist jij dat Elvis nog steeds leeft? *did you know (that) Elvis is still alive?* ★ ze weet echt niet wat er aan de hand is *she honestly doesn't know what's going on* ▼ weet je het zeker? *are you sure?* ● er in slagen *succeed, manage* ★ hij wist zich te bevrijden *he succeeded in freeing himself, he managed to free himself*

wetenschap DE *science*

wetenschappelijk I BN *academic, scientific* ★ een wetenschappelijke opleiding *an academic education* ★ wetenschappelijk onderzoek *scientific research* II BIJW *academically, scientifically* ★ ik ben niet erg wetenschappelijk aangelegd *I'm not very academically inclined* ★ het is wetenschappelijk bewezen *it has been scientifically proven*

wettelijk I BN *legal* ★ wettelijke regelingen *legal regulations* ▼ wettelijke aansprakelijkheid *liability* ▼ wettelijke aansprakelijkheidsverzekering, WA verzekering *third party (liability) insurance* II BIJW *by law, legally* ★ die plant is wettelijk beschermd *that plant is protected by law* ★ het bedrijf is wettelijk niet verplicht om te betalen *the company is not legally obliged to pay*

wettig I BN *legal, legitimate, lawful* ★ een wettig betaalmiddel *legal tender* ★ wettig bewijs *legitimate / lawful evidence* ★ een wettig huwelijk *a lawful marriage* II BIJW *legally, legitimately, lawfully* ★ zijn elektronische handtekeningen wettig? *are e-signatures legally valid?* ★ het bewijsmateriaal was niet wettig verkregen *the evidence had not been acquired legitimately / lawfully* ▼ deze merknaam is wettig gedeponeerd *this brand name has been registered*

weven ww *weave* ★ geweven textiel *woven textile*

wezen I HET ● schepsel *being, creature* ★ geen levend wezen *not a living being / soul* ★ buitenaardse wezens *alien creatures / beings, aliens* ● essentie *essence* ▼ in wezen is hij een goed mens *he is essentially / basically a good person, he's a good person at heart* II ww *be* ★ daar moet je wezen *that's the place to be* ▼ hij mag er wezen ⟨knap⟩ *he's a handsome man*; ⟨groot⟩ *he's a large chap*

whisky DE *whisk(e)y, Scotch*

wie VNW ● vragend *who, to whom,* ⟨van wie⟩ *whose,* ⟨by keuze⟩ *which* ★ wie heeft het gedaan? *who did it?* ★ aan wie moet ik dat geven? *who should I give it to?, to whom should I give it?* ★ van wie is dit? *whose is this?* ★ wie van hen? *which of them?* ● teruggrijpend *whoever, anybody who,* ⟨van wie⟩ *whose* ★ wie zijn mond opendoet, wordt eruit gegooid *whoever opens / anybody who opens his mouth will be thrown out* ★ de vrouw van wie de man in de bank werkt *the woman whose husband works in the bank* ▼ de man van wie ik houd *the man (that) I love* ● wie ook maar *whoever* ★ wie er ook maar aanwezig is *whoever is present*

wiebelen ww *wobble, wiggle* ★ ze zat op haar stoel te wiebelen *she was wobbling / wiggling on her chair*

wieden ww *weed* ★ ik heb de tuin gewied *I've weeded the garden*

wieg DE *cradle* ★ van de wieg tot het graf *from the cradle to the grave*

wiegen ww *rock* ★ ze wiegde haar kindje in slaap *she rocked her baby to sleep*

wiegendood DE *cot death*

wiel HET *wheel* ★ een kist op vier wielen *a box on four wheels*

wieldop DE *hubcap*

wielklem DE *wheel clamp*

wielrennen HET *cycling, cycle racing*

wielrenner DE *racing cyclist*

wier HET *seaweed*

wierook DE *incense,* ⟨wierookstokje⟩ *joss stick*

wiet DE cannabis *marijuana, grass, weed*

wij VNW *we*

wijd I BN ● breed *wide, broad* ★ hij ging de wijde wereld in *he went into the wide world* ★ een wijde blik *a broad view* ● ruim *wide, loose* ★ een wijde jurk *a wide / loose-fitting dress* II BIJW *wide, widely* ★ hij zette de ramen wijd open *he opened the windows wide* ★ hij is wijd en zijd bekend *he's widely known, he's famous*

wijden WW *dedicate, devote* ★ hij wijdde een les aan Shakespeare *he devoted a lesson to Shakespeare, he spent a lesson on Shakespeare* ★ hij wijdde zijn leven aan God *he dedicated his life to God* ▼ hij werd tot priester gewijd *he was ordained (as) a priest*

wijdte DE *breadth, width*

wijfje HET vrouwelijk dier *female*

wijk DE ● stadsdeel *neighbourhood, district* ★ zij wonen in een chique wijk *they live in a fashionable neighbourhood* ★ de noordelijke wijken *the northern districts* ● rayon ⟨van politieagent⟩ *beat*, ⟨van melkboer &⟩ *round* ▼ hij nam de wijk naar Amerika *he fled to America*

wijn DE *wine* ★ rode / witte wijn *red / white wine* ★ een glas rode wijn *a glass of red wine*

wijngaard DE *vineyard*

wijnvlek DE ● op kleding & *wine stain* ● huidvlek *birthmark*

wijs I BN *wise* ★ een wijze oude vrouw *a wise old woman* ▼ ze zijn niet wijzer *they don't know any better* ▼ ben je niet goed wijs? *are you out of your mind?* II BIJW *wisely* ★ we moeten onze energie wijs gebruiken *we have to use our energy wisely* III DE ● melodie *tune, melody* ★ dat is een leuk wijsje *that's a nice tune / melody* ★ ik kan geen wijs houden *I can't keep a tune* ▼ FIG hij is helemaal van de wijs *he's very put out* ● werkwoordsvorm *mood* ★ de gebiedende wijs *the imperative (mood)*

wijsheid DE *wisdom*

wijsvinger DE *forefinger, index finger*

wijze DE ● manier *way, manner* ★ op deze wijze *in this way* ★ bij wijze van spreken *in a manner of speaking* ★ bij wijze van proef *by way of trial* ● persoon *wise man, wise woman* ★ de Wijzen uit het Oosten *the Wise Men from the East, the Magi*

wijzen WW ● aanwijzen *point* ★ de magneetnaald wijst naar het noorden *the magnetic needle points to the North* ★ je moet niet wijzen naar mensen *you shouldn't point at people* ● doen vermoeden *indicate* ★ de symptomen wijzen op een blindedarmontsteking *the symptoms would indicate that it's appendicitis* ● laten zien *show, point out* ★ ik wees hem op de gladde band *I showed him the bald tyre, I pointed out the bald tyre to him*

wijzer DE ⟨van klok &⟩ *hand*, ⟨van barometer &⟩ *pointer* ★ de grote / kleine wijzer *the hour / minute hand* ▼ met de wijzers van de klok mee *clockwise*

wijzigen WW *alter, change* ★ Napoleon heeft de loop van de geschiedenis gewijzigd *Napoleon altered / changed the course of history* ★ hij moest zijn plannen wijzigen *he had to change his plans* ▼ zullen we die alinea wijzigen in een leesbaardere tekst? *shall we make that paragraph more readable?*

wijziging DE *alteration, change* ★ hij bracht verschillende wijzigingen aan in de tekst *he made several alterations / changes to the text* ★ wilt u eventuele wijzigingen schriftelijk doorgeven? *would you inform us in writing if there are any changes?*

wikkelen WW ● inpakken *wrap* ★ hij wikkelde er een krant om heen *he wrapped a newspaper around it* ● van spoel & *wind* ● verwikkelen *involve* ★ zij is in een gesprek gewikkeld *she's involved in a conversation*

wil DE *will*, ⟨wens⟩ *desire*, ⟨bedoeling⟩ *intention* ★ hij deed het uit zijn eigen vrije wil *he did it of his own free will* ★ met een beetje goede wil lukt het *with a little goodwill it'll work out* ★ ze heeft een eigen willetje *she has a will of her own* ★ ze maakt haar wil wel duidelijk *she certainly makes her intentions clear* ▼ voor elk wat wils *something for everybody* ▼ om 's hemels wil! *for heaven's sake!*

wild I HET ● vrije natuur *wildness* ● in het wild levende dieren *wild animals, wildlife* ● waar op gejaagd wordt *game* II BN ● in vrije natuur ⟨van plant, dier⟩ *wild*, ⟨van mens⟩ *savage* ● onbeheerst *wild* ▼ er gaan wilde verhalen over je rond *wild stories are going (a)round about you*

wildernis DE *wilderness*

wilg DE *willow*

willen WW ● wensen *want, wish, like* ★ wat wil je voor je verjaardag? *what do you want for your birthday?*, ⟨beleefder⟩ *what would you like for your birthday?* ★ ik zou graag een pannenkoek met stroop willen *I'd like a pancake with syrup* ★ ik wou dat ik het kon *I wish I could* ★ ze willen dat ik vroeg opsta *they want me to get up early* ● bereid zijn *be willing, be prepared* ★ ik wil wel gaan *I'm willing to go* ★ hij was zieker dan hij wilde bekennen *he was sicker than he was prepared to admit* ▼ wilt u het zout even aangeven? *would you mind passing the salt?* ● gebod *will, would* ★ wil je je mond wel eens houden! *keep quiet, will / would you?*

wimper DE *(eye)lash*

wind DE ● luchtstroom *wind* ★ er waait een harde wind uit het westen *there is a strong wind blowing from the west* ★ we hadden wind mee / de wind van achteren *we had a tail wind*; FIG *we had everything going for us* ★ we hadden de wind tegen *we had to go against / into the wind* ▼ ze gaf me de wind van voren *she told me off* ▼ het stinkt een uur in de wind *it stinks to high heaven* ▼ het gaat hem voor de wind *he's doing well* ● scheet *wind*, VULG *fart* ★ ze liet een wind *she broke wind, she farted*

windbuks DE *air gun, air rifle*

windkracht DE *wind force* ▼ een storm met windkracht 10 *a force 10 gale*

windmolen DE *windmill*

windscherm HET *windbreak*, ⟨op voertuig⟩ *windshield, windscreen*

windsurfen WW *windsurf, go windsurfing*

winkel DE *shop, store* ★ hij heeft een winkel in sportartikelen *he runs a sports equipment store* ★ een rijdende winkel *a mobile shop*

winkelcentrum HET *shopping centre /* AM *center*

winkeldief DE *shoplifter*

winkelen WW *shop, go out shopping*

winkelhaak DE ● gereedschap *square* ● scheur *corner tear*

winkelier DE *shopkeeper*

winnaar DE *winner*

winnen WW ● overwinning behalen *win* ★ ze hadden op het nippertje gewonnen *they'd won narrowly* ★ Ajax won met 3-0 *Ajax won by 3 goals to 0* ● verwerven *harvest*, ⟨kolen⟩ *mine*, ⟨land⟩ *reclaim*, ⟨tijd⟩ *gain*

winst DE *profit, gain* ★ het bedrijf heeft veel winst behaald *the company made a big profit* ★ ik heb mijn auto met winst verkocht *I sold my car at a profit* ★ na aftrek van de kosten hebben we netto nog €5000 winst gemaakt *having deducted cost we still made a net gain of €5000*

winter DE *winter* ★ een strenge winter *a severe / harsh winter* ★ 's winters, in de winter *in winter* ★ in de winter van 1944 / 1945 *in the winter of 1944 / 1945, winter 1944 / 1945*

winters BN *wint(e)ry*

wintersport DE *winter sport(s)* ★ hij doet aan wintersport *he goes on winter sport holidays*

wip DE ● sprongetje *skip* ▼ in een wip *in no time*, INF *in a jiffy* ▼ ⟨seksueel⟩ ze maakten een wip *they had a screw* ● speeltuig *see-saw* ▼ hij zit op de wip *his position is shaky*

wippen WW ● springen *bounce* ★ zit niet zo te wippen in / met je stoel *stop bouncing around on your chair* ▼ hij kwam even binnen wippen *he just popped in* ▼ hij wipte de hoek om *he nipped (a)round the corner* ● spelen op de wip *see-Ssaw* ● wegsturen *overthrow* ★ de regering is gewipt *the government has been overthrown* ● seks hebben *screw*

wiskunde DE *mathematics*, INF *maths*

wiskundig I BN *mathematical* ★ een wiskundig probleem *a mathematical problem* II BIJW *mathematically* ★ dat heb ik wiskundig opgelost *I solved that mathematically*

wissel DE ● van treinspoor *points, switch* ● wisselspeler *substitute* ● wisseling van speler *substitution* ● aflossing bij estafette *changeover* ● wildpaadje *animal crossing*

wisselen WW ● veranderen *change, vary* ★ haar stemming wisselt nogal vaak *her mood changes quite often* ★ met wisselend succes *with varying success* ▼ mijn zus en ik gaan van kamer wisselen *my sister and I are going to swap rooms* ▼ ons dochtertje is aan het wisselen *our daughter is getting her second teeth* ▼ wisselend bewolkt *cloudy with bright intervals* ● uitwisselen *exchange* ★ ze wisselden van gedachten over het onderwijs *they exchanged views about education* ▼ er werden schoten gewisseld *there was an exchange of shots* ● geld ruilen *change* ★ hij wisselde een briefje van 20 *he changed a 20 euro note, he gave change from a 20 euro note* ▼ ik kan niet wisselen *I don't have any change*

wisselgeld HET *(small) change*
wisselkoers DE *exchange rate*
wisselstroom DE *alternating current*
wisselvallig BN *changeable, unstable*
★ wisselvallig weer *changeable / unstable weather*
wissen WW *wipe, erase* ★ ik heb het uit mijn geheugen gewist *I've wiped / erased it from my memory*
wit I BN *white* ★ hij was zo wit als een doek *he was as white as a sheet* II HET *white* ★ ze was in het wit gekleed *she was dressed in white* ★ het wit van een ei *the white of an egg* ★ een halfje wit *half a loaf of white (bread)*
witbrood HET *white bread*
witlof HET *chicory*
witten WW *whitewash*
wodka DE *vodka*
woede DE *rage, fury* ★ hij barstte in woede uit *he flew into a rage* ★ hij koelde zijn woede op de meubels *he vented his fury on the furniture*
woedend I BN *furious* ★ hij was woedend op zijn oom *he was furious with his uncle* II BIJW *furiously* ★ hij reageerde woedend *he reacted furiously*
woelen WW *toss and turn* ★ de zieke lag maar te woelen in zijn bed *the sick man was tossing and turning in his bed*
woensdag DE *Wednesday* ★ op woensdag *on Wednesday*
woest I BN ● *woedend furious, mad* ★ de leraar was woest op ons *the teacher was furious / mad at us* ● *wild fierce, wild* ★ hij zag er woest uit *he looked fierce / wild* ● *van de zee wild, turbulent* II BIJW *furiously* ★ hij liep woest weg *he walked off furiously*
woestijn DE *desert*
wok DE *wok*
wol DE *wool* ▼ hij ging vroeg onder de wol *he turned in early*
wolf DE *wolf* ★ een wolf in schaapskleren *a wolf in sheep's clothing*
wolk DE *cloud* ★ een wolk schoof voor de zon *a cloud blotted out the sun* ▼ een wolk van een baby *a bouncing baby* ▼ ze is helemaal in de wolken *she's walking on air*
wolkenkrabber DE *skyscraper*
wond DE *wound* ★ ik heb een pleister over de wond geplakt *I put a plaster on the wound* ★ hij likte zijn wonden *he licked his wounds*
wonder HET ● *mirakel miracle* ★ wonderen bestaan *miracles occur* ● *iets buitengewoons marvel, wonder* ★ de brug was een wonder van moderne bouwkunst *the bridge was a marvel of modern engineering* ★ het is geen wonder dat je gezakt bent *no wonder you failed your exam* ▼ wonder boven wonder *wonder of wonders*
wonderkind HET *child prodigy*
wonderlijk I BN *vreemd strange, odd* ★ het is een nogal wonderlijk verhaal *it is a rather strange / odd story* II BIJW *strangely, oddly, surprisingly* ★ wonderlijk genoeg *strangely / oddly / surprisingly enough*
wonen WW *live, reside* ★ onze buren wonen hier al 20 jaar *our neighbours have been living here / have resided here for 20 years* ★ onze dochter gaat op zichzelf wonen *our daughter is going to live on her own*
woning DE *house, ⟨thuis⟩ home* ★ particuliere eigen woningen *privately owned houses* ★ 80% van de bevolking heeft een eigen woning *80% of the population own their own homes*
woonboot DE *houseboat*
woonkamer DE *living room, sitting room*
woonplaats DE *address, place of residence* ★ zonder vaste woon- of verblijfplaats *without a permanent address, of no fixed abode* ★ wat is uw woonplaats? *what is your place of residence?*
woonruimte DE *living accommodation, living space*
woord HET ● *benaming word, term* ★ met andere woorden *in other words* ★ ik kan het niet onder woorden brengen *I can't put it into words* ★ er is geen woord van waar *there isn't a word of truth in it* ★ je kon er geen woord tussen krijgen *you couldn't get a word in edgeways* ★ ik geloof hem op zijn woord *I take his word for it* ★ leermoeilijkheden is een ander woord voor dyslexie *'learning difficulties' is another term for dyslexia* ▼ zij heeft woorden gehad met d'r moeder *she's had an argument with her mother* ▼ na de pauze zal de minister het woord voeren *the minister will speak after the break* ▼ hij heeft minder woorden nodig dan ik *he can say things more succinctly than I can*

- belofte *word, promise* ★ hij heeft woord gehouden *he kept his word / promise* ★ ik hou hem aan zijn woord *I'll keep him to his word / promise*

woordenboek HET *dictionary, lexicon*

woordenlijst DE *word list, vocabulary*

woordenwisseling DE *argument* ★ er vond een woordenwisseling plaats *there was an argument*

worden WW ● zijn (+ lijdende vorm) *be* ★ er werd gedanst *there was dancing* ★ ik werd om twaalf uur opgehaald *I was picked up at twelve* ● beginnen te zijn *become, get, turn* ★ hij is gisteren 80 geworden *he turned 80 yesterday* ★ mijn leven was ingewikkeld geworden *my life had become complicated* ★ ze werd bleek *she turned pale* ★ het wordt laat / koud *it's getting late / cold* ★ hij wordt blind *he's becoming / going blind* ★ het weer werd slechter *the weather became / got worse* ● zich ontwikkelen tot *become, be* ★ zij wilde altijd al lerares worden *she always wanted to become a teacher* ★ hij werd rijk *he became rich* ★ wat wil je later worden? *what do you want to be when you grow up?*

workshop DE *workshop*

worm DE ● pier *worm* ● made *grub, maggot*

worp DE ● gooi *throw* ★ een vrije worp *a free throw* ● nest jongen *litter*

worst DE *sausage* ▼ het zal mij worst wezen *I couldn't care less*, VULG *I don't give a shit*

worstelen WW *wrestle* ★ hij worstelt met een probleem *he's wrestling / struggling with a problem*

wortel DE ● van plant, boom *root* ★ deze plant heeft hier uit zichzelf wortel geschoten *this plant has taken root here by itself* ● peen *carrot* ★ we eten worteltjes vanavond *there are carrots on the menu tonight* ● van tand, haar *root* ● oorsprong *root* ★ mijn wortels liggen in Italië *my roots lie in Italy* ● vierkantswortel *square root* ★ de wortel uit 16 is 4 *the square root of 16 is 4*

woud HET *forest*

wraak DE *revenge, vengeance* ★ de dictator nam wraak op zijn vijanden *the dictator took revenge on his enemies* ★ wraak is nooit de oplossing *vengeance is never the answer* ★ uit wraak *in revenge*

wrak HET *wreck*

wrat DE *wart*

wreed I BN *cruel, brutal* ★ een wrede tiran *a cruel / brutal tyrant* II BIJW *cruelly* ★ de droom werd wreed verstoord *the dream was cruelly / brutally shattered*

wreken WW *avenge* ★ hij wilde zijn moeder wreken *he wanted to avenge his mother* ▼ hij heeft zich op zijn klasgenoten gewroken *he took revenge on his classmates*

wriemelen WW *wriggle*

wrijven WW ● strijken *rub* ★ hij wreef zich in zijn handen *he rubbed his hands* ● fijnmaken *grind* ★ het krijt wordt tot poeder gewreven *the chalk is ground to a powder* ● poetsen *polish* ★ de meubels zijn net gewreven *the furniture has just been polished*

wrijving DE *friction* ★ er ontstond enige wrijving tussen hen *some friction arose between them*

wrikken WW *prise, lever* ★ de inbreker wrikte het raam open *the burglar prised / levered open the window*

wringen WW ● draaien *wring (out)* ★ ze wrong het wasgoed *she wrung out the laundry* ★ hij stond zijn handen te wringen *he stood wringing his hands* ▼ ik probeerde de stok uit zijn handen te wringen *I tried to wrest the stick from his hands* ▼ hij wrong zich als een worm *he squirmed like a worm* ● knellen *pinch* ★ daar wringt de schoen *that's where the shoe pinches, that's the real problem*

wroeten WW *root, grub* ★ het varken wroette in de aarde *the pig rooted / grubbed about in the earth*

wrok DE *grudge, resentment* ★ hij koestert een wrok tegen mij *he holds a grudge against me, he bears me a grudge* ★ hij deed het uit wrok *he did it out of resentment*

wuiven WW *wave* ★ hij wuifde naar zijn moeder *he waved to his mother* ★ hij wuifde met de hand *he waved his hand*

wurgen WW *strangle, throttle* ★ het slachtoffer was gewurgd *the victim had been strangled* ★ ma zal me wurgen als ze er achter komt! *Mum'll throttle me when she finds out!*

X

x DE *x* ★ de X van Xantippe *X as in X-ray*
x-as DE *x axis*
xylofoon DE *xylophone*

Y

y DE *y* ★ de Y van Ypsilon *Y as in Yankee*
y-as DE *y axis*
yoga DE *yoga*
yoghurt DE *yoghurt*
yuppie DE *yuppie*

Z

z DE *z* ★ de Z van Zaandam *Z as in Zulu*
zaad HET ● van plant *seed* ▾ hij zit op zwart zaad *he's hard up* ● sperma *semen, sperm*
zaag DE *saw*
zaagsel HET *sawdust*
zaaien WW ● we oogsten wat we zaaien *we reap what we sow* ▾ goede sprekers zijn dun gezaaid *good speakers are few and far between* ▾ het geld is dun gezaaid *money is scarce / in short supply*
zaak DE ● ding *thing, affair* ★ de stand van zaken *the state of things / affairs* ● kwestie *affair, business, matter* ★ dat is jouw zaak *that's your affair / business* ★ een zaak van leven en dood *a matter of life and death* ★ het ministerie van Binnenlandse / Buitenlandse Zaken *the ministry of Internal / External Affairs* ▾ dat doet niet ter zake *that's not relevant, that's beside the point* ● winkel, handel *shop, business* ★ mijn broer wil een zaak beginnen *my brother wants to set up a business* ● een auto van de zaak *a company car* ▾ dit rondje is van de zaak *this round is on the house*
zaal DE ● ruimte *room,* 〈schouwburg &〉 *hall* ● publiek *audience, house* ★ Finkers kreeg de zaal plat *Finkers had the entire audience in fits* ★ een volle zaal *a full house*
zaalsport DE *indoor sport*
zacht I BN ● niet ruw *soft, smooth* ★ een zachte huid *a soft / smooth skin* ● niet luid *low, soft* ★ een zachte stem *a low voice* ★ zachte muziek *soft music* II BIJW *softly* ★ zou je wat zachter kunnen praten? *would you mind speaking more softly?* ▾ zet die muziek toch wat zachter! *please turn down that music!* ▾ op zijn zachtst gezegd *to put it mildly, to say the least*
zachtjes BIJW *softly*
zadel HET *saddle*
zadelpijn DE *saddle-soreness* ▾ ik heb zadelpijn *I'm saddle-sore*
zagen WW *saw* ★ hij zaagde de plank doormidden *he sawed the plank in two* ★ de plank was doormidden gezaagd *the plank had been sawn in two*
zak DE ● verpakking *bag,* 〈groot〉 *sack* ★ een zakje patat *a bag of chips* ★ een zak aardappelen *a sack of potatoes* ● deel kleding *pocket* ★ ik heb wat kleingeld in mijn zak *I've got a bit of change in my pocket* ▾ ik heb geen cent op zak *I don't have any money on me* ● balzak *scrotum* ● scheldwoord *jerk, prick, arsehole* ▾ hij snapt er geen zak van *he hasn't got a clue*
zakdoek DE *handkerchief,* INF *hanky*
zakelijk I BN ● commercieel *business-like, business* ★ zakelijke belangen *business interests* ● nuchter *matter-of-fact, objective* ★ een zakelijke benadering *a matter-of-fact approach* ★ je moet wel zakelijk blijven *you have to stay objective* II BIJW ● commercieel *in a business-like way* ★ hij gedroeg zich niet erg zakelijk *he didn't behave in a very business-like manner* ● nuchter *objectively* ★ we moeten dit zakelijk bekijken *we need to look at this matter objectively*
zaken DE *business*
zakgeld HET *pocket money*
zakken WW ● dalen *sink* ★ hij zakte in de modder *he sank into the mud* ▾ hij zakte door het ijs *he went / fell through the ice* ● lager / minder worden *fall, drop* ★ de barometer zakt *the barometer is falling* ★ de prijzen zakken *prices are dropping / falling* ★ hij liet zijn broek zakken *he dropped his pants* ▾ beschaamd liet ze haar hoofd zakken *she hung her head in shame* ● niet slagen *fail* ★ meer dan de helft van de leerlingen is gezakt *more than half of the students failed / didn't pass*
zakkenroller DE *pickpocket*
zaklantaarn DE *(pocket) torch* ★ hij scheen met zijn zaklantaarn in mijn gezicht *he flashed his torch in my face*
zakmes HET *pocketknife*
zalf DE *ointment* ★ ik moet elke dag mijn hand insmeren met die zalf *I have to rub that ointment on my hand daily*
zalm DE *salmon* ▾ het neusje van de zalm *the best of the best*
zand HET *sand* ★ steek je hoofd niet in het zand! *don't put your head in the sand!* ▾ de vijand beet in het zand *the enemy hit / bit the dust* ▾ zand erover! *forget it!*
zandbak DE *sandpit*
zang DE *singing, song*
zanger, ook: **zangeres** DE *singer* ★ zij is een geweldige zangeres *she's a great singer*
zangvogel DE *songbird*

zappen ww *zap*

zat BN ● vol met eten *satisfied, full* ▼ ik ben het zat! *I'm fed up with it* ● dronken *drunk*, VULG *pissed* ● voldoende *plenty* ★ hij heeft geld zat *he has plenty of money*

zaterdag DE *Saturday* ★ op zaterdag *on Saturday*

ze VNW ● vrouwelijk persoon *she* ★ ze heet Maria, maar ik noem haar Mary *she's called Maria, but I call her Mary* ● meerdere personen / dingen *they, them* ★ waar zijn ze? *where are they?* ★ ik heb ze niet gezien *I haven't seen them* ● men *they* ★ ze zeggen dat hij het gedaan heeft *they say he did it*

zebrapad HET *zebra crossing, pedestrian crossing*

zee DE *sea, ocean* ★ op zee *at sea* ★ in volle / open zee *in the open sea, on the high seas* ★ een zee van tijd *oceans of time, plenty of time* ▼ je moet niet met hem in zee gaan *don't take your chances with him* ▼ een zee van mensen *a mass of people* ▼ ze is / gaat recht door zee *she's straightforward*

zeef DE *sieve, strainer* ★ ik heb een geheugen als een zeef *I've got a memory like a sieve*

zeehond DE *seal*

zeem DE *shammy*

zeeman DE *seaman, sailor*

zeemeermin DE *mermaid*

zeemeeuw DE *(sea) gull*

zeep DE *soap* ★ een stukje zeep *a bar of soap* ★ groene zeep *green soap, soft soap* ▼ hij werd om zeep gebracht / geholpen *he was killed*, INF *he was done in*

zeer I HET *pain, ache* ▼ het doet zeer *it aches / hurts* ▼ heb je je zeer gedaan? *did you hurt yourself?* II BN *sore* ★ ik heb een zere knie *I've got a sore knee, my knee is sore* III BIJW *very, extremely, highly* ★ ik ben zeer tevreden *I'm very / extremely contented / pleased* ★ hij was ten zeerste verbaasd *he was highly / greatly surprised*

zeerover DE *pirate*

zeeziek BN *seasick*

zegel I DE postzegel & *stamp* ★ spaart u zegeltjes? *do you collect trading stamps?* II HET verzegeling *seal*

zegen DE *blessing* ★ moge Gods zegen op jullie rusten *may God's blessing be with you*

zeggen WW ● spreken, uiten *say* ★ ze zei dat ze moe was *she said she was tired* ★ dat is makkelijker gezegd dan gedaan *that's easier said than done* ★ zei je iets? *did you say something?* ▼ wat zegt u? *(I beg your) pardon?* ▼ hij zegt maar wat *he's just talking*; ⟨onzin⟩ *he's talking through his hat* ● vertellen, meedelen *tell* ★ dit heb ik al zo vaak tegen je gezegd *I've told you time and again* ★ mijn vriendin zei me dat ze gaat trouwen *my friend told me (that) she is getting married* ★ ik heb nog nooit tegen haar gezegd dat ik van haar hou *I've never told her I love her* ● aanspreken als *call* ★ hij zegt oom tegen me *he calls me uncle* ● bevelen, opdragen *tell* ★ je moet doen wat je moeder zegt *you have to do what your mother tells you* ● betekenen *mean* ★ een foutje zegt nog niet zoveel *one mistake doesn't mean much* ● vinden, oordelen *say, think* ★ ja, wat zal ik ervan zeggen? *well, what can I say about it?* ★ wat zeg je ervan, zullen we nu gaan? *what do you think: shall we go now?* ▼ wat zeg je van de nieuwe regering? *what's your opinion of the new government?*

zeiken WW ● urineren *piss, take a leak* ● zeuren *whinge, carry on*

zeil HET ● van schip *sail* ▼ je moet alle zeilen bijzetten om de toets goed te maken *if you want to do well in the test, you'll have to pull out all the stops* ● vloerbedekking *lino, linoleum*

zeilboot DE *sailing boat*

zeilen WW *sail*

zeilplank DE *sailboard*

zeis DE *scythe*

zeker I BN ● vaststaand *certain* ● veilig *sure, safe* ★ om zeker te zijn van een plaats kun je je beter nu aanmelden *to be sure of a place, we advise you to enrol now* ★ je kunt beter het zekere voor het onzekere nemen *it's better to be safe than sorry* ● overtuigd *certain, sure* ★ ben je er echt zeker van? *are you really certain of / about it?* ● enige, bepaalde *some, certain* ★ een zekere mate van ongeduld *a certain amount of impatience* ★ op zekere dag kom je er wel achter *some day you'll find out* II BIJW *certainly, surely* ★ dat doe je toch zeker niet? *surely you won't do that?* ▼ ik weet het zeker *I know it for sure, I'm sure*

zekerheid DE ● het zeker zijn *certainty* ★ ik kan niet met zekerheid zeggen dat... *I can't say with any certainty that...* ▼ ik wil de zekerheid hebben dat... *I want to make sure that...* ▼ voor alle zekerheid zal ik het nog even weer controleren *I'll check again just to make sure* ● veiligheid *security, safety* ★ het huis afsluiten geeft een gevoel van zekerheid *locking the house gives a sense of security / safety*

zekering DE *fuse*

zeldzaam I BN ● schaars *rare* ★ zeldzame diersoorten *rare animal species* ● uitzonderlijk *exceptional* ★ zo'n hoog cijfer is zeer zeldzaam *such a high mark is quite exceptional* II BIJW *exceptionally* ★ een zeldzaam mooie postzegel *an exceptionally beautiful stamp*

zelf VNW ● ik zelf *myself* ★ ik heb het helemaal zelf bedacht *I thought it up all by myself* ▼ ik heb zelf geen auto *I don't have a car of my own* ● u zelf, jij zelf *yourself* ★ je moet zelf weten wat je doet *you have to decide for yourself what to do* ● hij zelf *himself* ★ de man zelf *the man himself* ● zij zelf (enkelvoud) *herself* ★ mijn moeder heeft het zelf gezegd *my mother said so herself* ● het zelf *itself* ★ het kind zelf *the child itself* ● wij zelf *ourselves* ● jullie zelf *yourselves* ● zij zelf (meervoud) *themselves* ★ ze hebben zelf hun eieren gekookt *they boiled their eggs themselves*

zelfbediening DE *self-service*

zelfmoord DE *suicide* ★ hij heeft zelfmoord gepleegd *he committed suicide*

zelfportret HET *self-portrait*

zelfs BIJW *even* ★ zelfs de beste uit de klas begreep het niet *not even the best pupil in the class could understand it*

zelfstandig I BN *independent* ★ een vereniging van zelfstandige uitgevers *an association of independent publishers* ▼ een zelfstandig naamwoord *a noun* II BIJW *independently* ★ er wordt van leerlingen verwacht dat ze zelfstandig leren *students are expected to learn independently*

zelfverdediging DE *self-defence*, AM *self-defense*

zenden WW ● versturen *send* ★ ze heeft de brief gisteren verzonden *she sent the letter yesterday* ▼ onvolledig ingevulde formulieren worden terug gezonden *incomplete forms will be returned* ● uitzenden *broadcast, transmit*

zender DE *broadcasting station, channel* ★ commerciële zenders *commercial broadcasting stations / channels*

zendtijd DE *broadcasting time*

zenuw DE *nerve* ★ het werkte op mijn zenuwen *it got on my nerves* ★ hij heeft stalen zenuwen *he has nerves of steel* ▼ ik ben op van de zenuwen *I'm a nervous wreck*

zenuwachtig I BN *nervous* ★ ze was behoorlijk zenuwachtig *she was quite nervous* II BIJW *nervously* ★ hij zat zenuwachtig aan zijn mouw te plukken *he was nervously plucking at his sleeve*

zes TELW *six* ▼ op 6 mei *on the sixth of May*

zesde TELW *sixth*

zestien TELW *sixteen* ▼ op 16 mei *on the sixteenth of May*

zestiende TELW *sixteenth* ▼ op zijn zestiende ging hij van school *he left school when he was sixteen*

zestig TELW *sixty*

zestigste TELW *sixtieth* ▼ hij trouwde op zijn zestigste *he got married when he was sixty*

zet DE ● duw *push, shove* ● bij dammen, schaken *move*

zetmeel HET *starch*

zetten WW ● plaatsen *put, set, place* ★ hij zette zijn handtekening onder het contract *he put his signature to the contract, he signed the contract* ★ deze meubels moet je zelf in elkaar zetten *you have to put this furniture together yourself* ★ ik heb de wekker op vijf uur gezet *I set the alarm for five o'clock* ★ ze zette de ladder tegen de muur *she put / placed the ladder against the wall* ▼ ik kan de gedachte niet uit mijn hoofd zetten *I can't get the thought out of my mind* ▼ de politie zette hem het land uit *the police expelled him from the country* ● bereiden *make* ★ mijn moeder zet koffie *my mother is making some coffee* ● bij schaken, dammen *move* ● van gebroken botten *set* ● beginnen te *start* ★ hij zette het op een lopen *he started to make a run for it* ▼ het zette mij aan het denken *it made me think*

zeug DE *sow*

zeuren WW ● dreinend vragen *whine* ★ ze bleef maar zeuren om een ijsje *she kept on whining for an ice cream* ● zaniken *nag* ★ een zeurende pijn *a nagging pain* ▼ daar

zit hij altijd over te zeuren *he's always harping on that, he's always on about that*
zeven I ww *sift, sieve,* ⟨*vloeistof*⟩ *strain* ★ zeef de klontjes uit de bloem *sift / sieve the lumps out of the flour* **II** TELW *seven* ▼ op 7 mei *on the seventh of May*
zevende TELW *seventh*
zeventien TELW *seventeen* ▼ op 17 mei *on the seventeenth of May*
zeventiende TELW *seventeenth* ▼ op zijn zeventiende ging hij van school *he left school when he was seventeen*
zeventig TELW *seventy*
zeventigste TELW *seventieth* ▼ hij stierf op zijn zeventigste *he died at the age of seventy*
zich, ook: **zichzelf** VNW *itself, himself, herself, themselves* ★ op zich(zelf) is het niet erg *in itself / theoretically speaking, there's nothing wrong with dat* ★ ze heeft zich gesneden bij het aardappels schillen *she cut herself peeling potatoes* ★ de kinderen kunnen zich prima vermaken *the children are perfectly able to enjoy themselves* ▼ hij / zij heeft het niet bij zich *he / she doesn't have it with him / her*
zicht HET ● het zien *sight, view* ★ het einde van de problemen is in zicht *the end of the problems is in sight* ★ ze hadden zicht op de haven *they had a view of the harbour* ▼ deze boeken zijn mij op zicht gezonden *these books were sent to me on approval* ● zichtafstand *visibility* ★ bij zicht van minder dan 50 meter mogen de mistlampen aan *fog lamps may be used at less than 50 metres' visibility*
zichtbaar I BN ● te zien *visible* ● merkbaar *noticeable, perceptible* ★ de verschillen worden nu pas zichtbaar *the differences are only now becoming noticeable / perceptible* **II** BIJW *visibly* ★ hij was zichtbaar aangeslagen *he was visibly affected*
ziek BN *ill, sick* ★ onze leraar is ziek geworden *our teacher has been taken ill* ★ een zieke oude hond *a sick old dog* ★ hij heeft zich ziek gemeld *he has reported sick*
ziekenauto DE *ambulance*
ziekenfonds HET ⁻ *National Health Service*
ziekenhuis HET *hospital*
ziekenwagen DE *ambulance*
ziekte DE ● het ziek zijn *illness, sickness* ★ hij kon niet komen wegens ziekte *he couldn't come because of sickness / an illness* ● aandoening *disease, illness* ★ veel van de soldaten lopen een tropische ziekte op *many of the soldiers developed tropical diseases* ★ de ziekte van Parkinson *Parkinson's disease* ★ een lichte ziekte *a minor illness* ● ziekte van de ingewanden *complaint, disorder* ★ een ziekte van de nieren *a kidney complaint / disorder*
ziel DE *soul* ▼ hoe meer zielen hoe meer vreugd *the more the merrier*
zielig I BN *sad* ★ een zielig verhaal *a sad story* **II** BIJW *pitiably* ★ 'nu ben ik helemaal alleen', zei zij zielig *'now I'm all alone' she sighed pitiably* ▼ ze zit daar zo zielig alleen *there she is, all on her lonesome* ▼ doe niet zo zielig! *stop feeling sorry for yourself!*
zien ww ● waarnemen *see* ★ ik zag hem door de deur komen *I saw him coming through the door* ★ de twee vrienden hebben elkaar al tijden niet gezien *the two friends haven't seen each other for ages* ★ dat zullen we wel eens zien *we'll see* ★ ik heb het wel eens zien gebeuren *I've seen it happen before* ● kijken *see, look* ★ mijn oma ziet niet zo best meer *my Grandma doesn't see very well any more* ▼ tot ziens *goodbye, see you later, bye-bye* ● eruitzien *look* ★ wat zie jij bleek! *you're looking pale!* ▼ het ziet zwart van de mensen *the place is teeming with people* ● bekijken *see* ★ laat me dat boek eens zien *let me see that book, show me that book* ● inzien *understand, see* ★ ik zie nu dat je gelijk had *I understand / see now that you were right* ● proberen *see, try* ★ ik zal zien of ik het kan krijgen *I'll see if I can get it* ★ je moet hem zien over te halen *you must try to persuade him*
zigeuner DE *Gypsy*
zij I DE ● (zij)kant *side* ★ hij lag op zijn zij *he was lying on his side* ★ zij aan zij *side by side* ● vrouwelijk wezen *she, female* ★ is het een hij of een zij? *is it a he or a she?, is it male or female?* **II** VNW ● enkelvoud *she* ● meervoud *they* ▼ zij die mee willen, moeten hun vinger opsteken *hands up all those who want to come*
zijde DE ● stof *silk* ★ een blouse van zijde *a silk blouse* ● (zij)kant *side* ★ aan mijn linker zijde *on my left (side)*
zijderups DE *silkworm*
zijkant DE *side* ★ aan de zijkant *on the side*
zijn I ww ● bestaan *be* ★ er zijn mensen die

niet kunnen zwemmen *there are people who can't swim* ★ ik denk, dus ik ben *I think, therefore I am* ★ er was eens een prinses *once upon a time there was a princess* • toestand / hoedanigheid aangevend *be* ★ dat huis is te koop *that house is for sale* ★ van wie is die auto? *whose car is that?* ★ wat is er? *what's up?, what's the matter?, what is it?* ★ hoe ver ben je? *how far are you?, how far have you got?* ★ 2 maal 2 is 4 *twice 2 is 4* ★ zij is een Nederlandse *she is Dutch* ★ hij is zijn hele leven huisarts geweest *he has been a GP all his life* ★ dat is gemakkelijk te doen *that's easy to do* • aan het ... zijn, bezig zijn met... *be ...-ing* ★ zij is het huis aan het schilderen *she's painting the house* • met voltooid deelwoord ⟨voltooide tijd⟩ *have*, ⟨lijdende vorm⟩ *be* ★ zij is vaak in Schotland geweest *she has often been to Scotland* ★ ben jij uitgenodigd voor het feest? *are you invited to the party?, have you been invited to the party?* ▼ wij zijn deze zomer in Engeland geweest *we were in England this summer* **II** VNW ⟨van persoon⟩ *his*, ⟨van dieren, zaken⟩ *its* ★ is Mary zijn vriendin? *is Mary his girlfriend?* ★ onze hond heeft zijn poot gebroken *our dog broke its leg*

zijstraat DE *side street* ▼ ik noem maar een zijstraat *just to give an example*
zijwaarts I BN *lateral, sideward* ★ zijwaartse druk *lateral / sideward pressure* **II** BIJW *sideways* ★ een krab beweegt zich zijwaarts *a crab moves sideways*
zilver HET *silver* ★ de meid poetste het zilver *the maid polished the silver* ★ hij heeft zilver gewonnen op de Olympische Spelen *he won silver at the Olympic Games*
zilveren BN *silver* ★ een zilveren ketting *a silver chain* ★ de zilveren bruiloft *the silver wedding anniversary*
zilveruitje HET *cocktail onion, pickled onion*
zilvervliesrijst DE *unpolished rice*
zin DE • wil, lust *mind* ★ ik heb eigenlijk wel zin om te gaan *I have (half) a mind to go* ▼ ik heb er helemaal geen zin in *I don't feel like it at all* • betekenis, nut *meaning, sense* ★ in de ruimste zin van het woord *in the full meaning / sense of the word* ★ wat je nu doet, heeft totaal geen zin *what you are doing is totally senseless* • in taal *sentence* ★ die zin loopt niet goed *this sentence doesn't work*
zindelijk BN • van kind *toilet-trained, potty-trained* • van huisdier *house-trained*
zingen WW *sing* ★ ze zong vals *she sang out of tune* ★ de vogels zingen *the birds are singing*
zink HET *zinc*
zinken I WW *sink* ★ het schip werd tot zinken gebracht *the ship was sunk* ★ het eendje zonk naar de bodem van de badkuip *the ducky sank to the bottom of the bath* **II** BN van zink *zinc* ★ een zinken badkuip *a zinc bath*
zintuig HET *sense, sense organ* ★ het zesde zintuig *the sixth sense*
zinvol I BN *meaningful, purposeful, worthwhile* ★ een zinvolle baan *a meaningful / worthwhile job* ★ een zinvolle bijdrage *a worthwhile contribution* ★ zinvolle acties *purposeful activities* **II** BIJW *meaningfully, purposefully* ★ het bestuur is niet erg zinvol bezig *the board is not meaningfully / purposefully engaged* ▼ ik ben niet erg zinvol bezig *what I'm doing is just not worthwhile, there's not much purpose in what I'm doing*
zitkamer DE *sitting room*
zitplaats DE *seat*
zitten WW • gezeten zijn *sit* ★ hij kwam bij me zitten *he came and sat by me* ★ Mary was gaan zitten *Mary had sat down* ★ gaat u zitten! *sit down, please!, take a seat, please!*, ⟨meervoud⟩ *take your seats, please!* • zijn *be* ★ waar zit die jongen toch? *where is that boy?* ★ ze zat onder de modder / het vuil *she was covered with mud / dirt* ★ daar zit iets achter *there's more to it* ▼ het zit in de familie *it runs in the family* ▼ je haar zit goed vandaag! *your hair looks great today!* • bezig zijn met *be ...ing* ★ ze zitten nu te eten *they are having dinner now*
zittenblijver DE *student who has stayed down a year*
zitting DE • deel van stoel *seat, bottom* • vergadering *session* ★ de commissie houdt minstens eenmaal per jaar zitting *the commission is in session at least once a year* ▼ hij heeft zitting in de juridische commissie *he sits / serves on the judicial committee*
zo BIJW • op deze wijze *so, (in) this way, like this* ★ zo is het! *quite so!, that's right!* ★ zo doe jet het *you do it like this / (in) this way*

zoals – zonder

▼ mooi zo! *well done!* ● in deze mate *as, so* ★ is jouw oma net zo oud als de mijne? *is your grandma as old as mine?* ★ die klas is zo groot dat ze er tafels en stoelen bij moesten zetten *that class is so big (that) they had to bring in some extra tables and chairs* ● dadelijk *right away, in a minute* ★ ik kom zo *I'll be there right away, I'll be there in a minute*

zoals VW ● net als *like* ★ ik wil mijn haar zoals Marie dat heeft *I want my hair like Mary's* ● in welke mate *how* ★ het is verbazend zoals je op school vooruitgegaan bent *it's amazing how much progress you've made at school* ● als bijvoorbeeld *such as* ★ in landen zoals Duitsland, Frankrijk en Zweden *in countries such as Germany, France and Sweden*

zodat VW *so that*

zodra VW *as soon as* ★ zodra hij binnenkomt beginnen we te zingen *as soon as he comes in, we'll start singing*

zoek BN *missing* ★ het boek is zoek *the book is missing* ▼ ik ben op zoek naar de wc *I'm looking for the toilets, I'm trying to find the toilets* ▼ ik ben op zoek naar de namen mijn voorouders *I'm searching for the names of my ancestors*

zoeken WW ● trachten te vinden *search for, look for* ★ hij wordt door de politie gezocht *the police are looking for him, he is wanted by the police* ★ hij zoekt altijd ruzie *he's always looking for trouble* ● proberen te krijgen *search for, seek* ★ iedereen zoekt op zijn eigen manier geluk *everyone searches for / seeks happiness in his own way* ▼ hij stond naar woorden te zoeken *he was groping for words*

zoekmachine DE *search engine*

zoen DE *kiss* ★ ze gaf me een zoen *she gave me a kiss, she kissed me*

zoenen WW *kiss* ★ ze zoenden elkaar *they kissed* ▼ het eten was om te zoenen *the food was absolutely fantastic*

zoet I BN ● met de smaak van suiker *sweet* ★ Turks fruit smaakt heel erg zoet *Turkish delight is very sweet* ● van water *fresh* ● gehoorzaam *good, sweet* ★ een zoet kind *a good / sweet child* II HET *sweet, sweetness* ★ neem jij zoetjes in de koffie? *do you use sweeteners in your coffee?*

zoetig BN *sweetish*

zoeven WW *zoom, whizz* ★ de limousine zoefde voorbij *the limo zoomed / whizzed by*

zo-even BIJW *just now, a moment ago*

zogen WW *breastfeed, nurse*

zogenaamd I BN ● zogeheten *so-called* ★ haar zogenaamd vriend *her so-called friend* ● verzonnen *alleged* ★ de zogenaamde dief *the alleged thief* II BIJW *ostensibly* ★ hij kwam binnen, zogenaamd om een praatje te maken *he came in ostensibly for a chat*

zoiets VNW *such a thing, anything like it* ★ zoiets moois *such a beautiful thing* ★ zoiets heb ik nog nooit gedaan *I've never done anything like it* ▼ zoiets geks heb ik nog nooit gezien *I never saw anything so crazy*

zojuist BIJW *just (now)*

zolang I BIJW ondertussen *meanwhile, for the time being* ★ zet de auto zolang in de garage *meanwhile, put the car in the garage; put the car in the garage for the time being* II VW *as long as* ★ zolang ik leef, zal ik van je houden *as long as I live, I will love you*

zolder DE ● ruimte onder dak *attic* ★ op zolder *in the attic* ● zoldering *ceiling* ★ worsten hingen aan de zolder *sausages were hanging from the ceiling*

zomer DE *summer* ★ in de zomer *in summer* ★ in de zomer van 2002 *in the summer of 2002, summer 2002*

zomers BN *summ(e)ry*

zomervakantie DE *summer holidays*

zon DE *sun* ★ de zon komt op / gaat onder *the sun rises / sets* ▼ voor niets gaat de zon op *you don't get something for nothing, there's no such thing as a free lunch*

zondag DE *Sunday* ★ op zondag *on Sunday*

zonde DE ● overtreding *sin* ★ hij heeft een zonde begaan *he committed a sin, he sinned* ● jammer *pity, shame* ★ wat zonde! *what a pity / shame!* ▼ het is zonde van het geld *it's a waste of money*

zonder VZ *without* ★ zij kunnen niet zonder elkaar *they can't live without each other* ★ hij opende de deur zonder te kloppen *he opened the door without knocking* ★ zonder dat hij het wist *without him / his knowing* ▼ zonder meer ⟨gewoonweg⟩ *just, simply*; ⟨vanzelfsprekend⟩ *naturally, of course*; ⟨onmiddellijk⟩ *immediately*

zondig BN *sinful*
zone DE *zone*
zonnebaden WW *sunbathe*
zonnebloem DE *sunflower*
zonnebrandolie DE *sun oil, sun screen*
zonnebril DE *sunglasses*
zonne-energie DE *solar energy*
zonnen WW *sun, sunbathe* ★ ze heeft lekker liggen zonnen in de tuin *she's been sunning herself / been sunbathing in the garden*
zonnestraal DE *sunbeam*
zonnig BN *sunny*
zonsondergang DE *sunset, sundown*
zonsopgang DE *sunrise* ▼ voor zonsopgang *before dawn*
zonwering DE *sunblind*
zoogdier HET *mammal*
zool DE *sole*
zoom DE ● van kledingstuk *hem* ● van bos, stad *fringe, edge*
zoon DE *son*
zorg DE ● zorgzaamheid *care* ★ ik neem de zorg daarvoor op mij *I'll take care of that* ▼ ze heeft de zorg voor twee kinderen *she has two children to care for / to look after* ▼ het was met / zonder zorg gedaan *it was carefully / carelessly done* ● bezorgdheid *worry, concern* ★ ze zitten behoorlijk in de zorgen *they have a lot of worries / concerns* ▼ ik maak mij zorgen over haar *I worry about her* ▼ dat zal mij een zorg zijn *that's the last thing I'm concerned about*, INF *I couldn't care less* ▼ dat is een (hele) zorg minder *that's a load / weight off my mind*
zorgen WW ● verzorgen *take care of, look after* ★ zij zorgt voor vier kinderen *she takes care of / looks after four children* ● verschaffen *provide* ● er was voor eten gezorgd *food had been provided* ● regelen *mind, see, make sure* ★ zorg ervoor dat je op tijd bent! *mind / make sure (that) you are on time!* ★ kunnen jullie zorgen dat de hele klas het weet? *can you see to it that the whole class knows?*
zorgvuldig I BN ● met zorg *careful* ★ een zorgvuldige selectie *a careful selection* ● nauwkeurig *meticulous, precise* ★ een zorgvuldig taalgebruik *meticulous / precise use of language* **II** BIJW ● met zorg *carefully* ★ daar moet je zorgvuldig mee omgaan *you must deal with that carefully* ● nauwkeurig *meticulously, precisely* ★ hij koos zijn woorden zorgvuldig *he chose his words meticulously / precisely*
zot I DE *fool* **II** BN *foolish, silly*
zout I HET *salt* ★ een mespuntje zout *a pinch of salt* ★ dat nemen we met een korreltje zout *we'll take that with a pinch of salt* **II** BN *salt*, ⟨gezouten⟩ *salted* ★ hou jij van zoute haring? *do you like salted herring?*
zoutje HET *savoury snack*
zoutzuur HET *hydrochloric acid*
zoveel TELW + BIJW ⟨enkelvoud⟩ *as much*, ⟨meervoud⟩ *as many* ★ tweemaal zoveel boter *twice as much butter* ★ tweemaal zoveel mensen *twice as many people* ★ zoveel mogelijk mensen *as many people as possible* ★ zoveel mogelijk suiker *as much sugar as possible*
zowel VW ★ zowel Sandra als Loes is naar Canada geweest *both Sandra and Loes have been to Canada*
zucht DE ● verzuchting *sigh* ★ ze slaakte een zucht van verlichting *she gave a sigh of relief* ● begeerte *desire, longing* ★ de zucht naar succes *the desire / longing for success*
zuchten WW *sigh*
zuid BN + BIJW *south* ★ Zuid-Afrika *South Africa* ▼ de wind is zuid *the wind is southerly*
zuidelijk I BN ● zuidelijk gelegen *southern* ★ het zuidelijk halfrond *the southern hemisphere* ● naar het zuiden *southerly* ★ het verkeer in zuidelijke richting *traffic in a southerly direction, southbound traffic* **II** BIJW *south* ★ Wollongong ligt zuidelijk van Sydney *Wollongong lies (to the) south of Sydney*
zuiden HET *south* ★ ten zuiden van Chicago *(to the) south of Chicago* ★ naar het zuiden *to the south, southward*
zuidpool DE *South Pole, Antarctica*
zuigeling DE *baby, infant*
zuigen WW ● sabbelen, opzuigen *suck* ★ hij zuigt nog steeds op zijn duim *he still sucks his thumb* ★ het meisje zoog op een snoepje *the girl was sucking on a sweet* ★ de pomp zuigt al het water uit de sloot *the pump sucks all the water from the ditch* ▼ dat zuigt hij uit zijn duim *he's making it up* ● stofzuigen *vacuum*
zuiger DE in motor *piston*
zuigzoen DE *love bite*, INF *hickey*
zuil DE *pillar, column* ★ vasten is een van de zuilen van de Islam *fasting is one of the*

pillars of Islam

zuinig I BN *economical, thrifty* ★ een zuinige auto *an economical car* ▼ hij is erg zuinig op zijn spullen *he is very careful with his things* **II** BIJW *economically* ★ wij leven heel zuinig *we live very economically* ▼ hij keek heel zuinig *he looked very glum*

zuipen WW ● veel drinken *guzzle* ★ die auto zuipt benzine *that car guzzles / devours petrol* ● veel alcohol drinken *booze (on), hit the bottle*

zuivel DE *dairy produce, dairy products*

zuivelfabriek DE *milk factory, dairy factory*

zuiver I BN ● puur ⟨goud, water, lucht⟩ *pure,* ⟨waarheid⟩ *plain* ● schoon, helder *clear* ★ een zuiver geweten *a clear conscience* ▼ het koor zong niet helemaal zuiver *the choir didn't quite sing in tune* **II** BIJW *purely* ★ het is zuiver toeval *it's purely coincidental*

zulk VNW zodanig *such* ★ ze had zulke mooie oorbellen in *she wore such beautiful earrings* ▼ ⟨versterkend⟩ zulke schoenen! *shoes this / that big!*

zullen WW ● van plan zijn ⟨I, we⟩ *shall, will,* ⟨you, he, they⟩ *will* ★ we zullen gaan *we'll go, we're going* ★ ze zullen morgen gaan *they'll go tomorrow, they're going tomorrow* ★ ik hoop dat hij komen zal *I hope he'll come, I hope he's going to come* ● afspraak *be going to* ★ hij zal om vijf uur komen *he's going to call here at five o'clock* ★ wij zouden er allemaal heengaan *we were all going to go* ▼ hij beloofde te zullen komen *he promised to come* ▼ hij zei te zullen komen *he said he would come* ● vermoedelijk / waarschijnlijk *will (probably), is / are probably* ★ dat zal Jan zijn *that'll be John* ★ ze zullen ziek zijn *they're probably ill* ▼ dat zal Waterloo zijn *this must be Waterloo* ● gerucht gaat *be reported to, be said to* ★ hij zou een moord hebben gepleegd *he's said / reported to have committed a murder, they say he committed a murder* ● wil van spreker tegenover een ander *shall* ★ (hij wil niet?) hij zal! *(doesn't he want to?) he shall!* INF *too right he will!* ★ gehoorzamen zullen ze! *they shall obey!* INF *you bet they'll obey!* ● belofte *shall* ★ u zult ze morgen krijgen *you'll have them tomorrow* ● voorspelling *shall / will* ★ de aarde zal vergaan *the earth shall / will pass away* ★ dat zal je berouwen *you'll regret this* ● toekomst onder voorwaarde ⟨I, we⟩ *would / will,* ⟨he, they, you⟩ *would / will* ★ wij zullen gaan zodra het geld er is *we'll go as soon as the money arrives* ★ wij zouden gaan, als we genoeg geld hadden *we'd go if we had enough money* ★ wij zouden zijn gegaan als moeder niet was overleden *we would have gone if Mother hadn't died* ● ongeloof / onverschilligheid ▼ ja, dat zal wel *I daresay* ▼ wat zou dat? *so what?*

zuster DE ● zus *sister* ★ dat is één van zijn zusters *that is one of his sisters* ● verpleegster *nurse* ● non *sister*

zuur I HET● chemisch zuur *acid*● maagzuur *heartburn, indigestion* ★ hij heeft last van het zuur *he's suffering from heartburn / indigestion* ★ van pizza krijg ik vaak het zuur *pizza often gives me heartburn* ● etenswaren *pickles* ★ augurken / uitjes in het zuur *pickled gherkins / onions* **II** BN ● chemisch zuur *acid* ★ zure regen *acid rain* ● zuur smakend *sour, tart* ★ de melk is zuur geworden *the milk turned sour* ★ deze pruimen zijn erg zuur *these plums are very tart / sour* ● ingemaakt *pickled* ★ zure bommen *pickled gherkins* ● onvriendelijk *sour, cranky*

zuurdeeg HET *sourdough*

zuurkool DE *sauerkraut*

zuurstof DE *oxygen*

zuurtje HET *acid drop*

zwaai DE *swing, sweep* ★ met een zwaai ging de deur open *the door opened with a swing* ★ met een zwaai van zijn staart *with a sweep of its tail*

zwaaien WW● groeten *wave* ★ de koningin zwaaide naar de mensen *the Queen waved at the crowd* ● heen en weer bewegen *swing, sway, wave* ★ de slinger zwaaide heen en weer *the pendulum swung back and forth* ★ toen hij uit de kroeg kwam zwaaide hij heen en weer en viel bijna om *as he came out of the pub he swayed and nearly fell* ★ hij zwaaide met zijn armen *he waved his arms about*

zwaan DE *swan* ▼ een jonge zwaan *a cygnet*

zwaar I BN ● veel wegend *heavy* ★ die boodschappentas is veel te zwaar voor mij om te dragen *that shopping bag is much too heavy for me to carry* ▼ hij is een paar kilo te zwaar *he is a couple of kilos overweight* ● moeilijk *difficult, hard* ★ het examen Engels was erg zwaar dit jaar *the English exam was very difficult / hard this year* • hevig *violent, heavy* ★ zware windstoten *violent winds* ★ een zware regenbui *a heavy shower* **II** BIJW • van gewicht *heavily* ★ de belasting drukt zwaar op kleine bedrijven *the tax is weighing heavily on small companies* • moeilijk, ernstig *badly, hard* ★ de streek was zwaar getroffen door de storm *the area was badly hit by the storm / was hit hard by the storm*

zwaard HET *sword*

zwaartekracht DE *gravity, gravitation* ★ het middelpunt van de zwaartekracht *the centre of gravity* ★ de wet van de zwaartekracht *the law of gravitation*

zwabber DE *mop* ▼ ze waren aan de zwabber *they were on a spree*

zwachtel DE *bandage*

zwager DE *brother-in-law*

zwak BN • niet krachtig *weak, feeble* ★ een zwak excuus *a weak / feeble excuse* • van gezondheid *poor, delicate, frail* ★ hij heeft een zwakke gezondheid *he is in poor / delicate / frail health* • bijna niet waarneembaar *weak* ★ ze sprak met een zwak stemmetje *she spoke in a faint voice*

zwakte DE *weakness*

zwakzinnig BN *mentally handicapped, intellectually handicapped*

zwaluw DE *swallow*

zwam DE *fungus*

zwammen WW *talk rubbish,* VULG *crap on, bullshit* ★ schei nou eens uit met zwammen! *stop talking rubbish!, stop crapping on!, stop bullshitting!*

zwanger BN *pregnant* ★ ze is zwanger van een tweeling *she is pregnant with twins*

zwart I BN *black* ★ zwarte humor *black humour* ★ hij is het zwarte schaap van de familie *he's the black sheep of the family* ★ zwart geld *black money, undeclared income* **II** BIJW ▼ het zag er zwart van de mensen *the place was swarming with people* ▼ ze ziet alles zwart in *she always looks on the gloomy side of things* ▼ 's avonds werkte hij zwart *in the evenings he worked on the side* **III** HET *black* ★ de bruid was in het zwart gekleed *the bride was dressed in black*

zwarte DE *black* ★ zwarten en blanken *blacks and whites*

zwartrijden I HET *fare-dodging* **II** WW *dodge fare*

zwart-wit BIJW *black-and-white* ★ een zwart-wit film *a black-and-white film*

zwavel DE *sulphur*

zwavelzuur HET *sulphuric acid*

Zweden HET *Sweden*

Zweed DE *Swede*

zweefvliegen HET *gliding*

zweep DE *whip* ▼ hij sloeg het paard met de zweep *he whipped the horse* ▼ hij kent het klappen van de zweep *he knows the ropes*

zweer DE *ulcer, sore*

zweet HET *sweat,* ⟨netter⟩ *perspiration* ★ de leerlingen werkten zich in het zweet *the students worked themselves into a sweat* ★ het koude zweet brak hem uit *he broke out in a cold sweat* ★ het was warm en het zweet stroomde van haar voorhoofd *it was hot, and perspiration ran down her forehead*

zwellen WW *puff up* ★ zij zwol van trots *she puffed up with pride*

zwembad HET *swimming pool*

zwembroek DE *swimming trunks*

zwemdiploma HET *swimming certificate, swimming diploma*

zwemmen WW *swim* ★ hij zwom de lengte van het zwembad onder water *he swam the length of the pool under water* ★ ze had nog nooit zo ver gezwommen *she had never swum that far* ★ de aardappels zwommen in de boter *the potatoes were swimming in butter* ▼ we gaan zwemmen *we're going for a swim* ▼ hij zwemt in het geld *he's rolling in money*

zwempak HET *swimsuit, bathing suit*

zwemvest HET *life jacket*

zwemvlies HET • bij dieren *web* ★ eenden hebben zwemvliezen *ducks are web-footed, ducks have webbed feet* • voor mensen *flipper*

zweren WW • ontstoken zijn *fester, ulcerate* ★ een zwerende vinger *an ulcerating finger* ▼ dat klopt als een zwerende vinger *that hits the nail on the head* • eed doen *swear, vow* ★ mijn moeder zweert bij biologische producten *my mother swears by organic products* ★ hij zwoer bij God dat hij het niet gedaan had *he swore to God that he didn't do it* ★ ik heb het niet gedaan, ik zweer het *I didn't do it, I swear* ★ de maffia heeft gezworen hem tot zwijgen te brengen *the Mafia has sworn / vowed to silence him*

zwerm DE *swarm*

zwerver DE *tramp*

zweten ww *sweat, ⟨netter⟩ perspire* ★ de hele klas had zitten zweten op het huiswerk *the whole class had been sweating over homework* ★ de nacht was warm en ze lag flink te zweten *the night was warm and she perspired heavily*

zweven ww *float, hover, ⟨zweefvliegtuig⟩ glide* ★ een paar vliegers zweefden boven het strand *a few kites were floating / hovering above the beach* ★ hij zweeft tussen leven en dood *he's hovering between life and death*

zwijgen ww • niet spreken *be silent* ★ hij zweeg als het graf *he was silent as the grave* ▼ hij kan niet zwijgen *he can't keep a secret* • geen geluid meer geven *fall silent, stop* ★ het publiek zweeg *the audience fell silent* ★ plotseling zweeg de muziek *suddenly the music stopped*

zwijn HET *pig, swine* ★ een zwijn van een kerel *a pig of a man* ★ dat is parels voor de zwijnen gooien *that's casting pearls before swine* ▼ een wild zwijn *a wild boar*

zwijnenstal DE *pigsty*

Zwitser DE *Swiss*

Zwitserland HET *Switzerland*

Zwitsers BN *Swiss*

zwoegen ww *slave, toil* ★ de boeren hebben gezwoegd op het land *the farmers slaved away / toiled in the fields*

zwoel BN *sultry*

zwoerd HET *(pork) rind*

Onregelmatige werkwoorden Engels

HELE WW.	VERL.TIJD	VOLT. DEELW	NEDERLANDS
arise	arose	arisen	ontstaan, opstaan
awake	awoke	awoke	wakker worden
be	was/were	been	zijn
bear	bore	borne	(ver)dragen
beat	beat	beaten	(ver)slaan
become	became	become	worden
begin	began	begun	beginnen
bend	bent	bent	buigen
bet	bet	bet	wedden
	betted	betted	
bid	bid	bid	bieden
bind	bound	bound	binden
bite	bit	bitten	bijten
bleed	bled	bled	bloeden
blow	blew	blown	blazen, waaien
break	broke	broken	breken
breed	bred	bred	fokken, kweken
bring	brought	brought	brengen
broadcast	broadcast	broadcast	uitzenden (radio, tv)
burn	burnt	burnt	branden
	burned	burned	
burst	burst	burst	barsten
buy	bought	bought	kopen
cast	cast	cast	werpen
catch	caught	caught	vangen
choose	chose	chosen	kiezen
cling	clung	clung	zich vastgrijpen
come	came	come	komen
cost	cost	cost	kosten
creep	crept	crept	kruipen
cut	cut	cut	snijden
deal	dealt	dealt	(be)handelen
dig	dug	dug	graven
do	did	done	doen
draw	drew	drawn	tekenen, trekken
dream	dreamt	dreamt	dromen
	dreamed	dreamed	
drink	drank	drunk	drinken
drive	drove	driven	drijven, rijden, besturen
dwell	dwelt	dwelt	wonen
eat	ate	eaten	eten
fall	fell	fallen	vallen
feed	fed	fed	(zich) voeden
feel	felt	felt	(zich) voelen
fight	fought	fought	vechten
find	found	found	vinden
flee	fled	fled	vluchten
fling	flung	flung	smijten
fly	flew	flown	vliegen
forbid	forbade	forbidden	verbieden
forget	forgot	forgotten	vergeten
forgive	forgave	forgiven	vergeven
forsake	forsook	forsaken	in de steek laten
freeze	froze	frozen	(be)vriezen
get	got	got	krijgen, worden
		AM gotten	
give	gave	given	geven
go	went	gone	gaan

HELE WW.	VERL.TIJD	VOLT. DEELW	NEDERLANDS
grind	ground	ground	malen, slijpen
grow	grew	grown	groeien, kweken, worden
hang	hung	hung	hangen
have	had	had	hebben
hear	heard	heard	horen
hide	hid	hidden	(zich) verbergen
hit	hit	hit	slaan, raken, treffen
hold	held	held	(vast)houden
hurt	hurt	hurt	pijn doen, bezeren
keep	kept	kept	houden
kneel	knelt	knelt	knielen
knit	knit	knit	breien
	knitted	knitted	
know	knew	known	weten, kennen
lay	laid	laid	leggen
lead	led	led	leiden
lean	leant	leant	leunen
	leaned	leaned	
leap	leapt	leapt	springen
	leaped	leaped	
learn	learnt	learnt	leren, studeren
	learned	learned	
leave	left	left	(ver)laten
lend	lent	lent	uitlenen
let	let	let	laten, verhuren
lie	lay	lain	liggen
light	lit	lit	aansteken, verlichten
	lighted	lighted	
lose	lost	lost	verliezen
make	made	made	maken
mean	meant	meant	bedoelen, betekenen
meet	met	met	ontmoeten
mow	mowed	mown	maaien
		mowed	
pay	paid	paid	betalen
put	put	put	leggen, plaatsen, zetten
quit	quit	quit	ophouden, verlaten
	quitted	quitted	
read	read	read	lezen
ride	rode	ridden	rijden (openbaar vervoer, fiets, rijdier)
ring	rang	rung	bellen, klinken
rise	rose	risen	opstaan, stijgen, rijzen
run	ran	run	rennen
saw	sawed	sawn	zagen
		sawed	
say	said	said	zeggen
see	saw	seen	zien
seek	sought	sought	zoeken
sell	sold	sold	verkopen
send	sent	sent	sturen, zenden
set	set	set	zetten, ondergaan (zon e.d.)
sew	sewed	sewn	naaien
		sewed	
shake	shook	shaken	schudden, beven
shave	shaved	shaven	scheren (van mensen)
		shaved	
shed	shed	shed	vergieten (bloed), storten (tranen)
shine	shone	shone	schijnen, glanzen
shoot	shot	shot	schieten

HELE WW.	VERL.TIJD	VOLT. DEELW	NEDERLANDS
show	showed	shown showed	tonen
shrink	shrank	shrunk	krimpen
shut	shut	shut	sluiten
sing	sang	sung	zingen
sink	sank	sunk	zinken, tot zinken brengen
sit	sat	sat	zitten
sleep	slept	slept	slapen
slide	slid	slid	glijden
smell	smelt smelled	smelt smelled	ruiken
sow	sowed	sown	zaaien
speak	spoke	spoken	spreken
spell	spelt spelled	spelt spelled	spellen
spend	spent	spent	uitgeven (geld), doorbrengen (tijd)
spill	spilt spilled	spilt spilled	morsen
spin	spun	spun	ronddraaien, spinnen
spit	spat	spat	spuwen
split	split	split	splijten
spoil	spoilt spoiled	spoilt spoiled	bederven
spread	spread	spread	(zich ver)spreiden
stand	stood	stood	staan
steal	stole	stolen	stelen
stick	stuck	stuck	steken, kleven
sting	stung	stung	steken, prikken
stink	stank	stunk	stinken
strike	struck	struck	slaan, treffen, staken
strive	strove	striven	streven
swear	swore	sworn	zweren, vloeken
sweat	sweated AM sweat	sweated AM sweat	zweten
sweep	swept	swept	vegen
swim	swam	swum	zwemmen
swing	swung	swung	zwaaien, slingeren
take	took	taken	nemen, brengen
teach	taught	taught	onderwijzen, leren
tear	tore	torn	scheuren, rukken
tell	told	told	vertellen, zeggen
think	thought	thought	denken
throw	threw	thrown	gooien
understand	understood	understood	begrijpen, verstaan
wake	woke	woken	wekken, wakker worden
wear	wore	worn	dragen (kleding)
weave	wove	woven	weven
weep	wept	wept	huilen
wet	wet wetted	wet wetted	natmaken
win	won	won	winnen
wind	wound	wound	winden, draaien
wring	wrung	wrung	wringen
write	wrote	written	schrijven